Gerhard Schneider
Lukas, Theologe der Heilsgeschichte

BONNER BIBLISCHE BEITRÄGE

Herausgegeben von
Frank-Lothar Hossfeld
Helmut Merklein
Professoren der Katholisch-Theologischen Fakultät der Universität
Bonn
Band 59

Gerhard Schneider

Lukas,
Theologe der Heilsgeschichte

Aufsätze zum lukanischen Doppelwerk

Peter Hanstein Verlag

CIP-Kurztitelaufnahme der Deutschen Bibliothek

Schneider, Gerhard:
Lukas, Theologe der Heilsgeschichte : Aufsätze zum lukan. Doppelwerk / Gerhard Schneider. – Königstein/Ts. : Bonn : Hanstein, 1985.
  (Bonner biblische Beiträge ; Bd. 59)
  ISBN 3-7756-1073-1
NE: GT

© 1985 Peter Hanstein Verlag GmbH, Königstein/Ts. – Bonn
Alle Rechte vorbehalten.
Ohne ausdrückliche Genehmigung des Verlags ist es auch nicht gestattet, das Buch oder Teile daraus auf fotomechanischem Wege (Fotokopie, Mikrokopie) zu yervielfältigen.
Reproduktion, Druck und Bindung: Poeschel & Schulz-Schomburgk, Eschwege
Satz Kapitel 12 und 17: Computersatz Bonn GmbH, Bonn
Printed in Germany
ISBN 3-7756-1073-1

Vorwort

Die zwanzig Aufsätze, die hier unter dem Titel „Lukas, Theologe der Heilsgeschichte" zusammengefaßt sind, erschienen (bis auf zwei bisher noch nicht veröffentlichte) in den Jahren 1969 bis 1984. Verschiedentlich wurde mir nahegelegt, meine kleineren Beiträge zum lukanischen Werk gesammelt herauszugeben – als Ergänzung meiner Kommentare zum dritten Evangelium (1977. ²1984) und zur Apostelgeschichte (1980. 1982). Wenn ich mich jetzt zu einer solchen Aufsatzsammlung entschloß, so lag das nicht zuletzt daran, daß mich mein Kollege Helmut Merklein einlud, diese Sammlung in den Bonner Biblischen Beiträgen herauszubringen.

Die Erkenntnis, daß die lukanische Theologie von einer bestimmten Konzeption der „Heilsgeschichte" geprägt ist, hat sich in der letzten Zeit fast allgemein durchgesetzt. In dieser Konzeption spielt die sich stufenweise realisierende und Zuversicht vermittelnde Erfüllung der göttlichen Verheißungen eine hervorragende Rolle. Die heilsgeschichtliche Orientierung dient bei Lukas nicht zuletzt dem Aufweis der Kontinuität und wesentlichen Identität der von den Propheten bis zum Ende reichenden Verkündigung – nach dem Schema „Verheißung und Erfüllung". Es geht dem Verfasser des Doppelwerks um die Vergewisserung seiner Leser. Sie sollen die „Zuverlässigkeit" der kirchlichen Lehr-Worte erkennen (Lk 1,4), sollen Vertrauen in die Verheißungstreue Gottes gewinnen (Apg 3,18–21).

Am Anfang unserer Sammlung stehen vier Beiträge, die sich auf das gesamte lukanische Werk beziehen (Nrn. 1–4). Dann folgen solche, die vorwiegend Texte und Gegenstände des dritten Evangeliums behandeln (Nrn. 5–13). Den dritten Teil bilden Aufsätze zur Apostelgeschichte (Nrn. 14–20). Zum erstenmal erscheint hier der Aufsatz über die Petrusrede vor Kornelius (Nr. 17), der auf eine aktuelle Fragestellung eingeht. Die kleine Studie mit dem Titel „Die politische Anklage gegen Jesus" (Nr. 12) stellt die deutsche Fassung eines Aufsatzes dar, der 1984 in englischer Sprache erschien.

Quellennachweise für die 18 schon früher veröffentlichten Beiträge finden sich am Schluß dieses Bandes, und zwar vor den Registern. Dort sind zugleich weitere Arbeiten aufgeführt, in denen ich mich auf Fragen des lukanischen Werkes beziehe. Die ursprünglichen Seitenzahlen der Aufsätze sind beim Wiederabdruck am inneren Rand notiert. Abgesehen von der Korrektur einiger Druckfehler konnte am Satz der Beiträge nichts geändert werden. In dieser ursprünglichen Form lassen sie bisweilen erkennen, daß sich leichte Verschiebungen in der Perspektive oder im Urteil des Verfassers ergaben.

Die in den Aufsätzen verwendeten Abkürzungen sind verständlicherweise nicht ganz einheitlich. Sie lassen sich jedoch mit Hilfe der gängigen theologischen Lexika (LThK, RGG, TRE) und der Wörterbücher zum Neuen Testament (EWNT, ThWNT) leicht entschlüsseln.

Den Herausgebern der Bonner Biblischen Beiträge danke ich dafür, daß sie meine Aufsatzsammlung in ihre angesehene Reihe aufnahmen.

Einen besonderen Dank möchte ich an dieser Stelle zum Ausdruck bringen an zwei Fachkollegen, von denen ich seit Jahren Belehrung und Anregung „in Sachen Lukas" empfing und die mich durch freundschaftlichen Austausch immer wieder ermutigten. Ich habe gerade in diesem Jahr Anlaß, sie von hier aus herzlich zu grüßen: Heinz Schürmann und Dom Jacques Dupont O. S. B.

Bochum, Ostern 1985 *Gerhard Schneider*

Inhalt

1. Der Zweck des lukanischen Doppelwerks (1977) — 9
2. Zur Bedeutung von καθεξῆς im lukanischen Doppelwerk (1977) — 31
3. Anbruch des Heils und Hoffnung auf Vollendung bei Jesus, Paulus und Lukas (1977) — 35
4. Die zwölf Apostel als „Zeugen". Wesen, Ursprung und Funktion einer lukanischen Konzeption (1970) — 61
5. Jesu geistgewirkte Empfängnis (Lk 1,34 f). Zur Interpretation einer christologischen Aussage (1971) — 86
6. „Der Menschensohn" in der lukanischen Christologie (1975) — 98
7. Christusbekenntnis und christliches Handeln. Lk 6,46 und Mt 7,21 im Kontext der Evangelien (1977) — 114
8. Jesu überraschende Antworten. Beobachtungen zu den Apophthegmen des dritten Evangeliums (1983) — 130
9. „Stärke deine Brüder!" (Lk 22,32). Die Aufgabe des Petrus nach Lukas (1976) — 146
10. Engel und Blußschweiß (Lk 22,43–44). „Redaktionsgeschichte" im Dienste der Textkritik (1976) — 153
11. Jesus vor dem Synedrium (1970) — 158
12. Die politische Anklage gegen Jesus (Lk 23,2) — 173
13. Der Missionsauftrag Jesu in der Darstellung der Evangelien (1982) — 184
14. Apostelgeschichte und Kirchengeschichte (1979) — 206
15. Gott und Christus als κύριος nach der Apostelgeschichte (1980) — 213
16. Stephanus, die Hellenisten und Samaria (1979) — 227
17. Die Petrusrede vor Kornelius. Das Verhältnis von Tradition und Komposition in Apg 10,34–43 — 253
18. Urchristliche Gottesverkündigung in hellenistischer Umwelt (1969) — 280
19. Anknüpfung, Kontinuität und Widerspruch in der Areopagrede Apg 17,22–31 (1981) — 297
20. Die Entwicklung kirchlicher Dienste in der Sicht der Apostelgeschichte (1984) — 303

Quellennachweis: Gesamtüberblick über Veröffentlichungen zum lukanischen Werk — 311

Bibelstellen-Register — 316

Autoren-Register — 323

Der Zweck des lukanischen Doppelwerks

Keine neutestamentliche Schrift ist so häufig nach ihrem Zweck und ihrer Absicht befragt worden wie die Apostelgeschichte[1]. Dennoch wird man bis heute nicht sagen können, daß eine überzeugende Antwort auf diese Frage gefunden sei. Sie bleibt aus verschiedenen Gründen umstritten[2]. Vor allem ist ungeklärt, in welcher Beziehung die Apostelgeschichte als zweiter Teil des Doppelwerks zu dem ihr vorausgehenden dritten Evangelium steht. Sind beide Schriften des Doppelwerks von Anfang an konzipiert gewesen, und bezieht sich das Proömium Lk 1, 1–4 auch auf den

---

[1] Siehe M. *Schneckenburger*, Über den Zweck der Apostelgeschichte, Bern 1841; M. *Aberle*, Über den Zweck der Apostelgeschichte: TQ 37 (1855) 173–236; J. *Weiß*, Über die Absicht und den literarischen Charakter der Apostelgeschichte, Göttingen 1897; J. F. *Hückelheim*, Zweck der Apostelgeschichte, Paderborn 1908; J. M. *Wilson*, The Origin and Aim of the Acts of the Apostles, London 1912; B. S. *Easton*, The Purpose of Acts, London 1936, wieder abgedruckt in: Early Christianity. The Purpose of Acts and Other Papers, ed. by F. C. Grant, Greenwich (Conn.) 1954; W. C. *van Unnik*, Remarks on the Purpose of Luke's Historical Writing (erstm. 1955), in: ders., Sparsa Collecta I, Leiden 1973, 6–15; A. *Ehrhardt*, The Construction and Purpose of the Acts of the Apostles: ST 12 (1958) 45–79; A. C. *Winn*, Elusive Mystery. The Purpose of Acts: Interpretation 13 (1959) 144–156; W. C. *van Unnik*, The «Book of Acts» – Confirmation of the Gospel (erstm. 1960), in: ders., Sparsa Collecta I, Leiden 1973, 340–373; J. H. *Crehan*, The Purpose of Luke in Acts, in: Studia Evangelica II, Berlin 1964, 354–368; Ch. H. *Talbert*, Luke and the Gnostics. An Examination of the Lucan Purpose, Nashville/New York 1966; R. F. *Cottle*, The Occasion and Purpose for the Final Drafting of Acts, Diss. University of Southern California 1967; A. J. *Mattill jr.*, The Purpose of Acts: Schneckenburger Reconsidered, in: Apostolic History and the Gospel (FS f. F. F. Bruce), Exeter 1970, 108–122; ders., The Good Samaritan and the Purpose of Luke-Acts: Halévy Reconsidered: Encounter 33 (1972) 359–376; ders., Naherwartung, Fernerwartung, and the Purpose of Luke-Acts: Weymouth Reconsidered: CBQ 34 (1972) 276–293; P. S. *Minear*, Dear Theo. The Kerygmatic Intention and Claim of the Book of Acts: Interpretation 27 (1973) 131–150; E. E. *Ellis*, Situation and Purpose of Acts: Interpretation 28 (1974) 94–98; Sch. *Brown*, The Prologues of Luke-Acts in Their Relation to the Purpose of the Author, in: SBL Seminar Papers 1975, ed. by G. MacRae, Vol. II, Missoula (Mont.) 1975, 1–14; E. *Franklin*, Christ the Lord. A Study in the Purpose and Theology of Luke-Acts, London 1975; A. J. *Mattill jr.*, The Jesus–Paul Parallels and the Purpose of Luke-Acts: H. H. Evans Reconsidered: NT 17 (1975) 15–46.

[2] Vgl. die orientierenden Angaben bei *Talbert*, Luke and the Gnostics (Anm. 1) 98–110; W. G. *Kümmel*, Einleitung in das Neue Testament, Heidelberg ⁶1973, 129–132; *Brown*, The Prologues (Anm. 1) 2–8; R. P. *Martin*, New Testament Foundations I. The Four Gospels, Grand Rapids 1975, 244–250. *Brown*, a. a. O. 2, nennt (teilweise im Anschluß an Talbert) folgende mögliche Zielsetzungen: 1. Rehabilitierung des Paulus; 2. an den römischen Staat gerichtete Apologie; 3. Evangelisierung der nichtchristlichen Welt; 4. Lösung eines theologischen Problems; 5. Verteidigung gegen Irrlehre.

«zweiten Band»³? Oder ist für die Apostelgeschichte ein eigener Abfassungsanlaß zu postulieren? Bilden beide lukanische Schriften ein «Geschichtswerk», oder gilt diese Gattungsbezeichnung nur für die Acta Apostolorum⁴? Ist das Evangelium nach Lukas ein bloß für den «innerkirchlichen» Bereich geschriebenes Buch, oder will es zugleich «nach außen» sprechen? Sind die Acta an den gleichen Leserkreis gerichtet wie das dritte Evangelium, oder sind sie – entsprechend ihrer «apologetischen» Tendenz und im Unterschied zum «ersten Band» – stärker auf eine nichtchristliche Leserschaft ausgerichtet⁵?

Die genannten Fragen stehen in engem Zusammenhang mit dem Problem des Abfassungszwecks. Wenn sie beantwortet werden können, ist eine wesentliche Auslegungsvoraussetzung für das

---

3 Lk 1, 1–4 gibt nicht deutlich zu erkennen, ob sich dieses Vorwort auch auf die Apostelgeschichte bezieht. Einen Schritt weiter gehen die folgenden Autoren, die das Proömium nur auf die Evangelienschrift des Lukas bezogen wissen wollen: *Schneckenburger*, Über den Zweck der Apostelgeschichte (Anm. 1) 7–17; *H. Conzelmann*, Die Mitte der Zeit, Tübingen (1954) ⁵1964, 7f Anm. 1; *E. Haenchen*, Das «Wir» in der Apostelgeschichte und das Itinerar (erstm. 1961), in: ders., Gott und Mensch, Tübingen 1965, 227–264, näherhin 261; *ders.*, Die Apostelgeschichte, Göttingen ⁵1965, 105 Anm. 3; *W. Michaelis*, Einleitung in das Neue Testament, Bern ³1961, 64; *H. Schürmann*, Evangelienschrift und kirchliche Unterweisung (erstm. 1962), in: ders., Traditionsgeschichtliche Untersuchungen zu den synoptischen Evangelien, Düsseldorf 1968, 251–271; *ders.*, Das Lukasevangelium. Erster Teil, Freiburg 1969, 4. 17; *H. W. Bartsch*, Wachet aber zu jeder Zeit!, Hamburg-Bergstedt 1963, 7f. 11f; *H. Flender*, Heil und Geschichte in der Theologie des Lukas, München 1965, 61–64; *B. Rigaux*, Témoignage de l'évangile de Luc, Brügge/Paris 1970, 17–30.
4 Vgl. *E. Käsemann*, Exegetische Versuche und Besinnungen I, Göttingen ⁴1965, 199: Das dritte Evangelium «ist in Wahrheit das erste Leben Jesu, bei dem die Gesichtspunkte der Kausalität und Teleologie berücksichtigt und psychologische Einfühlung, Sammlertätigkeit des Historikers und die Tendenz des Erbauungsschriftstellers in gleicher Weise spürbar werden ... Die Geschichte Jesu wird etwas ganz und Zurückliegendes, wirklich Historie, nämlich initium Christianismi. Als solche kann sie denn auch mit der Geschichte der Apostel verbunden werden». Einen gattungsmäßigen Unterschied zwischen Lk und Apg konstatierte hingegen *F. Overbeck*, Christentum und Kultur, Basel 1919, 78f. Er bezeichnete die Tatsache, daß Lukas seiner Evangelienschrift einen zweiten Band folgen ließ, als «eine Taktlosigkeit von welthistorischen Dimensionen». Lukas behandle «historiographisch, was keine Geschichte und auch so nicht überliefert war». Dazu zustimmend *Ph. Vielhauer*, Aufsätze zum Neuen Testament, München 1965, 25: «Overbeck hat richtig gesehen, daß die Jesus-Überlieferung der Gemeinde etwas anderes war als die Geschichte über Apostel, Missionare und Gemeinden ... Jedenfalls will die Apg nicht Kerygma oder ‹Zeugnis› sein ...». Demgegenüber bestreitet *Kümmel*, Einleitung (Anm. 2) 129, daß die Apg «ein wirkliches Geschichtswerk» sei, unter Hinweis darauf, «daß der Apg das Lk als 1. Band eines Doppelwerks vorausgeht».
5 Teilweise meinte man, Lukas wolle mit der Apg die allgemeine Öffentlichkeit anreden; vgl. *J. Weiß*, Über die Absicht (Anm. 1) 56; *J. C. O'Neill*, The Theology of Acts in Its Historical Setting, London ²1970, 172–185. Andererseits wird einschränkend vertreten, der Verfasser wolle wenigstens einzelne heidnische Leser erreichen und für das Christentum gewinnen: *Ch. Burchard*, Der dreizehnte Zeuge, Göttingen 1970, 183–185; *I. H. Marshall*, Luke, Historian and Theologian, Exeter/Grand Rapids 1970, 38. 219; *Kümmel*, Einleitung (Anm. 2) 131.

lukanische Werk gegeben. Zugleich dürfte – falls die Antworten konvergieren – die kirchliche Situation der «lukanischen Gemeinde» besser erkannt werden.

Der Weg zur Erfassung des Abfassungszwecks muß, soll er zum Ziel führen, methodisch konsequent und systematisch beschritten werden. Ihn können folgende Einzelfragen markieren.
1. Welche *Absicht*[6] bekundet der Verfasser in den Proömien der beiden Schriften? 2. Welche Ausführungen der Einzelschriften bzw. des Gesamtwerks können die im Proömium zum dritten Evangelium geäußerte Absicht des Verfassers verdeutlichen? Neben den Intentionen des Autors muß indessen auch der (im Werk selbst objektivierte) *Zweck*[7] der beiden Bücher erfragt werden: 3. Welches *Thema*[8] bzw. welche Hauptthemen und Probleme werden behandelt? 4. Läßt sich der Zweck des Doppelwerks auch von seiner formalen literarischen Gestalt, also von seiner bislang umstrittenen Gattung aus, erhellen?

1. Die Proömien Lk 1, 1–4 und Apg 1, 1f

Durch das Proömium Lk 1, 1–4 gibt der Verfasser zu erkennen, daß er mit seinem Werk auch literarischen Ansprüchen genügen möchte. Er steht mit dem Vorwort in einer breiten zeitgenössischen Tradition[9], die auch in jüdischen Schriften zum Zuge kam[10]. Antike Schriftsteller stellten gewöhnlich dem ersten Band ein Vorwort zu dem ganzen Werk voran[11]. Doch ist damit allenfalls angezeigt, daß Lk 1, 1–4 auf das ganze Doppelwerk bezogen werden *kann*. Ein starker Einwand gegen eine solche Möglichkeit liegt schon im Eingangsteil des Vorwortes (V. 1), der von den Vorgängern des Autors sagt, sie hätten den be-

---

[6] Zur Sprachregelung sei vermerkt, daß «Absicht» im Sinne von «zielendes Blicken auf etwas; Visier» und übertragen als «Richtung des Geistes auf etwas» verstanden wird; vgl. *F. Kluge / W. Mitzka*, Etymologisches Wörterbuch der deutschen Sprache, Berlin ²⁰1967, 4.

[7] «Zweck» bedeutet ursprünglich den als Nagel in der Mitte der Zielscheibe gegebenen Zielpunkt (*Kluge/Mitzka*, a. a. O. 894), den es beim Schießen zu treffen gilt. Im allgemeinen unterscheiden die Anm. 1 genannten Autoren nicht zwischen der «Absicht» des Autors und dem «Zweck» des Werkes. Im Englischen wird meist von «purpose» (Absicht, Zweck) gesprochen.

[8] «Thema» wird auf den behandelten Gegenstand bezogen; vgl. Apg 1, 1 («was Jesus tat und lehrte», bezogen auf Lk); 1, 8 (Zeugenschaft von Jerusalem bis ans Ende der Erde in der Kraft des heiligen Geistes, bezogen auf Apg); dazu *A. Wikenhauser / J. Schmid*, Einleitung in das Neue Testament, Freiburg ⁶1973, 349.

[9] Vgl. *H. J. Cadbury*, Commentary on the Preface of Luke, in: The Beginnings of Christianity I/2, London 1922, 489–510; *E. Klostermann*, Das Lukasevangelium, Tübingen ²1929, 1–3.

[10] Siehe 2 Makk 2, 19–32; Sir, Proömium; Aristeasbrief 1, 1–8; Fl. Josephus, Ant. I 1–26; Bell. I 1–30.

[11] Siehe *Cadbury*, Commentary on the Preface (Anm. 9) 491.

treffenden Gegenstand (περὶ τῶν πεπληροφορημένων ἐν ἡμῖν πραγμάτων) in einer διήγησις behandelt. Da die Behauptung, es habe «viele» Vorgänger gegeben, konventionell ist [12], kann mit einer Kenntnis des ältesten Evangeliums (Mk), der Logienquelle und vielleicht noch weiterer schriftlicher Quellen der Jesusüberlieferung der Tatbestand «vieler» Berichte abgedeckt sein. Jedoch wird, soviel wir wissen, zu diesen Berichten kaum eine Quelle über das nachösterliche Wirken der Apostel oder gar des Paulus zu rechnen sein [13]. Zwar wird Lukas für den Paulusteil der Acta über Quellen verfügt haben. Diese können aber nicht der Überlieferung der apostolischen Augenzeugen entsprechen, die Vers 2 voraussetzt. Mit den «Augenzeugen von Anfang an» sind nach Lukas die zwölf Apostel gemeint (Lk 6, 12–16; Apg 1, 21f), die «Diener des Wortes» geworden sind [14]. Die Augenzeugenschaft bezieht sich nach Lukas auf den Lebensweg Jesu von der Johannestaufe bis zur Himmelfahrt (Apg 1, 22). Der in Vers 1 genannte Gegenstand sind die «zum Abschluß gekommenen Geschehnisse», die das Proömium Apg 1, 1 zurückblickend mit den Taten und der Lehre Jesu identifiziert.

Das Proömium des dritten Evangeliums ist auffallend «neutral» formuliert, insofern es nicht dem Kerygma entsprechend spezifisch «christliche» Termini verwendet [15]. Es spricht nicht ausdrücklich von einem heilsgeschichtlichen Erfüllungsgeschehen, sondern von vollendeten Geschehnissen [16], nicht von den apostolischen «Zeugen», sondern von αὐτόπται, nicht deutlich von «katechetischer» Unterweisung [17], deren Gegenstand dem Widmungsempfänger Theophilos bereits bekannt ist. Wahrscheinlich nimmt die profane Ausdrucksweise auf Außenstehende Rücksicht und ist zugleich christlich Unterwiesenen hinreichend verständlich [18].

---

[12] *J. B. Bauer*, ΠΟΛΛΟΙ Luk 1, 1: NT 4 (1960) 263–266.
[13] *Brown*, The Prologues (Anm. 1) 2.
[14] *G. Klein*, Lukas 1, 1–4 als theologisches Programm, in: Zeit und Geschichte (FS f. R. Bultmann), Tübingen 1964, 193–216, näherhin 201–203.
[15] Vgl. *Flender*, Heil und Geschichte (Anm. 3) 61–63, der mit dieser Beobachtung M. *Dibelius*, Aufsätze zur Apostelgeschichte, hrsg. von H. Greeven, Göttingen ²1953, 127, folgt.
[16] πεπληροφορημένα ἐν ἡμῖν πράγματα sind «die Ereignisse, die sich unter uns vollzogen haben»; vgl. W. *Bauer*, Griechisch-deutsches Wörterbuch zu den Schriften des Neuen Testaments, Berlin ⁵1958, 1329.
[17] κατηχέω kann sowohl «berichten, mitteilen» (im Sinn einer zu Ohren kommenden Kunde; vgl. Apg 21, 21) als auch «unterweisen, belehren» (Apg 18, 25; Gal 6, 6) bedeuten; vgl. *Bauer*, a. a. O. 837f. Erst 2 Klem 17, 1 steht das Verbum für die Unterweisung an die Katechumenen; vgl. *Schürmann*, Lukasevangelium (Anm. 3) 15 Anm. 98.
[18] Eine ähnliche «Zweigleisigkeit» der möglichen Verstehensweise hat im lukanischen Werk z. B. die Areopagrede, die sowohl «biblisch» als auch «griechisch-stoisch» verstanden werden kann.

Die von Lukas selbst – im Unterschied zu seinen schriftstellerischen Vorgängern – geleistete Vorarbeit und die Darstellungsweise werden in Vers 3 (als dem Hauptsatz der sorgfältig aufgebauten Periode 1, 1–4) angesprochen. Zwar behandelt Lukas grundsätzlich den gleichen Gegenstand wie die Vorgänger – und dieser wiederum entspricht der Verkündigung der Augenzeugen –, doch ging er «allem von Anfang an genau» nach. Und er schrieb das von ihm so Erreichte – also einen möglichst *vollständigen*, *erweiterten* und *genau* erfaßten Gegenstand – «der Reihe nach» nieder[19]. Gerade diese vier Qualitäten machen somit das Spezifikum der neuen Abhandlung aus, die der Vergewisserung des Lesers (ἵνα ἐπιγνῷς ... τὴν ἀσφάλειαν) dienen soll (V. 4). Da die Vorarbeiten des Autors vom Leser nicht direkt wahrgenommen werden können und da andererseits das Werk selbst durch die καθεξῆς erfolgte Darstellung qualifiziert wird, muß gerade jene Darstellungsweise für die Erkenntnis der «Sicherheit» des Überlieferten als dienlich angesehen sein[20].

Mit der in Vers 3 skizzierten Arbeitsweise erhebt Lukas den Anspruch, als Historiker zu schreiben[21]. Über das nähere Verständnis des καθεξῆς kann das lukanische Werk selbst Auskunft geben. Vorerst sei nur festgehalten, daß mit «der Reihe nach» nicht eine genauere chronologische Anordnung der Stoffe gemeint sein kann. Lukas ist bei der Stoffanordnung seiner Evangelienschrift weitgehend vom Markus-Aufriß abhängig[22], und in der Apostelgeschichte kommt es vor, daß er frühere Ereignisse nachtragartig berichtet[23]. Das καθεξῆς hat gewiß mit einem geordneten Nacheinander der Ereignisse zu tun, wahrscheinlich mit der periodisierenden Strukturierung des Geschichtsablaufs, der «Verbindung verschiedener Phasen»[24]. Bezieht es sich vielleicht sogar auf die Fortsetzung des Evangeliums durch die Apostelgeschichte[25]? Ein solches Verständnis des καθεξῆς ist nicht von vornherein auszuschließen, kann aber aus Lk 1, 3 allein kaum ge-

---

[19] Nur καθεξῆς ist auf γράψαι zu beziehen, nicht auch ἀκριβῶς; gegen J. *Kürzinger*, Lk 1, 3: ... ἀκριβῶς καθεξῆς σοι γράψαι: BZ 18 (1974) 249–255 (254f). Siehe *Bauer*, Wörterbuch (Anm. 16) s. v. ἀκριβῶς (65).
[20] Vgl. *Schürmann*, Lukasevangelium (Anm. 3) 10–14.
[21] E. *Plümacher*, Lukas als griechischer Historiker, in: RE (Pauly/Wissowa) Suppl. XIV, München 1974, 235–264, näherhin 242f.
[22] Daß Lukas z. B. die Nazaretperikope (Lk 4, 16–30) gegenüber der Mk-Anordnung (Mk 6, 1–6a) früher plazierte, beruht nicht auf besserer historischer Information, sondern auf kompositorischer Absicht.
[23] Vgl. Apg 11, 19–24 (Entstehung der antiochenischen Gemeinde).
[24] *Klein*, Lukas 1, 1–4 als theologisches Programm (Anm. 14) 211.
[25] Nach *Klein*, a. a. O. 211, «drängt sich der Schluß auf, daß hier das Nacheinander von historia Jesu und Zeit der Urkirche angedeutet ist», ... «die beabsichtigte Fortsetzung des LkEv durch die Apg».

wonnen werden. Im Zusammenhang mit den auch die Anfänge der Jesusgeschichte erfassenden Nachforschungen (ἄνωθεν) wird jene «der Reihe nach» gebotene Anordnung auf die sogenannten Kindheitsgeschichten bezogen sein[26].

Das Vorwort Lk 1, 1–4 läßt – so können wir zusammenfassen – nicht sicher erkennen, ob sein Verfasser bereits die Abfassung der Apostelgeschichte geplant hat. Trotzdem bleibt die Möglichkeit offen, daß sich das Proömium von vornherein auch auf die Acta bezieht[27]. Wenn Lukas schon – nach den Angaben von Vers 3 – nicht nur qualitativ, sondern auch extensiv über seine Vorgänger hinausging, so *kann* sich die Apodosis (V. 3) mit dem ἵνα-Satz (V. 4) des Vorworts durchaus auch auf den zweiten Band des Werkes erstrecken[28]. Sollte dies der Fall sein, wäre deutlich, daß Lukas die in der Apostelgeschichte berichteten Reden und Taten der Apostel und des Paulus wesentlich und von Anfang an in sein Programm der Vergewisserung des Lesers einbezog. Im Hinblick auf diesen möglichen Fall ist insbesondere nach der Funktion des Paulusteils der Acta für die Erreichung des Abfassungszweckes zu fragen.

2. Die Absicht des Verfassers im Lichte des Werkes

Lk 1, 3f zeigt, daß nach der Auffassung des Verfassers die Erkenntnis der vorausgesetzten ἀσφάλεια aus der καθεξῆς erfolgenden Darstellung zu gewinnen ist. Die Zuordnung des καθεξῆς zur intendierten Vergewisserung[29] kann Apg 2, 14–40 verdeutlichen, wo von einer erkenntnismäßigen Sicherheit, näherhin von Glaubensgewißheit, gesprochen wird: Das Haus Israel möge «mit Gewißheit (ἀσφαλῶς) erkennen», daß Gott Jesus zum Herrn und Messias gemacht hat (V. 36). Vorausgehend hatte die Petrusrede einen Schriftbeweis nach dem Schema «Verheißung und Erfüllung» geführt. Die Argumentation bleibt jedoch nicht bei den schon erfüllten Weissagungen (VV. 16–20. 23–32. 33–35) stehen,

---

[26] Der entsprechenden Auffassung von *Klein,* a. a. O. 211, hat sich inzwischen (1968) auch *Schürmann,* Evangelienschrift (Anm. 3) 271, angeschlossen. Siehe auch *A. J. B. Higgins,* The Preface to Luke and the Kerygma in Acts, in: Apostolic History and the Gospel (FS f. F. F. Bruce), Exeter 1970, 78–91, 82.

[27] Die Tatsache, daß Apg 1, 1f – in einem knappen Proömium mit Anrede des Widmungsempfängers Theophilos – auf das Evangelium zurückverweist, spricht nicht gegen eine solche Möglichkeit; vgl. Fl. Josephus, Ant. XIII 1f; XIV 1f; XV 1; C. Apionem II 1–7. Freilich ist auch ersichtlich, daß Lk und Apg nicht ursprünglich als ein einziges Werk erschienen sind, das später (im Rahmen der Kanonisierung) geteilt worden wäre.

[28] So die Auffassung von *Higgins* (Anm. 26) 81f. 88.

[29] Vgl. *G. Schneider,* Zur Bedeutung von καθεξῆς im lukanischen Doppelwerk: ZNW 68 (1977), im Druck.

sondern schließt von diesen auf das gewisse Eintreffen der noch ausstehenden verheißenen Ereignisse (VV. 38f). Gewißheit darüber, daß Jesus zum «Herrn und Messias» wurde, vermitteln nach Vers 36 die erfüllten Verheißungen. Doch die Erfahrung bisheriger Erfüllung macht zugleich gewiß, daß auch die noch unerfüllte ἐπαγγελία verwirklicht wird (VV. 38f).

Ähnliche Funktion haben die Verwendungen von καθεξῆς des lukanischen Werkes[30], die nicht bloß vom Nacheinander bestimmter Reisestationen (Lk 8, 1; Apg 18, 23) sprechen. Apg 3, 24 sagt von den Propheten (ἀπὸ Σαμουὴλ καὶ τῶν καθεξῆς), daß sie «auch diese Tage angekündigt haben». Wiederum handelt es sich um den Abschluß einer Argumentation mit Schriftverheißungen. Die Propheten haben vor allem das Leiden des Messias verkündigt, das inzwischen nachweislich eingetreten ist (V. 18). Es gilt also, das Leiden des Christus als Erfüllungstatsache zu begreifen und die Umkehr zu vollziehen (V. 19).

Die Reihe prophetischer Verheißungen, an die Vers 24 erinnert, ist zwar noch nicht insgesamt erfüllt. Doch machen die bisherigen Erfüllungsgeschehnisse gewiß, daß auch alle noch ausstehenden Ereignisse, vor allem das der Parusie (VV. 20f), eintreffen werden. Ähnlich läßt sich zeigen, wie nach Apg 11, 4 ein καθεξῆς erfolgender Bericht die Erkenntnis vermittelt, daß in sinnvoll «der Reihe nach» sich ereignenden Geschehnissen Gott selbst sich als der Handelnde erweist (VV. 17f).

Die Anwendung des Schemas «Verheißung und Erfüllung» ist nicht auf die Apostelgeschichte beschränkt, sondern begegnet in charakteristischer Weise schon in der lukanischen Evangelienschrift[31]. Indessen läßt sich beobachten, daß die Apostelgeschichte – besonders in ihrem Schlußteil – Vokabeln mit dem Stamm ἀσφαλ- auf eine Erkenntnis-Sicherheit bezieht[32]. In den Acta begegnen auch das spezifische καθεξῆς[33] und andere Ausdrücke des Lukasprologs[34]. Aus diesen Indizien kann zwar

---

[30] M. Völkel, Exegetische Erwägungen zum Verständnis des Begriffs καθεξῆς im lukanischen Prolog: NTS 20 (1973/74) 289–299, hält eine Wiedergabe des Begriffs mit «continua serie» für angemessen (298). F. Mußner, Καθεξῆς im Lukasprolog, in: Jesus und Paulus (FS f. W. G. Kümmel), Göttingen 1975, 253–255, möchte das Adverb im Sinne von «lückenlos» bzw. «ohne Ausnahme» verstehen (255).
[31] Vgl. besonders Lk 24, 5–9. 44–49.
[32] Vgl. die Verwendung der Vokabeln ἀσφάλεια Lk 1, 4 (Apg 5, 23); ἀσφαλής Apg 21, 34; 22, 30; 25, 26; ἀσφαλίζω (Apg 16, 24); ἀσφαλῶς Apg 2, 36 (16, 23). In Klammern stehen die Vorkommen, die sich auf sicheren Gewahrsam beziehen.
[33] καθεξῆς Lk 1, 3 (8, 1); Apg 3, 24; 11, 4 (18, 23). In Klammern gesetzt sind unspezifische Vorkommen.
[34] Vgl. die Aufzählung bei Flender, Heil und Geschichte (Anm. 3) 61 Anm. 128.

noch kein eindeutiger Schluß gezogen werden. Doch lassen sie die Annahme zu, der Verfasser habe das Proömium erst nach Abschluß des Doppelwerks seiner Evangelienschrift vorangestellt. In diesem Fall würde es sich höchst wahrscheinlich auf das Gesamtwerk beziehen. Mit einer derartigen Schlußfolgerung ist der Befund vereinbar, daß die Acta sich sprachlich-stilistisch vom dritten Evangelium abheben, was auf eine spätere Abfassung hindeuten kann [35].

Ein eindeutiger Beweis dafür, daß Lukas schon bei der Abfassung seines Evangeliums den «zweiten Band» im Auge gehabt habe, wäre gegeben, wenn das Evangelium selbst auf bestimmte Begebenheiten im voraus verwiese, die in der Apostelgeschichte berichtet werden. Leider sind die Stellen, die hierfür ins Feld geführt werden könnten, nicht beweiskräftig. Die Prophetie des Simeon Lk 2, 32, die an Deuterojesaja anknüpft, wird zwar Apg 13, 47 modifiziert aufgegriffen und auf die Heidenmission des Paulus bezogen; jedoch muß das nicht von vornherein beabsichtigt gewesen sein. Entsprechendes gilt für Lk 6, 40: «Ein Jünger ist nicht über dem Meister; jeder aber wird, wenn er alles gelernt hat, wie sein Meister sein.» Die Paulusdarstellung der Acta scheint zwar im Lichte dieses Jesuswortes zu stehen [36], dieses muß aber nicht schon innerhalb der Feldrede im Blick auf Paulus geboten sein. Wenn Lk 6,12–16 den lukanischen Apostelbegriff vorbereitet [37], muß nicht dessen mehrfache Explikation im «zweiten Band» beabsichtigt sein [38]. Im Verhör Jesu vor dem Synedrium übergeht Lukas das Zeugenverhör mit der Anschuldigung eines gegen den Tempel gerichteten Jesuswortes. Der Verfasser trägt diesen Komplex in der Stephanusgeschichte Apg 6, 13f gewissermaßen nach [39]. Doch beweist der «Nachtrag» von Markusstoff innerhalb der Acta [40] nicht, daß Lukas schon bei dessen Weg-

---

[35] Siehe *J. C. Hawkins*, Horae Synopticae, Oxford ²1909 (Neudruck 1968), 177–182. Die Unterschiede zwischen Lk und Apg legen nach Hawkins nahe, «that a considerable time must have elapsed between the writing of the two books» (177). Sie lassen jedoch nicht zu, auf verschiedene Verfasser zu schließen, wie es *A. C. Clark*, The Acts of the Apostles, Oxford 1933, 393–408, tat; vgl. die Widerlegung bei *W. L. Knox*, The Acts of the Apostles, Cambridge 1948, 2–15. 100–109.

[36] *W. Radl*, Paulus und Jesus im lukanischen Doppelwerk, Bern/Frankfurt 1975, 366. *Mattill*, The Jesus–Paul Parallels (Anm. 1), nimmt im Hinblick auf Lk 6, 40 – anders als Radl – einen Einfluß der Apg-Darstellung auf Lk an.

[37] Vgl. *Conzelmann*, Die Mitte der Zeit (Anm. 3) 40f.

[38] Das gilt auch für das auf Simon-Petrus allein bezogene Menschenfischerwort Lk 5, 10 (im Unterschied zu Mk 1, 17) und die führende Rolle des Petrus als Missionar in der Apg.

[39] *J. Bihler*, Die Stephanusgeschichte, München 1963, 11–16.

[40] Siehe dazu *H. G. Russell*, Which was written first, Luke or Acts?: HarvTR 48 (1955) 167–174, der für die Möglichkeit einer Abfassung der Apg *vor* Lk auf folgende Mk-Parallelen der Apg verweist, die im Lk fehlen: 1, 7 (Mk 13, 32);

lassung im «ersten Band» die Aufnahme in den zweiten beabsichtigt habe. Selbst die Verheißung des Auferstandenen Lk 24, 44–49 muß nicht voraussetzen, daß ihre Erfüllung (Metanoia-Predigt unter allen Völkern V. 47; Empfang des heiligen Geistes als «Kraft aus der Höhe» V. 49) später auch berichtet werde [41]. Mit der gleichen «Offenheit» im Blick auf die Erfüllung endet schließlich auch die Apostelgeschichte, wenn sie im Schlußvers 28, 31 den ungehinderten Fortgang der Wortverkündigung erwarten läßt, ohne einen «dritten Band» anzukündigen, der die Ausbreitung «bis ans Ende der Erde» (vgl. die Verheißung 1, 8) zu erzählen hätte [42]. Es hängt mit der schon in der biblischen Geschichtsschreibung und in der Apokalyptik bezeugten Konzeption von «Verheißung und Erfüllung» zusammen, wenn Lukas den Anfang der Erfüllungsereignisse erzählend berichtet, die Vollerfüllung aber der sicheren und vertrauensvollen Hoffnung anheimstellt [43]. Dabei gehören die nicht mehr berichteten Ereignisse für den Leser teilweise schon der Vergangenheit an. So wird deutlich, daß Lukas – entsprechend seinem Glaubensbegriff [44] – die Zuverlässigkeit insbesondere der *Verheißungen* meint, wenn er von der ἀσφάλεια der vernommenen «Worte» spricht (Lk 1, 4)[45].

6, 11 (Mk 14, 56); 6, 14 (Mk 14, 58); 9, 40 (Mk 5, 40); 12, 4 (Mk 14, 2). Dieser Aufzählung kann Apg 1, 8 (vgl. Mk 13, 10) angefügt werden. *K. Lake / H. J. Cadbury*, The Acts of the Apostles (The Beginnings of Christianity I/4), London 1933, 8, fragen, ob Lukas bei der Weglassung von Mk 13, 32 (innerhalb von Lk 21, 29–36) bereits Apg 1, 7 geplant habe, und verweisen weiter auf Apg 6, 13f; 12, 4.

[41] Gegen *Ph. Vielhauer*, Geschichte der urchristlichen Literatur, Berlin 1975, 384f. Die Diskrepanzen zwischen Lk 24, 50–53 und Apg 1, 4–12 sprechen eher für als gegen einen zeitlichen Abstand zwischen der Abfassung der beiden lukanischen Schriften.

[42] Der Schlußsatz der Apg steht gewiß in engster Beziehung zu dem Programmsatz Apg 1, 8, wie *F. W. Eltester*, Israel im lukanischen Werk und die Nazarethperikope, in: Jesus in Nazareth (BZNW 40), Berlin 1972, 76–147, 101, betont. Doch berechtigt diese Feststellung nicht zur Identifizierung des «Endes der Erde» mit Rom (unter Hinweis auf PsSal 8, 15). Lukas sieht zwar vielleicht mit der Ankunft des Paulus in Rom die von ihm 13, 47 angeführte Weissagung aus Jes 49, 6 erfüllt, möchte aber mit dem Schlußsatz des Werkes vor allem betonen, daß das göttliche Wort nunmehr «unaufhaltsam» seinen Weg in die Welt nehmen wird (vgl. *Eltester*, a. a. O. 103). – *Crehan*, Purpose of Luke (Anm. 1) 366, will ἐσχάτου in der Wendung «bis ans Ende der Erde» maskulinisch verstehen und bezieht es auf Theophilos. Als Begründung kann er nur anführen, Rom sei nicht «Ende der Erde».

[43] Vgl. das Ende des deuteronomistischen Geschichtswerkes 2 Kön 25, 27–30; ferner 2 Chr 36, 22f. Siehe *G. v. Rad*, Die deuteronomistische Geschichtstheologie in den Königsbüchern, in: ders., Deuteronomium-Studien, Göttingen 1947, 52–64; *H. H. Schmid*, Das Verständnis der Geschichte im Deuteronomium: ZTK 64 (1967) 1–15.

[44] Siehe Lk 1, 20 und 1, 45 (1, 26–38); ferner 24, 25; Apg 24, 14; 26, 27; 27, 25.

[45] Vgl. Weish 18, 6: «Jene Nacht wurde unsern Vätern im voraus kundgetan, damit sie in sicherer Erkenntnis der Eidschwüre, denen sie vertrauten (ἀσφαλῶς εἰδότες οἷς ἐπίστευσαν ὅρκοις), guten Mut hätten.» Die Tötung der ägyptischen Kinder (V. 5) gibt die sichere Zuversicht auf Rettung der Israeliten (V. 6). Siehe auch 2 Makk 15, 6–10; 3 Makk 7, 6.

Diese Absicht *konnte* mit der Evangelienschrift allein bereits als verwirklicht angesehen sein. Doch muß man sich fragen, ob einem Mann der dritten Generation – wie der Widmungsempfänger Theophilos es war – eine διήγησις der apostolischen Jesusüberlieferung [46] allein jene «Festigkeit der Worte», über die er informiert wurde, erkennbar machen konnte. Dazu bedurfte es doch wohl eines Aufweises der Kontinuität von der apostolischen Jesusüberlieferung bis hin zur Predigt, wie sie Theophilos in *seiner* Zeit vernehmen konnte. Da diese Kontinuität und sachliche Übereinstimmung aufzuweisen war, mußte wahrscheinlich von vornherein – falls Lk 1, 1–4 *vor* Abfassung der Acta geschrieben wurde – der «zweite Band» geplant gewesen sein. In ihm konnte das Ziel in zwei Stufen erreicht werden. Die Kontinuität der Apostel-Predigten und der Lehre Jesu (Apg 1, 3) wurde energisch betont sowie durch die Konzeption von den zwölf Aposteln als «Zeugen» auch als sachlich zuverlässig herausgestellt [47]. Ferner wurde der Abstand der Predigt «lukanischer» Zeit von der der Apostel durch die Darstellung des Paulus und seine «Anbindung» an die Apostel zu überbrücken versucht. Dabei mußte folgerichtig die sachliche Identität der Pauluspredigt mit der des Petrus, des Repräsentanten der Apostel, sichtbar gemacht werden. Eine solche Darstellungsabsicht darf jedenfalls aus dem lukanischen Werk insgesamt erschlossen werden. Dabei muß offenbleiben, ob das dritte Evangelium – falls es zunächst ohne Proömium erschienen sein sollte – bereits diese näher skizzierte Intention des Kontinuitätsaufweises verfolgte.

3. Die Hauptthemen des Doppelwerks

Wie die meisten neueren Untersuchungen zur lukanischen Theologie zeigen, lassen sich theologische Grundzüge durch beide Schriften des Doppelwerks hindurch verfolgen. Es gibt Unterschiede hinsichtlich der Thematik. Die Evangelienschrift stellt dar, «was Jesus von Anfang an tat und lehrte» bis zum Tag seiner Himmelfahrt (Apg 1, 1f). Den Gegenstand der Acta nennt das Ver-

---

[46] Vgl. Apg 1, 1f als Inhaltsangabe der Evangelienschrift.
[47] Siehe G. *Schneider*, Die zwölf Apostel als «Zeugen». Wesen, Ursprung und Funktion einer lukanischen Konzeption, in: Christuszeugnis der Kirche, hrsg. von Scheele/Schneider, Essen 1970, 39–65. Dieser Beitrag kommt zu wesentlich anderen Ergebnissen über das Verhältnis der Zwölf zu Paulus als G. *Klein*, Die zwölf Apostel. Ursprung und Gehalt einer Idee, Göttingen 1961. Meine Bedenken gegenüber Ch. *Burchard*, Der dreizehnte Zeuge. Traditions- und kompositionsgeschichtliche Untersuchungen zu Lukas' Darstellung der Frühzeit des Paulus, Göttingen 1970, habe ich BZ 16 (1972) 129f vorgebracht.

heißungs- und Auftragswort Jesu 1, 8: das apostolische Christuszeugnis «in Jerusalem und in ganz Judäa und Samaria und bis an das Ende der Erde». Die Verknüpfung der Themen ist sachlich gegeben, insofern 1, 8 eine Verheißung *Jesu* darstellt. Ferner wird deutlich gemacht, daß Jesu Himmelfahrt nicht ohne vorherigen Auftrag an die Apostel (V. 2) erfolgte. Jesu διδάσκειν mündete in einen Auftrag an seine Zeugen. Der Gegenstand, der die Lehre Jesu mit der Predigt der Apostel verbindet, ist das «Reich Gottes» (V. 3; vgl. Lk 16, 16). Nun ist zu fragen, ob mit der Ankunft des Paulus in Rom die Verheißung Jesu schon als erfüllt angesehen wird, m. a. W., ob Rom mit dem «Ende der Erde» gleichgesetzt ist. Selbst wenn das zuträfe, wäre klar, daß die christliche Botschaft jedenfalls nicht durch das Zeugnis der «Apostel» an das Ende der Erde gelangt, sondern erst durch die Predigt des Paulus (vgl. 13, 47). Wahrscheinlich ist unterstellt, daß das Evangelium, sobald es durch Paulus nach Rom gekommen ist, auch die ganze Erde erreichen wird. Die endgültige Erfüllung der letzten Verheißung Jesu wäre demzufolge am Schluß der Acta noch offen. Doch ihre bisherige weitgehende Erfüllung gibt die Zuversicht endgültiger Erfüllung und zeigt, daß der Logos des Auferstandenen «zuverlässig» ist (vgl. Lk 1, 4).

Die Festigkeit der empfangenen «Worte», von der sich Theophilos und die Leser des Werkes überzeugen sollen, betrifft aber noch einen anderen, vielleicht wichtigeren Aspekt der Verheißungen Jesu. Er wird in der Frage der Apostel Apg 1, 7 aufgezeigt: «Herr, stellst du in dieser Zeit für Israel das Reich wieder her?» Die Jünger erwarten, wie Jesu Antwort zeigt, dieses Ereignis als unmittelbar bevorstehend. Sie haben eine akute Naherwartung der Parusie. Jesu Antwort weist auf das bevorstehende Pfingstereignis und das kommende weltweite Zeugnis für den Auferstandenen, korrigiert indessen nicht den Inhalt der Erwartung («das Reich für Israel»), sondern nur den Zeitaspekt. Damit wird angedeutet, daß die Apostelgeschichte zwei Probleme der zeitgenössischen Gemeinde behandeln wird, das der sogenannten «Parusieverzögerung»[48] und das der Zukunft Israels[49]. In beiden

---
[48] Vgl. die (freilich einseitige) Erklärung der lukanischen Theologie vom eschatologischen Verzögerungsproblem her bei *Conzelmann*, Die Mitte der Zeit (Anm. 3); *E. Gräßer*, Das Problem der Parusieverzögerung in den synoptischen Evangelien und in der Apostelgeschichte, Berlin ²1960, 178–215.
[49] Auf das Israel-Problem machte neuerdings vor allem *J. Jervell* in verschiedenen Beiträgen aufmerksam. Sie sind zusammengefaßt in seinem Buch: Luke and the People of God. A New Look at Luke-Acts, Minneapolis (Minn.) 1972. Siehe ferner *Eltester*, Israel im lukanischen Werk (Anm. 42); *G. Lohfink*, Die Sammlung Israels, München 1975, dazu die Rezension von *F. Mußner*: BZ 20 (1976) 129f.

Fällen geht es um die Treue der prophetischen und der jesuanischen Verheißungsworte. Sie werden, wie 3, 21 betont, *allesamt* in Erfüllung gehen (vgl. Lk 24, 25). Auf beide genannten Probleme der Verheißungstreue geht nun schon das dritte Evangelium ein[50], so daß im Eingehen auf diese innerkirchliche Problematik das Doppelwerk eine beachtliche Geschlossenheit aufweist. Das Parusiethema wird von Lukas durchgehend so behandelt, daß an der Ankündigung des Endes energisch festgehalten, die Terminfrage jedoch zurückgewiesen wird. In bezug auf Israel wird die Verheißungstreue insofern demonstriert, als auf prophetische Ankündigungen der Verstockung des Volkes verwiesen wird[51] und gleich zu Beginn des Werkes die Weissagung des Deuterojesaja im Munde Simeons eine beachtenswerte Korrektur erfährt. Jesus ist nicht nur Licht für die Heiden und Herrlichkeit für das Gottesvolk Israel (Lk 2, 32), sondern auch der, an dem «viele in Israel zu Fall kommen» (2, 34; vgl. Jes 8, 14f). Zwar werden viele[52] andere durch Jesus zur «Auferstehung» gelangen. Doch der Ton liegt darauf, daß Jesus «Zeichen des Widerspruchs» in Israel sein wird (2, 34), also eine Scheidung verursacht. Dies wird im Evangelium vor Augen geführt[53]. Die Apostelgeschichte zeigt, daß die apostolische Verkündigung und das Wirken des Paulus diese Scheidung weitergehen lassen, so daß Apg 28, 25–27 nur den jesajanischen Verstockungstext zitieren kann. Apg 13, 47 spricht im Blick auf Paulus nur noch vom «Licht der Heiden» und vom «Heil bis ans Ende der Erde». Von der «Herrlichkeit Israels» ist keine Rede mehr.

War das Thema der Verheißungszuverlässigkeit als theologisches Problem der «lukanischen» Gemeinde am Werk selbst – und zwar in beiden Teilen – ablesbar, so stellt sich die Frage, ob es nur durch die faktische geschichtliche Situation, das bisherige Ausbleiben der Parusie und das weitgehende Sich-Versagen der Juden, gestellt oder ob es in Konfrontation zu aufkommenden

---

[50] Siehe etwa die Behandlung der Parusiegleichnisse durch Lukas; dazu G. *Schneider*, Parusiegleichnisse im Lukas-Evangelium, Stuttgart 1975. Zum Israel-Thema sei auf die Verkündigung Gabriels an Maria verwiesen: «Er wird als König herrschen über das Haus Jakobs in Ewigkeit, und seine Königsherrschaft wird kein Ende haben» (Lk 1, 33); dazu *Lohfink*, a. a. O. 23–25. Vgl. ferner Lk 22, 30; 24, 21; Apg 13, 23; 28, 20b.

[51] Jes 6, 9f wird Apg 28, 26f ausführlich, Lk 8, 10 abgekürzt zitiert. Siehe auch die Jesusworte Lk 19, 41–44; 21, 20–24. Die Zerstörung Jerusalems war ein «Zorngericht über dieses Volk» (21, 23).

[52] Siehe Apg 21, 20, wo Jakobus und die Ältesten den Paulus darauf hinweisen, daß es «Myriaden von Gläubiggewordenen unter den Juden gibt».

[53] Vgl. *Schürmann*, Lukasevangelium (Anm. 3) 127–129, sowie die Auslegung von Lk 7, 1 – 9, 50 unter der Überschrift «Scheidung und Entscheidung» (386 bis 580).

Falschlehren aufzugreifen war. Hat Lukas bereits gegen gnostische oder doketische Irrlehren Stellung bezogen? Einige neuere Arbeiten zur Zielsetzung des lukanischen Werkes bejahen diese Frage [54]. Wenn deren Antwort auch zutreffend sein mag, so ist doch festzuhalten, daß Lukas, abgesehen von Apg 20, 29f, allenfalls indirekt gnostische Gedanken ablehnt und jedenfalls keine entsprechende Polemik betreibt [55]. Lukas sieht die Kirche erst nach dem Weggang des Paulus von Falschlehrern bedroht (Apg 20, 29f) und kann – entsprechend dieser Vorstellung – die apostolische Epoche und die des Paulus noch nicht mit der Irrlehre in Verbindung bringen. Folglich kann er auch keine direkte Polemik gegen sie berichten [56]. Umgekehrt wird gerade die apostolische Paradosis in ihrer Vollständigkeit [57] vom Verfasser des lukanischen Werkes als die sachgerechte Zurückweisung der Irrlehre verstanden [58]. Sie liegt – bis hin zu ihrer Weitergabe durch Paulus – im Doppelwerk vor. Deshalb ist es nicht möglich, sich auf Geheimlehren zu berufen, die bislang unbekannt geblieben sein sollen [59]. Nach Lukas war noch die paulinische Zeit von Irrlehren frei.

Die Mittel der Verteidigung gegen aufkommende Häresien, die Lukas seinem Aufweis der Apostolizität der kirchlichen Verkündigung dienstbar macht, sind auch außerhalb des lukanischen Werkes bezeugt. Es handelt sich um die Begriffe der authentischen Augenzeugen, der rechten Schriftauslegung und

---

[54] So z. B. *C. K. Barrett*, Luke the Historian in Recent Study, London 1961, 62f; *Klein*, Die zwölf Apostel (Anm. 47); *Schürmann*, Evangelienschrift (Anm. 3) 252; *Talbert*, Luke and the Gnostics (Anm. 1); ders., Die antidoketische Frontstellung der lukanischen Christologie (engl. Original 1968), in: G. Braumann (Hrsg.), Das Lukas-Evangelium, Darmstadt 1974, 354–377.

[55] Siehe *W. C. van Unnik*, Die Apostelgeschichte und die Häresien: ZNW 58 (1967) 240–246. Vgl. auch *Haenchen*, Apostelgeschichte (Anm. 3) 675–679; *Kümmel*, Einleitung (Anm. 2) 130.

[56] Siehe *Talbert*, Luke and the Gnostics (Anm. 1) 83–97, der darauf hinweist, daß nicht einmal Simon Magus (Apg 8) in gnostischer Terminologie dargestellt wird (83); vgl. *van Unnik*, a. a. O. 242.

[57] Lk 1, 4: «nachdem ich *allem* von Anfang an genau nachgegangen bin»; Apg 20, 27: Paulus hat «den *ganzen* Ratschluß Gottes verkündigt».

[58] Siehe dazu *H. Schürmann*, Das Testament des Paulus für die Kirche (erstm. 1962), in: ders., Traditionsgeschichtliche Untersuchungen zu den synoptischen Evangelien, Düsseldorf 1968, 310–340, näherhin 327f. Schürmann äußert mit Recht Vorbehalte gegenüber einer allzu eindeutigen «gnostischen» Einordnung der Irrlehre, die Lukas in ihrer mannigfachen Erscheinung (vgl. Hebr 13, 9a) kaum charakterisieren konnte noch wollte (317f). Vgl. *Minear*, Dear Theo (Anm. 1) 135: «... the challenge to faith stemmed not so much from a single set of circumstances as from a complex interplay of subtle psychological and sociological forces».

[59] Vgl. *Schürmann*, Lukasevangelium (Anm. 3) 11: «Wie Apg 1, 1f, so unterstreicht Luk auch Apg 10, 39 und 20, 20. 27 (35) die Vollständigkeit des apostolischen Zeugnisses an entscheidenden Stellen der Apg..., offensichtlich in Front gegen wuchernde pseudochristliche Geheimtradition.»

der Weitergabe der apostolischen Tradition[60]. Die Augenzeugen garantieren die «leibhaftige» Realität der Passion, Auferweckung und Himmelfahrt Jesu. Die apostolische Überlieferung gelangt über Paulus zu den «Ältesten» in den paulinischen Gemeinden (Apg 14, 23; 20, 17–21)[61]. Die rechte und rechtmäßige Auslegung der Schrift, insbesondere auch das Verständnis der noch ausstehenden Verheißungen, wird in diesem Zusammenhang besonders wichtig. Die Erfahrung der Augenzeugen bestätigt die rechte christliche Deutung des Alten Testaments[62]. Die zutreffende Auslegung der prophetischen Weissagungen und der Jesusworte durch die apostolische Überlieferung gibt nach 2 Petr 3, 1–10 speziell auch die Lösung des eschatologischen Verzögerungsproblems, das sich 3, 4 in der Frage artikuliert: «Wo ist die Verheißung seiner Parusie?» Das Problem der Zuverlässigkeit der Verheißungen ist bei Lukas eher eine latente Frage der Gemeinde gewesen. Zu seiner Beantwortung wurden indessen Mittel eingesetzt, die später zur Abwehr von Häretikern Verwendung fanden.

Wo von den Gegenständen des lukanischen Werkes gesprochen wird, muß auch der umfangreiche Paulusteil der Acta Berücksichtigung finden. Was bedeutet er für den Abfassungszweck der Apostelgeschichte oder des Doppelwerks? Die Auffassung, daß die Acta eine Verteidigungsschrift für Paulus in seinem römischen Prozeß darstellten[63], kann als widerlegt gelten. Denn die Apostelgeschichte bildet den zweiten Teil eines Werkes, dessen erster eine Evangelienschrift ist, die dem so verstandenen apologetischen Zweck schwerlich entspricht. Die Frage nach dem zweifellos vorhandenen apologetischen Zweck des Werkes – nicht nur im Paulusteil der Acta[64] – wird teilweise dahingehend beantwortet, daß Lukas das Christentum als religio licita erweisen und

---

[60] Siehe die drei entsprechenden Kapitel bei *Talbert*, Luke and the Gnostics (Anm. 1) 17–56. Das zusammenfassende Kapitel «Similar Defenses» (57–70) nennt drei Typen der Antwort auf den Gnostizismus, repräsentiert von Joh (und 1 Joh), Past und 2 Petr.

[61] Man beachte den roten Faden von Apg 9, 27–30 über 11, 25f; 13, 1–3. 31; 15, 2; 16, 4; 18, 22 zu 21, 17.

[62] Ähnlich verweist 2 Petr (1, 16–21 und 3, 2) auf die apostolische Überlieferung als Bollwerk gegen die Falschlehre und erwähnt im gleichen Kontext die Augenzeugenschaft (1, 16) sowie die legitime Schriftauslegung (1, 19–21).

[63] So insbesondere ältere Arbeiten, z. B. *Aberle*, Zweck der Apostelgeschichte (Anm. 1); in neuerer Zeit: H. *Sahlin*, Der Messias und das Gottesvolk, Uppsala 1945, 10; R. *Koh*, The Writings of St. Luke, Hongkong 1953, 34; *Cottle*, Occasion and Purpose (Anm. 1); *Mattill*, Purpose of Acts (Anm. 1); ders., The Good Samaritan (Anm. 1); J. *Munck*, The Acts of the Apostles, Garden City 1967, LV–LXI.

[64] Siehe z. B. die Rolle des Pilatus im Prozeß Jesu. Der römische Statthalter erklärt dreimal die Unschuld Jesu (Lk 23, 4. 14f. 22a) und will ihn freilassen (23, 16. 20. 22b).

ihm auf diesem Weg die Toleranz des römischen Staates erwirken wolle[65]. Die Kirche werde in Verfolgung dieser Tendenz als das wahre Judentum vorgestellt[66]. Diese Auffassung über den apologetischen Zweck der Acta kann aus zwei Gründen nicht zutreffend sein. Einerseits werden die Christen den Juden als loyale Staatsbürger *gegenübergestellt*, während der ungläubige Teil der Judenschaft als politisch aufsässig erscheint[67]. Zum anderen gab es den Begriff der religio licita, den Tertullian gelegentlich[68] ad hoc formuliert, nicht als Terminus technicus[69]. Und die theologische Argumentation des Gesamtwerks würde gerade römischen Beamten unverständlich geblieben sein. Lukas weiß das genau und gibt zu erkennen, daß der römische Staat für Fragen des christlichen Glaubens im Verhältnis zur jüdischen Religion nicht zuständig ist[70].

Der eigentliche Schlußteil der Apostelgeschichte (Kap. 21–28) wäre, falls man ihn im Sinne einer politischen Apologetik verstehen wollte, ein sonderbarer «Anhang» des Werkes. «Man kann selbstverständlich nicht verlangen, eine biblische Schrift habe sich nur mit einem Hauptthema zu befassen, aber kann man eine Erklärung finden, die ungekünstelt einen inneren und deutlichen Zusammenhang in der Thematik der Schrift aufweisen kann, ist ihr der Vorzug zu geben»[71]. Gewöhnlich wird die Ansicht geäußert, Lukas lasse bewußt die Repräsentanten Roms als den Boten des Christentums wohlwollend gesonnen erscheinen[72]. Demgegenüber muß gesagt werden, daß die römischen Hauptakteure in der Sache des Paulus, die Statthalter Felix und Festus, eher pro-jüdisch gezeichnet sind (Apg 24, 22–26; 25, 9–11). Es fällt somit schwer, «sich vorzustellen, Lukas wolle bei den Römern um gute Bedingungen und Arbeitsmöglichkeiten für die Kirche bitten»[73].

Welche Funktion hat der apologetische[74] Paulusteil in Wahrheit? Die literarische Funktion der Kapitel 21–28 besteht darin,

---

[65] So von *Easton*, Purpose of Acts (Anm. 1); *Haenchen*, Apostelgeschichte (Anm. 3) 560; G. *Stählin*, Die Apostelgeschichte, Göttingen 1962, 6; dazu kritisch H. Conzelmann, Die Apostelgeschichte, Tübingen 1963, 10.
[66] Vgl. *Haenchen*, a. a. O. 560: «die christliche Lehre als innerjüdische αἵρεσις und damit als religio licita»; vgl. 571.
[67] Siehe Apg 13, 50; 14, 19; 17, 5–8. 13; 18, 12–17; 21, 27f; vgl. Lk 23, 18f. 25; dazu *Kümmel*, Einleitung (Anm. 2) 131.
[68] Tertullian, Apol. 21, 1.
[69] Siehe *Conzelmann*, Apostelgeschichte (Anm. 65) 10.
[70] Vgl. Apg 18, 15; 25, 13–26.
[71] J. *Jervell*, Paulus – der Lehrer Israels. Zu den apologetischen Paulusreden in der Apostelgeschichte: NT 10 (1968) 164–190, 167f Anm. 6.
[72] Siehe z. B. *Stählin*, Apostelgeschichte (Anm. 65) 6.
[73] *Jervell*, Paulus (Anm. 71) 169.
[74] Daß die Funktion apologetisch ist, zeigen die Vokabeln ἀπολογέομαι bzw. ἀπολογία an: 22, 1; 24, 10; 25, 8. 16; 26, 1. 2. 24.

Paulus nach Rom zu führen, und zwar nicht zum kaiserlichen Gericht, sondern zu den römischen Juden, bei denen «die endgültige Auseinandersetzung mit dem verstockten Teil des Judentums stattfindet»[75]. Daß die Apologie die Beziehung des (christlichen) Paulus zum Judentum betrifft, zeigen die das Stück rahmenden Teile 21, 15 – 23, 11 und 28, 17–31 an. In den Reden sind Person und Tätigkeit des Paulus der Gegenstand der Verteidigung[76]. Paulus war auch als Christ gesetzestreuer Jude und Pharisäer (22, 3; 23, 1. 3. 5f; 24, 14; 26, 4f), glaubte alles, was im Gesetz und den Propheten geschrieben steht, und war in seiner Lehre nicht unjüdisch (24, 14f; 26, 22f). Er wurde wegen seiner (pharisäischen) Auferstehungspredigt angeklagt (23, 6; 24, 21; 26, 8), war also insoweit treu gegenüber Schrift, Gesetz und Gottesvolk (24, 14–16; 26, 22f)[77]. Diese Elemente zeigen, worum es dem Verfasser der Acta geht. Paulus wird gegenüber jüdischen Vorwürfen verteidigt, die insbesondere den juden-christlichen Gemeindegliedern zu schaffen machten[78]: Paulus habe gegen Volk, Gesetz und Tempel Stellung bezogen (21, 28; 28, 17). Damit aber ständen die Existenzberechtigung der Kirche und die Berufung der Heiden auf dem Spiel[79]. «Wenn der größte Teil der christlichen Gemeinden auf einen jüdischen Apostaten zurückgeht, dann ist die Kirche nicht das erneuerte Israel, und dann hat sie auch kein Recht, sich auf das Heil Israels zu berufen. Lukas will zeigen, daß die Zwölf und Paulus Israel repräsentieren, während die unbußfertigen Juden nicht länger ein Anrecht auf die Bezeichnung ‹Israel› haben»[80].

Läßt sich somit die «Apologie» des Schlußteils der Apostelgeschichte, insofern sie das Verhältnis des Christentums zu Israel reflektiert, als Eingehen auf ein «innerkirchliches» Problem verstehen, so ist damit noch nicht erklärt, welche Rolle in diesem Teil des lukanischen Werkes die Bezugnahme auf den römischen Staat spielt. Daß eine Apologie an die Adresse Roms intendiert

---

[75] *Jervell*, Paulus (Anm. 71) 172.
[76] Vgl. *Jervell*, a. a. O. 173–175, unter Hinweis auf die Paulusreden des Schlußteils.
[77] *Jervell*, a. a. O. 175.
[78] *Jervell*, a. a. O. 190, schließt seinen Aufsatz mit der Feststellung: «Er [Lukas] schreibt für christliche Leser, die wegen Paulus Angriffen ihrer jüdischen Umgebung ausgesetzt sind.» Damit greift er – ohne das zu erwähnen – im wesentlichen die These von *Schneckenburger*, Der Zweck der Apostelgeschichte (Anm. 1), wieder auf; vgl. *W. Gasque*, A History of the Criticism of the Acts of the Apostles, Tübingen 1975, 32–39.
[79] *Jervell*, a. a. O. 181.
[80] *Jervell*, a. a. O. 186, unter Berufung auf *Conzelmann*, Apostelgeschichte (Anm. 65) 137, zu 26, 6f: «Der rechte Jude muß Christ werden, um Jude zu bleiben.»

sei, ist bereits als unwahrscheinlich erkannt worden. Somit stellt sich die Frage, ob auch das Verhältnis zu den staatlichen Autoritäten unter dem Aspekt eines innerkirchlichen Anliegens gesehen ist. Eine solche Möglichkeit ist – vorsichtig geurteilt – nicht auszuschließen. Wenn sich der Autor ad Theophilum die Aufgabe stellte, den Ort der Christen «im Gefüge dieser Welt zu finden, einer Welt freilich, in der gegenüber dem Christentum (nur noch kurze Zeit, wie er hoffte) eine allgemein feindselige Stimmung herrschte»[81], dann kann es sein Anliegen gewesen sein, bei den Christen einerseits eine radikale Haltung kompromißloser Gegnerschaft gegen den Staat zu verhindern, andererseits aber auch gegen eine Resignation anzugehen, die zu konformistischer «Anpassung» sowie zur Lähmung des Missionswillens führen konnte[82]. Die Beispiele des neutralen oder gar wohlwollenden Verhaltens römischer Repräsentanten, die der Verfasser bietet, konnten «den Leser zu der Hoffnung führen, daß das, was er so eindrücklich für die Vergangenheit geschildert sah, auch in seiner Gegenwart einmal Wirklichkeit werden könne»[83]. Dabei ist sich Lukas bewußt, daß die römischen Beamten genauso wie die ungläubigen Juden nur Werkzeuge des Heilshandelns Gottes sind, dem niemand das erfolgreiche Fortschreiten wehren kann[84].

Zusammenfassend kann gesagt werden, daß die Thematik der Apostelgeschichte – auch die des «apologetischen» Schlußteils – keinen vom dritten Evangelium verschiedenen Abfassungszweck wahrscheinlich macht. Das Doppelwerk weist auch in seiner Thematik beachtliche Geschlossenheit auf. Es ist allenfalls sekundär auch für Nichtchristen bestimmt.

4. Die Frage nach der Gattung

Die gattungsmäßige Einordnung der Apostelgeschichte macht größere Schwierigkeiten als die der lukanischen Evangelienschrift. Das liegt darin begründet, daß für letztere dem Evangelisten in Gestalt des ältesten Evangeliums ein Vorbild zur Verfügung stand. Gemessen am Markus-Evangelium kann festgestellt werden, daß das dritte Evangelium stärker historisiert und sich in manchen Zügen der Biographie annähert[85]. Mit

---

[81] *Plümacher*, Lukas als griechischer Historiker (Anm. 21) 260.
[82] So *Plümacher*, a. a. O. (260).
[83] Ebd.
[84] Vgl. Apg 4, 23–28; dazu *Eltester*, Israel im lukanischen Werk (Anm. 42) 110.
[85] Das dritte Evangelium als Vita Jesu anzusprechen, dürfte allerdings zu weit gehen; vgl. indessen *Conzelmann*, Die Mitte der Zeit (Anm. 3) 173f; *Käse-*

diesen Zügen steht der «erste Teil» des lukanischen Werkes dem zweiten nahe. Läßt diese gattungsmäßige Annäherung den Schluß zu, das lukanische Doppelwerk sei als solches von Anfang an geplant gewesen?

Hinsichtlich der Apostelgeschichte ist die Gattungsfrage bis heute ungelöst. Möglicherweise hängt das damit zusammen, daß man das Gattungsproblem für den «zweiten Teil» des Doppelwerks meist isoliert behandelte, statt es im Blick auf die vorausgehende Evangelienschrift zu erörtern[86]. Beschränkt man die Gattungsfrage auf die Acta Apostolorum, so muß das Urteil lauten: «Die Apg gehört keiner antiken Literaturgattung an, sowenig wie die Evangelien, und hat auch keine christliche begründet. Sie ist singulär, repräsentiert also keine Gattung»[87].

Dennoch kann es aufschlußreich sein, Teil-Analogien zwischen den lukanischen Acta einerseits und gewissen Vorläufern sowie apokryphen Nachfolgern andererseits ins Auge zu fassen. Die spätere Bezeichnung *acta* gibt das griechische πράξεις wieder, das als Überschrift in der handschriftlichen Tradition begegnet und das Buch der hellenistischen *Praxeis-Literatur* zuordnet[88]. Diese Bezeichnung kann indessen nur sehr bedingt als zutreffend gelten[89]. Die Reiseberichte des Buches lassen an Formalbestimmungen wie *Periodoi* und *Hypomnemata* denken[90]. Doch will das Werk nicht Reiseabenteuer um ihrer selbst willen erzählen. Je mehr man erkennt, daß die Apostelgeschichte weder ein Heldenbuch noch eine Apostelbiographie ist, desto mehr richtet sich der Blick auf das Sachanliegen, dem die Darstellungsform dienen will. Und dieses übersteigt das Interesse an den handelnden Personen der Vergangenheit.

---

mann, Exegetische Versuche und Besinnungen I (Anm. 4) 199. 215; *Barrett*, Luke the Historian (Anm. 54) 64; *Haenchen*, Apostelgeschichte (Anm. 3) 87.

[86] *Vielhauer*, Geschichte der urchristlichen Literatur (Anm. 41), behandelt neuerdings das lukanische Doppelwerk als Einheit, freilich in zwei Paragraphen. Die Zusammengehörigkeit von Lk und Apg kann man zwar mit Vielhauer so bestimmen, daß «der Geschichte Jesu eine Geschichte der Mission und Ausbreitung des Christentums als Fortsetzung» (385) angefügt würde. Doch ist damit die Gattungsfrage nicht gelöst.

[87] *Vielhauer*, a. a. O. 400.

[88] Siehe die Belege bei *A. Wikenhauser*, Die Apostelgeschichte und ihr Geschichtswert, Münster 1921, 95–100.

[89] Siehe *Wikenhauser*, a. a. O. 107: Die Apg «ragt über diese Literatur hinaus», und zwar wegen der einheitlichen Thematik.

[90] *E. Norden*, Agnostos Theos (1913), Neudruck Darmstadt 1956, 313–327, wollte die «Grundschrift unserer Acta» als Hypomnema verstehen; er dachte dabei an einen Reisebericht des Lukas. *Vielhauer*, Geschichte der urchristlichen Literatur (Anm. 41) 399, möchte allenfalls die späteren apokryphen Apostelakten den Reiseromanen und Praxeis zuordnen.

Das lukanische Werk wird mit Recht als das eines Mannes verstanden, der Historiker sein wollte und es auch im Sinne seiner Zeit gewesen ist[91]. Kann aber deswegen seine Apostelgeschichte – für sich genommen – als eine *historische Monographie*[92] bezeichnet werden? Einer solchen Gattungsbestimmung kann entgegengehalten werden, daß die Acta – wenngleich möglicherweise separat ediert – von Anfang an den Hinweis auf den «ersten Band» (Apg 1, 1f) enthielten. So wird man die Acta im Sinne des Verfassers nicht als Monographie einstufen dürfen. Die These, es handle sich um eine *Apologie*, wird heute fast nur noch in dem Sinn aufrechterhalten, daß die Kirche vor dem römischen Staat oder das paulinische Christentum gegenüber dem Judentum verteidigt werde[93].

Dem Versuch, das lukanische *Gesamtwerk* gattungsmäßig zu bestimmen, braucht man nicht resignierend gegenüberzustehen. Zwar meint eine jüngere Stellungnahme, die sich des Problems immerhin bewußt ist, es sei kaum möglich, das lukanische Geschichtswerk «als ganzes in eine der bekannten griechisch-römischen Literaturgattungen einzuordnen»[94]. Doch steht solcher Zurückhaltung ein ebenso kühner wie beachtenswerter Vorstoß gegenüber, der eine positive Beantwortung der Gattungsfrage für möglich hält.

Es handelt sich um eine Studie des amerikanischen Exegeten Charles H. Talbert, die das lukanische Werk im Lichte der Philosophendarstellungen des Diogenes Laertios sehen möchte[95]. Das zehn Bücher umfassende Werk «Leben und Meinungen der großen

---

[91] Vgl. vor allem M. *Dibelius*, Der erste christliche Historiker (erstm. 1948), in: ders., Aufsätze zur Apostelgeschichte (Anm. 15) 108–119; zuletzt M. *Hengel*, Zwischen Jesus und Paulus: ZTK 72 (1975) 151–206, näherhin 152–154.

[92] So *Conzelmann*, Apostelgeschichte (Anm. 65) 6 (unter Hinweis auf griechisch-römische Vorbilder und die Makkabäerbücher), sowie sein Schüler *Plümacher*, Lukas als griechischer Historiker (Anm. 21) 262f.

[93] Siehe z. B. E. *Trocmé*, Le «Livre des Actes» et l'histoire, Paris 1957, 50–59. Er versteht die Apg als Verteidigung gegenüber Juden, die die paulinische Form des Christentums als staatsgefährlich ansahen. Vgl. J. *Weiß*, Über die Absicht (Anm. 1) 56; er hielt die Apg für «eine Apologie der christlichen Religion vor Heiden gegen die Anklage der Juden, welche zeigt wie es gekommen, daß das Judentum durch das Christentum in seiner Weltmission abgelöst ist».

[94] *Plümacher*, Lukas als griechischer Historiker (Anm. 21) 263, mit der Einschränkung: «es sei denn, man betrachte es angesichts des Eindringens der Tendenz zu monographischer Aufgliederung in die Universalgeschichte ... als den Versuch, in zwei locker miteinander verbundenen Monographien eine Gesamtgeschichte des Christentums zu schreiben». Siehe dazu auch unten Anm. 108.

[95] Ch. H. *Talbert*, Literary Patterns, Theological Themes, and the Genre of Luke-Acts, Missoula (Mont.) 1974, 125–140.

Philosophen»[96] ist zwar frühestens im 3. Jh. n. Chr. entstanden[97], besitzt aber, was die Darstellungsform betrifft, Vorgänger[98]. Talbert findet die Philosophenschulen in der Regel nach einem dreifachen Schema dargestellt: a) Das Leben des Gründers; b) Erzählungen über Schüler und Nachfolger; c) Summarium der Lehre der betreffenden Schule[99]. Die literarische Präsentation der verschiedenen Philosophenschulen rechnet Talbert dem Sektor der «kultischen Biographien» zu, insofern diese den «halbreligiösen Gemeinden» der Schulen entstammen[100]. Die Funktion einer solchen Darstellungsform soll gewesen sein, den *Ort* der wahren Überlieferung – verstanden als Leben und Lehre – in der Gegenwart aufzuweisen. Sie zeige ferner den *Inhalt* der wahren Tradition auf, indem Taten und Worte der Nachfolger des Begründers vorgeführt werden. Endlich sollten die *Wurzeln* dieser Tradition im Wirken des Gründers ersichtlich werden[101]. Der Vergleich dieses Darstellungsschemas mit dem lukanischen Werk fördert nach Talbert folgendes Ergebnis zutage. Nicht nur das Schema, sondern auch seine Funktion haben im lukanischen Doppelwerk eine auffallende Parallele. Es geht darum zu zeigen, daß die wahre Überlieferung jene ist, die von Jesus über die Zwölf und Paulus auf die ephesinischen Ältesten (Apg 20) überging. Ferner wird der Inhalt dieser Tradition in Erzählungen und Reden vorgeführt. Schließlich soll gezeigt werden, daß der «apostolische Lebensstil» wie die christliche Lehre im Leben Jesu seine Wurzel hat[102].

---

[96] Die jüngste Edition stammt von H. S. *Long*, Diogenis Laertii Vitae Philosophorum, 2 Bde., Oxford 1964; vgl. R. D. *Hicks*, Diogenes Laertius, Lives of Eminent Philosophers, with an English Translation, 2 Bde., London 1925 (Neudrucke). Eine deutsche Übersetzung beruht auf unzulänglicher Textgrundlage: *Diogenes Laertius*, Leben und Meinungen berühmter Philosophen, aus dem Griechischen übers. von O. Apelt, neu hrsg. von K. Reich, Hamburg ²1967.

[97] Siehe E. *Schwartz*, Diogenes Laertios, in: RE (Pauly/Wissowa) V/1 (1903) 738–763; H. *Dörrie*, Diogenes Laertios, in: Der Kleine Pauly II (1967) 45f.

[98] Diogenes Laertios hat zwar von den Diadochenschriftstellern (dazu O. *Gigon*, Diadochē, in: Lexikon der Alten Welt, Zürich 1965, 723) und Biographen höchstens Diokles von Magnesia (1. Jh. v. Chr.) direkt benutzt. Doch folgt daraus nicht, daß er die Traditionsketten nur aus diesem Buch kannte. Das Werk des Diogenes ist nach *Schwartz*, a. a. O. 749, «nur ein Exemplar einer Gattung, die Jahrhunderte hindurch in Unmassen von Exemplaren existiert hat». *Talbert*, Literary Patterns (Anm. 95) 130f. 134, verweist in diesem Zusammenhang auf die Geschichte der Aristoteles-Biographie; vgl. I. *Düring*, Aristotle in the Ancient Biographical Tradition, Göteborg 1957, der verschiedene Sukzessionslisten aufführt (82. 105. 106. 157. 200).

[99] *Talbert*, a. a. O. 127; vgl. ders., An Introduction to Acts: Review and Expositor 71 (1974) 437–449, 439.

[100] *Talbert*, An Introduction (Anm. 99) 438.

[101] *Talbert*, a. a. O. 439; ders., Literary Patterns (Anm. 95) 128f.

[102] *Talbert*, An Introduction (Anm. 99) 439, wagt den Schluß: «Because of the similarities between Luke-Acts and this type of biography, it is difficult to resist

Nun wäre es – auch nach Talbert – voreilig, nicht auch die Differenzen zwischen Lukas und Diogenes Laertios zu berücksichtigen [103]. Während Diogenes eine Sammlung mehrerer Biographien bietet, beschäftigt sich Lukas nur mit einer einzigen «Diadoche». Doch kann dieser Unterschied damit erklärt werden, daß Diogenes ein weiteres Publikum bedienen will, während Lukas für die Gemeinde schreibt, die «der Schule» angehört [104]. Zweitens ist das Summarium der Lehre bei Lukas kein eigenes Strukturelement wie bei Diogenes [105], sondern es begegnet in den Apostelreden und ist eng mit der Erzählung verknüpft. Drittens ist die Erzählung über Schüler und Nachfolger in den Acta stärker entwickelt. Talbert glaubt, diesen Befund mit der von Lukas zu bewältigenden größeren Materialfülle erklären zu können [106].

Die These Talberts bedarf gewiß noch eingehenderer Prüfung, insbesondere im Hinblick auf die literaturgeschichtliche Einordnung des Darstellungsschemas bei Diogenes, das als solches immerhin erst relativ spät bezeugt ist, und in bezug auf den «Sitz im Leben», der näher zu präzisieren wäre. Der Gattungsvergleich zwischen Lukas und den Philosophenbiographien legt eine Analogie offen, die wohl nicht in literarischer Abhängigkeit begründet ist [107]. Sie ist eher dem analogen «Sitz im Leben» zu verdanken. Daß sich die Gemeinde wegen der wahren Lehre und um ihres Selbstverständnisses willen ihres Ursprungs und der zuverlässigen Tradition der Lehre versichern möchte, ist zuvor auf anderem

---

the conclusion that Acts, together with the Third Gospel, belongs to this type of ancient biographical genre.» *Talbert*, Literary Patterns (Anm. 95) 130, weist auf seine frühere These (in: Luke and the Gnostics [Anm. 1]) über den «Sitz im Leben» hin, den er für das lukanische Werk im «Kampf gegen die (gnostische) Häresie» sieht, und kann die Gattung unter dieser Voraussetzung auf ihre Funktion hin interpretieren: «to present the authentically Christian picture of Jesus and of the Christian faith just as Laertius intended to present the true way of the various successions».

103 *Talbert*, Literary Patterns (Anm. 95) 129–134.
104 *Talbert*, a. a. O. 131. Immerhin ist es wahrscheinlich, daß auch Lukas nach außen hin werbend spricht, da z. B. die Formulierungen Apg 4, 19 und 5, 29 (vgl. Plato, Apol. 29d) «die Apostel ebenso als geistige Erben des Archegeten aller folgenden Philosophenschulen ausweisen sollen, wie die lukanische Schilderung vom Wirken des Paulus in Athen auch diesen als Sokrates-Nachahmer kennzeichnet» (*Plümacher*, Lukas als griechischer Historiker [Anm. 21] 239f.). Vgl. *C. Murley*, Plato and the New Testament: ATR 12 (1929/30) 438–442.
105 Diogenes Laertios II 18–47 (Sokrates) zeigt, daß dieses Element fehlen kann.
106 *Talbert*, Literary Patterns (Anm. 95) 131.
107 *Gigon*, Diadochē (Anm. 98), bemerkt: «Die Schulgeschichte als eine Abfolge der Scholarchen zu beschreiben lag nahe, allerdings auch die Verführung, schon für die ältere Philosophiegeschichte Diadochai zu konstruieren ...». Ansätze zu Diadochen-Konstruktionen gibt es auch auf anderen Gebieten.

Wege erkannt worden. Der gattungsmäßige Befund konvergiert mit dieser Erkenntnis und kann sie bestätigen. Die Analogie zum Werk des Diogenes Laertios stützt zudem jene Autoren, die die Abfassungsabsicht des Lukas von vornherein auf ein die Apostelgeschichte mit umfassendes Unternehmen gerichtet sehen [108].

---

[108] Inwieweit Lukas für die Konzeption eines zweibändigen Werkes mit eigentümlichen Diadochai von den biblischen Geschichtsbüchern inspiriert wurde (vgl. die LXX-Einteilung von 1/2 Sam und 1/2 Kön [4 Bücher der «Königsherrschaften»] sowie 1/2 Chr), sollte geprüft werden; vgl. einstweilen B. *Thiering*, Opening and Closing Narratives in the Gospels and Acts, in: Abr-Nahrain IV (Leiden 1965) 50–55.

Zur Bedeutung von καθεξῆς im lukanischen Doppelwerk

I.

Im Abstand von wenigen Monaten erschienen von der Hand dreier deutscher Neutestamentler Beiträge zur Erhellung des καθεξῆς im Lukasprolog (Lk 1 3). Der Reihe nach legten M. Völkel[1], J. Kürzinger[2] und F. Mußner[3] ihre Thesen vor.

1. Völkel hält eine »Wiedergabe des Begriffs καθεξῆς mit *continua serie*« für angemessen und erläutert: »Eben dieser lückenlose, nämlich kontinuierliche Bezug aller einzelnen Teile auf ein logisches Ganzes dürfte es Lukas ermöglicht haben, soweit es ersichtlich ist, καθεξῆς als Bezeichnung der Modalität einer schriftstellerischen Darstellung, singulär gewählt zu haben«[4].

2. Kürzinger macht den Vorschlag, καθεξῆς mit »im folgenden« bzw. »wie folgt« zu übersetzen[5]. Eine solch konventionelle Sinngebung erscheint indessen nicht nur angesichts der übrigen Vorkommen des Adverbs bei Lukas (Lk 8 1 Act 3 24 11 4 18 23) wenig wahrscheinlich. Sie wird bei Kürzinger auch mit der Vermutung verknüpft, das dem καθεξῆς vorausgehende ἀκριβῶς beziehe sich ebenfalls auf γράψαι und nicht — wie es sprachlich und sachlich zutrifft[6] — auf die der Abfassung des Werkes vorausgehenden umfassenden Nachforschungen (παρηκολουθηκότι)[7]. Wenn γράψαι durch zwei Adverbien qualifiziert wäre, würde das zweite (in diesem Fall καθεξῆς) seine Betontheit verlieren. Mit καθεξῆς ist aber die Modalität der schriftlichen Darstellung betont ausgesprochen, und nicht zuletzt diese besondere Modalität soll beim Leser jene ἀσφάλεια anbahnen, die nach 1 4 das eigentliche Ziel des lukanischen Unternehmens ist.

3. Mußner greift auf die außerbiblische Materialsammlung Völkels zurück, modifiziert aber dessen exegetische Folgerungen so weit, daß sie de facto korrigiert werden. Das Ergebnis Mußners lautet, dem Adverb komme die Bedeutung »lückenlos« bzw. »ohne Ausnahme« zu[8]. Da καθεξῆς wie in Lk 1 3 auch an drei außerbibli-

---

[1] M. Völkel, Exegetische Erwägungen zum Verständnis des Begriffs καθεξῆς im lukanischen Prolog: NTS 20 (1973/74) 289—299.

[2] J. Kürzinger, Lk 1, 3: . . . ἀκριβῶς καθεξῆς σοι γράψαι: BZ NF 18 (1974) 249—255.

[3] F. Mußner, Καθεξῆς im Lukasprolog, in: Jesus und Paulus. Festschrift für W. G. Kümmel zum 70. Geburtstag, hrsg. von E. E. Ellis und E. Gräßer, Göttingen 1975, 253—255.

[4] Völkel, a. a. O. 298.

[5] Kürzinger, a. a. O. 253.

[6] Siehe Th. Zahn, Das Evangelium des Lucas, Leipzig/Erlangen [3.4]1920, 54f.; vgl. H. Schürmann, Das Lukasevangelium I, Freiburg 1969, 4. 10—12; Mußner, a. a. O. 253.

[7] Kürzinger, a. a. O. 254f.

[8] Mußner, a. a. O. 255.

schen Belegstellen (Inscriptiones Graecae 4. 1432. 9; Test Jud 25 1; 1 Clem 37 3) mit dem Gedanken der Gesamtheit (πάντες) verbunden sei, meine Lukas nicht — wie Völkel[9] annimmt — den »verbindenden Sinn des beschriebenen Geschehens«[10]. Nun muß allerdings festgestellt werden, daß an den herangezogenen Belegstellen der Bezug auf »Gesamtheiten« erst durch deren ausdrückliche Nennung (πάντες bzw. πάντα) zustande kommt (und nicht schon in dem Adverb καθεξῆς enthalten ist). Außerdem ist in Lk 1 3 von der umfassenden Nachforschungstätigkeit als Voraussetzung für die καθεξῆς erfolgende Niederschrift die Rede. Lukas behauptet nicht, daß er alles, was ihm die Nachforschung zutage förderte, auch »lückenlos« zur Darstellung brachte[11]. Wenn der dritte Evangelist nur etwa 350 von insgesamt 661 Mk-Versen in seine Darstellung aufnahm und ganze Perikopen sowie das größere Stück Mk 6 45—8 26 überging[12], entspricht die Durchführung jedenfalls nicht der Zielsetzung einer lückenlosen Darstellung, die die Quellen ohne Ausnahme wiedergeben wollte.

Angesichts der bisher in den Wörterbüchern ausgewiesenen Bedeutung von καθεξῆς (»der Reihe nach«, von zeitlicher, räumlicher oder/und logischer Folge[13]) wäre es denn auch erstaunlich, wenn eine den unmittelbaren Kontext berücksichtigende »semantische Entscheidung«[14] ein abweichendes Ergebnis zeitigen würde. Im folgenden soll der Vorschlag unterbreitet und erläutert werden, das καθεξῆς des Lukasprologs vom weiteren Kontext des lukanischen Doppelwerkes aus zu verstehen.

II.

1. Lk 1 3f. spricht von der Voraussetzung der schriftstellerischen Unternehmung des Lukas, von ihrer Durchführung und Zielsetzung. Die Voraussetzung war, daß er »allem von Anfang an und genau nachgegangen ist«. Diese Voraussetzung wird grammatikalisch der Angabe über das καθεξῆς der Niederschrift untergeordnet. Der ἵνα-Satz (v. 4) schließt sich an den Hauptgedanken von v. 3 in der Weise an, daß gerade das καθεξῆς der Niederschrift als Ermöglichung der intendierten »Erkenntnis« beim Leser verstanden wird. Theophilus kann aufgrund des καθεξῆς der Darstellung Gewißheit gewinnen, nicht aber eine »Lückenlosigkeit« der Quellenausschöpfung überprüfen. Demzufolge kann das Adverb nicht die lückenlose Vollständigkeit bezeichnen, ebensowenig wie es auf die Rekonstruktion einer zutreffenden historischen oder gar chronologischen Ereignisabfolge zielt.

2. Die Zuordnung des καθεξῆς zur intendierten Gewißheit läßt sich an einer Stelle illustrieren, die — abgesehen von Act 21 34 22 30 25 26 — von der Ermöglichung einer erkenntnismäßigen Sicherheit, näherhin von Glaubensgewißheit spricht. Vor dem Ende der Petrusrede Act 2 14-40, jedoch an einem vorläufigen Schlußpunkt, sagt der Redner: »So möge nun das ganze Haus Israel mit Gewißheit (ἀσφαλῶς)

---

[9] Völkel, a. a. O. 298.
[10] Mußner, a. a. O. 255; vgl. ebd.: »Das Adverb καθεξῆς hat mit der hermeneutischen Kategorie ‚Sinn' nichts zu tun«.
[11] Gegen Mußner, a. a. O. 255.
[12] Siehe J. Schmid, Das Evangelium nach Lukas, Regensburg ³1955, 9f.; W. G. Kümmel, Einleitung in das Neue Testament, Heidelberg ⁶1973, 100.
[13] Vgl. die Wörterbücher von W. Bauer, Liddell/Scott und F. Passow.
[14] Vgl. die entsprechende Forderung bei Mußner, a. a. O. 253.

erkennen, daß Gott ihn zum Herrn und Messias gemacht hat, diesen Jesus, den ihr gekreuzigt habt« (Act 2 36). Vorausgegangen war ein Schriftbeweis nach dem Schema »Verheißung und Erfüllung«. Die Beweisführung bleibt jedoch nicht bei den schon erfüllten Weissagungen (vv. 16-20. 23-32. 33-35) stehen, sondern schließt von der Gewißheit der Erfüllung auf die des Eintreffens noch ausstehender Verheißungen (vgl. vv. 38f.).

3. Eine ganz entsprechende Beobachtung läßt sich an jenen καθεξῆς-Stellen machen, die im lukanischen Werk nicht bloß von dem Nacheinander bestimmter Reisestationen (Lk 8 1 Act 18 23) sprechen. Act 3 24 resümiert gegen Ende der Petrusrede: »Aber auch alle Propheten von Samuel und den folgenden (τῶν καθεξῆς) an, soviele ihrer geredet haben, die haben auch diese Tage angekündigt.« Wiederum handelt es sich um den Abschluß einer Argumentation mit Schriftverheißungen. Die Propheten haben vor allem das Leiden des Messias verkündigt, das inzwischen nachweislich erfüllt ist (v. 18). Mit dieser Erfüllungstatsache ist die »Unwissenheit« derer, die gegen Jesus vorgingen, beendet (v. 17). Die Reihe der prophetischen Weissagungen ist jedoch noch nicht insgesamt erfüllt. Doch die bisherigen Erfüllungen machen gewiß, daß auch die noch ausstehenden eintreffen, vor allem die Parusie (vv. 20f.). Analog zu dieser Argumentation, die eine Serie von Prophetenweissagungen erwähnt, welche nacheinander ergingen und sich in der von Gott vorgesehenen Reihenfolge erfüllen, gebraucht auch Act 11 4 das καθεξῆς. Hier verteidigt Petrus die Taufe des Kornelius vor Jerusalemer Judenchristen. Seine Rede wird eingeleitet mit den Worten: »Petrus aber fing an und legte es ihnen der Reihe nach (καθεξῆς) dar, indem er sagte . . .« Es folgt kein »vollständiger« Bericht über die Ereignisse von Act 10 1-48, sondern ein charakteristisch profiliertes Beweisverfahren (11 5-17), das die Judenchristen mehr als zufriedenstellt (v. 18). Anfangs berichtet Petrus über das »Gesicht«, das er in Joppe hatte, und über den dreifachen Befehl der Stimme aus dem Himmel (vv. 5-10). Dann wird der Auftrag des »Geistes«, mit den drei Männern nach Caesarea zu gehen, erwähnt (vv. 11f.). Anschließend erzählt Petrus von dem Bericht des Kornelius, wie ihm der Engel aufgetragen hatte, Petrus herbeizurufen (v. 13). Der Engel hatte auch vorausgesagt, was Simon-Petrus in Caesarea tun werde (v. 14). Indem der heilige Geist über die Familie des Kornelius kommt (v. 15), ist die Ankündigung erfüllt. Petrus erinnert sich an das Verheißungswort des Herrn über die kommende Geisttaufe (v. 16; vgl. 1 5). So wird klar, daß in den Geschehnissen, die Petrus in ihrem sich *sinnvoll ineinanderfügenden Nacheinander* erfahren durfte, *Gott selbst* handelte (v. 17). Diese Erkenntnis wird auch denen zuteil, die den καθεξῆς-Bericht hörten (v. 18).

4. Wenn man auch nicht mit Sicherheit behaupten kann, gerade die Weise der Berichterstattung (nach dem Schema »Verheißung und Erfüllung«) unterscheide das lukanische Darstellungsverfahren von den Berichten der »Vielen« (1 1), weil das καθεξῆς »aus seiner Gegenüberstellung zu den Einzelberichten der πολλοί« zu verstehen sei[15], so steht doch fest, daß Lukas dieses heilgeschichtliche Schema außerordentlich häufig und charakteristisch verwendete. Er tat dies mit Hilfe von Schrift-Verheißungen[16], Engelsbotschaften[17], prophetischen Ankündigungen[18] und Voraussa-

---

[15] So Schürmann, a. a. O. 12; vgl. hingegen Mußner, a. a. O. 254.
[16] Siehe z. B. Lk 4 18 18 31-33 22 37 24 25-27. 44-48 Act 2 16-21. 25-28 3 18-24 28 25-27.
[17] Siehe z. B. Lk 1 13-17. 31-37 Act 1 11.
[18] Siehe Lk 1 76-79 2 29-32. 34f. 3 15-17

gen Jesu[19]. Seine Zielsetzung war die Vergewisserung der Leser. Sie sollten nicht nur das zurückliegende Geschehen als Erfüllungsgeschehen und somit als Gottestat begreifen (vgl. 1 1 24 6f. Act 2 16. 36), sondern auch zu der Gewißheit gelangen, daß die noch ausstehenden Erfüllungen, vor allem die weltweite Verkündigung (24 47 Act 1 8 28 28) und die Parusie (Act 1 11 3 20f.), von Gott verwirklicht werden. Der lukanischen Zielsetzung entspricht daher nicht nur die deutliche Periodisierung der Heilsgeschichte, sondern auch die Herausarbeitung der Verheißungs- und Erfüllungslinie. mit deren Hilfe die Kontinuität sichtbar wird[20].

---

[19] Siehe z. B. Lk 5 10b 9 22. 44 13 33. 34f. 18 31-33 19 43f. 21 20-22 22 31-34. 61 24 6-8. 49 Act 1 5. 8.

[20] Vgl. H. Conzelmann, Die Mitte der Zeit, Tübingen ⁵1964, 140: »Kontinuität schafft vor allem die Weissagung.« G. Klein, Lukas 1 1-4 als theologisches Programm, in: Zeit und Geschichte. Dankesgabe an R. Bultmann, Tübingen 1964, 193—216, spricht im Zusammenhang mit Lk 1 3 von chronologischer Strukturierung, »Verbindung verschiedener Phasen«, und bezieht das Nacheinander auf die Fortsetzung des Lk-Evangeliums durch die Apostelgeschichte (211).

Anbruch des Heils und Hoffnung auf Vollendung bei Jesus, Paulus und Lukas

Überblick

1. Die Frage nach Grund und Struktur der christlichen Hoffnung
2. Jesu Botschaft vom Anbruch der Gottesherrschaft
   2.1. Zukunft und Gegenwart der Gottesherrschaft
   2.2. Einseitige Lösungsversuche
   2.3. Das Verhältnis der Gegenwarts- zu den Zukunftsaussagen
   2.4. Vergleich mit der jüdischen Enderwartung
   2.5. Das Problem der Naherwartung Jesu
3. Zukunft und Gegenwart in der Eschatologie des Paulus
   3.1. „Dieser Äon" und die „neue Schöpfung"
   3.2. Die Durchbrechung des apokalyptischen Zeitschemas
   3.3. Naherwartung der Parusie
4. Die heilsgeschichtliche Konzeption des Lukas
   4.1. Die Situation des dritten Evangelisten
   4.2. Das heilsgeschichtliche Schema
   4.3. Verheißung und Erfüllung
   4.4. Anwesenheit des Gottesreichs in der Person Jesu
   4.5. Das eschatologische Verzögerungsproblem
   4.6. Der Lösungsversuch des Lukas
5. Folgerungen
   5.1. Gewonnene Erkenntnisse
   5.2. Folgerungen für eine zeitgemäße Interpretation

1. Die Frage nach Grund und Struktur der christlichen Hoffnung

Wenn wir als Christen „Unsere Hoffnung" aussprechen, berufen wir uns auf das Neue Testament. Wir sind uns meist wohl auch bewußt, diese Hoffnung — nach ihrem Grund und ihrem Gehalt — von alttestamentlicher Heilshoffnung und außerbiblischer Utopie unterscheiden zu können. Sobald wir indessen nach *der* neutestamentlichen Heilshoffnung fragen, stehen wir vor der Schwierigkeit, mehrere „Entwürfe" vorzufinden, die nicht leicht auf einen Nenner zu bringen sind. Das gilt z. B. für den Fall, daß wir die

"Eschatologien" Jesu, des Apostels Paulus und des Evangelisten Lukas miteinander vergleichen.

Dennoch muß die Frage nach der möglichen "Einheit in der Vielfalt" gestellt werden. Im folgenden soll das in bezug auf Jesus, Paulus und Lukas getan werden, weil diese drei Repräsentanten in einer (wenigstens indirekten) geschichtlichen Kontinuität stehen und jeweils etwa um eine Generation voneinander entfernt sind. Man könnte die Entwicklungslinie über die deuteropaulinischen Briefe bis zum Verfasser des vierten Evangeliums weiterverfolgen. Doch wird der Richtungssinn der Entwicklung — wie wir meinen — auch ohne Einbeziehung der ausgesprochenen Gegenwartseschatologie des "Johannes" bereits deutlich. Um den Einheitsgrund der neutestamentlichen Hoffnungsstrukturen zu erkennen, legen wir — als heuristisches Prinzip — die Unterscheidung von verwirklichter Erwartung und noch ausstehender Voll-Erfüllung zugrunde. Ob sich diese Unterscheidung bewährt, muß sich freilich erst erweisen. Auch ist zu fragen, wie die nähere Profilierung der Unterscheidung im Sinne der Überschrift ("Anbruch des Heils und Hoffnung auf Vollendung") für Jesus, Paulus oder Lukas gegebenenfalls zu modifizieren ist.

2. Jesu Botschaft vom Anbruch der Gottesherrschaft

2.1. Zukunft und Gegenwart der Gottesherrschaft

Jesu Botschaft von der anbrechenden Königsherrschaft Gottes kann nur dann in ihrer geschichtlichen Gestalt erfaßt werden, wenn wir durch das Medium hindurchstoßen, das uns diese Botschaft vermittelt: die urkirchliche Verkündigung, vor allem in Form der synoptischen Evangelien. Diese drei Schriften bezeugen uns eine doppelte Reihe von Jesusworten, die in einer offensichtlichen Spannung zueinander stehen. Auf der einen Seite wird vom Kommen der Gottesherrschaft als einem künftigen Geschehen gesprochen. Andererseits wird ihre Gegenwart verkündigt. Jesus lehrt einerseits seine Jünger beten: "Es komme deine Königsherrschaft" (Mt 6,10 par Lk 11,2)! Im Abendmahlssaal sagt er voraus: "Ich werde vom Gewächs des Weinstocks nicht mehr trinken bis zu jenem Tag, da ich es neu trinken werde im Reich Gottes" (Mk 14,25).

Solchen Zukunftsaussagen, die nicht selten die unmittelbar bevorstehende Nähe des Reiches ansagen (Mk 1,15; Mt 10,7 par Lk 10,9), stehen Gegenwartsaussagen gegenüber. „Wenn ich durch den Finger Gottes die Dämonen austreibe, so ist ja die Herrschaft Gottes zu euch gelangt" (Lk 11,20 par Mt 12,28). Jesus bestreitet, daß das Reich Gottes so kommt, daß man es vorausberechnend beobachten kann, und begründet das mit dem Satz: „Denn seht, das Reich Gottes ist mitten unter euch" (Lk 17,21)! Andere Gegenwartsaussagen darf man — auch wenn sie nicht ausdrücklich von der „Gottesherrschaft" sprechen — in Mk 2,18 f.; Mt 11,5 f. par Lk 7,22 f.; Mt 13,16 f. par Lk 10,23 f.; Lk 10,18 sehen.

2.2. Einseitige Erklärungsversuche

2.2.1. Wie ist diese auffallende Spannung zu erklären? Darf man sie Jesu eigener Vorstellung und Verkündigung zuschreiben? Oder geht sie auf die urkirchlichen Verkündiger zurück? Der Wiederentdecker der eschatologisch-apokalyptischen Dimension der Botschaft Jesu von der Gottesherrschaft, Johannes Weiß[1], deutete die Verkündigung Jesu einseitig von den Zukunftsaussagen her. Ihm folgend hat der Hauptvertreter der sogenannten „konsequenten Eschatologie", Albert Schweitzer[2], die apokalyptische Deutung der Predigt Jesu mit dem Aspekt der Naherwartung des Endes verbunden. Jesus wurde als Prophet des nahen Weltuntergangs gedeutet, der sich im Termin der Reichsankunft geirrt habe und daher scheitern mußte. Ausgehend von Weiß versuchte auch Rudolf Bultmann[3], die

---

[1] *J. Weiß*, Die Predigt Jesu vom Reiche Gottes, Göttingen (1892) ²1900 (Neudruck 1964). Textauszüge bei *W. G. Kümmel*, Das Neue Testament. Geschichte der Erforschung seiner Probleme, Freiburg 1958, 286—290.

[2] *A. Schweitzer*, Das Abendmahl im Zusammenhang mit dem Leben Jesu und der Geschichte des Urchristentums, Tübingen 1901. Zitate bei *W. G. Kümmel*, a.a.O. 298—302; vgl. auch ebd. 303—309. Der Eschatologismus Schweitzers wurde von *M. Werner* wieder aufgegriffen: Die Entstehung des christlichen Dogmas, Leipzig 1941.

[3] Siehe etwa *R. Bultmann*, Jesus Christus und die Mythologie, Hamburg (1964) ²1965, 32: Die „tiefere Bedeutung von Jesu mythologischer Predigt" sei: „offen sein für Gottes Zukunft, die uns, wirklich jedem einzelnen, bevorsteht".

Botschaft Jesu von der apokalyptischen Naherwartung her zu deuten. Er wollte sie „entmythologisieren" und somit existential interpretieren. Erich Gräßer[4] folgt seinem einstigen Lehrer darin weitgehend, wenn er auch die „Gegenwartsworte" der Synoptiker stärker berücksichtigt.

2.2.2. Der einseitig die Zukunftsaussagen betonenden Richtung entspricht ex adverso eine andere, die ganz auf die Gegenwartsaussagen der Jesusüberlieferung abhebt, Jesus als den Erfüller eschatologischer Verheißung sieht und — im angelsächsischen Sprachbereich — von „realized eschatology" redet[5]. Jesus wird faktisch eine futurische Eschatologie abgesprochen. Neben Charles H. Dodd wäre hier eine ganze Reihe von Vertretern zu nennen[6], die die futurische Eschatologie und die Naherwartung als Mißverständnis der frühen Kirche oder als apokalyptische Rejudaisierung der Botschaft Jesu verstehen. In gewisser Hinsicht stellen diese Autoren mit Recht die Gegenwartsaussagen Jesu heraus; denn in ihnen unterscheidet sich Jesus von der rein auf Erwartung abgestellten Heilshoffnung seiner jüdischen Umwelt[7]. Dennoch ist es höchst wahrscheinlich, daß das

---

[4] *E. Gräßer*, Die Naherwartung Jesu (SBS 61), Stuttgart 1973. Siehe das abschließende Kapitel C III: Die entmythologisierte Naherwartung (132—141). Auf katholischer Seite engt G. *Lohfink* den Blick auf Jesu Naherwartung ein und interpretiert diese ausschließlich individual auf das Sterben des einzelnen: Zur Möglichkeit christlicher Naherwartung, in: G. Greshake / G. Lohfink, Naherwartung, Auferstehung, Unsterblichkeit (QuDisp 71), Freiburg 1975, 38—81.

[5] Die Prägung des Ausdrucks geht zurück auf *Ch. H. Dodd*, The Parables of the Kingdom, London (1935) ²1961, 164. Dodd modifizierte später seine Wortprägung und entschied sich für „inaugurated eschatology" oder „sich realisierende Eschatologie": The Interpretation of the Fourth Gospel, Cambridge 1953, 447, Anm. 1.

[6] Vgl. *W. G. Kümmel*, Verheißung und Erfüllung. Untersuchungen zur eschatologischen Verkündigung Jesu (AThANT 6), Zürich ³1956, 11 f. Anm. 3, der neben Dodd 15 Verfasser aufführt, darunter K. Weiß, A. Feuillet, W. Grundmann, J. Leipoldt, M. A. Wagenführer, A. T. Cadoux, F. C. Grant, T. F. Glasson, J. Knox und H. Clavier.

[7] Zu vergleichen sind allerdings jetzt einige Gegenwartsaussagen in den Texten der Qumrangemeinde; siehe *H.-W. Kuhn*, Enderwartung und gegenwärtiges Heil. Untersuchungen zu den Gemeindeliedern von Qumran mit einem Anhang über Eschatologie und Gegenwart in der Verkündigung Jesu (StUNT 4), Göttingen 1966.

Nebeneinander von Zukunfts- und Gegenwartsaussagen hinsichtlich des Gottesreichs auf Jesus selbst zurückgeht. Und man muß auf jeden Fall beide Aussagenreihen in ihrem Nebeneinander beurteilen.

2.3. Das Verhältnis der Gegenwarts- zu den Zukunftsaussagen

Bei dieser Aufgabe kann es wiederum lehrreich sein, die verschiedenen Auskünfte zu registrieren, die bisher bei der Deutung dieser „Doppelpoligkeit" erteilt worden sind. Die meisten Forscher stellen sich dem Problem der Spannung zwischen Gegenwarts- und Zukunftsaussagen in den Evangelien, ja sie weisen diese Zweipoligkeit zumeist bereits der Verkündigung Jesu zu [8].

---

[8] Hier sind (in chronologischer Folge) vor allem zu nennen: *H.-D. Wendland*, Die Eschatologie des Reiches Gottes bei Jesus, Gütersloh 1931. — *M. Dibelius*, Jesus (Sammlung Göschen 1130), Berlin (1939) ²1949. — *G. Delling*, Das Zeitverständnis des Neuen Testaments, Gütersloh 1940. — *W. Michaelis*, Der Herr verzieht nicht die Verheißung. Die Aussagen Jesu über die Nähe des Jüngsten Tages, Bern 1942. — *O. Cullmann*, Christus und die Zeit. Die urchristliche Zeit- und Geschichtsauffassung, Zürich (1946) ³1962. — *E. Walter*, Das Kommen des Herrn II. Die eschatologische Situation nach den synoptischen Evangelien, Freiburg 1947. — *G. Bornkamm*, Jesus von Nazareth, Stuttgart (1956) ⁹1971. — *W. G. Kümmel*, Verheißung und Erfüllung (s. Anm. 6). — *H. Conzelmann*, Gegenwart und Zukunft in der synoptischen Tradition (erstm. 1957), in: Ders., Theologie als Schriftauslegung. Aufsätze zum Neuen Testament (BEvTh 65), München 1974, 42—61. — *E. Gräßer*, Das Problem der Parusieverzögerung in den synoptischen Evangelien und in der Apostelgeschichte (BhZNW 22), Berlin (1957) ²1960, 3—75. — *E. Fuchs*, Zur Frage nach dem historischen Jesus. Gesammelte Aufsätze II, Tübingen 1960. — *W. G. Kümmel*, Die Naherwartung in der Verkündigung Jesu, in: Zeit und Geschichte (Festschr. f. R. Bultmann), Tübingen 1964, 31—46. — *R. Schnackenburg*, Gottes Herrschaft und Reich. Eine biblisch-theologische Studie. Vierte Aufl. mit einem Nachtrag, Freiburg 1965, 49—180. — *A. Vögtle*, Jesus von Nazareth, in: Ökumenische Kirchengeschichte, hrsg. von R. Kottje / B. Moeller, Bd. I, Mainz 1970, 3—24. — *J. Jeremias*, Neutestamentliche Theologie I. Die Verkündigung Jesu, Gütersloh 1971, 81—156. — *J. Becker*, Johannes der Täufer und Jesus von Nazareth (BSt 63), Neukirchen 1972. — *K. Müller*, Jesu Naherwartung und die Anfänge der Kirche, in: Die Aktion Jesu und die Re-Aktion der Kirche. Jesus von Nazareth und die Anfänge der

2.3.1. Bei der Beurteilung des Verhältnisses von Gegenwarts- und Zukunftsaussagen sind im Laufe der Forschungsgeschichte verschiedene Positionen als unzutreffend erwiesen worden. Günther Bornkamm[9] erwähnt Wilhelm Bousset, der meinte, verschiedene „Stimmungen" Jesu beobachten zu können: Die Gegenwart als Anbruch der Basileia anzusehen, entspreche einem Hochgefühl der Begeisterung[10]. Auch die Erklärung von Paul Feine, der Widerspruch sei aus der Psyche des Propheten zu erklären, der bald die Zukunft schon gegenwärtig schaut und bald sie in ferne Zeiten sich erstrecken sieht[11], bringt „eine Betrachtungsweise an die Texte heran, gegen die sie sich ausnahmslos sperren"[12]. Offensichtlich sind auch biographische Erklärungen, die verschiedene Epochen im Denken und Predigen Jesu unterscheiden möchten[13], durch die synoptischen Texte nicht zu begründen. Endlich geht es nicht an, in den Gottesreichaussagen Jesu zwischen eigentlichen und symbolischen Worten (für das „Überzeitliche" und „Ewige") zu unterscheiden[14]. Man darf die Zukunfts- und Gegenwartsaussagen Jesu nicht auseinanderreißen. Denn vom Anbruch der Basileia wird nicht anders gesprochen als

---

Kirche, hrsg. von K. Müller, Würzburg 1972, 9—29. — *N. Perrin*, Was lehrte Jesus wirklich? Rekonstruktion und Deutung, Göttingen 1972. — *E. Linnemann*, Hat Jesus Naherwartung gehabt?, in: Jésus aux origines de la christologie, hrsg. von J. Dupont (BiblEThL XL), Löwen 1975, 103—110. — *Dies.*, Zeitansage und Zeitvorstellung in der Verkündigung Jesu, in: Jesus Christus in Historie und Theologie (Festschr. f. H. Conzelmann), Tübingen 1975, 237—263.

[9] *G. Bornkamm*, Jesus von Nazareth (s. Anm. 8) 83.

[10] *W. Bousset*, Jesu Predigt im Gegensatz zum Judentum, Göttingen 1892, 63.

[11] *P. Feine*, Theologie des Neuen Testaments, Leipzig ⁹1953, 73. Vgl. auch *R. Schnackenburg*, Gottes Herrschaft (s. Anm. 8) 138 f.

[12] *G. Bornkamm*, a.a.O. 83.

[13] Bornkamm erwähnt *P. Wernle*, Jesus, Tübingen 1916, 237 f., und *J. Weiß*, Die Predigt Jesu (s. Anm. 1) 100 f.; vgl. dazu *W. G. Kümmel*, Verheißung und Erfüllung (s. Anm. 6) 133 f. Die Auffassung von J. Weiß ist neuerdings durch *F. Mußner* erneut in dem Sinn vertreten worden, daß die Naherwartung Jesu infolge der „galiläischen Krise" aufgegeben wurde: Christologie — systematisch und exegetisch: ThPrQ 122 (1974) 181—184, näherhin 183 f.

[14] Vgl. die diesbezügliche Kritik *G. Bornkamms* (a.a.O. 84) an *H.-D. Wendland* (Die Eschatologie [s. Anm. 8] 45 f.).

so, „daß die Gegenwart die Zukunft als Heil und Gericht eröffnet und also vorwegnimmt", und von der Zukunft gilt, „daß sie die Gegenwart erschließt"[15].

2.3.2. In jüngerer Zeit sind weitere Lösungsversuche vorgetragen worden, die ebenfalls kaum befriedigen können. Die Auskunft, daß die Zeitvorstellung für Jesu Botschaft ohne wirkliche Bedeutung gewesen sei[16], kann ebensowenig überzeugen wie die Existentialanalyse der Zeitlichkeit bei Ernst Fuchs[17]. Auch ein Herunterspielen der Naherwartung Jesu[18] oder gar eine Bestreitung derselben[19] führen nicht weiter. Schon eher wird man die progressiv-heilsgeschichtliche Deutung der eschatologischen Verkündigung Jesu durch Oscar Cullmann ernst zu nehmen haben[20]. Sie fand auch bei neueren katholischen Exegeten Vertreter[21].

2.3.3. Joachim Jeremias vertritt die These, eine „sich realisierende Eschatologie" entspreche der Botschaft Jesu[22]. Er

---

[15] G. Bornkamm, a.a.O. 84 f.

[16] Vgl. G. Delling, Das Zeitverständnis (s. Anm. 8); zur Kritik siehe E. Gräßer, Die Naherwartung Jesu (s. Anm. 4) 50—55.

[17] E. Fuchs, Zur Frage (s. Anm. 8), bes. 66—78. 168—218. 304—376; siehe dazu kritisch E. Gräßer, a.a.O. 74—76.

[18] Z. B. bei W. Michaelis, Der Herr (s. Anm. 8), und O. Cullmann, Christus und die Zeit (s. Anm. 8).

[19] E. Linnemann (s. die in Anm. 8 erwähnten Beiträge). Siehe hingegen den Nachweis der jesuanischen Naherwartung bei W. G. Kümmel, Die Naherwartung (s. Anm. 8).

[20] Vgl. R. Schnackenburg, Gottes Herrschaft (s. Anm. 8) 78; er charakterisiert diese Deutung so: „Die letzte (eschatologische) Zeit hat noch einen Anfang und ein Ende. Die Gottesherrschaft ist mit Jesus gekommen, aber erst als anfängliches Heil, das noch seiner Vollendung harrt. Die Zwischenzeit oder ‚vorletzte Zeit' (O. Cullmann) ist wirkliche Heilszeit, Zeit der Kirche und ihres Wirkens im Dienste der kommenden vollendeten Gottesherrschaft."

[21] Siehe R. Schnackenburg, a.a.O. 78, der diese Deutung schlechthin als „neuere katholische Auffassung" bezeichnet.

[22] Vgl. J. Jeremias, Die Gleichnisse Jesu, Göttingen ⁷1965, 227, der mit der Formulierung „sich realisierende Eschatologie" einem Vorschlag von Ernst Haenchen (20. 6. 1944) folgt. Siehe auch Anm. 5 zur neueren Ansicht von Dodd. In seinem Werk: Neutestamentliche Theologie (s. Anm. 8) schreibt Jeremias: „Die Königsherrschaft Gottes ist . . . ein *dynamischer Begriff*. Er bezeichnet die königliche Herrschaft Gottes in actu, zunächst im Gegensatz zu irdischer Königsherrschaft, dann aber zu aller Herrschaft im Himmel und auf der Erde" (101).

kommt damit der Auffassung Werner Georg Kümmels schon recht nahe, die Gegenwart der Gottesherrschaft sei in Jesus selbst bzw. in seiner Botschaft und seinem Wirken gegeben[23]. In der Sache weichen auch Hans Conzelmann[24], Anton Vögtle[25], Jürgen Becker[26], Karlheinz Müller[27] und Norman Perrin[28] offensichtlich nur unwesentlich von einem solchen dynamischen Verständnis der Gottesherrschaft bei Jesus ab. Vögtle meint: „Jesus dürfte den in der jüdischen Eschatologie seltenen Abstraktbegriff ‚Gottesherrschaft‘, des sich in actu ereignenden Königseins Gottes, wesentlich auch deshalb gewählt haben, weil nur dieser Begriff den Gedanken der Kontinuität göttlichen Handelns lieferte, also die spannungsvolle Hinordnung des endgültigen Redens und Handelns Jesu, des eschatologischen Jetzt auf das eschatologische Dann ermöglichte"[29].

---

[23] W. G. *Kümmel*, Verheißung und Erfüllung (s. Anm. 6) 147; „Denn wenn ... der Sinn dieser Verkündigung nicht in der Offenbarung apokalyptischer Geheimnisse und auch nicht in der Sinngebung der Gegenwart von einer überzeitlichen Gotteswirklichkeit her liegt, so liegt dieser Sinn eben darin, daß *in Jesus* die Gottesherrschaft *begonnen hat und sich in Jesus vollenden wird*" [Hervorhebungen vom Zitierenden].

[24] H. *Conzelmann*, Gegenwart und Zukunft (s. Anm. 8) 52: „Zur Charakteristik der Eschatologie Jesu im Vergleich zur jüdischen genügt es nicht, sie als äußerste Zuspitzung der Naherwartung zu bestimmen. Man muß die Tatsache hinzunehmen, daß sie unlösbar mit seiner Person verbunden ist. Dadurch wird aber die eschatologische Einstellung nicht nur temporal-quantitativ verändert."

[25] A. *Vögtle*, Jesus von Nazareth (s. Anm. 8) 15 f.

[26] J. *Becker*, Johannes der Täufer (s. Anm. 8) 71–85. Zu Lk 17,20 f. sagt Becker: Jesus „läßt die Zukunft nicht nur sozusagen hautnah an die Gegenwart angrenzen, sondern reißt auch noch diese zeitliche Grenze ein" (81).

[27] K. *Müller*, Jesu Naherwartung (s. Anm. 8) 11.

[28] N. *Perrin*, Was lehrte Jesus wirklich? (s. Anm. 8) 235: „In der Verkündigung Jesu liegt der Ton nicht auf einer Zukunft, für die die Menschen sich vorbereiten müssen, und sei es mit Gottes Hilfe; der Ton liegt vielmehr auf einer Gegenwart, die die Zusicherung der Zukunft mit sich bringt. Die Gegenwart, die zur Gegenwart Gottes geworden ist, garantiert, daß alle Zukunft Gottes Zukunft sein wird."

[29] A. *Vögtle*, a.a.O. 16.

2.4. Vergleich mit der jüdischen Enderwartung

Vergleicht man Jesu Verkündigung mit den zeitgenössischen jüdischen Erwartungen, so sind folgende Besonderheiten zu vermerken[30]. Jesus schließt sich der nationalen Hoffnung seines Volkes nicht an und bestätigt in dieser Hinsicht auch nicht die Erwartungen, die man an ihn heranträgt. Er unterscheidet sich deutlich von der messianisch-politischen Bewegung des Zelotismus. Im Unterschied zu den kosmisch-apokalyptischen Hoffnungen malt er die Endkatastrophe oder das erwartete Heil nicht in Bildern aus. Und er beantwortet auch nicht die typisch apokalyptische Frage nach dem Termin des Endes (vgl. Mk 13,4.32). Das Eigentliche der Botschaft Jesu „liegt in der Bestimmtheit — neutestamentlich gesprochen: der Vollmacht —, mit der Jesus die Nähe der Herrschaft Gottes ausruft und den Ruf zur Umkehr erklingen läßt"[31]. In dieser Hinsicht trifft die kerygmatische Zusammenfassung der Botschaft Jesu, die Mk 1,15 bietet, den entscheidenden Punkt: „Erfüllt ist die Zeit und nahe herbeigekommen die Herrschaft Gottes: Kehrt um und glaubt an das Evangelium!"

2.5. Das Problem der Naherwartung Jesu

2.5.1. Welche Worte Jesu können mit einiger Gewißheit als authentische Naherwartungsaussagen gelten? Hier sind zunächst die Gleichnisse vom untreuen Verwalter (Lk 16,1—8), von der Sintflut und vom Feuerregen (Lk 17,26—29) sowie vom grünenden Feigenbaum (Mk 13,28 f.) zu nennen. Es gehören zu ihnen auch Bildworte wie das vom Gang zum Richter (Mt 5,25 f. par Lk (12,58 f.) sowie Mahnungen zu akuter Wachsamkeit (Mk 13,33—37; Mt 24,42 f.; 25,13; Lk 12,37 f.) und Bereitschaft (Mt 24,44 par Lk 12,40). Sie sind nur unter der Voraussetzung verständlich, daß die Endereignisse *bald* eintreten[32].

2.5.2. Drei Einzellogien sagen den Eintritt der Endereignisse innerhalb der Generation Jesu zu: Mk 9,1; 13,30;

---
[30] Siehe G. *Bornkamm*, Jesus von Nazareth (s. Anm. 8) 60 f.
[31] Ebd. 61.
[32] K. *Müller*, Jesu Naherwartung (s. Anm. 8) 10 f.

Mt 10,23. Von ihnen kann man Mk 9,1 schwerlich als Bildung der nachösterlichen Gemeinde verständlich machen[33]. Auf eine zeitliche Nähe der Gottesherrschaft deuten auch die Seligpreisungen der Armen, Hungernden und Weinenden (Lk 6,20 f.). Wahrscheinlich steht der sog. „eschatologische Ausblick" beim letzten Mahl Jesu (Mk 14,25) im Horizont der Naherwartung[34].

2.5.3. Im Zusammenhang mit der Unterstreichung der Naherwartung Jesu ist es nun von höchstem Interesse, daß die Basileia nicht nur in kurzem Abstand vom Zeitpunkt ihrer Ankündigung gesehen ist, sondern zu dem in Jesus und seinem Wirken qualifizierten Ankündigungszeitpunkt auch in einer sachlichen Beziehung steht. Dies zeigt das Gleichnis vom sprossenden Feigenbaum (Mk 13,28 f.): Wenn die Blätter zu sprossen beginnen, merkt man, daß der Sommer nahe ist. Jesus deutet: „So sollt auch ihr, wenn ihr dies geschehen seht, merken, daß *er* nahe vor der Tür ist." Zwar bezieht sich die Ansage im heutigen, sekundären Kontext auf die Enddrangsal und die kosmische Katastrophe. Diese werden als Zeichen für das Kommen des Menschensohnes bezeichnet (13,24—27). Doch redet das Gleichnis ursprünglich gewiß von den Zeichen, die *in Jesu Wirken* geschehen und die als Anzeichen für die Nähe der Basileia angesehen werden[35]. Das zeigen die „Gegenwartsworte" über die beginnende Ankunft des Reiches durch Jesu „im Finger Gottes" (vgl. Ex 8,15 LXX) gewirkte Exorzismen Lk 11,20 (par Mt) und die Seligpreisung der Augenzeugen Lk 10,23 f. (par Mt). Daß die Botschaft *Jesu* eine zeitliche Nähe des Reiches ansagt und diese zugleich in sachliche Beziehung zu

---

[33] Siehe ebd. 13—16. *Müller* faßt zusammen: „Es verbleibt Mk 9,1 und mit dieser Stelle die Möglichkeit, daß Jesus mit dem definitiven Eintritt der endzeitlichen Geschehnisse noch in seiner Generation rechnete" (16). Vgl. die detaillierte Argumentation bei *R. Pesch*, Naherwartungen. Tradition und Redaktion in Mk 13, Düsseldorf 1968, 181—195: Mk 13,30 ist Neubildung des Mk-Evangelisten auf Grund von 9,1, mit deren Hilfe er *seine* Naherwartung formuliert.

[34] Siehe die Argumentation bei *G. Lohfink*, Naherwartung (s. Anm. 4) 48 f.

[35] *J. Jeremias*, Gleichnisse Jesu (s. Anm. 22) 120; *G. Lohfink*, a.a.O. 42 f.

dieser *jesuanischen* Ansage bringt, zeigen ferner die drei ersten (und ursprünglichen) Makarismen der „Bergpredigt", die in Lk 6,20 f. (par Mt) erhalten sind. Den Armen, Hungernden und Weinenden wird die von Gott gewirkte Wende ihres Geschicks zugesprochen, und zwar — so ist zu unterstreichen — noch zu ihren Lebzeiten[36]. Denn die eschatologische „Intervention Gottes" ist ganz nahe[37].

2.5.4. Überblickt man diese Relation der Ankündigung Jesu zum angekündigten Reich Gottes, so ist es durchaus sachgemäß, diese im Sinne des Verhältnisses des Anbruchs zum Durchbruch, der erkennbaren Zeichen zum Offenkundigwerden zu verstehen[38]. Das Gleichnis vom Feigenbaum zeigt die „innere Nähe zwischen den Zeichen und dem in den Zeichen Angesagten", die „keine langen Zwischenräume" verträgt[39]. Es deutet darüber hinaus aber auch die Beziehung des im *einzelnen* Zeichen geschehenden Anbruchs zum *umfassenden* Durchbruch an. Der Anbruch der Basileia ist also in Jesus, seinen Zeichen-Handlungen und seiner Botschaft bereits erfolgt[40].

3. Zukunft und Gegenwart in der Eschatologie des Paulus

3.1. „Dieser Äon" und die „neue Schöpfung"

3.1.1. Die Briefe des Apostels Paulus sind das älteste unmittelbare Zeugnis eines christlichen Verkündigers über seine Eschatologie[41]. Als geschichtliches Bindeglied zwi-

---

[36] G. *Lohfink*, a.a.O. 43 f. (unter Hinweis auf Jes 61,1—3).
[37] J. *Jeremias*, Neutestamentliche Theologie (s. Anm. 8) 115.
[38] Vgl. G. *Lohfink*, Naherwartung (s. Anm. 4) 42.
[39] Ebd. 43.
[40] A. *Vögtle*, Jesus von Nazareth (s. Anm. 8) 15 f., sieht die Erwartung Jesu „nicht etwa in der Kenntnis eines Termins" gegründet, sondern vielmehr „in seinem unableitbaren Anspruch, daß das eschatologische Wollen und Handeln Gottes *durch ihn beginne und begonnen habe*" [Hervorhebung vom Zitierenden].
[41] Zur paulinischen Eschatologie im allgemeinen ist zu verweisen auf: R. *Kabisch*, Die Eschatologie des Paulus in ihren Zusammenhängen mit dem Gesamtbegriff des Paulinismus, Göttingen 1893. — F. *Guntermann*, Die Eschatologie des hl. Paulus (NtlAbh XIII/4—5), Münster 1932. — G. *Vos*, The Pauline Eschatology, Grand Rapids (Mich.) 1952. — M. *Goguel*, Le caractère, à la fois actuel et futur, du

schen Jesus und Paulus haben vor allem jene „Hellenisten" zu gelten, zu denen Stephanus gehörte und die nach der Vertreibung aus Jerusalem die Heidenmission begannen (Apg 6,1; 8,1.4; 11,19—21). Die Briefe des Paulus sind innerhalb der fünfziger Jahre des 1. Jahrhunderts geschrieben und blicken auf das entscheidende Heilsereignis des Todes und der Auferweckung Jesu zurück. Tod und Auferweckung Jesu sind nicht nur die Mitte der Theologie des Paulus, sondern auch der Orientierungspunkt für seine Sicht der Heilsgeschichte[42]. Zentrales Ereignis der Heilsgeschichte ist der Tod Jesu am Kreuz. Er ist „ein für allemal" erfolgt (Röm 6,10). Die Gegenwart des Gläubigen ist das heils-

---

salut dans la théologie paulinienne, in: The Background of the New Testament and Its Eschatology (Festschr. f. Ch. H. Dodd), Cambridge 1954, 322—341. — *F. Spadafora*, L'eschatologia in San Paolo, Rom 1957. — *W. Grundmann*, Überlieferung und Eigenaussage im eschatologischen Denken des Apostels Paulus: NTS 8 (1961/62) 12—26. — *A. Grabner-Haider*, Paraklese und Eschatologie bei Paulus. Mensch und Welt im Anspruch der Zukunft Gottes (NtlAbh, NF 4), Münster 1968. — *G. Bornkamm*, Paulus, Stuttgart 1969, 203—233. — *W. Baird*, Pauline Eschatology in Hermeneutical Perspective: NTS 17 (1970/71) 314—327. — *H. R. Balz*, Heilsvertrauen und Welterfahrung. Strukturen der paulinischen Eschatologie nach Römer 8,18—39 (BEvTh 59), München 1971.

[42] Die „heilsgeschichtliche" Orientierung des Paulus sollte nicht, wie es die Dialektische Theologie, R. Bultmann und viele seiner Schüler tun, bestritten und zugunsten einer existentialen Interpretation („eschatologische Existenz") aufgegeben werden; vgl. dazu *U. Wilckens*, Lukas und Paulus unter dem Aspekt dialektisch-theologisch beeinflußter Exegese, in: Ders., Rechtfertigung als Freiheit. Paulusstudien, Neukirchen 1974, 171—202. Zur heilsgeschichtlichen Sicht des Paulus vgl. *G. Schrenk*, Die Geschichtsanschauung des Paulus auf dem Hintergrund seines Zeitalters (erstm. 1932), in: Ders., Studien zu Paulus, Zürich 1954, 49—80. — *O. Kuss*, Zur Geschichtstheologie der paulinischen Hauptbriefe: ThGl 46 (1956) 241—260. — *Ch. Dietzfelbinger*, Heilsgeschichte bei Paulus? Eine exegetische Studie zum paulinischen Geschichtsdenken (ThEx 126), München 1965. — *U. Luz*, Das Geschichtsverständnis des Paulus (BEvTh 49), München 1968. — *E. Käsemann*, Paulinische Perspektiven, Tübingen 1969, 108—139: Rechtfertigung und Heilsgeschichte im Römerbrief. — *U. Wilckens*, Das Geschichtsverständnis des Paulus: ThLZ 95 (1970) 401—412. — *M. Legido Lopez*, Perspectivas sobre la comprensión paulina de la historia salvifica: Salmaticenses 22 (1975) 5—24.

geschichtliche „Jetzt", mit dem die entscheidende „letzte" Zeit angebrochen ist (16,26). Dennoch ist das Jetzt der Erfüllung noch nicht das der Vollendung.

3.1.2. Zwar bezeichnet Paulus die gegenwärtige Welt mehrfach als „diesen Äon", doch fehlt die entsprechende Formulierung der jüdischen Theologie „jener (bzw. der kommende) Äon". Obgleich die „Neue Schöpfung" seit dem Kreuzestod Jesu angebrochen ist (Gal 6,14 f.)[43], behauptet sich „diese Weltzeit" mit ihren bedrohlichen und verhängnisvollen Gewalten weiter. Zwar kann Paulus sagen: „Die Enden der Äonen sind auf uns gekommen" (1 Kor 10,11). Andererseits heißt es, Christus habe sich in den Tod dahingegeben, „um uns aus dem gegenwärtigen bösen Äon herauszureißen nach dem Willen Gottes" (Gal 1,4). Dieser Christus wurde von Gott „gesandt, als die Fülle der Zeit gekommen war" (4,4). Auch vom einzelnen Gläubigen kann gesagt werden, er sei „in Christus ein neues Geschöpf" (2 Kor 5,17)[44].

---

[43] Die dominierende Stellung der paulinischen Schöpfungstheologie — gerade auch für die Eschatologie — heben hervor: *G. Schneider*, Die Idee der Neuschöpfung beim Apostel Paulus und ihr religionsgeschichtlicher Hintergrund: TrThZ 68 (1959) 257—270. — *D. M. Stanley*, Christ's Resurrection in Pauline Soteriology (AnBibl 13), Rom 1961. — *H. Schwantes*, Schöpfung der Endzeit. Ein Beitrag zum Verständnis der Auferweckung bei Paulus (Arbeiten zur Theologie I/12), Stuttgart 1963. — *B. Rey*, Créés dans le Christ Jésus. La création nouvelle selon saint Paul (Lectio divina 42), Paris 1966. — *P. Hoffmann*, Die Toten in Christus. Eine religionsgeschichtliche und exegetische Untersuchung zur paulinischen Eschatologie (NtlAbh, NF 2) Münster ²1969. — *J. G. Gibbs*, Creation and Redemption. A Study in Pauline Theology (NTSuppl 26), Leiden 1971.

[44] Vgl. dazu folgende neuere Arbeiten über das Verständnis der „christlichen Existenz" nach Paulus: *R. Schnackenburg*, Zwischen den Zeiten. Christliche Existenz in dieser Welt nach Paulus, in: Ders., Christliche Existenz nach dem Neuen Testament, Bd. II, München 1968, 9—32. — *W. Harnisch*, Eschatologische Existenz. Ein exegetischer Beitrag zum Sachanliegen von 1. Thessalonicher 4,13—5,11 (FRLANT 110), Göttingen 1973. — *J. Murphy O'Connor*, L'existence chrétienne selon saint Paul (Lectio divina 80), Paris 1974. — *M. de Merode*, L'aspect eschatologique de la vie et l'esprit dans les épîtres pauliniennes: EThL 51 (1975) 96—112.

3.1.3. Es gibt auch in der paulinischen Theologie ein „geradezu widersprüchlich anmutende(s) Nebeneinander"[45]. Einerseits ruft Paulus angesichts der nahen Parusie Christi[46] zur Freude auf (Phil 4,4 f.); er spricht vom Vergehen dieser Welt (1 Kor 7,29—31), unterrichtet über die kommende Totenauferstehung und die Verwandlung der dann noch Lebenden (15,50—53). Doch verkündet er auch die bereits erreichte Erfüllung der Zeit (Gal 4,4) und die in Christus schon gegenwärtige Neuschöpfung (2 Kor 5,17). Das auf den ersten Blick widersprüchliche Nebeneinander erklärt sich nur teilweise in dem Sinn, daß das Heil dem Glaubenden zwar *schon zuteil ist* und dennoch in seiner Vollendung *noch aussteht*, wie Paulus gegenüber christlichen Enthusiasten betonen kann (1 Kor 4,8—13; 15,12—57; 2 Kor 13,4; Phil 3,11—14). Doch läßt sich der „wirkliche Sachverhalt nur mit einem ‚Weil — darum' wiedergeben"[47], wie u. a. Röm 5,1—11 und 1 Kor 1,4—8 zeigen. Weil Paulus von Christus ergriffen ist, kann er von sich sagen: „Nicht, daß ich es schon ergriffen hätte oder schon zur Vollendung gekommen wäre! Ich jage ihm aber nach, ob ich es wohl ergreifen möchte" (Phil 3,12). Die Rettung durch Christus ist eine solche „auf Hoffnung hin" (Röm 8,24).

3.2. *Die Durchbrechung des apokalyptischen Zeitschemas*

Das Zeitschema der Apokalyptik, nach dem auf „diese Weltzeit" durch eine qualitative Wende „der kommende Äon" des Heils folgen wird, ist bei Paulus insofern durchbrochen,

---

[45] *G. Bornkamm*, Paulus (s. Anm. 41) 203.
[46] Siehe neben den in Anm. 41 genannten Titeln die Arbeiten zur paulinischen Parusieerwartung: *F. Tillmann*, Die Wiederkunft Christi nach den paulinischen Briefen (BSt 14), Freiburg 1909. — *B. Brinkmann*, Die Lehre von der Parusie beim hl. Paulus in ihrem Verhältnis zu den Anschauungen des Buches Henoch: Bib 13 (1932) 315—334. 418—434. — *J. A. Sint*, Parusie-Erwartung und Parusie-Verzögerung im paulinischen Briefcorpus, in: Vom Messias zum Christus, hrsg. von K. Schubert, Wien 1964, 233—277 (zugleich in: ZKTh 86 [1964] 47—79). — *J. Kremer*, Was heißt Parusie und Parusieerwartung heute? Überlegungen zu den Parusieaussagen von 1 Thess, in: Bestellt zum Zeugnis (Festschr. f. J. Pohlschneider), Aachen 1974, 251—268.
[47] *G. Bornkamm*, Paulus (s. Anm. 41) 203.

als im Heilswerk Jesu Christi die Wende bereits erfolgt ist und dennoch der „gegenwärtige böse Äon" nicht zu bestehen aufhörte (Gal 1,4; 6,15). Obwohl Paulus mit der Apokalyptik bestimmte Vorstellungen über das Weltende teilt, prägt er seine eschatologischen Vorstellungen ganz von der Christusbotschaft her[48]. Die Gegenwartsaussagen über das Christusheil bestimmen die Verkündigung entscheidend. Die Zukunftsaussagen haben eine doppelte Funktion. Auf der einen Seite machen sie deutlich, daß die Vollendung noch nicht erfolgt ist, daß sie vielmehr Gottes souveränem Handeln bei der Parusie Christi vorbehalten bleibt. Auf der anderen Seite werden so die Gegenwartsaussagen[49] von jenem Enthusiasmus abgehoben (Phil 3,12—21; Röm 13,12—14), der mit dem Vollendungsbewußtsein die ethische Verpflichtung des Getauften und Gerechtfertigten vergessen möchte[50].

3.3. Naherwartung der Parusie

Die Spannung zwischen gegenwärtigem Heil und künftiger Vollendung resultiert bei Paulus nicht aus der Erfahrung, daß die Parusie auf sich warten ließ[51]. Paulus denkt, soweit das seine Briefe erkennen lassen, von der Naherwartung her und hat diese kaum je aufgegeben (vgl. Phil 2,16; 4,4 f.; Röm 13,11 f.)[52]. Doch läßt sich eine gewisse Verschiebung

---

[48] Vgl. besonders 1 Thess 4,14—17; 1 Kor 15,20—57. Siehe dazu die Bochumer Dissertation (1972/73) von *J. Baumgarten*, Paulus und die Apokalyptik (WMANT 44), Neukirchen 1975.

[49] Siehe z. B. die Rechtfertigungsaussagen Röm 3,28; 5,1.9; 1 Kor 6,11. Vgl. die neue Existenz „in Christus" 2 Kor 5,17; Gal 2,20. Der Geist ist als „Angeld" (2 Kor 5,5) bzw. als „Erstlingsgabe" (Röm 8,23) gegeben.

[50] Vgl. die Gerichtsaussagen, die auch ein Gericht über die Glaubenden ankündigen: 2 Kor 5,10; Phil 3,18 f.; Röm 2,5 f.; siehe dazu *L. Mattern*, Das Verständnis des Gerichtes bei Paulus (AThANT 47), Zürich 1966, passim.

[51] Dagegen spricht nicht die „individuelle" Hoffnung des Gefangenen (Phil 1,23) oder 2 Kor 5,1—8. Siehe *P. Hoffmann*, Die Toten in Christus (s. Anm. 43) 324—327.

[52] Einen Wandel der eschatologischen Erwartung und Vorstellung nahmen neuerdings vor allem *Ch. Buck / G. Taylor* an: St. Paul. A Study of the Development of His Thought, New York 1969; siehe

des Aspekts erkennen, die mit der wachsenden Erfahrung des Sterbens von Christen zusammenhängen dürfte[53]. Vielleicht trifft es zu, daß die „Verzögerungserfahrung" hinsichtlich der Parusie den Apostel dazu führte, eine individuale Christusgemeinschaft nach dem Tod des Gläubigen ins Auge zu fassen[54]. Doch ersetzt die so ausgerichtete Hoffnung (vgl. 2 Kor 5,1—8; Phil 1,23) bei Paulus keineswegs die Erwartung der universalen Endereignisse bei der Parusie.

---

dagegen W. G. Kümmel, Das Problem der Entwicklung in der Theologie des Paulus: NTS 18 (1971/72) 457 f. Vgl. zu diesem Problem ferner C.-H. Hunzinger, Die Hoffnung angesichts des Todes im Wandel der paulinischen Aussagen, in: Leben angesichts des Todes (Festschr. f. H. Thielicke), Tübingen 1968, 69—88. — J. G. Gager jr., Functional Diversity in Paul's Use of End-Time Language: JBL 89 (1970) 325—337. — G. Klein, Apokalyptische Naherwartung bei Paulus, in: Neues Testament und christliche Existenz (Festschr. f. H. Braun), Tübingen 1973, 241—262. — W. Wiefel, Die Hauptrichtung des Wandels im eschatologischen Denken des Paulus: ThZ 30 (1974) 65—81.

[53] Siehe die Verschiebung von 1 Thess 4 zu 1 Kor 15. Zunächst wird der Tod von Gläubigen, der noch vor der Parusie erfolgt ist, als Problem empfunden (1 Thess 4,13). Paulus hält daran fest, daß auch die Verstorbenen an der Parusie Anteil bekommen und die dann noch Lebenden den Verstorbenen nicht „zuvorkommen" (4,14 f.). 1 Kor 15,51 sagt der Apostel den Adressaten „ein Geheimnis": „Wir werden nicht alle entschlafen, wir werden aber alle verwandelt werden." Das Überleben von Gemeindegliedern bis zur Parusie wird gewissermaßen schon als Ausnahmefall angesehen. Phil 3 und Röm 8 wird zwischen bei der Parusie noch Lebenden und bereits Verstorbenen nicht (mehr) unterschieden. Phil 3,20 f. erhofft von der Parusie offensichtlich die Auferweckung der Toten, spricht aber nur von „Verwandlung". Auch Röm 8,17.23.29 wird nicht ausdrücklich gesagt, ob die „Erlösung des Leibes", die Gleichgestaltung mit dem Sohn Gottes, als Auferweckung der Toten erfolgen wird oder ob sie weitgehend als Schöpfungstat der „Verwandlung" an Lebenden geschieht. Den tiefsten Grund der Vollendungshoffnung gibt Röm 8,31—39 an. Er liegt in der „Liebe Gottes, (erwiesen) in Christus Jesus". Zur Vorstellung von der künftigen Verwandlung als Gleichgestaltung mit Christus vgl. W. Grundmann in: ThWNT VII (1964) 788 f.

[54] Zur Möglichkeit einer derartigen Entwicklung im eschatologischen Bewußtsein des Paulus siehe J. Ernst, Die Briefe an die Philipper, an Philemon, an die Kolosser, an die Epheser (RNT), Regensburg 1974, 57—60. Ernst neigt dazu, eine solche Entwicklung anzunehmen, betont indessen, daß deswegen „das Wissen um die Wiederkunft und die damit einsetzende volle Christusgemeinschaft" noch nicht vergessen sein müsse (60).

4. Die heilsgeschichtliche Konzeption des Lukas

4.1. Die Situation des dritten Evangelisten

4.1.1. Ebensowenig wie Jesus und Paulus entwirft der dritte Evangelist in seinem Doppelwerk (Lk/Apg) eine Systematik der eschatologischen Vorstellungen und Erwartungen[55]. Auch bei ihm gibt es ein Nebeneinander von Gegenwarts- und Zukunftsaussagen über das Gottesreich. Manche Forscher sind der Auffassung, daß bei Lukas die Naherwartung der Parusie noch vertreten und bezeugt sei, und zwar neben einer entspannten eschatologischen Erwartung, die mit einer längeren Zeitspanne bis zur Parusie rechne[56].

4.1.2. Lukas schrieb sein Werk wohl in den achtziger Jahren des 1. Jahrhunderts. Er blickt nicht nur auf das Wirken des Paulus und die Geschichte Jesu, sondern auch auf

---

[55] Aus der Fülle der Arbeiten zum lukanischen Doppelwerk und seiner Eschatologie sei hier nur eine Auswahl notiert: *Ph. Vielhauer*, Zum „Paulinismus" der Apostelgeschichte (erstm. 1950/51), in: Ders., Aufsätze zum Neuen Testament, München 1965, 9–27. – *H. J. Cadbury*, Acts and Eschatology, in: The Background of the New Testament and Its Eschatology (Festschr. f. Ch. H. Dodd), Cambridge 1954, 300–321. – *H. Conzelmann*, Die Mitte der Zeit. Studien zur Theologie des Lukas (BHTh 17), Tübingen (1954) ⁵1964. – *E. Lohse*, Lukas als Theologe der Heilsgeschichte: EvTh 14 (1954) 256–276. – *E. Gräßer*, Das Problem der Parusieverzögerung (s. Anm. 8) 178–215. – *G. Braumann*, Das Mittel der Zeit: ZNW 54 (1963) 117–145. – *W. C. Robinson jr.*, Der Weg des Herrn. Studien zur Geschichte und Eschatologie im Lukas-Evangelium (ThF 36), Hamburg-Bergstedt 1964. – *E. E. Ellis*, Die Funktion der Eschatologie im Lukasevangelium: ZThK 66 (1969) 387–402. – *J.-D. Kaestli*, L'eschatologie dans l'oeuvre de Luc, Genf 1969. – *W. G. Kümmel*, Lukas in der Anklage der heutigen Theologie: ZNW 63 (1972) 149–165. – *J. Dupont*, Die individuelle Eschatologie im Lukasevangelium und in der Apostelgeschichte, in: Orientierung an Jesus (Festschr. f. J. Schmid), Freiburg 1973, 37–47. – *G. Schneider*, Parusiegleichnisse im Lukas-Evangelium (SBS 74), Stuttgart 1975 [weitere Literaturangaben ebd. 85 Anm. 1; 99–103].

[56] Siehe die in Anm. 55 genannten Arbeiten von *E. E. Ellis* und *W. G. Kümmel*, ferner: *F. O. Francis*, Eschatology and History in Luke-Acts: JAAR 37 (1969) 49–63; *S. G. Wilson*, Lukan Eschatology: NTS 16 (1969/70) 330–347; *R. H. Hiers*, The Problem of the Delay of the Parousia in Luke-Acts: NTS 20 (1973/74) 145–155.

die Zerstörung Jerusalems zurück. Die Kontinuität des dritten Evangelisten zu Paulus ist sicher nicht so unmittelbar zu begreifen, daß Lukas Begleiter (oder gar Schüler) dieses Apostels gewesen sei. Doch lebte er offensichtlich im Raum „paulinischer" Gemeinden und schrieb für sie. Außerdem stand ihm die ursprünglich palästinische Jesusüberlieferung in einem Ausmaß zur Verfügung, daß er mehrere Quellen (Mk, die Logienquelle, Sondertraditionen) für seine Evangelienschrift verwenden konnte (Lk 1,1–4). Die eschatologischen Vorstellungen dieses Evangelisten entsprechen — gemessen an Paulus — deutlich einem späteren Erfahrungsstand, und Lukas hat auch die Botschaft Jesu vom nahen Reich Gottes charakteristisch umgedeutet.

4.2. Das heilsgeschichtliche Schema

Die „heilsgeschichtliche" Auffassung des dritten Evangelisten hat Hans Conzelmann eindrucksvoll herausgearbeitet. Freilich ist zu beachten, daß Lukas die Grundzüge seiner Vorstellung nirgends systematisch als Schema niedergeschrieben hat. Der Grundzug seiner Darstellung ist eine Auffassung vom Geschichtsplan Gottes, den dieser in Etappen gemäß seiner Vorsehung realisiert und endlich auch zu Ende führen wird. Der Beginn ist durch die Schöpfung bezeichnet. Diese stellt den Grenzpunkt der heilsgeschichtlichen Betrachtung dar, dem als Grenzpunkt am anderen Ende die Parusie entspricht. Zwischen diesen Punkten verläuft die Geschichte in drei Phasen. Auf die *Zeit Israels,* des Gesetzes und der Propheten, folgt die *Zeit Jesu* als „Mitte der Zeit" und Vorausdarstellung des künftigen Heils; als dritte Epoche gilt die *Zeit der Kirche* und des Geistes, das letzte Zeitalter[57]. „Wie sich Israel seiner Verheißung vergewissern konnte, so wird es die Kirche können. In ihr bleibt der Ertrag der Jesuszeit wirksam. Das zeigt das Phänomen des Geistes"[58].

4.3. Verheißung und Erfüllung

4.3.1. In der Darstellung Conzelmanns wird zu wenig sichtbar, daß Lukas die Zeit Jesu engstens mit der Zeit der

---

[57] *H. Conzelmann,* Die Mitte der Zeit (s. Anm. 55) 139 f.
[58] Ebd. 140.

Kirche verbunden sieht. Beide Epochen sind durch die Gottesreichsverkündigung miteinander verbunden und werden insofern der Zeit der prophetischen Ankündigung gegenübergestellt (Lk 16,16). Doch die Zeit Jesu und die der missionarischen Basileiaverkündigung der Kirche sind noch nicht Voll-Erfüllung der prophetischen Verheißung. Erst bei der Parusie wird *alles* realisiert sein, was Gott durch seine Propheten vorherverkündigt hat (Apg 3,20 f.).

4.3.2. Lukas sieht die Heilsgeschichte sich vollziehen in einer ständigen Korrespondenz von Verheißung und Erfüllung. Und so sind die Erfüllungsereignisse im Auftreten Jesu und im Leben der frühen Kirche Vergewisserungen der endlichen Voll-Erfüllung bei der Parusie. Lukas hofft, seinen Lesern damit die „Gewißheit" (Lk 1,4) zu vermitteln, die frühere Verkündiger so nicht anbieten konnten. Er wird bei der Durchführung seines Zieles notwendig zum Geschichtsschreiber, der auf Jesus und die Anfänge der Kirche zurückblickt. Deshalb ist es wohl nicht zutreffend, daß Lukas „durch das Faktum seiner Geschichtsschreibung" gerade das „Problem der Parusieverzögerung" zu lösen versuchte[59]. Freilich bleibt es nicht aus, daß zur Zeit des Evangelisten der Abstand zwischen Ostern und der Parusie entsprechend der Erfahrung am Ende des Jahrhunderts gedehnt erscheint[60] und Lukas den Versuch unternimmt, das Problem der Naherwartungsaussagen seiner Jesusüberlieferung zu lösen[61].

4.4. Anwesenheit des Gottesreichs in der Person Jesu

Einen möglichen Weg hat er bei diesem Versuch wohl schon von der Tradition vorgezeichnet gefunden. Hatte die Verkündigung Jesu in ihren Naherwartungslogien bzw. Gegen-

---

[59] So hingegen *E. Gräßer*, Das Problem der Parusieverzögerung (s. Anm. 8) 215.

[60] *Ph. Vielhauer*, Zum „Paulinismus" (s. Anm. 55) 24, hebt insofern richtig hervor: „Die Zeit zwischen Pfingsten und Parusie ist Zeit des Geistes und der progressiven Missionierung der Welt, also sich steigernde Heilsgeschichte."

[61] Vgl. dazu neuerdings meine Studie: Parusiegleichnisse im Lukas-Evangelium (s. Anm. 55).

wartsaussagen über das Gottesreich bereits in seinem eigenen Wirken den beginnenden Anbruch der Basileia gesehen, so sieht Lukas das Reich deutlich in der *Person Jesu* anwesend[62]. Im Rückblick auf die Geschichte Jesu kann erkannt werden, daß in ihm das Reich sichtbar wurde, jenes Reich, das in der Zeit der Kirche verkündigt wird[63]. Zu der nachösterlichen Reichsverkündigung der Jesusjünger gehört wesentlich das Kerygma über Jesu ganze Wirksamkeit, seinen Tod und seine Auferweckung (Apg 1,21 f.; 10,36—43; 28,31).

4.5. Das eschatologische Verzögerungsproblem

Der dritte Evangelist hat die ihm überlieferten Naherwartungstexte durchgehend bearbeitet. Er tilgte sie nur in seltenen Fällen (z. B. Mk 1,15). Weitgehend interpretierte er sie im Gefolge der eschatologischen Verzögerungsproblematik neu (z. B. 9,27; 10,1.9; 12,35—48; 17,20—37; 18,8 b; 19,11—27; 21,8.32; 22,69). Lukas betont im allgemeinen den plötzlichen Anbruch des Endes und der Parusie, nicht mehr deren zeitliche Nähe. Er mahnt — im Anschluß an seine Quellen — zu einer steten Bereitschaft (17,24—30; 18,8 b) und zum anhaltenden Gebet (18,1). Insofern haben wir eine Verschiebung von der Naherwartung zur Stetsbereitschaft zu verzeichnen. Doch ist weder die Betonung der Plötzlichkeit noch die heilsgeschichtliche Konzeption des Evangelisten traditionsgeschichtlich neu.

---

[62] Symptomatisch dafür scheint mir zu sein, wie Lukas in der Aussendungsrede Jesu mit Hilfe der Einleitung (Lk 10,1) die Ankündigung der Nähe des Reiches (10,9 par Mt 10,7) auf die Nähe *Jesu* umdeutet, freilich aber auch die überkommene Deutung auf die Krankenheilungen beibehält. Siehe ferner O. *Merk*, Das Reich Gottes in den lukanischen Schriften, in: Jesus und Paulus (Festschr. f. W. G. Kümmel), Göttingen 1975, 201—220.

[63] Vgl. den lukanischen Ausdruck von der „Verkündigung" der Basileia Lk 4,43; 8,1; 16,16; Apg 8,12; siehe auch Lk 9,2; Apg 20,25; 28,31. Gegen die Ansicht *H. Conzelmanns* (Die Mitte der Zeit [s. Anm. 55] 104), bei Lukas rücke das Reich Gottes „in die metaphysische Ferne", argumentiert O. *Merk* (a.a.O. 209 f.) und kommt zu dem Schluß, daß „in Jesus das Reich und damit Gottes Handeln" da ist, „nicht nur das Wesen eines fernen Reiches" (210).

4.6. Der Lösungsversuch des Lukas

Vielmehr muß der systematische Versuch, das Verzögerungsproblem zu beantworten, als Novum registriert werden. Die Lösung des Lukas geht in eine zweifache Richtung.

4.6.1. Einmal wird auf die weltweite Evangeliumsverkündigung verwiesen, die zur Zeit des Lukas offensichtlich ihr Ende noch nicht erreicht hat (Apg 28,28). Sie muß und wird indessen nach Gottes Heilsplan zu diesem Ende kommen. Die Notwendigkeit der Zeugenschaft „bis ans Ende der Erde" erkennt Lukas aus der Schrift, deren Verheißungen insgesamt in Erfüllung gehen müssen (Lk 24,44–46; Apg 1,7 f; 3,20 f.). Der Geist als die durch Jesus von Gott geschenkte Kraft ermöglicht nicht nur die Zeugenschaft der Apostel, sondern gibt auch der Gemeinde die Möglichkeit, die Terminfrage aus dem Parusiethema auszuklammern (Apg 1,6–8)[64].

4.6.2. Auf der anderen Seite „individualisiert" Lukas verschiedentlich die Parusieerwartung[65]. Schon die lukanische Bearbeitung der Makarismen der „Bergpredigt" mit der Einfügung des „jetzt" (Lk 6,20 f.) läßt an die zu ihren Lebzeiten („jetzt") Armen, Hungernden und Weinenden denken, denen das Reich zugesprochen wird. Sie sollen *nach dem Tod* von Gott das Heil erlangen. In die gleiche Richtung geht die lukanische Bearbeitung von Mk 13,13 b. Das Jesuswort, das sich auf die Parusie bezieht, wird von Lukas auf ein Aushalten bis zum Tod interpretiert (Lk 21,19). Dem Schächer verheißt der gekreuzigte Jesus, daß er „heute noch" mit ihm im Paradies sein werde, am Tag seines Sterbens (23,43). Der Kontext zeigt, daß mit dieser Zusage die Erwartung der Heilsvollendung bei einem fernen Basileia-Anbruch „korrigiert" wird (vgl. 23,42). In besonders eindrucksvoller Weise zeigt die Stephanuserzählung, wie Lukas

---

[64] Deshalb kann man nicht mit *E. Gräßer*, Das Problem der Parusieverzögerung (s. Anm. 8) 203, die Geistverheißung Lk 24,49 im Sinne des Evangelisten als „Ersatz" für die Verheißung des nahen Endes bezeichnen.

[65] Siehe dazu *J. Dupont*, Die individuelle Eschatologie (s. Anm. 55), und *G. Schneider*, Parusiegleichnisse (s. Anm. 55) 78–84.

die Parusieaussage vom kommenden Menschensohn (Mk 14,62 i. U. zu Lk 22,69) umdeutet auf den himmlischen Menschensohn, der seinen verfolgten und sterbenden Zeugen empfängt (Apg 7,55—60) und so für ihn verwirklicht, was die traditionelle Erwartung für den Parusietermin in Aussicht stellte[66].

4.6.3. Ebensowenig wie bei Paulus kann bei Lukas die Rede davon sein, daß er individual-eschatologische Vorstellungen mit der Verkündigung der umfassenden Endereignisse zum Ausgleich bringt oder gar über einen „Zwischenzustand" der Verstorbenen bis zur Parusie reflektiert. Dennoch bleibt zu fragen, ob die individual-eschatologische Antwort eine bleibende Möglichkeit eröffnet, die Naherwartung der Heilsvollendung auch heute noch zu realisieren.

5. Folgerungen

Bevor die Ergebnisse der bisherigen Informationen über die Eschatologie Jesu, des Paulus und des Lukas in die Frage nach einer zutreffenden und unverkürzten Interpretation für unsere Zeit übergeleitet werden, sollen sie kurz zusammengefaßt werden.

5.1. Gewonnene Erkenntnisse

Die Überzeugung vom wenigstens zeichenhaften Anbruch der Gottesherrschaft in Jesus, seinem Wirken und seiner Verkündigung, ist in Jesu eigener Basileiabotschaft begründet. Sie verbindet Paulus und Lukas mit Jesus, wenn sie auch bei Paulus zur Überzeugung von der „Gerechtigkeit Gottes" transformiert erscheint (Röm 1,16 f.). „Die Zukünftigkeit und Gegenwärtigkeit der Königsherrschaft Gottes liegen in der Person Jesu beieinander"[67]. Person Jesu und „Sache Jesu" liegen ineinander. Und dieses Ineinander macht das „Proprium" der Eschatologie Jesu und der urchristlichen Eschatologie aus[68]. Freilich erhält für letz-

---

[66] Vgl. *C. K. Barrett*, Stephen and the Son of Man, in: Apophoreta (Festschr. f. E. Haenchen), Berlin 1964, 32—38, näherhin 35 f.
[67] *E. Gräßer*, Die Naherwartung Jesu (s. Anm. 4) 136.
[68] Ebd. 137 f.

tere das vergangene, die Gegenwart bestimmende Ereignis des Heilstodes Jesu ein so starkes Gewicht, daß der Hoffnungs*grund* die christliche Existenz (Röm 6,1—11) und die Gegenwart (Lk 2,29—32; Apg 10,36—43) bisweilen stärker bestimmt als die *Hoffnung* auf die Endvollendung. Das Parusiethema ist z. B. bei Lukas weitgehend zu einem „locus de novissimis" geworden[69]. In keinem der eschatologischen Entwürfe ist jedoch die Spannung zwischen dem eschatologischen Jetzt und dem noch ausstehenden Dann aufgegeben. Sie ist vielmehr für die Struktur christlichen Glaubens und Hoffens unabdingbar.

5.2. Folgerungen für eine zeitgemäße Interpretation

Soll christliche Hoffnung in unserer Zeit nicht pervertiert, sondern neu belebt und realisiert werden, so wird man entschieden Abstand nehmen müssen von einem bloß dem Vergangenen verhafteten Christentum und einem Bewußtsein, das im „Jetzt-schon" der Heilsgegenwart sein Genügen finden möchte. Es gilt also, die Zukunftsdimension als Hoffnung zu realisieren. Daß dabei Gotteslob und Danksagung für die Praesentia salutis nicht aufgegeben werden dürfen, sollte selbstverständlich sein. Doch wie kann eine hoffende Erwartung des Gottesreichs heute verwirklicht werden?
5.2.1. Trifft es zu, daß eine Wiederbelebung der Parusiehoffnung „nur im Kontext einer politischen Theologie", d. h. „als Appell zur Weltveränderung im Sinne des Evangeliums"[70], erfolgen kann? Ging es der Botschaft Jesu wirklich um „jenes Reich, in dem die Herrschaftsstruktur der bestehenden Gesellschaft ihr radikales Ende findet"[71] ? Muß die eschatologische Verkündigung Jesu „unter Verzicht

---

[69] So schon *Ph. Vielhauer*, Zum „Paulinismus" (s. Anm. 55) 23.

[70] *F. J. Schierse*, Exegetische Informationen über Eschata, Fortschritt und gesellschaftliches Engagement in der Sicht des Neutestamentlers, in: Scherer / Kerstiens / Schierse u. a., Eschatologie und geschichtliche Zukunft, Essen 1972, 119—135, näherhin 133.

[71] *H.-W. Bartsch*, Jesus, Prophet und Messias aus Galiläa, Frankfurt 1970, 107. Vgl. ebd. 124: „Jesus hat ... das Gottesreich inhaltlich und seinem Wesen nach als eine Umwandlung der Sozialstruktur verkündigt."

auf den weltbildlich antiken Rahmen in die von Menschen selbst geschaffenen Zukünfte" umgesetzt werden[72]? Derartigen Versuchen gegenüber ist gewiß einzuwenden, daß es der Botschaft Jesu ebensowenig um ein „Reich der Innerlichkeit" ging wie um „zelotisch" betriebene Programme der Weltverbesserung[73].

Dem Charakter der jesuanischen Basileiabotschaft und der urchristlichen Parusieerwartung entspricht eher, daß wir uns der *Unverfügbarkeit der Weltvollendung* bewußt bleiben, obgleich wir den Auftrag zur Welt-Gestaltung und -Veränderung ernstnehmen müssen. Dies unterscheidet christliche Heilshoffnung wesentlich von „Utopien". Außerdem muß man fragen: Ergibt sich der Weltauftrag des Christen nicht eher aus dem gnadenhaften „Jetzt-schon" der christlichen Existenz[74]? Und beginnt nicht das durch die Kreuzesbotschaft und die exemplarisch-jesuanische Pro-Existenz motivierte und ermöglichte „politische" Wirken der

---

[72] So die Formulierung von *S. Schulz*, Q. Die Spruchquelle der Evangelisten, Zürich 1972, 487. Schulz fährt fort: „Dieser eschatologische Grundzug ... muß in die von Menschen für Menschen geplanten und fabrizierten Futura, in ihre politischen und humanen Zielvorstellungen hinein übersetzt und als transformatorische Praxis für die bestehende Wirklichkeit ausgearbeitet werden."

[73] Vgl. *J. Blank*, Das Evangelium als Garantie der Freiheit, Würzburg 1970, 11 f. Blank gibt zu bedenken, daß alle menschliche Mühe und Leistung das Reich Gottes nicht herbeiführen kann. „Sobald man derartige Gedanken bewußt oder unbewußt hegt, kommen zelotische Impulse mit ins Spiel, die, in welchem Gewand immer sie auftreten mögen, ob christlich oder marxistisch, jedenfalls von ideologischen und totalitären Implikationen und Intentionen nicht frei sind" (12).

[74] Zur paulinischen Begründung der Paränese vgl. etwa Röm 6,4; 12,3—8; 15,3.7; 1 Kor 5,7; 6,11; 12,12—31; 2 Kor 6,1; Gal 5,13.25; Phil 2,5; 1 Thess 5,4—10. *H. Schürmann*, Haben die paulinischen Wertungen und Weisungen Modellcharakter? : Gregorianum 56 (1975) 237—269, zeigt, daß Motive einer futurischen Eschatologie nicht so häufig sind wie solche der „Anamnese an das Heilswerk Christi und die Rückerinnerung an den Taufstand" (243). *J. Kremer*, Was heißt Parusie und Parusieerwartung heute? (s. Anm. 46), deutet die Gerichtsankündigung so, daß er auf die Verantwortlichkeit des Christen abhebt: „Es geht um das Leben im Blick auf den Auferstandenen, der der kommende Herr ist und dem wir deshalb Rechenschaft schuldig sind" (265).

Christen beim je einzelnen[75], weil der Glaube nicht mit einem kollektiven Bewußtsein verwechselt werden darf?

5.2.2. Es ist darum der ernsthaften Erörterung wert, ob nicht das mit der Botschaft Jesu gemeinte Sachanliegen, näherhin die eschatologische Naherwartung, dergestalt belebt und realisiert werden kann, daß die Erwartung auf das jedem Menschen unverfügbar bevorstehende Todesereignis hin interpretiert wird[76]. Ist auf diesem Wege Naherwartung noch immer eine christliche Möglichkeit? Eine derartige Deutung wäre gewiß nicht unbiblisch, wie insbesondere die „Individualisierung" der Parusieerwartung im lukanischen Werk zeigt[77]. Doch hält dieses aktualisierende und das bisherige Ausbleiben der Parusie reflektierende Interpretationsschema im Neuen Testament und in der späteren Glaubensüberlieferung an den „kosmischen" und umfassenden Eschata fest. Man muß zugeben, daß in der Bezogenheit auf den eigenen Tod und das Schicksal nach dem Tod *wirkliche Erwartungshaltung* gegenüber der von Gott verfügten Endgültigkeit meines Lebens *möglich* ist.

Was bedeuten dann aber die Hoffnung auf die Totenerweckung am Ende der Zeit, die Parusie Christi und das „Leben der künftigen Welt", die wir im Glauben bekennen? Wahrscheinlich ist dieses Bekenntnis, auch wenn wir es nicht in Spekulationen oder Bildern explizieren können, doch mehr als eine „Leerformel"[78]. Zwar ist nicht zu verkennen,

---

[75] Siehe dazu *M. Hengel*, War Jesus Revolutionär? (Calwer Hefte 110), Stuttgart 1970; ders., Gewalt und Gewaltlosigkeit. Zur „politischen Theologie" in neutestamentlicher Zeit (Calwer Hefte 118), Stuttgart 1971; ferner den Beitrag von *E. Gräßer*, Jesus und das Heil Gottes. Bemerkungen zur sog. „Individualisierung des Heils", in: Jesus Christus in Historie und Theologie (Festschr. f. H. Conzelmann), Tübingen 1975, 167–184. Vgl. auch ders., Zum Verständnis der Gottesherrschaft: ZNW 65 (1974) 3–26.

[76] Hierher gehört z. B. der Versuch von *G. Lohfink*, Zur Möglichkeit christlicher Naherwartung (s. Anm. 4) 59–81.

[77] Siehe *J. Dupont*, Die individuelle Eschatologie (s. Anm. 55); ders., Les Béatitudes III. Les évangelistes, Paris 1973, 100–147; *G. Schneider*, Parusiegleichnisse (s. Anm. 55) 78–84.95–98.

[78] Vgl. *K. Rahner*, Eschatologie, in: LThK² III (1959) 1094–1098; *K. Berger / K. Rahner*, Parusie, in: Sacramentum Mundi III (1969) 1029–1039.

daß es spiritualisierend verstanden und im Sinne einer weltflüchtigen Innerlichkeit gelebt werden kann. Das Bekenntnis kann jedoch dann mehr als „Leerformel" sein, wenn es die persönliche Heilserwartung davor bewahrt, die *sozialen, politischen und kosmischen Implikationen unserer Hoffnung* zu ignorieren. Insofern kann also die christliche Hoffnung auch zur Hoffnung für diese unsere Welt werden.

5.2.3. Die Spannung zwischen der individuellen Erwartung und der Hoffnung auf das endgültige Gottesreich darf somit nicht aufgegeben werden. Gleiches gilt von der Zweipoligkeit der Hoffnung, die ihren Grund im geschichtlich zurückliegenden und dem Glaubenden widerfahrenen Heil hat und die sich doch auf die noch ausstehende Heilsvollendung richtet. Hätte sie die Zukunftsdimension nicht, würde sie sich selbstbewußt und selbstgenügsam ihrer Verantwortung vor Gott und den Menschen entziehen. Wäre sie sich jedoch des Grundes ihrer Hoffnung nicht mehr bewußt, ignorierte sie das Kreuz Christi, so würde sie fast zwangsläufig zur Utopie.

Die zwölf Apostel als »Zeugen«

Wesen, Ursprung und Funktion einer lukanischen Konzeption

Im lukanischen Doppelwerk wird die Gruppe der zwölf Jesusjünger mit dem Apostelbegriff zur Deckung gebracht. Lukas schränkt den Apostelbegriff[1] grundsätzlich auf die Zwölf[2] ein. Dazu kommt, daß im Lukasevangelium und in der Apostelgeschichte die Gruppe der zwölf Apostel auch wesentlich mit den Zeugen[3] Christi identifiziert wird. Die folgende Untersuchung setzt sich das Ziel, den *Sinn* dieser lukanischen Konzentration auf die zwölf apostolischen Zeugen zu erfragen (3.). Daß es sich um eine Konzeption des Lukas[4] handelt, wird allein dadurch angezeigt, daß nirgends sonst im Neuen Testament die Personengruppen der Apostel und der Zeugen in solcher Weise abgegrenzt

---

1 Siehe die lukanischen Vorkommen von ἀπόστολος: Lk 6,13; 9,10; 11,49; 17,5; 22,14; 24,10; Apg 1,2.26; 2,37.42.43; 4,33.35.36.37; 5,2.12.18.29.40; 6,6; 8,1.14.18; 9,27; 11,1; 14,4.14; 15,2.4.6.22.23; 16,4.

2 Gemäß Lk 6,13 hat schon Jesus die Zwölf »Apostel« genannt. Auffallend ist, daß nach dem sogenannten Apostelkonzil die Apostel in der Apg keine Erwähnung mehr finden (Apg 16,4 blickt noch auf Apg 15 zurück). Lediglich Apg 14,4.14 werden Paulus und Barnabas als Apostel gekennzeichnet. — Von »den Zwölf« (οἱ δώδεκα) als einer feststehenden Gruppe von Jesusjüngern sprechen Lk 8,1; 9,1.12; 18,31; 22,3.47; Apg 6,2. Wenn in diese Gruppe Judas oder Petrus nicht einbezogen wird, redet Lukas folgerichtig von »den Elf« (Lk 24,9.33; Apg 1,26; 2,14).

3 μάρτυς steht bei Lukas: Lk 11,48 (bezogen auf die Gesetzeslehrer); 24,48; Apg 1,8.22; 2,32; 3,15; 5,32; 6,13 (bezogen auf die falschen Zeugen gegen Stephanus); 7,58 (bezogen auf die gleichen Falschzeugen); 10,39.41; 13,31; 22,15 (bezogen auf Paulus); 22,20 (bezogen auf Stephanus); 26,16 (bezogen auf Paulus). An den Stellen, bei denen hier keine Bezugsperson in Klammern genannt wird, sind stets Apostel des Zwölferkreises gemeint, insofern sie das Christuszeugnis ablegen. Für die Identifikation von Apostel und Zeuge ist die Erzählung von der Matthiaswahl besonders aufschlußreich (Apg 1,15-26).

4 Daß Lk und Apg den gleichen Verfasser haben, wird hier vorausgesetzt. »Lukas« und »lukanisch« beziehen sich in der vorliegenden Untersuchung auf den Verfasser von Lk/Apg. Dabei soll keine Entscheidung hinsichtlich der Person des Verfassers getroffen werden.

erscheinen. Soll aber die Funktion der zwölf apostolischen Zeugen im lukanischen Geschichtswerk erkannt werden, so muß zuvor das *Wesen* der Zeugenschaft dargestellt werden (1.). Es gilt, Umfang und Charakter des lukanischen Zeugenbegriffes zu verdeutlichen, insbesondere auch, die Tragweite der genannten Zeugenkonzeption für die Gesamtauffassung des lukanischen Werkes zu erkennen. Dabei ist es schließlich unerläßlich, nach den möglichen traditionellen *Vorgegebenheiten* für die Identifizierung der Zwölf[5] mit den Aposteln[6] und den Zeugen[7] zu fragen (2.).

---

5 Vgl. *K. Lake*, The Twelve and the Apostles, in: The Beginnings of Christianity I 5, London 1933, 37-59; *K. H. Rengstorf*, δώδεκα, in: ThW II (1935) 321-328; *J. Dupont*, Le nom d'Apôtres a-t-il été donné aux Douze par Jésus?, Löwen 1956; *G. Klein*, Die zwölf Apostel. Ursprung und Gehalt einer Idee, Göttingen 1961; *B. Rigaux*, Die »Zwölf« in Geschichte und Kerygma, in: Der historische Jesus und der kerygmatische Christus, hrsg. von Ristow/Matthiae, Berlin ³1964, 468-486; *G. Schille*, Die urchristliche Kollegialmission, Zürich 1967, 111-149; *E. Schweizer*, Das Evangelium nach Markus, Göttingen 1967, 71 f.; *R. P. Meye*, Jesus and the Twelve. Discipleship and Revelation in Mark's Gospel, Grand Rapids 1968; *K. Kertelge*, Die Funktion der »Zwölf« im Markusevangelium: TrThZ 78 (1969) 193-206; *W. G. Kümmel*, Die Theologie des Neuen Testaments nach seinen Hauptzeugen, Göttingen 1969, 118-121.

6 Zum neutestamentlichen Apostelbegriff siehe *E. de Witt Burton*, A Critical and Exegatical Commentary on the Epistle to the Galatians, Edinburgh 1921, 363 bis 384; *W. Mundle*, Das Apostelbild der Apostelgeschichte: ZNW 27 (1928) 36-54; *K. H. Rengstorf*, ἀποστέλλω κτλ., in: ThW I (1933) 397-448; *E. Lohse*, Ursprung und Prägung des christlichen Apostolates: ThZ 9 (1953) 259-275; *Dupont*, Le nom d'Apôtres (1956); *E. M. Kredel*, Der Apostelbegriff in der neueren Exegese. Historisch-kritische Darstellung: ZKTh 78 (1956) 169-193, 257-305; *L. Cerfaux*, Pour l'histoire du titre *Apostolos* dans le Nouveau Testament: RSR 48 (1960) 76-92; *Klein*, Die zwölf Apostel (1961); *W. Schmithals*, Das kirchliche Apostelamt. Eine historische Untersuchung, Göttingen 1961; *P. Bläser*, Zum Problem des urchristlichen Apostolats, in: Unio Christianorum (FS für Erzbischof L. Jaeger), Paderborn 1962, 92-107; *J. Roloff*, Apostolat — Verkündigung — Kirche. Ursprung, Inhalt und Funktion des kirchlichen Apostelamtes nach Paulus, Lukas und den Pastoralbriefen, Gütersloh 1965; *B. Rigaux*, Die zwölf Apostel: Concilium 4 (1968) 238-242 (Literatur).

7 Die wichtigste Literatur zum neutestamentlichen Zeugenbegriff: *H. Lietzmann*, Artikel »Martys«, in: Pauly-Wissowa XIV 2 (1930) 2044-2052; *R. P. Casey*, Μάρτυς, in: The Beginnings of Christianity I 5, London 1933, 30-37; *O. Michel*, Biblisches Bekennen und Bezeugen. ὁμολογεῖν und μαρτυρεῖν im biblischen Sprachgebrauch: EvTh 2 (1935) 231—245; *J. Smemo*, Der Zeugnischarakter der christlichen Verkündigung: ZSTh 13 (1936) 489—517; *E. Peterson*, Zeuge der Wahrheit, Leipzig 1937; *R. Asting*, Die Verkündigung des Wortes im Urchristentum, dargestellt an den Begriffen »Wort Gottes«, »Evangelium« und »Zeugnis«, Stuttgart 1939, 458—712; *E. Burnier*, La notion de témoignage dans le Nouveau Testament, Lausanne 1939; *E. Günther*, ΜΑΡΤΥΣ. Die Geschichte eines Wortes, Hamburg 1941; *H. Strathmann*, μάρτυς κτλ., in: ThW IV (1942) 477-520; *L. Cerfaux*, Témoins du Christ d'après le Livre des Actes: Ange-

1.

a) Daß im lukanischen Werk der Wortgruppe »Zeuge, bezeugen, Zeugnis« besondere Bedeutung zukommt, zeigt der lexikalische Befund, besonders wenn man den lukanischen Gebrauch der betreffenden Vokabeln mit deren außerlukanischer Verwendung vergleicht.

»Zeuge (μάρτυς)« begegnet im Lukasevangelium zweimal, in der Apostelgeschichte an dreizehn Stellen. Das übrige Neue Testament bietet zwanzig Belege. Beachtenswert ist, daß das Wort im Johannesevangelium fehlt. Der »Zeuge« ist ursprünglich Tatsachenzeuge aus eigener Erfahrung im rechtlichen Bereich, vor allem Zeuge vor Gericht[8]. Wie im hellenistischen Raum kann das Wort auch im NT über diesen engeren forensischen Sinn hinausgehen und den Bekenntniszeugen bezeichnen, der aus Überzeugung Dinge bezeugt, die nicht empirisch belegbar sind[9]. Das NT kennt noch nicht die terminologische Festlegung des Wortes

---

licum 20 (1943) 166—183 (= Recueil Lucien Cerfaux II, Gembloux 1954, 157—174); M. *Barth,* Der Augenzeuge. Eine Untersuchung über die Wahrnehmung des Menschensohnes durch die Apostel, Zürich 1946, 272—286; R. *Morgenthaler,* Die lukanische Geschichtsschreibung als Zeugnis, 2 Bde., Zürich 1949; A. *Rétif,* Témoignage et prédication missionnaire dans les Actes des Apôtres: NRTh 73 (1951) 152—165; S. *de Diétrich,* »You Are My Witnesses«. A Study of the Church's Witness: Interpretation 8 (1954) 273—279; H. *Traub,* Botschaft und Geschichte. Ein Beitrag zur Frage des Zeugen und der Zeugen, Zollikon-Zürich 1954; E. *Günther,* Zeuge und Märtyrer. Ein Bericht: ZNW 47 (1956) 145—161; A. *Hastings,* Prophet and Witness in Jerusalem, London 1958, 26—37; H. *van Vliet,* No Single Testimony. A Study on the Adoption of the Law of Deut. 19,15 par. into the New Testament, Utrecht 1958; Ph.-H. *Menoud,* Jésus et ses témoins. Remarques sur l'unité de l'oeuvre de Luc: Église et Théologie 23 (1960; Heft Nr. 68) 7-20; N. *Brox,* Zeuge und Märtyrer. Untersuchungen zur frühchristlichen Zeugnis-Terminologie, München 1961; Ders., Artikel »Zeugnis«, in: Handbuch theologischer Grundbegriffe, hrsg. von H. Fries, Bd. II (München 1963) 903-911; U. *Wilckens,* Die Missionsreden der Apostelgeschichte. Neukirchen ²1963, 144-150; W. C. *Robinson,* Der Weg des Herrn. Studien zur Geschichte und Eschatologie im Lukas-Evangelium, Hamburg-Bergstedt 1964, 37-39; H. *Flender,* Heil und Geschichte in der Theologie des Lukas, München 1965, 107-111; E. *Neuhäusler,* »Zeugnis in der Schrift«, in: LThK² X (1965) 1361 f.; R. *Koch,* Artikel »Zeugnis«, in: Bibeltheologisches Wörterbuch, hrsg. von J. B. Bauer, Graz ³1967, 1539-1553; K. H. *Rengstorf,* Die Auferstehung Jesu. Form, Art und Sinn der urchristlichen Osterbotschaft, Witten ⁵1967, 136-145; A. *van Schaik,* Artikel »Zeugnis«, in: Haag BL² (1968) 1927 bis 1929; G. *Schneider,* Verleugnung, Verspottung und Verhör Jesu nach Lukas 22,54-71. Studien zur lukanischen Darstellung der Passion, München 1969, 203-207.

8 Siehe *Strathmann,* ThW IV 479 f., 484 f., 486, 492 f.

9 Siehe ebd. 480 f., 498.

für den Blutzeugen, den »Märtyrer«[10]. Bei Lukas ist — abgesehen von Lk 11,48; Apg 6,13; 7,58 — jeweils der »Zeuge« gemeint, der für Christus Zeugnis ablegt. Daß dieses Zeugnis auf eigener Erfahrung beruhe, ist an den meisten Stellen vorauszusetzen, wird aber nicht in jedem Fall einbegriffen sein[11]. Immer jedoch handelt es sich um das Zeugnis über bzw. für Christus in der Wortverkündigung[12]. Von der Regel, daß nur die Zwölf als »Zeugen« Christi angesehen werden, gibt es nur wenige, aber charakteristische Ausnahmen. Apg 22,15 und 26,16 wird Paulus, Apg 22,20 Stephanus »Zeuge« genannt. Es wird daher methodisch berechtigt sein, den lukanischen Zeugenbegriff zunächst einmal in seiner Anwendung auf die zwölf Apostel zu betrachten. Erst von daher kann die Bedeutung anderer »Zeugen« erfragt werden.

Die verbalen Vokabeln der Wortgruppe sind bei Lukas: μαρτυρέω[13], μαρτύρομαι[14], διαμαρτύρομαι[15] sowie ψευδομαρτυρέω[16]. Jedoch μαρτυρέω und μαρτύρομαι werden nicht auf die Zeugnisablegung der Zwölf angewendet, wohl aber auf Paulus[17]. Das für die lukanische Konzeption vom

---

10 Dazu *Brox*, Zeuge und Märtyrer, 111-237: »als Entstehungszeit des Märtyrertitels ist die Spanne von der Abfassung des letzten Buches des Neuen Testamentes bis zum Mart Polyc anzusetzen« (233). Vgl. neuerdings E. *Neuhäusler*, Artikel »Martyrium I.«, in: LThK² VII (1962) 134-136; H. *von Campenhausen*, Die Idee des Martyriums in der alten Kirche, Göttingen ²1964; W. H. C. *Frend*, Martyrdom and Persecution in the Early Church. A. Study of a Conflict from the Maccabees to Donatus, Oxford 1965; B. *Lohse*, Artikel »Märtyrer«, in: Lexikon der Alten Welt, Zürich 1965, 1808.

11 Während nach Lukas die Zwölf den irdischen Jesus *und* den Auferstandenen gesehen haben, kann man von Paulus doch allenfalls sagen, er habe den Auferstandenen gesehen. Ob Stephanus wegen seiner »Christusvision« (vgl. Apg 7,55 f.) Zeuge genannt werden kann (so *Casey*, a. a. O. 32 f.), muß als zweifelhaft gelten. Vgl. *Strathmann*, a. a. O. 498: »Pls ist nicht *Tatsachenzeuge* im Sinn der alten Apostel, indem er aus eigenem Erleben die Geschichte Christi zu verbürgen vermöchte. Wohl aber ist er Wahrheitszeuge, der bekennend für den Christusglauben wirbt. Es ergibt sich demnach, daß in der Anwendung des Begriffes μάρτυς auf Pls dieses zweite Moment gegenüber dem ersten das Übergewicht gewinnt, während bei der Anwendung des Begriffs auf die Urapostel die Dinge umgekehrt liegen.« Indem nun beide Momente auseinanderzutreten begännen, hätte sich dem Zeugenbegriff ein Fortleben in der christlichen Tradition ermöglicht.

12 Damit kann der Zeugenbegriff auch auf Stephanus Anwendung finden, der (in einer langen Rede) vor den Synedristen für Christus eintrat.

13 Lk 4,22; Apg 6,3; 10,22.43; 13,22; 14,3; 15,8; 16,2; 22,5.12; 23,11; 26,5.

14 Apg 20,26; 26,22.

15 Lk 16,28; Apg 2,40; 8,25; 10,42; 18,5; 20,21.23.24; 23,11; 28,23.

16 Lk 18,20 (übernommen aus Mk 10,19).

17 Apg 20,26; 23,11; 26,22.

Christuszeugnis verwendete Verbum ist διαμαρτύρομαι. Von den neun Belegstellen der Apg reden drei vom Zeugnis der Zwölf, fünf von der Zeugentätigkeit des Paulus[18]. Hierin liegt ein Hinweis darauf, daß Lukas die Funktion des Paulus mindestens in Analogie zu der der zwölf Apostel sieht, wenn er auch Paulus selten Apostel und Zeuge nennt.
Die bei Lukas vorkommenden Vokabeln für »Zeugnis« sind μαρτυρία[19] und μαρτύριον[20]. μαρτυρία ist Apg 22,18 auf das Zeugnis des Paulus zu beziehen; Lk 22,71 läßt wenigstens indirekt erkennen, daß Jesus vor dem Synedrium »Zeugnis« abgelegt hat[21]. μαρτύριον hat vor allem in den drei Vorkommen des Lk nicht ohne weiteres die charakteristische Bedeutung, weil hier die feststehende Wendung εἰς μαρτύριον begegnet[22]. Auch Apg 7,44 gibt mit dem »Zelt des Zeugnisses« einen feststehenden Ausdruck wieder[23]. Die wichtigste Belegstelle für μαρτύριον im Sinne des Christuszeugnisses der Apostel ist Apg 4,33.

b) Die lukanische Konzentration der drei Begriffe »die Zwölf«, »die Apostel« und »die Zeugen« zeigt sich besonders deutlich in drei aufeinanderfolgenden Einheiten am Anfang der Apg. In jedem dieser Abschnitte wird klar, daß die zwölf Apostel zugleich die eigentlichen Christuszeugen sind. Es handelt sich um die Erzählung von Christi Himmelfahrt (1,1-14), um die Geschichte von der Matthiaswahl (1,15-26) und um die Pfingstgeschichte (2,1-41). Die erste Erzählung[24]

---

18 Apg 2,40 (von Petrus); 8,25 (von Petrus und Johannes); 10,42 (von den Aposteln als Zeugen). — Auf Paulus beziehen sich Apg 18,5; 20,21.24; 23,11; 28,23. Apg 20,23 ist der Heilige Geist Subjekt.

19 Lk 22,71; Apg 22,18.

20 Lk 5,14; 9,5; 21,13; Apg 4,33; 7,44.

21 Dazu *Schneider*, Verleugnung, 128-132.

22 Die drei Stellen des Lk beruhen auf Mk 1,44; 6,11; 13,9.

23 Der griechische Ausdruck für die Stiftshütte liegt durch LXX fest, wenn er auch auf einer Fehlübersetzung beruht. Zur gemeinten Sache siehe L. Rost, Die Wohnstätte des Zeugnisses, in: Festschrift Fr. Baumgärtel, Erlangen 1959, 158 bis 165.

24 Zu Apg 1,1-14 sind (außer den Apg-Kommentaren der neueren Zeit von G. *Stählin*, Göttingen 1962; H. *Conzelmann*, Tübingen 1963; E. *Haenchen*, Göttingen ⁵1965) folgende Untersuchungen zu nennen: P. *Benoit*, Die Himmelfahrt, in: Exegese und Theologie, Düsseldorf 1965, 182-218 (erstmalig 1949); Ph.-H. *Menoud*, Remarques sur les textes de l'ascension dans Luc-Actes, in: Neutestamentliche Studien (FS für R. Bultmann), Berlin 1954, 148-156; P. A. *van Stempvoort*, The Interpretation of the Ascension in Luke and Acts: NTSt 5 (1958/59) 30-42; H. *Schlier*, Jesu Himmelfahrt nach den lukanischen Schriften, in: Besinnung auf das Neue Testament, Freiburg 1964, 227-241; (erstmalig 1961); G.

bietet das letzte Herrenwort an die Jünger vor der Himmelfahrt Jesu: »Euch gebührt es nicht, Zeit oder Stunde zu wissen, die der Vater in seiner eigenen Macht festgesetzt hat. Aber ihr werdet Kraft empfangen, wenn der heilige Geist über euch kommt, und ihr werdet meine Zeugen sein in Jerusalem und in ganz Judäa und Samaria und bis ans Ende der Erde« (1,7 f.). Der Kreis, den Jesus anspricht, ist ganz eindeutig durch 1,2 als der der »Apostel« gekennzeichnet, die Jesus »erwählt hatte«. Damit wird der Leser auf Lk 6,13 zurückverwiesen, wo auch die Zwölfzahl der Apostel angegeben ist. Die zwölf Apostel[25] sollen »Zeugen« werden durch den heiligen Geist, der für sie »Kraft« bedeutet. Sie sind demnach Zeugen nicht allein wegen ihres Umgangs mit dem irdischen Jesus, auch nicht schon durch die nach Ostern erfolgte Begegnung mit dem Auferstandenen, sondern sie bedürfen zur Ausübung der Zeugenfunktion der Kraft des Geistes. Sie haben — das betonen die Verse 1,9.10.11 — den Auferstandenen in den Himmel auffahren *gesehen*. Darum können sie seine Zeugen werden. Der Inhalt des Zeugnisses wird nicht angegeben. Aber das Zeugnis wird durch das dem Zeugenbegriff vorangestellte μου als Zeugnisablegung für Christus und seine Sache umrissen[26]. Deutlicher sprechen — indem sie zum Zeugenbegriff genitivisch das Objekt angeben — die Stellen Lk 24,48; Apg 1,22; 2,32; 3,15; 5,32; 10,39. In der Reihenfolge der genannten Stellen werden folgende Inhalte angegeben: Leiden und Auferstehung des Christus; dazu Metanoia-Predigt für alle Völker, angefangen von Jerusalem — Auferstehung Christi — Gott hat Jesus auferweckt — Gott hat den »Anführer des Lebens« von den Toten erweckt — Gott hat Jesus auferweckt und ihn durch seine Rechte als »Archegos und Soter« erhöht, »um Israel Umkehr und Sündenvergebung zu schenken« — alles, was Jesus getan hat im Judenland und in Jerusalem (10,41-43 zeigt, daß sich das Zeugnis aber auch auf die österliche Erfahrung des Auferstandenen durch die Apostel gründet und ausspricht: »Dieser ist der von Gott bestimmte Richter der Lebenden und Toten«).

Lohfink, »Was steht ihr da und schauet« (Apg 1,11). Die »Himmelfahrt Jesu« im lukanischen Geschichtswerk: Bibel und Kirche 20 (1965) 43-48; *G. Schille*, Die Himmelfahrt: ZNW 57 (1966) 183-199; *A. R. C. Leaney*, Why there were Forty Days between the Resurrection and the Ascension in Acts 1,3, in: Studia Evangelica IV (TU 102), Berlin 1968, 417-419; *S. G. Wilson*, The Ascension: A Critique and an Interpretation: ZNW 59 (1968) 269-281.

25 Siehe auch die »Liste« der Elf im V. 13, von denen die übrigen Gemeindeglieder (V. 14) deutlich abgesetzt werden.

26 Dem entspricht es, wenn Apg 13,31 sagt, die Apostel seien »seine« (Jesu) Zeugen (μάρτυρες αὐτοῦ), und wenn 22,20 Stephanus »sein Zeuge« (τοῦ μάρτυρος σου) genannt wird.

c) Wenn wir von Lukas die Qualifikation der apostolischen Zeugen erfahren wollen, so erhalten wir die Antwort aus der Erzählung über die Matthiaswahl[27]. Es wird ein Mann gesucht, der mit den *Elf* (1,26) *Zeuge* der Auferstehung Christi (V. 22) sein wird. Die Elf sind als *Apostel* bezeichnet (V. 26), und das zu besetzende »Amt« wird nicht nur als Diakonia, sondern auch als *Apostole* bezeichnet (V. 25). Daß die Szene zwischen Himmelfahrt und Geistsendung gestellt ist, steht in Einklang mit 1,8. Erst die »Kraft« des Geistes ermöglicht die Zeugenschaft. Voraussetzung für den künftigen Zeugen der Auferstehung ist aber nicht nur, daß er den Auferstandenen gesehen habe. Er muß auch den vorösterlichen Jesus von der Johannestaufe an im Jüngerkreis erlebt haben. Das »Ein- und Ausgehen« des Herrn Jesus wird als ein Weg von der Taufe bis zur Hinaufnahme gesehen. Der begleitende Weg der Jüngerschar erscheint nach Lukas ebensowenig unterbrochen durch Passion und Tod Jesu. Die Jünger werden als solche angesehen, die mit eigenen Augen Jesus auf dem ganzen Weg gesehen haben. Sie sind οἱ ἀπ' ἀρχῆς αὐτόπται (Lk 1,2); als solche sind sie »Diener des Wortes« geworden. Diese Augenzeugenschaft setzt Lukas auch für die Erfahrung voraus, die die »vorherbestimmten Zeugen« mit dem österlichen Christus gemacht haben. Sie haben mit ihm gegessen und getrunken (Apg 10,41; vgl. Lk 24,30 f.). Sie haben sich »handgreiflich« davon überzeugen können, daß der österlich erschienene Herr »Fleisch und Knochen« besitzt und somit kein »Geist« ist (Lk 24,39). Wenn man die Frage stellt, warum nach Lukas offensichtlich der vorösterliche und der österliche Christus aus einer fast gleichartigen Erfahrung heraus bezeugt werden kann, so wird die Antwort sein müssen: Es kommt dem Evangelisten auf jene Zuverlässigkeit an, mit der die ersten Zeugen Christi, die zwölf Apostel, auf Erfahrungstatsachen gegründetes, je-

---

27 Zu Apg 1,15-26 vgl. außer den Kommentaren: *L. S. Thornton*, The Choice of Matthias: JThSt 46 (1945) 51-59; *J. Renié*, l'élection de Mathias (Act., I, 15-26). Authenticité du récit: RB 55 (1948) 43-53; *P. Gaechter*, Die Wahl des Matthias (Apg 1,15-26): ZKTh 71 (1949) 318-346; *E. Stauffer*, Jüdisches Erbe im urchristlichen Kirchenrecht: ThLZ 77 (1952) 201-206; *B. Reicke*, Die Verfassung der Urgemeinde im Lichte jüdischer Dokumente: ThZ 10 (1954) 95-112; *E. Haenchen*, Tradition und Komposition in der Apostelgeschichte: ZThK 52 (1955) 205-225 (bes. 206-209); *Ch. Masson*, La reconstitution du collège des Douze d'après Actes 1,15-26: RThPh 3.ser., 5 (1955) 193-201; *Ph.-H. Menoud*, Les additions au groupe des douze apôtres, d'après le livre des Actes: RHPhR 37 (1957) 71-80; *E. Trocmé*, Le »Livre des Actes« et l'histoire, Paris 1957, 198-200; *E. Schweizer*, Zu Apg. 1,16-22: ThZ 14 (1958) 46 f.; Klein, Die zwölf Apostel (1961), 204-209; *K. H. Rengstorf*, Die Zuwahl des Matthias (Apg. 1,15 ff.): StTh 15 (1961) 35-67; *Flender*, Heil und Geschichte (1965), 107-111; *Roloff*, Apostolat (1965), 172-178.

doch erst in der Kraft des Geistes ermöglichtes Zeugnis ablegten[28]. Nur wer die Identität des österlich erfahrenen mit dem vor Ostern erlebten Herrn feststellen konnte, war in der Lage, Zeuge der Auferstehung zu sein[29]. Darum scheint Lukas Wert auf die Darstellung zu legen, die die Jünger angesichts der Jesuspassion nicht fliehen, sondern in Jerusalem bleiben läßt[30]. Sie haben nicht nur den Anfang Jesu (mit der Johannestaufe) und sein Ende (den Weggang zum Himmel) miterlebt, sondern sie waren »die ganze Zeit«, d. h. ununterbrochen in der Begleitung des Herrn[31]. Lukas hat die Markus-Darstellung über die Auswahl der Zwölf in seinem Sinne konsequent umgestaltet. Während nach Mk 3,13 f. Jesus den Zwölferkreis schafft, indem er zu sich ruft, wen er will, ruft er nach Lk 6,13 die Jünger insgesamt zu sich und wählt aus ihnen zwölf aus. Lukas will damit dokumentieren, daß die zwölf Apostel von Anfang an in der Begleitung Jesu gewesen[32] und als Augenzeugen qualifiziert sind. Darum muß er auch das markinische ἵνα ὦσιν μετ' αὐτοῦ streichen. Die Jünger (und damit auch die nun erwählten Zwölf) befinden sich längst in der Begleitung Jesu!

d) Die Pfingsterzählung[33] gipfelt in der Petrusrede. Im Zusammenhang mit dieser Rede und in dem an sie anschließenden Summarium (2,14-41. 42-47) tritt die lukanische Konzentration auf die apostolischen Zeugen

---

28 Vgl. Lk 1,1-4.

29 Siehe *Neuhäusler*, Zeugnis, 1361: »Nur die Zwölf ... sind Zeugen der Auferstehung Jesu ..., eig.: der Identität des von ihnen wiedergesehenen Christus mit dem geschichtl. Jesus.«

30 Vgl. *Schneider*, Verleugnung, 196-207. Daß das Bleiben der Apostel angesichts der Passion Jesu auch einen ungebrochen durchgehaltenen *Glauben* der Jünger behaupten wolle, hält *Sch. Brown* für erwiesen (Apostasy and Perseverance in the Theology of Luke, Rom 1969, 62-71).

31 Siehe ἐν παντὶ χρόνῳ (V. 21); vgl. 10,39.

32 Darauf hat *Klein*, Die zwölf Apostel, 203 f., hingewiesen: »Der sachliche Sinn dieser Änderung liegt offenbar darin, daß die Verbundenheit der zwölf Apostel mit der historia Jesu auch für die ihrer Einsetzung vorangegangene Phase sichergestellt werden soll.«

33 Zu Apg 2,1-41 siehe (außer den genannten Apg-Kommentaren): E. *Lohse*, Die Bedeutung des Pfingstberichtes im Rahmen des lukanischen Geschichtswerkes: EvTh 13 (1953) 422-436; Ders., πεντηκοστή, in: ThW VI 44-53 (1954!); G. *Kretschmar*, Himmelfahrt und Pfingsten: ZKG 66 (1954/55) 209-253; G. W. H. *Lampe*, The Holy Spirit in the Writings of St. Luke, in: Studies in the Gospels (FS für R. H. Lightfoot), Oxford 1955, 159-200; *Trocmé*, Le »Livre des Actes« (1957), 201-206; W. *Grundmann*, Der Pfingstbericht der Apostelgeschichte in seinem theologischen Sinn, in: Studia Evangelica II (TU 87), Berlin 1964, 584 bis 594; J. H. E. *Hull*, The Holy Spirit in the Acts of the Apostles, London 1967; G. *Schneider*, Artikel »Pfingstwunder«, in: Haag BL² (1968), 1371 f.

deutlich hervor. Petrus tritt mit den Elf auf (V. 14). In ihrem Namen spricht er aus: »Diesen Jesus hat Gott auferweckt. Dessen sind wir alle Zeugen« (V. 32). Nach der Herabkunft des Geistes »sind« die zwölf Apostel Zeugen der Auferstehung. Was Lk 6,12 f. anbahnte und Apg 1 vorbereitete, steht nun am Beginn der Apg (das heißt zu Beginn der durch Apg 1,8 ausgesprochenen Programmatik der Darstellung) fest: Die Zeugenschaft der zwölf Apostel leitet den Siegeslauf des Evangeliums ein. Dieser Fortgang der Sache Jesu beruht aber nicht nur auf menschlicher Augenzeugenschaft, sondern wird letztlich der Wirksamkeit des Geistes in der Zeit der Kirche verdankt. »Petrus und die übrigen Apostel« werden nach V. 37 von den Hörern gefragt, was nun zu tun sei. Petrus legt (im Namen der Zwölf) Zeugnis ab (V. 40), indem er zu Umkehr und Taufe auffordert (V. 38). Das an die Petrusrede anschließende Summarium nennt zweimal die »Apostel«. Die an Pfingsten vergrößerte Gemeinde verharrt in der »Lehre der Apostel« (V. 42). Durch die Apostel geschehen Wunder und Zeichen (V. 43). Das Vorkommen des Apostelbegriffs in den weiteren Summarien[34] (4,33.35; 5,12) zeigt das lukanische Interesse an dem Apostelkreis und an seiner »grundlegenden« Bedeutung für die Kirche. »Mit großer Kraft gaben die Apostel Zeugnis für die Auferstehung des Herrn Jesus« (4,33). Diese »Kraft« (des Geistes) war den Zwölf verheißen (1,8). Sie ist ihnen nun zu eigen.

e) Wenn wir den programmatischen Charakter von Apg 1,8 für den Gesamtaufbau der Apg mit den meisten Forschern für gesichert halten, erheben sich einige Fragen, die sich vom lukanischen Zeugenbegriff her stellen. Haben denn die Zwölf, wie ihnen verheißen bzw. aufgetragen, die Botschaft »bis zum Ende der Erde« vorangetragen? Hat dies nicht vielmehr Paulus (auch nach der Apg) getan? Wenn Lukas wenigstens sporadisch zu erkennen gibt, daß auch Paulus Zeuge war, und wenn der dritte Evangelist ihn zum eigentlichen Subjekt des διαμαρτύρεσθαι stempelt[35], wie kann er dann einen so eindeutig auf die zwölf Apostel abgestellten Zeugenbegriff (im Sinne der Augenzeugenschaft) entwickeln?
Das lukanische Verständnis von ἕως ἐσχάτου τῆς γῆς muß für Apg 1,8 als gesichert gelten. In Anlehnung an Jes 49,6 (vgl. Lk 2,32; Apg 13,47) wird Lukas die Wendung nicht auf die Heilsverkündigung in der jüdi-

---

34 Dazu H. *Zimmermann*, Die Sammelberichte der Apostelgeschichte: BZ NF 5 (1961) 71-82.
35 Vgl. Apg 18,5; 20,21.24; 23,11; 28,23.

schen Diaspora bezogen haben, sondern auf die Heidenmission[36]. Ob mit dem »Ende der Erde« Rom gemeint ist[37] (und damit das Programm von Apg 1,8 genau mit der Ausführung in Apg 28 übereinstimmt) oder ob der Verfasser der Apg an eine künftige, von Rom aus unaufhaltsam vordringende Ausbreitung der Christusbotschaft denkt[38], kann hier unentschieden bleiben. Jedenfalls haben nach der Darstellung der Apg nicht die Zwölf diesen Zielpunkt erreicht. Möglicherweise hat auch Paulus in der Konzeption des Lukas noch nicht dem Ende der Erde die Botschaft ausgerichtet. Es ist zu beachten, daß Apg 1,8 den Zwölfen wohl sagt, sie sollten *in* Jerusalem, *in* ganz Judäa und Samaria Zeugen sein, daß dann aber nicht von einem Zeugnis *am* Ende der Erde gesprochen wird, sondern davon, daß das apostolische Zeugnis das Ende der Erde erreichen wird, möglicherweise auch indirekt[39].

Die besondere Aufgabe des Paulus wird darin gesehen, die Sache der Zwölf[40] in die heidnische Welt hineinzutragen. In dieser Funktion wird Paulus dann auch »Zeuge« genannt. Apg 22,14 f. spricht Ananias zu Paulus: »Der Gott unserer Väter hat dich dazu bestimmt, seinen Willen zu erkennen und den Gerechten zu sehen und ein Wort aus seinem Munde zu hören. Denn du wirst für ihn Zeuge sein gegenüber allen Menschen (ἔσῃ μάρτυς αὐτῷ πρὸς πάντας ἀνθρώπους) von dem, was du gesehen und gehört hast.« Paulus ist demnach Augen- und Ohrenzeuge. Er hat Christus gesehen und gehört. Dennoch kommt ihm die Zeugenbezeichnung nicht im gleichen Sinn zu wie den zwölf Aposteln, die den Herrn schon vor Ostern gesehen und gehört hatten. Die besondere Zeugen-

---

36 Siehe *Rengstorf*, Die Zuwahl, 53. Daß aber Apg 1,8 ursprünglich und vorlukanisch nur auf die Judenschaft (»die gesamte Judenschaft unter Einschluß der Diaspora«) bezogen gewesen sei (so edb.), kann nur vermuten, wer verkennt, **daß** sowohl ἔσεσθέ μου μάρτυρες als auch ἕως ἐσχάτου τῆς γῆς auf Deuterojesaja zurückgehen und damit — gleichgültig ob man das Logion für vorlukanisch oder lukanisch ansieht — die Deutung auf die Heidenwelt gesichert ist. Siehe Jes 43,10 (γένεσθέ μοι μάρτυρες, vgl. 43,12; 44,8) und Jes 49,6 (ἕως ἐσχάτου τῆς γῆς); dazu *Menoud*, Jésus et ses témoins, 15 f.

37 Vgl. Ps Sal 8,15, wo »Ende der Erde« für Rom steht.

38 Siehe *Schneider*, Verleugnung, 298 Anm. 274.

39 Wenn Apg 13,47 Paulus »Licht der Völker« und in Parallele dazu »Heil bis ans Ende der Erde« genannt wird (im Anschluß an Jes 49,6), so zeigt einmal das Bild vom Licht, daß damit nicht gesagt sein muß, Paulus werde auch physisch dieses Ziel erreichen. Daß solch physisches Vordringen nicht gemeint sein wird, zeigt auch die Anwendung des gleichen Bildes auf Jesus durch den greisen Symeon (Lk 2,32).

40 Vgl. Apg 14,4: Wer auf Seiten des Paulus steht und seiner Botschaft glaubt, »hält es mit den Aposteln«.

aufgabe des Paulus ist das Zeugnis gegenüber allen Menschen. In Jerusalem sagt ihm der Herr selber: Die dortigen Bewohner werden »dein Zeugnis über mich (σου μαρτυρίαν περὶ ἐμοῦ)« nicht annehmen (22,18). Darum wird der ehemalige Verfolger von Christus »unter die Heiden in die Ferne« gesandt (ἐγὼ εἰς ἔθνη μακρὰν ἐξαποστελῶ σε) 22,21. Auch Apg 26,16 bezieht sich auf die Christuserscheinung vor Damaskus und verbindet den Zeugenbegriff mit der Aussage von der Sendung durch Christus. Jesus ist dem Paulus erschienen, um ihn »zu bestimmen zum Diener und Zeugen dessen, wie du mich gesehen hast, und dessen, wie ich dir (in Zukunft) erscheinen werde (ὑπηρέτην καὶ μάρτυρα ὧν τε εἶδές με ὧν τε ὀφθήσομαί σοι)«. Es wird angefügt (V. 17): »Und ich werde dich retten vor dem Volk und vor den Heiden, zu denen ich dich sende (εἰς οὓς ἐγὼ ἀποστέλλω σε).« Wenn Lukas sowohl die Zwölf als auch den Paulus zum Subjekt des διαμαρτύρεσθαι macht, so verbindet er dadurch wesentlich die Zeugenschaft des Paulus mit der der Apostel. Aber indem Lukas das Verbum fünfmal auf Paulus und nur dreimal auf die Mitglieder des Zwölferkreises bezieht, charakterisiert er damit die besondere, wenn auch abgeleitete Zeugenfunktion des Paulus. Lukas hat in διαμαρτύρομαι ein Verbum gefunden, das besonders geeignet war, die Ausbreitung einer Botschaft in einen anderen, in einen neuen und weiten Bereich zu bezeichnen. Das zeigt schon Lk 16,28: Lazarus soll den Brüdern des Reichen aus der Totenwelt heraus dringend zureden, ihnen Zeugnis geben. Petrus legt nach Apg 2,40, also in der Pfingstpredigt, vor den Jerusalemer Juden und vor den verschiedenen Gruppen des Diasporajudentums Zeugnis ab. Petrus und Johannes geben Zeugnis in Samaria (8,25). In der Petrusrede vor Cornelius wird der letzte Auftrag des Herrn an die Zwölf definiert: »dem Volk zu predigen und zu bezeugen (κηρῦξαι τῷ λαῷ καὶ διαμαρτύρασθαι), daß dieser [Jesus] der von Gott bestimmte Richter der Lebenden und der Toten ist« (10,42). Das Zeugnis der Zwölf (vgl. V. 41) beschränkt sich also nicht auf die Predigt vor dem (jüdischen) Volk, sondern soll weiter getragen werden zu den Heiden[41]. Das gebotene διαμαρτύρεσθαι vollzieht Petrus eben darin,

---

41 Nach *Cerfaux*, Témoins, soll Apg 13,31 f. zeigen, daß mit »Zeugnis (Zeuge, bezeugen)« nur die Predigt der Apostel vor Juden in Jerusalem bezeichnet, die Botschaft des Paulus (vor außerpalästinischen Menschen) aber durch κηρύσσω und εὐαγγελίζομαι beschrieben werde. Diese These — teilweise übernommen von *Hastings*, Prophet, 28 — scheitert an 5,42 (vgl. *Brox*, Zeuge und Märtyrer, 47-49) sowie an 10,42 und 20,24 f.: »Verkündigen« *und* »Bezeugen« sind nicht nur die Tätigkeit der Zwölf, sondern nach 20,24 f. auch das, was Paulus tut. Die Zeugnisterminologie ist nicht an das Auditorium gebunden, sondern an die Person des jeweiligen Verkündigers (siehe 8,5.12 einerseits und 8,25 andererseits: Philippus *verkündigt* nur, Petrus und Johannes *legen Zeugnis ab*; beides geschieht vor den gleichen Leuten und im gleichen Gebiet).

daß er vor dem heidnischen Centurio predigt. Die bezeugende Ausbreitung der Christusbotschaft wird vor allem dem Paulus zugeschrieben: Er legt Zeugnis ab vor den Juden (18,5: »daß Jesus der Christus ist«), vor Juden und Hellenen (20,21: »Umkehr zu Gott und Glaube an unsern Herrn Jesus«). Der Dienst, den Paulus vom Herrn empfangen hat, besteht darin: »zu bezeugen das Evangelium von der Gnade Gottes« (20,24). Ein Wort des Herrn an Paulus (23,11) lautet schließlich: »Sei getrost; denn wie du in Jerusalem meine Sache bezeugt hast (διεμαρτύρω τὰ περὶ ἐμοῦ), so sollst du auch in Rom Zeugnis ablegen (δεῖ ... μαρτυρῆσαι)«. Das Wort erging in der Nacht, nachdem Paulus vor dem Synedrium gestanden hatte. Zuvor hatte er als Gefangener vor dem Volk gesprochen. Am Ende der Apg legt Paulus in Rom »das Reich Gottes dar, indem er dafür Zeugnis gab (διαμαρτυρόμενος)« 28,23. Wenn also Lukas auch auf Paulus den Zeugenbegriff anwendete, so mußte er ihn erweitern. Auch einer, der den irdischen Jesus nicht kannte, kann Christuszeuge sein. Der Sinn dieser Ausdehnung des prägnanten Zeugenbegriffs auf Paulus scheint darin zu liegen, daß gezeigt wird, wie das apostolische Zeugnis in der gegenwärtigen Kirche weiterlebt — und zwar durch die Vermittlung des Paulus. Er ist das Bindeglied zwischen der »apostolischen« Zeit und der Gegenwart des Lukas, das heißt der dritten christlichen Generation. Nun hat Lukas nicht nur seinen konzentrierten Zeugenbegriff auf Paulus ausgedehnt, sondern offensichtlich auch den (ebenfalls eingeengten und dann wieder erweiterten) des Apostels. Apg 14,4 werden indessen Paulus und Barnabas nicht direkt »Apostel« genannt. In Ikonium ist die Stadtbevölkerung gespalten. »Die einen waren mit den Juden, die anderen aber mit den Aposteln«. Wer das unbefangen liest, bezieht die »Juden« auf die zuvor genannten Juden, die in Ikonium ihre Synagoge haben (V. 1 f.). Er bezieht dann aber auch die »Apostel« auf die 13,50 genannten Missionare Paulus und Barnabas. Es ist dennoch möglich, daß Lukas hier sagen will, daß die einen es mit den Juden als einer Partei hielten, und die anderen für die Sache der Apostel Partei ergriffen. Dann stehen die Gläubigen von Ikonium, indem sie auf Paulus und Barnabas hören, auf der Seite der Apostel, und zwar auf der Seite der Zwölf[42]. Auf dieser Seite steht nicht nur auch »der Herr«, sondern für sie legt er selbst »Zeugnis ab«, indem er durch die Missionare Wunder geschehen läßt (V. 3). Die zweite Stelle, die Barnabas und Paulus »Apostel« nennt (14,14), ist textkri-

---

42 Vgl. dazu *Klein*, Die zwölf Apostel, 213 (unter Hinweis auf *G. Sass*, Die Apostel in der Didache, in: In Memoriam E. Lohmeyer, Stuttgart 1951, 233-239; 235).

tisch nicht gesichert. Wahrscheinlich muß hier die schwierigere Lesart des westlichen Textes vorgezogen werden, in der die Apostelbezeichnung fehlt[43].

f) Ist es nach dem Gesagten nicht ganz sicher, daß Lukas auch Paulus und Barnabas die Apostelbezeichnung zukommen ließ, so kann hinsichtlich der Zeugenbezeichnung gesagt werden, daß sie eindeutig zweimal dem Paulus und einmal dem Stephanus zuteil wird. Philippe-H. Menoud hat in seiner Studie »Jésus et ses témoins«[44] zeigen können, wie sehr der Zeugenbegriff in seiner dreifachen Anwendung — auf die Zwölf (mit Petrus), auf Stephanus und auf Paulus — sogar den Aufbau und die Anlage des lukanischen Doppelwerkes bestimmt. Einerseits ist das Heil abhängig von Jesus und seinem Werk (Lk), andererseits bedarf es — da es sich nicht um eine zeitlose Philosophie und deren Vermittlung durch einfache Lehre und Predigt handelt — der Zeugen, die das in Raum und Zeit ergangene Heil bezeugen (Apg). Was die Qualifikation der Zeugen betrifft, so wird man möglicherweise in einer abgestuften Reihe die Christusbegegnung der drei Zeugen(-gruppen) zu nennen haben: alle haben den erhöhten Herrn gesehen; Paulus begegnete nur dem auferstandenen Jesus, nicht (wie die Zwölf) auch dem irdischen; Stephanus hat nicht einmal eine eigentliche Erscheinung des Auferstandenen gehabt, dennoch »sah« er den Menschensohn zur Rechten Gottes (7,55 f.). Die Zeugen sind in mehrfacher Weise tätig. Vor allen Dingen legt Lukas nur ihnen Reden in den Mund. Ihr Zeugnis wird vor der Öffentlichkeit der Welt abgelegt, in jedem Fall auch vor dem Hohen Rat (5,27—33; 6,12—7,53; 23,1—11), bei Paulus auch vor anderen Autoritäten. Zeugnis ablegen heißt also nicht nur: für eine *Überzeugung* eintreten, indem man *Ereignisse* bezeugt, die einem widerfahren sind, und diese zugleich *interpretiert*[45]. Sondern Zeuge sein heißt hier: für Christus und seine Sache *Partei ergreifen* und für sie gegen-

---

43 D (gig h syp) liest ἀκούσας δὲ Βαρναβᾶς καὶ Παῦλος, während die erleichternde Textlesart (bei Nestle) ἀκούσαντες δὲ οἱ ἀπόστολοι Β. καὶ Π. bietet. Die Erleichterung bezieht sich auf das Partizip. Die Titulatur »Apostel« ist wohl durch 14,4 inspiriert, greift aber einfach die bekannte Apostelbezeichnung für Paulus auf, ohne der lukanischen Reserve in diesem Punkt Rechnung zu tragen; siehe dazu *Cerfaux*, Pour l'histoire du titre *Apostolos*, 88 Anm. 35.

44 Église et Théologie 23 (1960; Heft 68) 7-20; bes. 15-18; vgl. *Trocmé*, a. a. O. 66.

45 Mit Recht zeigt *Rengstorf* (Die Auferstehung Jesu, 141), daß zum Zeugenbegriff (des Lukas) die christologisch gedeutete Schrift gehört, und daß Stephanus »Zeuge« ist »durch die Art und Weise, wie er die γραφαί ... deutet und für die Gemeinde Jesu ... in Anspruch nimmt (Apg. 7,2 ff.)«.

über der feindlich auftretenden Hörerschaft eintreten[46]. Dabei gibt ihnen Jesus selbst »Mund und Weisheit« (Lk 21,12—15); der »heilige Geist« lehrt sie, was »gesagt werden muß« (12,12).

Das Zeugnis der Zeugen setzt nach Lukas eine Erwählung durch den Herrn voraus. Jesus hat die Zwölf erwählt und beauftragt (Lk 6,13; Apg 1,8). »Der Herr« hat auch den Matthias erwählt[47]. Das gleiche gilt für Paulus (Apg 9,15; 22,14 f.; 26,16—20)[48]. Hinter der Erwählung und Beauftragung der Zeugen steht Gott selber, der im Gebet angerufen wird, ehe die Wahl oder der Auftrag ergeht (Lk 6,12 f.; Apg 6,6; 13,2 f.). Jeder der Zeugen hat seine (besondere) missionarische Aufgabe. Petrus (als Repräsentant der Zwölf) beginnt das Zeugnis in Jerusalem, geht aber auch schon in das »halb-jüdische« Samaria und leitet schließlich die Heidenmission ein, indem er vor Cornelius predigt und ihn tauft. Der Tod des Stephanus und diejenigen, die nach der Verfolgung im Zusammenhang mit seinem Tod sich zerstreuen, bringen die Botschaft nach Samaria und nach Antiochia[49]. Mit dem Stephanuszeugnis wird schon Paulus in Verbindung gebracht, der bei der Steinigung des Stephanus zugegen war. Paulus bringt die Botschaft nach Rom und führt so das Programm zum Ziel, das in Apg 1,8 ausgesprochen ist. Es ist von Lukas konzipiert und entspricht genau dem Wirken der Zeugen, wie es in der Apg vorgelegt wird. Der Auftrag Jesu ist zwar direkt an die Zwölf gerichtet, aber das Logion sieht gewissermaßen schon die Zeugen Stephanus und Paulus im Geiste vor sich und richtet sich indirekt auch an sie. Wie Petrus verschwindet auch Paulus von der Bühne der Darstellung, sobald er seinen Zeugenauftrag erfüllt hat; Stephanus stirbt in Konsequenz seines Zeugnisses durch die Feinde

---

46 Im Begriff der »Zeugen« Christi ist enthalten, »daß sie seine Vertreter sind, die seine Sache bis zum Siege durchkämpfen sollen. Es wird daran gedacht, daß die Welt, in der sie wirken sollen, gottfeindlich ist und gegen Gottes Werk Widerstand leistet« (*Asting*, a. a. O. 608). Vgl. *Rengstorf*, a. a. O. 139.

47 Es herrscht weitgehend Übereinstimmung darin, daß mit dem »Herrn, der die Herzen aller kennt« (Apg 1,24), *Jesus* gemeint ist; vgl. *Menoud*, Jésus, 14; *Flender*, Heil, 111. Apg 15,8 und Lk 16,15 sprechen möglicherweise dafür, daß *Gott* als Herr und Herzenskenner intendiert ist; vgl. *J. Behm*, ThW III (1938) 616.

48 Von Stephanus wird keine Erwählung durch den Herrn ausgesagt. Er wird vielmehr von den Zwölf bzw. von der Vollversammlung der Urgemeinde an der Spitze der Sieben »ausgewählt« (Apg 6,5). Die Sieben sind eindeutig den Zwölf untergeordnet (V. 6). Immerhin wird gerade von Stephanus hervorgehoben, daß er »voll des Glaubens und des heiligen Geistes« (Apg 6,5) sowie »voll Gnade und Kraft« (6,8) war, daß er mit »Weisheit und Geist« redete, so daß man nicht »widerstehen« konnte (6,10).

49 Apg 8,1.4 f.; 11,19.

der Sache Jesu. Die Lückenhaftigkeit der lukanischen Darstellung in der Apg ist zu einem Teil durch diese Zielsetzung zu erklären[50], die nicht eine Geschichte der Urkirche erzählen will, sondern das Zeugnis der Zeugen Christi aufzeigen möchte, auf dem die Kirche der Gegenwart beruht, und das die Zeit Jesu mit der »nachapostolischen« Zeit verbindet.

Kann kein Zweifel darüber bestehen, daß die Idee der zwölf Apostel als Zeugen Christi eine spezifisch lukanische Konzeption ist, so muß dennoch gesehen werden, daß Lukas seine Konzeption nicht gewaltsam und gegen alle Tradition durchsetzte. Wenn auch Paulus und Stephanus »Zeugen« genannt werden, so entspricht das nicht ganz dem einmal konzipierten Zeugenbegriff. Dennoch kann hier nicht nur die Tradition der lukanischen Darstellung entgegengestanden haben. Es ist höchst wahrscheinlich, daß erst Lukas seinen Zeugenbegriff auf Paulus und Stephanus ausgedehnt hat.

2.

Der lukanische Zeugenbegriff ist nun nach möglichen Traditionsgrundlagen zu befragen. Hier bieten sich zunächst die beiden »klassischen« Zeugen-Stellen Apg 1,8 und 1,21 f. an, die für den Zeugenbegriff der Apg grundlegend sind. Haben sie vorlukanische Tradition hinsichtlich des Zeugenbegriffs aufgegriffen?

a) Die Ankündigung an die Apostel »Ihr werdet meine Zeugen sein« ist nicht eigentlich ein »Missionsbefehl«. Doch wird man — entsprechend Mt 28,18—20 — in der Tradition ein Wort des Auferstandenen an die Jünger erzählt haben, das (als Auftrag oder Verheißung) die missionarische Verkündigung an die Heiden voraussah. Aber so »matthäisch« der Missionsauftrag von Mt 28 ist, so »lukanisch« ist Apg 1,8. Die Formulierung des Spruches entspricht dem Ablauf der Darstellung in der Apg. Sie entspricht ferner dem spezifisch lukanischen Zeugenbegriff. Daß nicht die Begrifflichkeit von Apg 1,8 Aufbau und Zeugenverständnis der Apg bestimmt hat — weil das Logion vorlukanisch wäre —, geht aus Lk 24,44—49 hervor. Hier begegnet der gleiche Zeugenbegriff und die (dem historischen Ablauf im wesentlichen entsprechende) Idee von der Metanoiapredigt an alle Völker, die von Jerusalem ausgeht. Die Vorstellung vom messianischen Heil, das von Jerusalem aus zu den

---

50 Siehe *Menoud*, a. a. O. 8-10.

Völkern dringt, stammt wahrscheinlich aus dem Jesajabuch[51]. Sicher ist, daß Lukas die entscheidenden Formulierungen »Ihr werdet meine Zeugen sein« und »bis ans Ende der Erde« aus Deuterojesaja entlehnt hat[52]. Insofern kann man die »Bausteine« ausmachen, die dem Lukas zur »Konstruktion« seines Zeugenbegriffs dienten. Der »Plan«, der dieser Konstruktion zugrundeliegt, ist sowohl der Jesustradition als auch der christologischen Schriftinterpretation zu verdanken.

b) Die Traditionsgrundlagen der Perikope von der Matthiaswahl sind weithin umstritten. Von der Ansicht der älteren Exegese, die die Geschichte vielfach im ganzen für historisch hielt[53], bis zur Bestreitung jeder vorgegebenen Tradition in Apg 1,21 f.[54] gibt es heute verschiedene Zwischenstufen der Bewertung. Natürlich geht es in unserem Zusammenhang nicht um die Frage, wieweit Einzelheiten dieser Geschichte in der Tradition überliefert waren (z. B. der Verrat und das weitere Schicksal des Judas; der Begriff der »Zwölf«), sondern um die Frage, ob die Szene als solche auf vorlukanische Überlieferung zurückgeht. Haenchen hat hier das Problem richtig gesehen: die Erzählung enthält »kaum einen Zug, der nicht auf irgendeine Überlieferung zurückgeht. Nur ist diese Tradition nicht eine alte, zusammenhängende Darstellung der Apostelzeit, sondern sie setzt sich aus allen möglichen Überlieferungen verschiedener Herkunft und verschiedenen Datums zusammen ...«[55]. Alle Einzel-Traditionen ergeben freilich noch nicht die vorliegende Szene. Diese ist vielmehr Ergebnis der lukanischen Komposition. Die Verse 18.19 gehen auf den Verfasser der Apg zurück. Nicht Petrus muß natürlich die Jerusalemer Gemeinde erst mit dem Schicksal des Judas bekannt machen, sondern Lukas seinen Leser. Die Durchsetzung der

---

51 Siehe G. *Schneider*, Missionsauftrag und Himmelfahrt des Herrn, in: Am Tisch des Wortes (Neue Folge), Heft 24, Stuttgart o. J. (1968), 33-40; 36 f.

52 Vgl. oben Anm. 36.

53 Hierher sind auch die Versuche zu zählen, die aus der Perikope Rückschlüsse auf die Verfassung der Urgemeinde ziehen wollen; siehe *Stauffer*, Jüdisches Erbe; *Reicke*, Die Verfassung; *Menoud*, Les additions, 77 f.

54 Siehe etwa *Klein*, Die zwölf Apostel, 205: »Daß die beiden vv. — wie immer die Traditionslage für die übrigen Teile der Rede zu beurteilen sein mag — gänzlich aus der Feder des Lukas stammen, läßt schon das Vokabular ahnen (ἀρξάμενος; ἀναλαμβάνειν; μάρτυς) und macht die sachliche Verbindung mit Lk 6,12 f. einerseits, Apg 13,31; 10,39 andererseits, gewiß.«

55 *Haenchen*, Tradition und Komposition, 208 f.; vgl. A. Wikenhauser, Die Apostelgeschichte, Regensburg ⁴1961, 34: »Man wird ... annehmen müssen, daß die ganze Rede eine freie Komposition des Lukas, dessen Stileigentümlichkeiten sie aufweist, auf Grund mündlicher Überlieferungen ist.«

Benennung »Blutacker« setzt voraus, daß der Tod des Judas schon länger als ein paar Wochen zurückliegt. Zudem redet Petrus griechisch und erklärt den Gliedern der Urgemeinde einen aramäischen Ausdruck (Hakeldama). Das ist Darstellungskunst des Lukas, nicht historisches Referat! Vers 20 mit dem Schriftbeweis setzt die LXX voraus und kann somit nicht aus der angesprochenen historischen Situation stammen[56]. Die entsprechenden Verse der hebräischen Bibel geben den beabsichtigten Schriftbeweis nicht her![57] Allerdings kann — wegen der Judastradition in einem Papiasfragment, das nicht von der Apg abhängig zu sein scheint[58] — dieser Schriftbeweis aus der hellenistischen Gemeinde stammen. Er wird dann gerade in seiner doppelten Anlage die Grundstruktur der lukanischen Szene bestimmt haben. V. 20b (Ps 69,26) hat sich im »Blutacker« erfüllt, V. 20c (Ps 109,8) muß nun in der Zuwahl eines designierten apostolischen Zeugen zur Erfüllung gebracht werden. Die Verse 21 f. sind — trotz der Bedenken, die schon Spitta geäußert hatte[59] und die Flender übernahm[60] — als lukanische Formulierung zu erkennen. Bemühungen, die Perikope entweder vom Stil und Wortschatz her als vorlukanisch[61] oder von dem hier bezeugten Apostelbegriff aus als in Spannung zum lukanischen Apostelbegriff befindlich zu erklären[62], müssen als gescheitert angesehen werden. Der »Apostelbegriff« entspricht vielmehr genau dem, was Lukas unter einem apostolischen Zeugen versteht, und ist mit dem sonst üblichen (weiteren) neutestamentlichen Apostelbegriff schwer zur Deckung zu bringen. Eine Frage bleibt freilich zu lösen, die Rengstorf mit einer Rückverlegung der Szene in die histori-

---

56 Siehe *Haenchen*, a. a. O. 207 f.

57 Auch der LXX-Text ist noch angepaßt worden; vgl. *Haenchen*, a. a. O. 207 Anm. 2.

58 Siehe *Schweizer*, Zu Apg. 1,16-22. Bei Papias liegt eine anderweitige Verbindung von Ps 69(,24) und Ps 109(,18) vor.

59 *F. Spitta*, Die Apostelgeschichte, ihre Quellen und deren geschichtlicher Wert, Halle 1891, 13.

60 *Flender*, Heil und Geschichte, 110.

61 So *Rengstorf*, Die Zuwahl, 42 f. Unglücklicherweise beansprucht Rengstorf gerade solche Wendungen aus Apg 1,15, die eindeutig lukanisch sind: ἐν ταῖς ἡμέραις ταύταις (vgl. dazu, daß es diese Wendung im NT sonst nur Lk 1,39; 6,12; 24,18 gibt; siehe auch Lk 23,7; Apg 6,1); ἐν μέσῳ (vgl. Lk 2,46; 8,7; 22,27; 24,36; Apg 2,22; 27,21); ἐπὶ τὸ αὐτό (vgl. die Tatsache, daß von zehn neutestamentlichen Vorkommen sechs auf Lukas entfallen: Lk 17,35; Apg 1,15; 2,1.44.47; 4,26). — Zum »lukanischen« Wortschatz und Stil in Apg 1,15-26 hat *Renié*, L'élection de Mathias, eine gute Materialaufbereitung vorgelegt.

62 *Rengstorf*, a. a. O. 47-52.

sche Situation der frühesten Urgemeinde[63] nur vermeintlich zu klären vermochte: Warum legt Lukas Wert auf die Zwölfzahl der apostolischen Zeugen, insbesondere auch auf deren Vervollständigung vor der Herabkunft des Geistes an Pfingsten?

Sobald man einmal erkannt hat, daß die übrigen Elemente der lukanischen Konzeption von den »zwölf apostolischen Zeugen« auf den Evangelisten zurückgehen, wird man auch das Interesse an der vollständigen Zwölfzahl der Zeugen lukanisch zu erklären suchen. Sie hängt einmal mit dem Zeugenbegriff des Deuterojesaja zusammen, in dem *Israel als Zeuge* vor den Völkern in der Geschichte gilt[64]. Andererseits ist zu berücksichtigen, daß die Zwölfzahl *vor Pfingsten* erreicht werden muß. Die Ankunft des Geistes über alles Fleisch verlangt, daß (das neue) Israel, repräsentiert von den Zwölf, vollzählig zugegen ist. Es hat den Geist empfangen und tritt als Zeuge vor die in den Diasporajuden potentiell schon vorhandenen[65] Völker der Erde, um Zeugnis für Christus abzulegen. Für diesen Anfang der Zeugentätigkeit — die notwendig in Jerusalem beginnt — muß die Zwölfzahl realisiert sein; nach dem Tod des Jakobus (Apg 12,2) braucht die Zahl nicht mehr ergänzt zu werden.

c) Ebenso wie es unwahrscheinlich ist, daß Lukas seinen Zeugenbegriff aus vorliegenden traditionellen Erzähleinheiten gewonnen hat, ist es unmöglich zu sagen, daß er ihn aus vorliegender Terminologie seiner Vorlagen Mk und Q entnommen hat. Schließlich kommt auch das lukanische Sondergut — falls man es einer einheitlichen Quelle oder Tradition zuschreiben will — für eine Vorlage hinsichtlich des Zeugenbegriffs nicht in Frage. Endlich kann aus den paulinischen Briefen der spezifisch lukanische Zeugenbegriff nicht abgeleitet werden. Dennoch wird schon im Lk der Zeugenbegriff vorbereitet, der in der Apg deutlich hervortritt. Da er aber auch in der Apg vornehmlich, wenn nicht ausschließlich, in redaktionellen bzw. summarischen Stücken begegnet, muß er in seiner Eigenart vom dritten Evangelisten stammen.

---

63 A. a. O. 51: »Die Zuwahl des Matthias erweist sich damit ihrem Wesen nach als ein Ausdruck ungebrochener messianischer Zuversicht zu Jesus im Kreis seiner Jünger zwischen Himmelfahrt und Pfingsten. Man darf sich das nicht dadurch verdunkeln lassen, daß sich diese Zuversicht mit Hilfe der Zwölfzahl ausdrückt. Mit ihr vor sich selbst und vor der Umwelt zu argumentieren, lag den Jüngern nahe genug.«

64 Zu Jes 43,10.12; 44,8 siehe C. *Westermann,* Das Buch Jesaja. Kapitel 40-66, Göttingen 1966; A. *Gamper,* Der Verkündigungsauftrag Israels nach Deuterojesaja: ZKTh 91 (1969) 411-429.

65 Vgl. *Schneider,* Pfingstwunder, 1372.

1. Das Evangelium nach *Markus* ist nur hinsichtlich des Wortes μαρτύριον in drei Fällen als eigentliche Vorlage zu betrachten[66]. Mk 1,44; 6,11; 13,9 steht jeweils die Wendung »ihnen zum Zeugnis (Beweis)«. Nur die erste Stelle hat Lukas (5,14) genau von Mk übernommen. Schon an der zweiten (Lk 9,5) hat er (unter dem Einfluß von Q) geändert. Wenn eine Stadt die Zwölf nicht aufnimmt, so sollen sie den Staub von ihren Füßen schütteln »zum Zeugnis *wider* sie«[67]. Nach Angabe der Apg (13,51) wird diese Anweisung auch von Paulus und Barnabas befolgt[68]. Bemerkenswert ist vor allem die lukanische Änderung an der dritten Stelle (Lk 21,13). In der Mk-Vorlage stand, daß die Jünger vor Statthaltern und Königen stehen werden, »*ihnen* zum Zeugnis«. Bei Lukas ist daraus geworden: »Es wird *euch* zum Zeugnis gereichen.« Das Resultat dessen, was mit den verfolgten Jüngern geschieht, wenn sie vor Könige und Statthalter geführt werden, wird sein, daß sie vor dieser Öffentlichkeit Zeugnis ablegen können für den Namen Christi, um dessentwillen sie verfolgt werden. Wenn nach Mk 13,11 der heilige Geist aus den Jüngern redet, die vor Gericht stehen, so hat Lukas wohl aus dieser Angabe entnommen, daß die Apostel für ihre Zeugnisabgabe der Geistgabe bedürfen, die ihnen Jesus verleiht (Lk 21,15; Apg 6,10). Der Anlaß für die lukanische Konzeption ist also hier die Mk-Vorlage gewesen; ihr scheint Lukas unter anderem den Aspekt zu verdanken, daß »Zeugnis« den Aspekt des Widerstandes enthält, dem die vom heiligen Geist getragene Verkündigung begegnet[69].

2. In der sogenannten *Logienquelle* (Q) wird die Vorlage von Lk 11,48 (vgl. Mt 23,31) den Zeugengedanken geboten haben[70]. Für Lukas ist charakteristisch, daß er die Vorlage geändert hat in dem Sinn, daß die zeitgenössischen Gesetzeslehrer »Zeugen« für die Werke ihrer Väter sind. Parallelbegriff zu »Zeuge sein« ist hier συνευδοκέω (vgl. Apg 8,1;

---

[66] »Zeuge« (Mk 14,63) wird von Lukas (Lk 22,71) vermieden, »Zeugnis (μαρτυρία)« — vorkommend Mk 14,55.56.59 — wird Lk 22,71 indirekt auf das christologische Bekenntnis Jesu angewendet. Dem Selbstzeugnis Jesu ist kein weiteres Zeugnis zuzufügen. Hier scheint sich schon die Einengung des Zeugenbegriffs auf das Christuszeugnis anzudeuten.

[67] Aus dem markinischen αὐτοῖς wird bei Lukas ἐπ' αὐτούς (so auch Apg 13,51, wo indessen — im Zusammenhang mit Paulus und Barnabas — »zum Zeugnis« weggelassen wird).

[68] Vgl. auch Apg 18,6.

[69] Dazu *Casey*, a. a. O. 33; *Asting*, a. a. O. 590 f.

[70] Mt 23,31: »Somit bezeugt ihr euch selbst (μαρτυρεῖτε ἑαυτοῖς), daß ihr Söhne derer seid, die die Propheten getötet haben.« Lk 11,48: »Also seid ihr Zeugen (μάρτυρές ἐστε) und stimmt den Taten eurer Väter zu ...«

22,20). Der Zeuge stimmt also mit dem überein und stimmt dem zu, für den er eintritt. Zeuge sein heißt, sich mit der Sache eines anderen identifizieren und für sie eintreten.

3. Im *Sondergut* des Lk begegnet μαρτυρέω nur an der Stelle 4,22, und zwar in der Bedeutung »ein gutes Zeugnis ausstellen, Beifall spenden«. Diese Verwendung, die sich auch Apg 13,22 und 14,3 findet, geht wohl auf Lukas zurück. Lk 16,28 findet sich διαμαρτύρομαι, das in der Apg dann eine spezifische Bedeutung erhalten wird. Lk 24,48 liegt zum erstenmal der charakteristische lukanische Begriff der apostolischen Zeugen vor, wenn auch noch nicht mit deutlicher Eingrenzung auf die Zwölf (vgl. 24,33).

4. Nach dem Befund der *Paulusbriefe* können μάρτυς, μαρτυρία und μαρτύρομαι für die lukanische Idee vom Christuszeugnis nicht als Vorgegebenheiten angesehen werden. Hingegen reden vom Christuszeugnis des Paulus 2 Thess 1,10 (μαρτύριον; vgl. 1 Kor 1,6) und 1 Kor 15,15[71] (μαρτυρέω). Röm 3,21 spricht davon, daß »die Gerechtigkeit Gottes« von Gesetz und Propheten »bezeugt« werde[72]. Schließlich wird 1 Thess 4,6 διαμαρτύρομαι für die Gerichtsverkündigung gebraucht.

d) Wenn auch von der vorgegebenen Terminologie her dem dritten Evangelisten der Zeugenbegriff nicht überliefert war, so wird man weiter fragen können, ob Lukas die ihm zugekommenen Informationen über die *Apostel* und über die *Zwölf* so verstehen konnte, daß diese Gruppen sich decken, und daß diese Gruppe der zwölf Apostel im spezifischen Sinn auch die *Zeugen* darstellt.

---

[71] Ob und inwieweit diese Stelle schon einen bestimmten Zeugenbegriff voraussetze, wurde in der Exegese heftig diskutiert (siehe dazu *Wilckens*, Die Missionsreden, 148 f.). Man wird kaum annehmen dürfen, daß es für die Verkündiger des Evangeliums die Bezeichnung »Zeugen Gottes« gab (gegen B. *Rigaux*, Les Épitres aux Thessaloniciens, Paris 1956, 635; vgl. *von Campenhausen*, Die Idee des Martyriums, 28 f.; mit Anm. 4) und daß »bezeugen« an dieser Stelle schon an das spezifische Christuszeugnis gebunden sei; dazu H. *Conzelmann*, Der erste Brief an die Korinther, Göttingen 1969, 314 f. Die Ansicht von *Günther* (ΜΑΡΤΥΣ, 95 f.), daß der »älteste technische Gebrauch von ›μάρτυς‹« innerhalb der Christenheit »auf die Urgemeinde« zurückgehe und sich schon 1 Kor 15 belegt finde, ist nicht haltbar. Dann kann auch nicht mit *Günther* (ebd. 105) gesagt werden, der lukanische Zeugentitel sei »einer sehr alten Sonderüberlieferung entnommen«, die in der Jerusalemer Urgemeinde ihre Heimat hatte.

[72] Auch Lukas verwendet die Zeugnisterminologie für die Christusverkündigung der Propheten: Apg 10,43.

Die bei Lukas zu beobachtende Konzentration auf die Gruppe der »zwölf Apostel« hat ihre Grundlage wesentlich in der Darstellung des Markus-Evangeliums. Man vergleiche dazu nur Mk 10,32 mit der Angabe, daß Jesus »wiederum die Zwölf beiseite nahm«, um ihnen die dritte Leidensankündigung zu geben. Damit wird auf 8,27.31 und 9,31 Bezug genommen, wo »die Jünger« Empfänger der beiden Leidensvoraussagen sind[73]. Daß Lukas diese zwölf Jünger »Apostel« nennt, kann auf Mk 6,30 (vgl. 6,7) beruhen. Hier werden schon von Markus die Zwölf als »Apostel« bezeichnet, obgleich die Markusangabe einen weiteren Apostelbegriff (die von Jesus »Abgesandten«) voraussetzt. Wenn Lukas nun den Apostelcharakter im engeren Sinn dem Paulus abspricht, so folgt er darin einem traditionellen Bewußtsein, das auch der historische Paulus hatte, daß nämlich sein Apostolat von dem der früheren Apostel zu unterscheiden sei (Gal 1,17: »die vor mir Apostel waren«). Paulus unterscheidet zwischen den Zwölf und den Aposteln (1 Kor 15,5.7). »Alle Apostel« (V. 7) sind ein Personenkreis, der den Paulus noch nicht einbegreift, obwohl Paulus auch »Apostel« ist — »der geringste der Apostel, nicht wert, ein Apostel zu heißen« (V. 8 f.).

Von 1 Kor 15 her wird auch begreiflich, warum Lukas den Apostelbegriff mit der Tatsache verbindet, daß der so qualifizierte Christusverkündiger eine Begegnung mit dem Auferstandenen gehabt hat, den er sehen konnte (1 Kor 9,1). Auch 1 Kor 15,15 kann die Auferstehungspredigt mit dem Zeugenbegriff in Verbindung bringen. Paulus legt allerdings nicht auf den *Augen*zeugen wert, wenn er sagt: »Ist aber Christus nicht auferweckt worden, so ist ja unsere Predigt leer, leer auch euer Glaube; wir werden auch als Falschzeugen erfunden, weil wir wider Gott bezeugt haben, er habe Christus auferweckt, den er nicht auferweckt hat, wenn also Tote wirklich nicht auferweckt werden.« Wir können nicht mit Sicherheit sagen, ob Lukas die Paulusbriefe kannte (und sie dann absichtlich nicht verwendete)[74], oder ob er von den Briefen des Paulus

---

[73] Die Untersuchung von *Meye* (Jesus and the Twelve) kommt zu dem Ergebnis, daß nach Markus Jesus nur zwölf Jünger gehabt habe und die Apostel mit ihnen identifiziert würden; vgl. die Rezensionen in: CBQ 31 (1969) 589 f. und JBL 88 (1969) 361 f. Da die Arbeit von *Meye* zu wenig zwischen Tradition und Redaktion unterscheidet, kommt sie hinsichtlich der Historizität der zwölf Apostel im vorösterlichen Leben Jesu zu einem positiven Ergebnis. Jedoch wird man mit *Dupont* (Le nom d'Apôtres, 46 f.) festhalten müssen, daß die Synoptiker nicht erlauben anzunehmen, Jesus habe bereits vor Ostern den Zwölf den Aposteltitel als ihnen eigene Bezeichnung gegeben; auch Lukas will das nicht behaupten.

[74] So *Klein* (Die zwölf Apostel, 191 f.), der die Abfassung von Lk/Apg auf das 2. Jahrhundert verschiebt (ebd. 191; mit Anm. 895).

keine Kenntnis hatte[75]. Möglicherweise steht der lukanische Zeugenbegriff in einer Paulustradition, für deren Ausgangspunkt 1 Kor 15 gehalten werden darf.

3.

a) Wenn man nach der Funktion der zwölf Apostel als den vornehmlichen Christuszeugen im lukanischen Werk fragt, so wird man von vornherein zu beachten haben, daß die Funktion der Zwölf zugleich den Hintergrund darstellt für die Darstellung der kirchlichen Funktion des Paulus. Die Apg zeigt deutlich, daß ihr Verfasser die Zeit Jesu mit der der apostolischen Zeugen (des Petrus und der Zwölf) verbindet; die Brücke von der Apostelzeit zu der Situation, in der der Verfasser und seine Leser leben, stellt Paulus dar.

b) Einen der neuesten Versuche, diese lukanische Sicht aus einem besonderen Wollen zu erklären, hat Günter Klein vorgelegt. Nach seiner Ansicht hat Lukas — im zweiten Jahrhundert — die Idee der »zwölf Apostel« geschaffen, um die Gestalt des Paulus gnostischen Irrlehrern zu entreißen[76]. Das konnte ihm in »genialer« Weise[77] gelingen, weil er einerseits in seinem Werk eine besondere Hochschätzung des Paulus bekundet[78], und weil er andererseits den Heidenapostel »domestizierte«[79], indem er ihn deutlich von den Aposteln absetzte, die die recht bezeugte Jesusüberlieferung in der Kirche garantieren. Paulus wird den Zwölf »subordiniert«[80].

---

75 So z. B. E. *Haenchen*, Die Apostelgeschichte, Göttingen 1956, 106 (vgl. die 5. Aufl. von 1965, 675-678).

76 *Klein*, Die zwölf Apostel, 214: »Wollte die orthodoxe Kirche die größte Gestalt ihrer Geschichte nicht preisgeben, so mußte sie Methoden entwickeln, die Paulus für gnostische Reklamationen ungeeignet machten.«

77 Ebd.: »Die Ausbildung des Zwölferapostolats durch Lukas ist der genialste Entwurf, der in dieser Richtung unternommen worden ist.«

78 Siehe ebd. 213: »Auf keinen Fall ist hier eine Aversion gegen die Person des Paulus im Spiel.« Andererseits soll Lukas eine »Befangenheit gegenüber Paulus« zeigen (ebd. 215).

79 Vgl. ebd. 215.

80 Die leitenden Tendenzen des lukanischen Paulusbildes will *Klein* (a. a. O. 215 f.) zweifach erkennen: »Subordination unter die Garanten der dem gnostischen Denken im Ansatz entgegengerichteten historia Jesu und Superordination über die nachfolgende Traditionskette wirken zusammen an einer Domestikation des Paulus, durch die er der Kirche erhalten ... blieb.« Vgl. auch E. *Käsemann*

c) Nun ist gegen diese Sicht der lukanischen Konzeption einzuwenden[81], daß Lukas keineswegs eine völlig neue Idee vorlegt, wenn er von den *zwölf Aposteln* spricht. Er hat es nicht nötig, diese Idee mit Nachdruck durchzusetzen. Wohl aber hat er diese Idee fest mit der *Zeugen*funktion der Apostel verbunden. Wenn er dem Paulus sowohl die Zeugenbezeichnung als auch — wenigstens wahrscheinlich — die des Apostels zukommen läßt, macht er deutlich, daß es ein Kontinuum zwischen den Zwölf und dem großen Heidenmissionar gibt. Damit ist auch eine Kontinuität zwischen Jesus und der Gegenwart der Kirche aufgezeigt. Die Einmaligkeit der Zwölf liegt nach Lukas in ihrer Verbindung mit dem Jesus der Geschichte[82]. Ihn haben sie als Augenzeugen[83] erlebt, und darum ist ihre Verkündigung nicht etwas, was *sie* in die Welt gebracht hätten, sondern sie ist die Fortführung der Sache Jesu in der weitergehenden Geschichte. Zugleich wird damit gesagt, daß die Jesustradition der Kirche deswegen die »zuverlässige« Interpretation des Christusgeschehens bietet, weil sie auf das Zeugnis der Apostel gegründet ist (Lk 1,1-4). Dieses Zeugnis weiterzugeben, ist das Ziel des lukanischen Doppelwerkes. Dennoch wird man nicht mit Robert Morgenthaler[84] davon sprechen sollen, daß das lukanische Geschichtswerk sich selbst »als Zeugnis« ausgebe, insofern der Verfasser seine Darstellung nach dem Zweiheitsgesetz strukturiert und Doppelungen vornimmt.

(Paulus und der Frühkatholizismus, in: Exegetische Versuche und Besinnungen, Bd. II, Göttingen ³1968, 239-253, 243): »Natürlich hat Lukas seine Version nicht erfunden, sondern umlaufenden Legenden entnommen. Auf sein Konto geht aber wohl ihre innere Folgerichtigkeit, die auf einer für ihn selbstverständlichen Voraussetzung beruht: Paulus muß vor dem Verdacht geschützt werden, er sei ein Einzelgänger und christlicher Freibeuter gewesen. Es gibt Heil nur innerhalb der Kirche, deren Geschichte dank göttlicher Leitung kontinuierlich verläuft, und in eben diese Geschichte wird Paulus hineingeholt. Nachdem Ananias ihn getauft hat, tritt er alsbald den Weg nach Jerusalem an, wird dort von Barnabas den Uraposteln vorgestellt, um dann mit deren Segen seine Mission in Judäa zu beginnen. Barnabas holt ihn später auch nach Antiochien, von dort werden beide nach feierlicher Ordination zu den Heiden delegiert und statten darum bei ihrer Rückkehr der Gemeinde einen Rechenschaftsbericht ab. Schließlich wird ihr Werk auf dem Apostelkonzil wiederum höchst feierlich von der Jerusalemer Muttergemeinde approbiert.«

81 Zur Kritik an *Klein* siehe u. a. *Schmithals*, Das kirchliche Apostelamt, 199-207, 235-238; *Flender*, Heil und Geschichte, 117-119; *Haenchen*, Die Apostelgeschichte⁵, 675-680.

82 Darauf hat schon H. Conzelmann (Die Mitte der Zeit. Studien zur Theologie des Lukas [1954], Tübingen ⁴1962, 201 f. Anm.) hingewiesen: »Der Apostelbegriff ist ... charakterisiert ... durch die Verbindung mit dem Leben Jesu, also durch seine historische Einmaligkeit.«

83 Siehe Lk 1,2.

84 Die lukanische Geschichtsschreibung als Zeugnis, besonders II 96.

Denn das Zeugnis von mindestens zwei Zeugen (vgl. Dt 19,15) hat zwar eine besondere Beweiskraft, nicht aber die Tatsache, daß ein und derselbe Autor zweimal das gleiche aussagt. Es gibt keinen Anhaltspunkt dafür, daß Lukas insbesondere in einer antignostischen Frontstellung schreibe[85]. Wohl aber ist ihm bewußt, daß in seiner Generation der geschichtliche Abstand zwischen Jesus und seinen zwölf Aposteln schon so groß geworden ist, daß er versucht, dem werbenden Charakter seines Werkes entsprechend, seinen Lesern dennoch eine nach seiner Überzeugung mögliche Gewißheit zu geben[86]. Die »Zuverlässigkeit« der kirchlichen Jesusüberlieferung wird von den zwölf Aposteln garantiert, deren Verkündigung in der Kirche weiter lebt. Sie sind Christi Zeugen geworden. Indem Lukas dem Leser Vergewisserung bieten will, ist er doch nicht der Ansicht, der Christusglaube könne auf dem Wege rationaler und historischer Beweisführung vermittelt werden[87]. Das machen zwei Aspekte des lukanischen Zeugenbegriffs deutlich. Das Zeugnis der Apostel wird von jenem *Geist* getragen und veranlaßt, den die Augenzeugen an Pfingsten empfangen haben. Das Zeugnis der Zeugen (einschließlich dessen des Stephanus und des Paulus) ist ein Christuszeugnis im Angesicht einer *Widerstand* leistenden Öffentlichkeit. Jedoch ist der Widerstand, der sich insbesondere auch in Verfolgungen auswirkt, letztlich Gelegenheit, das Zeugnis abzulegen und die Sache des Evangeliums in der Welt weiterzubringen[88]. Es ist sicher richtig, das lukanische Werk aus der Tatsache einer entschärften Parusieerwartung heraus zu verstehen. So wird auch zu erklären sein, daß die ursprünglich eschatologisch gesehene Funktion der Zwölf (vgl. Mt 19,28 par. Lk 22,29) bei Lukas zu einer geschichtlichen Aufgabe wurde[89]. Der dritte Evangelist blickt auf das zurück, was die Zeugen für die Kirche bedeuten. Das heißt nicht, daß er der Ansicht sei, das Zeugnis sei in seiner eigenen Zeit nicht mehr realisierbar. Er selber will vielmehr mit seinem Werk dem Zeugnis der apostolischen »Diener des

---

[85] Die einzige Begründung, die *Klein* (a. a. O. 213) dafür beibringt, ist die Paulusrede in Milet (dazu ebd. 178-184). Die Einschätzung der lukanischen Frontstellung durch *Klein* wird u. a. mit der Spätdatierung der Apg zusammenhängen.

[86] Siehe dazu das Proömium zum lukanischen Werk, Lk 1,1-4.

[87] Gegen *G. Klein* (Lukas 1,1-4 als theologisches Programm, in: Zeit und Geschichte [FS für R. Bultmann], Tübingen 1964, 193-216), der behauptet, daß für Lukas »die Möglichkeit der historischen Gewißheit ... die Heilsgewißheit fundiert« (216).

[88] Siehe Lk 21,13; Apg 8,4; 9,1-31; 11,19; 21,27-28, 31.

[89] Vgl. *Rigaux*, Die zwölf Apostel, 241.

Wortes« Gehör verleihen (Lk 1,2 f.). Die Botschaft der ursprünglichen Zeugen ist in der Kirche weiterhin vernehmbar. Ihre Zuverlässigkeit ist durch die Augenzeugenschaft der Zwölf ein für allemal gesichert.

d) Nun wird man heute fragen müssen, ob die von Lukas insinuierte Ansicht berechtigt ist, die Augenzeugen hätten sich auf nahezu gleiche Weise von der Wirklichkeit des Auferstandenen überzeugen können, wie sie den vorösterlichen Herrn erfuhren. Die entsprechenden Texte (vgl. oben unter 1 a.b) haben indessen primär den Sinn, die Tatsächlichkeit der Auferstehung in einer von griechischem Denken geprägten Umwelt abzusichern, für die ein anthropologischer Dualismus bestimmend war. Auch Lukas behauptet — mit den übrigen Evangelisten — keine Augenzeugenschaft beim Vorgang der Auferstehung selbst. Aber wir werden heute mit allem Nachdruck unterstreichen müssen, daß — wie es die Aussageabsicht des Lukas ist — der Glaube an den Auferstandenen nicht vom je einzelnen auf dem Wege historischer Vergewisserung gewonnen werden kann, sondern einzig durch das in der Kirche bewahrte Zeugnis der apostolischen Zeugen, die den Auferstandenen gesehen haben. Deutlich ist aber auch, daß das Christuszeugnis nicht auf einen »Kern« reduziert wird, der nur Tod und Auferstehung Christi verkündigt, sondern sich wesentlich auch auf den »irdischen« Herrn bezieht[90].

---

90 Siehe Lk 1,2 f.; Apg 1,22; 10,38-41.

Jesu geistgewirkte Empfängnis (Lk 1, 34 f)
Zur Interpretation einer christologischen Aussage

1. Das Problem

Wo heutzutage die Vorgeschichten der Evangelien nach Mt und nach Lk erörtert werden, treten — besonders katholischerseits — zwei Probleme in den Vordergrund. Es handelt sich um die Fragen, ob Jesu Geburt in Bethlehem (Mt 2, 5 f; Lk 2, 4. 11) „historisch" sei und ob seine Empfängnis und Geburt aus der Jungfrau Maria (Mt 1, 18—20; Lk 1, 26—38) in dem Sinn zu verstehen sei, daß Jesus keinen menschlichen Vater gehabt habe. Bisweilen hatte man früher beide Fragen für unzulässig erklären wollen, indem man — übrigens zu Recht — darauf verwies, daß es vom Judentum her kein Postulat gegeben habe, der Messias müsse zu Bethlehem und aus einer Jungfrau geboren werden. Doch wird man mit einem solchen Verweis die Problematik nicht beseitigen können. Neuere katholische Exegese meint, daß das heute so häufig bemühte Problem der Kindheitsgeschichte „weitgehend Produkt falscher Problemstellungen" sei[1]. Die katholische Theologie wird im Unterschied zur protestantischen Exegese stark von der Alternative „Historisches Faktum oder Theologumenon" bewegt[2]. Doch sollte man sich dessen bewußt sein, daß für den Exegeten des NTs sich das „Problem einer späteren historisierenden Objektivierung und Materialisierung einer ursprünglich anders ausgerichteten Glaubensaussage auch sonst, sogar bei zentralen Aussagen des Kerygmas, stellt"[3].

Obwohl die Vorgeschichten in Mt 1—2 und Lk 1—2 voneinander unabhängig sind, stimmen sie in zahlreichen Angaben überein. J. Schmid zählt in seinem Lk-Kommentar[4] allein elf Übereinstimmungen auf: 1. Die Empfängnis (und Geburt) Jesu durch eine Jungfrau namens Maria. 2. Diese ist mit einem Mann namens Josef verlobt. 3. Josef stammt aus dem Geschlechte Davids. 4. Die Empfängnis Jesu wird durch den Hl. Geist bewirkt, so daß Josef nicht der wirkliche Vater Jesu ist. 5. Die Empfängnis Jesu geschah zu einer Zeit, da Maria bereits mit Josef verlobt, aber noch nicht in das Haus ihres Mannes heimgeführt war. 6. Die Geburt hingegen erfolgte nach der Heimführung Marias durch Josef. 7. Die Geburt Jesu fiel (nach Mt 2, 1 ausdrücklich, nach Lk 1, 5 wenigstens wahrscheinlich) in „die Tage des Königs Herodes". 8. Der Name Jesu wurde schon im voraus durch einen Engel bestimmt. 9. Jesus stammte aus dem Geschlechte Davids. 10. Er wurde in Bethlehem geboren. 11. Die Heilige Familie zog nach der Geburt Jesu nach Nazareth. Wenn man auch zugeben wird, daß viele dieser Punkte innerlich miteinander verbunden sind, so daß die Zahl der Übereinstimmungen in Wirklichkeit geringer ist, muß man doch die Kongruenz als Anzeichen dafür werten, daß den beiden Evangelisten weithin gleiche Traditionen über die Geburt Jesu vorgelegen haben. Diese haben neben den Namen der Eltern die davidische Abstammung und die geistgewirkte Empfängnis Jesu Christi bezeugt. Da aber das Zeugnis von der geistgewirkten Empfängnis Jesu im NT nur in den beiden sog. Kindheitsgeschichten begegnet, die jedenfalls nach dem Jahre 70 niedergeschrieben wurden,

---

[1] H. *Schürmann*, Aufbau, Eigenart und Geschichtswert der Vorgeschichte von Lukas 1—2: Bibel und Kirche 21 (1966), 106—111; 106.
[2] Siehe A. *Vögtle*, Offene Fragen zur lukanischen Geburts- und Kindheitsgeschichte: Bibel und Leben 11 (1970), 51—67; 52. Die genannte Alternative wird etwa in dem Sammelband von H. J. *Brosch* und J. *Hasenfuss* (Hg.), Jungfrauengeburt gestern und heute, Essen 1969, sichtbar.
[3] A. *Vögtle*, a. a. O. 53.
[4] J. *Schmid*, Das Evangelium nach Lukas, Regensburg ³1955, 90.

kann man — auch wenn der judenchristliche Ursprung dieser Überlieferung als sicher gelten darf — nicht von einer alten Tradition reden[5].

Nun wurde immer wieder der Versuch unternommen, die späte Bezeugung der geistgewirkten Empfängnis Jesu aus einer Art Familiengeheimnis, das zunächst streng gehütet worden wäre, zu erklären. Im Zusammenhang damit wollte man auch in Lk 2, 51 b (vgl. 2, 19) einen Hinweis darauf sehen, daß die beteiligten Personen selbst, insbesondere Maria, die eigentliche „Quelle" für die übermittelten Nachrichten darstellten[6]. Doch wird man die genannten Stellen des Lk nicht als Angabe der Quelle seines Zeugnisses ansehen dürfen[7]. Es bleibt zu bedenken, was Schmid in diesem Zusammenhang schreibt: „Die innerhalb der ihr durch die Sache selbst gesteckten Grenzen bleibende historische Kritik kann die Geschichtlichkeit der hier (wie in den Evangelien überhaupt) erzählten Begebenheiten weder beweisen noch widerlegen."[8] Aufgabe der theologischen Exegese ist es, die vorliegenden Texte in ihrem Kontext und von ihrer Traditionsgeschichte her zu interpretieren. Es wird sich zeigen, daß eine solche Interpretation des „Christologumenon" von der geistgewirkten Empfängnis Jesu einer einseitig historisierenden und biologisch-materialisierenden Deutung entgegensteht.

Bevor jedoch der lukanische Text und seine Vorgeschichte erörtert werden, sei ein außerkanonisches Beispiel „beweisender" und historisierend-objektivierender Weiterbildung der kanonischen Kindheitserzählungen erwähnt. Im Protevangelium des Jakobus[9], das aus dem 2. Jh. stammt, läßt der Hohepriester Josef und Maria „das Prüfungswasser des Herrn"[10] trinken und schickt sie in die Wüste. Doch sie kommen, ohne Schaden genommen zu haben, zurück. So ist erwiesen, daß die Schwangerschaft Mariens nicht aus sündhaftem Verkehr herrührt (16, 1—3)[11]. Josef informiert die hebräische Hebamme vor der Geburt des Jesuskindes über das Wissen, das er vom Engel empfangen hatte (14, 2): Maria sei nicht seine Frau, „sondern ihre Empfängnis ist aus dem Hl. Geist" (19, 1). Die Zweifel der Hebamme werden dadurch behoben, daß das Kind auf wunderbare Weise (Lichterscheinung in der dunklen Höhle) geboren wird (19, 2). Nachdem die Hebamme die Höhle verlassen hat, begegnet ihr Salome, zu der sie sagt: „Salome, Salome, ich habe dir ein nie dagewesenes Schauspiel zu erzählen: eine Jungfrau hat geboren, was doch die Natur nicht zuläßt." Salome hingegen zweifelt ebenfalls zuerst und spricht: „(So wahr) der Herr, mein Gott lebt, wenn ich nicht meinen Finger hinlege und ihren Zustand untersuche, so werde ich nicht glauben, daß eine Jungfrau geboren hat" (19, 3). Sie kann sich („handgreiflich") überzeugen: „Und Salome ging hinein und legte sie bereit zur Untersuchung ihres Zustandes. Und sie erhob ein Wehgeschrei und sprach: ‚Wehe über meinen Frevel und meinen Unglauben; denn ich habe den lebendigen Gott versucht; und siehe, meine Hand fällt von Feuer verzehrt von mir ab!' " (20, 1). Die Jungfräulichkeit der Mutter

---

[5] Übrigens wird man nach der neuesten Arbeit von *Ch. Burger* (Jesus als Davidssohn. Eine traditionsgeschichtliche Untersuchung, Göttingen 1970) nicht mehr so unbefangen wie zuvor von einer alten Davidssohn-Christologie im NT sprechen können (s. ebd. 132—135 zu Lk 1, 26—38; vgl. ferner 166 zu Röm 1, 3 f.).
[6] Vgl. *J. Schmid*, a. a. O. 83. 88.
[7] Siehe *F. Neirynck*, „Maria bewaarde al de woorden in haar haart" (Lk 2, 19. 51): Coll. Brug. et Gand. 5 (1959), 433—466; *B. F. Meyer*, „But Mary kept all these things..." (Lk 2, 19. 51): CBQ 26 (1964), 31—49.
[8] *J. Schmid*, a. a. O. 88.
[9] Deutsche Übersetzung in: *E. Hennecke / W. Schneemelcher* (Hg.), Neutestamentliche Apokryphen, Bd. I: Evangelien, Tübingen ³1959, 277—290.
[10] Vgl. Nm 5, 11—31.
[11] Siehe auch *W. Bauer*, Das Leben Jesu im Zeitalter der neutestamentlichen Apokryphen, Tübingen 1909, 58: „Ihn [sc. den Protevangelisten] befriedigt die Darstellung des Matthäus nicht, der die Rechtfertigung der Jungfrau nur dem Joseph im Traume zu Ohren kommen läßt. Sie bot den Gegnern einen allzu bequemen Angriffspunkt."

Jesu ist also nach dem Protevangelium des Jakobus eindeutig auch unmittelbar nach der (wunderbaren) Geburt feststellbar gewesen[12].

2. Lk 1, 34 f im Kontext

Kommt in der Darstellung des Protevangeliums eine starke Tendenz in maiorem gloriam Mariae virginis zum Ausdruck, so ist die lukanische Vorgeschichte entschieden christologisch bestimmt. Sie ist, nicht anders als das Evangelium als Gattung, geradezu aus dem Anliegen der Christologie entstanden. Den vier Evangelien ist, was den Aufbau betrifft, gemeinsam, daß sie als Höhepunkt die Passion mit dem Tod Jesu erzählen und mit der Botschaft von der Auferstehung des Gekreuzigten schließen. Diesem „Kern" bzw. Gipfelpunkt schalten sie eine ansteigende Folge von Szenen und Reden aus dem sog. öffentlichen Leben und Wirken Jesu vor. Dieser letzte Komplex, der das Evangelium zu einer „Passion mit ausführlicher Einleitung" macht, setzt in allen Evangelien mit der Taufe Jesu durch Johannes ein, wenn diese auch im Jo-Evangelium nicht eigentlich erzählt wird. Bemerkenswert ist, daß die späteren Evangelien diesen („markinischen") Grundbestand nach zwei Seiten erweitern: zur Seite der „Kindheit" Jesu (Mt und Lk) bzw. der „vorweltlichen" Existenz des Christus (Jo) und zur Osterseite hin (Mt, Lk, Jo). Daraus müssen wir schließen, daß ein eminent christologisches Interesse auch zu den Erweiterungen führte. Der Grundbestand, der sich im Mk-Evangelium findet, hatte vor allem die Aussage im Sinn, der irdische Jesus von Nazareth, von dem die Himmelsstimme bei seiner Taufe sagte, daß er der Sohn Gottes sei (Mk 1, 11), habe sich durch sein Wirken und sein Todesschicksal als der Sohn Gottes erwiesen (vgl. 15, 39). Die beiden späteren Evangelien des synoptischen Typus (Mt und Lk) gehen über diese grundlegende Aussage hinaus. Sie wollen mit ihren Vorgeschichten zeigen, daß dieser Jesus nicht erst von seiner Taufe an der Messias und Sohn Gottes war, sondern von Anfang an[13].

Die Vorgeschichte des Lk-Evangeliums läßt in besonderer Weise das Interesse an der Gottessohnschaft Jesu erkennen, die mit dem Hl. Geist in Verbindung gebracht wird. Daß Jesus der Sohn Gottes ist, wird nicht nur in der Verkündigungsszene (1, 32.35) ausgesprochen, sondern steht indirekt auch in der Geschichte, die das Ende des ganzen Zyklus bildet[14], in einem ersten Jesuswort (2, 49). Schließlich zeigt auch die Genealogie, die traditionsgeschichtlich den Vorgeschichten nahesteht (vgl. Mt 1, 1—17), das besondere Interesse an der Gottessohnschaft Jesu (Lk 3, 23.38). Die Tatsache der Gottessohnschaft Jesu folgt aus der geistgewirkten Empfängnis (1, 35)[15]. Wenn Jesus nach seiner Taufe in der Kraft des Geistes wirkt (4, 1—14.18), so zeigt 1,35, daß das Fundament der Geisteskraft Jesu nicht erst in der Taufe gelegt wurde. „Bei der Taufe wird ein schon vorhandener Geistbesitz aktiviert... Im Kontext des Lukas nimmt sich 1,35 wie ein Kommentar zur Taufperikope aus."[16]

Die lukanische Vorgeschichte ist aber nicht nur im Zusammenhang der Taufperikope zu sehen, sondern auch in Verbindung mit anderen Höhepunkten des lukanischen Werkes. Der Verzicht auf eine integrale Interpretation des lukanischen Werkes, der die Kapitel Lk 1—2 ausklammert, führt zu einer einseitigen Lk-Auslegung[17]. Die Worte des Engels an Maria erinnern auffällig an die Worte Jesu zu den Jüngern an

---

[12] Auch *Ignatius von Antiochia* (ad Eph 19, 1) scheint das Wunder über die Erzeugung Jesu hinaus auch auf die Geburt auszudehnen.
[13] Das Jo-Evangelium schließlich zieht diese Linie noch weiter aus, wenn es im Prolog (Jo 1, 1—18) betont, daß das „Wort" schon von Ewigkeit her („im Anfang") bei Gott existierte.
[14] Die Erzählung vom zwölfjährigen Jesus im Tempel stellt „das eigentliche Erzählungsinteresse am Ende sichtbar heraus: Jesus ist der ‚Sohn' " (*Schürmann*, Aufbau, 106).
[15] Vgl. διὸ καί ... κληθήσεται υἱὸς θεοῦ. διὸ καί bezeichnet die Folgerung als selbstverständlich!
[16] *H. Räisänen*, Die Mutter Jesu im Neuen Testament, Helsinki 1969, 101.
[17] So mit Recht *P. S. Minear*, Luke's Use of the Birth Stories, in: Studies in Luke-Acts, ed. by L. E. Keck and J. L. Martyn, London 1968, 111—130.

den Stellen 24, 49 und Apg 1, 8. Es handelt sich offenbar um eine absichtliche Parallelisierung. „Lk 1, 35 scheint als Modell gedient zu haben, als Lukas die Verheißung in Apg 1, 8 formulierte."[18] Die geistgewirkte Empfängnis Jesu, die schon vor seiner Taufe den Geistbesitz begründet, weist voraus auf die Geistausgießung an Pfingsten, die die Kirche für ihren Auftrag ausrüstet.

Wenn nach der Gattung gefragt wird, der Lk 1—2 angehört, so wird man mit H. Schürmann zu der Ansicht gelangen können, daß es sich um eine *gläubige Erzählweise* nach Art der spätjüdischen *Haggada* handelt, „die — aufgrund von Traditionen — die Ursprünge Jesu in Gott gläubig bekennt und sie mit Hilfe typologischen Schriftverständnisses einerseits, apokalyptischer Ausdrucksmittel andererseits zur Ausdeutung bringt. Dabei ordnet man vielleicht — ohne den einen Begriff gegen den anderen auszuspielen — die so umschriebene Art von Geschichtsschreibung besser der umfassenden Gattung der *homologetischen* als der der kerygmatischen *Geschichtsschreibung* zu."[19] In den sieben Einzelerzählungen von Lk 1—2 spricht sich das Bekenntnis der frühen Kirche zu Christus aus, während in dem übrigen Corpus der Evangelien, wie es sich schon im Mk-Aufriß zeigt, eher eine kerygmatische Absicht zu Wort kommt. Die heute verbreitete Ansicht, es handle sich um christlichen Midrasch oder um midraschartige Erzählung, ist darum unzutreffend, weil es sich hier nicht um aktualisierende Erklärung der Schrift handelt; vielmehr werden die Ereignisse um die Geburt Jesu mit Hilfe der Schrift meditierend ins Licht gerückt.

Was in diesem Sinn von Lk 1—2 insgesamt gelten darf, trifft auch für die Verkündigungsperikope im besonderen zu. Sie ist im Lichte von Is 7, 14 (im LXX-Text) gestaltet[20], deutet also die Herkunft und das Wesen Jesu Christi als Erfüllung einer atl Weissagung. Insofern aber die Verkündigung an Maria der Verkündigung an Zacharias (1, 5—25) nachgestaltet ist und zu ihr in einem Verhältnis der überbietenden Parallelität steht, wird sie kaum ursprünglich für sich tradiert worden sein. Wahrscheinlich haben dem Evangelisten die sieben Einzelgeschichten bereits als Kranz von Erzählungen schriftlich vorgelegen, und zwar in griechischer Sprache. Er hat sie dann verschiedentlich bearbeitet, so daß man vorlukanisches Gut und lukanische Redaktion nur noch schwer scheiden kann. So geschlossen die Geschichte Lk 1, 26—38 sich heute im ganzen liest, sie wird dennoch eine Traditionsgeschichte besitzen.

Die verschiedenen Versuche einer quellenkritischen Scheidung von vorlukanischem und lukanischem Material sind wegen der Divergenz ihrer Ergebnisse[21] kaum ermutigend, eine solche Traditionsgeschichte zu entwerfen. Dennoch wird man die VV. 32—33 wegen ihrer altertümlichen Christologie für das älteste Stück halten dürfen. Diese Einheit ist aber mit dem Stück 1, 26—31 so eng verbunden, daß man annehmen muß, im hellenistischen Judenchristentum sei die Verkündigung an die Jungfrau Maria in der Weise erzählt worden, daß das Stück 1, 26—33 als Parallele zu der Verkündigung an Zacharias (Lk 1, 5—25) verstanden wurde. Die Form der Geschichte entspricht atl Verkündigungsgeschichten[22], setzt diese aber nicht unbedingt als Vorlagen voraus. Die entscheidenden Verse 34—35, die heute den Höhepunkt der Perikope bilden, gehen vermutlich auf die Hand des Lk zurück, wenn der Evangelist auch dabei — wie die Parallele in Mt 1, 18.20 zeigt — auf bereits formuliertes Bekenntnisgut zurückgriff. Der Evangelist hat dann möglicherweise eine engere Verbindung zur Empfängnis des Johannes hergestellt, indem er sowohl in der Einleitung zu V.26 als auch in V.36 auf diese hinwies. Gleichzeitig hat er dabei das Stilmittel der Rückfrage Mariens an den Engel (V.34) verwendet[23], das sich auch in der Zachariasgeschichte

---

[18] H. *Räisänen*, a. a. O. 102.
[19] H. *Schürmann*, Das Lukasevangelium. Erster Teil (1, 1—9, 50), Freiburg 1969, 24; vgl. überhaupt ebd. 21—24 und *Ders.*, Aufbau, 108 f.
[20] Vgl. die zweimalige Betonung, daß Maria παρθένος sei (V. 27), und den Wortlaut von V. 31.
[21] Siehe dazu den Überblick bei *Räisänen*, a. a. O. 81—83.
[22] Siehe Gn 17, 15—22; 18, 9—16; Ex 3—4; Ri 6, 11—24; 13, 1—25.
[23] Dazu vor allem *J. Gewieß*, Die Marienfrage, Lk 1, 34: BZ NF 5 (1961), 221—254.

(1, 19 f) findet und den atl Annuntiationsgeschichten entspricht[24]. Er hat ferner aus einer dieser Geschichten das Wort von der Allmacht Gottes (V.37 = Gn 18, 14) angefügt. Den Schlußvers 38 kann man dem Evangelisten oder eher der ursprünglichen Erzählung der VV.26—33 zuschreiben. Das Anliegen der lukanischen Einfügung ist dann ein aufklärend-verteidigendes, ähnlich dem Anliegen, das zur Formulierung bei Mt 1, 18.20 führte. Die in der Tradition vorhandene christologische Aussage von der geistgewirkten Empfängnis Jesu wird wohl gegen Zweifler verteidigt und in verschiedenen Ansätzen begründet.

Wir haben behauptet, die VV.34 f bildeten den jetzigen Höhepunkt der Verkündigungsgeschichte, und sie seien vom Evangelisten formuliert. Das ist hier zu belegen. Zugleich kann damit die Voraussetzung dafür geschaffen werden, die lukanische Aussageabsicht in der ganzen Perikope zu erhellen.

Vers 34: Es sprach aber Maria zum Engel: Wie wird das geschehen, da ich keinen Mann erkenne?

Vers 35: Und es antwortete der Engel und sprach zu ihr: Heiliger Geist wird über dich kommen, und Kraft des Höchsten wird dich überschatten. Deshalb wird auch das geborene (Kind) heilig genannt werden — Sohn Gottes[25].

Zu Vers 34

1. Die Konstruktion εἶπεν δέ + Subjekt + πρός + Adressat (im Akkusativ) kommt im NT nur bei Lk vor: 1, 34; 6, 9; 11, 39; 15, 22; 22, 52; Apg 12, 8. Von den genannten Stellen sind besonders Lk 6, 9 und 22, 52 aufschlußreich, weil sie den *redaktionellen* Charakter der Einleitungswendung belegen und zudem eine *Frage* einführen.

2. J. Gewieß hat nachgewiesen, daß die Frage ein lukanisches Stilmittel ist, das den Leser auf einen wichtigen Sachverhalt hinweist[26]. Als Beispiele nennt er Apg 8, 26—40; 16, 30; Lk 13, 23; 16, 5.7; 17, 37 u. a. m.

3. Wenn auch vom Wortlaut und Stil her der *Inhalt* der Marienfrage kaum eindeutig als lukanische Formulierung erwiesen werden kann, ergibt sich doch aus den beiden Beobachtungen (1.2), daß hier Lukas — im Hinblick auf den Leser — schreibt. „Der Hervorhebung der wunderbaren, jungfräulichen Geburt aus Hl. Geist dient ... die Frage Marias 1, 34. Lukas legt sie — wenigstens in dieser Form — der Jungfrau in den Mund, damit die Leser die Bedeutung dessen ganz erfassen, was V.35 verheißen wird."[27]

Zu Vers 35

1. Die Einleitungswendung für die Antwort des Engels kann in ihrer formalen Struktur (καὶ ἀποκριθείς + Subjekt + εἶπεν + Adressat [im Dativ]) als lukanisch gelten. Sie kommt im NT nur Mt 11, 4; 24, 4; Mk 14, 48; Lk 1, 19.35; 4, 8 vor. Doch sind auch die Stellen Lk 1, 60; 5,31; 7,40; 13, 2; 14, 3 zu vergleichen. Da sich die Konstruktion nicht in Apg findet, wird man fragen, ob sie vielleicht für eine *vorlukanische* Tradition charakteristisch ist. Doch zeigt Lk 5, 31 (diff Mk), daß Lk auch von sich aus so konstruieren kann (vgl. auch Lk 4,8: diff Mt).

2. (τὸ) πνεῦμα ἅγιον begegnet in den Evangelien und in Apg in folgender Häufigkeit: Mt 5, Mk 4, Lk 13, Jo 3, Apg 42mal. Die Zahlen für den Gebrauch ohne Artikel sind: Mt 3, Mk 1, Lk 8, Jo 2, Apg 16. Es handelt sich auf jeden Fall um einen lukanischen Vorzugsterminus.

---

[24] H. *Räisänen*, a. a. O. 81, unter Hinweis auf S. *Muñios Iglesias*, El Evangelio de la Infancia en S. Lucas y las infancias de los héroes bíblicos: EstBibl. 16 (1957), 329—382.
[25] Wir folgen der Übersetzung von *Schürmann*, Lukasevangelium, 41, der diese auch im einzelnen begründet.
[26] *J. Gewieß*, a. a. O. 247—252.
[27] Ebd. 253.

3. ἐπέρχομαι kommt im NT außerhalb des lukanischen Werkes nur zweimal vor. Lk hat 3, Apg 4 Belege. Entscheidend für den lukanischen Charakter ist Apg 1, 8, wo das Verbum vom Kommen des Hl. Geistes spricht.

4. Lk liebt es, „nach einem Kompositum mit der gleichen Präposition zu konstruieren"[28]: ἐπελεύσεται ἐπὶ σέ.

5. „δύναμις begegnet in der hier vorliegenden abstrakten Bedeutung 10 mal in Lk und 7 mal in Apg, nur 2 mal in Mk."[29] Dabei ist vor allem zu beachten, daß die Nebenordnung von δύναμις und πνεῦμα für Lukas charakteristisch ist: Lk 1, 17.35; 4, 14; Apg 1, 8; 6, 8.10; 10, 38;vgl.Lk 24, 48 f.

6. Das absolute ὕψιστος steht als Gottesbezeichnung im NT nur bei Lukas: Lk 1, 32.35.76; 6, 35; Apg 7, 48[30].

7. ἐπισκιάζω wird außer Mk 9, 7 parr. (Verklärungsgeschichte) im NT nur Lk 1, 35 und Apg 5, 15 verwendet. Die beiden nicht von Mk abhängigen lukanischen Belege gehen darin zusammen, daß sie das Verbum mit dem Dativ konstruieren. Wenn Mt 17, 5 und Lk 9, 34 im Unterschied zu Mk 9, 7 in der Verklärungsgeschichte αὐτούς setzen, so werden sie an ein (völliges) Bedecktwerden der Jünger denken im Unterschied zu einer Überschattung, in der der Schatten lediglich auf sie fällt[31].

8. διὸ καί steht im NT 3 mal bei Lk (1, 35; Apg 10, 29; 24, 26), 6 mal bei Paulus und 2 mal in Hebr. Nur bei Lukas folgt auf διὸ καί das Subjekt der Aussage jeweils als Partizipium. Die Statistik weist zudem für (einfaches) διό folgende Zahlen auf: Mt 1, Mk 0, Lk 2, Jo 0, Apg 8, übriges NT 42 Stellen.

9. τὸ γεννώμενον ist substantiviertes Partizipium[32]. Dieses ist für Lk bezeichnend, wie Schürmann[33] nachweisen konnte. So kommt H. Räisänen zu dem Ergebnis, daß der Versteil 35 c lukanischer Kommentar zu dem Vorhergehenden sei[34]. Außerdem weist er darauf hin, daß V.35 c den Parallelismus und das Metrum von V.35 b verlasse und offenbar als Prosa zu beurteilen sei[35]. Doch wird eher Lk von sich aus V.35 b konstruiert haben (vgl. die lukanische Vorliebe für Doppelungen).

10. ἅγιον κληθήσεται. Es scheint sich um eine feste Wendung zu handeln (Is 4, 3; vgl. Lv 21, 6; 23, 2.37 LXX). Dabei ist ἅγιον Prädikatsnomen. In entsprechenden Wendungen der LXX und des NT folgt καλεῖσθαι dem Prädikatsnomen regelmäßig. Somit ist τὸ γεννώμενον als Subjekt zu nehmen, während υἱὸς θεοῦ als „lose Apposition" angefügt wird[36].

Nach dieser Analyse kann der Schluß nur lauten: Lk hat 1, 34 f von sich aus *formuliert*. Dabei wird man zugleich betonen müssen: Er hat dennoch das Wesentliche aus V.35 der *Tradition* entnommen, wie die Übereinstimmungen mit Mt 1, 18.20 beweisen[37]. Diese Tradition wird als *mündliche* Überlieferung zu denken sein; anderenfalls hätte Lk kaum dem Wortlaut so sehr seinen eigenen Stempel aufdrücken können.

---

[28] H. *Schürmann*, Der Paschamahlbericht, Münster 1953, 94; vgl. G. *Schneider*, Verleugnung, Verspottung und Verhör Jesu, München 1969, 75.
[29] H. *Schürmann*, Lukasevangelium, 55, Anm. 109.
[30] Vgl. ebd. 48, Anm. 57.
[31] Siehe W. *Bauer*, Griechisch-deutsches Wörterbuch zu den Schriften des Neuen Testaments, Berlin [5]1958, s. v. ἐπισκιάζω. Wahrscheinlich aber ist auch in Mk 9, 7 ursprünglich αὐτούς zu lesen (siehe P[45] H* W φ al).
[32] So auch (pluralisch) *Philo*, plant. 15.
[33] H. *Schürmann*, Jesu Abschiedsrede, Münster 1957, 5. 71. 74. 121.
[34] H. *Räisänen*, a. a. O. 100 f.
[35] Ebd. 100.
[36] Zum ganzen Punkt 10 vgl. H. *Schürmann*, Lukasevangelium, 54 f.
[37] Ähnlich H. *Schürmann*, a. a. O. 55, der zugibt, daß der Evangelist an V. 35 „theologisch mitformuliert" hat.

3. Tradition und Redaktion

Abgesehen davon, daß das hohe Ausmaß lukanischer Prägung ein erhöhtes theologisches Interesse des Evangelisten in 1, 34 f vermuten läßt, kann auch von der Anlage der gesamten Perikope 1, 26—38 her erkannt werden, daß die betreffenden Verse den Mittelpunkt oder den Zielpunkt der Darstellung bilden. Ehe wir nun die theologischen Konturen des Lk im einzelnen erkennen können, müssen wir die Frage stellen, inwieweit dem Evangelisten die Materialien zu dem entscheidenden V.35 durch die Tradition überkommen waren. Das wird durch einen Vergleich mit Mt 1, 18.20 einigermaßen gelingen können. Erst von daher kann dann die lukanische „Christologie der geistgewirkten Empfängnis" von der der früheren Tradition abgehoben werden. Zugleich soll aber auch die Traditionsgeschichte und — wenn möglich — der Ursprung dieser christologischen Aussage erfragt werden.

A) Die vor Lk und Mt liegende Überlieferung

Sowohl Lk 1, 34f als auch Mt 1, 18.20 erwecken den Eindruck, daß die Aussage von der wunderbaren Empfängnis Jesu bereits verteidigt wird. Bei Lk gibt die Frage „Wie kann dies geschehen.. ?" zu erkennen, daß der Leserschaft die Empfängnis durch die Jungfrau (vgl 1,27.31) nicht unproblematisch war. Zur Antwort verweist er auf Gottes Allmacht (vgl. VV. 35b.36.37). Gottes Geist wird im Schoß der Jungfrau ein Kind erschaffen. Bei Mt 1,18—25 tritt deutlicher eine apologetische Absicht zutage. Mt antwortet solchen, die an einem Satz des Gemeindeglaubens zweifeln und die Empfängnis Jesu offenbar auf „natürliche" Weise erklären wollen[38]. Wenn aber die diesbezüglichen Argumentationen der Evangelisten schon den vorhandenen Glaubenssatz verteidigen, so ist zu fragen, ob ihre — weithin übereinstimmenden — Begründungen (besonders der Hinweis auf die ursächliche Wirkung des göttlichen Geistes) nicht dem eigentlichen Glaubenssatz gegenüber sekundär sind.

Im Hinblick auf diese Frage muß aber betont werden, daß in beiden Fällen die argumentierende Tendenz nicht eigentlich auf die jungfräuliche Empfängnis ausgeht. Vielmehr wird die Glaubensüberzeugung von der geistgewirkten Empfängnis im Fall des Mt-Evangeliums für eine Argumentation verwendet, die A. Vögtle so beschreibt: „Darin, daß die Szene 1,18—25 nicht mit dem Reflexionszitat schließt, sondern mit der Feststellung, daß Joseph das vom Engel Befohlene ausführte, kommt gerade *die eigentliche Pointe* dieses Exkurses zum Ausdruck. Mit der Namengebung ist der von seiner rechtmäßigen Frau geborene Sohn rechtlich endgültig und unumstößlich in die an Joseph geknüpfte Geschlechter-Erbfolge eingesetzt, und zwar — wie der Evangelist, das spezifische Beweisanliegen der Genealogie aufnehmend, eben durch die Schriftgemäßheit der Mitteilung und Anordnung des Engels bestätigt sieht 1,23 = Is 7,14 — : als der Messias."[39] Auf der Seite des Lk-Evangeliums tendiert die Antwort des Engels nicht lediglich auf eine Beantwortung des Wie der jungfräulichen Empfängnis Jesu, sondern sie gipfelt in der Prädikation des Kindes als des „Heiligen" und des „Sohn Gottes".[40] Insofern können wir bei der Rückfrage nach dem vorsynoptischen Glaubenssatz von der geistgewirkten Emfängnis Jesu voraussetzen, daß dieser Satz von den beiden Evangelisten nicht eigentlich argumentierend und apologetisch geschützt werden soll, sondern als unbestrittenes Bekenntnis zu einer christologischen Beweisführung verwendet wird.

---

[38] H. *Schürmann*, Lukasevangelium, 57. Siehe schon M. *Dibelius*, Jungfrauensohn und Krippenkind. Untersuchungen zur Geburtsgeschichte Jesu im Lukasevangelium (erstmalig 1932), in: Botschaft und Geschichte. Bd. I, Tübingen 1953, 1—78; 24. Demgegenüber schreibt A. *Vögtle*, daß sich solche Apologetik „schwerlich als eigentliches oder gar einziges Motiv nachweisen" lasse (Die Genealogie Mt 1, 2—16 und die matthäische Kindheitsgeschichte: BZ NF 8 [1964] 45—58. 239—262; 9 [1965] 32—49; hier 243).

[39] A. *Vögtle*, a. a. O. 8 (1964), 245; vgl. auch M. *Krämer*, Die Menschwerdung Jesu Christi nach Matthäus (Mt 1): Bibl. 45 (1964), 1—50; besonders 4—6.

[40] Siehe H. *Schürmann*, Lukasevangelium, 53.

Die entscheidenden Bestandteile des Traditionsstückes bestehen offensichtlich in den beiden terminologischen Berührungspunkten zwischen der matthäischen und der lukanischen Form (1. u. 2.). Hinzu kommen zwei Berührungspunkte anderer Art (3. u. 4.).

1. Die Ursache dafür, daß Maria ihr Kind empfängt, wird im Wirken des *Hl. Geistes* gesehen. Nach Mt 1, 18 stellt sich vor der Heimführung Mariä durch Josef heraus, daß sie schwanger ist. Der Evangelist nimmt schon die Botschaft des Engels an Josef voraus, daß die Schwangerschaft ἐκ πνεύματος ἁγίου stammt. V.20 bringt dann das Wort des Engels an Josef, das ihm sagt, Maria sei durch das Wirken des heiligen Geistes schwanger: τὸ γὰρ ἐν αὐτῇ γεννηθὲν ἐκ πνεύματός ἐστιν ἁγίου. Damit soll das Bedenken des Josef weggeräumt werden, das erwartete Kind stamme aus ehebrecherischem Verkehr mit einem anderen Mann. Die Präposition ἐκ in Verbindung mit dem Verbum γεννάω, das an unserer Stelle mit „zeugen" zu übersetzen ist, läßt die Wirksamkeit des göttlichen Geistes nach Analogie der Zeugung durch den Mann verstehen[41]. Anders verhält es sich damit bei Lukas. Lk 1, 35 spricht zurückhaltender vom „Kommen" des göttlichen Geistes „auf" Maria, von einer „Überschattung" der Jungfrau durch die Kraft des Höchsten[42]. Damit wird nicht euphemistisch ein Zeugungsakt umschrieben, sondern das Wirken des Geistes gekennzeichnet. Der Zielpunkt der Aussage ist die Folge des Geisteswirkens: das Kind wird (mit Recht) als „heilig" und als „Sohn Gottes" bezeichnet.

2. Ähnlich ist der Unterschied zwischen Mt und Lk in einem zweiten Berührungspunkt zu beurteilen. Nach Mt 1, 20 wird *das Kind im Schoß der Mutter* mit τὸ γεννηθέν bezeichnet. Vor der Geburt kann dieses substantivierte Partizipium (Aor. 1 pass.) nur „das Gezeugte" meinen. Bei Lk (1, 35) jedoch ist das Partizipium (Praes. pass.) τὸ γεννώμενον ganz von der Mutter aus gesehen und daher mit „das, was geboren wird" bzw. allgemeiner mit „das Kind" zu übersetzen[43]. Der Gedanke an eine zeugende männliche Tätigkeit ist weniger direkt vorhanden als bei Mt.

Somit kann (aus 1. u. 2.) geschlossen werden, daß in der vorsynoptischen Tradition das betreffende Christologumenon der zurückhaltenden Fassung des Lk entsprochen hat. Denn die Entwicklung ging, wie insbesondere die Apokryphen zeigen, in die Richtung einer biologisch-materiellen Ausfaltung der Glaubensaussage. Der Nachdruck liegt ursprünglich nicht auf der „vaterlosen" Lebensentstehung, sondern auf der Tatsache, daß die Existenz Jesu, des Heilbringers, ganz dem Wirken des Hl. Geistes zu verdanken ist[44].

3. In beiden Fällen wird die entscheidende christologische Aussage von einem *Engel* gesprochen. Sicherlich ist das ein Stilmittel, durch das u. a. der Offenbarungscharakter der Aussage kenntlich gemacht wird. Die vorliegende Tradition weiß, daß es sich bei der Aussage über die geistgewirkte Empfängnis nicht um eine konstatierbare und empirisch beweisbare Tatsache handelt, sondern um die von Gott kommende vertiefte Deutung der Person Jesu Christi. Übrigens hatte auch die oben postulierte Annuntiationsgeschichte der vorlukanischen Form (Lk 1, 26–33) die entscheidende christologische Aussage dem Engel in den Mund gelegt (VV.32.33).

4. Sowohl bei Mt als bei Lk wird das Christologumenon von der geistgewirkten Empfängnis Jesu mit *Is 7, 14* in Verbindung gebracht. Zwar erscheint der atl Text bei Mt erst im Vers 23 als nachträgliches Reflexionszitat und ist insofern nicht unmittelbar mit dem Christologumenon verbunden. Deshalb wurde häufig betont, die geistgewirkte Empfängnis Jesu könne von der Urkirche nicht aus Is 7, 14 erschlossen

---

[41] Siehe *W. Bauer*, Wörterbuch, s. v. γεννάω 1 a; vgl. Jo 1, 13; 3, 6.
[42] Siehe auch oben *zu V. 35:* Nr. 7.
[43] Vgl. den Beleg bei *Philo*, plant. 15 (vgl. *Herodot* I 108), angesichts dessen die Unentschiedenheit *W. Bauers* (a. a. O. 1 a und 2) unberechtigt erscheint.
[44] Die zeugende Tätigkeit des Mannes wird in der griechischen Antike als die eigentlich aktive und entscheidende Ursache bei der Entstehung eines Menschen angesehen; vgl. *D. M. Balme*, Zeugungslehre, in: Lexikon der alten Welt, Zürich 1965, 3331–3333.

worden sein⁴⁵. Sobald man indessen berücksichtigt, daß in dem vorlukanischen Stück Lk 1, 26—33 bereits der Bezug auf die Is-Stelle offenkundig ist, ja, daß die ganze Szene von dieser Stelle her komponiert erscheint (vgl. besonders 1, 26.31), wird man mit einem solchen Urteil zurückhaltender sein. Freilich ist mit Is 7, 14 nicht der Gedanke der Geistzeugung verbunden. Deshalb wird man nicht behaupten können, das Christologumenon beruhe auf urchristlicher Interpretation von Is 7, 14. Dennoch scheint deutlich zu sein, daß diese Schriftstelle schon sehr bald mit dem christologischen Glaubenssatz in Verbindung gebracht worden ist.

B) Die Wurzeln des Christologumenon

Nachdem schon die vorsynoptische Überlieferung von der geistgewirkten Empfängnis Jesu nicht mit Sicherheit wiedergewonnen werden konnte, wird man zugeben müssen, daß ein weiteres Vordringen zu den Wurzeln dieser christologischen Aussage nur sehr hypothetisch gelingen kann. Das schließt aber doch nicht die Aussicht aus, mögliche Wurzeln zu nennen und unmögliche auszuschließen.

1. Wenn man bedenkt, daß im Vordergrund der Aussage die vom Hl. Geist gewirkte Zeugung bzw. Geburt Jesu steht, die durch göttliche Offenbarung bekannt wurde, so wird man zunächst an Ps 2, 7 erinnert, wo Gott dem messianischen König sagt: „Mein Sohn bist du, heute habe ich dich gezeugt!" Die göttliche „Zeugung" macht Jesus zum Messias und Sohn Gottes. In einer ntl Aussage wird der Psalmvers auf die Auferweckung Jesu bezogen (Apg 13, 33). Eine sekundäre Textüberlieferung sieht das „heute" in der Taufe Jesu gekommen (Lk 3, 22 D it). Die Qumrangemeinde besaß das Theologumenon von der göttlichen Zeugung des Messias (1 QSa 2, 11 f) im Anschluß an Ps 2, 7⁴⁶. Dennoch wird man sagen müssen, daß gerade die entscheidende Aussage von der Zeugung durch Gottes *Geist* in Qumran nicht vorliegt⁴⁷. Diese spezifische Aussage der vorsynoptischen Überlieferung kann im palästinischen Judentum nicht belegt werden. Aus dem NT kann man eine „hellenistische" Analogie wie Gal 4, 29 (vgl. Röm 4, 17.19; Jo 1, 13; 3, 6) heranziehen. Die entscheidende Frage jedoch wird lauten: Wie kam es dazu, daß man *Empfängnis und Geburt Jesu* mit dem Wirken des Hl. Geistes in Zusammenhang brachte? Die Antwort wird wohl von der Taufoffenbarung ausgehen müssen, die Jesus als den Sohn Gottes prädiziert, und zwar in dem Augenblick, als der Geist Gottes auf ihn herabkommt (Mk 1, 10 f). Wie diese Offenbarung in Beziehung zu Ps 2, 7 steht, so wird dabei der Geistbesitz Jesu mit seiner Gottessohnschaft in Beziehung gesetzt (vgl. Röm 1, 3 f; Lk 1, 35).

2. Nach der oben vorgetragenen Hypothese gab es bereits vorlukanisch eine Verkündigungsgeschichte, die Jesu Geburt durch die Jungfrau Maria ankündigte, allerdings ohne Jesu Empfängnis mit dem Hl. Geist in Verbindung zu bringen (Lk 1, 26—33). M. Dibelius hielt die ausgeführte Erzählung gegenüber dem eigentlichen (knapp aussagenden) Christologumenon für sekundär⁴⁸. Wenn man wegen der unzulässigen Voraussetzung Dibelius' — es handle sich um eine legendäre Bildung — dieses Urteil

---

⁴⁵ Vgl. etwa J. *Schmid*, Evangelium nach Lukas, 47 (gegen A. *Harnack*).
⁴⁶ Siehe O. *Michel / O. Betz*, Von Gott gezeugt, in: Judentum, Urchristentum, Kirche (FS. f. J. Jeremias), Berlin ²1964, 3—23; 15.
⁴⁷ Gegen *Michel / Betz*, die nur durch einen Kettenschluß (aus 1 QH 3, 10 und 1 QH 7, 6 f.) zu der These kommen, „daß es sich bei der Zeugung des Messias um einen Akt des schöpferischen Gottesgeistes handeln muß" (15). Siehe A. *George*, Jésus Fils de Dieu dans l' évangile selon saint Luc: RB 72 (1965), 185—209; 191 mit Anm. 17. — L. *Legrand* (L'arrière-plan néo-testamentaire de Lc, I, 35: RB 70 [1963], 161—192) möchte den Hintergrund von Lk 1, 35 in einem „apokalyptischen Schema" sehen, das ursprünglich die Parusie beschrieben habe (vgl. Röm 1, 3 f.). Dieses Schema hätten die Christen zunächst auf die „Verherrlichung Christi" angewendet, ehe Lk die Linie bis zur Empfängnis weiterzog. Er wolle damit sagen, daß nicht nur die Auferstehung schon eine „Parusie" war, sondern auch Jesu Empfängnis (185). Diese Hypothese kann m. E. nicht überzeugen, weil sie Röm 1, 3 f. zu unbekümmert mit Lk 1, 35 in Verbindung bringt.
⁴⁸ M. *Dibelius*, Jungfrauensohn und Krippenkind, 35.

nicht teilt, so wird man in dieser Erzählung eine Überlieferung sehen dürfen, die ebenso alt sein kann, wie das kurze Christologumenon. Allerdings gehört diese Erzählung, die weitgehend auf Is 7, 14 LXX fußt, ins griechisch sprechende Judenchristentum. Eine ihrer Wurzeln liegt eben in der Schriftstelle Is 7, 14, die in der LXX wenigstens auf eine Jungfrau im engeren Sinn bezogen werden *konnte*. Die Erzählung steht aber auch in einer Beziehung zu atl Verkündigungsgeschichten. Was hier jeweils als Wunder der Allmacht Gottes angekündigt wird, findet seine unvergleichliche Überbietung, wenn das Kind aus einer *Jungfrau* geboren wird. Dieses Kind ist der Messias, die entscheidende Gestalt der von Gott geführten Heilsgeschichte! Also steht die Geschichte auch hier in einer biblischen Tradition. Lk wird dann von sich aus — in Analogie zu 1, 15 — die Ursächlichkeit des Hl. Geistes in dieses Stück eingefügt haben, von der er aus der Tradition wußte. Jesus ist nicht nur vom Hl. Geist *erfüllt* wie Johannes (1, 15), sondern er verdankt seine *Existenz* diesem Gottesgeist (1, 35).

3. Die Frage religionsgeschichtlicher Analogien spielt nicht in dem Sinn eine Rolle, daß diese als eigentliche Wurzeln in Frage kämen[49]. Dennoch sollten sie nicht außer Betracht bleiben, weil sich in ihnen zeigt, daß die hellenistischen Judenchristen mit ihrer christologischen Aussage bei den Heiden, die sie für Christus gewinnen wollten oder gewonnen hatten, Anklang und Verständnis finden konnten[50]. Die ägyptischen Vorstellungen von der Zeugung durch den göttlichen Geist[51] können schon auf die Übersetzung von 'almāh durch παρθένος in der LXX eingewirkt haben[52]. In diesem Zusammenhang ist darauf zu verweisen, daß gerade Philo von Alexandria die Vorstellung bezeugt, bestimmte Gestalten der Heilsgeschichte, die nach der Schrift eindeutig einen menschlichen Vater hatten, seien auf dem Wege jungfräulicher Empfängnis durch ein Wunder Gottes ins Leben getreten[53]. Wenn Philo auch in allegorischer Weise die jungfräulichen Frauengestalten auf Tugenden bezieht, so liegt dennoch die genannte Vorstellung zugrunde. Man kann angesichts dessen nicht sagen, diese Vorstellung sei dem Judentum fremd. Sie ist im *hellenistischen* Judentum bezeugt. Daß eine solche Aussage über Christus dem Hellenisten verständlich — wenn auch vom Christusglauben her gesehen: mißverständlich — sein konnte, bezeugt im 2. Jh. Justin, wenn er den Juden Tryphon im Zusammenhang mit der jungfräulichen Empfängnis Jesu auf den Perseusmythus verweisen läßt[54].

4. Alle möglichen Wurzeln und Vorstellungshintergründe weisen somit auf das hellenistische Judenchristentum. Damit wird die ohnehin fragwürdige Theorie einer geheim gehaltenen Familientradition über die geistgewirkte Empfängnis Jesu in einem weiteren Punkt unwahrscheinlich. Zur Widerlegung dieser Theorie, die auffallenderweise wiederum bei Schürmann[55] begegnet, hat Vögtle kürzlich das Entscheidende zusammengestellt[56]. Hier sei wenigstens auf die Tatsache hingewiesen, daß es im NT

---

[49] E. *Schweizer* (ThW VIII 378): „Wirkliche religionsgeschichtliche Par scheint es nicht zu geben." Siehe auch J. *Hasenfuss*, Die Jungfrauengeburt in der Religionsgeschichte, in: Brosch / Hasenfuss, Jungfrauengeburt, 11—23.
[50] Vgl. H. *Schürmann*, Lukasevangelium, 61: Religionsgeschichtliche Analogien vermögen „die Denk-, Sprech- und Erzählweise, damit auch den günstigen Verbreitungsraum des Überlieferten verständlich zu machen".
[51] E. *Norden*, Die Geburt des Kindes. Geschichte einer religiösen Idee (1924), Neudruck Darmstadt 1958, 77 f. 80 f.
[52] Siehe G. *Delling*, παρθένος, in: ThW V (1954), 824—835; 831, 34—40.
[53] *Philo*, de cherubim, 40—52, besonders 43. 46. 50; dazu G. *Delling*, a. a. O. 831 f. Siehe auch *Plutarch*, Numa 4, 6; quaestiones convivales, VIII 1.
[54] *Justin*, Dial. 67, 2; 70, 5.
[55] H. *Schürmann*, Lukasevangelium, 61. Exemplarisch dafür: P. *Gaechter*, Maria im Erdenleben, Innsbruck 1953, 75—77. Vgl. Ders., Der Verkündigungsbericht Lk 1, 26—38: ZKTh 91 (1969), 322—363. 567—586; besonders 576—579.
[56] A. *Vögtle*, Offene Fragen, 59—64.

drei miteinander konkurrierende Vorstellungen gibt, die die Heilbringerwürde Jesu begründen wollen. Neben der Menschwerdung einer präexistenten Gestalt (bzw. der Sendung des Sohnes) wird die Abstammung Jesu „aus dem Samen Davids" vertreten, „der als fortführende Aussage die von der Geburt des Messias in Bethlehem entspricht"[57]. Als dritte Vorstellung begegnet die Empfängnis vom Hl. Geist. Da außerdem die Vorstellungen innerhalb der Kapitel Lk 1—2 konkurrieren, kann man die von Vögtle gestellte vorsichtige Frage m. E. bejahen: „Erklärt sich der Umstand, daß nicht nur die Erzählung vom zwölfjährigen Jesus, sondern auch die von der himmlischen Proklamation der in Bethlehem erfolgten Messiasgeburt sogar noch bei Lukas das Wissen um die geistgewirkte Empfängnis ignoriert, nicht doch am ungezwungensten bei der im allgemeinen vertretenen Hypothese, daß die beiden Szenen von der geistgewirkten Empfängnis und von der Geburt des Messias ‚in der Stadt Davids' nicht in historischer Überlieferung wurzeln, sondern in verschiedenen Stufen und Ansätzen der christologischen Reflexion (‚Sohn Davids' und ‚Sohn Gottes') entsprungen sind?"[58]

C) Lk 1, 34 f in der lukanischen Christologie

Lk hat insbesondere in 1, 34 f seiner eigenen christologischen Absicht Ausdruck verliehen. Doch auch in der gesamten Verkündigungsperikope, wie sie heute in Lk 1, 26—38 vorliegt, kommen Konturen der lukanischen Christologie zum Vorschein.

1. Der Zielpunkt von 1, 34 f ist in den letzten Worten erreicht: das Kind wird „heilig genannt werden, Sohn Gottes". Es besteht kein Grund, hier von einer adoptianischen Christologie zu sprechen[59]. Vielmehr will der Evangelist sagen, daß „heilig" und insbesondere „Sohn Gottes" sachgemäße christologische Bezeichnungen Jesu sind, weil seine Empfängnis bewirkt wurde vom *„heiligen Geist"*, der als *„Kraft des Höchsten"* gekennzeichnet ist. Dem Parallelismus von Hl. Geist und Kraft des Höchsten entspricht die Parallelität von „heilig" und „Sohn Gottes". Jesus ist von seiner Geburt an der Heilige und der Sohn Gottes. Wenn diese Qualifikation mit dem Wirken des Gottesgeistes begründet wird, liegt doch noch keine Wesenschristologie im engeren Sinn vor, die von einer physischen Gottessohnschaft spräche[60]. Der „Heilige" ist gänzlich für den Dienst Gottes ausgesondert und erwählt. Der „Sohn Gottes" ist dem Vater grundsätzlich untergeordnet[61].

Wenn Lk dem schöpferischen Wirken des Gottesgeistes die Existenz Jesu Christi zuschreibt, dann will er damit vielleicht die mit Jesus beginnende Zeit als die der Neuen Schöpfung kennzeichnen[62], als die Zeit, in der Gottes Geist als der Hl. Geist nicht nur Christus heiligt (Apg 3, 14; 4, 27), sondern auch die Christen (Apg 9, 13.32).

2. Der Kontext von 1, 34 f macht die christologischen Absichten des Evangelisten noch deutlicher. Er erzählt die Verkündigung an Maria als überbietende Parallele zu der Verkündigung der Johannesgeburt. Ohne Zweifel geht die Parallelisierung zu einem guten Teil auf die Hand des Evangelisten zurück[63]. Jesus wird — auch in

---

[57] Ebd. 62.
[58] *A. Vögtle*, a. a. O. 62.
[59] So *W. Grundmann*, Das Evangelium nach Lukas, Berlin 1961, 56; *F. Hahn*, Christologische Hoheitstitel. Ihre Geschichte im frühen Christentum, Göttingen ³1966, 306.
[60] Siehe *F. Hahn*, a. a. O. 308; *G. Voss*, Die Christologie der lukanischen Schriften in Grundzügen, Paris/Brügge 1965, 79; *E. Schweizer*, ThW VIII 378.
[61] Mit Recht betont von *H. Conzelmann*, Die Mitte der Zeit. Studien zur Theologie des Lukas, Tübingen ⁴1962, 161.
[62] Vgl. *C. K. Barrett*, The Holy Spirit and the Gospel Tradition, London ²1954, 21—24.
[63] Siehe neuerdings *A. George*, Le parallèle entre Jean-Baptiste et Jésus en Lc 1—2, in: Mélanges Bibliques (FS. f. B. Rigaux), Gembloux 1970, 147—171; 168. Weniger vorsichtig äußerte sich seinerzeit *G. Erdmann*, Die Vorgeschichten des Lukas- und Matthäus-Evangeliums und Vergils vierte Ekloge, Göttingen 1932, 9—11.

Analogie zu atl Annuntiationsgeschichten — als die entscheidende Gestalt der göttlichen Heilsgeschichte gekennzeichnet, die so absolut im Dienst Gottes steht, daß sie ihr Dasein ausschließlich dem Wirken des Geistes verdankt. Während Johannes „groß vor dem Herrn" ist (1, 15), wird Jesus absolut „groß" genannt (1, 32). Sosehr die Gestalt des Johannes mit der des Messias zusammengesehen wird, um beide als Akteure eines einheitlichen Geschichtshandelns Gottes zu kennzeichnen — Jesus ist mehr als der Vorläufer-Prophet. Schließlich wird auch die Verhaltensweise der Jungfrau Maria mit der des Zacharias verglichen werden müssen. Das Interesse des Evangelisten geht nicht auf eine Biographie Mariens, sondern auf ihren Vorbildcharakter für den Gläubigen[64]. Maria ist Vorbild des gläubigen Menschen, der sich trotz aller Fragen dem Wort Gottes unterstellt (1, 38.45; vgl. auch 1, 34)[65]. Zacharias hingegen fordert im Grunde ein Zeichen (1, 18). Eine weitere Parallele kann in der Tatsache gesehen werden, daß Johannes im Gebet von Zacharias erbeten worden war (1, 13), die Verkündigung an Maria aber nichts dergleichen erzählt. Das Kind Mariens ist ganz Geschenk der Gnade[66], während Johannes der menschlichen Aktivität seines Vaters sein Leben verdankt, der um das Kind gebetet hat und das Kind zeugte. Dennoch ist dieser Gnadencharakter, daß Jesus das Geschenk Gottes an die Menschheit ist, nicht die vorwiegende Aussage des Theologumenon[67].

3. Neuere Versuche zur lukanischen Theologie haben einen antignostischen Tenor des lukanischen Werkes erkennen wollen[68]. Wenn diese Hypothese auch als einseitig gelten muß, wird man doch beachten, daß im Unterschied zu apokryphen (gnostisierenden) Kindheitserzählungen[69], Lk keine Wundertat des Jesuskindes erzählt. Vielmehr betont er gerade das menschliche Wachstum des Kindes, das „heranwuchs und erstarkte, indem es mit Weisheit erfüllt wurde" (Lk 2, 40; vgl. 2, 52). Anders als beim Vorläufer Johannes wird in der entsprechenden redaktionellen Wendung nicht gesagt, daß das Kind „im Geiste erstarkte" (1, 80)[70]. Jesus ist eben von Anfang an wesentlich im Besitz des Gottesgeistes. Er ist mit Gott verbunden in einer Tiefe, die atl und jüdische Vorstellungen über den Messias übersteigt. Er ist der „Sohn Gottes" in einem absolut neuen Sinn.

---

[64] Die Ansicht, Maria werde als Repräsentantin Israels vorgestellt (so vor allem R. *Laurentin*, Struktur und Theologie der lukanischen Kindheitsgeschichte, Stuttgart 1967), wird von H. *Räisänen* (a. a. O. 86—92) mit guten Gründen in Frage gestellt.
[65] Siehe vor allem auch Lk 2, 19. 51 im Lichte von Lk 8, 15.
[66] Vgl. κεχαριτωμένη (V. 28); χάρις (V. 30).
[67] Siehe die einseitige Interpretation des Holländischen Katechismus: *De nieuwe Katechismus*, Hilversum/Antwerpen 1966, 89 f.
[68] Als Repräsentant sei Ch. H. *Talbert* genannt: Luke and the Gnostics. An Examination of the Lucan Purpose, Nashville/New York 1966; An Anti-Gnostic Tendency in Lucan Christology: NTS 14 (1967/68), 259—271.
[69] Beispiele bietet vor allem die „Kindheitserzählung des Thomas" (*Hennecke / Schneelmacher* I 290—299).
[70] Dazu A. *George*, a. a. O. (Anm. 63) 154 mit Anm. 1.

„Der Menschensohn" in der lukanischen Christologie

Welche Tragweite die Menschensohnbezeichnung für die lukanische Christologie hat, ist umstritten. Auf der einen Seite behauptet H. Conzelmann: „Für eine spezifische ‚Menschensohn-Christologie' ist weder positiv noch negativ etwas auszumachen."[1] Demgegenüber kommt H. E. Tödt zu dem Ergebnis: „Lukas verbindet mit dem Menschensohnnamen eine selbständige Auffassung."[2] Nun müßte zwischen beiden Thesen nicht unbedingt ein Gegensatz bestehen, würden nicht beide Autoren zu erkennen geben, was sie näherhin mit „spezifischer Menschensohn-Christologie" bzw. „selbständiger Auffassung" meinen. Conzelmann geht davon aus, daß dem dritten Evangelisten die ursprünglichen Besonderheiten der christologischen Titel „nicht mehr bewußt" sind[3] und daß „zahlenmäßig die Titel κύριος und χριστός" dominieren[4]. Doch sind diese Prämissen fraglich, weil die mit dem Ursprung der Titel gegebene Bedeutung auch bei Markus und den beiden anderen Evangelisten überformt ist und auch das Argument der Zahlenmäßigkeit nicht durchschlagen kann[5]. Auf der anderen Seite argumentiert Tödt, die Umbildung vorgegebener und die Schaffung neuer Menschensohnworte ließen „klar erkennen, daß Lukas der Menschensohnbezeichnung große Bedeutung zuspricht und sie nicht nur über-

---

[1] *H. Conzelmann*, Die Mitte der Zeit. Studien zur Theologie des Lukas (Tübingen ⁴1962 = ⁵1964) 159, Anm. 2.
[2] *H. E. Tödt*, Der Menschensohn in der synoptischen Überlieferung (Gütersloh ²1963) 101.
[3] *Conzelmann*, a. a. O. 158.
[4] Ebd. 159 mit Anm. 2.
[5] Die Gesamtzahl der Menschensohnworte beträgt bei Mk 14, bei Mt 31, bei Lk 25 (dazu Apg 7, 56). Im lukanischen Mk-Stoff stehen 12 Menschensohnworte; im Stoff, den Lk mit Mt gemeinsam hat (Q), finden sich 11, im lukanischen Sondergut 2. Daß Lukas Menschensohnworte von sich aus gebildet hat, wird bestritten von *F. Rehkopf*, Die lukanische Sonderquelle (Tübingen 1959) 56, und seinem Lehrer *J. Jeremias*, Die Gleichnisse Jesu (Göttingen ⁷1965) 155, Anm. 2. Siehe demgegenüber *Ph. Vielhauer*, Gottesreich und Menschensohn in der Verkündigung Jesu (erstm. 1957), in: *ders.*, Aufsätze zum Neuen Testament (München 1965) 55–91, der Lk 17, 22; 18, 8b; 21, 36 auf Lukas zurückführen möchte (ebd. 60–62); ähnlich *Tödt*, Der Menschensohn 89–93, 98.

nimmt, sondern auch im Sinne seines theologischen Verständnisses weiterbildet"[6].

Will man in der angedeuteten Kontroversfrage Stellung beziehen, empfiehlt sich die erneute Untersuchung jener Menschensohnworte, die der dritte Evangelist über seine Quellen hinaus bietet[7]. Das sind im Mk-Stoff: Lk 21,36; 22,48; 24,7 (I). Aus dem mit Mattäus gemeinsamen Stoff sind zu befragen: Lk 6,22; 12,8; 17,22; ferner 17,25, wo zwar „Menschensohn" nicht vorkommt, aber doch eine Menschensohnaussage gemacht wird (II). Die beiden Worte Lk 18,8b und 19,10 des Sondergutes unterliegen als angehängte Schlußverse von Traditionsstücken dem Verdacht, vom Evangelisten zu stammen. Die gleiche Vermutung gilt für Apg 7,56 (III). Das Ergebnis wird zeigen, ob und in welchem Sinn wir von einer spezifischen Menschensohnchristologie des Lukas sprechen können (IV).

I

(I 1) Am Schluß der Endzeitrede Lk 21,5–36 steht ein Logion, das nur der dritte Evangelist bietet:

„*Wachet aber zu jeder Zeit und bittet darum, daß ihr imstande seid, diesem allem, was geschehen wird, zu entfliehen und vor den Menschensohn hinzutreten!*" (21,36)

Die Mahnung zur Wachsamkeit, mit der Lukas seine Rede beschließt (21,34–36), ist zwar keine genaue Parallele zum Ende der markinischen Endzeitrede, entspricht aber doch sachlich der Mahnung von Mk 13,33–37. Obgleich Lukas in seiner Rede Mk 13,1–37 als Hauptvorlage benutzt[8] und wohl

---

[6] *Tödt*, Der Menschensohn 101. Siehe hingegen *Conzelmann*, Mitte der Zeit 159, Anm. 2: „Der Gebrauch von ‚Menschensohn' ist stark durch die Vorlage (Mc) bedingt." Vgl. *C. Colpe*, Art. ὁ υἱὸς τοῦ ἀνθρώπου in: ThWNT VIII (1969) 403–481: „Lukas verwertet seine Quellen treu. Eine eigene Menschensohnchristologie ist bei ihm nicht erkennbar" (462). Nach Colpe gehören Lk 17,22 und 18,8 dem „Reisebericht aus der Sonderquelle" (461), 21,36 „der Sonderquelle" an (462).

[7] Selbstverständlich darf auch die Umformung (und die Streichung) *vorgegebener* Menschensohnworte durch Lukas nicht außer Betracht bleiben, weil sie für das theologische Wollen des Evangelisten aufschlußreich sein kann. Wenn im folgenden der Schwerpunkt auf mögliche *Neubildungen* des Lukas gelegt wird, so geschieht das deswegen, weil neue Logien die Absicht des Lukas deutlicher profilieren können. Nicht zuletzt ist die Frage nach traditionellen Menschensohnworten im lukanischen Sondergut (bzw. in Sonderversen) auch für das Problem des Ursprungs der frühesten Menschensohnchristologie erheblich und entspricht damit dem langjährigen Forschungsinteresse von Anton Vögtle. *Colpe*, a.a.O. 437f, weist z.B. Lk 18,8 und 21,36 der Predigt Jesu zu.

[8] *J. Schmid*, Das Evangelium nach Lukas (Regensburg ³1955) 301; *F. Neirynck*, La matière marcienne dans l'évangile de Luc, in: L'évangile de Luc, hrsg. von F. Neirynck (Gembloux 1973) 157–201; näherhin 177–179.

keine durchgehende Sonder- bzw. Nebenquelle zur Verfügung hatte[9], muß für die Schlußverse 34–36 die Frage nach einer vorgegebenen Tradition gestellt werden. R. Bultmann hielt die drei Verse für eine „ganz späte hellenistische Bildung" mit paulinischem Einschlag[10]. Dennoch wird man sich fragen müssen, ob nicht Lukas diesen Abschluß auf der Grundlage des Mk-Stoffes von sich aus formuliert hat. Vers 34 warnt nicht nur wie Mk 13,36 davor, daß die Parusie die Jünger überrascht, sondern zeigt auch „deutliche lukanische Stileigentümlichkeiten"[11]. ἐπιστῇ ἐφ᾽ ὑμᾶς αἰφνίδιος entspricht dem markinischen ἐξαίφνης εὕρῃ ὑμᾶς[12]. „Jener Tag" kann den gleichen Terminus aus Mk 13,32 aufgreifen. Für das Gleichnis vom Türhüter (Mk 13,34f) hatte Lukas in 12,35–38 ein Äquivalent geboten. So kann er sich in 21,35 mit einem Vergleich aus Jes 24,17 begnügen, um den Charakter des αἰφνίδιος zu illustrieren. Das erste Wort in Lk 21,36 (ἀγρυπνεῖτε) nimmt den gleichen Imperativ von Mk 13,33 auf[13]. Man wird aus all dem schließen dürfen, daß Lukas in den drei abschließenden Versen kein geschlossenes Traditionsstück wiedergibt, sondern mit traditionellen Materialien von sich aus formuliert.

Insbesondere für das Menschensohnwort kann der lukanische Anteil noch näher präzisiert werden. Schon in der auf Stoffen der Logienquelle beruhenden Endzeitrede Lk 17,20 – 18,8 liegt ein Abschluß vor, den Lukas von sich aus anfügte. Das Gleichnis vom ungerechten Richter (18,1–8) ist ähnlich strukturiert wie die Verse 21,34–36. Am Anfang steht die Mahnung zu beständigem Gebet (18,1; vgl. 21,34). Dann folgt das Gleichnis (18,2–8a; vgl. 21,35) und am Ende ein Menschensohnwort (18,8b; vgl. 21,36). Es läßt sich zeigen, daß 18,1 und 18,8b vom Evangelisten stammen. Diesem Sachverhalt entspricht derjenige der Verse 21,34 und 21,36. Es geht um die Stetsbereitschaft[14] angesichts der Parusie, die plötzlich hereinbricht. Der Imperativ stammt aus Mk 13,33. ταῦτα πάντα τὰ μέλλοντα γίνεσθαι kann nicht in einem isolierten Logion gestanden haben, bleibt aber auch in einem vermuteten Traditionsstück Lk

---

[9] Wie insbesondere folgende Autoren behaupten: L. *Gaston*, Sondergut und Markusstoff in Luk. 21, in: ThZ 16 (1960) 161–172; A. *Salas*, Discurso escatologico prelucano (El Escorial 1967); T. *Schramm*, Der Markus-Stoff bei Lukas (Cambridge 1971) 171–182.
[10] R. *Bultmann*, Die Geschichte der synoptischen Tradition (Göttingen ⁵1961) 126.
[11] W. G. *Kümmel*, Verheißung und Erfüllung (Zürich ³1956) 30, Anm. 56. Er nennt als Beispiele: προσέχειν ἑαυτοῖς und ἐφιστάναι (in V. 34).
[12] Vgl. auch 1 Thess 5,3: „Wenn sie sagen: Es ist Friede und Sicherheit, dann kommt plötzliches Verderben über sie (αἰφνίδιος αὐτοῖς ἐφίσταται ὄλεθρος) wie die Wehen über die schwangere Frau, und sie werden nicht entfliehen können (οὐ μὴ ἐκφύγωσιν)." Lukas wird durch die Mk-Vorlage dazu veranlaßt, einen wohl vorpaulinischen apokalyptischen Topos aufzugreifen; siehe W. *Harnisch*, Eschatologische Existenz (Göttingen 1973) 76 mit Anm. 83.
[13] ἀγρυπνέω kommt innerhalb der Evangelien nur Mk 13,33 und Lk 21,36 vor.
[14] V. 36: „Bleibet aber wach zu jeder Zeit..." Die Wachsamkeit wird mit dem Partizip δεόμενοι als Bittgebet konkretisiert; vgl. 18,1.8b.

21,34–36 ohne konkreten Bezug. Diesen erhält die Wendung erst im Kontext 21,7–36, der wesentlich auf Mk 13 beruht. Die Wendung ist, wie 21,7 im Unterschied zu Mk 13,4 zeigt, von Lukas formuliert[15]. Streicht man den Imperativ und die Wendung „diesem allem, was geschehen wird" aus V. 36, so bleibt kein sinnvolles Logion übrig. Der Vers stammt also von Lukas[16].

Nach dem Kontext kann mit dem „Hintreten vor den Menschensohn" nur die Begegnung bei der Parusie gemeint sein (vgl. 21,25–28), bei der den Jesusjüngern ihre „Erlösung" zuteil wird (V. 28). Der Menschensohn bringt insofern den Seinen, falls sie „wach bleiben", die Erlösung. Wenn sie in Erwartung der Parusie zu jeder Zeit beten, wird ihnen Gott das Entrinnen aus der endzeitlichen Bedrängnis ermöglichen und sie – das ist die positive Seite – vor den Menschensohn hintreten lassen (V. 36). Tödt hat wohl richtig interpretiert, wenn er sagt, daß die anderen Menschen in jener kommenden Zeit vor Schrecken und Erwartung des Endes umkommen (vgl. V. 26) und der Menschensohn hier also nicht eigentlich als Richter vorgestellt wird[17]. Dennoch darf nicht übersehen werden, daß σταθῆναι ἔμπροσθεν Gerichtsterminologie sein kann[18]. Es sollte Beachtung finden, daß Lukas nicht nur zu heilende Menschen „vor Jesus" gebracht werden läßt (5,19; 14,2), sondern daß auch die Feinde des „vornehmen Mannes" im Gleichnis von den Minen „vor ihm" niedergemacht werden (19,27). Die Bestrafung der Feinde erfolgt im Gleichnis auf Befehl des auf Jesus zu beziehenden Mannes. Jedoch reicht dieser Zug der Erzählung nicht aus, Lk 21,36 auf Jesus als den *Endrichter* zu deuten[19]. Festzuhalten bleibt für Lk 21,36, daß der Evangelist von sich aus den Menschensohntitel für den Parusie-Christus setzt. Wie seine Quellen verwendet er diesen Topos zur Paränese. Freilich ist für Lukas die Stetsbereitschaft, im Beten ohne Unterlaß realisiert (18,1; 21,36),

---

[15] Mk 13,4: ὅταν μέλλῃ ταῦτα συντελεῖσθαι πάντα. Lk 21,7 lautet hingegen: ὅταν μέλλῃ ταῦτα γίνεσθαι.

[16] Weitere lukanische Vorzugswörter in V. 36: δέομαι (Lk 8, Apg 7 Vorkommen; im NT sonst nur noch Mt 9,38 und 6mal bei Paulus); κατισχύω (neben Mt 16,18 im NT nur Lk 21,36; 23,23 diff Mk 15,4); ἐκφεύγω (bei den Evangelisten nur noch Apg 16,27; 19,16. Im übrigen NT noch 5 Vorkommen, davon 1 Thess 5,3 vom Entkommen in der eschatologischen Drangsal); ἔμπροσθεν (ist lukanisch-redaktionell in Lk 5,19; 19,28, vielleicht auch 14,2; 19,4.27. Für Lukas eigentümlich sind Lk 5,19; 14,2, wo der zu heilende Kranke sich *vor Jesus* befindet. ἔμπροσθεν gehört nach 1 Thess 2,19; 3,13 zur Parusieterminologie und meint dort wohl das Stehen vor dem Richter; vgl. Mt 25,32; 27,11).

[17] *Tödt*, Der Menschensohn 91. Unter Berufung auf Lk 12,8f will er den Menschensohn „als Fürsprecher und Anwalt" verstehen. Siehe hingegen G. *Bornkamm*, Jesus von Nazareth (Stuttgart 1956) 206; A. *Vögtle*, Rezension: *Tödt*, Der Menschensohn, in: BZ 6 (1962) 135–138. Beide deuten Lk 12,8f auf den Menschensohn als Richter. Bei der Kontroverse muß stärker zwischen dem isoliert betrachteten Spruch und seiner lukanischen Deutung unterschieden werden.

[18] Siehe Mt 27,11; vgl. 25,32.

[19] Daß Jesus von Lukas als künftiger Richter gesehen wird, zeigen Apg 10,40–42; 17,30f. Jedoch lautet die Frage, ob die Richterfunktion mit dem „Menschensohn" in Verbindung gebracht wird, was etwa im Hinblick auf Lk 22,69 (diff Mk) unsicher bleibt. Siehe auch Apg 3,20 (Parusie als Heil).

angesichts der noch immer ausstehenden Parusie charakteristisch. Auch dafür fand der Evangelist Ansatzpunkte in seinen Quellen[20].

(I 2) In der lukanischen Szene der Gefangennahme Jesu sagt dieser zu Judas, der hinzutritt, um ihn zu küssen:

„Judas, mit einem Kuß willst du den Menschensohn verraten?" (22,48b)

Auch hier ist zu fragen, ob Lukas neben dem Markusevangelium eine Sonderquelle benutzt. Nach F. Rehkopf soll er einer solchen den Vorzug gegeben haben[21]. Diese These kann leicht widerlegt werden. Die Abweichungen von Mk 14,43–52 sind als lukanische Redaktion der Mk-Vorlage erklärbar[22]. Das gilt auch für das Wort an Judas. Es knüpft in der Formulierung an die übergangenen Verse Mk 14,41f an[23] und entspricht ferner dem Anliegen, eine Reaktion Jesu auf den Verräter zu erwähnen[24]. Jesus erkennt die Absicht des Judas und macht zugleich den Vorwurf, daß der Mann aus dem Kreis der Zwölf ihn mit dem Zeichen der Freundschaft ausliefert.

Wir haben es hier also nicht mit einem Wort über den Leidensweg des Menschensohnes zu tun, das neben dem Markusevangelium selbständig existiert hätte. Es ist vielmehr vom ältesten Evangelium indirekt abhängig (vgl. Lk 22,22 par Mk 14,21). Der Menschensohn wird zwar verraten durch einen der Seinen, doch geht er seinen ihm bestimmten Weg (κατὰ τὸ ὡρισμένον πορεύεται, 22,22 diff Mk). Dieser Weg führt durch das Leiden zur himmlischen Inthronisation (22,69 diff Mk; 24,7 diff Mk; 24,26). Damit sind nicht nur wie bei Markus Leiden und Auferweckung des Menschensohnes aufeinander bezogen, sondern es ist auch ein Ausblick auf den Menschensohn der Parusie eröffnet, der als der himmlisch Inthronisierte einst kommen wird (22,69; Apg 1,9–11).

(I 3) Die österliche Grabesgeschichte Lk 24,1–12 beruht auf Mk 16,1–8, läßt

---

[20] Vgl. etwa Mk 13,33–36; Lk 12,39f.42–46; 17,26f.28f par Mt. Siehe insbesondere die Charakterisierung der Menschen, die angesichts einer Verzögerung der Parusie mit ihrem Eintreffen nicht mehr rechnen: Lk 12,45; 17,27.28b; 21,34. Siehe dazu G. *Schneider*, Parusiegleichnisse im Lukas-Evangelium (Stuttgart 1975) 20–70, 91–95.
[21] *Rehkopf*, Die lukanische Sonderquelle 31–82. Nur Lk 22,52b.53a sollen aus Mk stammen (ebd. 81f.84, Anm. 3). Zum Menschensohnwort an Judas siehe ebd. 55f, mit der petitio principii, Lukas bringe „Menschensohn" nie „in eigener Wendung". Vgl. C. *Colpe*, ThWNT VIII (1969) 449.
[22] Siehe G. *Schneider*, Die Passion Jesu nach den drei älteren Evangelien (München 1973) 51–55.
[23] Mk 14,41: „ausgeliefert wird der Menschensohn"; V. 42: „der mich verrät, hat sich genaht (ὁ παραδιδούς με ἤγγικεν)". Lk 22,47: ἤγγισεν; V. 48: τὸν υἱὸν τοῦ ἀνθρώπου παραδίδως.
[24] Vgl. Mt 26,50 diff Mk 14,45.

jedoch vielleicht Nebenüberlieferung einfließen[25]. Hier steht – über Markus hinausgehend – ein von den Engeln indirekt zitiertes Jesuswort:

"Er hat gesagt, der Menschensohn müsse ausgeliefert werden in die Hände sündiger Menschen und gekreuzigt werden und am dritten Tag auferstehen" (24,7).

Kann dieses Logion vorlukanisch sein?[26] Es steht im Zusammenhang mit einer zweifellos an Mk 16,7 vorgenommenen Änderung. Lukas läßt die Jünger nicht *nach Galiläa* befohlen werden, sondern erinnert an ein Wort, das Jesus *in Galiläa* gesprochen hat, nämlich an die Leidens- und Auferstehungsvoraussage (9,22.44 par Mk 8,31; 9,31). Gegenüber den beiden Ankündigungen fällt auf, daß nun vom σταυρωθῆναι gesprochen wird. Lukas formuliert offensichtlich in Anlehnung an Mk 16,6 (τὸν ἐσταυρωμένον)[27]. Nach Erfüllung der Voraussage in ihren beiden ersten Teilen, der Auslieferung und Kreuzigung, sollen die Frauen nun schließen, daß das leere Grab die Erfüllung auch des dritten Teiles, nämlich der Auferstehung, anzeigt. Eine solche Argumentation aber ist spezifisch lukanisch[28]. Zusammen mit Lk 22,22 und 22,48 zeigt 24,7, daß dem dritten Evangelisten die Aussage vom Leiden des Menschensohnes wichtig ist. Er legt auf sie besonderen Wert, weil damit der gottgewollte und von Gott verfügte Weg durch das Leiden hindurch hervorgekehrt werden kann.

II

(II 1) Die vierte der lukanischen Seligpreisungen am Anfang der sog. Feldrede lautet:

"Selig seid ihr, wenn euch die Menschen hassen und wenn sie euch ausschließen und schmähen und euren Namen als einen bösen ächten um des Menschensohnes willen" (6,22).

---

[25] *Schneider*, Passion Jesu 151–153. Hingegen denkt W. *Grundmann*, Das Evangelium nach Lukas (Berlin ⁶1971) 439, an eine Sonderquelle, in die Mk-Stoff eingearbeitet worden wäre (z.B. 24,2.6). V. *Taylor*, The Passion Narrative of St. Luke (Cambridge 1972) 108, meint, lediglich Lk 24,1–3 sei von Mk abhängig.
[26] Für vorlukanisch halten das Menschensohnwort in V. 7: *Colpe*, ThWNT VIII, 462; M. *Black*, The ‚Son of Man' Passion Sayings in the Gospel Tradition, in: ZNW 60 (1969) 1–8; hier 2f.
[27] Die Kreuzigung wird in den markinischen und lukanischen Leidensweissagungen nicht genannt; anders – durch mattäische Redaktion – Mt 20,19; 26,2. Siehe hingegen Lk 24,20, wo entsprechend 24,7 formuliert ist. – Von der „Auslieferung des Menschensohnes in die Hände der ἁμαρτωλοί" war bei Markus (Mk 14,41 par Mt 26,45) die Rede. Lukas greift diese in seiner Gethsemani-Szene ausgelassene Wendung in 24,7 auf. – Die Argumentation von *Black*, a.a.O. 3, daß in 24,7 „auffallende Semitismen oder Aramaismen" vorhanden seien, die an Übersetzungsgriechisch denken ließen, kann also nicht überzeugen.
[28] Lk 24,44–48 spricht von der realisierten, doch teilweise noch ausstehenden Schrifterfüllung; vgl. Apg 3,21. Siehe dazu ferner *Conzelmann*, Mitte der Zeit 143, Anm. 3.

Statt des lukanischen ἕνεκα τοῦ υἱοῦ τοῦ ἀνθρώπου liest die mattäische Parallele ἕνεκεν ἐμοῦ. Setzt man voraus, daß beide Evangelisten die gleiche Vorlage aus der Logienquelle benutzt haben, so muß Mattäus die Menschensohnbezeichnung der Quelle durch das Pronomen ersetzt haben. Das gleiche tat er nachweislich gegenüber Mk 8,31 und wohl auch in Mt 10,32 (diff Lk 12,8). Freilich setzte Mattäus andererseits auch „Menschensohn" für das Pronomen der Vorlage ein (Mt 16,13 diff Mk 8,27). Für Lukas ist hingegen eine solche Austauschbarkeit nicht nachgewiesen[29]. Falls man für Mattäus und Lukas hingegen verschieden lautende Q-Vorlagen annimmt, wird man die heutige Abweichung auf die Quelle zurückführen können. Jedenfalls verbietet sich die Annahme, Lukas habe „Menschensohn" erst eingeführt, durch das Fehlen eines entsprechenden Belegs aus der lukanischen Redaktion[30]. So wird man mit gutem Grund die Menschensohnbezeichnung schon der Vorlage des Evangelisten zuweisen[31]. Die Logientradition sprach auch sonst vom irdischen Jesus als dem Menschensohn (Lk 7,34; 9,58; 12,10 par Mt).

(II 2) In entsprechender Weise ist zu fragen, ob die Menschensohnbezeichnung Lk 12,8 schon in der Q-Vorlage des Lukas stand:

„Ich sage euch: Wer sich zu mir bekennt vor den Menschen, zu dem wird sich auch der Menschensohn bekennen vor den Engeln Gottes" (12,8).

Die Parallele Mt 10,32 liest in der zweiten Vershälfte: „zu dem werde auch ich mich bekennen..." Auch hier hat Mattäus von sich aus das Pronomen gesetzt. In der Vorlage stand mit Sicherheit „Menschensohn", was nicht zuletzt der in Q sich an Lk 12,8 anschließende Vers 12,10 beweist, der nur durch das Stichwort „Menschensohn" mit 12,8f verbunden ist[32]. Während die Vorlage vom Bekennen oder Verleugnen von seiten des Menschensohnanwalts vor dem göttlichen Richter sprach („vor den Engeln"; d.h. vor Gott), sieht Lukas die Funktion des Menschensohnes hier wohl anders. Wenn er formuliert „vor den Engeln Gottes", so wird er den Engeln kaum Richterfunktion zuschrei-

---

[29] Wo „Menschensohn" des Mk-Stoffes bei Lk fehlt – wie Mk 9,9.12; 10,45; 14,21b.41 –, hat Lukas größere Textstücke ausgelassen. Gegenüber Mk 14,21b vermeidet Lk 22,22 die Wiederholung, und Mk 14,41 wird von Lk 22,48 „nachgetragen".
[30] Das Fehlen von Mt 10,23 bei Lk erklärt sich – falls der Vers Q angehörte – anders. Die Abweichungen zwischen Mt 19,28 und Lk 22,30 beruhen wenigstens teilweise auf der jeweils benutzten Fassung der Quelle.
[31] So *Vielhauer*, Gottesreich und Menschensohn 57; *J. Dupont*, Les Béatitudes I (Paris ²1969) 238–243; *H. Schürmann*, Das Lukasevangelium I (Freiburg i. Br. 1969) 334, Anm. 62. Siehe indessen auch *Tödt*, Der Menschensohn 114; *Colpe*, ThWNT VIII, 450f.
[32] Vgl. Mt 10,32f; 12,32; dazu *Schmid*, Lukas 216.
[33] *F. Hahn*, Christologische Hoheitstitel (Göttingen ³1966) 36, gibt gegenüber Tödt zu bedenken, ob nicht die Parallelstruktur der jeweiligen Sätze vom Bekennen und Verleugnen gerade in der zwei-

ben³³. Es handelt sich eher darum, daß vor der himmlischen Welt die Menschen präsentiert oder desavouiert werden³⁴.

(II 3) Innerhalb der kleinen Endzeitrede Lk 17,20–37 (bzw. 17,20 – 18,8), die weitgehend aus Stoff der Logienquelle besteht³⁵, finden sich (abgesehen von dem Sondergutstück 18,1–8) zwei Menschensohnworte, die bei Mattäus ohne Parallele sind.

(a) Nachdem Jesus die Pharisäerfrage, wann das Gottesreich komme, mit dem Hinweis beantwortet hat, daß dieses Kommen nicht μετὰ παρατηρήσεως erfolge und daß das Reich ἐντὸς ὑμῶν sei (VV. 20f), wendet er sich an die Jünger:

„*Es werden Tage kommen, wo ihr begehren werdet, (nur) einen der Tage des Menschensohnes zu sehen, und ihr werdet ihn nicht sehen*" *(17,22b).*

Daß dieser Vers von Lukas gebildet ist, wird kaum bestritten³⁶. Weniger klar ist, in welchem Sinn der Evangelist von den „Tagen des Menschensohnes" spricht. Von den verschiedenen Auskünften³⁷ überzeugt die von R. Schnackenburg vorgetragene am besten. Unter Hinweis auf Lk 9,51 („die Tage der Aufnahme") zeigt er, daß Lukas nicht nur derartig formulieren kann, sondern damit

---

ten Zeile eine Entsprechung zu „vor den Menschen" verlangte. Doch dem war in der ursprünglichen Fassung („vor den Engeln") Rechnung getragen. Das Mißverständnis des Lukas hinsichtlich der „verhüllenden" Rede über Gott brachte erst eine Sinnverschiebung. Aus dem Bürgen bzw. Ankläger wurde einer, der vorstellt bzw. desavouiert.

³⁴ Nach Lk 9,26 (diff Mk 8,36) kommt bei der Parusie der Menschensohn „in seiner und des Vaters und der heiligen Engel Herrlichkeit". Mk denkt hingegen an die Engel als Gerichtshelfer, wenn er schreibt: „in der Herrlichkeit seines Vaters mit den heiligen Engeln"; vgl. Mk 13,27 (fehlend bei Lk). – Wenn *Tödt*, Der Menschensohn 101, meint, die Engel figurierten „als eine Art Gerichtshof, vor dem der Menschensohn als Bürge auftritt", so nimmt er die zweite Hälfte des Spruches (12,9) zu wenig ernst.

³⁵ Siehe neuerdings *B. Rigaux*, La petite apocalypse de Luc (XVII, 22–37), in: Ecclesia a Spiritu Sancto edocta. Festschr. G. Philips (Gembloux 1970) 407–438; *R. Schnackenburg*, Der eschatologische Abschnitt Lk 17,20–37, in: Mélanges Bibliques. Festschr. B. Rigaux (Gembloux 1970) 213–234; *J. Zmijewski*, Die Eschatologiereden des Lukas-Evangeliums (Bonn 1972); *R. Geiger*, Die Lukanischen Endzeitreden (Bern 1973).

³⁶ *Vielhauer*, Gottesreich und Menschensohn 61f; *Tödt*, Der Menschensohn 98; *Schnackenburg*, a.a.O. 219–221, 230; unentschieden *Rigaux*, a.a.O. 408–413.

³⁷ Auf die zurückliegende Zeit des irdischen Wirkens Jesu, die (zurück-)ersehnt werde, beziehen den Ausdruck (in V. 22): *Conzelmann*, Mitte der Zeit 96, Anm. 3; *A. R. C. Leaney*, The Days of the Son of Man: Luke XVII, 22, in: ET 67 (1955/56) 28f; *ders.*, A Commentary on the Gospel of St. Luke (London 1958) 68–72, 230f; *Hahn*, Christologische Hoheitstitel 37, Anm. 4; *B. De Souza*, The Coming of the Lord, in: Studii Biblici Franciscani liber annuus XX (1970) 166–208. – Siehe demgegenüber die Argumente gegen diese These und für eine Deutung auf die Parusie bei *Rigaux*, a.a.O. 410f; *Schnackenburg*, a.a.O. 227f. – *Zmijewski*, Eschatologiereden 401, bezieht den Ausdruck auf die „Zwischenzeit bis zur Parusie": „Die ‚Tage des Menschensohnes' sind also weder die ‚irdischen Tage Jesu' noch die Tage der mit der Parusie ‚kommenden Heilszeit'; gedacht ist vielmehr an die gesamte eschatologische Zwischenzeit zwischen Ostern und Parusie" (401f).

auch seiner Vorstellung von einem Geschehen in mehreren Phasen Ausdruck verleiht[38]. Ist das aber der Fall, dann löst sich auch das Problem, inwiefern 17, 22 in einem anderen Sinn als 17, 26 von den „Tagen des Menschensohnes" sprechen und dennoch von Lukas stammen kann. Während V. 26 die Zeit *vor* der Parusie meint[39], bezieht sich der Ausdruck in V. 22 auf die *mit* der Parusie einsetzende Heilszeit, die von den Jüngern in der bevorstehenden Bedrängnis herbeigesehnt wird[40]. Wahrscheinlich geht die Pluralbildung auch in V. 26 auf Lukas zurück[41]. Das die Jüngerbelehrung einleitende Logion entspricht der lukanischen Enderwartung, indem es sagt: Auch die Bedrängnis der Jüngergemeinde ist noch kein Geschehen, das die Berechnung des Parusietermins ermöglicht. Die Parusie kommt nicht so, daß man ihr Herannahen beobachten könnte. Sie kommt plötzlich (17, 24.27.29 f)[42].

(b) Welche Funktion hat nun der von Lukas gebildete[43] und in den Q-Stoff eingeschobene Hinweis auf die Passion?

„Zuerst aber muß er [der Menschensohn] vieles leiden und verworfen werden von diesem Geschlecht" (17, 25).

Die Einführung des Wortes mit πρῶτον deutet mindestens darauf hin, daß Lukas das Logion eingefügt hat[44]. Da der V. 25 aber fast vollständig mit Lk 9, 22 übereinstimmt, handelt es sich um eine Wiederaufnahme dieser Voraussage[45]. Lk 9, 22 wiederum ist abhängig von Mk 8, 31, somit kein selbständig überliefertes Herrenwort. Wie erklären sich die Abweichungen von 9, 22? Dort war vom Verworfenwerden „von den Priestern, Oberpriestern und Schriftgelehrten" die Rede, während 17, 25 sagt: „von diesem Geschlecht". Ferner wurden das Getötetwerden und die Auferweckung am dritten Tag angekündigt;

---

[38] *Schnackenburg*, Der eschatologische Abschnitt 227: „Die Zukunft gliedert sich in das zeitliche Strafgericht über Jerusalem ... (Lk 19, 43; 21, 6.22; 23, 29), in die ,Zeiten (καιροί) der Heiden' (21, 24) und das eigentliche Endgeschehen, das herannaht und sich in Zeichen ankündigt (vgl. 21, 28); es findet mit dem Kommen des Menschensohnes an ,jenem Tag' sein bleibendes ,Ende' und bedeutet Errettung oder Gericht (vgl. 21, 34 f)." Vgl. auch *Conzelmann*, Mitte der Zeit 115.
[39] Vgl. die Entsprechungen: „Tage des Noë" (V. 26); „Tage des Lot" (V. 28 a).
[40] *Schnackenburg*, a. a. O. 226–228.
[41] Siehe ebd. 223, 227. Mt 24, 37: „Wie nämlich die Tage des Noe, so wird sein *die Parusie* des Menschensohnes." Der Terminus „Parusie" ist hier erst von Mattäus eingeführt worden, vielleicht für „Tag" (vgl. 24, 39 par Lk 17, 30).
[42] Vgl. die drei Wachsamkeitsgleichnisse Lk 12, 35–38.39–40.41–46; dazu *A. Vögtle*, Zeit und Zeitüberlegenheit in biblischer Sicht (erstm. 1965), in: *ders*., Das Evangelium und die Evangelien (Düsseldorf 1971) 273–295; näherhin 285; *Schneider*, Parusiegleichnisse 20–37.
[43] Siehe *Tödt*, Der Menschensohn 98 f; *Rigaux*, La petite apocalypse 416–419; *Schnackenburg*, Der eschatologische Abschnitt 222 f. – *Kümmel*, Verheißung und Erfüllung 63 f, hält den Vers für ein authentisches Jesuswort, das Lukas in den Text eingefügt habe.
[44] Von 10 Vorkommen in Lk haben nur 2 eine synoptische Parallele: 6, 42 (par Mt); 9, 52 (par Mt). Wenigstens in 21, 9 (diff Mk) stammt πρῶτον (in Verbindung mit δεῖ) von Lukas.
[45] *Rigaux*, a. a. O. 417.

solche Angaben fehlen in 17,25. Der Ausdruck „dieses Geschlecht" kann wegen des Zusammenhangs vom Evangelisten gewählt worden sein[46]. Die drei Gruppen aus 9,22 werden durch einen abkürzenden Ausdruck bezeichnet[47]. Daß Tod und Auferweckung in 17,25 nicht eigens genannt sind, ist kein Indiz für das Vorliegen einer älteren Form von Menschensohnworten[48]. Vielmehr läßt Lukas, der für das *Leidenmüssen* besonderes Interesse zeigt, von sich aus diese Angaben weg[49].

Welche Funktion hat der von Lukas eingeschaltete V. 25? Der unmittelbare Anschluß an die Erwähnung der „blitzartigen" Parusie (V. 24) zeigt an, daß die Passion der Parusie vorauszugehen hat. Ist das nicht eine Selbstverständlichkeit? Geht man von der Ebene des irdischen Jesus und seiner Jünger aus (V. 22), so macht der Evangelist deutlich: Jesus hat nicht die baldige, sondern die plötzliche Parusie angesagt. Der Menschensohn muß zuerst leiden und dadurch in seine Herrlichkeit eingehen (24,26), ehe die Parusie kommt. Denkt man jedoch zugleich an die Jüngerschaft zur Zeit des Evangelisten und liest die Rede Jesu als aktuelle Anrede, so besagt schon der vom Evangelisten formulierte V. 22, daß die Verzögerung der Parusie von Jesus vorausgesagt war. Verfolgung oder Bedrängnis sollten noch nicht unmittelbar die „Tage des Menschensohnes" herbeiführen. Vielmehr gilt auch für die Kirche, was V. 25 vom irdischen Menschensohn sagt (vgl. Apg 14,22). Lukas will mit der Leidensansage „gewiß nicht bloß eine zeitliche Abfolge, sondern innere Beziehung angeben"[50].

Die traditionsgeschichtlich voneinander unabhängigen Worte über das Kommen des Menschensohnes und die vom leidenden Menschensohn sind im vorliegenden lukanischen Text zueinander in Beziehung gesetzt. Den „Tagen des Menschensohnes" (17,22.26) bzw. dem „Tag des Menschensohnes" (17,24.30) geht gemäß dem Heilsplan Gottes notwendig das *Leiden* dieses Menschensohnes voraus. Das christologische Interesse des Lukas richtet sich auf den *Weg* des Menschensohnes und gibt zugleich dem Leiden Jesu *eschatologische* Qualität[51].

---

[46] *Schnackenburg*, a.a.O. 222.
[47] *Rigaux*, a.a.O. 418. Vielleicht knüpft Lukas an die häufige Verwendung des Ausdrucks in Lk 11 an.
[48] Gegen *Black*, The „Son of Man" Passion Sayings 2f. Vgl. auch *Zmijewski*, Eschatologiereden 407–410.
[49] So schon Lk 9,44 gegenüber 9,22.
[50] *K. H. Schelkle*, Die Passion Jesu in der Verkündigung des Neuen Testaments (Heidelberg 1949) 119. Vgl. *Schnackenburg*, Der eschatologische Abschnitt 230: Die Erinnerung an Jesu Passion soll „zur willigen Übernahme ähnlicher Leiden in der Nachfolge Jesu mahnen".
[51] *Tödt*, Der Menschensohn 99f.

III

(III 1) Auf den eschatologischen Abschnitt Lk 17, 20–37 folgt das Gleichnis vom ungerechten Richter 18, 1–8. Es ist nicht zuletzt durch das abschließende Menschensohnwort eng mit dem Vorausgehenden verbunden:

„Wird aber der Menschensohn, wenn er kommt, den Glauben finden auf der Erde?" (18,8b)

Das eigentliche Gleichnis besteht aus den Versen 2–5 und findet in den Versteilen 6.7a seine primäre Deutung. Wenn schon der gottlose Richter schließlich der Witwe zu ihrem Recht verhilft, so tut das erst recht Gott gegenüber seinen in der Bedrängnis bittenden Erwählten. Die Sätze 7b und 8a sind sekundärer, jedoch vorlukanischer Nachtrag, der trotz Verzögerungserfahrung (7b) baldige Erhörung zusagt (8a)[52]. Der Versteil 8b ist lukanischer Abschluß des Gleichnisses, wie auch V. 1 vom Evangelisten stammt[53].

Lukas verwendet das Gleichnis nicht als Zusage eines nahen Parusietermins, sondern begründet mit ihm die Aufforderung zu beständigem Gebet (V. 1). Die Erwartungshaltung der „Erwählten", die auf Gottes Gericht über die Bedränger gerichtet ist, möchte Lukas umkehren. Die Frommen sollen sich fragen, ob sie selbst den Glauben (noch) haben, den der Menschensohn bei der Parusie finden will (V. 8b)[54]. Wahrscheinlich denkt Lukas an das vertrauensvolle und trotz Enttäuschung[55] anhaltende Gebet (V. 1) um das Kommen des Reiches Gottes (11,2). In solchem Gebet müssen die Christen ihren Glauben verwirklichen. Das von Lukas geformte Menschensohnwort[56] knüpft sachlich an entsprechende, auf die Parusie bezogene Worte an, besonders an die vorausgehenden Aussagen (17, 24.26.30). Der Menschensohn kommt plötzlich; wir wissen nicht, wann er kommen wird. Der Kontext des Gleichnisses läßt an eine „richterliche"[57] Aktion des Menschensohnes denken, die auch die „Erwählten" zur Verantwortung zieht.

---

[52] Siehe *Schneider,* Parusiegleichnisse 75.
[53] So u.a. auch *W. Ott,* Gebet und Heil. Die Bedeutung der Gebetsparänese in der lukanischen Theologie (München 1965) 32–34, 68–71; *J. -D. Kaestli,* L'eschatologie dans l'œuvre de Luc (Genf [1969) 35.
[54] *E. Gräßer,* Die Naherwartung Jesu (Stuttgart 1973) 107.
[55] Vgl. 18,1: καὶ μὴ ἐγκακεῖν. – 18,7a zeigt, daß das Gleichnis ursprünglich eine bedrängte Gemeinde anredet, die nicht nur unter Anfechtung leidet, sondern auch (vgl. „die Tag und Nacht zu ihm schreien") wegen der ausbleibenden ἐκδίκησις.
[56] Vgl. dazu den Nachweis bei *Schneider,* Parusiegleichnisse 75 f. Neben sprachlichen Indizien sind insbesondere sachlich-theologische Gesichtspunkte für die Zuweisung an den Evangelisten ausschlaggebend. Siehe hingegen *Jeremias,* Gleichnisse Jesu 155, Anm. 2, der (neuerdings) den lukanischen Ursprung von 18,8b bestreitet, weil er *voraussetzt,* Lukas habe „Menschensohn" niemals von sich aus verwendet. Jeremias hält (schon darum?) 18,8b für „einen alten Menschensohn-Spruch".
[57] Vgl. *Tödt,* Der Menschensohn 92f, der meint, hier werde das Kommen „nicht eigentlich als eine Ankunft zum Gericht" charakterisiert. Letzteres ist ohne Zweifel richtig. Lukas denkt primär

(III 2) Die Sondergutperikope vom Oberzöllner Zachäus (Lk 19, 1–10) endet mit einem Menschensohnwort. Nachdem 19,9 das Heil, das dem Zachäus zuteil wurde, mit dessen Abrahamssohnschaft begründete, fügt V. 10 noch eine weitere Begründung an:

„*Denn der Menschensohn ist gekommen, um das Verlorene zu suchen und zu retten*" *(19,10)*.

R. Bultmann sah in V. 9 die Pointe der Erzählung und die ursprüngliche Begründung für die Heilszusage Jesu; erst Lukas, „dem die Moral von V. 8 entspricht", habe V. 8 eingeschaltet und zugleich den neuen Schlußvers 10 angefügt[58]. Demgegenüber meint F. Hahn, das Wort über den auf Erden wirkenden Menschensohn gehöre nicht zu den „redaktionellen Bildungen"; es sei ein „Predigtspruch" mit hellenistisch-judenchristlichen Zügen[59]. H. E. Tödt argumentiert wenig überzeugend: „Da Lukas an keiner anderen Stelle Sprüche vom Erdenwirken des Menschensohnes produziert hat, ist es wahrscheinlich, daß er auch das Wort 19,10 in seiner Sonderüberlieferung vorfand."[60] J. Schmid denkt an „ein ursprünglich isoliert überliefertes Wort Jesu", dem Lukas den heutigen Platz angewiesen habe[61]. Obwohl die Herkunft von Lk 19,10 in der heutigen Forschung umstritten ist, lassen sich gewichtige Argumente dafür vorbringen, daß Lukas das Logion gebildet hat.

a) Paralleltexte wie Mt 18,11 und der Anfang von Lk 9,56 in manchen Handschriften sind textkritisch nicht als ursprünglich anzusehen. Sie können auf Lk 19,10 zurückgeführt werden.

b) Worte vom Gekommensein des Menschensohnes stehen – abgesehen von den Textvarianten Mt 18,11 und Lk 9,56 – sonst nur Mk 10,45 par Mt 20,28 sowie Mt 11,19 par Lk 7,34. Lukas kann aus beiden Logien die „Form" von Lk 19,10 gewonnen haben. Aus dem zweiten Wort kann der Vorwurf, „Freund der Zöllner und Sünder" zu sein, auf 19,10 eingewirkt haben.

c) Lukas hat nachweislich von sich aus Menschensohnworte gebildet: 17,22.25; 18,8b; 21,36; 22,48; 24,7.

d) Der Wortschatz von 19,10 läßt eine Bildung durch den Evangelisten als möglich erscheinen.

an die Rettung der Jüngergemeinde (vgl. 17,22; 18,7; 21,28). Doch ist dazu deren „Glaube" Voraussetzung; vgl. auch 7,9 (gegenüber Mt); 7,50 (Sondergut); 8,12.48 (gegenüber Mk); 17,19 (Sondergut); 18,42 (par Mk); Apg 14,9.

[58] *Bultmann,* Geschichte der synoptischen Tradition 34.
[59] *Hahn,* Christologische Hoheitstitel 45 mit Anm. 6. *Colpe,* ThWNT VIII, 456, rechnet 19,10 der lukanischen Sonderquelle zu: In ein Jesuswort (nach Art von Mk 2,17b und Mt 15,24) sei *vor* Lukas der Menschensohntitel eingefügt, oder die ganze Sentenz sei aufgrund eines ähnlichen Wortes (vgl. Mk 8,35) neu gebildet worden; vgl. *J. Jeremias,* Neutestamentliche Theologie I (Gütersloh 1971) 250, Anm. 28.
[60] *Tödt,* Der Menschensohn 124.
[61] *Schmid,* Lukas 287.

1. ζητέω. Zu vergleichen sind: ἦλθεν ζητῶν bzw. ἔρχομαι ζητῶν (13,6f Sondergut); die Frau sucht die verlorene Drachme (15,8 Sondergut).
2. σῴζω. Das Verbum wird (aktiv) nicht nur von Jesu Heilungstaten bzw. von physischer Rettung gebraucht (Mk 15,31 par; Mt 8,25; 14,30), sondern von Lukas auch im übertragenen Sinn (Lk 7,50; vgl. Mt 18,11 v.l.)[62]. Der letztere Gebrauch entspricht einer späteren soteriologischen Terminologie; vgl. Mt 1,21; Joh 12,47; 1 Tim 1,15.
3. ἀπολωλός. σῶσαι und ἀπολέσαι sind Gegenbegriffe; vgl. Mk 8,35 par; Mt 8,25; Lk 6,9; 9,56 v.l. – Mt 15,24 redet von den verlorenen Schafen des Hauses Israel, zu denen Jesus gesandt ist (vgl. 10,6). Das Neutrum τὸ ἀπολωλός steht nur noch Lk 15,4.6 (vgl. Mt 18,11 v.l.). Zu beachten ist auch Lk 15,24.32 („er war verloren [ἀπολωλώς] und wurde gefunden").

e) Der übertragene Sinn von „retten" findet sich in bezug auf die große Sünderin (Lk 7,50) und den Oberzöllner (19,9f). Beide Gestalten repräsentieren in der lukanischen Redaktion (15,1f) die Zöllner und Sünder, deren sich Jesus annimmt (vgl. 7,34) und derentwegen Pharisäer und Schriftgelehrte gegen Jesus murren (vgl. 7,39.49; 19,7).

f) Auf den Einspruch der Gegner hin erzählt Jesus die drei Gleichnisse vom Verlorenen (15,4–7.8–10.11–32). Die in 19,10 verwendete Terminologie vom „Suchen" und vom „Verlorenen" versteht sich also von diesen Gleichnissen aus. Sie ergibt sich nicht aus der Zachäus-Geschichte, für den Leser gewiß auch nicht aus Ez 34,16 (LXX). Vielmehr greift das Gleichnis vom verlorenen Schaf auf die Ezechiel-Stelle zurück. Das Menschensohnwort 19,10 kann als isoliertes Logion kaum von der Ezechiel-Stelle her verstanden werden. Es ist ohne den lukanischen Kontext des Kapitels 15 nicht denkbar. Lk 19,10 ist also von Lukas gebildet; denn ein an sich möglicher vorlukanischer Kontextzusammenhang der herangezogenen Sondergutstücke hat 15,1f und vielleicht auch 7,50 noch nicht enthalten.

Möglicherweise ist Lk 19,10 „Ersatz" für das von Lukas übergangene ἦλθεν-Menschensohnwort Mk 10,45[63]. Für Lukas hat jedenfalls das gesamte irdische Wirken Jesu soteriologische Bedeutung, und der dritte Evangelist möchte die Heilsbedeutung Jesu nicht wie Mk 10,45 mit Hilfe des Sühnegedankens besonders an dessen Tod binden.

(III 3) Im Bericht der Apostelgeschichte über die Steinigung des Stephanus (Apg 7,54–60) begegnet der einzige Beleg für „Menschensohn" außerhalb der Evangelien. Er steht zugleich im einzigen Menschensohnwort, das das Neue Testament nicht Jesus zuschreibt. Nach der Rede des Stephanus vor den Synedristen, die mit dem Vorwurf der Verräterschaft und des Mordes endete und bei den Betroffenen Empörung und Wut auslöste (VV. 53.54), berichtet die Erzählung über Stephanus: „Er jedoch, voll heiligen Geistes, blickte zum Himmel und sah die Herrlichkeit Gottes und Jesus stehen zur Rechten Gottes" (V. 55). Dann wird zitiert, was Stephanus sagte:

---

[62] Siehe G. Voss, Die Christologie der lukanischen Schriften in Grundzügen (Paris – Brügge 1965) 45f.
[63] Vgl. die Nachbarschaft der Erzählung von der Blindenheilung Mk 10,46–52 par Lk 18,35 – 19,1.

„Und er sprach: Seht, ich sehe die Himmel geöffnet und den Menschensohn zur Rechten Gottes stehen" (7, 56).

Da der dem Lukas überkommene Stephanus-Bericht wahrscheinlich noch kein Synedrialverhör enthielt, das an Jesu Verhör (Lk 22, 66–71) angepaßt war, wird man den „synedrialen Rahmen" dem Evangelisten zuschreiben dürfen[64]. Stammt aber auch das Menschensohnwort erst von Lukas? Da V. 55 dem Leser deutlich macht, daß Jesus der Menschensohn ist, schließen einige Autoren, daß Lukas diesen interpretierenden Vers geschaffen hat und V. 56 vorlukanisch ist[65]. Nun läßt sich vom Wortschatz und Stil her keine Differenz zwischen den beiden Versen erkennen, die V. 56 als unlukanisch erweisen könnte[66]. Lukas hat nachweislich von sich aus Menschensohnworte gebildet[67], und die Beziehung zum Verhör Jesu kommt nicht zuletzt durch Apg 7, 56, eine Wiederaufnahme von Lk 22, 69, zustande[68]. Sprechen also manche Anzeichen für eine lukanische Autorschaft des Menschensohnwortes im Munde des Stephanus, so kann die theologische Deutung dennoch weitgehend von der Frage der Autorschaft absehen. Auch ohne ihre Beantwortung ist klar, daß Lukas die Inthronisation des Menschensohnes zur Rechten Gottes (vgl. Lk 22, 69) voraussetzt, die für die „Zeit der Kirche" bestimmend ist. Wo von einem Handeln des himmlischen Menschensohnes gesprochen werden sollte, lag es darum nahe, die Vorstellung von seinem „Stehen" einzuführen. Freilich deutet die Menschensohnbezeichnung an, daß – wie Lk 22, 69 (par Mk 14, 62) – zugleich die Parusievorstellung im Hintergrund steht[69]. So wird man sagen dürfen, daß für Lukas der Zeuge

---

[64] *H. Conzelmann*, Die Apostelgeschichte (Tübingen 1963) 52f; *R. Pesch*, Die Vision des Stephanus. Apg 7, 55–56 im Rahmen der Apostelgeschichte (Stuttgart o. J. [1966]) 45; *V. Hasler*, Jesu Selbstzeugnis und das Bekenntnis des Stephanus vor dem Hohen Rat. Beobachtungen zur Christologie des Lukas, in: Schweizerische Theol. Umschau 36 (1969) 36–47.
[65] So z.B. *J. Bihler*, Der Stephanusbericht (Apg 6, 8–15 und 7, 54 – 8, 2), in: BZ 3 (1959) 253–270, 259f; *Tödt*, Der Menschensohn 276. Vgl. *E. Haenchen*, Die Apostelgeschichte (Göttingen ⁵1965) 242f.
[66] Insbesondere kann nicht einfach behauptet werden (vgl. die Vermutung bei Haenchen, a.a.O. 243, Anm. 3), τοὺς οὐρανούς in V. 56 sei (gegenüber dem Singular in V. 55) unlukanisch. Siehe dazu den Plural in Lk 10, 20; 12, 33; 21, 26 sowie in der sachlichen Parallele Apg 2, 34. Vgl. ThWNT V, 534f (*H. Traub*); Pesch, a.a.O. 51f: Möglicherweise hängt die Pluralverwendung mit der Vorstellung mehrerer Himmelsräume zusammen, während der Singular das Firmament intendiert. – Lukanische Vorzugswörter bzw. -wendungen sind in V. 55: ὑπάρχω, πνεῦμα ἅγιον, ἀτενίζω, εἰς τὸν οὐρανόν; in V. 56: ἰδού, θεωρέω, διανοίγω. Zur differenzierenden Stellung von ἑστῶτα in beiden Versen (V. 55 entspricht Lk 22, 69) siehe Pesch, a.a.O. 53.
[67] Siehe oben zu Lk 17, 22. 25; 18, 8b; 21, 36; 22, 48; 24, 7.
[68] Freilich kann man nicht mit *Bihler*, Stephanusbericht 260, sagen, daß Apg 7, 56 „als Erfüllung der Ankündigung Jesu" (Lk 22, 69) zu verstehen sei. Siehe hingegen *Conzelmann*, Apostelgeschichte 51: Die Vision ist himmlische Bestätigung dessen, was Jesus sagte.
[69] Daß Lukas bei 22, 69 trotz der Tilgung des „Kommens" des Menschensohnes (Mk) bei seiner Erhöhungsaussage an die (einstige) Parusie denkt, zeigen Apg 1, 10f; 3, 20f. – Das gegenüber Mk 14, 62 gekürzte Logion Lk 22, 69 ist nicht auf eine Sonderquelle des Lukas zurückzuführen, wie *Colpe*,

Christi im Sterben „seine Parusie" erfährt[70]. Das „Stehen" des Menschensohnes ist andererseits nicht mit dem „Kommen" zur (endzeitlichen) Parusie identisch. Der Menschensohn hat sich erhoben, um den Märtyrer nach der Steinigung zu empfangen[71]. Inwieweit das „Stehen" des himmlischen Menschensohnes dessen Urteil über das ungläubige Israel anzeigt[72], muß hier nicht erörtert werden. Beide Auslegungen lassen sich vereinbaren, wenn man „Stehen" für das *Handeln* des Inthronisierten nimmt. Da Lukas auch in anderem Zusammenhang (vgl. Lk 12,16–21; 16,9; 21,19; 23,39–43) das individuelle Schicksal nach dem Tod besonders bedenkt[73], und zwar infolge der Erfahrung der Parusieverzögerung[74], wird durch Apg 7,56 deutlich, daß der Gläubige im Sterben für sich das erfährt, was mit der Parusie eintritt: die Erlösung als Gemeinschaft mit dem verherrlichten Christus (vgl. Lk 21,27f; Apg 3,20).

IV

Der dritte Evangelist hat, soweit wir sehen konnten, wenigstens sieben Menschensohnworte von sich aus gebildet. Dazu rechnen wir Lk 21,36; 22,48b; 24,7 im Markus-Stoff, 17,22b.25 im Q-Stoff, ferner 18,8b und 19,10 im Sondergut[75]. Dabei stützte sich Lukas weitgehend auf traditionelle Logien und deren Inhalte[76]. „Menschensohn" war für ihn also kein beliebig austauschbarer christologischer Titel, den er ohne Bindung an die überlieferten Gehalte verwendete.

Ob es eine lukanische Menschensohnchristologie gibt, hängt nun nicht nur vom zahlenmäßigen Vorkommen des Titels oder von der Zahl der Neubildungen ab, sondern davon, ob und inwieweit der dritte Evangelist mit seinen Menschensohnworten spezifische Inhalte verband. Letzteres ist aber zweifellos der Fall. Man braucht sich nur folgender Aspekte zu erinnern.

(1) Lukas zeigt besonderes Interesse am *Leidensweg*, den der Menschensohn

---

ThWNT VIII, 438f, meint; siehe *G. Schneider*, Verleugnung, Verspottung und Verhör Jesu nach Lukas 22,54–71 (München 1969) 118–122, 138f.

[70] *C. K. Barrett*, Stephen and the Son of Man, in: Apophoreta. Festschr. E. Haenchen (Berlin 1964) 32–38, 35f.

[71] Siehe *Haenchen*, Apostelgeschichte 243, Anm. 2; vgl. *Conzelmann*, Apostelgeschichte 51. Diese Auslegung kann sich insbesondere auf V.59 („Herr Jesus, nimm meinen Geist auf!") stützen.

[72] So *Pesch*, Vision des Stephanus 56–58, unter Hinweis auf das „Stehen" des Richters in AssMos 10,3 und Jes 3,13 (LXX).

[73] Siehe *J. Dupont*, Les Béatitudes III (Paris 1973) 100–147; *Schneider*, Parusiegleichnisse 78–84.

[74] Das wird in der Schächerperikope Lk 23,39–43 thematisiert. Der Parusieerwartung (V. 42) stellt Jesus das „heute noch" entgegen (V. 43) und erfüllt dennoch die Bitte des Sterbenden.

[75] Von den 10 untersuchten Stellen stammen nur Lk 6,22 und 12,8 unmittelbar aus der Vorlage (Q). Bei Apg 7,56 blieb die endgültige Entscheidung in der Schwebe.

[76] Vgl. Lk 17,25 (9,22 par Mk 8,31); 18,8b (17,24.26.30 par Mt); 19,10 (Mk 10,45?); 21,36 (Mk 13,33–36); 22,48b (Mk 14,41f); 24,7 (Mk 8,31; 9,31; 16,6).

gemäß göttlicher Bestimmung zu gehen hat (Lk 22,22.48b; 24,7). Das Logion 17,25 gibt in seiner Kontextverbundenheit dem Leiden eschatologische Qualität.

(2) Der Menschensohntitel haftet auch für Lukas fest am *Parusiethema*, was u. a. die Neubildungen 18,8b; 21,36 demonstrieren. Ob indessen der Menschensohn im strengen Sinn als Endrichter verstanden wird, ist nicht deutlich zu erkennen (12,8; 18,8b). Die rettende und erlösende Funktion des zur Parusie Kommenden tritt hervor (17,22b; 21,36). Im Rahmen des Gesamtentwurfs der lukanischen Eschatologie zeigt 22,69 (diff Mk) das Zurücktreten des Themas vom Endrichter zugunsten der Erhöhungschristologie. Im gleichen Rahmen ist auch eine „Individualisierung" der Parusieerwartung zu sehen, die z. B. Apg 7,56 bezeugt.

(3) Neben traditionellen Worten über den irdisch wirkenden Menschensohn zeigt gerade die Neubildung des Wortes vom *Gekommensein* des Menschensohnes (19,10), daß für Lukas das gesamte irdische Wirken Jesu die soteriologische Bedeutung der „Rettung des Verlorenen" hat[77].

(4) Endlich ist darauf zu verweisen, daß Lukas die traditionellen Gruppen von Menschensohnworten miteinander *verbindet* und sie in seine christologische Gesamtkonzeption vom Weg Christi *integriert*. Der Menschensohn hat seinen ihm bestimmten Weg zu gehen, durch Leiden zur Erhöhung und schließlichen Parusie (22,22.48b.69; 24,7). Die Verbindung aller „Stationen" ist in der kleinen „Apokalypse" (17,20 – 18,8) besonders deutlich ersichtlich. Die Passion muß wesentlich der Parusie vorausgehen (17,25). Der Menschensohn kommt, wenn nicht bald, so doch mit Sicherheit und plötzlich. Die Gemeinde der Gläubigen ist darum zu steter Bereitschaft, zum Glauben und zum beständigen Gebet gerufen. Das Menschensohnthema dient nicht zuletzt der Wachsamkeitsparänese (18,8b; 21,36).

---

[77] Vgl. *W. P. Loewe*, Towards an Interpretation of Lk 19, 1–10, in: CBQ 36 (1974) 321–331. Loewe meint, daß Lk 19,10 sagen wolle, der eschatologische Menschensohnrichter übe im Erdenwirken die Macht der Sündenvergebung aus (326). „When Jesus arrives under Zacchaeus' sycamore tree, the final judge has come. His judgment, however, consists in mercy and forgiveness, salvation, for the sinner who acknowledges himself as such and accepts that salvation" (327).

CHRISTUSBEKENNTNIS UND CHRISTLICHES HANDELN

Lk 6,46 und Mt 7,21 im Kontext der Evangelien

Dafür, daß in der gegenwärtigen Theologie das Verhältnis von „Orthodoxie" und „Orthopraxie"[1] oder von „Theorie" und „Praxis"[2] diskutiert und dabei die Bedeutung der christlichen „Praxis" energisch unterstrichen wird, gibt es vielerlei Gründe. Man kann bei dieser Diskussion häufig den Eindruck gewinnen, daß das Verhältnis des „Glaubens" zum „Handeln" unzulässigerweise im Sinne einer Theorie-Praxis-Relation verstanden und damit aus seinem biblisch-christlichen Zusammenhang herausgerissen wird. Allzuleicht wird dann der Glaube intellektualistisch als theoretische Prämisse des Handelns angesehen. Andere meinen, das gläubige Bekenntnis sei für das Handeln unerheblich. Das geforderte Tun ist bisweilen kaum mehr von dem zu unterscheiden, was Paulus als „Werk" des eigenmächtig handelnden Menschen disqualifiziert[3].

In dieser Situation dürfte es von Bedeutung sein, sich das angesprochene Problem anhand eines neutestamentlichen Textes in seiner urchristlichen Prägung vorzuführen und ihn – auch im Blick auf die gegenwärtige Fragestellung – zu erörtern. Es handelt sich um den Spruch vom „Herr"-Sagen, der sich Lk 6,46 par Mt 7,21 findet. Er ist ein Herrenwort der Logienquelle (Q), das schon im Kontext dieser Quelle innerhalb der Jüngerrede stand, die die Grundlage der lukanischen „Feldrede" (Lk 6,20–49) und der mattäischen „Bergpredigt" (Mt 5–7) darstellt. Diesen Spruch gilt es in seiner ursprünglichen Fassung und Tragweite zu rekonstruieren (I). Dann soll er im Kontext des Mattäus- (II) und des Lukas-Evangeliums (III) interpretiert werden. Abschließend kommen wir auf die Fragestellung zurück, von der wir ausgegangen sind (IV).

---

[1] *W. Beilner*, Orthodoxie und Orthopraxie 257, nennt 1974 zur bisherigen Diskussion u. a.: P. *Schoonenberg*, Orthodoxie und Orthopraxie; *C. Dumont*, Orthopraxie vor Orthodoxie?; *D. Berdesinski*, Die Praxis – Kriterium für die Wahrheit des Glaubens. 1975 erschien: *G. Koch/ J. Pretscher*, Rechter Glaube – Rechtes Handeln.

[2] *N. Greinacher*, Theologie im Spannungsfeld von Theorie und Praxis; *J. Beutler*, Das Theorie-Praxis-Problem.

[3] Siehe Gal 5,19–21 („die Werke des Fleisches") im Gegensatz zu 5,22–24 („die Frucht des Geistes"). Nur in bezug auf die „Werke des Fleisches" heißt es in V.21: οἱ τὰ τοιαῦτα πράσσοντες (vgl. Röm 1,32). Die negative Beurteilung von πράσσω liegt im Neuen Testament nicht nur bei Paulus vor; vgl. *Ch. Maurer*, ThWNT VI 635–637. Auch für πρᾶξις gilt, daß „ein abwertendes Urteil in der Mehrzahl der Belege mitschwingt" (ebd. 644). Zur positiven Wertung der „Werke" im Jakobusbrief siehe den Exkurs „Das ‚Werk' bei Paulus und Jakobus" in: *F. Mußner*, Jakobusbrief 152–157.

I.

Da der Spruch vom „Herr"-Sagen aus der Logienquelle stammt und in zweifacher Fassung begegnet, stellt sich die Frage nach seiner ursprünglichen Gestalt. Die knappere Form steht als Frage Lk 6,46: „Was nennt ihr mich aber: Herr, Herr!, und tut nicht, was ich sage?" Die mattäische Fassung lautet: „Nicht jeder, der zu mir: Herr, Herr! sagt, wird ins Himmelreich hineinkommen, sondern wer den Willen meines Vaters im Himmel tut" (Mt 7,21). Noch der Kommentar von E. Klostermann ging der Frage, ob die lukanische Fassung „Abkürzung oder das Ursprüngliche" sei[4], nicht weiter nach. Er stellte nur fest, daß der Spruch bei Mattäus das unmittelbar Vorhergehende (Mt 7,15-20) abschließt und zugleich Mt 7,22f einleitet, während er bei Lukas „kaum noch mit dem Vorhergehenden verknüpft zu sein" scheint[5]. Der Spruch leitet bei Lukas unmittelbar das „Gleichnis vom Hausbau" ein (Lk 6,47-49 par Mt 7,24-27). Die Logienquelle enthielt am Ende der Jüngerrede die Stücke Lk 6,43f(Mt 7,16-18).46(Mt 7,21).47-49(Mt 7,24-27). Mt 7,19-20.22f gehörte diesem Komplex wahrscheinlich noch nicht an[6], wohl aber Lk 6,45, ein Logion, das Mattäus in einen anderen Zusammenhang verlegt haben dürfte (Mt 12,34b.35). Auf jeden Fall stand der Spruch vom „Herr"-Sagen schon in Q unmittelbar vor dem Vergleich vom Hausbau. Klostermann begnügte sich damit, die Frage zu stellen, ob der lukanische Text des Spruches „Abkürzung oder das Ursprüngliche" sei[7]. Eine ausführlich begründete Antwort findet sich bei F. Hahn[8]. Er wendet sich gegen bisher vorgebrachte (und selten argumentativ gestützte) Behauptungen, Lukas biete die ältere oder gar ursprüngliche Form des Spruches[9], und vertritt die Priorität der Mattäus-Fassung[10]. Die Begründung ist bei Hahn dreifach. Einerseits sei „diesem Spruch bei Lukas die eschatologische Ausrichtung genommen"; andererseits sei nun „an Stelle eines Tuns des Gotteswillens von einem Tun

---

[4] *E. Klostermann*, Lukasevangelium 84.
[5] Ebd.
[6] Mt 7,19f hat keine synoptische Parallele, während 7,22f par Lk 13,25b-27 steht und sich „mit aller Deutlichkeit als Einschub des ersten Evangelisten" erweist, wie *J. Schmid*, Matthäus und Lukas 244f, gezeigt hat. Zu Mt 7,19.20 siehe ebd. 249: Wiederholungen des Evangelisten.
[7] Siehe hingegen die ohne Argument beiläufig geäußerte Ansicht, Lk 6,46 biete eine „ursprünglichere Fassung", bei *E. Klostermann*, Matthäusevangelium 70.
[8] *F. Hahn*, Hoheitstitel 97f.
[9] Vgl. *W. Bousset*, Kyrios Christos 51; *R. Bultmann*, Geschichte 122f; *E. Klostermann*, Matthäusevangelium 70; *H. Greeven*, Gebet 62.
[10] Frühere Vertreter der Mt-Priorität waren z. B. *W. L. Knox*, The Sources 31f, und *E. Käsemann*, Die Anfänge 84. Siehe ferner *P. Bonnard*, Évangile selon Saint Matthieu 105; *H.-Th. Wrege*, Überlieferungsgeschichte 147.

dessen, was Jesus sagt, die Rede"[11]. Drittens verweist Hahn auf die Altertümlichkeit der Redewendung vom „Eingehen in die Himmelsherrschaft", die sich Mt 7,21 findet, wenngleich er den Spruch vom „Herr"-Sagen nicht dem irdischen Jesus zusprechen möchte[12]. Diesen Argumenten ist nun – wenn auch nicht in direkter Auseinandersetzung mit Hahn – von H. Schürmann widersprochen worden[13].

Bei Schürmann, der wiederum für die Priorität der Lukas-Fassung plädiert, kommt jene „neue" Literarkritik zum Zuge, die – letztlich im Dienste der redaktionsgeschichtlichen Fragestellung – form- und stilkritische Gesichtspunkte einbezieht und die Schürmann in seinem dreibändigen exegetischen Erstlingswerk, das für seine Methodik auch im Lukas-Kommentar bestimmend wurde, erstmalig vorführte[14]. Schürmann kann zeigen, daß sich in den Wendungen vom „Willen meines Vaters"[15], vom „Vater, der im Himmel (ist)"[16] und vom „Himmelreich"[17] mattäische „Redaktion" verrät[18]. Aber ist damit schon gesichert, daß die „redaktionellen" Wendungen des Mattäus-Evangelisten freie Redaktion sind, die keine Traditionsgrundlage hat? Schürmann behauptet das nicht. Freilich kann er für die Priorität der Lukas-Fassung weiter anführen, daß der dritte Evangelist „sonst oft" die Frageform vermeidet und diese somit „vermutlich" vorlukanisch ist[19]. Auf der anderen Seite kann Schürmann darauf verweisen, daß Mt 7,21 in der Wendung vom „Hineinkommen ins Himmelreich" an Mt 7,13f erinnert und daß ferner Mattäus die Redefigur des auf eine Verneinung folgenden ἀλλά liebt[20]. Stellt man, über Schürmanns Argumente hinausgehend, theologische Tendenzen des Mattäus-Evangelisten in Rechnung, so läßt sich der sekundäre Charakter der Mattäus-

---

[11] *F. Hahn*, Hoheitstitel 97.
[12] „Hier sind wohl ältere Elemente in einen neuen Spruch übernommen. Das ‚Herr, Herr' kann auch nicht als Anrede des irdischen Jesus gemeint sein, sondern wie in Mt 7,22f. handelt es sich offensichtlich um ein Problem, das die nachösterliche Gemeinde beschäftigt hat" (*F. Hahn*, aaO. 97). *R. Bultmann*, Geschichte 135. 163, wollte die lukanische Fassung des Spruches als primäre Überlieferung, als Wort des irdischen Jesus gelten lassen.
[13] *H. Schürmann*, Lukasevangelium 379–381.
[14] *H. Schürmann*, Paschamahlbericht; Einsetzungsbericht; Jesu Abschiedsrede.
[15] Vgl. Mt 12,50 diff Mk. Siehe auch Mt 6,10 diff Lk; 21,31 S; 26,42 diff Mk.
[16] Vgl. Mt 6,14 par Mk; 12,50 diff Mk; Sondergut: 6,1; 15,13; 16,17; 18,10.19.35. Im Q-Stoff geht die Wendung wohl (außer in Mt 5,45 und 7,11?) auf den Evangelisten zurück: Mt 5,16.48; 6,9.26.32; 7,21.
[17] Im Neuen Testament bekanntlich nur (34mal) bei Mt (und Joh 3,5 v.l.).
[18] *H. Schürmann*, Lukasevangelium 381. Siehe neuerdings auch *S. Schulz*, Spruchquelle 427f; *J. Dupont*, Béatitudes III 252–256.
[19] *H. Schürmann*, Lukasevangelium 381.
[20] Ebd. Zu ἀλλά nach einer Negation vgl. *H. Schürmann*, Traditionsgeschichtliche Untersuchungen 102.

Fassung sicherstellen. Zugleich wird damit die Priorität von Lk 6,46 erwiesen[21].

Die entscheidende Analogie zu der Fassung von Mt 7,21 sind die Seligpreisungen am Anfang der Bergpredigt, die der Evangelist gegenüber der von Lk 6,20b–23 repräsentierten Q-Fassung zu einer Art Tugendkatalog mit lehrsatzhaften Einlaßsprüchen umgestaltet hat. Aus dem ursprünglichen Anredecharakter der Makarismen sind Mt 5,3–10 Sprüche in der dritten Person geworden, die die Bedingungen nennen, unter denen der Besitz „des Himmelreiches" zuteil wird[22]. Im Zusammenhang mit einer entsprechenden Umformung des Spruches vom „Herr"-Sagen am Ende der Bergpredigt hat Mattäus die fragende Anrede des prophetischen Mahnwortes aufgegeben. Sie ist „zu einer allgemeingültigen Regel, zu einem ‚Einlaßspruch' von definitionsartigem Charakter geworden"[23]. Daß Mt 7,21 im Unterschied zu Lk 6,46 nicht vom Tun der Jesusforderung, sondern vom Tun des Willens Gottes spricht, geht nicht nur in der Formulierung („den Willen meines Vaters im Himmelreich") auf Mattäus zurück. Es handelt sich nicht – wie Hahn meinte – um eine ältere Fassung des Spruches. Vielmehr will Mattäus die Forderungen, die Jesus in der Bergpredigt erhoben hat, als mit dem Willen Gottes identische Weisung vorstellen. Wer Jesu Forderung nicht im Tun erfüllt, übt nach 7,23 „Gesetzlosigkeit". Auch 7,24 gibt zu erkennen, daß Vers 21 die *Jesus*forderung als Ausdruck des Willens Gottes kennzeichnen will. Erklären sich somit von der mattäischen Theologie aus die Differenzen zu Lk 6,46, so ist es nicht nötig, die beiden einzigen Elemente weiter zu erörtern, die in der Lukas-Fassung auf den Evangelisten zurückgehen könnten, nämlich die Frageform[24] und das Verbum καλέω[25]. Denn die Frageform war mit der anredenden zweiten Person des Spruches verbunden. Und λέγω ist bei Mattäus an die Stelle von

---

[21] Geht man davon aus, daß die beiden Evangelisten den Spruch bereits in verschiedener Fassung vorgefunden haben, so läßt sich der redaktionelle Anteil an der jeweiligen kanonischen Fassung kaum mehr ausmachen. Nimmt man jedoch – wie wir es zunächst methodisch tun – eine identische Q-Vorlage der Evangelisten an und kann man ferner die Differenzen der beiden Spruchfassungen von der (anderweitig erkannten) theologischen Zielsetzung der Evangelisten (oder wenigstens eines der beiden) plausibel machen, so ist (wenigstens für diesen Fall) die Gleichheit der Vorlagen im Nachhinein bestätigt.

[22] Siehe G. *Schneider*, Bergpredigt 35–37; H. *Schürmann*, Lukasevangelium 329f. J. *Dupont*, Béatitudes I 341f, schreibt hingegen den Anredecharakter der Makarismen dem Verfasser des dritten Evangeliums zu.

[23] W. *Trilling*, Israel 162(189).

[24] H. *Schürmann*, Lukasevangelium 381: „Die von Luk sonst oft vermiedene Frageform ist vermutlich vorluk."

[25] S. *Schulz*, Spruchquelle 427f: „Das Verb λέγειν bei Mt könnte allerdings ursprünglicher sein als das technischere καλεῖν." Dafür verweist Schulz auf Lk 20,44 diff Mk. Doch steht Mt 7,21 nicht λέγειν κύριον, sondern λέγων μοι (!) κύριε (!).

καλέω getreten, weil es dem ποιεῖν gegenübergestellt werden sollte. Dem Tun wird das Reden entgegengesetzt (vgl. Mt 21,28–31; 23,3b)[26]. Der ursprüngliche Gegensatz zwischen Bekenntnis (zum Herrn) und fehlendem Gehorsam (zum Herrn) wurde von Mattäus aufgegeben.

Die Q-Fassung unseres Spruches entspricht also der von Lk 6,46. Es handelt sich um ein prophetisch anfragendes Mahnwort an die Gemeinde, die sich zu Jesus als dem Herrn bekennt. Da die (zitierte) „Herr"-Anrede nicht als Höflichkeitsform[27] oder als Anrede an den Lehrer Jesus[28] aufgefaßt werden kann, ist der Spruch im Munde des vorösterlichen Jesus kaum denkbar. Ob es sich um einen isoliert tradierten christlichen Prophetenspruch handelt, ist nicht sicher zu entscheiden, weil zumindest der Verdacht besteht, daß der Spruch als Einleitung zum Gleichnis vom Hausbau entstanden ist[29]. Freilich muß auch beachtet werden, daß Lk 6,46 nicht den im „Gleichnis" 6,47–49 vorherrschenden Gegensatz zwischen *Hören* und *Tun* aufgreift. Der Spruch kann als Verknüpfung von 6,43–45 und 6,47–49 entstanden sein, falls er nicht doch einen isolierten prophetischen Ruf darstellt, der als Überleitung benutzt wurde. Das „Herr"-Rufen ist im ursprünglichen Spruch auf den Gebetsruf der Christen bezogen und an den erhöhten und zur Parusie erwarteten Christus gerichtet (vgl. das Marana-tha), wie offensichtlich auch Hahn einräumt[31]. Trifft dies aber zu, dann kann man nicht mit Hahn[32] behaupten, daß dem Spruch in der Lukasfassung „die eschatologische Ausrichtung genommen" sei, und aus diesem Grund für die Mattäus-Priorität eintreten. Eschatologische Dimension hat das Logion in beiden Fassungen.

Da der Spruch, obwohl man seine isolierte Überlieferung in Frage stellen kann, immerhin für sich verständlich ist, sollte man ihn nicht nur innerhalb des Kontextes zu verstehen suchen. In ihm wird die sich zu Jesus als dem „Herrn" bekennende Gemeinde in Form einer eindringlichen Frage ermahnt, ihr Handeln mit dem Bekenntnis in Einklang zu bringen. Wer (im Gottesdienst) Jesus als „Herrn" bekennt und anruft, muß sich ihm auch gehorsam unter-

---

[26] Vgl. *W. Trilling*, Israel 162(189).
[27] So *O. Cullmann*, Christologie 210: „die Doppelung ‚Herr, Herr' entspricht ganz der semitischen Höflichkeitsform".
[28] Vgl. *G. Dalman*, Worte Jesu I 269–272; *R. Bultmann*, Geschichte 122 Anm. 1.
[29] *H. Schürmann*, Lukasevangelium 380 Anm. 3: „Eine selbständige Tradition hat das Logion schwerlich je gehabt." Vielleicht darf man für die „Unselbständigkeit" des Logions veranschlagen, daß es später zu einem Apophthegma ausgestaltet wurde (Ps-Clem. hom. VIII 7,4; vgl. *E. Klostermann*, Lukasevangelium 84). *H. Greeven*, Gebet 62, meint hingegen, es habe „frei existiert".
[30] *E. Klostermann*, Lukasevangelium 84, schreibt Lk 6,46 die Funktion einer kurzen „Überleitung zu dem Schlußgleichnis" zu.
[31] *F. Hahn*, Hoheitstitel 98: „im besonderen an die eschatologische Funktion Jesu gedacht".
[32] *F. Hahn*, aaO. 97.

stellen und tun, was er sagt. Ein Bekenntnis ohne gehorsames Handeln (nach den Weisungen Jesu) wäre nutzlos, weil es nicht dazu führt, daß der kommende Herr die Seinen „aus dem kommenden Zorn(-gericht) rettet" (1 Thess 1,10)[33]. Die Praxis wird hier nicht einer „Theorie" gegenübergestellt, sondern es wird ein totales Bekenntnis zum Herrn verlangt. Ein Blick auf den Kontext kann das Vorstellungsschema verdeutlichen. Die Spruchreihe Lk 6,39f.41f.43–44a. 44b.45 lag wohl bereits in der Logienquelle vor, und zwar als Warnung vor falschen Lehrern, vielleicht näherhin vor dem Pharisäismus[34]. In dieser Spruchkette wird davon ausgegangen, daß die Qualität der Frucht der des Baumes entspricht (V.43). Deshalb kann man die Qualität der Lehrer wie den Baum an der „Frucht" erkennen (V.44a). Auch in den Versen 44b.45 liegt ein entsprechendes Denkschema vor: Der gute Mensch bringt Gutes, der böse Böses hervor. Wenn von hier aus der Spruch vom „Herr"-Sagen wieder zur Anrede an die Jesusjünger zurücklenkt, so kann er nach dem vorausgehenden Vorstellungsschema zweierlei sagen. Wer Jesu Forderungen erfüllt, erweist sich als wahrer Jünger des „Herrn". Und: Der Jünger, dessen Bekenntnis zum „Herrn" nicht nur Lippenbekenntnis ist, erweist seinen Gehorsam zum Herrn durch das Tun der Jesusforderung. Da die Jüngerrede schon in Q als zentrale Forderung Jesu das Liebesgebot nannte, ist „was ich sage" in Vers 46 auf diese entscheidende Weisung Jesu zu beziehen. Die „Q-Gemeinde" versteht die Weisungen der Jüngerrede als gegenwärtig vom Herrn ergehendes Wort. „Wer Jesu Liebesgebot befolgt, bekennt sich damit zu Jesu ‚Herr-Sein'"[35]. Das sagt der Spruch nicht erst im Kontext des dritten Evangeliums.

II.

Wie Mattäus den Spruch vom „Herr"-Sagen umgedeutet und verstanden hat, ergibt sich für uns aus der Umgestaltung des Spruches selbst, aus seiner Kontextverbundenheit und aus weiteren Anhaltspunkten des Mattäus-Evangeliums.
Die Neufassung des Q-Spruches erstreckte sich auf folgende Punkte: 1. Die prophetische Frage wurde zu einem lehrhaft warnenden Aussagesatz umge-

---

[33] Vgl. S. *Schulz*, Spruchquelle 429f. Daß der Spruch allerdings gegen die Auffassung gerichtet sei, „das χύριος-Bekenntnis könne alternativ gegen die gehorsame Erfüllung der tora-verschärfenden Forderungen ausgespielt werden" (429), und daß er besage, „allein die Tat des radikalisierten Toragehorsams und der bedingungslosen Jesus-Nachfolge" eröffneten die Rettung im nahen Weltgericht (430), geht aus dem Spruch nicht hervor.
[34] *H. Schürmann*, Lukasevangelium 369.378.
[35] *H. Schürmann*, aaO. 379.

staltet. 2. Es stehen sich nun *Reden* und Tun gegenüber. 3. Was zu tun ist, sind nicht mehr die Worte Jesu, sondern wird „der Wille meines Vaters im Himmel" genannt. 4. Der heilsentscheidende Charakter des Tuns wird verdeutlicht durch die Formulierung vom „Eintreten ins Himmelreich". Aus dem Kontext ergibt sich: 5. Der Spruch ist zwar wie in Q an die Christen insgesamt gerichtet, bezieht sich aber, wie die Verse 22f zeigen, potentiell auch auf christliche Propheten, die als „Täter der Ungesetzlichkeit" (V. 23) gekennzeichnet sind, weil sie den Willen Gottes (V. 21) nicht erfüllen. 6. Der Spruch vom „Herr"-Sagen wird durch die Verse 22f erweitert, die eindeutig die Situation beim Endgericht ins Auge fassen. Die Propheten reden den Richter Jesus zwar mit „Herr, Herr!" an, berufen sich auf ihr „im Namen" Jesu ausgeübtes prophetisches Reden, ihre Exorzismen und Macht-Taten, sie werden aber doch verworfen.

Diese Beobachtungen können im Lichte des gesamten Mattäus-Evangeliums zur Erkenntnis der theologischen Motive des Evangelisten führen. 1. Mit 7,21 wendet sich der Evangelist – nach dem zunächst abschließenden Vers 20 – dem Schlußteil der Bergpredigt zu, der zugleich zu den schon an deren Anfang genannten Einlaßbedingungen für die Basileia zurücklenkt. Wie der Anrede-Charakter der Makarismen dort ist auch die Anredeform des Einzelspruches hier zu einer lehrhaften Aussageform geworden. 2. Dieser Änderung entspricht, daß Mattäus das geforderte Tun (ποιεῖν) nicht nur stärker betont als Lukas[36], sondern es vor allem als Tun des Willens Gottes der bloßen Kyrios-Anrede gegenüberstellt. Aus dem (gottesdienstlichen) Ruf an den zur Parusie erwarteten Kyrios ist die Kyrios-Anrede[37] geworden. Der Gegensatz zwischen Kyriosbekenntnis und fehlendem Gehorsam gegen den Kyrios kommt nicht mehr zum Vorschein. Die Anrede ist offenbar nicht mehr (oder nicht nur) die der gegenwärtigen Beter, sondern – wie Vers 22 nahelegt – vor allem die der beim Endgericht um Einlaß in die Basileia Bittenden. 3. Daß nicht mehr die Forderung[38] Jesu, sondern der Wille seines Vaters angibt, was es zu tun gilt, ist nicht Indiz für die Priorität der mattäischen Fassung des Spruches, sondern zeigt, wie dieser Evangelist die Forderung Jesu versteht und betont zu verstehen lehrt. Wenn er Vers 24 schreibt: „Jeder *nun*, der *diese* meine Worte

---

[36] Siehe neben Mt 28,20a vor allem die Verwendung von ποιεῖν innerhalb der Bergpredigt: 5,19.32.46.47; 6,1.2.3; 7,12.17.18.19.21.22.24.26. Vgl. ferner den Makarismus der εἰρηνοποιοί Mt 5,9.

[37] με καλεῖτε wird durch ὁ λέγων μοι ersetzt. Möglicherweise ist πᾶς ὁ mit Partizip (Mt 7,21) durch den Anfang des Gleichnisses in Q (Lk 6,47 Anfang) veranlaßt; siehe *H. Schürmann*, Lukasevangelium 381.

[38] Diesen Sinn von „was ich sage" (Lk 6,46) verdeutlichen die interpretierenden Zitationen des Spruches 2 Clem 4,1f.5; Pap. Egerton 2f.2ʳ; Ps-Clem.hom. VIII 7,4.

hört und sie tut...", gibt er zu erkennen, daß er die in der „Bergpredigt" bisher gebotenen Jüngeranweisungen meint, die zugleich das wahre „Gesetz" (V.23: ἀνομία) und den Willen des himmlischen Vaters (V.21) darstellen. „Jesu Forderung steht nicht neben, über oder unter der Forderung Gottes, sondern ist sie selber in völliger Identität"[39]. 4. Daß der Eintritt ins „Himmelreich"[40] von der Ausführung des göttlichen Willens abhängt, ist nach dem Gesagten nun einsichtig. Der Vater „im Himmel" hat die Bedingung gesetzt, unter der er den Zutritt in sein Reich gewährt. Der himmlische Kyrios Jesus stellt als Richter fest, ob jener von Gott geforderte Gehorsam verwirklicht wurde oder ob der Einlaßbegehrende „Ungesetzlichkeit ausübte" (V.23). Nicht bloßes Tun, nicht einmal Tätigkeit „im Namen Jesu" (V.22) erfüllt die Einlaßbedingung Gottes, sondern nur die Ausführung der *sittlichen Forderung Jesu*, die auch Mattäus im Liebesgebot zusammengefaßt sieht[41].

5. Auf den ersten Blick ist schwer auszumachen, ob der Evangelist 7,21–23 noch wie 7,15–20 auf die Pseudopropheten bezieht oder allgemein auf die Jünger[42]. In Vers 22 ist zwar deutlich auf Propheten Bezug genommen, aber nicht eigentlich auf Falschpropheten. Doch ist nicht zu verkennen, daß Vers 20 resümierend die Warnung vor den Falschpropheten beendete und daß mit Vers 21 ein neuer Gedanke einsetzt, der schließlich mit dem „Gleichnis" (V.24: πᾶς οὖν) seinen Abschluß findet. Vers 21 redet zwar als Unterweisung allgemein jeden Jünger an, spricht aber doch in Verbindung mit den Versen 22f[43] von der Bedingung, unter der das Heil erreicht wird, und dann – wenn auch betont – von denen, die das Heil nicht erreichen. Damit entspricht das Stück der Struktur des Gleichnisses und kann somit als vorausgehende Verständnishilfe gelten. Diese hat vor allem die Worte Jesu als den „Willen" Gottes, ja als das „Gesetz" Gottes, kennzeichnen wollen. 6. Die „Erweiterung" von Vers 21 durch die Ausführung der negativen Alternative, nämlich der eschatologischen Folge dessen, daß ein Christ den Willen Gottes nicht tat,

---

[39] W. *Trilling*, Israel 163(190), mit dem Hinweis, daß diese Identität „die Auswirkung, eine Seite der Identität von ‚Gottes Königtum' und dem ‚Herrentum Christi'" ist.

[40] Auch mit diesem Zentralbegriff lenkt Mattäus zu den Makarismen zurück, in denen er diesen Begriff zur „Rahmung" (5,3.10) benutzte.

[41] G. *Schneider*, Bergpredigt 165–167.

[42] J. *Schmid*, Das Evangelium nach Matthäus 151f.

[43] Die VV.22f sind vom Evangelisten an V.21 (par Lk 6,46) angehängt worden. Ihre Vorlage stand ursprünglich in anderem Zusammenhang, wie Lk 13,25b–27 zeigt; vgl. *J. Schmid*, aaO. 152. M.E. hat Mattäus in V.22 die Anrede verdoppelt (vgl. Mt 25,11). F. *Hahn*, Hoheitstitel 98, hält die Doppelung der Anrede für ursprünglicher. Doch muß dagegen vermerkt werden, daß Lukas eine Doppelanrede sonst aus Quellen *übernommen* hat (6,46 und 13,34 par Mt; 10,41 und 22,31 Sondergut oder gar – wie 8,24 diff Mk – „Redaktion"). Vgl. Apg 9,4 (= 22,7; 26,14); dazu *H. Schürmann*, Jesu Abschiedsrede 101.

obgleich er „im Namen Jesu" tätig war, zeigt – über die Aussage des folgenden Gleichnisses hinausgehend –, daß es entscheidend auf das Tun der sittlichen Forderung Jesu ankommt (vgl. 25,31–46). Das wird am Ende des Evangeliums noch einmal ausdrücklich gesagt: „Lehret sie alles halten, was ich euch befohlen habe" (28,20a)! Es zeigt sich, daß das mattäische Verständnis des Spruches vom „Herr"-Sagen dem Denkschema von Theorie und Praxis zwar näherkommt als die ursprüngliche Fassung, ihm aber doch nicht voll entspricht. Immerhin kann die sittliche Weisung Jesu, also vor allem die „Bergpredigt", als vor aller tätigen Erfüllung existent angesehen werden[44], während man einem „Herr"-Rufen ohne Gehorsam gegenüber dem Herrn die Qualität des gläubigen Bekennens absprechen muß und allenfalls von einem leeren Lippenbekenntnis reden kann.

III.

Da der lukanische Wortlaut des auszulegenden Spruches mit dem von Q übereinstimmt und da der Spruch auch im gleichen Kontext steht wie in der Logienquelle, läßt sich der spezifische Sinn, den ihm der dritte Evangelist gab, von dem der Quelle nur schwer abheben. Dennoch kann die lukanische Sinngebung erkannt werden, und zwar vor allem vom Gesamtwerk dieses Evangelisten her.
Wie bei Mattäus ist zuerst der nähere Kontext zu beachten, nämlich die Rede, deren Schluß Lk 6,46 einleitet. Die in der Situationsangabe 6,17–19 vor Beginn der Rede genannten Zuhörer sind auch in der Frage von 6,46 angesprochen: eine große Jüngerschar und die Volksmenge aus dem Judenland und aus Jerusalem, ja aus dem benachbarten Tyrus und Sidon. Sie sind als „hörwillige" und „Heilung" suchende Menschen vorgestellt. Sie waren zu Jesus gekommen (V. 18 par Mk 3,8), woran Lk 6,47 ausdrücklich erinnert (Jeder, „der zu mir kommt"). Die „Herr"-Anrede von Vers 46 ist demzufolge als Anrede hörwilliger Zeitgenossen Jesu verstanden, und es wird deutlich gemacht, daß das Hören der Worte Jesu nicht schon zum Heil genügt. So wie das „Hören" nicht hinreicht (VV.47–49), genügt auch nicht die erwartungsvolle und ergebene „Herr"-Anrede (V.46). Vielmehr gilt es zu tun, was Jesus sagt (V.46: ἃ λέγω, V.47: μου τῶν λόγων ... αὐτούς). Wiederum ist vornehmlich an das Liebesgebot gedacht (vgl. V.27a: „Aber euch, den Zuhörenden, sage ich"). Dem „Hören" ist auch in dem Abschnitt über dieses Gebot

---

[44] „Lehren" hat indessen bei Mattäus einen direkten Bezug zum Handeln; es will und soll Tun erreichen (vgl. Mt 28,15.20a).

(6,27–35) ausdrücklich das „Tun" (ποιεῖν, ἀγαθοποιεῖν) gegenübergestellt (VV.27b.31.33.35). Entsprechend formuliert Lukas 8,21 (im Unterschied zu Mk 3,35): „Meine Mutter und meine Brüder, das sind die, die das Wort Gottes hören und tun." Das im Tun zu befolgende „Wort Gottes" (11,28) wird im „Wort" Jesu (4,32; 8,5.11; 10,39) bzw. in seinen „Worten" (9,26; 21,33; 24,44) vernommen[45].

Die Anrede von 6,46 ist also an den irdischen Jesus gerichtet, wie dem Leser des dritten Evangeliums durch das vorausgehende gleiche κύριε in 5,8.12 nahegelegt wird[46]. Trotzdem ist 6,46 (wie die gesamte Jüngerrede) nicht nur im Sinne eines Berichts auf der Ebene des Berichteten zu lesen. Vielmehr gilt die Mahnung auch den Lesern des Evangeliums, die als Christen „den Namen des Herrn anrufen" (Apg 2,21; vgl. 9,14.21; 22,16)[47].

Die „Herr"-Anrede findet sich im Mund von Menschen, die Jesu Lehrautorität und Heilungsmacht anerkennen. Doch gibt der Evangelist zu erkennen, daß ein solches Zutrauen nicht genügt. Die Anerkennung der Lehrhoheit darf sich nicht auf Anfragen an Jesu besonderes Wissen beschränken, sondern muß sich im Tun vollziehen. Das wird – in einer dem dritten Evangelisten eigenen Form – an mehreren Stellen seines Werkes deutlich. „Jemand" fragt 13,23a: „Herr, sind es wenige, die gerettet werden?" Die Antwort Jesu, die dem Evangelisten – im Gegensatz zu der Anfrage – materiell vorgegeben war (vgl. Mt 7,13f), lenkt von der „theoretischen" Frage zum praktischen Tun: „Kämpft darum, durch die enge Tür hineinzukommen!" (13,24a) Ähnliche redaktionelle Einführungsfragen liegen 10,29 („Und wer ist mein Nächster?") und 17,20a („wann das Reich Gottes komme") vor. Die Antwort Jesu ruft jedesmal zum Handeln gemäß seiner Weisung auf (10,36f; 17,21b[48]). Am Ende

---

[45] Vgl. *C.-P. März*, Wort Gottes 57–60.
[46] Siehe ferner Lk 7,6; 9,54.59.61; 10,17.40; 11,1; 12,41; 13,23; 17,37a; 18,41; 19,8; 22,33.38.49. Bei Mt begegnet hingegen die erste „Herr"-Anrede an (den irdischen) Jesus erst 8,2, also *nach* 7,21. Die 18 κύριε-Anreden des Lk an den irdischen Jesus kommen in 11 Fällen von Jüngern, in 7 von nachfolgewilligen oder Heilung erwartenden Menschen. In 7 bis 9 Fällen ist die Anrede vom Evangelisten gebildet (5,12; 11,1?; 12,41; 13,23; 17,37a; 18,41; 19,8?; 22,33.49).
[47] „Erst so wird dann recht eigentlich verstehbar, warum über den eigentlich gemeinten Gegensatz Hören-Tun VV. 46b.47ff hinaus – in solchem Zusammenhang doch eigentlich unbegründet – V.46a die Kyrios-Homologese erscheint" (*H. Schürmann*, Lukasevangelium 380f). Da in Apg für die (Tauf-)Homologese regelmäßig ἐπι-καλέω verwendet wird (2,21; 9,14.21; 22,16), ist indessen fraglich, ob Lukas auch Lk 6,46 auf dieses Bekenntnis bezieht. Da ferner die „Herr"-Anrede als Gebetsanrede (abgesehen von den Anm. 52 genannten Fällen) in Apg an *Gott* gerichtet ist (1,24; 4,29), wird sie Lk 6,46 als Anrede an den irdischen Jesus verstanden sein. Das grundlegende κύριος-Bekenntnis ist nach Apg 2,21.36.38 erst seit Ostern möglich.
[48] Zum lukanischen Anteil an Lk 17,20f siehe *R. Schnackenburg*, Abschnitt 214–221. Die Antwort Jesu auf die apokalyptische Pharisäerfrage enthält das problematische ἐντὸς ὑμῶν. *R. Schnackenburg* (218) deutet es mit *A. Rüstow*, ZNW 51 (1960), in dem Sinn, daß den Pharisäern die Basileia *zur Verfügung* steht, so daß Jesus „zu persönlicher Anstrengung" mahnt.

des Gleichnisses vom gottlosen Richter hat Lukas die implizit vorhandene Frage nach der Rechtfertigung der bedrängten Frommen (18,7.8a) durch die nach dem Glauben der Jünger (18,8b) erweitert[49]. Der Menschensohn fragt bei seinem Kommen nach jenem Glauben, der sich u. a. im unablässigen Beten (18,1) äußert.

Gerade solchen, die Jesus mit „Herr" anreden, wird von ihm eine Antwort zuteil, die ihre Vorstellung und Erwartung korrigiert. Insofern können auch diese Stellen den Spruch vom „Herr"-Sagen beleuchten, aber auch im Lichte von 6,46 gelesen werden. Jesus geht nicht von Petrus, dem „sündigen Menschen", weg, sondern macht ihn zum „Menschenfischer" (5,8.10). Jesus weist den Wunsch von Jakobus und Johannes, Feuer über das ungastliche Samariterdorf herabzurufen, zurück (9,54f). Er entspricht nicht dem Ansinnen der Nachfolgewilligen, die zuvor „den Vater begraben" oder von der Familie Abschied nehmen wollen (9,59f.61f). Den Siebzig, die sich freuen, daß ihnen die Dämonen untertan sind, nennt Jesus korrigierend den wahren Grund zur Freude (10,17.20). Der dienenden Martha gegenüber läßt Jesus die leise Kritik an der hörenden Schwester Maria nicht gelten, ja er weist auf den Vorrang des Hörens (auf sein Wort) hin (10,39.40.42). Um recht zu handeln, genügt nicht einmal eine dienende Aktivität. Rechtes Handeln setzt das Hören *auf Jesu Wort* (6,46b; 10,39b) voraus. Der Frage, ob wenige gerettet werden, wird die Aufforderung zum kämpferischen Ringen entgegengestellt (13,23f). Die Frage der Jünger, wo sich die Endereignisse abspielen werden, wird durch das Sprichwort vom Aas und den Geiern zurückgewiesen (17,37a.b)[50]. Vielleicht ist auch der Hinweis Jesu auf die Sendung des Menschensohnes zur Rettung des Verlorenen (19,10) eine korrigierende Antwort, diesmal auf das „moralische" Versprechen des Zachäus (19,8). Schließlich kann nicht übersehen werden, daß Jesus auch die Apostel trotz der von ihnen bekundeten Bereitschaft zurechtweist. Petrus ist zwar bereit, Jesus in den Tod zu folgen; doch Jesus sagt ihm die dreimalige Verleugnung voraus (22,33f). Die Verteidigung Jesu mit dem Schwert, zu der die Apostel sich bereit erklären, wird abgelehnt (22,38a.b.49–51).

Obwohl Lk 6,46 der Q-Fassung des Spruches entspricht, hat Lukas die Weise, in der nach Ostern die Worte Jesu vernommen werden, wohl nicht mehr als gegenwärtige Anrede des erhöhten Herrn an die Seinen verstanden, sondern als in der Vergangenheit gesprochene Worte, deren es zu „gedenken" gilt[51].

---

[49] Vgl. *E. Gräßer*, Parusieverzögerung 36–38; *G. Schneider*, Parusiegleichnisse 71–78.
[50] 17,37a ist lukanisch-redaktionell; siehe *R. Schnackenburg*, Abschnitt 225f.231. Vgl. *E. Gräßer*, aaO. 171.
[51] Siehe besonders Apg 20,35, wo „Geben ist seliger als nehmen" an das Liebesgebot Jesu erinnern dürfte; vgl. Lk 6,30f.

Die κύριε-Anrede an Jesus ist in der Apostelgeschichte offenbar nicht normale Gebetsanrede der Christen, sondern setzt wie Apg 1,6 die besondere Anwesenheit des Auferstandenen während der „40 Tage" oder in einem „Gesicht" voraus[52]. Die Worte des Herrn müssen nach Lukas „im Herzen bewahrt" werden[53]. Während die Neufassung des Spruches Mt 7,21 ihn als Mahnung an den einzelnen Christen und nicht als Frage an die Gemeinde versteht („Jeder, der...,"), hat Lukas seine Form bewahrt. Die „Herr"-Anrede, von der er spricht, ist ja zunächst auf die damaligen Hörer Jesu zu beziehen. Doch auch Lukas gibt zu erkennen, daß er an den Einzelmenschen denkt, wenn er im Gleichnis vom Hausbau allegorisierend andeutet, was der Mensch nach dem „Hören" der Worte Jesu „tun" soll („er grub tief hinein und legte das Fundament auf Felsen" V.48).

Wie in der „Feldrede" auf die anfängliche Seligpreisung der Jünger (6,20–23) am Ende die Mahnung an den einzelnen folgt (6,47–49), geschieht das auch nach der Seligpreisung 10,23f. Es folgen zwei Stücke, die im wesentlichen Sondergut darstellen. Sie sprechen vom *Tun* der Nächstenliebe einerseits (10,25–37), vom *Hören* auf Jesu Wort andererseits (10,38–42) und beantworten die Frage nach dem zum ewigen Leben notwendigen Tun (10,25.42). Diese beiden Perikopen sind als grundlegende Jüngerunterweisung gewiß aufeinander bezogen, so daß die Aufforderung zum Handeln (V.37) durch die zum Hören auf Jesus als dem Einen-Notwendigen (V.42) ergänzt wird.

IV.

Überblickt man die frühe Traditionsgeschichte des Spruches vom „Herr"-Sagen und macht von diesem Überblick aus den Versuch, das urchristliche Verständnis des „Theorie-Praxis"-Problems mit dem heutigen zu vergleichen, dann kann sich der Vergleich wohl nur auf ein heute verbreitetes Normal-Verständnis der Problematik beziehen. Wollte man die verschiedenen philosophischen oder theologischen Konzeptionen heranziehen, so würde ein solches Unternehmen den gegebenen Rahmen sprengen. Insofern man heutzutage die rechte Praxis der bloßen („grauen") Theorie gegenüberstellt und ihren Vorrang betont, wird man sich nicht auf den Spruch vom „Herr"-Sagen berufen können. Denn dieser Spruch sieht im *Herr-Sein Jesu* den Grund des Heils. Nur wer das Herr-Sein Jesu nicht bloß *bekennt*, sondern auch im Gehor-

---

[52] Letzteres ist der Fall: Apg 7,59.60 (Stephanus); 9,5; 22,8.10.19; 26,15 (Paulus); 9,10.13 (Ananias); 10,4 (Kornelius); 10,14; 11,8 (Petrus). Im eigentlichen Gebet gilt die „Herr"-Anrede *Gott* (Apg 1,24; 4,29).
[53] Lk 8,15 diff Mk; vgl. 2,19.51.

sam zu seinem Wort *anerkennt*, kommt zum Heil. Das Bekenntnis ist unwahr, wenn ihm nicht der Gehorsam folgt. Und der geforderte Gehorsam ist seinem Wesen nach Anerkennung des Herr-Seins Jesu, weil er sich an seinem Wort orientiert.

Abschließend und zusammenfassend soll daher festgehalten werden, wie sich die Problematik in dem herangezogenen Beispiel urchristlicher Jesusverkündigung positiv darstellt. Möglicherweise ist Lk 6,46 ursprünglich als *Einzelspruch*, nämlich als prophetisches Mahnwort, überliefert worden. Sollte das der Fall gewesen sein, so richtete sich das Logion wohl gegen einen „Enthusiasmus", der angesichts der Erwartung eines nahen Kommens des „Herrn" die sittliche Weisung Jesu ignorierte. Die mahnende Frage ruft die Gemeinde derer, die Jesus als den kommenden „Herrn" anrufen, zum Gehorsam gegenüber seinen Forderungen auf. Sie macht die Wertlosigkeit eines bloßen Lippenbekenntnisses deutlich.

Innerhalb der *Logienquelle* läßt sich die Funktion des Spruches mit größerer Gewißheit ausmachen. Ungewiß bleibt zwar, ob der Spruch nun angesichts einer Entspannung der eschatologischen Naherwartung vor Lethargie warnt[54] oder z. B. die „tora-verschärfenden" Forderungen Jesu herausstellen möchte[55]. Die Voraussetzungen der „Tatenlosigkeit" der Gemeinde werden nicht genannt, und man kann allenfalls aus dem mit Lk 6,46 verbundenen Gleichnis vom Hausbau schließen, daß die Gemeinde Jesu Worte nicht nur aktuell als konkrete Anrede vernimmt, sondern sie auch „bloß-hörend" besitzt und tradiert. Da das Gleichnis vom Hausbau in der Logienquelle eine eschatologische Warnung angesichts der endzeitlichen Katastrophe ist, wird auch der einleitende Spruch vom „Herr"-Sagen diese eschatologische Dimension wahren wollen. Ein Kyrios-Bekenntnis zu dem Herrn, den man zur Parusie herbeiruft, ist ohne gehorsame Erfüllung seiner Forderungen nutzlos. Der Herr wird nur den vor dem kommenden Gericht retten, der ihn durch die Tat als Herr anerkannte. Der Kontext der Logienquelle sieht im Liebesgebot die Mitte der Forderungen Jesu[56].

---

[54] Zu der Frage, ob Q bereits eine „Verzögerung" der Parusie kennt und berücksichtigt, siehe D. *Lührmann*, Redaktion der Logienquelle 69–71 (mit positiver Antwort), und P. *Hoffmann*, Studien 49f (mit eingeschränkt positiver Antwort).

[55] Vgl. die Anm. 33 angeführte Auffassung von *Schulz*.

[56] Das „Ich sage euch" stand, wie Lk 6,27 par Mt 5,44 zeigt, schon in Q vor dem Gebot der Feindesliebe. – Aus dem paulinischen Briefkorpus ist Gal 5,6 zu vergleichen: „Glaube der durch Liebe wirksam ist". Die johanneische Theologie läßt Jesus sagen: „Wenn ihr mich liebt, werdet ihr meine Gebote halten" (Joh 14,15; vgl. 14,23f). Dieses Logion scheint mit dem Spruch vom „Herr"-Sagen traditionsgeschichtlich verwandt zu sein. Die spätere Überlieferung verbindet die johanneischen Logien mit dem Spruch der beiden Synoptiker; vgl. 2 Clem 4,1–5; Epist. Apostolorum 24(35). Mt 7,21 und Lk 6,46 werden schon von Justin, Apol. I 16,9f, miteinander verknüpft.

Das *Mattäus-Evangelium* betont die Identität der Jesusworte mit dem Willen Gottes. Jesu Weisung, die als Lehre weitergegeben wird, steht nicht *neben* dem Willen Gottes. Sie ist die wahre Kundgabe des göttlichen Willens und insofern „Gesetz". Sie ist nicht ohne Anleitung zur tätigen Erfüllung lehrbar: Die Jünger sollen die Völker „lehren, alles zu halten, was ich euch (zu tun) geboten habe" (Mt 28,20a). Was es zu tun gilt, spricht vor allem die mattäische Bergpredigt aus. Sie gibt durch die letzte der Antithesen zu erkennen, daß die Weisung Jesu im Gebot der Liebe kulminiert (5,43-48; vgl. 19,19b; 22,39f). Nur Taten der Liebe zählen vor Gottes Gericht (25,31-46), nicht aber charismatisch-prophetische Aktivitäten (7,22f). Wenn der Evangelist den Spruch vom „Herr"-Sagen zu einem lehrsatzhaften Einlaßspruch umgestaltete, appelliert er an die Entscheidungsfähigkeit des einzelnen und nennt ihm verdeutlichend und motivierend das Ziel des Handelns und den heilsentscheidenden Charakter des handelnden Gehorsams: Er spricht von der Bedingung für den Eintritt ins Himmelreich.

Der *dritte Evangelist* versteht die „Herr"-Anrede des Spruches als Anrede hörwilliger Zeitgenossen Jesu. Den mahnenden Spruch als solchen legt er indessen seinen *Lesern* vor, damit sie ihn wie alle Herrenworte bedenken und befolgen. Insofern ist die ursprüngliche eschatologische Dimension von 6,46 durch den Gesamtkontext aufgehoben. Auch Lukas denkt bei der Weisung Jesu vornehmlich an das Liebesgebot. Voraussetzung für rechtes Handeln ist indessen die grundlegende Bemühung des Hörers um das rechte Verstehen der Jesusworte, wie Lukas 6,48 (im Bild von den „Fundamentierungsarbeiten") und 8,15 (im Bild vom „guten Boden" und vom „Frucht-Bringen") andeutet und 10,39.42 ausdrücklich sagt. Die Herrenworte bedeuten gerade dem hörwilligen Menschen eine Korrektur seiner eigenen Erwartung und Vorstellung. Der „Herr" weist dem Christen den wahren Weg zum Heil. Und gerade in seiner den Menschen „ent-täuschenden" Weisung muß er als „Herr" anerkannt werden.

Literatur

Beilner, W., Orthodoxie und Orthopraxie: Cath 28 (1974) 257-270.
Berdesinski, D., Die Praxis – Kriterium für die Wahrheit des Glaubens. Untersuchungen zu einem Aspekt politischer Theologie, München 1973.
Beutler, J., Das Theorie-Praxis-Problem in neutestamentlicher Sicht, in: *L. Bertsch* (Hrsg.), Theologie zwischen Theorie und Praxis, Frankfurt a. M. 1975, 149-178.
Bonnard, P., L'Évangile selon Saint Matthieu (Commentaire du NT 1), Neuchatel 1963.
Bousset, W., Kyrios Christos. Geschichte des Christusglaubens von den Anfängen des Christentums bis Irenaeus (FRLANT 21), Göttingen ^{5}1965 (= ^{2}1921).
Bultmann, R., Die Geschichte der synoptischen Tradition (FRLANT 29), Göttingen ^{5}1961 (Nachdr. Berlin 1961).
Cullmann, O., Die Christologie des Neuen Testaments, Tübingen (1957) ^{3}1963.
Dalman, G., Die Worte Jesu, Bd. I, Leipzig ^{2}1930 (Neudruck Darmstadt 1965).
Dumont, C., Orthopraxie vor Orthodoxie?: Theologie der Gegenwart 13 (1970) 184-191.
Dupont, J., Les Béatitudes, 3 Bde., Paris (I^2. II) 1969. (III) 1973.
Gräßer, E., Das Problem der Parusieverzögerung in den synoptischen Evangelien und in der Apostelgeschichte (BZNW 22), Westberlin ^{2}1960.
Greeven, H., Gebet und Eschatologie im Neuen Testament, Gütersloh 1931.
Greinacher, N., Theologie im Spannungsfeld von Theorie und Praxis, in: *P. Neuenzeit* (Hrsg.), Die Funktion der Theologie in Kirche und Gesellschaft, München 1969, 156-170.
Hahn, F., Christologische Hoheitstitel. Ihre Geschichte im frühen Christentum (FRLANT 83), Göttingen (1963) ^{3}1966 (Nachdr. der 2. Aufl. Berlin 1965).
Hoffmann, P., Studien zur Theologie der Logienquelle (NTA NF 8), Münster 1972.
Käsemann, E., Die Anfänge christlicher Theologie (erstm. 1960), in: Ders., Exegetische Versuche und Besinnungen, Bd. II, Göttingen ^{3}1968, 82-104 (Nachdr. Berlin 1968, 170-192).
Klostermann, E., Das Lukasevangelium (HNT 5), Tübingen ^{2}1929.
Ders., Das Matthäusevangelium (HNT 4), Tübingen ^{4}1971 (= ^{2}1927).
Knox, W. L., The Sources of the Synoptic Gospels, Bd. II, Cambrigde 1957.
Koch, G./Pretscher, J., Rechter Glaube – Rechtes Handeln, Freiburg 1975.
Lührmann, D., Die Redaktion der Logienquelle (WMANT 33), Neukirchen 1969.
März, C.-P., Das Wort Gottes bei Lukas (EThSchr 11), Leipzig 1974.
Maurer, Ch., Art. πράσσω κτλ., in: ThWNT VI (1959) 632-645.
Mußner, F., Der Jakobusbrief (HThK XIII/1), Freiburg ^{2}1967.
Rüstow, A., ΕΝΤΟΣ ΥΜΩΝ ΕΣΤΙΝ. Zur Deutung von Lukas 17,20-21: ZNW 51 (1960) 197-224.
Schmid, J., Das Evangelium nach Matthäus (RNT 1), Regensburg ^{3}1956 (Nachdr. Leipzig 1963).
Ders., Matthäus und Lukas. Eine Untersuchung des Verhältnisses ihrer Evangelien (BSt 23,2-4), Freiburg 1930.
Schnackenburg, R., Der eschatologische Abschnitt Lk 17,20-37, in: Mélanges Bibliques (Festschr. für B. Rigaux), Gembloux 1970, 213-234.
Schneider, G., Botschaft der Bergpredigt (1969) (BGNT 30), Leipzig ^{2}1973.
Ders., Parusiegleichnisse im Lukas-Evangelium (SBS 74), Stuttgart 1975.
Schoonenberg, P., Orthodoxie und Orthopraxie, in: *K. Rahner* (Hrsg.), Die Antwort der Theologen, Düsseldorf 1968, 27-61.
Schürmann, H., Jesu Abschiedsrede Lk 22,21-38 (NTA XX/5), Münster 1957.
Ders., Der Einsetzungsbericht Lk 22,19-20 (NTA XX/4), Münster 1955.
Ders., Das Lukasevangelium. Erster Teil: Kommentar zu Kap. 1,1-9,50 (HThK III/1), Freiburg 1969 (Nachdr. Leipzig ^{2}1971).
Ders., Der Paschamahlbericht Lk 22,(7-14.)15-18 (NTA XIX/5), Münster 1953.
Ders., Traditionsgeschichtliche Untersuchungen zu den synoptischen Evangelien, Düsseldorf 1968.
Schulz, S., Q. Die Spruchquelle der Evangelisten, Zürich 1972.

Trilling, W., Das wahre Israel (EThSt 7), Leipzig 1959; (StANT 10) München ³1964 (Nachdr. [EThSt 7] Leipzig 1975).
Wrege, H.-Th., Die Überlieferungsgeschichte der Bergpredigt (WUNT 9), Tübingen 1968.

JESU ÜBERRASCHENDE ANTWORTEN.
BEOBACHTUNGEN ZU DEN APOPHTHEGMEN
DES DRITTEN EVANGELIUMS*

I. FRAGESTELLUNG

Daß Jesus überraschende Antworten gab, wird in allen vier Evangelien berichtet. Vor allem die sogenannten Apophthegmata[1] der synoptischen Evangelien geben das zu erkennen: Jesus nimmt Stellung zu Positionen seiner Hörer, indem er zurückfragt,[2] die Fragen seiner Umwelt als falsch gestellt kennzeichnet oder die Fragenden durch seine Antwort 'ent-täuscht'.[3] So befreit er sie aus einer verkehrten Frageposition.

Der überraschende Charakter der Antworten Jesu läßt sich bei den Synoptikern zum Inventar der Form rechnen.[4] Jener Charakter der Jesus-Apophthegmen, der die Kontrahenten enttäuscht oder korrigiert werden läßt, scheint verhältnismäßig alt zu sein.[5] Er ist wohl ursprünglich Ausdruck 'christologischer' Vorstellungen. Jedoch kann man erst beim dritten Evangelisten beobachten, daß er dieser Eigenart der Jesus-Worte besondere Aufmerksamkeit schenkt (II). Er reflektiert über die Antworten Jesu nicht nur da, wo er überlieferte Apophthegmen wiedergibt (III), sondern auch bei redaktionellen, von ihm selbst geschaffenen Bildungen (IV).

Mit dieser Feststellung zeichnet sich der Gang unserer Studie ab: Ausgehend von den Reflexionen des 'Lukas' über die erstaunlichen Antworten Jesu soll erkannt werden, inwiefern diese für die Hörer überraschend erscheinen. Denn die Entsprechung von *Fragen an Jesus* und dazugehörigen *Antworten Jesu* spiegelt nach Lukas Fragestellungen der Christen seiner Zeit und Umwelt wider. Letztlich werden christliche Gegenwartsfragen durch Jesus 'ent-täuschend' und kritisch beantwortet (V).

Zur Forschungssituation sei eine Bemerkung gestattet. Rudolf Bultmann hatte den Terminus *Apophthegma* der griechischen Literaturgeschichte entnommen (Geschichte der synoptischen Tradition, S. 8f). Er rechnete zu den Apophthegmata Schul- und Streitgespräche sowie Biographische Apophthegmata. Darin sind ihm viele Forscher gefolgt, in neuerer Zeit z.B. Ph. Vielhauer (siehe Anm. 1). Martin Dibelius hielt die Bezeichnung 'Apophthegma' für 'zu wenig präzis' (Formgeschichte des Evangeliums, S. 150). Er zog als Analogie zu den betreffenden Formen der Evangelien die *Chrie* heran. Er meinte: 'Aus der größeren Gruppe der Apophthegmen hebt sie sich durch die Bindung an den Einzelfall heraus... Von der Gnome unterscheidet sie sich durch die Bindung an eine Person' (ebd. 151).

* Main Paper, vorgetragen am 26. August 1982 auf dem 37. General Meeting der SNTS in Löwen.

Im Folgenden (besonders unter III) ist Bultmanns Formbestimmung vorausgesetzt, da bei der χρεία im allgemeinen die Aussage wichtiger ist als die Person des Sprechenden (siehe dazu unten Anm. 13). Dem 'Apophthegma' entspricht das, was der anglophone Gebrauch 'Pronouncement Story' nennt.

Erfreulich ist, daß sich in den USA eine Arbeitsgruppe mit der formgeschichtlichen Problematik der 'Pronouncement Stories' befaßte und dabei auch Bultmann einer Kritik unterzog (siehe Semeia 20 [1981]). Eine weitere Forschergruppe arbeitet in Claremont an einem Chreia-Projekt, was einem Bericht des Institute for Antiquity and Christianity (1981) zu entnehmen ist. Für die erste Gruppe zeichnet Robert C. Tannehill als Herausgeber. Direktor des Chreia-Projekts ist Edward N. O'Neil.

Die Arbeit der beiden Forschungsunternehmen scheint in die gleiche Richtung zu deuten: Apophthegma und Chreia gehörten zu den Progymnasmata des hellenistischen Schulbetriebs, also zu den Vor-Übungen im Elementarunterricht von Grammatik und Rhetorik. Beide Formen sind im vorchristlichen Judentum kaum bezeugt, und ihr Vorkommen in den synoptischen Evangelien kann – im Gegensatz zu Bultmanns Vermutung (vgl. Anmerkungen 4f) – wohl nicht auf Formen des zeitgenössischen *rabbinischen* Lehrbetriebs zurückgeführt werden.

II. DAS LUKANISCHE INTERESSE AN DEN ANTWORTEN JESU

Ein Blick in die Konkordanz zeigt, daß im Neuen Testament nur Lukas ἀπόκρισις auf Antworten *Jesu* bezieht: Lk. 2. 47 und 20. 26. Die beiden sonstigen Vorkommen von ἀπόκρισις im Neuen Testament stehen im vierten Evangelium, und zwar in der Wendung 'Antwort geben'; dabei geht es Joh. 1. 22 um die Antwort des Täufers Johannes und 19. 9 um die Antwort, die Jesus vor Pilatus verweigerte. Die beiden Vorkommen im dritten Evangelium sind nicht nur lukanisch-redaktionell;[6] sie stimmen auch sachlich mehrfach überein: In beiden Fällen handelt es sich um Antworten, die Jesus im Bereich des Jerusalemer Tempels gibt,[7] und es wird jeweils vom betroffenen Erstauntsein der Hörer berichtet.[8] Vielleicht darf man die Konvergenz der beiden Stellen noch in einem dritten Punkt erkennen: Die ἀπόκρισις wird als Antwort des 'Lehrers' Jesus angesehen. Laut Lk. 2. 46 sitzt der Zwölfjährige im Tempel 'mitten unter den Lehrern'. Unter denen, die 'über sein Verständnis und seine Antworten' staunen (V. 47), sind offensichtlich auch die Lehrer im Tempel. Der 'Schüler' Jesus wird in Vers 47 als einer gezeichnet, der die Lehrer belehrt. Lk. 20. 1 wird Jesus ausdrücklich als διδάσκων τὸν λαόν gekennzeichnet (vgl. 20. 21, 28, 39); seine Kontrahenten sind diesmal die 'Hohenpriester und Schriftgelehrten samt den Ältesten' (20. 1), später die 'Schriftgelehrten und Hohenpriester' (20. 19), dann die Sadduzäer (20. 27) und schließlich einige Schriftgelehrte (20. 39). In diesem Zusammenhang verdient Beachtung, daß in den Apophthegmen des dritten Evangeliums Jesus häufig mit διδάσκαλε angeredet wird: Lk. 7. 40; 10. 25; 12. 13; 18. 18; 19. 39; 20. 21; 20. 28, 39.

Während Lk. 2. 47 das überraschende Verständnis des zwölfjährigen Jesus hervorhebt, das sich in seinen *Antworten* bekundet, berichtet 20. 26, daß die Gegner Jesu über seine *Antwort* so erstaunt waren, daß sie verstummen mußten. Die Sadduzäer, die dennoch den Versuch machten, Jesu Auffassung über die Totenauferstehung ad absurdum zu führen (20. 27–33), mußten sich geschlagen geben. So konnte es fortan niemand mehr wagen, Jesus eine Frage zu stellen (20. 40).

Die Verwendung von ἀπόκρισις durch den dritten Evangelisten signalisiert, daß er den Antworten Jesu – von denen des zwölfjährigen bis zu denen, die er kurz vor seiner Passion gibt – besondere Aufmerksamkeit schenkt. Es fragt sich daher, ob entsprechende Beobachtungen auch bei der Verwendung des medialen ἀποκρίνομαι durch Lukas gemacht werden können.[9] Diese Frage ist positiv zu beantworten. Lukas verwendet ἀποκρίνομαι in bezug auf ein Antwortgeben Jesu insgesamt 22mal, und zwar vorwiegend in Textstücken, die als Apophthegmen zu bezeichnen sind:

Lk. 5. 22 diff. Mk.; 5. 31 diff. Mk.; 6. 3 diff. Mk.; 7. 22 par. Mt.; 7. 40 Sondergut; 8. 21 par. Mk.; 10. 41 Sondergut; 13. 2 Sondergut; 13. 15 Sondergut; 14. 3 Sondergut; 17. 17 Sondergut; 17. 20 Sondergut; 19. 40 Sondergut; 20. 3 diff. Mk.; vgl. 20. 26 ἀπόκρισις diff. Mk.

Von den 14 Vorkommen des Verbums, die in Apophthegmen stehen, sind nachweislich allein 4 *contra Marcum* eingesetzt, also lukanisch-redaktionell; dazu kommt das redaktionelle ἀπόκρισις Lk. 20. 26. Das lukanische Sondergut weist 8 Vorkommen von ἀποκρίνομαι auf,[10] wobei wenigstens 17. 20a redaktionell sein dürfte. Der dritte Evangelist hebt somit den Antwortcharakter der Aussprüche Jesu charakteristisch hervor.

III. JESU ANTWORTEN IN APOPHTHEGMEN, DIE DEM DRITTEN EVANGELISTEN VORGEGEBEN WAREN

Es empfiehlt sich, einen kurzen Blick auf jene Apophthegmen zu werfen, in denen Lukas mit Sicherheit von Quellen abhängig ist.[11] Im Anschluß an die Zusammenstellungen Rudolf Bultmanns sind dies folgende 19 Text-Einheiten.[12]

1. *Lk.* 5. 17–26 par. *Mk.* 2. 1–12 Heilung des Gelähmten (S)
2.   5. 27 f.   2. 14   Berufungsszene (B)
3.   5. 29–32   2. 15–17 Zöllnergastmahl (S)
4.   5. 33–39   2. 18–22 Fastenfrage (S)
5.   6. 1–5   2. 23–28 Ährenraufen am Sabbat (S)
6.   6. 6–11   3. 1–6   Heilung der verdorrten Hand am Sabbat (S)
    a)   7. 18–23   *Mt.* 11. 2–6 Täuferanfrage (S)
7.   8. 19–21   3. 31–35 Die wahren Verwandten (B)
8.   9. 49 f.   9. 38–40 Der fremde Exorzist (S)
    b)   9. 57–62   *Mt.* 8. 19–22 Nachfolge Jesu (B)
    c)   11. 14–23   *Mt.* 12. 22–30 Streit wegen der Exorzismen (S)
9.   18. 15–17   10. 13–16 Segnung der Kinder (B)

10.	*Lk.* 18. 18–23	par. *Mk.*	10. 17–22	Frage des Reichen (S)
11.	19. 45–48		11. 15–19	Tempelreinigung (B)
12.	20. 1–8		11. 27–33	Vollmachtsfrage (S)
13.	20. 20–26		12. 13–17	Die kaiserliche Steuer (S)
14.	20. 27–40		12. 18–27	Sadduzäerfrage (S)
15.	21. 1–4		12. 41–44	Das Opfer der Witwe (B)
16.	21. 5 f.		13. 1 f.	Weissagung der Tempelzerstörung (B)

Die Apophthegmen, die Lukas aus dem ältesten Evangelium übernommen hat, folgen nicht einfach dem formalen Schema: prägnanter Ausspruch des Lehrers, Angabe (oder wenigstens Andeutung) der Situation, der Fragestellung oder Hörer,[13] sondern sie zeigen, daß Jesus den Gesprächspartnern meist widerspricht, sie im doppelten Sinn des Wortes enttäuscht.[14]

Die formgeschichtliche Evangelienforschung nimmt an, daß die Apophthegmen weithin 'ideale Szenen' darstellen, die dem kirchlichen 'Sitz im Leben' und 'typischen Situationen und Verhaltungen einer Gemeinschaft' entsprechen.[15] Diesem kirchlichen 'Sitz im Leben' sind auch die teilweise schon vor-markinischen Apophthegmen-Sammlungen, die 'Streitgespräche' Mk. 2. 15–3. 6 und Mk. 12. 13–13. 2, zu verdanken, die Lukas fast ganz übernahm.[16] In der Logienquelle waren nur drei Texteinheiten 'apophthegmatisch' geformt. Letzteres entspricht der Form von Logiensammlungen, die Aussprüche ohne Angabe einer Situation überliefern.[17] Von daher ist es auch zu erklären, daß – wie wir noch sehen werden – der dritte Evangelist vor allem dem Stoff der Logienquelle 'apophthegmatische' Situationsangaben vorschaltete. Matthäus hat den Q-Stoff hingegen häufig systematisch geordnet und zu größeren Reden Jesu gestaltet.[18]

Die dem Kontrahenten bzw. Fragesteller widersprechende Zielrichtung der Antworten Jesu ist bei Markus und in den vor-markinischen Sammlungen insofern verständlich, als es sich häufig um Streitgespräche mit Gegnern handelt. Doch schon in Apophthegmen des ältesten Evangeliums widerspricht Jesus auch der Erwartung neutraler Personen oder von Jüngern: Mk. 3. 31–35 (die wahren Verwandten); 9. 38–40 (der fremde Exorzist); 10. 13–16 (Segnung der Kinder); 10. 17–22 (Frage des Reichen); 12. 28–34 (das höchste Gebot); 13. 1 f. (Weissagung der Tempelzerstörung). Jesus überrascht oder enttäuscht somit in den Apophthegmen Gegner und Jünger gleichermaßen. Der Widerspruch gegenüber Pharisäern und Gesetzeslehrern, Hohenpriestern und Ältesten sowie Sadduzäern ist schon im Kontext des ältesten Evangeliums nicht primär aus *historischem* Interesse berichtet, sondern weil er – wie der Widerspruch gegen die Erwartung neutraler oder positiv eingestellter Personen – *aktuell* auf die christliche Gemeinde bezogen wird.[19]

Bei den Apophthegmen des lukanischen Sondergutes ist das nicht anders. In den Text-Einheiten der folgenden Liste widerspricht Jesus 7mal Gegnern, 5mal neutralen Kontrahenten und 2mal Jüngern.[20]

1. *Lk.* 7. 36–50   Die Sünderin beim Mahl
2. 10. 38–42   Maria und Marta (B)
3. 11. 27 f.   Seligpreisung der Mutter (B)
4. 12. 13 f.   Erbstreit
5. 13. 1–5   Ermordung der Galiläer
6. 13. 10–17   Heilung der verkrümmten Frau am Sabbat
7. 13. 31–33   Jesus und Herodes Antipas (B)
8. 14. 1–6   Heilung des Wassersüchtigen am Sabbat
9. 17. 11–19   Heilung der zehn Aussätzigen (B)
10. 19. 1–10   Zachäus (B)
11. 19. 39 f.   Jubel der Jünger (B)
12. 19. 41–44   Weissagung der Zerstörung Jerusalems (B)
13. 22. 24–27   Vom Herrschen und Dienen (vgl. Mk. 10. 41–45)
14. 23. 27–31   Die Frauen am Kreuzweg (B)

Es fällt auf, daß in den Sondergut-Apophthegmen zwar die Gegner Jesu relativ häufig als Kontrahenten auftreten, daß aber trotzdem die Form des Streitgesprächs fast ganz zurücktritt. Bei einigen der in der Liste aufgeführten Apophthegmen kann man mit Martin Dibelius[21] bezweifeln, ob sie dem Verfasser des dritten Evangeliums schon als solche vorgelegen haben. Möglicherweise hat Lukas die Situationsangaben folgender Einheiten von sich aus geschaffen: Lk. 12. 13 f. (Erbstreit); 13. 31–33 (Jesus und Herodes Antipas); 22. 24–27 (vom Herrschen und Dienen).[22]

IV. TEXTEINHEITEN DES LUKANISCHEN WERKES, DEREN APOPHTHEGMEN-FORM REDAKTIONELL ODER DEREN APOPHTHEGMEN-CHARAKTER NICHT EXAKT GEGEBEN IST

Im lukanischen Werk finden sich Jesus-Apophthegmen, die – aus unterschiedlichen Gründen – nicht zu den traditionellen Apophthegmen gehören, von denen bisher (unter III) die Rede war. Es handelt sich um folgende zehn Texte, von denen einer der Apostelgeschichte angehört:

1. *Lk.* 2. 41–52   Der zwölfjährige Jesus
2. 9. 52–56   Die ungastlichen Samariter
3. 10. 25–28, 29–37   Das höchste Gebot
4. 13. 22–24   Die enge Tür
5. 16. 14 f.   Gegen die Pharisäer
6. 17. 5 f.   Glaube wie ein Senfkorn
7. 17. 20 f.   Vom Kommen der Gottesherrschaft
8. 22. 49–51   Gegen gewaltsame Verteidigung
9. 23. 39–43   Die beiden Schächer
10. *Apg.* 1. 6–8   Ihr werdet meine Zeugen sein!

Die aufgeführten Texteinheiten sind teilweise insoweit lukanische Bildungen, als der dritte Evangelist überlieferten Jesusworten eine Situationsangabe vorgeschaltet hat.[23] Dies ist z.B. in solchen Fällen geschehen, wo Lukas Jesusworte der Logienquelle übernahm, die zuvor 'situationslos' überliefert waren: Lk. 13. 22 f.; 17. 5. Sehr wahrscheinlich ist die Annahme zutreffend, daß solche 'redaktionellen' Angaben über den Anlaß des betreffenden Jesuswortes auf die Situation des *Lukas* oder seiner *Leserschaft* bezogen sind. Sie nennen zwar Kontrahenten Jesu, die für die betreffende Situation im Leben Jesu in Frage kommen. Aber sie spiegeln zugleich Fragestellungen und Probleme der Umwelt des Lukas wider.[24]

Will man die Art kennenlernen, wie Lukas Situationen schafft, in die Jesusworte sekundär hineingestellt werden, so achtet man am besten auf solche 'Einleitungen', die der Evangelist für den Q-Stoff bildete: Die Aussendungsrede Lk. 10. 1-12 begann in der Logienquelle mit einer kurzen Redeeinleitung, etwa mit ἔλεγεν αὐτοῖς[25] (vgl. V. 2). Lukas schaltet eine weitere und konkrete Situationsangabe vor, die zugleich mit dem Vorausgehenden verbindet: 'Danach suchte der Herr (zweiund-)siebzig andere Jünger aus und sandte sie zu zweit voraus in alle Städte und Ortschaften, in die er selbst gehen wollte' (V. 1). Eine ähnliche Einleitung schafft er für das Gebet des Herrn: 'Jesus betete einmal an einem Ort; und als er das Gebet beendet hatte, sagte einer seiner Jünger zu ihm: Herr, lehre uns beten, wie schon Johannes seine Jünger beten gelehrt hat' (11. 1). Auch hier war die Einleitung in Q[26] dem Evangelisten zu knapp. Eine weitere Situationsnotiz bezieht sich gleichfalls auf die Jesusjünger als Hörer der Worte Jesu: Lk. 12. 41 fragt Petrus den 'Herrn',[27] ob er das Gleichnis πρὸς ἡμᾶς spreche oder 'zu allen'. Die Frage unterscheidet zwischen den Aposteln und der Allgemeinheit als Adressaten der Botschaft Jesu; damit berücksichtigt sie die 'kirchliche' Situation, in die hinein die Jesusworte treffen.

Es ist verständlich, daß Lukas in den vorliegenden Fällen *Jesus-Jünger* als Adressaten der Jesusworte einsetzte: Geht es doch um die Themen Mission und Gebet sowie um die Adressaten der Gleichnisse. Ebenso naheliegend war es, daß Lukas bei den Bedingungen, die Jesus Nachfolgewilligen stellt (Lk. 14. 26 f. par. Mt. 10. 37 f.), die mit ihm wandernden ὄχλοι (Lk. 14. 25) als Hörer einsetzte. Da, wo es nach Meinung des Lukas um die Notwendigkeit des πάντοτε προσεύχεσθαι geht (18. 1), läßt er Jesus das Gleichnis vom Richter und von der Witwe (18. 2-8) an seine Jünger richten (vgl. 17. 22, 37). Die Belehrung über den 'Führenden', der wie der 'Dienende' sein soll (22. 25-27), wendet sich gemäß dem wohl lukanischen Vers 24 an die Apostel (vgl. V. 14).

Es gibt jedoch auch Jesusworte, die nach der 'Rekonstruktion' des Lukas *an Jesu Gegner*, die Pharisäer und die Schriftgelehrten (14. 15[28]; 15. 2), gerichtet sind. Die Gegner Jesu hören das Gleichnis vom großen Abendmahl (14. 16-24 par. Mt. 22. 2-10) und die Gleichnisse vom Verlorenen (15. 4-7 par. Mt. 18. 12-14; Lk. 15. 8-10, 11-32). Im ersten Fall zeigt Lukas, daß die Teilnahme am Mahl der Gottesherrschaft (14. 15) von der Annahme der Einladung abhängt, die von Pharisäern und Gesetzeslehrern ausgeschlagen wurde. Im zweiten Fall wird angedeutet, daß Gott sich über die wiedergefundenen 'Zöllner und Sünder' (15. 1) freut, während Pharisäer und Schriftgelehrte darüber 'murren',[29] daß Jesus mit diesen 'Sündern' Mahl hält. Die Einleitung zum Gleichnis von den Minen, Lk. 19. 11, ist sicher lukanisch-redaktionell. Wenn man bei den 'Murrenden' der Zachäusgeschichte (19. 7) besonders an Pharisäer und Schriftkundige zu denken hat,[30] so bezieht sich wohl auch ἀκουόντων δὲ αὐτῶν ταῦτα 19. 11 speziell auf diesen Personenkreis: 'Weil Jesus schon nahe bei Jerusalem war, meinten die, die das[31] gehört hatten, das Reich Gottes werde sofort erscheinen.' Das Gleichnis scheint eine Reich-Gottes-Erwartung, die sich eng mit Jerusalem verbindet, zurückzuweisen. Denn der 'vornehme Mann' des Gleichnisses begibt sich 'in ein fernes Land, um für sich die Königsherrschaft zu erlangen' (V. 12).[32] Wahrscheinlich ist die Einleitung zum Gleichnis vom Pharisäer und vom Zöllner (18. 9) lukanisch;[33] Lukas deutet sie jedenfalls auf die 'Selbstrechtfertigung' der Pharisäer (vgl. 16. 15),[34] denkt aber bei der Kritik Jesu auch an 'Jünger, die nach der Weise des Pharisäers beten'.[35] Da an den Stellen 14. 15; 18. 9; 19. 11 die Pharisäer nicht direkt genannt sind, muß der Christ sich fragen, inwieweit die Antwort Jesu auch ihn trifft.

An folgenden Stellen hat Lukas von sich aus Apophthegmen gebildet, indem er Situationsangaben vorschaltete: Lk. 13. 22–24 (die enge Tür) und 17. 5 f. (Glaube wie ein Senfkorn) auf der Grundlage eines Q-Logions, an anderen Stellen (22. 49–51; Apg. 1. 6–8) auf der Basis von Mk-Stoff oder aus Sondergut-Stoffen (Lk. 10. 25–37; 16. 14 f.; 17. 20 f.; 23. 39–43). Andere 'apophthegmen-artige' Texte lagen dem dritten Evangelisten wohl schon im ganzen vor: 2. 41–52 (der zwölfjährige Jesus); 9. 52–56 (die ungastlichen Samariter). Diese (zehn) Apophthegmen sollen nun unter dem Gesichtspunkt 'Tradition und Redaktion' betrachtet und auf ihre von Lukas beabsichtigte aktuelle Aussage hin befragt werden.

V. JESUS-APOPHTHEGMEN
ALS ANTWORTEN AN DIE 'LUKANISCHE GEMEINDE'

1. In der Erzählung vom zwölfjährigen Jesus im Tempel Lk. 2. 41–52 ist Vers 47 sekundär.[36] Dieser Vers, der die 'fast entsetzte Überraschung (ἐξίσταντο) der Gelehrten, ihrer Schüler und der umstehenden Zuhörer' hervorhebt[37] und so das 'Verständnis' in den Vordergrund rückt, das sich in Jesu 'Antworten' manifestiert, stammt wohl von Lukas.[38] Er hat somit ein ihm vorgegebenes Textstück, das einem Apophthegma nahekommt, dazu benutzt, auf die überraschenden Antworten Jesu hinzuweisen. Dieser überraschende Charakter der Worte Jesu trat schon in den vor-markinischen Apophthegmen zutage; er zeigte sich auch in lukanischer Sondergut-Überlieferung. Dort sollte er wohl zeigen, daß Jesus nicht Lehrer im Sinne der Schriftgelehrten ist, sondern eine prophetische Botschaft bringt,[39] die gängige Denkformen ent-täuscht. Mit Lk. 2. 47 überbietet Lukas nun diesen

christologischen Hintergrund der Apophthegmen und sieht den Grund für Jesu überraschende Antworten in seiner Gottessohnschaft, die der zwölfjährige Jesus in der gleichen Situation zum Ausdruck bringt (V. 49).[40] Die 'Antworten' Jesu überraschen laut 2. 47 'alle', die ihn hören. Dieser Hinweis des Evangelisten gilt auch für die zahlreichen Antworten, die Jesus während seines Erdenwirkens Gegnern und Anhängern geben wird. Die Gegner, die ihn schließlich mit einer Fangfrage überführen und dem römischen Statthalter übergeben wollen (20. 20), müssen feststellen, daß ihnen Jesus überlegen ist. Sie müssen aufgrund der 'Antwort' Jesu verstummen (20. 26).[41]

2. Die Perikope von den ungastlichen Samaritern Lk. 9. 52–56 enthält kein Logion Jesu,[42] sondern erwähnt nur, daß Jesus die Jünger zurechtwies (ἐπετίμησεν αὐτοῖς), die einen Feuerbrand über das Samariterdorf herabrufen wollten. Jedoch kann eine solche Kurzerzählung ohne direkten Ausspruch der Hauptperson im weiteren Sinn als Apophthegma, besser jedoch als Chreia, bezeichnet werden.[43] Da die Verse 52a,b, 53a, 56 kurze καί-Sätze darstellen, können sie vor-lukanisch sein.[44] Lukas hat möglicherweise das Ansinnen von Jakobus und Johannes[45] (V. 54) und die Reaktion Jesu (V. 55) von sich aus eingefügt.[46] Doch wird man eher annehmen dürfen, daß 9. 52–55 aus der Überlieferung stammt und (neben V. 51) nur Vers 56 lukanisch ist.[47] Den Jüngern gegenüber weist Jesus die Bitte um ein Strafwunder zurück: Der Christ soll nicht um Vergeltung rufen, sondern darauf bedacht sein, den Glauben zu bewahren bis zur Parusie (vgl. 18. 7 f.).

3. Lk. 10. 25–37 vereinigt zwei Traditionsstücke:[48] die Frage des Gesetzeslehrers nach dem zum 'ewigen Leben' notwendigen Tun (10. 25–28) und das Gleichnis vom barmherzigen Samariter (10. 29–37). Die Frage nach der Bedingung für das ewige Leben wird (im Unterschied zu Mk. 12. 28–34) derart gestellt, daß sie Jesus auf die Probe stellen soll, und das höchste Gebot wird dann vom Fragesteller selbst zitiert. Somit ist das erste Traditionsstück bei Lukas (diff. Mk.) kein Apophthegma,[49] da Jesus keine prägnante Antwort gibt. Die knappe Anweisung in Vers 28 ('Tu das, und du wirst leben!') kann nicht als für ein Apophthegma charakteristisch gelten, zumal sie die Überleitung zum Gleichnis darstellt. Der entscheidende Ausspruch Jesu ist das folgende Gleichnis! Der Gesetzeslehrer kennt das Hauptgebot; doch er weicht ihm aus, indem er die theoretische Frage stellt: 'Und wer ist mein Nächster?' (V. 29). Das Gleichnis antwortet in der Weise, daß Jesus die Fragestellung des Mannes als falsch erweist und ihm zeigt, daß man sich selbst zum Nächsten des Hilfsbedürftigen *machen muß* (VV. 36 f.). Die Doppelkomposition Lk. 10, 25–37 richtet sich somit an Hörer, die Jesu Liebesgebot zwar kennen, ihm aber ausweichen, indem sie theoretische Probleme vorschützen. Sie sagen gewissermaßen 'Herr, Herr!', doch sie tun[50] nicht, was Jesus sagt (vgl. 6. 46). Diese Haltung wird von Lukas bei seinen christlichen Lesern kritisiert!

4. Aus der Logienquelle stammt die Aufforderung Jesu, sich um den Durchgang durch die 'enge Tür'[51] zu bemühen (Lk. 13. 24 par. Mt. 7. 13). Lukas hat dieser Forderung eine Situationsangabe vorgeschaltet und so ein Apophthegma gebildet. Die Situationsangabe stellt das Logion Jesu zunächst in den Kontext des lukanischen Reiseberichts (13. 22), um dann einen nicht näher gekennzeichneten Mann die Frage stellen zu lassen, ob 'nur wenige gerettet werden' (V. 23). Die Frage des Ungenannten an den κύριος[52] ist ebenso 'theoretisch' wie die des Gesetzeslehrers, der wissen möchte, wer sein Nächster sei (10. 29). Die Frage ist aus dem Logion heraus gewonnen und 'rekonstruiert'. Dabei hat Lukas das Stichwort πολλοί (Lk. 13. 24b par. Mt. 7. 13b) verwendet.[53] Die Aktualität für die Leser des dritten Evangeliums besteht darin, daß Jesus sich gegen theoretische Ausflüchte wendet und den aktiven Einsatz[54] fordert (vgl. oben Nr. 3). Jesus lehnt 'eine objektivierbare Auskunft' ab und antwortet 'mit einem Imperativ, der apokalyptische Wißbegier unbefriedigt lassen muß'.[55]

5. Auch das Apophthegma Lk. 16. 14 f. ist vom dritten Evangelisten geschaffen. Er gibt von sich aus an,[56] wem Jesus mit dem Logion Vers 15 antwortet: den Pharisäern, die geldgierig sind und über Jesus spotten, weil er behauptet, Gottesdienst und Mammonsdienst seien unvereinbar (16. 13 par. Mt. 6. 24). Das Logion Jesu verurteilt den Stolz und die Ehrsucht. Lukas bezieht die Verurteilung – im Hinblick auf seine Leser – unter anderem 'auf die Liebe zum Geld'.[57] Letzteres Thema begegnet z.B. in der Paränese der Pastoralbriefe; es ist auch in griechischen Apophthegmen bezeugt.[58] Daß Lukas die Pharisäer wegen ihrer Selbstrechtfertigung bzw. Selbstgerechtigkeit kritisiert sein läßt, bezeugt auch 18. 9.[59] Er will damit die Christen seiner Gemeinde vor 'pharisäischer' Haltung warnen.

6. Das Jesuswort über den 'Glauben, so groß wie ein Senfkorn', Lk. 17. 6 (par. Mt. 17. 20), läßt Lukas durch eine Frage der 'Apostel' hervorgerufen sein. Das Jüngerwort: 'Füge uns Glauben hinzu!' stammt nicht aus der Tradition.[60] 'Es stellt das folgende Jesuswort in eine konkrete Situation und schafft so eine anschauliche Szene.'[61] Dabei verwendet Lukas das Stichwort πίστις. Das Logion Jesu weist die Bitte um einen 'vermehrten' Glauben indirekt zurück, indem es zeigt, daß schon ein kleiner Glaube – weil er eben *Glaube* ist! – einen Maulbeerbaum zu entwurzeln oder zu verpflanzen vermag. Der Glaube – falls er *überhaupt* vorhanden ist – hat jene ungeahnte Kraft, die von Gott kommt.

7. Von Lukas stammt auch die für griechische Apophthegmen typische Einleitung zu dem Jesuswort über das Kommen der Gottesherrschaft (Lk. 17. 20b, 21). Der einleitende Versteil (20a) lautet: 'Befragt (ἐπερωτηθείς) von den Pharisäern, wann die Gottesherrschaft komme, antwortete er ihnen und sagte (ἀπεκρίθη αὐτοῖς καὶ εἶπεν).' Diese Form der Einleitung ἐρωτηθείς ... ὑπό τινος ... εἶπεν gehört zur Gattung des griechischen Apophthegmas.[62] Lukas muß das Schema von dort gekannt haben, deutet aber

zusätzlich den Antwort-Charakter des Jesuswortes an.[63] Wenn das Jesuswort 17. 20b, 21 auch nicht in seinem ganzen Umfang als authentisch gesichert ist,[64] so kann man doch Vers 21b (die Königsherrschaft Gottes ist ἐντὸς ὑμῶν) auf Jesus zurückführen.[65] In diesem Fall ist es möglich, daß die Wendung ἐντὸς ὑμῶν ursprünglich einen anderen Sinn hatte als im lukanischen Kontext.[66] Im heutigen Kontext, wo Jesus zu den *Pharisäern* spricht, kritisiert sein Doppel-Logion deren Enderwartung, die apokalyptisch auf das Wann fixiert ist, in einer negativen und einer positiven Aussage. Der negative Teil der Antwort Jesu demonstriert, daß die Pharisäer – und zur Zeit des Lukas wohl auch Christen – die Frage falsch stellen. Da das Gottesreich 'nicht unter Beobachtung' kommt (d.h. nicht so, daß man sein Herannahen beobachten und den Zeitpunkt des Kommens berechnen kann), ist die Wann-Frage verkehrt.[67] Das Gottesreich ist – so sagt Jesus positiv – in Wirklichkeit schon 'unter euch', das bedeutet: 'in eurem Verfügungsbereich'. Es kommt darauf an, daß man sich ihm zuwendet.[68] Die Zurückweisung der apokalyptischen Frage nach dem Wann begegnet Apg. 1. 6–8 noch einmal. Dort betrifft sie die Frage der *Jünger* Jesu vor der Himmelfahrt (siehe unten Nr. 10).

8. In der Geschichte von der Verhaftung Jesu machen nach Lk. 22. 49 f. die anwesenden Anhänger Jesu einen Verteidigungsversuch. Als Judas Jesus entgegentritt (VV. 47 f.), sehen sie, daß die Festnahme Jesu droht, und fragen: 'Herr,[69] sollen wir mit dem Schwert dreinschlagen?' (V. 49). Noch bevor Jesus antworten kann, führt einer einen Streich gegen den Knecht des Hohenpriesters (V. 50). Lukas war durch die Vorlage Mk. 14. 47 daran gebunden, vom Schwertstreich und der Verwundung des Knechtes zu berichten, konnte aber andererseits Jesus nur eine negative Antwort geben lassen. So läßt er den Schwertstreich ausgeführt sein, ehe Jesus antworten kann. Die Antwort Jesu lautet: 'Laßt, bis dahin!' (V. 51a). Man darf frei übersetzen: 'Laßt ab, nicht weiter!' Die Antwort Jesu ist ebenso wie die einleitende Jüngerfrage[70] vom dritten Evangelisten *contra Marcum* gebildet. Wenn er damit ein 'biographisches Apophthegma' schuf, hatte er die Christen seiner Zeit im Auge. Das Apophthegma untersagt den Schwertgebrauch[71] für die Zukunft. Das entspricht der heilenden (vgl. V. 51b) und rettenden Sendung Jesu.

9. Die Frage nach den Eschata, näherhin das Problem, das sich vom Ausbleiben der Parusie her stellte, wird in einem Apophthegma reflektiert, das Lukas wohl gleichfalls selbst geschaffen hat: in der Erzählung von den beiden Schächern Lk. 23. 39–43, die allenfalls in Mk. 15. 32b (Spott der mit Jesus Gekreuzigten) einen traditionellen Ansatzpunkt hat. Die Lästerung des einen Verbrechers und sein Dialog mit dem anderen (Lk. 23. 39–41) dienen der Vorbereitung auf den Höhepunkt. Der lästernde Schächer erhält von Jesus keine Antwort; ihm antwortet sein Genosse. Erst dann wendet sich der 'gute Schächer' an Jesus mit der Bitte, seiner zu gedenken,

wenn er in sein Reich⁷² bzw. in seiner Königsherrschaft⁷³ komme (V. 42). Die Lesart ἐν τῇ βασιλείᾳ ist *lectio difficilior*⁷⁴ und zugleich am besten bezeugt.⁷⁵ Somit denkt der bittende Schächer an einen fernen Zeitpunkt der Parusie, zu dem der Gekreuzigte als König erscheint. Diese *Vorstellung* wird von Jesu 'heute noch' (V. 43) *korrigiert*; dennoch wird die *Bitte* des Schächers mehr als *erfüllt*. Als einer, der Jesu Unschuld erkennt und an ihn als den kommenden König glaubt, wird seine Bitte schneller, als erwartet, erfüllt. Die räumliche Vorstellung vom himmlischen Paradies tritt gegenüber der von einer zeitlich entfernten Parusie deutlich hervor.

10. Ein letztes Jesus-Apophthegma hat Lukas am Beginn seiner Apostelgeschichte geschaffen: 1. 6–8. Hier fragen die 'Apostel'(vgl. Apg. 1. 2) den Auferstandenen, der ihnen die Geisttaufe in wenigen Tagen (1. 5) versprochen hatte: 'Herr,⁷⁶ stellst du in dieser Zeit für Israel das Reich her?' Die Erwartung, die sich in dieser Frage artikuliert, ist eine verhüllte Frage nach dem Termin des Basileia-Anbruchs;⁷⁷ sie ist zugleich 'Naherwartung' und 'nationale' Erwartung. Die Frage der Jünger enthält die beiden Aspekte, die in der Antwort Jesu begegnen: Es geht um den Zeitaspekt und um die Ausdehnung des Reiches.⁷⁸ Jesu Antwort, die Lukas auf der Grundlage von Mk. 13. 10, 32 bildete,⁷⁹ weist zunächst die Frage nach dem Termin zurück (V. 7). Dann korrigiert sie die Naherwartung mit dem Hinweis auf die missionarische Aufgabe der Jünger in der 'Zeit der Kirche' und sprengt den Rahmen einer auf Israel bezogenen Apokatastasis durch den weltweiten Rahmen der Zeugenschaft für Christus (V. 8).⁸⁰

VI. RÜCKBLICK UND AUSBLICK

Die hier vorgelegten Beobachtungen lassen sich unter thematisch-theologischen wie auch unter formkritischen Gesichtspunkten zusammenfassen. Dabei soll nicht verschwiegen werden, daß sich weitere Fragen ergeben und tiefergehende Untersuchungen erforderlich erscheinen.

Das erste Jesus-'Apophthegma', das Lukas bietet (Lk. 2. 41–52), stellt den *christologischen Grund* vor, der Jesus als den in besonderer Nähe zu seinem Vater stehenden 'Sohn' zum Lehrer der Menschen werden läßt. Die Wendung 'mein Vater' begegnet außer 2. 49 noch an drei weiteren Stellen des dritten Evangeliums im Munde Jesu. Sie wird dort auf die exklusive Vollmacht bezogen, die Jesus als 'der Sohn' den Menschen gegenüber besitzt und in der er von Gott her seine Gaben verteilt. Er schenkt die Gotteserkenntnis (10. 22), das 'Reich' (22. 29) und den Geist (24. 49).⁸¹

Neben diesem 'christologischen' Ansatz lassen sich bei Lukas *kirchlich-aktuelle Fragestellungen* erkennen, die er in seinem Werk bevorzugt berücksichtigt. Hierzu gehört das Problem der sogennanten 'Parusieverzögerung'.⁸² Aber es kommen andere Schwerpunkte hinzu. Lukas wendet sich gegen ein Christentum, das mit 'theoretischen' Fragen den geforderten Taten ausweichen möchte.[83] Leitlinien für die in den Gemeinden Verantwortlichen spielen zunehmend eine Rolle.[84] Die Gläubigen, die offenbar schon Verfolgungen erlebt haben, werden vor Anwandlungen der Rachsucht und vor gewaltsamem Widerstand gewarnt.[85]

Die 'Apophthegmen' des dritten Evangeliums deuten darauf hin, daß seinem Verfasser an dieser Form der Jesusüberlieferung besonders gelegen war. *Formgeschichtlich* ist zu fragen, ob und inwieweit der 'Sitz im Leben' für die überlieferten Apophthegmen eine 'christliche Unterweisung' gewesen ist, als deren Fortführung Lukas sein Doppelwerk geschrieben hat.[86] Gerade die Apophthegmen und die frühen Apophthegmen-Sammlungen sind – wie das älteste Evangelium zeigt – Schritte auf dem Weg zur Gattung 'Evangelium' gewesen. Sie sind der Form nach sicherlich weiter zu untersuchen und differenzierter zu betrachten, als Bultmann es tat.[87] Vor allem ist zwischen möglichen vor-literarischen Formen und literarisch-redaktioneller Verwendung der Form zu unterscheiden. Doch soviel dürfte sichtbar geworden sein, daß das dritte Evangelium als eine großangelegte Sammlung von Jesus-Apophthegmen betrachtet werden kann.

ANMERKUNGEN

[1] Zur 'Form' der Apophthegmata siehe R. Bultmann, *Die Geschichte der synoptischen Tradition* (FRLANT 29) (Göttingen, ⁵1961), S. 8–73, besonders S. 39–73. Er unterscheidet zwischen 'Streitgesprächen', 'Schulgesprächen' und 'Biographischen Apophthegmata'; so auch Ph. Vielhauer, *Geschichte der urchristlichen Literatur. Einleitung in das Neue Testament, die Apokryphen und die Apostolischen Väter* (Berlin/New York, 1975), S. 298–301. Siehe ferner W. Gemoll, *Das Apophthegma. Literarhistorische Studien* (Wien/Leipzig, 1924); K. Horna/K. v. Fritz, 'Gnome, Gnomendichtung, Gnomologien', in: *PRE Suppl.* VI (1935), Sp. 74–90; M. Dibelius, *Die Formgeschichte des Evangeliums* (Tübingen, ⁴1961), S. 149–64, 172–7; O. Gigon/K. Rupprecht, 'Apophthegma', in: *Lexikon der Alten Welt* (Zürich/Stuttgart, 1965), Sp. 222 f.

Sammlungen von Apophthegmata finden sich z.B. bei Plutarch, *Moralia* 172B–208A (Regum et imperatorum apophthegmata); 208B–236E (Apophthegmata Laconica); 240C–242D (Lacaenarum apophthegmata). Weitere Sammlungen: *Die Wiener Apophthegmen-Sammlung*, hrsg. und besprochen von C. Wachsmuth, in: Festschrift zur Begrüßung der vom 27.–30. 9. 1882 tagenden 36. Philologen-Versammlung (Freiburg/Tübingen, 1882), S. 1–36; *Gnomologium Vaticanum*, ed. L. Sternbach (TK 2) (Berlin, 1963); *Apophthegmata Patrum*, in: PG 65, 71–440.

[2] Siehe z.B. Mk. 2. 19, 25 f.; 3. 4; 11. 30; 12. 16; Mt. 17. 25; Lk. 12. 13 f.; 13. 2, 4; 13. 15; 14. 5.

[3] Siehe z.B. Mk. 9. 38–40; 10. 17 f.; 10. 35–40; Lk. 12. 13 f.; 13. 1–5; 17. 20 f. Dazu schreibt E. Trocmé, *Jésus de Nazareth vu par les témoins de sa vie* (Neuchâtel, 1971), in dem Kapitel 'Le Jésus des "Apophtegmes"' (S. 60–69): '... Jésus refuse de jouer les rôles ou de dire les choses qu'on voudrait lui imposer' (68).

[4] Antworten in der Form der Gegenfrage finden sich in rabbinischen Streitgesprächen; vgl. Bultmann, *Geschichte der synoptischen Tradition*, S. 43–6. Auch die 'Schulgespräche' und die 'Biographischen Apophthegmata' der Synoptiker haben Parallelen in der rabbinischen Tradition; siehe Bultmann, a.a.O. S. 57 f., 63.

[5] Bultmann, a.a.O. S. 49, möchte 'mit Sicherheit feststellen, daß die Formung des Stoffes [der Streitgespräche] überwiegend in der *palästinensischen Urgemeinde* erfolgt ist'. Die Bildung der 'Schulgespräche' führt Bultmann, a.a.O. S. 57 f., ebenfalls auf die palästinensische Gemeinde zurück; dabei verweist er auf ihre 'Verwandtschaft mit den Streitgesprächen wie mit den rabbinischen Schulgesprächen'. Er erwägt indessen, ob nicht neben Lk. 17. 20 f. z.B. auch Lk. 9. 51–56 und 12. 13 f. aus der hellenistischen Gemeinde stammen könnten (a.a.O. S. 58). Zur Kritik an Bultmann

siehe neuerdings G. G. Porton, 'The Pronouncement Story in Tannaitic Literature: A Review of Bultmann's Theory', in: *Semeia* 20 (1981), S. 81-99.

[6] Zum redaktionellen Charakter von Lk. 2. 47 (im Rahmen der Erzählung vom zwölfjährigen Jesus im Tempel) vgl. H. Schürmann, *Das Lukasevangelium. Erster Teil* (HThK III/I) (Freiburg i. Br., 1969; ²1982), S. 135, der freilich nicht an *lukanische* Redaktion denkt; H. J. de Jonge, 'Sonship, Wisdom, Infancy: Luke II.41-51a', in: *NTS* 24 (1977/78), S. 317-54, näherhin 342-5; J. A. Fitzmyer, *The Gospel According to Luke* (I-IX) (AncB 28) (Garden City, 1981), S. 436 f., 442; E. Schweizer, *Das Evangelium nach Lukas* (NTD 3) (Göttingen, 1982), S. 41. - Lk. 20. 26 steht diff. Mk. 12. 17 am Ende der Perikope von der Erlaubtheit der Kaisersteuer. Daß man über Jesus (ἐπ᾽ αὐτῷ) staunte, sagt auch Mk.; aber Lukas erweitert: 'Sie konnten ihn nicht bei einem Wort ertappen (das er öffentlich) vor dem Volk (sprach); sie waren (vielmehr) von seiner Antwort sehr überrascht und mußten schweigen.'

[7] Vgl. Lk. 2. 46 (ἐν τῷ ἱερῷ); 20. 1 (ἐν τῷ ἱερῷ); siehe auch 21. 1.

[8] Siehe Lk. 2. 47 ἐξίσταντο δὲ πάντες ... ἐπὶ ... ταῖς ἀποκρίσεσιν αὐτοῦ, 20. 26 θαυμάσαντες ἐπὶ τῇ ἀποκρίσει αὐτοῦ. - ἐξίστημι (-άνω) ist Vorzugsvokabel der Apg. (8 Vorkommen). Die Wendung ἐξίσταντο δὲ πάντες steht z.B. auch Apg. 2. 12; 9. 21 (dort wie Lk. 2. 47 mit οἱ ἀκούοντες). θαυμάζω mit folgendem ἐπί τινι kommt im NT auch Lk. 2. 33; 4. 22; 9. 43; Apg. 3. 12 vor, also nur im lukanischen Werk. Das Verbum ἐξίστημι charakterisiert im lukanischen Werk vornehmlich ein Erstaunen angesichts übernatürlicher Ereignisse oder über deren Auswirkung: Lk. 8. 56; 24. 22; Apg. 2. 7, 12; 8. 9, 11, 13; 9. 21; 10. 45; 12. 16. Vom θαυμάζειν über ein Wort Jesu sprechen auch Lk. 4. 22; 20. 26; 24. 41, vom Staunen über Jesu Taten 8. 25; 9. 43; 11. 14, 38. - ἐξίσταμαι steht im Parallelismus neben θαυμάζω auch Apg. 2. 7; Mk. 6. 51 v. 1.

[9] ἀποκρίνομαι wird in den Evangelien häufig auf das Antworten bzw. Stellungnehmen Jesu bezogen, im dritten Evangelium an 22 Stellen, von denen 14 zu den Apophthegmen gehören. An den meisten Stellen wird das Subjekt ὁ Ἰησοῦς ausdrücklich genannt, an zwei Stellen des Sonderguts steht ὁ κύριος (10. 41; 13. 15), während die übrigen acht Stellen das Subjekt nicht ausdrücklich benennen (7. 22; 8. 21; 13. 2; 17. 20; 19. 40; 20. 3; 23. 3, 9).

[10] Die übrigen 8 Vorkommen des auf Jesus bezogenen ἀποκρίνομαι stehen in Zusammenhängen, die der Form der Apophthegmata nahestehen: Lk. 4. 4 par. Mt.; 4. 8, 12 diff. Mt. (Versuchungsgeschichte); 8. 50 diff. Mk. (Antwort an Jairus); 9. 41 par. Mk. (Antwort an das 'ungläubige Geschlecht'); 22. 51 diff. Mk. (Antwort auf die Frage der Jünger V. 49b); 23. 3 par. Mk. (Antwort an Pilatus); 23. 9 Sondergut (Antwort-Verweigerung vor Herodes Antipas).

[11] Die Apophthegmen des lukanischen Sondergutes sollen vorerst ausgeklammert bleiben, weil bei ihnen der Anteil lukanischer Redaktion nicht gesichert ist.

[12] Siehe Bultmann, *Geschichte der synoptischen Tradition*, S. 9-38. Im Anschluß an Bultmann ist im folgenden notiert, ob es sich um ein Streit- oder Schulgespräch (= S) oder um ein Biographisches Apophthegma (= B) handelt. Die mit a-c gekennzeichneten Einheiten stammen aus der Logienquelle.

[13] Zur Definition der Apophthegmen vgl. Bultmann, a.a.O. S. 8: '... solche Stücke, deren Pointe ein in einen kurzen Rahmen gefaßtes Jesuswort bildet'. Die Streitgespräche z.B. 'nehmen ihren Ausgang von einer Handlung oder einem Verhalten, woran der Gegner anknüpft und seinen Angriff als Vorwurf oder als Frage vorbringt' (*ebd.* 40). In den Schulgesprächen wird 'in der Regel einfach der Meister von einem Wißbegierigen gefragt' (*ebd.* 56), während der formale Aufbau der Biographischen Apophthegmata stärker variiert (vgl. *ebd.* 58). Die Bezeichnung ἀπόφθεγμα wird nahezu technisch verwendet: Xenophon, *Hell.* II 3, 56; Diogenes Laertius IV 7(47); V 1(17); diese Stellen bezeugen übrigens den Plural. Der Singular steht z.B. Diogenes Laertius I 4(79), der auch das Verbum ἀποφθέγγομαι auf die Rede des Weisen bezieht: I 2(63); 3(73). - Die Grenzen zwischen Apophthegma und Chrie (χρεία) sind nicht scharf zu ziehen. Bei der Chrie ist im allgemeinen das Bonmot wichtiger als die Person des Sprechers. Zur χρεία siehe Dibelius, *Formgeschichte des Evangeliums*, S. 151-64; K. v. Fritz in: *PRE Suppl.* VI (1935), Sp. 87-9; H. Gärtner, 'Chreia', in: *Der kleine Pauly I* (Stuttgart, 1964), Sp. 1161; O. Gigon/H. Hommel, 'Chrie', in: *Lexikon der Alten Welt* (1965) Sp. 586; H. Lausberg, *Handbuch der literarischen Rhetorik* (München, ²1973), § 1117.

[14] Der widersprechend-korrigierende Charakter des Ausspruchs Jesu gegenüber der Erwartung seiner Kontrahenten ist bei Lukas nur in drei der insgesamt 19 Apophthegmen, die aus Mk. bzw. Q stammen, schwach ausgebildet: Lk. 5. 27c (Ruf in die Nachfolge, par. Mk.); 7. 22 f. (Auskunft an die Johannesjünger, par. Mt.); 21. 3 f. (Belehrung über den Wert des Opfers der Witwe, par. Mk.).

[15] Bultmann, *Geschichte der synoptischen Tradition*, S. 40.

[16] Vgl. Trocmé, *Jésus de Nazareth*, S. 65 f.; R. Pesch, *Das Markusevangelium* (HThK II/1-2)

(Freiburg i. Br., 1976, 1977), I, S. 67, 149–51; II, S. 1 f. Die älteste formgeschichtliche Untersuchung war: M. Albertz, *Die synoptischen Streitgespräche. Ein Beitrag zur Formengeschichte des Urchristentums* (Berlin, 1921). Albertz führte die Streitgespräche auf 'Urgespräche' Jesu zurück (S. 57–80).

[17] Analogien sind das biblische Buch der *Sprüche* (Salomos); die *Sapientia Salomonis*, der Mischnatraktat *Pirqe Abot*, das koptische *Thomas-Evangelium*. Der Form der Apophthegmata kommen die Antworten nahe, die nach der *Epistula Aristeae* (187–292) die Mitglieder der jüdischen Gesandtschaft vor dem ägyptischen König (auf dessen Fragen hin!) geben.

[18] Dies hat schon Bultmann, *Geschichte der synoptischen Tradition*, S. 359 f., beobachtet.

[19] Lukas hat den Bezug auf die Gemeinde z.B. Lk. 5. 30 diff. Mk. 2. 16 verdeutlicht: 'Warum eßt und trinkt *ihr* (scil. die Jünger Jesu) mit den Zöllnern und Sündern?'

[20] Gegner Jesu: Nrn. 1, 6, 7, 8, 10, 11, 12; neutrale Personen: Nrn. 3, 4, 5, 9, 14; Jünger: Nrn. 2, 13.

[21] Dibelius, *Formgeschichte des Evangeliums*, S. 161, 162 f.

[22] Dibelius, a.a.O. S. 162, hält es für denkbar, daß auch die Situationsangaben Lk. 11. 27; 13. 1; 19. 39 vom Evangelisten stammen, vielleicht allerdings 'nur die prägnante Stilisierung'. Die Verwendung von ἀποκρίνομαι zur Einführung des Ausspruchs Jesu (Lk. 7. 40; 10. 41; 13. 2; 13. 15; 14. 3; 17. 17; 17. 20; 19. 40) kann eventuell gleichfalls auf die Hand des Lukas zurückgehen.

[23] Kurze Situationsangaben (wie Lk. 10. 1; 11. 1; 12. 41; 14. 15, 25; 15. 1 f.; 18. 1 [9?]; 19. 11) macht Lukas (wahrscheinlich von sich aus) auch zu Worten Johannes' des Täufers: Lk. 3. 10, 12, 14. Vgl. dazu Schürmann, *Lukasevangelium I*, S. 169 Anm. 54: ἐπερωτάω kennt die Q-Tradition nicht, Lukas verwendet es aber von sich aus Lk. 6. 9; 8. 9; 18. 40; 20. 21; 22. 64, jeweils diff. Mk. (vgl. ferner 17. 20; 18. 18; 20. 27, 40). Das Simplex ἐρωτάω ist in griechischen Apophthegmen häufig bezeugt (z.B. *Die Wiener Apophthegmen-Sammlung*, Nrn. 6, 8, 16, 17, 20, 23 u.ö.; *Gnomologium Vaticanum*, Nrn. 2, 7, 8, 18 u.ö.). In Apophthegmen des dritten Evangeliums begegnet das Kompositum außer Lk. 3. 10, 14; 6. 9; 18. 18; 20. 21, 27, 40 z.B. auch 17. 20.

[24] 'Die Fragen sind kurz und im Blick auf den Leser formuliert': K. Berger, *Exegese des Neuen Testaments. Neue Wege vom Text zur Auslegung* (Heidelberg, 1977), S. 210, unter Berufung auf G. Lohfink, *Die Himmelfahrt Jesu. Untersuchungen zu den Himmelfahrts- und Erhöhungstexten bei Lukas* (StANT 26) (München, 1971), S. 156 f.

[25] Vgl. S. Schulz, *Q. Die Spruchquelle der Evangelisten* (Zürich, 1972), S. 404 f.

[26] Siehe Schulz, a.a.O. S. 85, der allerdings nicht ausschließt, daß auch Lk. 11. 2a auf Lukas zurückgeht.

[27] Während Lk. 10. 1 erzählend den κύριος erwähnt (so auch 12. 42), begegnet 12. 41 die Anrede κύριε (so auch 13. 23; 17. 37; 22. 49).

[28] Der mit 'zu Tisch Liegende' 14. 15 ist laut 14. 1 bei einem Pharisäer-Archon zu Gast und wahrscheinlich gleichfalls als Pharisäer vorgestellt; vgl. V. 3: 'Gesetzeslehrer und Pharisäer'.

[29] διεγόγγυζον (15. 2) wie 19. 7 in der Zachäusgeschichte, wo gleichfalls der Umgang Jesu mit 'Sündern' (so 19. 6 wie 15. 2) kritisiert wird. Das γογγύζειν ist die Reaktion der 'Pharisäer und Schriftgelehrten' auch Lk. 5. 30 (diff. Mk. 2. 16); hier geht es um die Mahlgemeinschaft der Jesus-Jünger mit 'Zöllnern und Sündern' (vgl. dazu auch oben Anm. 19).

[30] Siehe oben Anm. 29.

[31] ταῦτα bezieht sich eindeutig auf die vorausgehenden Jesusworte 19. 9 f. – I. H. Marshall, *The Gospel of Luke* (Exeter, 1978), S. 703, meint, das Gleichnis von den Minen sei (gemäß V. 11!) an die 'followers of Jesus' gerichtet.

[32] Siehe dazu neuerdings J. T. Sanders, 'The Parable of the Pounds and Lucan Anti-Semitism', in: *TS* 42 (1981), S. 660–8, näherhin 665–7.

[33] Schweizer, *Evangelium nach Lukas*, S. 186, hält den Einleitungsvers für stilistisch lukanisch.

[34] Siehe G. Schneider, *Das Evangelium nach Lukas* (Ökumen. Taschenbuchkommentar zum NT, 3) (Gütersloh/Würzburg, 1977), S. 363; Schweizer, a.a.O. S. 170, 187.

[35] So Schneider, *Evangelium nach Lukas*, S. 364, mit Hinweis auf Lk. 14. 11 (dazu ebd. 314 f.).

[36] Siehe dazu oben Anm. 6.   [37] Schürmann, *Lukasevangelium I*, S. 135.

[38] Siehe B. van Iersel, 'The Finding of Jesus in the Temple', in: *NT* 4 (1960), S. 161–73, besonders 168–73. Schürmann, a.a.O. S. 135 Anm. 269, hat hingegen wegen der syntaktischen Inkongruenz Bedenken, Lk. 2. 47 dem Evangelisten zuzuweisen. Doch zeigt de Jonge, 'Sonship, Wisdom, Infancy', S. 342–5, überzeugend, daß der Vers in der vorliegenden Form stärkstens von Lukas geprägt ist.

[39] Vgl. Mk. 1. 22 par. Lk. 4. 32; Mk. 1. 27 par. Lk. 4. 36; ferner Lk. 7. 36 ('wenn dieser ein Prophet wäre . . .'). Siehe auch Albertz, *Die synoptischen Streitgespräche*, S. 75.

[40] Die Frage, die Jesus in V. 49 an seine Eltern richtet, setzt vielleicht voraus, daß Maria und Josef an die Worte des Engels Lk. 1. 32, 35 hätten denken sollen. Die Korrespondenz von 1. 32, 35 und 2. 49 wird vor-lukanisch sein. – Die Wendung 'mein Vater' (V. 49) kommt bei Lukas in Aussagen Jesu noch dreimal vor: Lk. 10. 22 (par. Mt.); 22. 29; 24. 49. Sie bezieht sich stets auf die exklusive Vollmacht, in der 'der Sohn' den Menschen die Gaben Gottes vermittelt: die Gotteserkenntnis, das 'Reich' und den Geist. Zur Traditionsgrundlage dieser 'Sohnes'-Christologie vgl. F. Hahn, *Christologische Hoheitstitel. Ihre Geschichte im frühen Christentum* (FRLANT 83) (Göttingen, ³1966), S. 320–9; siehe auch A. George, *Études sur l'œuvre de Luc* (Paris, 1978), S. 229–31; de Jonge, 'Sonship, Wisdom, Infancy', S. 351 f.

[41] Vgl. auch Lk. 20. 39 f.; 22. 52 f.

[42] Koine-Text und 'westlicher' Text lassen Jesus antworten: 'Ihr wißt nicht, welchen Geistes ihr seid!' (V. 55). Die meisten dieser Textzeugen (außer D) fügen ferner (nach Lk. 19. 10) an: 'Denn der Menschensohn ist nicht gekommen, Menschenleben zu vernichten, sondern zu retten' (V. 56).

[43] Siehe v. Fritz in: *PRE Suppl.* VI 88, der von der *Chreia* sagt, daß sie nicht 'immer in einer Aussage bestehen muß' (wie die Gnome), sondern auch 'in einem Apophthegma oder der Erzählung einer Handlung bestehen kann'. Vgl. auch Lausberg, *Handbuch*, § 1117.

[44] So Schweizer, *Evangelium nach Lukas*, S. 110: V. 53b ist wenigstens in der Formulierung lukanisch.

[45] Ist Lk. 9. 52–56 lukanisches Äquivalent für Mk. 10. 35–45?

[46] Dies setzt Schweizer, a.a.O. S. 110, voraus.

[47] So Schneider, *Evangelium nach Lukas*, S. 228; Fitzmyer, *Gospel According to Luke I*, S. 826. Siehe auch M. Miyoshi, *Der Anfang des Reiseberichts Lk 9,51–10,24* (AnBib 60) (Rom, 1974), S. 6–15, der neben 9. 51 die VV. 53b, 56b für redaktionell hält.

[48] Die beiden Stücke Lk. 10. 25–28, 29–37 gehörten wohl schon vor-lukanisch zusammen; siehe Schweizer, *Evangelium nach Lukas*, S. 121.

[49] Daß Lk. 10. 25–28 von Mk. 12. 28–34 abhängig ist, kann aber nicht ausgeschlossen werden; siehe H. Zimmermann, 'Das Gleichnis vom barmherzigen Samariter: Lk 10,25–37', in: *Die Zeit der Kirche. Festschrift für H. Schlier* (Freiburg, 1970), S. 58–69; vgl. Schneider, *Evangelium nach Lukas*, S. 247.

[50] Siehe das Stichwort ποιέω in den (teilweise lukanischen) Versen Lk. 10. 25, 28, 37a,b.

[51] Lk. 13. 24 διὰ τῆς στενῆς θύρας ist lukanisches Äquivalent für διὰ τῆς στενῆς πύλης Mt. 7. 13 (Q); siehe Schulz, *Spruchquelle*, S. 310 f.

[52] Zu der Anrede κύριε vgl. oben Anm. 27.   [53] Siehe Lohfink, *Himmelfahrt Jesu*, S. 156.

[54] ἀγωνίζεσθε ist gegenüber dem matthäischen εἰσέλθατε sekundär; vgl. Schulz, *Spruchquelle*, S. 310.

[55] Lohfink, a.a.O. S. 156.

[56] 'Lukanisch' ist in Vers 14 die Verwendung von ὑπάρχω (Partizip: Lk. 7. 25; 9. 48; 11. 13; 16. 23; 23. 50) und ἐκμυκτηρίζω (vgl. 23. 35 diff. Mk.). Vers 15 (oder wenigstens V. 15b) ist ein authentisches Jesuswort; siehe Marshall, *Gospel of Luke*, S. 625.

[57] Schneider, *Evangelium nach Lukas*, S. 337.

[58] φιλάργυρος kommt im NT auch 2 Tim. 3. 2 vor; vgl. φιλαργυρία 1 Tim. 6. 10 (vgl. auch *Gnomologium Vaticanum*, Nr. 265; Diogenes Laertius VI 2 [50]).

[59] Siehe oben Anm. 34.

[60] Lukanisch sind: die Verwendung von οἱ ἀπόστολοι, die Bezeichnung ὁ κύριος (vgl. oben Anm. 27) und der Gebrauch von προστίθημι; siehe Schneider, *Evangelium nach Lukas*, S. 347. Es geht im Zusammenhang wohl um die Vorstellung, den 'Aposteln' müsse ein höheres Maß an Glauben zukommen. Oder sollte es um 'Verleihung' von Glauben bzw. nur um 'Stärkung' des Glaubens gehen?

[61] Lohfink, *Himmelfahrt Jesu*, S. 155.

[62] Vgl. *Die Wiener Apophthegmen-Sammlung*, Nrn. 70; 98; 154; 186. Mit ἔφη Nrn. 43 und 82, mit ἐρωτώμενος Nr. 91. Zu diesem Schema siehe ferner *Gnomologium Vaticanum*, Nrn. 2; 7; 8; 18 u.ö., und Diogenes Laertius IV 7 (47 f.); V 1 (17 f.).

[63] Zur bewußten Verwendung von ἀποκρίνομαι siehe oben unter II.

[64] Vgl. Schneider, *Evangelium nach Lukas*, S. 354 f., wo 17. 20b, 21a als jesuanisch gelten, V. 21b jedoch dem dritten Evangelisten zugeschrieben wird. Schweizer, *Evangelium nach Lukas*, S. 180, stellt diese Position in Frage und hält V. 21b mit dem Ausdruck 'mitten unter euch' für traditionell.

[65] So neuerdings Marshall, *Gospel of Luke*, S. 653, der die Authentizität von V. 20b bezweifelt und von V. 21a für möglich hält.

[66] Zur Deutung des ἐντὸς ὑμῶν siehe G. Schneider, 'ἐντός', in: *EWNT* I, Sp. 1125-1127.

[67] Siehe Schneider, a.a.O. Sp. 1126 f.

[68] Vgl. Schneider, *Evangelium nach Lukas*, S. 355.

[69] Zur Anrede κύριε (hier im Munde der Jünger) siehe oben Anm. 27.

[70] Die Frage V. 49b ist aus dem Stoff von Mk. 14. 47 gebildet. Die Antwort Jesu ist nicht ein prägnantes Logion (wie Mt. 26. 52 [53 f.]).

[71] Vgl. Schneider, *Evangelium nach Lukas*, S. 462.

[72] εἰς τὴν βασιλείαν σου lesen P^{75} B L sa^{mss} bo^{pt}.

[73] ἐν τῇ βασιλείᾳ bezeugen Sinaiticus A C* C^2 R W Koine lat sy. Vgl. auch D: 'am Tag deines Kommens'.

[74] εἰς τὴν βασιλείαν ist an die Zusage Jesu: '... wirst du *im Paradies* sein' angeglichen (räumlicher Aspekt!).

[75] Diese Lesart wird z.B. vorgezogen von Schneider, *Evangelium nach Lukas*, S. 482, 484 f.; Schweizer, *Evangelium nach Lukas*, S. 238, 240.

[76] Zur Anrede κύριε siehe oben Anm. 27.   [77] Vgl. Lk. 17. 20; dazu oben Nr. 7.

[78] Siehe G. Schneider, *Die Apostelgeschichte. I. Teil* (HThK V/1) (Freiburg, 1980), S. 201.

[79] Daß Apg. 1. 6-8 lukanischen Ursprungs ist, demonstriert z.B. Lohfink, *Himmelfahrt Jesu*, S. 153-8: Die Jüngerfrage *und* die Antwort Jesu 'entstammen der lukanischen Redaktion' (S. 157). – Innerhalb der Endzeitrede Lk. 21. 5-36, der als Vorlage Mk. 13. 1-37 diente, hat Lukas zunächst Mk. 13. 10 übergangen, wo die Notwendigkeit der Evangeliumsverkündigung 'an alle Völker' ausgesprochen ist (vgl. Apg. 1. 8). Dann überging Lk. 21 auch Mk. 13. 32: 'Aber jenen Tag oder die Stunde kennt niemand, weder die Engel im Himmel, noch der Sohn, sondern nur der Vater.' Dafür hat Apg. 1. 7: 'Es ist nicht eure Sache, Zeiten und Termine zu kennen, die der Vater in seiner eigenen Vollmacht festgesetzt hat.'

[80] Zu den VV. 7 f. siehe Schneider, a.a.O. S. 202-4.

[81] Vgl. oben Anm. 40.

[82] Siehe dazu die oben besprochenen Texte Lk. 17. 20 f.; 19. 11; 23. 39-43; Apg. 1. 6-8.

[83] Vgl. Lk. 6. 46; 10. 25-37; 13. 22-24; 17. 20 f.; Apg. 1. 6-8.

[84] Siehe Lk. 12. 41; 17. 5 f.; 22. 24-27.   [85] Vgl. Lk. 9. 52-56; 18. 7 f.; 22. 49-51.

[86] Siehe Lk. 1. 1-4: Die 'Worte' der bisherigen Unterweisung sollen durch die Evangelienschrift, eine historische Monographie, überboten werden. Zu vergleichen ist auch die Papias-Notiz über Markus.

[87] Vgl. dazu R. C. Tannehill, 'Varieties of Synoptic Pronouncement Stories', in: *Semeia* 20 (1981), S. 101-19, der fünf verschiedene Typen unterscheidet, während Bultmann nur drei (bzw. zwei) erkannte.

»STÄRKE DEINE BRÜDER!« (Lk 22,32)
DIE AUFGABE DES PETRUS NACH LUKAS

1.

Noch vor rund zwanzig Jahren konnte Oscar Cullmann die Feststellung treffen: »Ein Unterschied in der Behandlung der Person des Petrus durch die einzelnen synpt [synoptischen] Evangelien besteht nicht.«[1] *Markus* überliefere zwar, so meinte der Verfasser des Petrusbuches, das die ökumenische Petrusdiskussion seinerzeit anregte[2], das Jesuswort von der Kirche (Mt 16,17—19) nicht, doch lasse seine Gesamtdarstellung keinen Zweifel daran, daß er dem Petrus eine besondere Rolle zuschreibe. Es gehe auch nicht an, etwa deshalb ein kirchliches Sonderinteresse des *Matthäus* für Petrus zu postulieren, weil dieser Evangelist allein das Logion über die Erbauung der Kirche auf dem Fundament des Petrus bezeugt. *Lukas* biete nämlich mit dem Wort an Simon, das ihn beauftragt, seine »Brüder zu stärken« (Lk 22,31f.), eine Parallele zu Mt 16,17—19[3]. Cullmann dachte dabei nicht nur an eine Sachparallele: »Der Wortlaut der Lukasstelle stimmt zwar nicht mit dem von Matth. 16,17ff. überein... Aber Matthäus kann sehr wohl, was den Wortlaut betrifft, hier über eine Sondertradition verfügen, die ursprünglich doch in den gleichen Rahmen [des Abschiedsmahls Jesu] gehört wie die Worte von Luk. 22,31ff.«[4]
Inzwischen[5] hat insbesondere die redaktionskritische Untersuchung der synoptischen Evangelien gezeigt, daß die Petrusgestalt der Evangelisten

---

[1] O. Cullmann, Art. Πέτρος, Κηφᾶς, in: ThWNT VI (1959) 99—112, 101. (Der Artikel erschien als Einzellieferung 1955.)

[2] O. Cullmann, Petrus. Jünger, Apostel, Märtyrer, Zürich (1952) ²1960; vgl. die katholischen Stellungnahmen zu diesem Buch: P. Gaechter, Petrus und seine Nachfolge: ZKTh 75 (1953) 331—337; A. Vögtle, Der Petrus der Verheißung und der Erfüllung: MüThZ 5 (1954) 1—47.

[3] Cullmann, ThWNT VI 101f.

[4] Cullmann, Petrus (1952) 205f. Auch der Verfasser von Joh 21,15ff. scheint nach Cullmann diese Sonderüberlieferung gekannt zu haben; vgl. ders., ThWNT VI 105; Petrus (²1960) 213f.

[5] Vgl. die Forschungsberichte von B. Rigaux, Der Apostel Petrus in der heutigen Exegese: Concilium 3 (1967) 585—600; R. Pesch, Die Stellung und Bedeutung Petri in der Kirche des Neuen Testaments: Concilium 7 (1971) 240—245. Siehe ferner J. Blank, Neutestamentliche Petrus-Typologie und Petrusamt: Concilium 9 (1973) 173—179; B. Baumer, Der Petrusdienst im ökumenischen Gespräch: IKZ 64 (1974) 145—188.

durchaus unterschiedlich gezeichnet wird[6], falls man überhaupt von einem »Petrusbild« zu sprechen berechtigt ist[7]. Infolgedessen ist es nicht nur angemessen, sondern auch notwendig, die Aufgabe des Petrus, wie sie das Jesuswort Lk 22,31f. versteht, im Rahmen der »lukanischen« Theologie zu erfragen. Dabei wird sich ergeben, daß das Verhältnis dieses lukanischen Wortes zu dem matthäischen Logion an Simon-Petrus nicht so harmonistisch gesehen werden kann, wie Cullmann glaubte.

2.

Lk 22,31f.[8] geht wahrscheinlich auf ein Jesuswort der Überlieferung zurück[9]. Es dürfte kaum erst von Lukas als »Ersatz« für Mk 14,27f. gebildet worden sein[10]. Da indessen der lukanische Anteil an dem Logion, minde-

[6] Siehe dazu vor allem die in den USA entstandene ökumenische Studie: R. E. Brown / K. P. Donfried / J. Reumann (Hrsg.), Peter in the New Testament. A Collaborative Assessment by Protestant and Roman Catholic Scholars, Minneapolis / New York 1973; deutsche Übersetzung: Brown/Donfried/Reumann (Hrsg.), Der Petrus der Bibel. Eine ökumenische Untersuchung, eingeleitet von F. Hahn und R. Schnackenburg, Stuttgart 1976. Vgl. auch G. Denzler, F. Christ u. a., Zum Thema: Petrusamt und Papsttum, Stuttgart 1970; R. Schnackenburg, Das Petrusamt. Die Stellung des Petrus zu den anderen Aposteln: Wort und Wahrheit 26 (1971) 206—216.
[7] Daß Lukas kein »Petrusbild« biete, sondern bei ihm Petrus »nur ein tragendes Funktionselement in einem Text« sei, behauptet D. Gewalt, Das »Petrusbild« der lukanischen Schriften als Problem einer ganzheitlichen Exegese: Linguistica Biblica 34 (1975) 1—22, näherhin 21.
[8] Siehe dazu folgende Untersuchungen aus neuerer Zeit: W. Foerster, Lukas 22,31f.: ZNW 46 (1955) 129—133; H. Schürmann, Der Abendmahlsbericht Lucas 22,7—38 als Gottesdienstordnung, Gemeindeordnung, Lebensordnung (Leipzig 1955), Lizenzausgabe Paderborn 1957, 54—59, in neuer Fassung erschienen in: ders., Ursprung und Gestalt. Erörterungen und Besinnungen zum Neuen Testament, Düsseldorf 1970, 108—150 (zu Lk 22,31f. 128—131); ders., Jesu Abschiedsrede Lk 22,31—38 (NtlAbh XX/5), Münster 1957, 99—116; G. Klein, Die Verleugnung des Petrus: ZThK 58 (1961) 285—328, bes. 298—311; W. Ott, Gebet und Heil. Die Bedeutung der Gebetsparänese in der lukanischen Theologie (StANT 12) München 1965, 75—81; E. Linnemann, Die Verleugnung des Petrus: ZThK 63 (1966) 1—32, bes. 3—7, mit Änderungen wieder abgedruckt: dies., Studien zur Passionsgeschichte (FRLANT 102) Göttingen 1970, 70—108; Th. Boman, Die Jesus-Überlieferung im Lichte der neueren Volkskunde, Göttingen 1967, 215—221; G. Klein, Die Berufung des Petrus: ZNW 58 (1967) 1—44, bes. 39—44; Sch. Brown, Apostasy and Perseverance in the Theology of Luke (AnBibl 36) Rom 1969, bes. 69—74; B. Prete, Il primato e la missione di Pietro. Studio esegetico-critico del testo di Lc 22, 31—32 (SupplRivBibl 3) Brescia 1969; M. Lehmann, Synoptische Quellenanalyse und die Frage nach dem historischen Jesus (BhZNW 38) Berlin 1970, 103—106; W. Dietrich, Das Petrusbild der lukanischen Schriften (BWANT 94) Stuttgart 1972, 116—138. 154—157.
[9] Vgl. R. Bultmann, Die Geschichte der synoptischen Tradition, Göttingen ⁵1961, 287f., der ἐπιστρέψας (V. 32b) für einen Zusatz des Evangelisten hielt. Das Logion wäre dann vielleicht Beleg für eine Überlieferung, die von der Verleugnung des Petrus nichts wußte.
[10] Gegen J. Finegan, Die Überlieferung der Leidens- und Auferstehungsgeschichte Jesu, Gießen 1934, 14f.

stens in Gestalt einer weitgehenden redaktionellen Bearbeitung[11], beträchtlich ist, kann das vorlukanische Jesuswort kaum mehr rekonstruiert werden. In der uns vorliegenden Gestalt lautet es:
Simon, Simon,
siehe *der Satan* hat sich euch ausgebeten,
um euch zu sieben wie den Weizen (31).
Ich aber habe für dich gebetet,
daß dein Glaube nicht aufhöre (32a).
Und du, wenn du dich einst bekehrt hast,
stärke deine Brüder (32b)!

Im heutigen Kontext verweist der Satzteil »wenn du dich einst bekehrt hast« im voraus auf die 22,34 vorausgesagte und 22,54b—62 berichtete Verleugnung Jesu durch Petrus. Das »Sieben« der Jünger durch Satan erfolgt nach dem Zusammenhang angesichts der Passion Jesu. Die Aufgabe des Simon, seine Brüder zu stärken, gilt für die Zeit nach Ostern. Wahrscheinlich ist die Ostererscheinung Jesu vor Simon als Grund und Zeitpunkt der »Bekehrung« des Simon angesehen. Denn Lk 24,34 berichtet im Munde der um die Elf versammelten Jüngergemeinde: »Der Herr ist wirklich auferweckt worden und dem Simon erschienen.«

3.

Worin und wie sollte nach der Darstellung des Lukas die »Stärkung der Brüder« durch Simon erfolgen? Um diese Frage zu beantworten, muß das Wort Jesu näher ins Auge gefaßt werden. Wie Satan sich von Gott auserbitten konnte, Ijob einer Prüfung zu unterziehen[12], so ist ihm dies nun von Gott hinsichtlich der Jesusjünger gestattet worden (V. 31). Satan wird die Jünger einer Erschütterung unterziehen, die den Glauben und wohl gar die Existenz der Gemeinde gefährdet (vgl. 8,12f.).
Dem Unternehmen des Widersachers Gottes begegnet indessen Jesus als Anwalt der Jünger durch sein fürbittendes Gebet für Simon (V. 32a). Angesichts der Erschütterung des Jüngerglaubens durch das von Satan eingeleitete (22,3) Todesleiden Jesu wird jedenfalls Simon seinen Glauben nicht verlieren; denn Jesu Bitte bleibt nicht unerfüllt. Innerhalb der Passionsdarstellung wird dies mehrfach deutlich. Wenn auch Lukas im Gegensatz zu seiner Textvorlage, der Markus-Passion[13], keine allgemeine Jüngerflucht berichtet, so wird doch auch nach seinem Bericht klar, daß

---

[11] Siehe Schürmann, Jesu Abschiedsrede 112, der besonders am Ende des Spruches stärkere Spuren lukanischer Redaktion feststellen konnte.
[12] Ijob 1,6—12; 2,1—6.
[13] Mk 14,50; vgl. die Voraussage Mk 14,27. Beide Stellen hat Lukas getilgt.

einzig Petrus den Versuch der Leidensnachfolge Jesu unternahm, wenn er dabei auch leugnete, Jesus zu kennen[14]. Immerhin will Lukas das feige Versagen des Petrus nicht als Glaubensabfall kennzeichnen. Der Glaube des Petrus »hörte nicht auf«, entsprechend dem Gebet Jesu (22,32a). Wenn der Vers 24,12 textkritisch Bestand haben sollte, wofür neuerdings gute Argumente zur Verfügung stehen[15], läßt die erste lukanische Ostererzählung erkennen, daß Petrus nicht zu denen gehörte, die dem Bericht der Grabesbesucherinnen »nicht glaubten« (24,11). Er lief zum Grab Jesu und wollte sich überzeugen. Der Glaube der übrigen Jünger war, wenn man ihn nach dem resignierenden Wort der Emmauswanderer beurteilt, tatsächlich am Ende: »Wir aber hatten gehofft, er sei es, der Israel erlösen sollte. Doch bei dem allem ist es schon der dritte Tag, seit dies geschehen ist« (24,21). Der feste Osterglaube der Gemeinde beruht nach 24,34 auf dem Zeugnis des Simon, dem sich der Auferstandene gezeigt hatte. Mit dieser Auskunft steht Lukas dem wohl ältesten Zeugnis über den Ursprung des Osterglaubens, der Bekenntnisformel 1 Kor 15,3b—5, nahe.

Der dritte Satz des Logions Lk 22,31f. ist ein Auftragswort Jesu an Simon. Er soll seine Brüder stärken (V. 32b). Daß eine Stärkung bezüglich des Glaubens der Jesusjünger gemeint ist, geht aus Vers 31a hervor. Simon ist jedoch offensichtlich nicht allein deswegen zu einer solchen Aufgabe befähigt, weil sein eigener Glaube nicht »aufhörte«, sondern nicht zuletzt auch deswegen, weil er versagt hatte und einer Bekehrung bedurfte. Er hatte erfahren, daß die Umkehr zum mutigen Bekenntnis des Glaubens genauso wie das Bewahren des Glaubens selbst Jesus zu verdanken war[16]. Er hatte wie die »Brüder« die Erschütterung des Glaubens erfahren.

Fragt man nach dem Vollzug des Auftrags Jesu, so ist neben dem grundlegenden Auferstehungszeugnis des Simon (24,34) vor allem an die Initiative des Petrus nach der Himmelfahrt Jesu zu denken. Petrus erhob sich »inmitten der Brüder«[17], um das Apostelkollegium zu ergänzen (Apg

---

[14] Lk 22,34 (»bis du dreimal geleugnet hast, *mich zu kennen*«); 22,54b—62 (V. 54b: ἠκολούθει).

[15] Der Vers wird bezeugt von dem jüngst entdeckten wertvollen Papyrus 75; dazu J. Muddiman, A Note on Reading Luke XXIV. 12: EThL 48 (1972) 542—548; F. Neirynck, The Uncorrected Historic Present in Lk. XXIV. 12: ebd. 548—553; ders., Le récit du tombeau vide dans l'évangile de Luc (Lc 24,1—12): OrLovPeriodica 6/7 (1975/76) 427—441. Gegen die Echtheit von Lk 24,12 spricht sich aus: K. P. G. Curtis, Luke XXIV. 12 and John XX. 3—10: JThSt 22 (1971) 512—515 (V. 12 hänge von Joh ab und stamme von einem Redaktor, der den Stil des Lukas nachahmte).

[16] Lk 24,34; vgl. 22,61f.

[17] Die Erwähnung der »Brüder« Apg 1,15 und die entsprechende Anrede 1,16 erinnern an Lk 22,32b, zumal das lukanische Werk zwischen beiden Stellen nirgends die Jünger Jesu als »Brüder« bezeichnet.

1,15—26). Die Pfingstpredigt (2,14—39) ist zwar nicht an die Jünger gerichtet, zeigt aber, wie Petrus nach dem Geistempfang »mit Freimut« (V. 29) predigt und daß er nun »mit den Elf« (V. 14) seine Stimme erheben kann. Näherhin wird man sagen dürfen: Die Stärkung der Brüder bestand darin, daß Petrus ihnen sogar im Handeln und Schicksal des Verräters Judas die gottverfügte Notwendigkeit der Schrifterfüllung aufzeigte (1,16)[18]. Wie »Glaube« im Verständnis des dritten Evangelisten Glaube an Gottes Verheißungswort ist (Lk 1,37f.45), so besteht »Stärkung im Glauben« darin, daß erfahrene Ereignisse als Verheißungserfüllung kenntlich gemacht werden und so das Vertrauen auf noch ausstehende Erfüllungen bzw. die Gewißheit ihres Eintreffens vermittelt wird[19].

4.

Die Funktion des Simon-Petrus ist nach dem Verständnis des lukanischen Werkes nicht auf das »Stärken der Brüder« eingeschränkt. Wie vielfältig die Aufgabe des Petrus gesehen wird, zeigen die ersten Kapitel der Apostelgeschichte. Dort erscheint Petrus vor allem als der Initiator der Juden- und der Heidenmission (2,14—41; 10,1—11,18). Dem Petrus wird schon bei seiner Berufung die Rolle des künftigen führenden Missionars zugesprochen. Das Menschenfischerwort, das in der Vorlage des Lukas (Mk 1,17b) auf die berufenen Jünger insgesamt bezogen war, läßt Lukas allein an Simon adressiert sein: »Fürchte dich nicht. Von nun an wirst du einer sein, der Menschen einfängt« (Lk 5,10c). Die missionarische Beauftragung knüpft ebenso wie die zur Stärkung der Jünger an den Glauben des Simon an. Er hatte »auf Jesu Wort hin« die Netze ausgeworfen (5,5). Beachtenswert ist, daß auch die Erzählung von der Berufung des Simon nicht nur dessen Sündersein hervorhebt, sondern dieses sogar dem Berufenen bewußt sein läßt (5,8). Der führende »Amtsträger« der Urkirche hatte seine besondere Funktion nicht aufgrund menschlicher Qualität, sondern durch Jesu Auftrag und getragen von dessen vorausgehendem Gebet.

5.

Wie sehr Lukas die Rolle des Petrus als die des Initiators versteht und wie wenig er an ein ständiges oder gar an einen Nachfolger weiterzugebendes Führungsamt denkt, zeigen folgende Tatsachen. Lukas läßt

---

[18] Die gleiche Notwendigkeit wird Apg 1,20c für die Erfüllung von Ps 109,8 (»Sein Aufseheramt nehme ein anderer ein!«) vorausgesetzt; vgl. Apg 1,21f. (δεῖ οὖν ...).
[19] Vgl. die Argumentation der Grabesengel Lk 24,5—9 und des Auferstandenen 24, 44—49.

Petrus von der Bühne der Darstellung abtreten, sobald er als Missionar auch die Heidenmission begründet hat (Apg 12,17). Die Petrusberichte Apg 12,1—17 und Apg 15,7—12 stellen nur den Abschluß bzw. einen Anhang der vita Petri dar[20]. Die Funktion des Missionars wird bei Petrus somit als heilsgeschichtlich einmalig angesehen, insofern sie die *Einleitung* der Mission ausmacht. Entsprechend scheint auch die auf die Jüngergemeinde bezogene Aufgabe zu deren Stärkung als heilsgeschichtlich einmalig verstanden zu sein. Der Kreis der zwölf Apostel wurde nur einmal, und zwar auf Initiative des Petrus, rekonstituiert. Die Stärkung der Brüder vollzog sich im Auferstehungszeugnis des Petrus und der Konstituierung der zwölf Auferstehungszeugen noch vor dem ersten christlichen Pfingstfest.

Der Rolle des Petrus als Führer der Urgemeinde und Anfänger der Mission entspricht es, daß sowohl die »Stärkung« der Gemeinden als auch die missionarische Verkündigung selbst neben und nach Petrus auch von anderen Männern vollzogen werden, vor allem von Paulus. Was Jesus dem Simon-Petrus aufgetragen hatte, wurde neben und nach ihm von anderen weitergeführt. Paulus und Barnabas kehrten nach Lystra, Ikonium und Antiochia zurück »und *stärkten* die Seelen der Jünger, sprachen ihnen zu, im Glauben zu verharren ...« (Apg 14,21f.). Nach dem Apostelkonzil und der Übergabe des Apostoldekrets in Antiochia sprachen Judas und Silas als christliche Propheten »den Brüdern mit vielen Worten zu und *stärkten* sie« (15,32). Paulus zog mit Silas aus, »durchzog Syrien und Kilikien und *stärkte* die Gemeinden« (15,41). Paulus, Silas und Timotheus übergaben den Missionsgemeinden das Apostoldekret. Das hatte zur Folge: »Die Gemeinden wurden im Glauben *gestärkt* und nahmen täglich zu an Zahl« (16,5). Paulus durchzog auf der sog. Dritten Missionsreise »das galatische Land und Phrygien und *stärkte* alle Jünger« (18,23)[21].

6.

Die Erzählung der Apostelgeschichte von der »Stärkung« der Gemeinden durch die Glaubensboten, besonders durch Paulus, deutet an, daß zur Zeit des Lukas die Frage nach einem Weiterleben der Funktion des Petrus in der Kirche durchaus gestellt wurde. Zwar denkt dieser Evangelist nicht an einen Nachfolger des Petrus im Sinne eines Nachrückens in die geschichtlich einmalige Aufgabe. Doch weiß er, daß in der Person

---

[20] Dietrich, Das Petrusbild der lukanischen Schriften 295.
[21] Wohl um die Ausführung des Auftrags Jesu (Lk 22,32b) durch Petrus zu verdeutlichen, fügt der »westliche« Text von Apg 11,2 die Notiz, daß Petrus »die Brüder stärkte«, ein.

des Paulus und anderer Verkündiger *fortgeführt* wurde, was in seiner Sicht Simon-Petrus grundlegend *begonnen* hatte.

In diesem Zusammenhang kann darauf hingewiesen werden, daß der Verfasser des Matthäusevangeliums sich die Fortdauer der Petrusaufgabe für die Kirche ähnlich, wenn auch stärker auf die Binde- und Löse-Vollmacht konzentriert, vorstellt. Petrus ist als einmaliges »Fundament« der Kirche gedacht (Mt 16,18). Seine Binde- und Löse-Vollmacht jedoch lebt in der Gemeinde als solcher fort (16,19; 18,18)[22]. Die Vollmacht, die Jesus dem Petrus hinsichtlich der Lehre und der Gemeindedisziplin verliehen hat, ist auch der Kirche der nachpetrinischen Zeit gegeben.

[22] Siehe dazu W. Trilling, Ist die katholische Primatslehre schriftgemäß?, in: Denzler/Christ u. a., Zum Thema: Petrusamt und Papsttum 51—60; Blank, Neutestamentliche Petrus-Typologie und Petrusamt 177; Brown/Donfried/Reumann (Hrsg.), Peter in the New Testament 98—101 (Der Petrus der Bibel 86—88).

Engel und Blutschweiß (Lk 22, 43–44)

«Redaktionsgeschichte» im Dienste der Textkritik

I.

Unter der Überschrift «Engel und Blutschweiß» hat L. Brun seinerzeit nachzuweisen versucht, daß Lk 22, 43–44 vor der Textkritik als echt bestehen kann und daß das Fehlen der beiden Verse in einer Reihe von Textzeugen auf eine spätere Streichung zurückgeht[1]. Neuerdings neigt sich die Waage des Urteils offenbar wieder nach der Unechtheitsthese[2] hin, nicht zuletzt aufgrund des inzwischen zugänglichen Papyrus 75. So kündigte K. Aland für die 26. Auflage des «Nestle / Aland» an, daß Lk 22, 43–44 – bisher zwischen Doppelklammern im Text dieser Ausgabe – fortan «im Apparat» erscheinen werde[3]. Die Textausgabe der United Bible Societies hat die beiden Lk-Verse bereits aus dem Text verbannt[4], wozu der Kommentar die Gründe angibt[5]. Er berücksichtigt die bisher vorgebrachten Argumente pro und contra, näherhin die Qualität und Häufigkeit der jeweiligen Bezeugung. Neben den äußeren Kriterien wird auch die innere Wahrscheinlichkeit sekundärer Interpolation oder späterer Streichung erörtert. Sprachlich-stilistische Gründe, die gegen oder für die lukanische Authentizität der Verse sprechen könnten, finden hingegen keine Berücksichtigung. Trotzdem sollten sie nicht außer

---

[1] L. Brun, Engel und Blutschweiß Lc 22, 43–44: ZNW 32 (1933) 265–276. Ein früherer Versuch, die beiden Verse aufgrund des Vokabulars und Stils als echt zu erweisen, stammt von A. Harnack, Probleme im Texte der Leidensgeschichte Jesu: SBA 1901, 251–266 (näherhin 251–255). Die lukanische Echtheit von Lk 22, 43–44 wird ferner vertreten von M. Dibelius, Die Formgeschichte des Evangeliums, Tübingen ⁴1961, 202f; H. Aschermann, Zum Agoniegebet Jesu, Lk 22, 43–44, in: Theologia Viatorum 5 (1953/54) 143–149; außerdem von folgenden Lk-Kommentaren: J. Knabenbauer, M.-J. Lagrange, Th. Zahn, A. Loisy, E. Klostermann, A. Schlatter, N. Geldenhuys, K. H. Rengstorf, J. Schmid, W. F. Arndt, K. Staab, A. R. C. Leaney, E. Osty, W. Grundmann.

[2] Die Ursprünglichkeit von Lk 22, 43–44 wurde bisher von den Kommentatoren J. Wellhausen und F. Hauck bestritten, während die folgenden Kommentare (in englischer Sprache) eine letzte Entscheidung offenließen: A. Plummer, J. M. Creed, W. Manson und E. E. Ellis. Westcott/Hort hielten die Verse für eine sehr frühe «Western Interpolation».

[3] K. Aland, Die Bedeutung des P⁷⁵ für den Text des Neuen Testaments, in: Ders., Studien zur Überlieferung des Neuen Testaments und seines Textes, Berlin 1967, 155–172; 160f. 165. Vgl. ders., Neue neutestamentliche Papyri II: NTS 11 (1964/65) 1–21.

[4] The Greek New Testament, ed. by K. Aland, M. Black, C. M. Martini, B. M. Metzger and A. Wikgren (1966), New York/Stuttgart ²1968, 305.

[5] B. M. Metzger, A Textual Commentary on the Greek New Testament, London/New York 1971, 177.

Betracht bleiben, will man die textkritische Entscheidung auf eine solide Basis stellen.

Lk 22, 43–44 *fehlt* (vor allem) in folgenden Textzeugen: P⁷⁵ ℵᵃ A B T W 1071* f syrˢ copˢᵃ, ᵇᵒ geo Marcion Clemens Origenes; die beiden Verse werden (u. a.) *bezeugt* von: ℵ*, ᵇ D K L X Δ* Θ Π* Ψ f¹ 565 892* it vg syrᶜ, ᵖ, ʰ, ᵖᵃˡ arm aeth Diatessaron Justin Irenaeus Hippolyt [6]. Berücksichtigt man die äußeren Kriterien der Qualität und Häufigkeit der Bezeugung, ist es verständlich, daß vor Bekanntwerden des P⁷⁵, der um 200 datiert werden kann, die Echtheitsentscheidung weithin in der Schwebe blieb. Hinsichtlich der inneren Kriterien wurde für den Kurztext angeführt, daß wohl niemand die Verse gestrichen hätte, falls er sie vorfand [7]. Ferner hätten bereits Handschriften [8] durch Asterisci oder Obelisci «ihr Wissen um das ursprüngliche Fehlen dieses Textes oder ihren Zweifel an seiner Ursprünglichkeit» zum Ausdruck gebracht [9]. Für den längeren Text kommt das Argument ins Spiel, daß man den Lk-Text an den der übrigen Synoptiker hätte angleichen wollen [10]. Außerdem wird vermutet, man habe aus christologischen Gründen die Verse getilgt, um nicht Jesus als menschlich-schwach oder auf die Stärkung durch einen Engel angewiesen erscheinen zu lassen [11]. Wer sich indessen auf dieser Argumentationsebene bewegt, kann sich nur auf Vermutungen stützen; das textkritische Urteil kann nicht zur Gewißheit werden. Neues Gewicht können die Argumente für den Langtext jedoch durch redaktionskritische Beobachtungen erhalten. Diese Beobachtungen zeigen, daß die fraglichen Verse auf die Hand des dritten Evangelisten zurückgehen.

II.

Nachdem schon A. Harnack auf den «lukanischen» Charakter von Vokabular und Stil der Verse Lk 22, 43. 44 hingewiesen hatte, gilt es, die seither mehr sporadisch angeführten Beobachtungen zusammenzustellen (A.) und redaktionsgeschichtlich zu werten (B.).

A. Vokabular und Stil von Lk 22, 43. 44

1. ὤφθη δὲ αὐτῷ ἄγγελος begegnet wörtlich im NT nur noch Lk 1, 11, und zwar ebenfalls zu Beginn eines Satzes. ἄγγελος erfährt an dieser Stelle durch κυρίου eine nähere Bestimmung, entsprechend dem ἀπ' οὐρανοῦ in 22, 43. Auf die Wendung von der «Erscheinung des Engels» folgt an beiden Stellen weiterhin ein Partizip, das sich auf den Standort bzw. das Tun des Engels bezieht. ὤφθη verwendet Lukas (im Unterschied zu den übrigen Evangelisten) auch sonst für Engelserscheinungen (außer Lk 1, 11 auch Apg 7, 30. 35) bzw. für eine Erscheinung, die auf Gebet hin erfolgt (Lk 1, 11; 9, 31; Apg 2, 3).

---

[6] *The Greek New Testament* 305; vgl. Aland, Die Bedeutung 160f.
[7] Aland, Die Bedeutung 165.
[8] Siehe die Majuskeln Δᶜ Πᶜ, ferner einige Minuskeln; siehe *The Greek New Testament* 305.
[9] Aland, Die Bedeutung 165.
[10] Vgl. die Handschriften, die Lk 22, 43–44 hinter Mt 26, 39 stellen: siehe *The Greek New Testament* 305.
[11] Siehe J. Schmid, Das Evangelium nach Lukas, Regensburg ³1955, 336, unter Berufung auf Epiphanius v. Salamis, Ancoratus 31.

2. ἀπ' οὐρανοῦ kommt im NT neben Röm 1, 18; 1 Thess 4, 16; 2 Thess 1, 7; 1 Petr 1, 12 nur bei Lukas vor: Lk 17, 29 S (diff Mt); 21, 11 diff Mk; 22, 43 S (diff Mk). Die redaktionelle Wendung Lk 21, 11 legt nahe, daß der dritte Evangelist auch 22, 43 von sich aus so schrieb.

3. ἐνισχύων αὐτόν gibt an, wozu der Engel erschien (zur Konstruktion vgl. Lk 1, 11). Das Verbum ἐνισχύω kommt im NT sonst nur noch Apg 9, 19 (allerdings intransitiv) vor.

4. καὶ γενόμενος ἐν ἀγωνίᾳ. Das Partizip (im Nominativ) am Satzanfang entspricht dem zuvor (diff Mk) verwendeten γενόμενος δέ (Lk 22, 40); vgl. Lk 24, 22b; Apg 12, 23b; 13, 5. Vergleichbar ist sonst Mk 9, 33b, wo γενόμενος allerdings nicht am Satzanfang steht. Zur Präposition ἐν nach γίνομαι sei auf Apg 7, 38; 12, 11; 13, 5 und 22, 17 verwiesen (vgl. die Konstruktion mit ἐπί Lk 22, 40; Apg 21, 35). Apg 12, 11 und 22, 17 bezeichnet γίνομαι ἐν den Zustand (so außer Lk 22, 44 nur noch 1 Kor 2, 3; 2 Kor 3, 7; Apk 1, 10). ἀγωνία ist Hapaxlegomenon im NT. Wegen der paränetischen Aussagerichtung von Lk 22, 39–46 wird man das Substantiv in Beziehung zu dem 13, 24 begegnenden Imperativ ἀγωνίζεσθε sehen müssen (vgl. Kol 4, 12; 1 Tim 6, 12; 2 Tim 4, 7). Das Verbum ἀγωνίζομαι steht bei den Synoptikern nur Lk 13, 24.

5. ἐκτενέστερον προσηύχετο hat in Apg 12, 5 die nächste Parallele: die προσευχή der Gemeinde war ἐκτενῶς γινομένη. Das Adverb ἐκτενῶς kommt im NT sonst nur noch 1 Petr 1, 22 vor (bezogen auf die Nächstenliebe). Hapaxlegomenon ist das Substantiv ἐκτένεια (Apg 26, 7); es ist eine späte Bildung. προσεύχομαι kommt im lukanischen Werk auch sonst häufig vor (Mt 15, Mk 10, Lk 19, Joh 0, Apg 16 Vorkommen). Von den 19 Stellen des Lk sind (abgesehen von 22, 44) 10 redaktionell (3, 21; 5, 16; 6, 12; 9, 18. 28. 29; 11, 1a. b; 18, 1; 22, 40).

6. καὶ ἐγένετο ὁ ἱδρὼς αὐτοῦ. ἱδρώς kommt im NT sonst nicht vor. ἐγένετο ist bei Lk häufig, wenn auch eher in der Lk 22, 44 von א D L gebotenen Verbindung ἐγένετο δέ [12]. Die ntl Hapaxlegomena ἱδρώς und θρόμβος lassen keine näheren Folgerungen zu. Immerhin hat Lukas innerhalb des NT ohnehin die meisten Hapaxlegomena [13].

7. ὡσεὶ θρόμβοι αἵματος. Das vergleichende ὡσεί findet sich besonders häufig im lukanischen Werk (9 + 6 von insgesamt 21 ntl Vorkommen). Als Vergleichspartikel steht ὡσεί: Mt 3, 16; 9, 36; Mk 9, 26; Lk 22, 44 (vgl. indessen 22, 41); 24, 11; Apg 2, 3; 6, 15; Röm 6, 13; Hebr 1, 12. Dabei ist ein leichtes lukanisches Übergewicht (4 von insgesamt 9 Vorkommen) zu registrieren. Es dürfte kaum Zufall sein, daß nur Lukas die Vergleiche «anthropologisch» bzw. auf «Körperteile» bezieht («wie Blut», «wie Geschwätz», «wie Zungen», «wie das Gesicht [eines Engels]»). θρόμβος ist nicht nur ntl Hapaxlegomenon, sondern fehlt auch in LXX. αἷμα steht bei Lukas nicht besonders häufig (8 + 11mal, im übrigen NT 78mal); alle Vorkommen in Lk mit Ausnahme von 13, 1 und 22, 44 sind mit Sicherheit traditionsgebunden.

8. καταβαίνοντες ἐπὶ τὴν γῆν. Das Verbum καταβαίνω kommt im NT fast nur bei den Evangelisten vor (Mt 11, Mk 6, Lk 13, Joh 17, Apg 19, sonstiges NT 15 Belege). Kann man allgemein von einer lukanischen

---
12 H. Schürmann, Jesu Abschiedsrede, Münster 1957, 65f.
13 R. Morgenthaler, Statistik des neutestamentlichen Wortschatzes, Zürich 1958, 27. 166–169.

Vorliebe für das Verbum sprechen, so gilt das nicht für die Partizipialformen (Mt 5, Mk 4, Lk 2, Joh 10, Apg 9, sonstiges NT 8 Vorkommen). ἐπὶ τὴν γῆν steht im NT an folgenden Stellen: Mt 10, 29. 34; 14, 34; 15, 35; Mk 4, 20; 6, 53; Lk 5, 11; 6, 49; 8, 27; 12, 49; 22, 44; Apg 9, 4; 27, 43. 44; Apk 14, 16 (Lukas hat 8 von 15 Stellen). Redaktionell-lukanisch sind Lk 6, 49 diff Mt sowie 8, 27 diff Mk. Man darf also die gesamte Wendung dem dritten Evangelisten zutrauen, zumal er καταβαίνω auch sonst von sich aus auf Sachen bezieht (Lk 8, 23 diff Mk; vgl. 9, 54; Apg 8, 26; 10, 11; 11, 5).

B. Redaktionskritische Beobachtungen

1. Auf den ersten Blick schließt sich Lk 22, 45 ohne Bruch an 22, 42 an, so daß man von dieser Beobachtung aus den kürzeren Text (ohne 22, 43. 44) für ursprünglich halten könnte. Zieht man die Tatsache in Betracht, daß Lukas die Mk-Vorlage um den zweiten und dritten Gebetsakt (Mk 14, 38b–42) gekürzt hat, so ist die Annahme nicht von der Hand zu weisen, er habe das getan, weil er mit 22, 43. 44 Sondergut einbringen wollte[14]. Diese Annahme findet eine Stütze darin, daß Lukas nicht von einem mehrmals sich wiederholenden Beten Jesu, sondern von einem *anhaltenden Gebet* erzählt (V. 44a: ἐκτενέστερον προσηύχετο; vgl. 18, 1; Apg 12, 5). Der Gedanke des inständigen Gebets ohne Unterbrechung (vgl. Apg 12, 5. 12) aber korrespondiert in Lk 22, 43f mit der Kürzung der Mk-Vorlage, die das Gebet Jesu unterbrochen sein ließ. Apg 12, 3–17 erzählt, daß das Gebet (der Gemeinde für Petrus) von Gott durch einen Engel beantwortet wurde. Der Eindruck, daß Lk 22, 39–46 ohne die Verse 43. 44 «ganz dürftig» sei[15], besteht also zu Recht, da er nicht nur auf formalen Beobachtungen beruht. Der Auslassung von Mk-Stoff entspricht vielmehr *sachlich* die Einschaltung von Lk 22, 43. 44 in die Vorlage.

2. Ergab sich schon aus dem Vergleich mit Apg 12, 3–17, daß das Thema «inständiges Gebet» wie Lk 22, 43. 44 mit der Aktion eines von Gott gesandten Engels in Verbindung gebracht wurde, so kann außerdem gezeigt werden, daß eine von Gott her erfolgende *Antwort auf das Gebet* auch sonst gerade von Lukas erzählt wird (Lk 3, 21f; 9, 29f), nicht zuletzt in der Form einer Engelserscheinung (Lk 1, 13; Apg 10, 2f; 12, 5. 7–11). Kein anderer Evangelist spricht so häufig von Engeln, die als Gesandte Gottes agieren (Lk 1, 11–20. 26–38; 2, 9–15; 24, 4–7. 23; Apg 1, 10f; 5, 19f; 8, 26; 10, 3–7. 22; 11, 13f; 12, 7–11. 23; vgl. 23, 9; 27, 23f).

3. Worin die «Stärkung» bestand, die der Engel Jesus brachte[16], wird nicht gesagt, wohl aber angedeutet, wozu die Stärkung befähigte:

---

[14] *Brun*, Engel und Blutschweiß 273, wies darauf hin, daß Lukas in seiner Leidensgeschichte «sonst nirgends die Darstellung des Mc ohne irgendwelchen Ersatz kürzt». Daß Lk 22, 39–46 keine andere Quelle als Mk 14, 32–42 zugrunde liegt, sollte (gegen W. *Grundmann*, Das Evangelium nach Lukas, Berlin 1961, 410f) nicht bestritten werden; vgl. *Schmid*, Evangelium nach Lukas 335f.

[15] So *Dibelius*, Formgeschichte 202 Anm. 1. Vgl. *Brun*, a. a. O. 273: «der auffallend matte und dürftige kürzere Text».

[16] Vgl. Dan 10, 1–21, wo von der Stärkung des Propheten durch den Engel die Rede ist (ἐνισχύω in transitiver Bedeutung; Dan 10, 18. 19 [Theod.]). Möglicherweise liegt dieser biblische Text Lk 22, 43. 44 als Vorbild zugrunde; doch ist zu beachten, daß hier der Offenbarungsengel zuvor das «Schwinden aller Kräfte» und eine regelrechte Ohnmacht bei Daniel bewirkt hatte (10, 8f. 11. 16f). Immerhin bekundet der Engel, daß Daniels Gebet erhört ist (10, 12).

Jesus betete «noch inständiger» (Lk 22, 44a). Die Angespanntheit des Betens drückt sich im Blutschweiß aus (V. 44b), der wohl nicht die ἀγωνία illustrieren soll. Die Stärkung durch den Engel ist als Antwort Gottes auf das ergebene Gebet Jesu (V. 42) zu verstehen [17]. Sie kann abstrakt berichtet werden, weil sie im Lichte des Gebets Jesu zu lesen ist. Gott bekundet durch den Engel seinem Sohn, daß es sein Wille ist, den Leidenskelch nicht vorübergehen zu lassen. Denn die Angabe über die Stärkung Jesu gibt zu erkennen, daß der «Kelch» nicht vorübergehen wird. Dieser Sinn von 22, 43 entspricht sachlich der lukanischen «Redaktion» in der Verklärungsgeschichte (9, 28–32), wo das gleiche *Kompositionsschema* begegnet: Jesus *betet* auf dem *Berg* – es *erscheinen* Mose und Elija – sie reden «von seinem ‹*Auszug*›, den er in Jerusalem vollenden werde» – Petrus und die anderen *Jünger* schlafen, statt zu wachen.

III.

Wo man im Zusammenhang einer entwickelteren (kosmischen) Christologie und in Abwehr heterodoxer Engellehren (vgl. Kol 1, 15–17; Hebr 1, 4–14) an der Stärkung Jesu durch einen Engel Anstoß nahm, tilgte man offensichtlich auf seiten «orthodoxer» Abschreiber [18] die beiden Verse Lk 22, 43. 44 [19]. Doch ist es auch denkbar, daß eine gnostisierende Christologie zur Streichung der beiden Verse führte (Marcion, Alexandriner). Schließlich ist die Möglichkeit einer sekundären Angleichung des Lk-Textes an Mt/Mk in Betracht zu ziehen. Wenn moderne Textkritiker die Angaben vom Engel und vom Blutschweiß als sekundär verwarfen, so war vermutlich bisweilen unbewußt ihre Antipathie gegen «wunderbare» Erzählungen mit im Spiel, wie umgekehrt die Bibelkommission seinerzeit mit der Entscheidung für den längeren Text den «übernatürlichen» Charakter des Lebens Jesu gewahrt wissen wollte [20]. Sobald man Lk 22, 43. 44 als lukanische Einfügung in die Getsemaniszene erkennt und theologisch würdigt, sind die beiden Verse nicht nur textkritisch als echt erwiesen, es entfallen auch die skizzierten «Bedenken». Der vor allem auf dem Wege der Redaktionskritik als lukanisch-echt gesicherte Langtext resultiert aus der theologischen Gesamtkonzeption des Evangelisten. Er sollte weder als «legendenhafte Sekundärbildung» diffamiert noch als «historische Nachricht» beansprucht werden.

---

[17] Vgl. *Dibelius*, a. a. O. 202.
[18] Vgl. die Notiz bei Epiphanius v. Salamis, Ancoratus 31.
[19] *Harnack*, Probleme 254f, vermutete, daß Joh 12, 27–30 «johanneische Umwandlung von Luc. 22, 43. 44» sei: Aus dem «Engel vom Himmel» ist eine «Stimme aus dem Himmel» geworden; die «Stärkung» ist nicht mehr auf Jesus bezogen; der Blutschweiß wurde getilgt. Johannes habe somit «dasselbe gethan, was diejenigen thaten, welche die Stelle ganz strichen»; er habe Lk 22, 43. 44 jedenfalls schon im Lk vorgefunden.
[20] Responsio der Bibelkommission vom 26. 6. 1912 (D 2157; Enchiridion Biblicum 397).

Jesus vor dem Synedrium

Eine breite Öffentlichkeit stellt heute an biblische Erzählungen die Frage nach der Historizität des Erzählten. Sie will wissen, „wie es eigentlich gewesen" sei. Da wir z. B. den historischen Jesus nur erreichen, indem wir durch das Medium der apostolischen Verkündigung hindurchstoßen, möchte man am liebsten die Erzählungen der Evangelisten von vermeintlichem „Rankenwerk" befreien, um so „an den Kern der Sache heranzukommen". Der theologische Interpret der Bibel hat jedoch die Aufgabe, den Verkündigungsanspruch der Perikopen und der Ganzschriften zu erfassen und zu verdeutlichen. Seine Aufgabe ist keineswegs darin zu sehen, daß er zum historischen Kern vordringe, auch abgesehen davon, daß in den meisten Fällen eine historische Rekonstruktion der Ereignisse nicht mehr möglich ist.
Damit soll nicht bestritten sein, daß auch der Theologe historisch hinter die Erzählung zurückfragen darf, ja, daß in gewissen Fällen dieses Zurückfragen nach dem historischen Geschehen dem Exegeten dringend aufgegeben sein kann. Einer dieser Fälle ist die von den drei Synoptikern vario modo erzählte Szene, in der Jesus vor dem Synedrium verhört wird. Für die historische Forschung steht fest, daß Jesus am Kreuz gestorben, daß er also gewaltsam umgebracht worden ist. Wenn wir rekonstruieren können, aus welchem Grund man Jesus am Kreuz hinrichtete und von wem die Initiative zum Vorgehen gegen Jesus ausging, dann werden wir wesentlichen Aufschluß über das Wollen und Wirken Jesu erhalten. Daß solches Fragen gegenüber dem Todesschicksal Jesu für den Christen von besonderer Bedeutung ist, braucht nicht eigens unterstrichen zu werden. „Wäre zu erweisen, daß die Christologie keinen Anhalt habe am historischen Jesus, vielmehr eine Mißdeutung sei, so wäre die Christologie damit erledigt", schreibt *Gerhard Ebeling*.[1] Die Christologie wäre dann eine Ideologie.[2] In der Tat sind gerade zum Prozeß Jesu in den vergangenen Jahren zwei beachtliche Monographien erschienen. Sie kommen jedoch zu recht unterschiedlichen Ergebnissen. *Josef Blinzler* spricht in seinem Werk „Der Prozeß Jesu" dem Markusbericht der Synedrialszene die Priorität zu und behauptet – wie er meint: im Anschluß an Markus –, es habe vor dem

---

[1] *G. Ebeling*, Die Frage nach dem historischen Jesus und das Problem der Christologie: ZThK 56 (1959, Beiheft 1) 14–30; 15.
[2] Vgl. *F. Mußner*, Wege zum Selbstbewußtsein Jesu: BZ NF 12 (1968) 161–172; 161.

Hohen Rat ein regelrechter Kapitalprozeß gegen Jesus stattgefunden, der mit einem formellen Todesurteil durch die jüdische Behörde endete.³ Demgegenüber gibt das Buch von *Paul Winter* „On the Trial of Jesus" dem lukanischen Bericht den Vorrang, der von einem jüdischen Todesurteil nichts weiß und bei dem, da z. B. das Zeugenverhör fehlt, der forensische Charakter der Szene soweit aufgehoben erscheint, daß man nur noch von einer Verhörszene sprechen kann. Es ist verständlich, daß der jüdische Autor großen Wert auf seine These legt, Jesus sei überhaupt nicht von einem jüdischen Gericht zum Tode verurteilt worden.[4]

Nun haben die beiden Autoren ihre quellenkritische Entscheidung über die Priorität der Texte offensichtlich ohne eingehende Einzeluntersuchungen getroffen. Solche Einzeluntersuchungen sind heute im Rahmen redaktionsgeschichtlicher Evangelienforschung dringend geboten. Erst wenn wir genau eruieren, welche Quellen den jeweiligen Evangelisten zugrundeliegen, können wir ihre eigene theologische Redaktion erkennen und würdigen. Es wird uns im Folgenden um einige Verstöße in dieser Richtung gehen. Wir wollen zunächst einiges Licht auf die *quellenkritische Frage* werfen, um dann die je eigene Sicht der Evangelisten zu begreifen (1). Als Nebenertrag gewissermaßen wird es uns dann vielleicht gelingen, auch zu der *historischen Frage* „Jesus vor dem Synedrium" einen Beitrag zu leisten (2).

1. Zur Quellenkritik und Redaktion

a) Die Darstellung des Markusevangeliums

Zum Verständnis der *markinischen Darstellung* (Mk 14,53–72) ist zunächst zu sagen, daß hier das Verhör Jesu (mit dem Bekenntnis „Ich bin es") zusammen mit der dreimaligen Leugnung des Petrus eine Art Diptychon bildet. Dem Bekenntnis des Messias wird die Leugnung des Jüngers gegenübergestellt. Diese Gegenüberstellung hat ohne Zweifel paränetischen Sinn.[5] Der Leser der Darstellung ist gefragt, ob er wie Petrus seinen Herrn verleugnen will und dann den Widersachern entweichen kann, oder ob er wie Jesus offen bekennen und dann Mißhandlungen (wie Jesus; vgl. V. 65) erleiden wird. Es ist möglich, daß um des redaktionellen Doppelbildes willen sowohl die Bekenntnisszene Jesu

---

[3] *J. Blinzler,* Der Prozeß Jesu. Das jüdische und das römische Gerichtsverfahren gegen Jesus Christus auf Grund der ältesten Zeugnisse dargestellt und beurteilt, Regensburg ³1960, 95–115; 120–122; 127f. Eine vierte revidierte Auflage des Werkes ist im November 1969 erschienen (vgl. ebd. die entsprechenden Seiten 137–162; 170–173; 184f.).

[4] *P. Winter,* On the Trial of Jesus (Studia Judaica 1), Berlin 1961, 27f. Die These, daß die markinische Prozeßszene auf politischer Apologetik des Evangelisten (gegenüber Rom) beruhe, vertritt *S. G. F. Brandon,* The Trial of Jesus of Nazareth, London 1968, besonders 81–106.

[5] Vgl. *Winter,* a.a.O., 24: „The juxtaposition testifies to a hortatory interest on the part of the story teller..."

als auch die Verleugnungsszene des Petrus jeweils in einem dreifachen Anstieg gestaltet sind. Im Verhör Jesu wird zunächst (V. 56) von vielen Falschzeugen erzählt, die ungleich aussagen. Dann folgt eine konkrete Beschuldigung, Jesus habe den Tempel zerstören wollen (VV. 57–59). Auf dem Höhepunkt des Verhörs schließlich erhebt sich der Hohepriester zu seiner inquisitorischen Frage (VV. 60f.), die Jesus mit einem vollen Ja beantwortet. Entsprechend kennt auch die Verleugnungsgeschichte eine dreifach gesteigerte Inquisition. Zuerst tritt eine Magd an Petrus heran, die erkannt hat, daß er zum Gefolge des Nazareners gehört (VV. 66f.). Dieselbe Magd gibt dann ihr den Petrus belastendes Wissen an die Umstehenden weiter (V. 69). Dann belasten in einem dritten Vorstoß die Umstehenden den Petrus, indem sie ihn als einen Galiläer bezeichnen (V.70). Da leugnet Petrus nicht nur; er flucht und verwünscht sich selbst (V.71).

In der Prozeßszene selbst kommt die Christologie des leidenden Ebed-Jahwe zum Ausdruck: Jesus schweigt vor seinen Widersachern (V. 61a; vgl. 60b; siehe Is 53,7); die Mißhandlungsszene (V. 65) läßt Motive aus Is 50,6 LXX anklingen. In die markinische Theorie vom Messiasgeheimnis fügt sich das „Ich bin es" ein.[6] In dem Augenblick, da sich Jesus offen als Christus, als Sohn des Hochgelobten und als zum Gericht über seine Richter kommender Menschensohn bekennt, nimmt das Drama der Passion, eingeleitet durch die Verspottung und Mißhandlung Jesu, seinen Lauf. Mit Recht wird man die Frage stellen müssen, ob denn ein „Kompendium der Christologie",[7] wie es in den VV. 61f. begegnet, bereits seinen Sitz in der historischen Situation gehabt haben könne. Wir wollen dieser Frage hier nicht im einzelnen nachgehen. Zu bedenken ist aber immerhin, daß die Wendungen „Sohn des Hochgelobten" sowie „sitzend zur Rechten der Kraft" judaisierende Redeweise darstellen,[8] und es ist auch zu fragen, ob zur Zeit des Markus noch eine so geschärfte Naherwartung lebendig war, wie sie sich in dem Logion vom Menschensohn ausspricht, der – so ist es doch gemeint – alsbald mit den Wolken des Himmels kommt.[9] In unserem Zusammenhang kommt es eher darauf an, zu sehen, wie wenig die markinische Darstellung im protokollierenden Sinn verstanden werden darf. Das zeigt sich – darauf sei abschließend verwiesen – auch an der Aussage des V. 64b „sie aber alle verurteilten ihn, er sei des Todes schuldig".

---

[6] Siehe hierzu W. *Trilling*, Die Passion Jesu in der Darstellung der synoptischen Evangelien: Lebendiges Zeugnis, 1966, H. 1, 28–46; 31f.

[7] Diese Charakterisierung wendet H. *Conzelmann* (Die Mitte der Zeit. Studien zur Theologie des Lukas, Tübingen ⁴1962, 77f., Anm. 2) auf Lk 22,67–70 an. Aber nicht erst Lukas bietet in der Verhörszene ein christologisches Konzentrat.

[8] Vgl. *Ferd. Hahn*, Christologische Hoheitstitel. Ihre Geschichte im frühen Christentum (FRLANT 83), Göttingen ³1966, 181: „Daß es sich um ein aus der palästinischen Gemeinde stammendes christologisches Zeugnis handelt, dürfte außer Frage stehen."

[9] Nach R. *Pesch* (Naherwartungen. Tradition und Redaktion in Mk 13, Düsseldorf 1968, 227) teilt der Evangelist Markus zwar mit seinen Gegnern die Naherwartung, „aber nicht deren apokalyptisch-berechnend-schwärmerische Art".

Blinzler baut auf dem κατέκριναν, das hier begegnet, seine Argumentation für ein Todesurteil des Synedriums auf.[10] Schwerlich zu Recht! Man darf hier auch nicht mit historischen Erwägungen kommen, ob der Hohe Rat zur Zeit Jesu das Ius gladii besessen habe oder nicht. Vielmehr gilt es zu sehen, welches Bild Markus entwirft. Nun wird der markinische Sinn der Aussage über das Urteil zwar in der Kurzaussage von Mk 10,33 mit „sie werden ihn zum Tode verurteilen" wiedergegeben. Doch muß das nicht heißen, die Synedristen hätten ein formelles Todesurteil gefällt. Vielmehr ist die Kurzaussage im Sinn der differenzierteren Formulierung von Mk 14,64b zu verstehen: „Sie fällten den Urteilsspruch, daß er des Todes schuldig sei." *Lagrange* kommentierte die Wendung in diesem Sinn.[11] *Taylor* klassifiziert in seinem Markuskommentar den Spruch des Hohen Rates als „a judicial opinion or verdict rather than a sentence".[12] Es handelt sich also nicht um ein rechtskräftig verkündetes Endurteil, sondern um einen Schuldspruch, der das Strafmaß angibt. Die indirekte Formulierung des Markusevangeliums über den Inhalt des Urteils deutet nach *Zerwick* darauf hin, daß hier der Evangelist von sich aus die Szene abschließt, daß – mit anderen Worten – V. 64b redaktionell ist.[13] Matthäus hat jedenfalls die markinische Erzählung in diesem Punkt so verstanden, daß am Schluß des Verhörs die Synedristen die Auffassung bekunden, Jesus habe den Tod verdient (Mt 26,66). Wenn man nach der Funktion des markinischen „sie verurteilten ihn" im Zusammenhang der Szene fragt, so wird man beachten müssen, daß es dem Evangelisten entscheidend auf den Kontrast ankommt, der darin besteht, daß der wahre und endgültige Menschensohn-Richter (Mk 14,62) hier vor dem Gericht der irdischen und zeitbedingten Richter aus dem Judenvolk steht, die ihn beurteilen. Weniger wahrscheinlich ist, daß Markus lediglich aus Gründen der Loyalität gegenüber Rom die Rolle des römischen Richters Pilatus auf die jüdische Behörde habe abschieben wollen, wie *Winter* im Anschluß an *Lietzmann* behauptet.[14]

[10] *Blinzler*, a.a.O., 127f. (4. Aufl., 184f.). „Einen bloßen Schuldpruch will Markus also nicht berichten." Daß der Evangelist „an ein formelles Todesurteil denkt", bestätige Mk 10,33 (ebd. 128; 4. Aufl., 185).
[11] *M.-J. Lagrange*, Évangile selon Saint Marc, Paris ⁴1929 (Neudruck 1966), 404.
[12] *V. Taylor*, The Gospel according to St. Mark, London 1952 (Repr. 1963), 570.
[13] Vgl. den Abschnitt „Indirekte Rede im Erzählungsende" bei *M. Zerwick*, Untersuchungen zum Markus-Stil, Rom 1937, 29f.
[14] *Winter*, a.a.O., 24; vgl. *H. Lietzmann*, Der Prozeß Jesu, in: Kleine Schriften II: Studien zum NT, hrsg. von K. Aland (= TU 68), Berlin 1958, 251–263 (erstmalig 1931); 263: Aus der wachsenden Tendenz zur Belastung der Juden „ist die Szene jener Nachtverhandlung geschaffen, die dem Synedrion das eigentliche entscheidende Todesurteil zuschiebt". Lietzmanns Ansicht lebt in den Arbeiten von *S. G. F. Brandon* weiter; vgl. oben Anm. 4 sowie die früheren Bücher: The Fall of Jerusalem and the Christian Church. A Study of the Effects of the Jewish Overthrow of A.D. 70 on Christianity, London 1957 (185–205); Jesus and the Zealots. A Study of the Political Factor in Primitive Christianity, Manchester 1967 (221–282). Zur Kritik des letztgenannten Werkes siehe die Besprechung von *K. Müller*: BZ NF 13 (1969) 126–129.

Schließlich ist auch die markinische Placierung des Synedrialverhörs auf die Nachtzeit möglicherweise redaktionell. Wenn Markus die Szene eng mit der der Petrusverleugnung verbinden wollte, so konnte er kaum die Verhörszene nach der Verleugnung erzählen. Denn nach der vor-markinischen Passion wurde Jesus am frühen Morgen bereits zu Pilatus überführt (vgl. Mk 15,1), und andererseits war die Verleugnungsgeschichte wegen des Hahnenschreis fest mit dem Ende der Nacht verbunden. So erzählt Markus die Sitzung des Hohen Rates vor der Petrusverleugnung, läßt aber beide Szenen gleichzeitig ablaufen (vgl. VV. 53f.66).
Mit diesen Beobachtungen zur markinischen Redaktion wird sichtbar geworden sein, daß man die Darstellung des zweiten Evangeliums nicht zur Grundlage historischer Überlegungen und Rückschlüsse machen kann, wenigstens insoweit nicht, als Markus die Verhörszene im ganzen paränetisch einordnet, und als er mit dem κατέκριναν primär einen theologischen Kontrast beabsichtigt. Außerdem ist zu fragen, ob nicht die abweichende Darstellung des Lukas auf eine eigene Überlieferung zurückgeht. Oder sollte Lukas in den Abweichungen von Markus seine eigene ratio historica haben walten lassen?

b) Die lukanische Verhörszene

Die *lukanische Fassung* der Verhörszene weicht (im Unterschied zu der matthäischen) von der Markusfassung erheblich ab. Das gilt einmal hinsichtlich der Anordnung. Während bei Markus Verhör, Verspottung und Verleugnung aufeinander folgen, bietet Lk 22,54–71 die Reihenfolge Verleugnung, Verspottung und Verhör. Hat hier Lukas eine Umstellung vorgenommen,[15] oder folgt er mit seiner Akoluthie einer nicht-markinischen Tradition? Letztere Möglichkeit wird gerade darum hinsichtlich der Verhörszene ins Auge gefaßt werden müssen, weil die lukanische Fassung stofflich über Markus hinausgeht. Zum Beispiel antwortet Jesus dem Hohen Rat (nicht dem Hohenpriester) auf dessen Ersuchen: „Wenn ich es euch sage, werdet ihr nicht glauben. Wenn ich aber frage, so werdet ihr nicht antworten" (22,67f.). Diese Antwort berührt sich eng mit Jo 10,24f. Außerdem ist bei Lukas die Frage nach dem Christus-Sein von der nach der Gottessohnschaft getrennt (VV. 67.70). Auf beide Fragen gibt Jesus eine indirekte Antwort: V. 67f. (siehe oben); V. 70d: „Ihr sagt, daß ich es bin." Die letztgenannte Entgegnung erinnert wiederum stark an die matthäische Antwort an den Hohenpriester: „Du sagst es" (Mt 26,64). *Ruckstuhl* will diese und einige andere Matthäus-Lukas-Übereinstimmungen zwar nicht durch literarische Abhängigkeit zwischen den beiden Evangelien erklären, nimmt aber doch eine „Abhängigkeit von der gleichen alten Überlieferung" an.[16]

---

[15] So *Lietzmann*, a.a.O., 251f.; vgl. *Blinzler*, a.a.O., 120–122 (4. Aufl., 170–173).
[16] E. *Ruckstuhl*, Die Chronologie des Letzten Mahles und des Leidens Jesu (Bibl. Beiträge NF 4), Einsiedeln 1963, 40 Anm. 38.

Winter behauptete jedoch, daß Lk 22,66–71 „post-editorial interpolation" im Anschluß an Matthäus sei.[17] Dem steht jedoch die einheitliche Textüberlieferung des Lukasevangeliums entgegen. Ähnlich hat *Winter* später die Berührungen zwischen Lukas und Johannes in unserem Fall als spätere Einfügung in das Lukasevangelium im Anschluß an einen mit Jo 10,24–36 korrespondierenden Text erklären wollen.[18] Auch hier spricht die einheitliche lukanische Textüberlieferung ein gewichtiges Kontra. Im allgemeinen wird jedoch das lukanische Plus gegenüber Markus als redaktionell angesehen. Bezeichnend ist hierfür die kurze Bemerkung von *Josef Schmid:* „Es ist nicht wahrscheinlich, ja ausgeschlossen, daß Lukas hier die sachlich genauere, auf einer von Markus unabhängigen Überlieferung beruhende Darstellung bietet."[19] *Bultmann,* der zuerst an von Lukas benutzte Sondertraditionen dachte,[20] hat inzwischen sein Urteil geändert: „Die Ansicht, daß Lk für die Passionsgeschichte neben Mk noch eine andere Quelle benutzt hat, wird sich nicht halten lassen."[21] Dieses Urteil *Bultmanns* und *Schmids* wird man nach einigen neueren Untersuchungen – genannt seien die von *Schürmann* über den lukanischen Abendmahlsbericht[22] und die von *Rehkopf* über zwei Szenen der lukanischen Passion[23] – revidieren müssen. Zwar darf man heute keineswegs der in England viel vertretenen Protolukas-Hypothese folgen, die annimmt, Lukas habe in eine vorgegebene Evangelienschrift später den Markusstoff eingefügt.[24] Aber die Existenz einer nicht-markinischen Passion, die Lukas neben dem Markusevangelium benutzt haben kann, ist doch als möglich, wenn nicht wahrscheinlich anzunehmen.[25]

[17] P. *Winter,* The Treatment of His Sources by the Third Evangelist in Luke XXI–XXIV: StTh 8 (1954/55) 138–172; 164.
[18] P. *Winter,* Luke XXII 66 b–71: StTh 9 (1955/56) 112–115; 113f.
[19] J. *Schmid,* Das Evangelium nach Lukas, Regensburg ³1955, 340.
[20] Nach R. *Bultmann* (Die Geschichte der synoptischen Tradition, Göttingen ⁵1961, 303) hat Lukas in 22,54–71 „einen anderen Bericht mit der Mk-Vorlage vereint".
[21] So R. *Bultmann* im Ergänzungsheft zum oben genannten Werk (42) unter Berufung auf J. *Finegan* (Die Überlieferung der Leidens- und Auferstehungsgeschichte Jesu = BhZNW 15, Gießen 1934). Zur Synedrial-Szene vgl. *Finegan,* a.a.O. 23–25.
[22] H. *Schürmann,* Der Paschamahlbericht (NtlAbh XIX 5), Münster 1953; Der Einsetzungsbericht (NtlAbh XX 4), Münster 1955; Jesu Abschiedsrede (NtlAbh XX 5), Münster 1957.
[23] Die Arbeit von Fr. *Rehkopf* (Die lukanische Sonderquelle. Ihr Umfang und Sprachgebrauch = WUNT 5, Tübingen 1959) untersucht die Verratsansage (Lk 22,21–23) und die Gefangennahme Jesu (Lk 22,47–53).
[24] Zur Widerlegung der Protolukas-Hypothese vgl. W. G. *Kümmel,* Einleitung in das Neue Testament, begr. von Feine/Behm, Heidelberg ¹⁴1965, 79–82. Allerdings meint Kümmel (a.a.O. 82) feststellen zu müssen, „daß auch der Leidensgeschichte des Lk. schwerlich eine zusammenhängende Sonderüberlieferung zugrunde liegt".
[25] Vgl. *Schürmann* (Jesu Abschiedsrede, 140): „Man kann nun zwar noch nicht sagen, die Existenz einer eigenen vorluk Nicht–Mk-Form einer Passionsgeschichte sei durch unsere dreiteilige Untersuchung von Lk 22,7–18.19–20.21–38 schon sicher bewiesen; eine solche darf auf Grund der vorliegenden Untersuchung vorerst nur – wenn auch mit starken Gründen – für wahrscheinlich gehalten werden". – Eine nichtmarkinische Vorlage der lukanischen

Wir wollen uns also im Folgenden – wenigstens für die Verhörszene – der Frage widmen, warum die lukanische Akoluthie von der des Markus abweicht und warum das Lukasevangelium in dieser Szene über Markus hinausgehenden Stoff bietet. Dabei sei die letztere Frage vorweg behandelt.

Lukas geht im Stoff über Markus hinaus.

Nach der lukanischen Darstellung wird Jesus bei Tagesanbruch im Synedrium von den Synedristen insgesamt (V. 66) aufgefordert, zu bekennen, falls er der Christus sei (V. 67a). Darauf gibt Jesus – im Gegensatz zur markinischen Szene – keine direkt bejahende Antwort, sondern er sagt in prophetischer Manier (vgl. Jer 38,15; Is 41,28): „Wenn ich es euch sage, so werdet ihr nicht glauben. Wenn ich aber frage, werdet ihr nicht antworten" (V. 67b.68). Erst dann folgt – gegenüber dem Markustext redaktionell verändert, oder gar in ursprünglich von Markus abweichender Formulierung – das Wort vom Menschensohn, der zur Rechten Gottes sitzen wird (V. 69). Wenn wir den ersten Teil der Jesusantwort näherhin analysieren, so stellen wir fest: V. 67b.68 geht erstens über den Markustext hinaus. Das kann – bei der Annahme, daß dem Lukasevangelium an dieser Stelle nur das Markusevangelium als Quelle vorgelegen habe – nur als lukanische Zufügung erklärt werden; diese wiederum könnte dann entweder freie Redaktion des Evangelisten sein oder er könnte den Wortlaut aus einer mündlichen Tradition geschöpft haben. In beiden Fällen wäre aber anzunehmen, daß der Doppelsatz lukanisches Gepräge trüge oder zum mindesten keinen unlukanischen oder widerlukanischen Stil aufwiese. Eine zweite Feststellung führt nun insofern weiter, als sie besagt, daß in dem Doppelsatz Antilukanismen begegnen. Wenn das aber der Fall ist, kann die Folgerung nur lauten: Lukas hat hier eine Quelle, eine schriftliche Vorlage benutzt. Anzeichen dafür sind u. a. folgende unlukanische

Passionsdarstellung (neben der Mk-Vorlage) wird ferner postuliert von *A. M. Perry,* The Sources of Luke's Passion-Narrative, Chicago 1920; *Winter,* The Treatment (siehe oben Anm. 17); *J. B. Tyson,* The Lucan Version of the Trial of Jesus: NT 3 (1959) 158–249; *G. Schneider,* Verleugnung, Verspottung und Verhör Jesu nach Lukas 22,54–71. Studien zur lukanischen Darstellung der Passion (StANT 22), München 1969. – Selbst *J. Blinzler* räumt neuerdings ein, daß Lukas für seine Synedrialszene eine Sonderquelle benutzt haben könne: „Man begreift, daß viele Forscher hier der Lukasdarstellung den Vorzug geben. Erst vor einigen Monaten wurde der Theologischen Fakultät in Cambridge eine Dissertation vorgelegt, die den Nachweis zu führen versucht, daß Lukas hier eine Sonderquelle benützt hat. Ausgeschlossen ist das nicht" (Passionsgeschehen und Passionsbericht des Lukasevangeliums: Bibel und Kirche 24 [1969] 1–4; 3). Es handelt sich dabei um die Arbeit von *D. R. Catchpole,* The Trial of Jesus in Jewish Historiography from 1770–1965, Maschinenschriftl. Dissertation Cambridge 1968. *Blinzler* geht nun in der 4. Aufl. seines Werkes „Der Prozeß Jesu" (171) kurz auf *Catchpole* ein. Er gibt zu, daß „seine Argumente Beachtung verdienen", bemerkt jedoch: „Aber selbst, wenn sich diese Hypothese bewähren sollte, wäre immer noch zu fragen, ob die von Lk verwertete Darstellung der des Mk in historischer Hinsicht überlegen, ebenbürtig oder unterlegen ist." Nach einer Mitteilung von Herrn Kollegen *C. F. D. Moule* (Cambridge) soll *Catchpoles* Untersuchung 1970 im Druck erscheinen.

Wendungen: Das zweimal vorkommende ἐάν, das Lukas nicht von sich aus schreibt,[26] und das zweimalige emphatische οὐ μή, das ebenfalls unlukanisch ist.[27] Eine dritte Feststellung kommt hinzu. Sie hatte *Winter* zu der Auffassung geführt, es handle sich um eine posteditoriale Interpolation.[28] Der Wortlaut der Jesusantwort findet sich nämlich mutatis mutandis im Johannesevangelium:

Jo 3,12: εἰ τὰ ἐπίγεια εἶπον ὑμῖν καὶ οὐ πιστεύετε, πῶς ἐὰν εἴπω ὑμῖν τὰ ἐπουράνια πιστεύσετε;
4,48: ἐάν ... οὐ μὴ πιστεύσητε.
10,25: εἶπον ὑμῖν, καὶ οὐ πιστεύετε.

Interessant ist in diesem Zusammenhang, daß sich Lk 22,67a wörtlich bei Jo 10,24c wiederfindet:

Lk: εἰ σὺ εἶ ὁ χριστός, εἰπὸν ἡμῖν.
Jo: εἰ σὺ εἶ ὁ χριστός, εἰπὸν ἡμῖν παρρησίᾳ.

Wenn wir durch den unlukanischen Charakter des Logions zu der Annahme geführt wurden, das Logion habe dem Lukas schriftlich vorgelegen, so werden wir durch den „johanneischen" Charakter des Wortes auf die Situation hingelenkt, in der – nach der Tradition – Jesus diese Antwort gegeben hat. Das Logion gehört, wenn nicht ganz sicher in das Synedrialverhör, so doch in die letzte Auseinandersetzung Jesu mit den jüdischen Führern zu Jerusalem. Es ist möglich, daß der vierte Evangelist, der bekanntlich auf die Szene eines Synedrialverhörs Jesu verzichtet, die Christusfrage der Gegner, falls sie ihm in der Tradition mit einem solchen Verhör verknüpft zugekommen war, auf einen früheren Zeitpunkt (Jo 10,22: Tempelweihfest) verlegt hat. Dann dürften wir eine hohe Wahrscheinlichkeit für die Annahme buchen, daß es im Verhör Jesu vor dem Synedrium – nach allgemeiner evangelischer Tradition (vormarkinisch, vorlukanisch, vorjohanneisch) – um die Christusfrage ging. Damit wäre natürlich nicht schon ausgemacht, daß diese traditionelle Auskunft genau auch ins Zentrum der historischen Situation träfe. Es erklärte sich aber leicht der heutige Befund, daß die Verhörszene bei den Synoptikern zu einem Sammelbecken christologischer Titel wurde. Für die historische Beurteilung der synoptischen Darstellungen würde aber auch deutlich, daß in der Tradition allgemein die Antwort Jesu auf die Christusfrage „ausweichend" oder jedenfalls nicht im markinischen modus des ἐγώ εἰμι erfolgte (Mt 26,64a; Lk 22,67b. 68; 22,70d; vgl. Jo 10,25). Des weiteren dürfte die Nachricht der Evangelien über den Kreuzestitulus, deren Historizität zu bezweifeln kein Anlaß besteht,[29] mit der Christusfrage der Tradition korrespondieren.

[26] Siehe R. *Morgenthaler,* Statistik des neutestamentlichen Wortschatzes, Zürich 1958, 12. 62. 90.
[27] *Schürmann,* Der Paschamahlbericht, 17f.
[28] *Winter,* Luke XXII, 112–114.
[29] Siehe N. A. *Dahl,* Der gekreuzigte Messias, in: Der historische Jesus und der kerygmatische Christus, hrsg. von Ristow/Matthiae, Berlin ³1964, 149–169; bes. 159f.

Diese Folgerungen hängen freilich immer vom literarkritischen Befund der lukanischen Szene ab. Er wurde bisher nur unter dem Gesichtspunkt gesehen, daß über Markus hinausgehender Stoff vorliegt. Nun ist aber noch die Frage der von Markus abweichenden Akoluthie zu besprechen.

Lukas weicht in der Szenenfolge von Markus ab.

Nehmen wir einmal an, Lukas habe als Quelle nur das Markusevangelium benutzt, so muß eine Erklärung dafür gegeben werden, warum die markinische Reihenfolge (Verhör–Verspottung–Verleugnung) bei Lukas umgekehrt erscheint (Verleugnung–Verspottung–Verhör). Solche Begründungen werden von *Creed, Grobel, Finegan, Schmid* und *Blinzler* beigebracht.[30] Man denkt daran, daß Lukas von sich aus die Möglichkeit eines nächtlichen Verhörs negativ beurteilt und darum die Szene auf den frühen Morgen verlegt habe, daß dem feinfühlenden Evangelisten eine Verspottung Jesu durch die Synedristen als schockierend erschienen sei, daß die Verleugnungsszene, weil sachlich – wegen des abschließenden Hahnenschreis – mit der Nachtzeit verbunden, vorgezogen werden mußte, daß dann wiederum die Verspottungsszene einen füllenden Übergang bilden konnte zwischen der Nachtzeit, in der die Verleugnung stattfand, und der Morgenstunde, in der das Verhör begann. All das ist an sich nicht unmöglich. Zu denken gibt indessen schon die Tatsache, daß Lukas sonst in keiner Weise die Judenführer zu schonen bemüht ist, daß er, wenn überhaupt, so doch selten die Perikopenordnung seiner Vorlagen umstellt (und zwar immer nur im Zusammenhang mit der Kombination zweier Quellenstränge), daß er kaum ein literarisches Kunstgebilde wie das markinische Diptychon „Bekenntnis Jesu – Verleugnung Petri" zerstört haben würde (und zwar aus angeblich „historischen" Gründen). Der „Historiker" Lukas war, wie wir heute immer mehr erkennen, nicht historisch interessiert in dem Sinn, daß er von sich aus eine historisch zutreffendere Darstellung des Wirkens Jesu hätte geben wollen oder können. Geht man aber von der Auffassung aus – die an dieser Stelle nicht erschöpfend begründet werden kann –, Lukas habe neben dem Markusevangelium noch eine andere Darstellung der Passion benutzt, die nach der Gefangennahme Jesu die Verspottung durch die Wache und das Morgenverhör im Synedrium enthielt, so wird man dieser Darstellung gegenüber der des Markusevangeliums historisch den Vorzug geben müssen.[31]

---

[30] *J. M. Creed*, The Gospel according to St. Luke, London 1930 (Repr. 1965), 275–279; *K. Grobel*, Formgeschichte und Synoptische Quellenanalyse (FRLANT 53), Göttingen 1937, 100–104; *Finegan*, a.a.O. (siehe oben Anm. 21) 23–25; *Schmid*, a.a.O. (siehe oben Anm. 19) 339–341; *Blinzler*, a.a.O. (siehe oben Anm. 3) 120–122 (4. Aufl., 170–173).

[31] Vgl. *P. Benoit*, Jesus vor dem Synedrium, in: Exegese und Theologie. Gesammelte Aufsätze, Düsseldorf 1965, 133–148 (erstmalig 1943); 138f.: „Man darf übrigens ohne Schwierigkeit annehmen, daß Lukas seine bessere Anordnung einer selbständigen Überlieferung verdankt. Es scheint nämlich auch durch eine Reihe anderer Züge bewiesen zu sein, daß er, namentlich für die Leidensgeschichte, über eine persönliche, von Markus verschiedene Quelle verfügt,

Lukas hat ihr im Grunde den Vorzug gegeben, z. B. auch darin, daß er von einer Verurteilung im Synedrium nichts erzählte. Aber Lukas hat Wert auf die Verleugnungsszene des Markus gelegt. Er konnte sie in seinen Vorlagenzusammenhang nur so einordnen, daß er sie vor den schon bestehenden Komplex Verspottung–Verhör legte. In der Verhörszene hat unseres Erachtens Lukas zunächst nach seiner nicht-markinischen Vorlage erzählt, fügte dann jedoch nachtragsweise einigen Stoff der markinischen Verhörszene an.

Theologische Aspekte der lukanischen Szene.

In der lukanischen Szene des Verhörs tritt nicht der Hohepriester als Vorsitzender des Hohen Rates hervor. Die Synedristen erscheinen insgesamt als Repräsentanten des Judentums, das auch in dem Fall, daß Jesus sich als Messias offen bekennen würde, nicht glauben wird (VV. 67f.). Andererseits muß dieses Judentum wissen, daß Jesus der Sohn Gottes ist (V. 70); es ist unentschuldbar, weil es aus Jesu eigenem Mund das „Zeugnis" Jesu vernommen hat (V. 71). Charakteristisch für die lukanische Christologie ist, daß der Messiastitel deutlicher als bei Markus und Matthäus vom Gottessohnprädikat geschieden wird. Diese Trennung der beiden Prädikate voneinander muß nicht, wie fast allgemein angenommen, auf die lukanische Redaktionstätigkeit allein zurückgehen. Vielmehr wird es so sein, daß die nicht-markinische Vorlage, die wir oben postuliert haben, nur von Jesu Messiastum sprach, daß aber Lukas dann im Anschluß an die Markusvorlage in einem zweiten Ansatz den Gottessohntitel anfügte. Hierbei kam ihm das Menschensohnlogion zustatten, das von dem zur Rechten Gottes erhöhten Menschensohn spricht. Nach der lukanischen Konzeption ist Jesus darum der Sohn Gottes, weil er jetzt – in der Zeit der Kirche – zur Rechten der Kraft Gottes sitzt (vgl. das folgende οὖν im V. 70). Im Unterschied zu der Markusfassung des Menschensohnwortes hat Lukas die Wendung von der Ankunft des Menschensohnes mit den Wolken des Himmels (Mk 14,62) nicht. Fast allgemein wird postuliert, Lukas habe wegen der ausgebliebenen Parusie die Wendung getilgt.[32] Aber das ist nicht so zweifelsfrei. Denn einmal stellte sich das Problem der sogenannten „Parusieverzögerung" doch auch schon dem Markusevangelisten. Ferner ist zu beachten, daß Lk 21,27 das entsprechende Parusiewort von Mk 13,26 stehen blieb. Schließlich gibt es minor agreements (gegen Markus) zwischen Matthäus und Lukas in dem Menschensohnwort unserer Szene, die nicht ignoriert werden dürfen. Mit anderen Worten, es kann nicht ausgeschlossen werden, daß in der nicht-markinischen Vorlage der

mit deren Hilfe er Markus ergänzt oder korrigiert. Wir können also dieser Sondertradition auch die bessere Anordnung der Ereignisse, durch die Lukas den Schwierigkeiten der Markus-Darstellung entgeht, zuschreiben."

[32] Siehe etwa *E. Grässer,* Das Problem der Parusieverzögerung in den synoptischen Evangelien und in der Apostelgeschichte (BhZNW 22), Berlin ²1960, 176f.

lukanischen Szene auf die Christusfrage des Synedriums zunächst die prophetische Antwortverweigerung Jesu (V. 68) und dann die Menschensohnaussage über die himmlische Erhöhung (V. 69; ohne Parusieansage) folgte. Es wäre jedenfalls voreilig geurteilt, wenn man von der Behauptung ausginge, die sogenannte „Erhöhungs-Christologie" sei ein Spätprodukt der neutestamentlichen Tradition.[33] Eines allerdings wird man als Ergebnis hellenistisch geprägter Christologie betrachten müssen: die deutliche Scheidung zwischen Messias und Gottessohn. Sie begegnet in analoger Weise bei Johannes (Jo 10,24.36). *Winter* bemerkt zu Recht: „The manner in which the term ‚Son of God' is used in Lk. XXII 70 proves that this term had already become dissociated from its messianic foundation."[34] Der Gottessohntitel nähert sich seinem hellenistischen Bedeutungsgehalt. Aber diese Annäherung ist nicht schon in der vor-lukanischen Szene der Tradition angelegt, sondern ist Ergebnis der lukanischen Redaktionstätigkeit. Die vor-synoptische Verhörszene hatte vielmehr ihren inneren Mittelpunkt in der Messiasfrage der Juden. Diese Folgerung ergibt sich aus der vor-lukanischen Verhörszene, aus der entsprechenden vor-markinischen Tradition, sowie aus der Überlieferung, die Jo 10 erhalten blieb.
Damit stehen wir unmittelbar bei der Feststellung, daß die frühe Jesus-Tradition ganz allgemein wußte: Jesus ist von den maßgeblichen Vertretern des Judentums auf die Messiasfrage hin angesprochen worden, und die Frage des messianischen Anspruches Jesu hat letztlich zur Auslieferung Jesu an Pilatus und zur Anklage vor dem römischen Richter geführt. Eine formelle Verurteilung Jesu zum Tode durch das Synedrium wird von dieser allgemeinen Tradition nicht erzählt.

2. *Zur historischen Fragestellung*

Mit dieser Feststellung ist natürlich noch nicht der historische Verlauf der Jesuspassion rekonstruiert. Aber wir sind ohne Zweifel mit einer allgemeinen frühen Jesustradition der historischen Situation nähergekommen.
In seiner Akademieabhandlung über den Prozeß Jesu hatte seinerzeit *Lietzmann* aus der Tatsache des Kreuzestodes Jesu gefolgert, Pilatus habe im Falle Jesu „das entscheidende Urteil gesprochen".[35] Die weitere Konsequenz war für *Lietzmann:* „Also kann er nicht vom Synedrion verurteilt sein."[36] Im Falle eines jüdischen Urteils – auch wenn dieses der Bestätigung durch Pilatus bedurft hätte – wäre Jesus gesteinigt und nicht nach römischer Strafart gekreuzigt worden.[37] In der Argumentation *Lietzmanns* spielten eine Reihe von angeb-

---
[33] Hierzu W. *Thüsing,* Erhöhungsvorstellung und Parusieerwartung in der ältesten nachösterlichen Christologie: BZ NF 11 (1967) 95–108; 205–222; 12 (1968) 54–80; 223–240.
[34] *Winter,* Luke XXII, 114.
[35] *Lietzmann,* Der Prozeß Jesu (siehe oben Anm. 14), 257.
[36] Ebd.
[37] Ebd.

lichen Belegen eine Rolle, die beweisen sollten, daß zur Zeit Jesu der jüdische Hohe Rat sehr wohl die Berechtigung besaß, Todesurteile zu fällen und zu vollstrecken.[38] Die Schlußfolgerung aus der Kreuzigung Jesu und diesen Belegstellen lautet darum: Also hat auch nicht das jüdische Gericht Jesus verurteilt, „und der Bericht des Markus (14,55–65) ist unhistorisch".[39] Die von *Lietzmann* angeführten Belegstellen für eine Ausübung des vollen Ius gladii durch das Synedrium sind indessen verschiedentlich, zuletzt von *Blinzler* widerlegt worden.[40] *Blinzler* betont gegenüber *Lietzmann* mit Recht: „Es läßt sich nicht nachweisen, daß das Synedrium zur Zeit der Prokuratoren auch die Befugnis hatte, Todesurteile zu vollstrecken."[41] Insoweit scheint Jo 18,31 die Situation des Judentums der betreffenden Zeit richtig zu kennzeichnen: „Uns ist es nicht erlaubt, jemand zu töten."[42] Andererseits ist es wahrscheinlich, daß der Hohe Rat das Recht besaß, „vom einheimischen Gesetz mit dem Tode bedrohte Verbrechen gerichtlich zu verfolgen".[43] Die rechtshistorische Situation läßt somit kein Urteil darüber zu, ob die markinische Darstellung eines Religionsprozesses mit dem Urteil des Hohen Rates historisch oder unhistorisch sei. Desgleichen können auch Erwägungen darüber, ob zur Zeit Jesu schon das pharisäische Recht der Mischna oder noch das saddukäische Strafrecht in Geltung war, nicht weiterführen. Denn einerseits sind die betreffenden Szenen der Evangelien keine Protokolle, und andererseits ist ein illegales Vorgehen gegen Jesus nicht von vornherein auszuschließen.

Eine historische Beurteilung des Jesusprozesses muß von anderen Feststellungen ausgehen.

1. Mit der Tatsache der Kreuzigung Jesu, die ein römisches Todesurteil voraussetzt, ist aus Gründen der Prozeßökonomie ein jüdisches Endurteil schwer in Einklang zu bringen. Das hat vor einigen Jahren der Grazer Jurist *Arthur Steinwenter* aufgezeigt.[44]

2. Die Möglichkeit eines jüdischen Todesurteils, das der prokuratorischen Bestätigung bedurft hätte, ist unwahrscheinlich, weil in diesem Fall Jesus gesteinigt worden wäre.[45]

3. Mit der vor-synoptischen und wohl auch vor-johanneischen Jesustradition wie auch mit der rechtshistorischen Situation in vollen Einklang zu bringen

---

[38] *Lietzmann,* a. a. O., 258–260.
[39] Ebd. 260.
[40] *Blinzler,* Der Prozeß Jesu, 163–174 (4. Aufl., 229–244); vgl. G. D. Kilpatrick, The Trial of Jesus, London 1953, 18–21.
[41] *Blinzler,* a. a. O. 167 (4. Aufl., 233).
[42] Siehe auch E. Lohse, Der Prozeß Jesu Christi, in: Ecclesia und Res Publica (FS für K. D. Schmidt), Göttingen 1961, 24–39; 31 f.
[43] *Blinzler,* a. a. O. 166 (4. Aufl., 232 f.).
[44] A. *Steinwenter,* Rezension von J. Blinzler, Der Prozeß Jesu, 2. Aufl., Regensburg 1955: Jura 7 (1956) 263–266; bes. 265 f.
[45] Vgl. *Lietzmann,* Der Prozeß Jesu, 257.

ist nur die Annahme, daß die jüdische Behörde eine ἀνάκρισις (= Voruntersuchung) gegen Jesus durchführte, die das Anklagematerial für den Pilatusprozeß bereitstellen sollte. Dann ist der „Beschluß" (συμβούλιον) des Hohen Rates (Mk 15,1; rückblickend auf 14,64) juristisch als Anklagebeschluß zu beurteilen.[46] In diesem Rahmen bewegt sich die lukanische Darstellung, die kein „Urteil" des Synedriums erzählt, wohl aber (Lk 23,2) berichtet, daß die Synedristen vor dem Prokurator gegen Jesus Anklage erheben, er habe sich als „Christus", d. h. „als einen König", ausgegeben. Im wesentlichen kann diese Sicht des historischen Verlaufs mit dem Kreuzestitulus in Einklang gebracht werden.

Bestehen aber nicht schwere Bedenken gegen eine solche historische Rekonstruktion, die die Rolle des Synedriums auf eine Voruntersuchung gegen Jesus und eine Anklage Jesu vor Pilatus beschränkt?

Da gibt es zunächst den Verdacht, die jüdische Tradition habe sich im *Babylonischen Talmud* (Sanh 43a Bar.) selber zu einem jüdischen Todesurteil gegen Jesus bekannt. Der betreffende Text gehört wohl dem 2. christlichen Jahrhundert an und bezieht sich wahrscheinlich auf Jesus von Nazareth. Er will einerseits das jüdische Vorgehen im Falle Jesu gegenüber dem christlichen Vorwurf eines übereilten und voreingenommenen Verfahrens verteidigen. Andererseits überträgt er die ausschließliche Verantwortung für das Todesschicksal Jesu auf die Juden. Aber es muß bedacht werden, daß, obwohl von einer in Aussicht genommenen Steinigung die Rede ist, dennoch nicht bestritten wird, was nicht zu bestreiten war: Jesus ist „gehängt" (= gekreuzigt) worden. Die jüdische Tradition verschweigt eben die schmachvolle Römerherrschaft und das unumgängliche römische Todesurteil des Prokurators! Die Erwähnung eines jüdischen Prozesses gegen Jesus ist eine Fiktion, die der genannten Tendenz des Talmud – und übrigens anderer jüdischer Zeugnisse – entspricht. Der jüdische Historiker *Flavius Josephus* hingegen – ein Römerfreund – scheint den Anteil seines Volkes richtig zu definieren, wenn er – falls die betreffende Notiz in seiner Archaiologia (XVIII 3,3) echt ist – die Rolle der jüdischen Obrigkeit darin sieht, daß sie gegen Jesus „Anzeige" (ἔνδειξις) vor Pilatus erstattete. Wenn gegenüber den jüdischen Jesuszeugnissen etwa Tacitus in seinen Annalen (XV 44,4) die Rolle der Juden beim Vorgehen gegen Jesus nicht erwähnt, so entspricht das möglicherweise einer der jüdischen entgegengesetzten Tendenz, alle Macht dem römischen Imperium zuzuweisen.

Gibt es aber nicht Belege aus dem Neuen Testament, die von einem jüdischen Todesurteil gegen Jesus wissen? Über die Interpretation der markinischen Synedrialszene haben wir oben gesprochen. Wenn es sie nicht gäbe, hätte die christliche Tradition kaum die Vorstellung eines formellen jüdischen Todes-

---

[46] Siehe *Steinwerter*, a.a.O. 265. Vgl. *P. Mikat*, Rezension von P. Winter, On the Trial of Jesus: BZ NF 6 (1962) 300 – 307; bes. 306f.

urteils gegen Jesus entwickeln können. Freilich gibt es im Neuen Testament auch andere Äußerungen, die die Juden pauschal mit dem Mord an Jesus belasten und die von der Darstellung des Markus unabhängig sind. Genannt sei etwa das scharfe paulinische Urteil im *1 Thess* (2,14–16), das von den Juden ganz allgemein sagt, daß sie „den Herrn getötet haben". Diese Stelle macht – als einzige in den paulinischen Briefen – die Juden für die Hinrichtung Jesu verantwortlich. Es liegt aber hier, wie überhaupt in der paulinischen Kreuzesbotschaft, kein Interesse am historischen Verlauf der Passion vor. Der Tod Jesu wird vielmehr den Juden zugeschrieben, die früher die Propheten gemordet haben und die nun in der Gegenwart des Paulus die judäischen Christengemeinden bedrängten und den Apostel verfolgten. Die Stelle macht keine Aussage über den genauen historisch-juristischen Verlauf des Prozesses Jesu, sondern hebt verkürzend die moralisch-heilsgeschichtliche Schuld der Juden hervor. Ähnlich sind einige Stellen der *Apostelgeschichte* zu beurteilen, die von der Kreuzigung Jesu durch die Juden sprechen (2,23.36; 3,13f.; 4,10; 13,27f.). Die Leser der Apostelgeschichte sollen doch diese verkürzenden Angaben im Sinne des Lukasevangeliums für sich explizieren können, das von einem jüdischen Todesurteil nichts weiß (vgl. neben Lk 22,66–71 auch Lk 18,31–33 im Unterschied zu Markus).

Die nachkanonische christliche Überlieferung, wie sie z. B. im apokryphen *Petrusevangelium* vorliegt, schreibt nicht nur alle Mißhandlungen Jesu, die die kanonischen Evangelien berichten, den Juden zu.[47] Sie entlastet auch den römischen Richter und läßt den Exekutionsbefehl von Herodes erteilt werden.[48] Der römische Statthalter bekennt hier sogar die Gottessohnschaft Jesu.[49] Ansätze dieser Tendenz zur Belastung des Judentums finden sich, wie wir sahen, schon im Neuen Testament. Es geht aber nicht an, nach Feststellung eines solchen Ansatzes um der historischen Rekonstruktion willen nun einfach die umgekehrte Tendenz walten zu lassen, so daß wie bei *Paul Winter* von einer jüdischen Mitwirkung zum Todesschicksal Jesu nichts mehr übrigbleibt.[50]

Wir dürfen am Ende das Resultat der historischen Erörterung so zusammenfassen: Eine Voruntersuchung des Synedriums, in der der Christusanspruch oder wenigstens die Messiasfrage zur Sprache kam, kann als historisch gesichert angesehen werden.[51] Mit dem Ergebnis des Synedrialverhörs stand der

---

[47] Siehe Apocrypha I (Kleine Texte 3), hrsg. von E. Klostermann, Berlin 1933, 4–8; hier die VV. 2.6–12.16.25.46.
[48] Ebd. V. 2.
[49] Ebd. V. 46.
[50] Vgl. *G. Lindeskog,* Der Prozeß Jesu im jüdisch-christlichen Religionsgespräch, in: Abraham, unser Vater (FS für O. Michel), Leiden 1963, 325–336.
[51] Vgl. die beiden im wesentlichen gleichen Ergebnisse von *Lohse* und *Schubert:* „Die Vorgänge werden sich wahrscheinlich so abgespielt haben, daß das Synedrium... Jesus festnehmen ließ, ihn kurz verhörte und dann dem Statthalter überwies, damit dieser ihn als politischen Aufrührer hinrichten ließ" (*Lohse,* a.a.O. 38). K. *Schubert* (Das Verhör Jesu vor dem Hohen

jüdischen Behörde der messianische Anspruch Jesu fest, und dieser (im Sinne des messianischen Königtums gedeutete) Anspruch Jesu bildete den Gegenstand der jüdischen Anzeige bei Pilatus.

Rat, in: Bibel und zeitgemäßer Glaube II, hrsg. von J. Sint, Klosterneuburg 1967, 97–130) schreibt: „Es steht somit fest, daß es bei der Sanhedrinsverhandlung... um die Messiasfrage ging" (102). „Wenn die Evangelien also behaupten, daß die Messiasfrage im Zentrum des Verhörs Jesu vor dem Hohen Rat stand, dann dürften sie damit wohl im Großen und Ganzen den geschichtlichen Vorgang richtig wiedergeben" (104). Es handelte sich um ein Verhör, nicht um einen Prozeß (112.122).

Die politische Anklage gegen Jesus (Lk 23,2)

Inhalt

1. Die Darstellung des Markusevangeliums
2. Die konkreten Anklagen bei Lukas
3. Lk 23,2, lukanische „Redaktion"?
    a) Die Materialien
    b) Wortschatz und Stil
    c) Kompositionsverfahren in Lk 23,1–5
    d) Darstellungsabsicht
4. Ergebnis

1. Die Darstellung des Markusevangeliums

Das dritte Evangelium nennt – anders als das ältere und von Lukas benutzte Markusevangelium – ausdrücklich die Anklagepunkte, die von den Synedristen vor Pilatus gegen Jesus vorgebracht wurden. Mk 15,2 gibt indirekt zu erkennen, daß die Mitglieder des Hohen Rates vor dem römischen Richter gesagt haben müssen, Jesus erhebe den Anspruch, „König" zu sein. Denn nur so kann die im jetzigen Textzusammenhang unvermittelt gestellte Frage des Pilatus verstanden werden: „Bist du der König der Juden?" Erst 15,3 wird dann erzählt: „Und es brachten die Oberpriester vieles gegen ihn als Anklage vor." Darauf befragt Pilatus den Angeklagten erneut: „Antwortest du nichts? Siehe, welche Anschuldigungen sie gegen dich vorbringen" (15,4b). Jesus, der auf die Frage nach seinem Königsanspruch mit einem eindeutigen Ja geantwortet hatte (V.2c), nimmt zu den Einzelanklagen der Oberpriester nicht Stellung; darüber wundert sich Pilatus (V.5). In der folgenden Barabbasszene zeigt die Frage des Statthalters, daß er der jüdischen Volksmenge gegenüber davon ausgehen möchte, Jesus sei „der König der Juden" (V.9). Es wird jedoch vermerkt, daß ihm die Oberpriester Jesus „aus Neid" übergeben hatten (V.10). Als die Juden die Freilassung des Barabbas fordern (V.11), fragt Pilatus sie: „Was nun soll ich mit dem tun, von dem ihr sagt, er sei der König der Juden?" (V.12). Die Juden fordern seine Kreuzigung (VV.13.14b), während der Römer ihn für unschuldig hält (V.14a). Der Titel „König der Juden" begegnet dann wiederum in der Szene, wo die römischen Soldaten Jesus mit diesem Titel spöttisch begrüßen (15,18), und in der Kreuzesaufschrift (15,26). Auch in den Spottworten der Oberpriester wird der Titel noch einmal erwähnt, dort allerdings in der jüdischer Redeweise entsprechenden Form „König Israels" (15,32). Die letztere Stelle ist aber auch in anderer Hinsicht beachtenswert. Sie zeigt erstens, daß die Priesterschaft nicht an eine königliche Macht Jesu glaubt, die sie als Macht, vom Kreuz herabzusteigen, versteht. Sie zeigt ferner, daß „König Israels" (bzw. „König der Juden") eine appositionelle Explikation von „der Christus" ist. Mit dieser Kombination von „Christus" und „König Israels" gibt Markus zu erkennen, daß die beiden Titel sachlich identisch sind. „König der Juden" bringt allerdings den profan-politischen Aspekt des Anspruches zum Ausdruck[1]. Hatte Jesus vor dem Synedrium bejaht, er sei der Christus (14,61 f), so beruhte offenbar auf diesem Bekenntnis die Anklage vor Pilatus, die einen königlich-politischen Anspruch des Angeklagten in den Vordergrund schieben sollte (15,2).

Für Markus besteht kaum ein Widerspruch zwischen dem Christus- und dem Königsanspruch. Vor dem Synedrium suchte man ein belastendes Zeugnis wider Jesus. Ein solches wäre der gegen den Tempel geplante Anschlag gewesen (14,58). Doch die Zeugen stimmten nicht überein. So sollte die Frage des Hohenpriesters das Geständnis des Angeklagten herbeiführen. Er gab zu, der Christus zu sein. Das wurde als Blasphemie und als todeswürdiges Verbrechen beurteilt (14,63 f). Der Christus- bzw. Königsanspruch Jesu ist denn auch vor Pilatus der einzige Anklagepunkt, der deutlich wird. Wodurch dieser Königsanspruch aber zu einem todeswürdigen Verbrechen wird, kann man nicht ersehen. Es werden keine strafbaren Handlungen Jesu aufgezählt, wenn der Evangelist auch weiß, daß man solche vorgebracht haben muß (15,3 f). Er setzt dabei aber voraus, daß sie den Statthalter nicht zu der Auffassung bringen konnten, Jesus habe „etwas Böses" getan (15,14). Unter dem Aspekt einer genetisch-pragmatischen Geschichtsdarstellung ist der Mk-Bericht unzulänglich, während er theologisch sehr gehaltvoll erscheint. Durch mehrere „Kontrastszenen" wird das tatsächliche Königtum Jesu herausgestellt. Obgleich Jesus als Aufruhrstifter angeklagt, einem Verbrecher gleichgestellt, vom Volk verworfen und von den Soldaten verspottet wird, müssen doch alle Menschen seine Würde bekennen, wenn auch in Unwissenheit und Verblendung[2]. Der historisch unverdächtige Ansatzpunkt der Mk-Darstellung wird im Kreuzes-Titulus (15,26) zu sehen sein. Aus ihm kann die Anklage vor Pilatus (15,1–5) erschlossen sein.

2. Die konkreten Anklagen bei Lukas

Man muß die Schwäche der markinischen Darstellung als „Bericht" erkannt haben, wenn man sich vergegenwärtigen will, wie Lukas versucht, den Gang des Pilatusprozesses einsichtiger zu gestalten. Jedenfalls bietet Lk 23,2 konkrete und eindeutig „politische" Anklagen gegen Jesus. Die entscheidende Frage ist, ob diese Anklagepunkte von dem dritten Evangelisten – nach seiner rekonstruierenden historischen Überzeugung oder nach bestimmten theologi-

---

1 Vgl. *F. Hahn*, Christologische Hoheitstitel. Ihre Geschichte im frühen Christentum, Göttingen ³1966, 196.
2 Siehe *Hahn*, a. a. O. 196 f.

schen Absichten – entworfen worden sind oder ob er hier einer besonderen Quelle folgt, die vielleicht älter als die Mk-Darstellung ist.

Dem Abschnitt Mk 15,1–5 entsprechen die Verse Lk 23,1–5:
1 Und ihre ganze Versammlung erhob sich, und sie führten ihn zu Pilatus. 2 Sie fingen (aber) an ihn zu verklagen, indem sie sagten: Wir haben festgestellt, daß dieser unser Volk aufwiegelt; er verbietet, dem Kaiser Steuern zu zahlen, und gibt sich selbst für den Christus, einen König, aus. 3 Pilatus aber fragte ihn, indem er sagte: Bist du der König der Juden? Er aber antwortete ihm: Du sagst es. 4 Pilatus aber sprach zu den Oberpriestern und den Volksmassen: Ich finde keine Schuld an diesem Menschen. 5 Sie aber erklärten noch dringender: Er bringt das Volk in Aufruhr mit seiner Lehrtätigkeit in ganz Judäa, von Galiläa angefangen bis hierher.

Will man Tradition und Redaktion in diesem lukanischen Abschnitt scheiden, so ergeben sich im wesentlichen zwei Möglichkeiten. Sie können anhand zweier Kommentare zum dritten Evangelium charakterisiert werden. *Schmid*[3] meint, der „Historiker" Lukas habe in diesem Abschnitt den als historischen Bericht wenig befriedigenden Text Mk 15,1–5 zu einer Darstellung umgestaltet, die geschichtlich eher befriedigen kann. Näherhin stelle er die bei Mk nur nebenbei und ohne Inhalt erwähnte Anklage der Juden an die Spitze. Erst dann folgt die Frage des Pilatus an Jesus hinsichtlich des Königsanspruches. Die Anklage der Juden wird konkretisiert und zugleich als verleumderische Beschuldigung entlarvt. Weiterhin ist dem Evangelisten wichtig, daß der römische Richter ausdrücklich die Unschuld Jesu konstatierte (V.4; vgl. 23,14.22).

Während also Schmid keine Nebenquelle des Lukas für die Komposition der Szene annimmt, meint *Grundmann*[4], der Evangelist habe neben dem Markusevangelium eine weitere Quelle benutzt; diese bilde seit Lk 22,14 den Leitfaden der lukanischen Passionsdarstellung. Lediglich 23,3 sei aus Mk 15,2 übernommen. Die Sonderüberlieferung des Lukas habe demzufolge kein eigentliches Verhör vor Pilatus erzählt, sondern nach Ausweis von 23,4b nur vorausgesetzt.

---

3 *J. Schmid*, Das Evangelium nach Lukas, Regensburg ³1955, 342. Daß Lukas hier nur den Mk-Stoff bearbeitet habe, nahmen früher an: *R. Bultmann*, Die Geschichte der synoptischen Tradition, Göttingen ⁵1961, 294; *J. M. Creed*, The Gospel according to St. Luke, London 1930, 279; *J. Finegan*, Die Überlieferung der Leidens- und Auferstehungsgeschichte Jesu, Gießen 1934, 27.38 f.

4 *W. Grundmann*, Das Evangelium nach Lukas, Berlin 1961 (Neudruck 1963), 421. Eine dem Lukas vorliegende Sonderquelle nahmen ebenfalls an: *B. H. Streeter*, The Four Gospels, London 1924, 222 (im Zusammenhang mit seiner Proto-Lukas-Theorie); *A. Schlatter*, Das Evangelium des Lukas, Stuttgart 1931, 439 f („Der neue Erzähler"). Siehe auch *E. Haenchen*, Der Weg Jesu, Berlin 1966, 518; *V. Taylor*, The Passion Narrative of St. Luke, Cambridge 1972, 84–89; *J. Ernst*, Das Evangelium nach Lukas, Regensburg 1977, 621 f; *I. H. Marshall*, The Gospel of Luke, Exeter 1978, 852; *A. Strobel*, Die Stunde der Wahrheit, Tübingen 1980, 97.

In ähnlicher Weise gehen Untersuchungen zum Prozeß Jesu in der Frage der lukanischen Vorlagen auseinander. *Blinzler*[5] läßt offen, ob der Evangelist in 23,2 einer Sonderquelle folgt oder nur (von sich aus) den Mk-Bericht verdeutlicht. Lukas gebe aber zweifellos den geschichtlichen Sachverhalt treu wieder, insbesondere auch bezüglich der politischen Ausrichtung der Anklage. Der Ausdruck „König der Juden" sei die säkularisierte, in die Ebene des Profan-Politischen verschobene Form für „Messias".

Der jüdische Gelehrte *Winter*[6] ordnet die Passionsdarstellung der Evangelien nach drei Kategorien, die ein traditionsgeschichtliches Nacheinander des Stoffes angeben sollen. Zur ältesten Tradition (primary tradition) rechnet er Lk 23,2.3 (neben Mk 15,2–5). Jedenfalls wird die lukanische Konkretion der Anklagepunkte (23,2) nicht als „editorial accretion" eingestuft. An anderer Stelle[7] hat Winter Lk 23,1b–3 auf eine dem Lukas vorliegende Sonderüberlieferung (L) zurückgeführt, 23,4–5 jedoch als spätere Interpolation zu erweisen gesucht. Die These von Winter hängt offensichtlich mit der Tendenz zusammen, den politischen Prozeß vor Pilatus als allein historisch zu erweisen. Die Verhörszene vor dem Synedrium (22,66–71) wird dabei als Einschaltung des gleichen Interpolators verstanden[8].

Der englische Forscher *Brandon*[9] steht Winter in seiner Beurteilung des Prozesses Jesu nahe. Obwohl er zu der Quellenfrage von Lk 23,2 nicht ausdrücklich Stellung bezieht und erst recht keine quellenkritische Analyse vornimmt, kommt er zu der Ansicht, Markus habe in der ihm zugänglichen Überlieferung sehr wohl die konkreten (politischen) Anklagepunkte vorgefunden, er habe sie jedoch in seiner (politisch-apologetischen) Darstellung unterdrückt. Lukas habe hingegen diese Anklagepunkte aus der Tradition aufgenommen, weil in seiner späteren Situation eine objektivere Darstellung des Prozesses Jesu möglich gewesen sei. Damit ist deutlich, daß Brandon Lk 23,2 nicht der redaktionellen Arbeit des Evangelisten zuschreiben will. Er hält die politischen Anklagepunkte für historisch zutreffend und berechtigt. Auch hier hängt die Beurteilung der Quellen mit einer grundsätzlichen Absicht des Autors zusammen. Er will die Kreuzesstrafe als Konsequenz einer politisch-revolutionären Aktivität Jesu erweisen.

Die einzige Arbeit, die sich ausdrücklich mit der Quellenfrage zum Pilatusprozeß befaßt, stammt von dem Holländer *van der Kwaak*[10]. Er sagt zwar nicht ausdrücklich, daß die Abweichungen zwischen Lk 23,1–5 und Mk 15,1–5 auf die Hand des Lukas zurückgehen. Doch er zeigt in überzeugender

---

5 *J. Blinzler*, Der Prozeß Jesu, Regensburg ²1955, 138; desgleichen: ³1960, 201; ⁴1969, 278.
6 *P. Winter*, On the Trial of Jesus, Berlin 1961 (²1974), 136 f.
7 *P. Winter*, The Treatment of His Sources by the Third Evangelist in Luke XXI–XXIV: StTh 8 (1954/55) 138–172; 165 f.
8 Ebd., vgl. *Winter*, On the Trial 136.
9 *S. G.F. Brandon*, The Trial of Jesus of Nazareth, London 1968, 119 f.
10 *H. van der Kwaak*, Het Proces van Jezus, Assen 1969, 140–144.

Weise, daß diese Differenzen des dritten Evangeliums aus der Absicht und der Darstellungsweise des Evangelisten erklärt werden können.

Mit dem Ende dieses Überblicks sind wir an dem Punkt angelangt, an dem ausdrücklich die Frage nach möglichen Vorlagen für Lk 23,2 zu stellen ist. Methodisch wird dabei so vorzugehen sein, daß zunächst geprüft wird, ob sich der betreffende Vers aus dem Interesse und der Arbeitsweise des Lukas erklären läßt.

3. Lk 23,2, lukanische „Redaktion"?

Mit *Conzelmann*[11] darf man zu Lk 23,2 feststellen: „Wenn die Lukanische Tendenz erkannt ist, verschwindet der ‚protolukanische' Stoff." Die folgenden Analysen sollen sich jedoch nicht nur mit der Frage befassen, ob und inwieweit Lk 23,2 lukanischer Darstellungsabsicht entspricht (d). Es soll zuvor nach lukanischem Stil und Wortschatz gefragt werden (b). Ferner muß die Kompositionstechnik des Evangelisten in 23,1–5 eine Untersuchung erfahren (c). Wenn sich dann herausstellen sollte, daß sich „unlukanische" oder „antilukanische" Elemente finden, kann man auf eine außermarkinische Vorlage schließen. Solange das aber nicht der Fall ist, sollte man den V.2 für das Werk des Evangelisten halten. Dabei ist nicht vorauszusetzen, Lukas habe den Inhalt bzw. die Materialien des Verses frei erfunden.

Schürmann[12] hat zu kleineren von Mk abweichenden Erzählungszügen wie Lk 23,2 angemerkt, es wäre gegen alle Beobachtung an der sonstigen lukanischen Redaktionsarbeit, wenn man annehmen wollte, diese kleineren Einheiten wären von Lukas frei ausmalend erfunden. Auch wer mit Schürmann eine solch freie Erfindung durch den Evangelisten nicht annehmen möchte, wird den Vers der Hand des Lukas zuschreiben können, falls er zeigen kann, woher der dritte Evangelist die Materialien der Anklagepunkte bezogen hat (a).

a) Die Materialien

Im Unterschied zur Ansicht der meisten Kommentatoren von 23,2 enthält der Vers nicht drei Anklagen, sondern eine einzige; sie wird indessen in zwei konkreten Punkten spezifiziert[13]. Das geht aus der grammatischen Struktur

---

11 H. *Conzelmann*, Die Mitte der Zeit, Tübingen ⁴1962, 78 Anm. 1, im Anschluß an G. D. Kilpatrick, A Theme of the Lucan Passion Story and Luke XXIII. 47: JThSt 43 (1942) 34–36.
12 H. *Schürmann*, Jesu Abschiedsrede, Münster 1957, 140 Anm. 476.
13 So meines Wissens nur bei *Grundmann*, Evangelium nach Lukas 422: „Die Verführung des Volkes besteht darin, daß er zur Steuerverweigerung auffordert und sich zum Messias proklamiert, d. h. für Pilatus: sich zum König macht." Auf der anderen Seite spricht *Marshall*, The Gospel of Luke 852 f, ausdrücklich von *drei* Anschuldigungen.

des Versteiles 2b hervor. Die beiden καί verbinden nicht parataktisch drei Partizipien, sondern καὶ κωλύοντα wie καὶ λέγοντα sind dem διαστρέφοντα untergeordnet[14]. Außerdem rücken die beiden letzten Partizipien dadurch enger aneinander, daß auf sie jeweils ein Infinitiv folgt (διδόναι bzw. εἶναι). Ferner zeigen Lk 23,5.14, daß für den Evangelisten die Anklage vor Pilatus in dem Vorwurf der Volksaufwiegelung zusammengefaßt werden kann:

23,2b: daß dieser unser Volk aufwiegelt (διαστρέφοντα),
23,5: er hetzt das Volk auf (ἀνασείει),
23,14: als einen, der das Volk abspenstig macht (ἀποστρέφοντα).

Der Vorwurf der Volksaufwiegelung bzw. Volksaufhetzung wird von Pilatus so verstanden, wie er gemeint ist. Der römische Statthalter sollte erkennen, daß Jesus das jüdische Volk Rom gegenüber zum Abfall verleiten wolle (23,14). Materiell stützt sich die Anklage auf Feststellungen wie Lk 19,48 (vgl. Mk 11,18b); 20,6 (vgl. Mk 11,32b); 20,19 (vgl. Mk 12,12a); 20,26; 22,2 (vgl. Mk 14,2). Schließlich hat der dritte Evangelist bei Mk nicht nur gelesen, daß das Volk auf Jesus hörte, sondern auch, daß die Synedristen ihn darum töten wollten. Sie haben ihn διὰ φθόνον dem Pilatus übergeben (Mk 15,10). Ihre Anklage gegen Jesus ist als Lüge entlarvt. Das geht auch aus dem von Lukas ausgelassenen Vers Mk 15,11 hervor, der erzählt, die Oberpriester hätten in der Barabbasszene die Menge aufgehetzt (ἀνέσεισαν), damit sie die Freilassung des Verbrechers verlange. Obwohl der Leser des dritten Evangeliums diesen Mk-Vers nicht vor Augen haben konnte, ist die Absicht des Lukas deutlich: Nicht Jesus ist der Volksaufwiegler gewesen, sondern in Wirklichkeit haben die jüdischen Führer das Volk aufgehetzt[15].

Die Anschuldigung, Jesus hindere die Zahlung der Steuer an den Kaiser, muß nach Lk 20,20–26 als glatte Verleumdung erscheinen. Die Art, wie Lukas in dieser Perikope seine Mk-Vorlage (Mk 12,13–17) bearbeitet hat, zeigt klar, daß er die heuchlerische Frage der Gegner auf die Absicht zurückführt, Jesus durch ein antirömisches „Wort" festzulegen, „um ihn der Gewalt und Vollmacht des Statthalters zu übergeben" (20,20). Da Jesus die Kaisersteuer ausdrücklich gestattet (V.25), können die Gegner ihn nicht „fangen" und sind damit zum Schweigen gebracht (V.26).

Die zweite konkrete Anklage behauptet, Jesu habe sich als „den Christus, einen König", ausgegeben, d. h. er maße sich eine politische und darum antirömische Königswürde an. Dieser Vorwurf greift materiell Lk 22,67–70 auf (vgl. Mk 14,61 f) und nimmt Lk 23,3 (par. Mk 15,2) vorweg[16]. Jesus ist „der Christus" und zugleich „der König der Juden". Daß Jesus freilich in einem

---

[14] Siehe auch *Blaß/Debrunner*, Grammatik des neutestamentlichen Griechisch, Göttingen [14]1976, § 444,3 (mit Hinweis auf Lk 5,36; vgl. auch 5,37). Zu den (sekundären) weiteren Anklagepunkten im Text Markions siehe *Blinzler*, Der Prozeß Jesu[4] 280 f Anm. 11.
[15] Vgl. zu dieser Aussageabsicht Lk 23,18f.25; Apg 13,50; 14,19; 17,5–8.13; 18,12–17; 21,27f.
[16] Siehe auch Mk 15,32: „der Christus, der König Israels".

unpolitischen Sinn die Königswürde beansprucht, weiß Lukas und kann auch Pilatus feststellen (23,4). Mit dem letzten Anklagepunkt leitet der Evangelist zu der Frage des Statthalters (Mk 15,2 = Lk 23,3) über. Die bei Markus unvermittelt gestellte Frage nach Jesu Königsanspruch wird im lukanischen Zusammenhang plausibel.

Somit steht fest, daß Lukas die konkreten Anklagen der Synedristen aus Mk erschlossen haben kann. Er brauchte dazu keine neuen Informationen aus einer neuen Quelle. Das gilt auch in bezug auf 23,5. Wer den Aufriß des dritten Evangeliums und dessen Abhängigkeit vom Markusevangelium kennt, braucht für 23,5 kein vorlukanisches Summarium als Vorlage zu postulieren[17].

b) Wortschatz und Stil

Die folgende Analyse von Lk 23,2 soll nicht einfach statistisch nach lukanischen Vorzugswörtern fragen, sondern den Redestil des Verses nach für den Evangelisten charakteristischen Wendungen befragen.

1. ἤρξαντο mit folgendem Infinitiv findet sich bei Mt 1mal, Mk 8mal, Lk 8mal, Apg 1mal, sonst nicht im NT. Vor dem Infinitiv hat nur Lukas δέ eingeschaltet, vgl. Lk 4,21; 20,9. Schon die Statistik weist eine Vorliebe des Mk für die Wendung aus. Doch schreibt sie auch der dritte Evangelist wahrscheinlich an allen Stellen von sich aus: Lk 5,21; 7,49; 11,53; 14,18; 15,24; 19,37; 22,23; 23,2; Apg 2,4. Nur Lukas hat dabei das Subjekt ἅπαν τὸ πλῆθος mit folgendem pluralischem Genitiv (19,37) wie an unserer Stelle. Nur bei ihm kommt hinter ἤρξα(ν)το der Infinitiv κατηγορεῖν vor (23,2; Apg 24,2).

2. λέγων(-οντες) folgt auf ἤρξα(ν)το mit Infinitiv im NT: Mt 16,22 und 5mal bei Lukas (Lk 5,21; 19,37 f.45 f; 23,2; Apg 24,2). Dabei steht zweimal der Infinitiv κατηγορεῖν (Lk 23,2; Apg 24,2). Von diesen Vorkommen sind sicher Lk 5,21; 19,37 f.45 f redaktionell lukanisch.

3. κατηγορέω ist lukanisches Vorzugswort. Es kommt im NT vor in: Mt 2, Mk 3, Lk 4, Joh 2, Apg 9, Röm 1, Apk 1mal. Der Infinitiv κατηγορεῖν mit dem Objekt αὐτοῦ steht nur: Lk 6,7; 23,2; Apg 24,2. Mit Sicherheit geht Lk 6,7 auf die Hand des Evangelisten zurück (vgl. Mk 3,2).

Die Punkte 1.–3. zeigen, daß die Einleitungswendung zu den Anklagepunkten von Lukas formuliert worden ist. Sie beruht sachlich auf Mk 15,3.

---

[17] Gegen *Conzelmann*, Die Mitte der Zeit 79 mit Anm. 1. Lukas betont mit Markus die Lehrtätigkeit Jesu in Jerusalem (Lk 19,47; 20,1.21; 21,37; vgl. Mk 11,17; 12,14.35; 14,49). Mit der Erwähnung von Galiläa leitet Lk 23,5 zur Herodesszene (23,6–12) über. Vgl. *G. Schneider*, Die Passion Jesu nach den drei älteren Evangelien, München 1973, 90–93; *ders.*, Das Evangelium nach Lukas. Kapitel 11–24, Gütersloh/Würzburg 1977 (²1984), 471–473.

4. τοῦτον εὕραμεν nimmt die lukanische Formulierung in Lk 6,7 auf: Die Schriftgelehrten und die Pharisäer wollten längst einen Anklagepunkt gegen Jesus „finden". εὑρίσκω ist schon an sich lukanisches Vorzugswort. Von 176 ntl. Vorkommen stehen 80 im lukanischen Werk. εὑρίσκω + Objekt + Partizipium, das eine Handlung des Objekts ausdrückt, findet sich (auch in anderer Reihenfolge) bei Mt 5, Mk 6, Lk 11, Joh 1, Apg 7, Apk 2mal. Von den lukanischen Vorkommen greifen nur 3 eine Vorlage auf (Mk: Lk 19,30; 22,45; Q: 12,43), von den matthäischen hingegen 4 (Mk: 21,2; 26,40.43; Q: 24,46). Zu τοῦτον weist die Statistik bei Mt 4, Mk 3, Lk 11, Joh 13, Apg 20 Vorkommen auf, im übrigen NT nur noch 9.

5. διαστρέφω findet sich im NT außer Mt 17,17 = Lk 9,41 und Phil 2,15 (vom „verkehrten Geschlecht") nur noch bei Lukas: Lk 23,2; Apg 13,8.10; 20,30. Nach Apg 13,8 will der jüdische Zauberer Elymas den Statthalter Sergius Paulus „vom Glauben abwendig machen". Er unternimmt es damit, „die geraden Wege des Herrn krumm zu machen" (13,10). Doch im Pilatusprozeß klagen die Juden Jesus verleumderisch der Volksaufwiegelung an (Lk 23,2).

6. τὸ ἔθνος ἡμῶν begegnet im NT nur Lk 7,5 und 23,2. Vergleichbar ist τὸ ἔθνος μου im Munde des Paulus (Apg 24,17; 26,4; 28,19). Wenn an den Apg-Stellen (der „lukanische") Paulus spricht, so reden Lk 7,5 die Judenältesten vom heidnischen Hauptmann: „Er liebt nämlich unser Volk und hat selbst für uns die Synagoge erbaut." An allen Stellen ist es höchstwahrscheinlich, daß es sich um lukanische Redeweise handelt.

Aus 4.–6. ergibt sich, daß von Stil und Wortwahl her – abgesehen von sachlichen lukanischen Interessen (vgl. Nr. 6) – die Hauptanklage gegen Jesus vom Evangelisten formuliert wurde und daß man somit keine vorlukanische Vorlage neben Mk postulieren sollte.

7. καί – καί ist zwar keine lukanische Eigentümlichkeit, wird jedoch vom Evangelisten, wie Lk 5,36b; 22,33 zeigen, auch gegenüber einer Vorlage (Mk) geschrieben. Zu vergleichen sind die Vorkommen in lukanischem Sondergut (1,15; 2,46) und in Apg (6 Belege)[18].

8. κωλύω darf nach der Statistik als lukanisches Vorzugswort gelten: Mt 1, Mk 3, Lk 6, Apg 6 Vorkommen (sonstiges NT: 7). Mt 19,14 ist wie Lk 18,16 von Mk (10,14) abhängig, so auch Lk 9,49.50. Die Stellen Lk 6,29; 11,52; 23,2 sind offensichtlich vom Evangelisten bearbeitet, was auch für Apg 8,36; 10,47; 11,17; 16,6; 24,23; 27,43 wenigstens teilweise gelten kann.

9. φόρους διδόναι erinnert an Lk 20,22 (in der Perikope von der Steuermünze). Dort hat Lukas δοῦναι κῆνσον (Mk 12,14) durch φόρον δοῦναι ersetzt. Die Formulierung in 23,2 ist also die des Evangelisten. Sonst kommt φόρος im NT nur noch Röm 13,6 f vor. Der Empfänger ist – entsprechend Mk 12,14

---

18 *Schürmann*, Jesu Abschiedsrede 32. Vgl. *Blaß/Debrunner*, Grammatik § 444,3.

– an beiden lukanischen Stellen der „Kaiser". Nur Lukas stellt das Verbum jeweils an den Schluß der Wendung.

Aus 7.–9. geht wiederum hervor, daß der Versteil auf die Hand des Lukas zurückzuführen ist. Die Judenführer behaupten das Gegenteil von dem, was Jesus entschieden hat.

10. καὶ λέγοντα ἑαυτόν ... εἶναι. Das reflexive ἑαυτόν steht im NT: Mt 5, Mk 5, Lk 12, Joh 8, Apg 7mal (übriges NT 25 Belege). Von den Vorkommen des Lk entstammen 3 dem Mk (Lk 9,23; 11,18; 23,35) und 4 der Logienquelle (14,11 bis; 18,14 bis); im Sondergut stehen 10,29; 15,17; 18,11; 23,2. Nur 9,25 ist als lukanische Redaktion des Mk zu erweisen; allerdings wird auch das Sondergut weitgehend vom Evangelisten geformt sein (vgl. 10,29). Nach einem Verbum dicendi kommt ἑαυτόν und εἶναι nur noch Apg 5,36; 8,9 vor. Hier steht, wie in Lk 23,2, jeweils das präsentische Partizipium von λέγω. Zu vergleichen ist die redaktionelle Wendung in Lk 10,29 (θέλων δικαιῶσαι ἑαυτόν), desgleichen Apg 16,27; 19,31; 25,4. Die Statistik ergibt für den Infinitiv εἶναι ein lukanisches Übergewicht (Mt 6, Mk 8, Lk 23, Joh 3, Apg 20, sonstiges NT 65 Vorkommen).

11. χριστὸν βασιλέα. Die direkte Verbindung des Christustitels mit βασιλεύς ist im NT nur noch Mk 15,32 bezeugt. Die Verknüpfung kommt indessen bei Lukas nicht durch Reminiszenz an diese Mk-Stelle zustande, sondern durch die Verbindung des Christusbekenntnisses von Mk 14,61 f mit der Pilatusfrage nach Jesu Königtum Mk 15,2. Auch Joh 19,12 („jeder, der sich zum König macht, widersetzt sich dem Kaiser") ist kein Indiz für in diesem Punkt etwa vorhandene lukanisch-johanneische Sonderüberlieferung; denn auch das vierte Evangelium beruht hier auf der Pilatusfrage „Bist du der König der Juden?" (18,33; vgl. 19,3) aus der Mk-Tradition. Was Lukas mit dem appositionell an „Christus" angefügten βασιλέα sagen will, geht aus Apg 17,7 hervor. In der Synagoge von Thessalonich hatte Paulus Jesus als den Christus verkündigt (V.3). Juden und gottesfürchtige Hellenen wurden gläubig (V.4). Die übrigen Juden erregten daraufhin aus Eifersucht einen Aufruhr, um Paulus und Silas vor den Politarchen zu verklagen. Die Klage lautet auf umfassende Aufruhrstiftung und Widerstand gegen die kaiserlichen Anordnungen. Der Verstoß gegen die kaiserlichen δόγματα wird als Ausdruck des Bekenntnisses gesehen, „ein anderer sei König, Jesus" (V.7). Hier ist (wie Lk 23,2 βασιλέα) Ἰησοῦν Apposition.

12. λέγων βασιλέα εἶναι findet in Apg 17,7 seine formale und inhaltliche Parallele: βασιλέα λέγοντες εἶναι. An beiden Stellen wird die Königswürde Jesu (von Juden) als gegen die Anordnungen des Kaisers gerichtet angesehen, während Lukas seinerseits das Königtum in einer unpolitischen Weise versteht (Lk 1,33; 22,29.30; 23,42). Ferner begegnet hier das lukanische Thema von den Juden, die Jesus der Aufruhrstiftung anklagen, jedoch in Wahrheit selber die Aufruhrstifter sind.

Die Punkte 7.–12. ergeben wiederum, daß Lukas Materialien zusammenstellt, die er aus Mk kennt. Er hat sie sprachlich-stilistisch geprägt.
Ein entsprechender Befund läßt sich auch hinsichtlich der Verse 23,1.4.5 aufzeigen. An dieser Stelle muß aber auf die Ausbreitung der umfangreichen Belege verzichtet werden. Es wird nicht möglich sein, mit stilistischen Gründen eine dem Lukas vorliegende außermarkinische Quelle (schriftlicher Art) nachzuweisen.

c) Kompositionsverfahren in Lk 23,1–5

Das Kompositionsverfahren in Lk 23,1–5 läßt sich überzeugend als Bearbeitung der Mk-Vorlage verstehen, bei der Lukas das Ziel verfolgt, eine genetisch verstehbare Darstellung zu liefern. Aus der Frage des Statthalters Mk 15,2 entnimmt Lukas, daß die Synedristen zuvor Jesus als messianischen Prätendenten verklagt und dabei viele (vgl. Mk 15,3) Belastungspunkte vorgebracht haben müssen. Indem der Evangelist aus dem Mk-Stoff solche Anklagepunkte rekonstruiert, kann er zugleich die Pilatusszene zu einer regelrechten Verhandlung gestalten, in der zuerst die *delatores* auftreten und dann der Angeklagte Gelegenheit zur Verteidigung erhält[19]. Schließlich gibt diese Szenerie dem Evangelisten auch Gelegenheit, Pilatus vor den Juden die Unschuld Jesu beteuern zu lassen (V.4). Obgleich die Juden das von Pilatus vernommen haben, insistieren sie mit der Behauptung, Jesus sei ein (römerfeindlicher) Volksaufwiegler (V.5). Die Erwähnung Galiläas gibt dann das Stichwort für die Szene „Jesus vor Herodes" (vgl. 23,6 f).

Wenn sich die Szene 23,1–5 als lukanische Komposition verstehen läßt, so kann umgekehrt gezeigt werden, daß ein vorlukanischer Zusammenhang 23,1–2.4–5[20] unwahrscheinlich ist. Eine solche Einheit ist schon deswegen zu bestreiten, weil sowohl V.1 wie V.2 eindeutig die Mk-Vorlage voraussetzen, was natürlich erst recht für V.3 gilt. Die Anklage bezüglich der Kaisersteuer steht formal in Zusammenhang mit Lk 20,20–26, einer Perikope, die eindeutig von Mk abhängt. Wenn aber 23,2 in diesem Punkt die lukanische Mk-Stoff-Redaktion voraussetzt, kann der Vers nicht vorlukanisch sein. Die Feststellung des Pilatus gegenüber den Klägern (V.4) kann nicht erfolgen, ohne daß Pilatus sich zuvor (durch die Frage an Jesus in V.3) von der Unschuld Jesu überzeugt hätte[21].

---

19 Siehe *A. N. Sherwin-White*, Roman Society and Roman Law in the New Testament, Oxford 1963, 24–26; vgl. *van der Kwaak*, Het Proces 140 f.
20 Vermutet von *Streeter, Schlatter* und *Grundmann* (siehe oben Anm. 4).
21 Dabei ist nicht gemeint, Pilatus habe die Antwort Jesu als negativ beurteilt (gegen *Grundmann*, a. a. O., 422). Vielmehr setzt der Evangelist bei Pilatus das unpolitische (lukanische) Königsverständnis voraus (vgl. *Conzelmann*, Die Mitte der Zeit 78 f.).

d) Darstellungsabsicht

Eine wichtige Absicht des lukanischen Doppelwerkes ist die einer politischen Apologetik gegenüber dem römischen Staat[22]. Das zeigen auch die Anklagen gegen Paulus und deren Entkräftung in der Apg (17,7; 24,2–5.10–21; 25,7 f; 26,2–23).

Nach der Verhaftung Jesu und dem Verhör vor dem Synedrium verklagen die Judenführer Jesus vor dem römischen Statthalter, indem sie wissentlich falsche Anschuldigungen vorbringen. Die Anklagepunkte sind daraufhin angelegt, daß sie das Interesse des Römers Pilatus erregen müssen (23,2): Jesus habe das jüdische Volk aufwiegeln wollen, indem er die Kaisersteuer zu verweigern aufforderte und sich zum Messiasprätendenten aufspielte. Pilatus soll sich für diese Vergehen amtlich interessieren. Doch die Anschuldigungen sind nachweislich nicht zutreffend. Jesus bejahte die Kaisersteuer (20,20–26); sein Messiastum ist nicht Königsherrschaft im politischen Sinn, wie es die Juden verstehen und den Statthalter glauben machen wollen (vgl. 19,11; 22,24–30; 23,35.37.39), sondern ein Dienen (22,27). Die Juden beschuldigen demzufolge Jesus verleumderisch der politischen Rebellion. In Wirklichkeit sind sie selbst es, die den Aufruhr nicht nur billigen (23,18 f.25), sondern sogar betreiben (Apg 13,50; 14,19; 17,5–8.13; 18,12–17; 21,27). Pilatus konnte sich von der Unschuld Jesu überzeugen (23,4.14 f.22) und wollte ihn deshalb freilassen (23,16.20.22).

4. Ergebnis

Lk 23,2 beruht nach den vorgelegten Analysen auf dem Material des Mk, das Lukas rekonstruierend zu einer konkreten Anklage der Juden vor Pilatus redigiert hat. Daß der Evangelist damit die historische Wahrheit im wesentlichen getroffen haben wird[23], kann indirekt die jüdische Jesustradition bestätigen, die in Jesus einen Volksaufwiegler sieht[24].

---

22 Siehe dazu *Conzelmann*, Die Mitte der Zeit 128–135; *G. Schneider*, Verleugnung, Verspottung und Verhör Jesu nach Lukas 22,54–71, München 1969, 193–196; vgl. allerdings auch das differenziertere Urteil in meinem Aufsatz: Der Zweck des lukanischen Doppelwerks: BZ 21 (1977) 45–66, näherhin 59–61.
23 So *Blinzler*, Der Prozeß Jesu[4] 278.
24 Vgl. b Sanhedrin 43a (Baraita): Jesus hat Zauberei getrieben, „Israel verführt und abtrünnig gemacht". Siehe auch *Strobel*, Die Stunde der Wahrheit 97 Anm. 6 („ein äußerst präzises Wissen über das jüdische Anklagemoment und das jüdische Urteil"). *Blinzler*, a. a. O. 42, will die Behauptung, Jesus sei als Verführer und Anstifter zur Abtrünnigkeit verurteilt worden, aus der jüdischen Situation des 2. Jahrhunderts erklären, als das Christentum schon als „häretische" Größe galt.

Der Missionsauftrag Jesu
in der Darstellung der Evangelien

In den Evangelien finden sich zwei Gruppen von Informationen über einen Missionsauftrag Jesu. Auf der einen Seite wird von Jesus berichtet, daß er schon vor Ostern seine Jünger aussandte: Mk 6, 7 bis 13. 30 par. Lk 9, 1–6.10a; Mt 10, 1–16 par. Lk 10, 1–12 (17–20). Andererseits erzählen die Evangelien in auffallender Einmütigkeit, Jesus habe nach seiner Auferstehung den Jüngern einen universalen Missionsauftrag erteilt: Mt 28, 16–20; Mk 16, 14–20; Lk 24, 36–49; Joh 20, 19–23. Dieser österliche Auftrag wird mit Recht als fortdauernder Sendungsauftrag an die Jesusjünger, als „Missionsbefehl"[1] an die Kirche Christi, verstanden.

Wir haben im folgenden zu fragen: Steht hinter den österlichen Auftrags-Texten der Evangelien eine einheitliche Grunderzählung oder Grundvorstellung? Welche Verankerung oder welchen Anhalt hat der Missionsauftrag des Auferstandenen in den Jünger-Sendungen des Irdischen? Welche Missionstheologie deutet sich in den vier Evangelien an? Welche Konsequenzen ergeben sich insgesamt für eine sachgerechte und zeitgemäße „Theologie der Mission"?

Im folgenden wird der Terminus „Mission" im Anschluß an den biblischen Begriff der „Sendung" verwendet, d. h. theologisch verstanden. Insofern wird von einer religionssoziologischen Unterscheidung zwischen werbender Präsenz und expansiver Propaganda im allgemeinen abgesehen. Auch Methoden missionarischer Aktivität bleiben weitgehend außer Betracht. Die österlichen Szenen der

---

[1] Der Ausdruck „Missionsbefehl" ist bis heute gebräuchlich geblieben; siehe *J. Schmid,* Das Evangelium nach Matthäus (RNT 1) (Regensburg ³1956) 390–397; *E. Neuhäusler,* Missionsbefehl, in: LThK² VII (1962) 460f; *H. Bürkle,* Missionstheologie (ThW 18) (Stuttgart 1979) Reg. s. v. Missionsbefehl (211).

Evangelien fassen im Missionsauftrag Jesu offensichtlich Israel- und Heidenmission zusammen. Die Auftragsworte des Auferstandenen beziehen sich universal auf „alle Völker" (Mt 28,19; Lk 24,47) beziehungsweise auf die (ganze) „Welt" (Mk 16,15a; Joh 20,21 im Lichte von 17,18; vgl. Apg 1,8), das heißt jeden einzelnen Menschen (Mk 16,15b.16; Joh 20,23).

1. Inhaltliche und strukturelle Parallelen in den Perikopen Mt 28,16–20; Mk 16,14–20; Lk 24,36–49; Joh 20,19–23

Der Missionsauftrag Jesu begegnet im Matthäus-Evangelium im Rahmen der bedeutsam gestalteten Schlußszene Mt 28,16–20. Strukturell steht dieses Auftragswort dem Missionsbefehl des sogenannten längeren Markus-Schlusses Mk 16,14–20 am nächsten. Eine weitere Variante des Missionsauftrags steht Lk 24,36–49 unmittelbar vor der Notiz über die Himmelfahrt Jesu, die das dritte Evangelium abschließt. Mit dem Schluß des Lukas-Evangeliums ist Apg 1,1–11 verwandt, insofern auch hier die Apostel zu „Zeugen" bestellt werden. Mit dem dritten Evangelium konvergiert auch Joh 20,19–23, weil hier der Sendungsauftrag des Auferstandenen mit der Geistverleihung am Osterabend verbunden wird.

Zu der Vermutung, daß es vorkanonische Formen des österlichen Missionsauftrags Jesu gegeben habe, können folgende Übereinstimmungen der vier Evangelien in den erwähnten Texteinheiten führen:
a) Der Auferstandene erscheint dem (gesamten) Jüngerkreis.
b) Er erteilt in direkter Rede den Missionsauftrag.
c) Dieser Auftrag wird mit einer Zusicherung des Beistands verbunden.
d) Er gilt nicht nur den anwesenden Jüngern, sondern der gesamten späteren Jesusgemeinde.

Diese übereinstimmenden Züge sollen im einzelnen vorgestellt werden, ehe wir nach dem zureichenden Grund ihres Vorliegens fragen.

a) Der Auferstandene vor dem Jüngerkreis

Nach Matthäus befinden sich „die elf Jünger" auf „dem Berg" in Galiläa, als sie den auferstandenen Jesus sehen (ἰδόντες). Im Mk-

Schluß sind „die Elf" beim Mahl versammelt (ἀνακειμένοις αὐτοῖς), als ihnen Jesus erscheint (ἐφανερώθη). Lukas läßt den Auferstandenen noch am Ostertag zum Jüngerkreis kommen und den Friedensgruß sprechen. Die Parallelität von Lk 24,36 und Joh 20,19 erstreckt sich nicht nur auf den Termin der Erscheinung und den Friedensgruß, sondern auch auf das ἔστη, das die Erscheinung Jesu „inmitten" des Jüngerkreises ausdrückt. Während das vierte Evangelium von den versammelten μαθηταί spricht, muß man bei Lukas an die Elf und die übrigen Jünger (Lk 24,33–35) denken. Lukas repräsentiert also sozusagen den Übergang von den „Elf" als Adressaten zu den „Jüngern" allgemein, von denen das vierte Evangelium spricht. Apg 1,2 nennt „die Apostel" als Empfänger von Aufträgen des Auferstandenen (vgl. ἐντειλάμενος). Sein Erscheinen wird durch ὀπτανόμενος αὐτοῖς (V. 3) ausgedrückt. Lukas vollzieht konsequent die Gleichsetzung der Zwölf (bzw. Elf) mit den „Aposteln".

b) Das Auftragswort

Der Missionsauftrag lautet Mt 28,19–20a: „Hingehend also macht zu Jüngern alle Völker, indem ihr sie tauft ... und lehrt ... !" Imperativ ist strenggenommen nur μαθητεύσατε[2], und dieser Befehl ist gemäß der vorausgegangenen Angabe über die Befehlsempfänger (V. 16 μαθηταί) als „Weitergabe" der Jesusjüngerschaft an alle Völker zu verstehen. Mk 16,15b hat den Imperativ κηρύξατε τὸ εὐαγγέλιον: „Hingehend[3] in die ganze Welt verkündet das Evangelium jedem Geschöpf (d. h. jedem einzelnen Menschen)!" Nur diese beiden Evangelien enthalten einen imperativischen Missionsauftrag. Bei Lukas und Johannes ist das anders.

Die Angaben von Lk 24,37–43.44–47 dienen der Zurückweisung der Vermutung, daß der erschienene Auferstandene ein bloßes „Gespenst" sei. Insofern steht in der Gesamtperikope zunächst die Identität des Auferstandenen mit dem Irdischen im Vordergrund. Gerade für diese Identität sollen die Apostel als „Zeugen" einstehen.

---

[2] πορευθέντες steht vor einem Imperativ auch Mt 2,8; 9,13 diff. Mk; 11,4 par. Lk; vgl. Mt 10,7 πορευόμενοι; Mt 28,7 diff. Mk πορευθεῖσαι.
[3] πορευθέντες in Verbindung mit dem Imperativ wie Mt 28,19! Jedoch hat das Partizip Mk 16,15b wegen des folgenden εἰς τὸν κόσμον ἅπαντα stärkeres Gewicht.

Der Missionsauftrag ὑμεῖς μάρτυρες τούτων (V. 48) ist als Nominalsatz vor allem Tatsachenbehauptung. Da die von der Schrift vorgesehenen heilgeschichtlichen Ereignisse nicht nur den Tod und die Auferstehung Christi (V. 46), sondern auch die Verkündigung der „Umkehr zur Vergebung der Sünden an alle Völker" (V. 47) umfassen, fällt das Christuszeugnis der Zeugen mit dieser Verkündigung sachlich zusammen. Beides ist den Zeugen aufgegeben. Eine ähnliche Ambivalenz zwischen Verheißung und Auftrag zeigt sich Apg 1,8. Dort ist das futurische ἔσεσθέ μου μάρτυρες vornehmlich Verheißung. Doch als Verheißung Jesu, die sich kraft des pfingstlichen Geistempfangs realisieren wird (V. 8a), ist das futurische ἔσεσθε zugleich Verpflichtung für die Apostel. Die Zeugenschaft für den Auferstandenen „bis ans Ende der Erde" ist ihnen aufgetragen. Das dritte Evangelium und die Apostelgeschichte stellen indessen nicht einen Missions*befehl* in den Vordergrund, sondern die Gottgewolltheit der Weltmission und die Zuversicht, daß das Christuszeugnis alle Welt erreichen wird[4].

Auch im vierten Evangelium geht dem Sendungswort Jesu ein Beweis für die Identität des Auferstandenen mit dem Irdischen voraus (20,20). Der Beweis ruft bei den Jüngern Freude hervor (V. 20b; vgl. Lk 24,41). Nach einer Wiederholung des Grußes εἰρήνη ὑμῖν (Joh 20,21a; vgl. V. 19) spricht Jesus in „johanneischer" Diktion: „Wie mich der Vater gesandt hat (ἀπέσταλκέν με), so sende auch ich euch (κἀγὼ πέμπω ὑμᾶς)" (V. 21b). Wenngleich das vierte Evangelium die Sendung des *Sohnes* durch den Vater meist mit πέμπω zum Ausdruck bringt[5], steht hier ἀποστέλλω[6]; nur die österliche Sendung der *Jünger* wird mit πέμπω ausgedrückt (so auch 13,20). Hier ist also ausdrücklich von „Mission" gesprochen[7]. Joh 17,18 erläutert das Missions-Wort des Auferstandenen: „Wie du mich in die Welt gesandt hast (ἀπέστειλας), habe auch ich sie in die Welt gesandt (ἀπ-

---

[4] Vgl. auch Apg 28,31.
[5] Siehe die geläufige Wendung ὁ πέμψας με: Joh 4,34; 5,24.30.37; 6,38.39.44 u. ö. Dazu H. *Ritt,* Art.: πέμπω (4), in: EWNT III.
[6] Joh 13,16 unterstreicht die Korrelation zwischen ἀπόστολος und πέμπω. Das Substantiv ἀπόστολος fehlt sonst im vierten Evangelium. ἀποστέλλω bezeichnet die Sendung des Gottessohnes durch den Vater auch Joh 3,17.34; 5,36.38; 6,29.57 u.ö. Vgl. *Ch. K. Barrett,* The Gospel according to John. Second Edition (London 1978) 569.
[7] Vgl. die Vulgata: Sicut *misit* me Pater, et ego *mitto* vos.

ἔστειλα)." Mission ist hier als Sendung in die „Welt" verstanden (vgl. Mk 16,15). Sie wird – in Verbindung mit dem Geistempfang (Joh 20,22) – als Vollmacht zur Sündenvergebung (V. 23) gesehen.

c) Die Beistands-Zusicherung

Die Zusicherung, daß der Auferstandene den Jüngern bei ihrer Mission Beistand leistet, steht nicht nur Mt 28,20b. Verheißt Jesus am Ende des Matthäus-Evangeliums den Jüngern, er werde mit ihnen sein „bis zur Vollendung der Weltzeit", so versichert er ihnen im sekundären Mk-Schluß, daß die Mission von den verschiedensten σημεῖα begleitet sein wird (Mk 16,17f). Diese Wunderzeichen erfolgen nach V. 20 τοῦ κυρίου συνεργοῦντος: Mit ihnen festigt der erhöhte Herr den λόγος der Verkündigung.

Am Ende des dritten Evangeliums wird die Bekräftigung des Auftrags auf andere Weise deutlich. Die weltweite Metanoia-Verkündigung ist ebenso wie Tod und Auferstehung des Christus in der Schrift verheißen (Lk 24,46f). Das Zeugnis, das die Jünger über den Auferstandenen ablegen (V. 48), versichert ihnen und den Zeugnisempfängern, daß auch die Völkermission ihr Ziel erreichen wird. Schließlich wird der Geist als „Verheißung des Vaters" als letzter Ermöglichungsgrund des Christuszeugnisses verheißen (V. 49; vgl. Apg 1,8). Wenn die Elf auch den Zeitpunkt der Parusie nicht erfahren (VV. 6f), so ist ihnen (und dem gesamten Jüngerkreis) doch die „Kraft aus der Höhe" (Lk 24,49) zur Ausführung ihres Auftrags geschenkt.

Das vierte Evangelium berichtet von der Mitteilung des „heiligen Geistes" durch den Auferstandenen (Joh 20,22). Wahrscheinlich denkt der Evangelist dabei an eine Erfüllung der Verheißung Jesu von Joh 7,39: Die Glaubenden insgesamt werden den Geist empfangen, nicht nur bestimmte Beauftragte. Der Geist verbindet Jesus mit den Jüngern bzw. der Gemeinde.

d) Die „ekklesiale" Geltung

Wenngleich in allen herangezogenen Oster-Perikopen der Missions-Auftrag Jesu an die Elf bzw. die damaligen „Jünger" gerichtet ist, lassen die Erzählungen doch erkennen, daß der Sendungsauftrag für die Jünger zugleich späteren Generationen gilt. Bei Matthäus ist diese Intention schon am Jüngerbegriff ablesbar. Denn „Jünger" bezeichnet im Verständnis dieses Evangelisten nicht nur den einstigen Gefolgsmann Jesu, sondern auch den Christen der nachösterlichen Zeit. Daß der Sendungsauftrag den Jesusjüngern aller Zeiten gilt, wird bei Matthäus ferner durch den Schlußsatz („Und siehe, ich bin bei euch alle Tage bis zur Vollendung der Weltzeit!") angedeutet[8]. Es wird auch durch die Offenheit des Evangelienschlusses deutlich: Das Matthäus-Evangelium berichtet von keinem Abschied Jesu (Himmelfahrt), sondern endet mit der Beistandszusicherung Jesu. Im sekundären Mk-Schluß wird die Erzählung zwar durch Notizen über die Himmelfahrt und die Ausführung des Auftrags abgeschlossen (16,21f). Jedoch zeigt Mk 16,16–18, daß nicht nur eine weltweite Verkündigung befohlen wird (V. 15), sondern auch an eine zeitlich unbegrenzte Verkündigung gedacht ist. Die Alternative von Vers 16 unterstreicht, daß die Gegenwart des Lesers angesprochen ist: „Wer glaubt und sich taufen läßt, wird gerettet werden; wer aber nicht glaubt, wird verurteilt werden."

Für das lukanische Werk ist bekannt, daß es den Parusie-Termin in die Ferne gerückt sieht (vgl. Apg 1,11). Auch die volle Erfüllung der Zeugenverheißung (1,8) hält es noch nicht für gekommen (28,31). Der Zeugenauftrag gilt zwar primär den elf (Lk 24,48) bzw. zwölf (Apg 1,21f) Aposteln. Doch setzt nach der Darstellung der Apostelgeschichte Paulus diesen Zeugendienst nach dem Abtreten der zwölf Apostel fort[9]. Das Johannes-Evangelium bezieht die Sendung durch den Auferstandenen ebenso wie dessen österliche Geistmitteilung wohl nicht auf eine Gruppe von besonders Beauftragten,

---

[8] Die Auffassung, daß der Missionsauftrag Jesu Mt 28,19.20a nur an die elf Jesusjünger gerichtet sei und nicht an die Kirche „bis zur Vollendung der Weltzeit", wird schon dadurch widerlegt, daß auch die Beistandszusicherung V. 20b formal nur an die Elf gerichtet ist, obgleich sie zeitlich den Horizont der ersten Jüngergeneration sprengt. Vgl. auch *E. Schweizer*, Das Evangelium nach Matthäus (NTD 2) (Göttingen 1973) 351: „Mt. 28,18–20 ist als Weisung und Zuspruch des auf seinen Thron Gestiegenen an seine Jünger in aller Welt für die Zeit zwischen seinem irdischen Wirken und der Vollendung des Weltlaufs zu verstehen."
[9] Vgl. Apg 18,5; 20,21.24; 22,15.18; 23,11; 26,16.22; 28,23. Siehe dazu *G. Schneider*, Die Apostelgeschichte I (HThK V/1) (Freiburg i. Br. 1980) 221–232 (Exkurs 2).

sondern auf die Christen insgesamt. Die an Ostern Anwesenden „repräsentieren ... die ganze Glaubensgemeinde"[10].

2. Zur Traditionsgeschichte der Auftrags-Perikopen

So auffallend die inhaltlichen und strukturellen Parallelen der besprochenen Texte auch sind, sie lassen sich weder auf einen gemeinsamen Grundbericht noch auf eine grundlegend gemeinsame Form des Auftragswortes Jesu zurückführen[11]. Denn trotz inhaltlicher und struktureller Konvergenzen sind die terminologischen und traditionsgeschichtlichen Differenzen der Sendungs-Perikopen erheblich. Die gattungsmäßige „Verwandschaft" verdankt sich weitgehend der literarischen Komposition von Redaktoren, die traditionelle Elemente – unter ihnen vor allem das Sendungsmotiv[12] – und eigene theologische Interessen miteinander verbanden.

Untersuchungen zur Traditionsgeschichte der österlichen Erscheinungserzählungen kommen zu der Einsicht, daß man zwei Formtypen unterscheiden kann: Wiedererkennungserzählungen, die auf das *Erkennen* des Auferstandenen abzielen, und Erscheinungsberichte, die in einem *Auftragswort* gipfeln[13]. Zu letzterer Gruppe zählen die bisher besprochenen Perikopen Mt 28,16–20; Lk 24,36–49; Joh 20,19–23; Mk 16,14–20. Ob diese zweite Gruppe traditionsgeschichtlich älter ist[14], läßt sich kaum mehr ausmachen. Für unsere Fragestellung ist von Bedeutung, daß sich in den Beauftragungserzählungen Elemente des „Wiedererkennens" – z. B. in der Form des Identitätsbeweises – finden und somit eine Mischform der

---

[10] R. Schnackenburg, Das Johannesevangelium III (HThK IV/3) (Freiburg i. Br. 1975) 385. Vgl. auch X. Léon-Dufour, Résurrection de Jésus et message pascal (Paris 1971) 239 f; B. Rigaux, Dieu l'a ressuscité (Gembloux 1973) 266–270.
[11] So mit Recht H. Kasting, Die Anfänge der urchristlichen Mission. Eine historische Untersuchung (BEvTh 55) (München 1969) 45; P. Hoffmann, Art.: Auferstehung Jesu Christi (Neues Testament), in: TRE IV 478–513, näherhin 500 f.
[12] Siehe dazu Kasting, a.a.O. 46–52.
[13] Siehe Hoffmann, a.a.O. 501; vgl. auch J. E. Alsup, The Post-Resurrection Appearance Stories of the Gospel Tradition (CThM A/5) (Stuttgart 1975) 147–213.
[14] So Kasting, a.a.O. 52 Anm. 27: „Die Mehrzahl der übrigen Ostergeschichten, die das Sendungsmotiv nicht enthalten, gehören in ein verhältnismäßig spätes Stadium der urchristlichen Traditionsbildung hinein, z B. der ganze Komplex der Grabesgeschichten."

Gattung vorliegen dürfte[15]. Wenn man auch das Motiv der Himmelfahrt bzw. des Abschieds Jesu als eigenständiges Gattungselement betrachtet[16], liegen in den lukanischen Texten und im sekundären Mk-Schluß auch unter dieser Rücksicht „Mischformen" vor.

Daß traditionelle Bausteine in den vier evangeliaren Auftragserzählungen enthalten sind, läßt sich nicht nur von der Komposition her, sondern auch mit Hilfe inhaltlich-motivlicher Vergleiche zeigen.

Mt 28,16–18a greift vermutlich auf einen Oster-Erscheinungsbericht zurück, in dem das Motiv der Identität des Auferstandenen ähnlich wie Lk 24,36–43 eine Rolle spielte[17]. In dem eigentlichen Auftragswort, das im jetzigen Kontext das Hauptgewicht trägt und das man gattungsmäßig häufig auch selbständig einordnen wollte[18], gibt es verschiedene traditionelle Elemente. Die Beanspruchung der „Vollmacht" hängt mit Mt 11,27a (par. Lk 10,22a) zusammen (vgl. Joh 3,35). Auch die Vollmachtvorstellung der Aussendungsrede Jesu hat Spuren hinterlassen: Schon in der vorösterlichen Situation wurden Jesu eigener Verkündigungsauftrag und seine Vollmacht zu Machttaten den Jüngern übertragen (Mt 10,1.7f par. Lk 9,1f; Mt 9,35)[19]. Gerade im Vergleich mit Mk 16,17f, wo die Machttaten (wie in der vorösterlichen Aussendungsrede) im Gefolge der missionarischen Verkündigung erwähnt werden, fällt auf, daß Mt 28 keine sol-

---

[15] Vgl. *R. Bultmann*, Die Geschichte der synoptischen Tradition (FRLANT 29) (Göttingen ⁵1961) 312f, der zwei „Motive" unterscheidet, das des Auferstehungsbeweises und das des Missionsauftrags. Letzteres herrsche Mt 28,16–20 und Joh 20,19–23 vor. Doch spiele auch das erste Motiv hinein (Mt 28,17 „sie aber zweifelten"; Joh 20,20 „er zeigte ihnen die Hände und die Seite"). Eine Kombination beider Motive liege Lk 24,36–49 und Apg 1,3–8 vor. – Auch *Hoffmann*, a.a.O. 501, erkennt die Motive des „Identitätsbeweises" in den Auftragserzählungen. Siehe ferner *F. Hahn*, Der Sendungsauftrag des Auferstandenen. Matthäus 28,16–20, in: Fides pro mundi vita (FS H. W. Gensichen) (Gütersloh 1980) 28–43, näherhin 30.
[16] Vgl. *Hahn*, a.a.O. 30 mit Anm. 20.
[17] *Hahn*, a.a.O. 32.
[18] Siehe die Versuche von *W. Trilling*, Das wahre Israel. Studien zur Theologie des Matthäus-Evangeliums (StANT 10) (München ³1964) 48f, der auf Formen der Gottesrede im AT verweist, und *B. J. Malina*, The Literary Structure and Form of Matt. XXVIII. 16–20, in: NTS 17 (1970/71) 87–103, der das Auftragswort Jesu mit der Form amtlicher Dekrete (vgl. das Edikt des Cyrus 2 Chr 36,22f) in Verbindung bringt. *A. Vögtle*, Was Ostern bedeutet. Meditation zu Mattäus 28,16–20 (Freiburg i. Br. 1976) 15, nennt Mt 28,18b–20 „das Manifest des Auferstandenen".
[19] *Hahn*, a.a.O. 33. Vgl. auch *ders.*, Das Verständnis der Mission im Neuen Testament (WMANT 13) (Neukirchen 1963) 33–36.

chen Machttaten zusichert, sondern (als Pendant?) den Beistand des Auferstandenen verspricht (V. 20b). Der weltweite Missionsauftrag hat wohl in Mt 24,11 (par. Mk 13,10) seinen traditionellen Anhaltspunkt, wo Matthäus neben „allen Völkern" (als den Adressaten der Evangeliumsverkündigung) mit den Worten „in der ganzen Ökumene" auch den „geographischen" Raum nannte[20]. Die triadische Tauformel übernimmt Matthäus aus der kirchlichen Praxis seiner Zeit. Die Beistandszusage 28,20b kann in 18,20 („Wo zwei oder drei in meinem Namen versammelt sind ... ") ihren Anhalt haben, aber auch bewußte Umformung eines Gedankens sein, wie er Mk 16,20 vorliegt[21].

Der sekundäre Mk-Schluß ist von den übrigen Evangelien vielleicht nicht direkt abhängig. Er repräsentiert in den Schlußversen Mk 16,14–20 möglicherweise eine selbständige Überlieferung des Missionsbefehls[22]. Mk 16,9–20 ist jedenfalls nicht von vornherein als eine aus den übrigen Evangelien gewonnene „Evangelienharmonie" zu betrachten, sondern kann „ein kompilatorisches Exzerpt von den Evangelien vorausliegenden Traditionen"[23] sein. Mk 16,9–20 ist wahrscheinlich nicht erst als Abschluß des ältesten Evangeliums abgefaßt. Daß die Schlußverse 14–20 traditionell sind (und nicht literarisch von den kanonischen Evangelien abhängen), können folgende Einzelheiten anzeigen: Jesus erscheint den Elf beim Mahl (vgl. Lk 24,41f). Der Tadel Jesu hat in Lk 24,25 seine Entsprechung. Die ausführliche Sendungsrede Jesu Mk 16,15–18 beginnt mit dem Verkündigungsauftrag. Die Elf sollen „hingehen" (vgl. Mt 28,19) in die ganze Welt (vgl. Mk 14,9; Röm 1,8) und das Evangelium verkündi-

---

[20] Dazu *Hahn*, Verständnis 104–111.
[21] Vgl. *Hahn*, Sendungsauftrag 33: Bei Matthäus „ist wohl nicht ohne Grund, wie eine Reihe von Aussagen im Matthäusevangelium zeigt, ein Hinweis auf die vollmächtigen Taten weggelassen und statt dessen auf die grundlegende und unverändert gültige Lehre Jesu verwiesen worden". Der Grund dürfte in der Frontstellung gegen ein charismatisch orientiertes hellenistisches Christentum liegen, wie schon *G. Bornkamm*, Der Auferstandene und der Irdische. Mt 28,16–20, in: Zeit und Geschichte (FS R. Bultmann) (Tübingen 1964) 171–191, vermutete.
[22] *R. Pesch*, Das Markusevangelium II (HThK II/2) (Freiburg i. Br. 1977) 544–556; vgl. neuerdings auch *J. Hug*, La finale de l'évangile de Marc (Mc 16,9–20) (EtB) (Paris 1978).
[23] *Pesch*, a.a.O. 546. Hingegen meint *J. Gnilka*, Das Evangelium nach Markus II (EKK II/2) (Zürich – Neukirchen 1979) 352, Mk 16,9–20 setze die Kenntnis des lukanischen Doppelwerks und von Joh 20 voraus.

gen (vgl. Mk 1,14; 14,9). Es wird auf die Verkündigung an jeden einzelnen Menschen abgehoben, was dem prophetischen Spruch des Verses 16 entspricht[24]. Dieser repräsentiert mit seiner eschatologischen Perspektive ein fortgeschrittenes Missionsstadium[25]. Die 16, 17f verheißenen „Zeichen", die den Glaubenden (V. 17a) – nach Vers 20 sowie nach Lk 10,17.19 den Glaubens*boten* – folgen, sind „Äußerungen der Omnipotenz des Glaubens" (vgl. Mk 9,23)[26]. Die Himmelfahrtsnotiz ist wie Lk 24,50–53 unmittelbar an den Missionsauftrag angeschlossen. Sie mündet in die *sessio a dextris*. Von seiner himmlischen Machtposition aus (vgl. Mt 28,18b) wirkt „der Herr" Jesus mit den Verkündigern zusammen, indem er „das Wort" festigt durch die der Verkündigung folgenden „Zeichen". Die summarische Notiz des Verses 20a blickt offenbar bereits auf eine beachtliche Epoche urchristlicher Mission zurück, wird aber kaum die Lektüre der lukanischen Apostelgeschichte voraussetzen[27].

Lk 24,36–49 zeigt eine auffallende Verwandtschaft mit Joh 20,19–23. Die bestehenden Kontakte lassen sich nicht insgesamt durch literarische Abhängigkeit der Evangelien untereinander erklären, sondern deuten auf eine gemeinsame Traditionsgrundlage hin[28]. Auffallend ist, daß schon die den beiden Evangelien zugrundeliegende Erzählung den „Identitätsbeweis" des Auferstandenen (Lk 24,37–43; Joh 20,19–20) mit dem Sendungsmotiv (Lk 24,44–49; Joh 20,21–23) verbindet. Die drastische Weise, in der der Auferstandene seine Leiblichkeit nachweist, deutet auf Berücksichtigung hel-

---

[24] *Pesch*, a.a.O. 552.
[25] *Pesch*, a.a.O. 553; *Hug*, a.a.O. 102.
[26] *Pesch*, a.a.O. 554. Ob auf die Apostelwunder der Apg angespielt ist, bleibt unsicher. Zum Aufheben von Schlangen siehe indessen Apg 28,3–6.
[27] *Hug*, a.a.O. 125.128.
[28] Zu Lk 24,36–49 (und Joh 20,19–23) siehe *J. Roloff*, Apostolat – Verkündigung – Kirche. Ursprung, Inhalt und Funktion des kirchlichen Apostelamtes nach Paulus, Lukas und den Pastoralbriefen (Gütersloh 1965) 188–192; *J. Dupont,* La portée christologique de l'évangélisation des nations d'après Luc 24,47, in: Neues Testament und Kirche (FS R. Schnackenburg) (Freiburg i. Br. 1974) 125–143; *J. Kremer,* Die Osterevangelien – Geschichten um Geschichte (Stuttgart 1977) 136–152; *G. Schneider,* Das Evangelium nach Lukas. Kapitel 11–24 (Ökumen. Taschenbuchkommentar zum NT 3/2) (Gütersloh – Würzburg 1977) 500–503; *R. J. Dillon,* From Eye-Witnesses to Ministers of the Word. Tradition and Composition in Luke 24 (AnBib 82) (Rom 1978) 157–225. *R. Schnackenburg,* Das Vollmachtswort vom Binden und Lösen, traditonsgeschichtlich gesehen, in: Kontinuität und Einheit (FS F. Mußner) (Freiburg i. Br. 1981) 141–157, bes. 146–149.

lenistischer Anthropologie und somit auf relativ späten Ursprung der zugrundeliegenden Erzählung hin. Beide Evangelisten knüpfen bei dem Sendungsauftrag des Auferstandenen an die vorösterliche Gemeinschaft Jesu mit den Jüngern an: Lk 24,44.46 an Voraussagen Jesu über seine Passion, Joh 20,20f an die Seitenwunde des Gekreuzigten (19,34f) und vielleicht auch an eine vorösterliche Sendung der Jünger (17,18: ἀπέστειλα αὐτοὺς εἰς τὸν κόσμον[29]). Der lukanische Zeugenauftrag – besser: die Zeugen-Verheißung (Apg 1,8) – geht von der vorösterlichen Augenzeugenschaft der Jünger[30] aus, umfaßt mit ὑμεῖς μάρτυρες τούτων (Lk 24,48) die Bezeugung der Auferstehung, setzt aber als weltweites Christuszeugnis den Empfang des Geistes voraus (VV. 47.49). Nach Joh 20,22f steht der Geistempfang der Ausgesandten im Zusammenhang mit ihrer Vollmacht zur Sündenvergebung. Das dritte und das vierte Evangelium stimmen darin überein, daß die „Sündenvergebung" das Ziel der Jünger-Sendung ist (Lk 24,47; Joh 20,23).

Das Lukas-Evangelium knüpft mit seinem Begriff der apostolischen Zeugen an älteste Tradition an, wie sie 1 Kor 15,5–7 vorliegt. Dies gilt auch für die Verbindung von Zeugenschaft und Sendung durch den Auferstandenen. Das Wort von der durch die Schrift befohlenen weltweiten Metanoia-Verkündigung, die den Aposteln zusammen mit ihrem Zeugenamt aufgetragen ist (Lk 24,47), stellt die „lukanische Fassung" der Verheißung von Mk 13,10 dar: „Und allen Völkern *muß* zuerst das Evangelium verkündigt werden."

Der vierte Evangelist hat als einziger das Auftragswort des Auferstandenen so formuliert, daß der Begriff der „Sendung" auch terminologisch vorkommt: κἀγὼ πέμπω ὑμᾶς (V. 21)[31]. Die Sendung Jesu durch den Vater findet in der Sendung der Jünger durch den Auferstandenen ihre Fortsetzung. Traditionell (und gewiß nicht erst vom Evangelisten formuliert) ist hingegen Vers 23, der als Ziel der Sendung die „Vergebung der Sünden" bezeichnet[32].

---

[29] Zum Aorist Joh 17,14.18 siehe indessen *Schnackenburg*, Johannesevangelium III 208.212, der an den Standpunkt dessen denkt, der das Gebet Jesu formulierte.
[30] Vgl. Lk 1,2 οἱ ἀπ' ἀρχῆς αὐτόπται; Apg 1,21f.
[31] Siehe auch Joh 17,18: κἀγὼ ἀπέστειλα αὐτούς.
[32] Das vierte Evangelium spricht sonst nicht vom „Nachlaß der Sünden". Joh 20,23 steht der synoptischen Tradition nahe; vgl. *Schnackenburg*, Johannesevangelium III 387f.

3. Der den Auftrags-Perikopen zugrundeliegende Sendungsgedanke

a) Österliche Christophanie und Sendung

Wenn wir davon ausgehen dürfen, daß dem österlichen Missionsauftrag Jesu, wie ihn die Evangelien darstellen, ein einheitliches Darstellungsschema zugrunde liegt, so bedeutet das *nicht*, daß wir einen *Grundbericht* postulieren dürften, den die Evangelisten lediglich abgewandelt hätten. *Vielmehr* scheint diesem Schema bzw. dieser Darstellungsstruktur ein einheitlicher *Gedanke* oder eine bestimmte Denkweise zugrunde zu liegen, die auch bei Paulus begegnet. Dieser Gedanke verbindet in engster Weise die Erscheinung des Auferstandenen mit dem universalen Sendungsauftrag an den Erscheinungsadressaten. Adressat kann freilich nicht nur die Jüngergemeinde oder der Apostelkreis insgesamt sein, sondern auch (ursprünglicher?) eine Einzelperson wie Petrus oder auch Paulus selbst (1 Kor 15, 5-8).

Paulus sah seine eigene Berufung im Licht von Jes 49,1.6 (Gal 1,15; vgl. auch Apg 13,47). Sein Apostelverständnis hat einen Anhaltspunkt in alttestamentlichen Texten über Prophetenberufungen (Jer 1,5; Jes 49,1). Von diesen Texten her kann der Zusammenhang von Theophanie und Sendung bzw. Christophanie und Sendung verstanden werden. Vielleicht ist auch die paulinische Anspielung auf Jes 6,1.5 (1 Kor 9,1: „den Herrn gesehen haben") von diesem Selbstverständnis her nahegelegt. Die Verbindung von Berufung und Evangeliumsverkündigung ist in einem prophetischen Text (Jes 61,1 LXX) „terminologisch direkt vorgegeben"[33]. Die Verbindung der Evangeliumsverkündigung mit dem Gedanken eines Sendungsauftrags kann also kaum überraschen (vgl. Lk 4, 16-21 mit Zitation von Jes 61,1). Das Verstehen seiner eigenen Sendung ist bei Paulus wesentlich von der prophetischen Konzeption des Jesaja-Buches getragen. Das paulinische Verständnis des Apostolats, wie es Gal 1,15f zum Ausdruck kommt, steht in einem traditionsgeschichtlichen Zusammenhang mit dem Apostel-Begriff des palästinischen Traditionsbereichs[34]. Paulus ist durch eine Christophanie zum Apostel ge-

---
[33] *F. Hahn*, Der Apostolat im Urchristentum, in: KuD 20 (1974) 54–77, näherhin 70. Siehe auch *T. Holtz*, Zum Selbstverständnis des Apostels Paulus, in: ThLZ 91 (1966) 321–330.
[34] *Hoffmann*, Auferstehung 494. Vgl. auch *Hahn*, a.a.O 72f.

worden; sein eigenes Missionswerk ist durch eine Begegnung mit dem Auferstandenen veranlaßt[35]. Die Osterberichte haben „den geschichtlichen Sachverhalt insofern richtig bewahrt, als sie einen ursprünglichen Zusammenhang zwischen Christophanie und Aussendung zur Mission behaupten"[36].

b) Vorösterliche Sendung durch Jesus

Weil Mission und Apostolat ihren Ursprung wesentlich im Osterereignis haben, ist es nicht erstaunlich, daß die Urgemeinde von Anfang an missionarisch wirksam war. Andererseits ist zu fragen, ob nicht die urchristliche Mission doch als Fortsetzung vorösterlicher Anfänge entstanden ist[37].

Allein die Tatsache, daß verschiedene synoptische Traditionszweige eine vorösterliche Aussendung von Jesusjüngern bezeugen, dürfte für deren Geschichtlichkeit sprechen. Sowohl die vormarkinische Überlieferung[38] als auch die Logienquelle[39] erzählen davon. Daß diese Berichte im Lichte der nachösterlichen Missionspraxis stehen und auf sie abzielen, widerspricht nicht der Historizität der Sendung als solcher. Eine andere Frage ist die der vorösterlichen Sendung des Zwölferkreises (Mk 3,7). Doch auch in diesem Punkt ist festzuhalten: „Daß *die Zwölf*, die Jesu Anspruch auf die Sammlung ganz Israels repräsentieren, paarweise zur Mission mit Um-

---

[35] *Kasting*, Anfänge 58. Vgl. ebd. 75: „Die Christusvision erscheint [nach 1 Kor 9,1; 15,7] geradezu als ein Kriterium des Apostolats." Oder ebd. 80: „Hat der urchristliche Apostolat seinen geschichtlichen Ursprung im Ostergeschehen, dann waren die ‚Apostel' primär Zeugen und Boten des Auferstandenen und nur auf diesem Wege gegebenenfalls auch Zeugen des historischen Jesus." Siehe auch *K. Kertelge*, Das Apostelamt des Paulus, sein Ursprung und seine Bedeutung, in: BZ 14 (1970) 161–181, bes. 169–171.

[36] *Kasting*, a.a.O. 81. *Vögtle*, Ostern 29, sieht den „Ansatzpunkt", von dem die Erscheinungs-Erzählungen höchstwahrscheinlich ausgingen, in der uralten „Umschreibung des den Osterglauben auslösenden offenbarenden Impulses" durch ὤφθη „er ließ sich sehen" (vgl. 1 Kor 15,5.6.7.8).

[37] Zu dieser Frage vgl. *Hahn*, Verständnis 33–36; *Roloff*, Apostolat 138–168; *Kasting*, a.a.O. 124–126.

[38] Zu Mk 6,7–13.30 par. Lk 9,1–6.10a siehe *R. Pesch*, Das Markusevangelium I (HThK II/1) (Freiburg i. Br. 1976) 325–332.

[39] Zu Lk 10,1–12 (17–20) par. Mt 10,1–16 (siehe *P. Hoffmann*, Studien zur Theologie der Logienquelle (NTA 8) (Münster 1972) 235–334, der allerdings meint, für die Frage der Historizität der Jüngeraussendung sei das Ergebnis eher negativ (262).

kehrpredigt, exorzistischem und therapeutischem Auftrag von Jesus ausgesandt wurden, seine Missionsbemühungen unterstützten, ist historisch glaubwürdig."[40] Historischer Haftpunkt für die Berichte von der Jüngeraussendung wird nicht zuletzt auch die Tatsache sein, daß Jesus einzelne in seine Nachfolge berief und so an seinem Wirken teilnehmen ließ[41]. Gerade die urchristlichen Wandermissionare waren Träger der synoptischen Jesusüberlieferung und standen insofern in Kontinuität zu Jesus[42].

Über die historische Fragestellung einer vorösterlichen Jüngeraussendung hinaus ist die Frage von Bedeutung, wie die Evangelisten das Verhältnis des Missionsauftrags des „irdischen" Jesus zu dem des Auferstandenen beurteilt haben. Die Behandlung dieser Frage kann abschließend noch einmal die unterschiedliche „Missionstheologie" der Evangelien ins Bewußtsein rücken.

4. Zur Missions-Theologie der Evangelien

a) Markus

Das älteste Evangelium enthielt keinen „Missionsbefehl". Doch stellt Mk 13,10 eine Missions-Ankündigung Jesu dar: „Und allen Völkern *muß* zuerst das Evangelium verkündigt werden." Die Mission wird hier als heilgeschichtlich notwendig bezeichnet. Der Vers erscheint innerhalb der Endzeitrede Jesu wie eine Parenthese[43]. Außerdem erinnert die Formulierung „Verkündigung des Evangeliums" an Mk 14,9 und 16,15 im sekundären Evangelienschluß. Allerdings werden die Adressaten der Mission unterschiedlich genannt: 13,10 εἰς πάντα τὰ ἔθνη, 14,9 εἰς ὅλον τὸν κόσμον, 16,15 εἰς τὸν κόσμον ἅπαντα. Die Völkermission in aller Welt ist nach Markus schon vom „irdischen" Jesus verheißen worden und der Ge-

---

[40] *Pesch*, a.a.O. 331. Zur vorösterlichen Existenz des Zwölferkreises siehe neuerdings T. *Holtz*, Art.: δώδεκα, in: EWNT I 874–880 (1979), bes. 878f.
[41] *Hoffmann*, a.a.O. 262.
[42] Siehe G. *Theißen*, Wanderradikalismus. Literatursoziologische Aspekte der Überlieferung von Worten Jesu im Urchristentum, in: ZThK 70 (1973) 245–271, 257. Vgl. auch ders., Soziologie der Jesusbewegung (TEH 194) (München ²1978) 104–107.
[43] Vgl. *Schmid*, Evangelium nach Matthäus 396: Weil Mk 13,10 den Zusammenhang „deutlich unterbricht, so kann die Möglichkeit nicht ausgeschlossen werden, daß es ein Wort des Auferstandenen ist, das erst Markus in die Wiederkunftsrede eingefügt hat".

meinde aufgegeben. Die Notwendigkeit der universalen Evangeliumsverkündigung vor dem Ende der Welt „charakterisiert nicht nur die Situation der mk Gemeinde, sondern rechtfertigt auch die Arbeit des Markus, der seine Schrift mit dem Evangelium identifiziert"[44].

Als Jesus in Galiläa „das Evangelium Gottes verkündigte" (1, 14), berief er sogleich vier Fischer in seine Nachfolge (1, 16–20). Dabei wurde ihnen angekündigt, Jesus wolle sie zu „Menschenfischern" machen (V. 17). Nachfolge Jesu und künftige Teilnahme an Jesu Verkündigung gehören demzufolge zusammen[45]. Jesus wählte die Zwölf aus, „daß sie mit ihm seien und er sie aussende zur Verkündigung" (3, 15). Nach Jesu Ablehnung in Nazaret „begann er, sie zu je zwei auszusenden" (6, 7); dabei erhielten sie von Jesus, wie 3, 15 vorgesehen, die ἐξουσία zur Dämonenaustreibung. Der Inhalt der Verkündigung wird 6, 12 mit ἵνα μετανοῶσιν angegeben (vgl. 1, 15b). Die enge Verknüpfung von Verkündigung und Exorzismen ist sowohl 3, 15 und 6, 7.12f als auch 16, 17 hervorgehoben. Das älteste Evangelium sieht – ähnlich wie Mt 28, 20 – in der Weltmission die Aufgabe der Kirche bis zum Ende der Weltzeit. Dabei weiß der Evangelist, daß die Völkermission selbst erst mit Ostern beginnen kann. Der vorösterliche Jesus hat sie für die Zukunft als heilsgeschichtlich notwendig bezeichnet. Diese Mission hat im wesentlichen Jesu eigene Verkündigung fortzusetzen. Sie hat in den Zwölf ihre geschichtliche Verbindung zu Jesus und seiner Botschaft.

b) Matthäus

Das Matthäus-Evangelium läßt den Auferstandenen einen Missionsauftrag erteilen. Er basiert auf der universalen ἐξουσία des Erhöhten (Mt 28, 18b). Die Vollmacht des „Irdischen" kam bereits Mt 11, 27a zur Sprache. War dort auf seine Offenbarungsvollmacht abgezielt, so handelt es sich 28, 18 „um die Übertragung der Schöpfermacht Gottes auf den Kyrios"[46]. Die Vollmacht Jesu wird hier ver-

---

[44] *Pesch,* Markusevangelium II 285.
[45] Siehe *R. Pesch,* Berufung und Sendung, Nachfolge und Mission. Eine Studie zu Mk 1, 16–20, in: ZKTh 91 (1969) 1–31.
[46] *Hahn,* Sendungsauftrag 34. Vgl. auch *G. Baumbach,* Die Mission im Matthäus-Evangelium, in: ThLZ 92 (1967) 889–893, der ἐξουσία hier „als die schöpferische Kraft und Wirkungsmächtigkeit seines Wortes" verstehen möchte.

bunden mit dem Gedanken der „durch die Mission sich realisierenden Anerkennung seiner Herrschaft unter den Völkern"⁴⁷. Der Auftrag Jesu gilt für die auch nach der Auferstehung noch weitergehende Weltzeit, für die der Auferstandene seinen Beistand verspricht (28,20b). Es ist also auch hier auf die heilsgeschichtliche Situation der Kirche abgehoben. Da der Weltherrscher Jesus „mit ihr" ist, bleibt kein Raum für die Erwähnung von Himmelfahrt oder Parusie. πορευθέντες οὖν steht relativ unbetont und scheint an ἐπορεύθησαν in Vers 16 anzuknüpfen: Auf ihrem Weg, der die Jünger nach Galiläa und zur Begegnung mit dem Auferstandenen führte, sollen sie künftig alle Völker zu Jüngern machen. Mit πορευθέντες wird ein Stichwort aus der Sendungsrede in Kapitel 10 aufgenommen⁴⁸. Der Imperativ πορεύεσθε (10,6) ergibt sich aus der Sendung durch Jesus (V. 5 ἀπέστειλεν) ; das folgende Partizip πορευόμενοι (V. 7) ist Voraussetzung für den weiteren Imperativ κηρύσσετε. Es ist eindeutig an Wanderprediger gedacht. Dies ist auch 28,19a der Fall. Freilich wird gegenüber 10,5f der Bereich der Missionsadressaten über „das Haus Israel" hinausgehend auf alle Völker ausgeweitet. So entspricht es der neuen Vollmacht des Auferstandenen⁴⁹. Allerdings geht es nach Matthäus nicht lediglich um eine Erweiterung des Addressatenkreises der Jüngermission. Wenn man berücksichtigt, wie Matthäus die Vorlage Mk 13,10 abwandelt, wird die Sicht des Evangelisten deutlich: „Und dieses Evangelium vom Königreich wird in der ganzen Ökumene verkündigt werden zum Zeugnis allen Völkern, und dann wird das Ende kommen" (Mt 24,14). Die

---

⁴⁷ *Hahn*, a.a.O. 35.
⁴⁸ Siehe *Vögtle*, Ostern 56: Den Imperativ „geht!", mit dem Jesus laut Mt 10,5f seine Jünger zur Palästinamission aussandte, „läßt unser Evangelist den Auferstandenen aufnehmen, nun aber, um anstelle der hirtenlos gewordenen israelitischen Volksgemeinschaft ‚alle Völker' als Missionsobjekt zu nennen. Hierin trägt er nicht zuletzt der kirchengeschichtlichen Lage seiner Zeit Rechnung."
⁴⁹ Zur sachlichen Vereinbarkeit des *Verbots* der Heidenmission Mt 10,5b mit dem *Gebot* derselben 28,19a siehe *Hahn*, Verständnis 44–46.103–111, und in letzter Zeit vor allem *Sch. Brown*, The Two-fold Representation of the Mission in Matthew's Gospel, in: StTh 31 (1977) 21–32; *ders.*, The Mission to Israel in Matthew's Central Section (Mt 9,35–11,1) in: ZNW 69 (1978) 73–90; *ders.*, The Matthean Community and the Gentile Mission, in: NT 22 (1980) 193–221. – Siehe indessen auch *Vögtle*, a.a.O. 56: „Die Beschränkung der missionarischen Verkündigung auf Israel ist durch das Ostergeschehen heilsökonomisch ebenso überholt wie die einstige Verheißung vom Hinzukommen der Heiden zum Heil der offenbaren Gottesherrschaft (8,11)."

„Matthäus-Gemeinde" ist für die Heiden offen[50]. Die Jünger dürfen „die Völkerwelt nicht aus dem Blick verlieren"[51]. Das μαθητεύειν aller Völker vollzieht sich nach Mt 28,19b im βαπτίζειν, nach Vers 20a im διδάσκειν. Auch nach der Erhöhung bleibt Jesus der einzige διδάσκαλος, dessen „Jünger" untereinander „Brüder" sind (23,8). Das Jünger-Werden vollzieht sich wesentlich in der Taufe. Die triadische Form des Taufwortes erinnert den Leser des Matthäus-Evangeliums an Jesu eigene Taufe (Mt 3,13-17). Auch die postbaptismale Unterweisung gehört zum Jünger-Werden (28,20a). Man muß in den Weisungen Jesu unterrichtet werden, muß lernen, sie zu halten (τηρεῖν). Gedacht ist an die Weisungen der Bergpredigt als der ἐντολή Jesu[52], deren Gipfel die Nächstenliebe ist (5,43-48; 19,19). Der Auferstandene macht das Wort des irdischen Jesus verpflichtend.

c) Sekundärer Mk-Schluß

Der „längere Mk-Schluß" konvergiert mit dem Mt-Schluß in mehrfacher Hinsicht. Hier soll nur auf das Auftragswort selbst aufmerksam gemacht werden. Weil πορευθέντες (Mk 16,15) unmittelbar mit „in die ganze Welt" verbunden ist, hat das Hinausgehen stärkeres Eigengewicht. Zugleich wird die Mission der Elf auf die Evangeliumsverkündigung hin konzentriert[53]. Doch ist vorausgesetzt, daß der Glaube als Antwort auf die Botschaft[54] mit der Taufe besiegelt wird (V. 16). Vom Verkündigungsauftrag in Vers 15 zur Alternative von Vers 16 vollzieht sich ein Wechsel der Blickrichtung von den Elf als Auftragsempfängern zu den Hörern der Botschaft. Im Hinblick

---

[50] Hahn, a.a.O. 109. Vgl. Mt 5,13-16: Die Jünger sind „das Salz der Erde" und „das Licht der Welt".
[51] Hahn, a.a.O. 110. „Es handelt sich für Matthäus gewissermaßen um zwei konzentrische Kreise, die notwendig zusammengehören; und was Matthäus in seiner Weise damit zum Ausdruck bringen will, ist die Priorität und bleibende Verpflichtung der Mission an Israel..." (111).
[52] Für den Zusammenhang τηρέω und αἱ ἐντολαί siehe Mt 19,17 diff. Mk.
[53] Auch im Kerygma Petri 3 (ed. E. Klostermann S. 15) ist die Sendung der Jünger (πέμπω ἐπὶ τὸν κόσμον) auf das εὐαγγελίσασθαι konzentriert. Ferner begegnet (wie Mk 16,16) die Alternative von Glaubenden (die Rettung finden) und Nicht-Glaubenden.
[54] εὐαγγέλιον ist hier wohl noch die mündliche Botschaft; vgl. *Pesch*, Markusevangelium II 552.

auf diesen Wechsel der Perspektive ist wohl schon im Auftragswort jeder einzelne Mensch als Botschaftsempfänger ins Auge gefaßt. Und auch die Verse 17f sprechen von den πιστεύσαντες, denen verschiedene „Zeichen" folgen werden. So muß der Gesamttext des Missionsauftrags vor allem als Appell an die Hörer verstanden werden, das Evangelium anzunehmen. Glaube und Taufe sichern das Heil zu, dem Unglauben folgt die Verurteilung. Wahrscheinlich ist bei den Futura σωθήσεται und κατακριθήσεται (V. 16) an das Gericht des zur Rechten Gottes erhöhten „Herrn Jesus" (V. 19) gedacht.

d) Lukas

Der Sendungsauftrag des Auferstandenen steht im lukanischen Werk[55] ganz unter dem Gedanken der Zeugenschaft. Der Satz ὑμεῖς μάρτυρες τούτων (Lk 24, 48) ist Feststellung eines Sachverhalts, Verheißung und Auftragswort zugleich. Diesem Satz entspricht das ἔσεσθέ μου μάρτυρες Apg 1, 8. Daß die zwölf Apostel von Lukas als die Zeugen Jesu dargestellt und hervorgehoben werden, hat nicht nur (in 1 Kor 15, 5–7 und im ältesten Evangelium) eine Traditionsgrundlage. Es hängt auch mit einer wesentlichen Zielsetzung des lukanischen Werkes zusammen: Die Heiden-Christen der lukanischen Gegenwart sollen ihre Identität erkennen und wahren[56]. Sie sollen wissen, daß ihr Christentum auf dem Zeugnis von Augenzeugen des Wirkens und der Auferstehung Jesu beruht. Der stark hervortretende Identitätsbeweis Lk 24, 37–43 hat seine Funktion vor allem im Hinblick auf das Zeugenthema. Daß der Gegenstand des apostolischen Zeugnisses (V. 48) unbestimmt erscheint (vgl. τούτων), hängt

---

[55] Zum Thema „Mission" im lukanischen Werk siehe *E. Lohse*, Missionarisches Handeln Jesu nach dem Evangelium des Lukas, in: ThZ 10 (1954) 1–13; *J. Dupont*, Le salut des gentils et la signification théologique du Livre des Actes, in: NTS 6 (1959/60) 132–155; *Hahn*, Verständnis 111–119; *St. G. Wilson*, The Gentiles and the Gentile Mission in Luke-Acts (MSSNTS 23) (Cambridge 1973); *P. Zingg*, Die Stellung des Lukas zur Heidenmission, in: NZM 29 (1973) 200–209; *G. Lohfink*, Die Sammlung Israels. Eine Untersuchung zur lukanischen Ekklesiologie (StANT 39) (München 1975).

[56] Vgl. *J. Roloff*, Die Paulus-Darstellung des Lukas, in: EvTh 39 (1979) 510–531, der zu dem Ergebnis kommt: „Paulus ist für die [heidenchristliche] Kirche des Lukas zur Identifikationsfigur geworden, anhand derer sie die in der eigenen Geschichte vollzogene Wende verstehend verarbeitet" (520). Lukas will „seiner heidenchristlichen Kirche bei der Findung und Bejahung ihrer Identität helfen" (527).

damit zusammen, daß das Zeugnis im Sinne der Augenzeugenschaft das παθεῖν und ἀναστῆναι ἐκ νεκρῶν Christi beinhaltet, zugleich aber – im Sinne des bekennenden Zeugnisses und nach Erschließung des Schriftsinnes durch den Auferstandenen – auch das Metanoia-Kerygma (im Namen Jesu und „zur Vergebung der Sünden" bei allen Völkern) umfaßt (V. 47). Damit, daß nicht nur Passion und Auferstehung Christi, sondern auch die weltweite Umkehrpredigt als von den Schriften vorausgesagt und darum im Plan Gottes vorherbestimmt erscheinen, ergibt sich die Gewißheit, daß auch die Umkehrpredigt εἰς πάντα τὰ ἔθνη[57] an ihr Ziel kommt. Zugleich können die Heiden-Christen der „lukanischen" Gemeinden ihren „Ort" im Heilsplan Gott erkennen.

Die Verkündigung des Evangeliums unter den Heiden hat nach Lukas nicht zur irdischen Wirksamkeit Jesu gehört. Darum entfaltet er sein eigentliches Verständnis der Mission in der Apostelgeschichte. Doch ist die Völkermission nach Lukas heilsgeschichtlich vorausbestimmt. Freilich setzt sie das Pfingstereignis voraus und wird im einzelnen durch besondere göttliche Interventionen (vgl. Apg 10,9–22) eingeleitet. Doch schon die *Person* Jesu ist „Heil vor dem Angesicht aller Völker" und „Licht zur Offenbarung an die Heiden" (Lk 2,30–32). Schon der Täufer Johannes weiß: Dieses „Heil Gottes" wird einmal von „allem Fleisch" gesehen werden (3,6, nach Jes 40,3–5). Die Aussendung der 70 Jünger (Lk 10) weist über Israel hinaus und kündigt die Heidenmission an (wohingegen die Sendung der Zwölf, Lk 9, auf die Judenmission zu beziehen ist). Mit den Worten „bis ans Ende der Erde" (Apg 1,8) nimmt Lukas Apg 13,47 vorweg, wo Jes 49,6 zitiert wird. Damit ist das εἰς πάντα τὰ ἔθνη des Missionsauftrags Lk 24,47 im Sinne einer Weissagung der Schrift interpretiert[58].

---

[57] Da Lukas innerhalb von Lk 21,12–19 aus seiner Vorlage Mk 13,9–13 den Vers 10 wegließ, kann man schließen, daß er ihn für Lk 24,47 „aufsparte". Beide Stellen bezeugen die Wendung εἰς πάντα τὰ ἔθνη. Indessen substituiert Lukas δεῖ κηρυχθῆναι τὸ εὐαγγέλιον durch (δεῖ) κηρυχθῆναι ... μετάνοιαν. Wahrscheinlich empfand er, daß nach γέγραπται nicht „das Evangelium" genannt werden konnte. Zur „alttestamentlichen" Relation zwischen Kerygma und Metanoia siehe Lk 11,32. Zur urchristlichen Umkehrpredigt siehe Apg 2,38; 3,19; 5,31; 11,18; 17,30; 20,21; 26,20.
[58] *Dupont,* a.a.O. 140f.

e) Johannes

Das vierte Evangelium hat verhältnismäßig wenige Texte, die auf die Mission bezogen sind. Es ist keine „Missionsschrift"[59]. Im Gegensatz zu den Synoptikern berichtet das Johannes-Evangelium nicht von einer vorösterlichen Sendung der Jünger. Ein gewisses Äquivalent zu entsprechenden Berichten der Synoptiker stellt zwar das „missionarische Zwiegespräch" Jesu mit seinen Jüngern Joh 4, 31–38 dar[60]. Der Aorist ἀπέστειλα (V. 38) ist hier jedoch vom Standpunkt des vierten Evangelisten aus zu verstehen: Jesus versetzt sich in die Zukunft, da er die Jünger bereits ausgesandt hat[61]. Die Sendung erfolgt erst durch den Auferstandenen (20, 21 präsentisch πέμπω). Sendung und Geistverleihung stehen hier in unmittelbarer Verbindung[62]. So wird das Wirken der Jünger direkt mit dem Wirken des Erhöhten verbunden. Die Sendung erfolgt in einem Akt der Neuschöpfung. Sie kann geradezu als johanneischer Akt der Kirchengründung bezeichnet werden. Von jetzt an vollzieht sich die eschatologische „Ernte", in der sich der Säende und der Erntende zusammen freuen (vgl. 4, 35–38). Wie die Universalität des Heilshandelns Christi die Botschaft bestimmt, hat auch die Kirche den Sieg des Lichtes gegenüber der sich noch behauptenden Finsternis zu bezeugen, d.h. „über den eigenen Bereich hinauszuschreiten"[63]. Die Sendung der Jünger[64] kommt nicht nur her von der Scheidung

---

[59] Vgl. die älteren Buchtitel: *K. Bornhäuser*, Das Johannesevangelium, eine Missionsschrift für Israel (BFChTh II/15) (Gütersloh 1928); *W. Oehler*, Das Johannesevangelium, eine Missionsschrift für die Welt (Gütersloh 1936).
[60] Diese Bezeichnung des Abschnitts bei *R. Schnackenburg*, Das Johannesevangelium I (HThK IV/1) (Freiburg i. Br. 1965) 478–488.
[61] Siehe *Schnackenburg*, a.a.O. 485 f; der gleiche Aorist begegnet Joh 17, 18.
[62] Nach *Hahn*, Verständnis 142, ist diese Verbindung „entgegen der sonstigen urchristlichen Tradition". Siehe indessen die Geistverheißung Lk 24, 49; Apg 1, 8.
[63] *Hahn*, a.a.O. 142. Vgl. auch *Bürkle*, Missionstheologie 34, der daran erinnnert, „daß unter Mission nicht nur eine regionale Ausweitung zu verstehen ist". „Sie beinhaltet eine ‚Grenzüberschreitung' schlechthin ..." Dem stimmt zu: *W. Kasper*, „Fremde werden Freunde". Zum Wandel des Verständnisses von Mission und Kirche, in: Missio-Pastoral 3 (Aachen 1980) 35–42, näherhin 42.
[64] Siehe dazu *J. Kuhl*, Die Sendung Jesu und der Kirche nach dem Johannes-Evangelium (St. Augustin 1967) bes. 145–147; *J.-A. Bühner*, Der Gesandte und sein Weg im vierten Evangelium (WUNT II/2) (Tübingen 1977); *ders.*, Art.: ἀποστέλλω, in: EWNT I 340–342; *ders.*, Art.: ἀπόστολος, ebd. 342–351; ferner *Ritt*, πέμπω (s. o. Anm. 5).

von der Welt, sie führt auch zur Scheidung, ja sie zielt auf diese ab (20,23). Der „Friede", den der Auferstandene hinterläßt (vgl. 14,27), soll durch die Sendung der Jünger zur Sündenvergebung führen. Der „Friede", den die Jünger Ostern empfangen, soll von ihnen weitergegeben werden. Wie Jesus den ihn sendenden Vater repräsentiert, vertreten die Jünger in der Welt den Sohn.

5. Theologie der Mission heute

Im Hinblick auf aktuelle Fragestellungen der Missionstheologie von heute können unsere Beobachtungen zum Missionsauftrag Jesu hilfreich sein.

Die Sendung der Jesusjünger zu allen Menschen, also die Sendung der Kirche für die Welt, geht von Ostern aus. Sie hat indessen ihren Anhalt in vorösterlichen Jüngeraussendungen und letztlich im missionarischen Wirken Jesu. Daß die Mission der Urkirche (wie das Wirken Jesu) sich vornehmlich im wandernden „Hinausgehen" vollzog, kommt in der Darstellung der Apostelgeschichte sowie Mk 16,20 (ἐξελθόντες ἐκήρυξαν πανταχοῦ) zum Ausdruck, es spiegelt sich jedoch auch in den Auftragsworten des Auferstandenen. Lediglich Joh 20,21 läßt den Aspekt des „Hinausgehens" vermissen[65].

Die Weltmission hatte als Missionierung von Heidenvölkern jeweils zu Beginn des kirchlichen Altertums, des Mittelalters und der Neuzeit ihre „klassischen" Aufbrüche und Erfolge. Am „Ende der Neuzeit" erkennen wir immer mehr, daß die Völker-Mission neuartigen Belastungen unterliegt, daß die „christlichen" Länder selbst Missionsgebiet geworden sind, ja daß innerhalb der christlichen Gemeinden Missionsfelder entstehen, die die Christen herausfordern. Statt einer vornehmlich „zentrifugalen" Missionskonzeption dürfte daher jene „zentripetale" Auffassung zeitgemäßer sein, die die Jün-

---

[65] *Hahn,* Sendungsauftrag 38, weist darauf hin, daß das „Hingehen" von Mt 28,19 zweifellos einen weltweiten Sinn hat, jedoch „nicht einseitig die räumliche Perspektive" betrifft. Er fügt hinzu: „Es ist primär ein ‚Hingehen' zu anderen Menschen und bedeutet vor allem, daß alle Menschen und Völker in gleicher Weise am Heil Gottes partizipieren dürfen, daß es daher keinen Unterschied vor Gott geben kann und darf" (38f).

ger-Sendung für die Welt mit Bildern kennzeichnet, die von Jesus selbst stammen: Salz der Erde, Licht der Welt, Stadt auf dem Berg (Mt 5,13f). Es geht um „Grenzüberschreitung" *und* attraktive Präsenz der Christen in der Welt[66].

---

[66] Vgl. dazu die Aussage des Dekrets *Ad Gentes divinitus missa,* Nr. 11, des II. Vatikanischen Konzils: Den außerchristlichen menschlichen Gruppen „muß die Kirche gegenwärtig sein *(praesens sit oportet)* durch ihre Kinder, die unter ihnen wohnen oder zu ihnen gesandt werden. Denn alle Christgläubigen, wo immer sie leben, müssen durch das Beispiel ihres Lebens und durch das Zeugnis des Wortes den neuen Menschen, den sie durch die Taufe angezogen haben, und die Kraft des Heiligen Geistes, der sie durch die Firmung gestärkt hat, so offenbaren, daß die anderen Menschen ihre guten Werke sehen, den Vater preisen (vgl. Mt 5,16) und an ihnen den wahren Sinn des menschlichen Lebens und das alle umfassende Band der menschlichen Gemeinschaft vollkommener wahrnehmen können."

Apostelgeschichte und Kirchengeschichte

Wer über Wesen und Bedeutung der Kirchengeschichte nachdenkt, stößt dabei gewiß auf Eusebius von Cäsarea, den »Vater der Kirchengeschichte«[1]. Er wird indessen auch den »ersten christlichen Historiker«[2], den Verfasser des dritten Evangeliums und der Apostelgeschichte, befragen müssen, was ihn zur Abfassung seines Doppelwerks veranlaßte und welche Zielsetzung ihn dabei leitete[3]. Eine solche Anfrage gewinnt durch die Tatsache an Dringlichkeit, daß der »Vater der Kirchengeschichte« die Apostelgeschichte des »ersten christlichen Historikers« benutzte[4] und sie – pointiert ausgedrückt – bis auf seine eigene Zeit, das frühe vierte Jahrhundert, »fortsetzte«[5]. Übrigens führten die Schüler und Nachfahren des Eusebius dann in entsprechender Weise dessen »Kirchengeschichte« jeweils bis an die eigene Gegenwart heran[6].

1. Der »erste christliche Historiker«

Die Bezeichnung »Historiker« wird dem Verfasser des dritten Evangeliums und der Apostelgeschichte – wir nennen ihn mit der Tradition »Lukas« –

---

[1] Siehe K. Bihlmeyer/H. Tüchle, Kirchengeschichte I. Das christliche Altertum. Paderborn ¹⁴1955, S. 21–29; H. Jedin, Kirchengeschichte. In: LThK² VI (1961), Sp. 209–218. Zur *ekklēsiastikē historia* des Eusebius vgl. auch H. Frhr. v. Campenhausen, Die griechischen Kirchenväter. Stuttgart 1955, S. 61–85; H. Rahner, Eusebios von Kaisareia. In: LThK² III (1959), Sp. 1195–1197; B. Altaner/A. Stuiber, Patrologie. Freiburg ⁸1978, S. 217–224. 591 f. (Literatur!).

[2] Vgl. den Titel des Vortrages, den M. Dibelius 1947 in Heidelberg gehalten hat: »Der erste christliche Historiker«, veröffentlicht (erstmalig 1948) in: M. Dibelius, Aufsätze zur Apostelgeschichte, hrsg. von H. Greeven. Göttingen ²1953, S. 108–119.

[3] Aus der vielfältigen Literatur zur Frage nach dem Zweck des lukanischen Werkes ist eine Auswahl notiert in meinem Beitrag »Der Zweck des lukanischen Doppelwerks«. In: »Biblische Zeitschrift« 21 (1977), S. 45–66 (Anm. 1).

[4] Vgl. Eusebius, Hist. Eccl. II 1–22. Die Schlußkapitel des zweiten Buches (II 23–26) berichten über die Martyrien des Herrenbruders Jakobus sowie des Petrus und Paulus. Somit umfaßt Hist. Eccl. II die »apostolische« Zeit. Das erste Buch der auf 10 Bücher angewachsenen »Kirchengeschichte« stützt sich auf die Jesusgeschichte der Evangelien und entspricht damit dem »ersten Band« des lukanischen Werkes. Das zweite Buch will, nachdem (im ersten) »über die kürzlich erfolgte Erscheinung Christi, sein Leiden und die Auswahl der Apostel« berichtet wurde, »die Ereignisse nach der Himmelfahrt untersuchen, wobei wir zum Teil die göttlichen Schriften benützen, zum Teil auch auf Grund profaner Schriften berichten werden« (II Proömium 2).

[5] Vgl. v. Campenhausen, a.a.O., S. 66 f.; Eusebius von Caesarea, Kirchengeschichte, hrsg. und eingeleitet von H. Kraft. München 1967, S. 27–46.

[6] Siehe die Werke folgender »Kirchenhistoriker«: Gelasius von Cäsarea († 395), Rufin von Aquileia († 410), Sokrates († nach 439), Sozomenus (um 440–450), Theodorus Lector (um 530) und Cassiodor († um 580); dazu Altaner/Stuiber, a.a.O., S. 225–229.

heute kaum mehr abgesprochen[7]. Darum lohnt sich die Frage, warum nicht er, sondern Eusebius den Titel »Vater der Kirchengeschichte« erhielt. Lukas hat nicht nur mit den zeitgenössischen Historikern vieles gemeinsam[8]. Der Verfasser des zweibändigen neutestamentlichen Geschichtswerks bezeugt vor allem die Absicht, »Geschichte« zu schreiben[9]. Wenn er dies in der Weise tut, daß er »in Geschichten Geschichte« erzählt, so hängt jener »erbauliche« und häufig »dramatische« Episodenstil, der lebendige und anschauliche Szenen entwirft[10], nicht nur mit der lückenhaften Quellenlage des Autors zusammen. Er dient nicht zuletzt der Umsetzung abstrakter Aussagen in werbende Verkündigung. Jedoch nicht dieses – bei apologetischen Nebentendenzen vordringliche – »Verkündigungsanliegen« (das vor allem in der Evangelienschrift zutage tritt und dort vom Markus-Evangelium her vorgegeben war) unterscheidet Lukas wesentlich von Eusebius[11]. Vielmehr liegt das Unterscheidende darin, daß der Gegenstand des lukanischen Werkes noch nicht eigentlich »die Kirche« ist, sondern das Wachsen des »Wortes Gottes« bzw. die Ausbreitung des Christuszeugnisses[12]. Am Ende der Apostelgeschichte steht das gewichtige Stichwort »ungehindert«. Es ist auf die – so hofft der Verfasser – künftig ungehinderte christliche Verkündigung bezogen (Apg 28, 31).

Zwar nennt Henry J. Cadbury die Apostelgeschichte einen »Essay der Kirchengeschichte«[13]. Doch fragt es sich, ob sie dies auch im Sinne ihres

---

[7] Noch 1921 hatte A. Wikenhauser seinem Buch einen relativ zurückhaltenden Titel gegeben: »Die Apostelgeschichte und ihr Geschichtswert« (Münster 1921), wenngleich er Lukas als »Historiker« bzw. »Geschichtsschreiber« bezeichnete (z. B. S. 112 f.). Die neuere Forschung bringt die Historiker-Qualität häufig schon in Überschriften und Buchtiteln zum Ausdruck: E. E. Cairns, Luke as a Historian. In: »Bibliotheca Sacra« 122 (1965), S. 220–226, I. H. Marshall, Luke: Historian and Theologian. Exeter 1970; E. Plümacher, Lukas als griechischer Historiker. In: Pauly/Wissowa Supplement XIV. München 1974, Sp. 235–264; ders., Apostelgeschichte. In: TRE III. Berlin 1978, S. 483–528 (513–515: »Der Acta-Verfasser als Historiker«).
[8] Siehe H. Steichele, Vergleich der Apostelgeschichte mit der antiken Geschichtsschreibung. Diss. München 1971; M. Join-Lambert, Luc et l'historiographie hellénistique. Diss. Straßburg 1971/72; E. Plümacher, Lukas als hellenistischer Schriftsteller. Göttingen 1972.
[9] Siehe die Proömien Lk 1, 1–4 und Apg 1, 1 f.
[10] Vgl. Dibelius, Der erste christliche Historiker, S. 113; Plümacher, Lukas als hellenistischer Schriftsteller, S. 80–111.
[11] Für die Kirchengeschichte des Eusebius gilt, daß sie nicht nur »eine hochaktuelle, religionspolitische Bedeutung« hatte (H. Kraft, a. Anm. 5 a.O., S. 44); sie läßt sich vielmehr von »theologischen« Grundgedanken leiten, wie das Proömium zum ersten Buch zeigt (vgl. dazu Kraft, a.a.O., S. 32–36). Was Eusebius darstellen will, ist »Heilsgeschichte«.
[12] Vgl. die Verheißung der weltweiten Zeugenschaft Apg 1, 8 und die über das Werk verteilten »Wachstumsnotizen«, die sich häufig auf »das Wort« (6, 7a; 8, 1.4.25.40; 11, 19 f.; 12, 24; 13, 48 f.; 19, 20; 28, 31 f.) und nicht ausschließlich auf die Zahl der Gläubigen (2, 41.47; 4, 4; 5, 14; 6, 7b; 9, 31; 11, 22; 16, 5) beziehen.
[13] H. J. Cadbury, The Book of Acts in History. London 1955, S. 3: ». . . this earliest little essay of Church History«.

Verfassers ist. Die Apostelgeschichte spricht zwar sehr häufig von der Kirche, sie meint mit »Kirche« jedoch durchweg Ortsgemeinden. Erst Apg 20, 28 begegnet – wohl nicht zufällig im Munde des Paulus – der auf die Gesamtkirche bezogene Ausdruck »die Kirche Gottes«. So kann man nicht sagen, daß »die Kirche« und ihre Ausbreitung den Gegenstand des Doppelwerkes darstelle. Ein eigener »Gründungsakt« der Kirche wird im übrigen von Lukas nicht berichtet[14]. Es geht ihm vielmehr um die von Jesus begonnene und seither weitergehende Verkündigung des »Reiches Gottes« (Lk 16, 16; Apg 28, 31), um das Wachsen des »Wortes Gottes«, das Jesus verkündete (Lk 5, 1; 8, 11.21; 11, 28). Die Apostel haben das Wort »mit Freimut« gepredigt und dadurch viele zum Glauben geführt (Apg 2, 41; 4, 4.29.31; 6, 2.4.7). Auch die Heiden haben es angenommen (11, 1). Diese lukanische Konzeption erkennt einen deutlichen Zusammenhang zwischen der »Zeit Jesu« und der »Zeit der Kirche«. Ausdruck dieser heilsgeschichtlichen Auffassung ist das »Doppelwerk«. Liegt aber nicht in der Kombination von »Apostelgeschichte« und Evangelium eine Abwertung des letzteren?

2. Die angebliche »Taktlosigkeit« des Lukas

Seit Franz Overbeck hat das lukanische Werk manche negative Beurteilung erfahren, in letzter Zeit vor allem von Ernst Käsemann und Philipp Vielhauer. Im Nachlaß von Overbeck († 1905) finden sich die folgenden Sätze: »Nichts ist bezeichnender für die Auffassung des Lukas von der evangelischen Geschichte, sofern er darin ein Objekt der Geschichtsschreibung sieht, als sein Gedanke, dem *Evangelium* eine *Apostelgeschichte* als Fortsetzung zu geben. Es ist das eine Taktlosigkeit von welthistorischen Dimensionen, der größte Exzeß der falschen Stellung, die sich Lukas zum Gegenstand gibt.«[15] Käsemann sieht das Wesen der lukanischen Konzeption darin, daß Jesus »als der Beginn der Heilsgeschichte in ihrer letzten Phase betrachtet, ihr so zugleich aber eingeordnet wird«; damit habe die Kirche »ihren Herrn vereinnahmt«[16]. Vielhauer zitiert Overbeck sowie Käsemann zustimmend[17]. Für ihn handelt es sich um eine »ungeheuerliche Relativierung«, wenn das »Evangelium« als erstes Buch mit »einer Missionsgeschichte« als zweitem fortgesetzt wird[18].

---

[14] Vgl. G. Lohfink, Die Sammlung Israels. Eine Untersuchung zur lukanischen Ekklesiologie. München 1975, S. 14 f., 85–99.
[15] F. Overbeck, Christentum und Kultur. Gedanken und Anmerkungen zur modernen Theologie. Aus dem Nachlaß hrsg. von C. A. Bernoulli (Basel 1919). Darmstadt ²1963, S. 78.
[16] E. Käsemann, Der Ruf der Freiheit. Tübingen ⁴1968, S. 168.
[17] Ph. Vielhauer, Geschichte der urchristlichen Literatur. Berlin 1975, S. 404 f.
[18] Ebd., S. 404. In seinem Beitrag »Zum ‚Paulinismus' der Apostelgeschichte«. In: »Evangelische Theologie« 10 (1950/51), S. 1–15, hatte Ph. Vielhauer bereits betont, Lukas stehe »mit den

Hans Conzelmann, der mit seiner Monographie aus dem Jahr 1954[19] die Lukasforschung entscheidend bestimmt hat, sieht in der Auffassung des Lukas von der Heilsgeschichte – ihr Ausdruck ist u. a. das »Doppelwerk« als solches – dessen Lösung des eschatologischen »Verzögerungs«-Problems. Lukas habe »auf das Festhalten der Naherwartung entschlossen verzichtet« und dafür positiv als Lösung angeboten: »Einen Entwurf von der gegliederten Kontinuität der Heilsgeschichte nach Gottes Plan.«[20] »Lukas stellt sich der Lage, in welche die Kirche durch das Ausbleiben der Parusie und die Entstehung einer innerweltlichen Geschichte gekommen ist. Er versucht sie zu bewältigen durch das Faktum seiner Geschichtsschreibung.«[21]

3. »Die Zeit der Kirche« und die erfüllten Verheißungen

Was die »Kirchengeschichte« des Eusebius unter anderem mit dem lukanischen Geschichtswerk verbindet, sind zwei Argumentationsweisen, die wenigstens im Ansatz schon bei Lukas sichtbar werden und bei den Apologeten des zweiten Jahrhunderts systematisch Verwendung finden: der Altersbeweis und der Weissagungsbeweis[22]. Eusebius kannte nicht nur das lukanische Werk, sondern auch die Apologien. Als man dem Christentum seine kürzliche Entstehung zum Vorwurf machte und damit seinen Wahrheitsanspruch bestritt, erwachte bei den Apologeten das historische Interesse an der Kirche. Grundlage des Altersbeweises war das Alte Testament. Synchronistische Tabellen sollten beweisen, daß die biblische Religion ein überlegenes Alter besitzt. Lukas greift nicht in diesem Sinn zum Altersbeweis. Aber er setzt als Vorgeschichte der Zeit Jesu und der Zeit der Kirche die Zeit Israels voraus. Sie ist ihm vor allem als Zeit der Verheißung bedeutsam[23]. Liest man das Proömium Lk 1, 1–4, das wahrscheinlich zugleich auf die Apostelgeschichte zu beziehen ist, so zeigt sich seine Zielsetzung als Historiker und Theologe.

Voraussetzungen seiner Geschichtsschreibung nicht mehr im Urchristentum, sondern in der werdenden frühkatholischen Kirche« (S. 15). Vgl. auch ders., Franz Overbeck und die neutestamentliche Wissenschaft. Ebd., S. 193–207; ferner J.-Ch. Emmelius, Tendenzkritik und Formengeschichte. Der Beitrag Franz Overbecks zur Auslegung der Apostelgeschichte im 19. Jahrhundert. Göttingen 1975.
[19] H. Conzelmann, Die Mitte der Zeit. Studien zur Theologie des Lukas. Tübingen (1954) ⁵1964.
[20] A.a.O., S. 127. Vgl. S. 140: Die Geschichte verläuft in drei Phasen: Zeit Israels – Zeit Jesu (als »Mitte der Zeit«) – Zeit der Kirche.
[21] A.a.O., S. 6, mit Hinweis auf Vielhauer, Zum ‚Paulinismus', S. 13.
[22] Siehe F. Overbeck, Über die Anfänge der Kirchengeschichtsschreibung (Basel 1892). Darmstadt ²1965; vgl. Emmelius, Tendenzkritik und Formengeschichte, S. 173–176.
[23] Vgl. Conzelmann, Die Mitte der Zeit, S. 140: »Kontinuität schafft vor allem die Weissagung. Diese zielt in der ersten Epoche auf Christus.«

Die »Festigkeit« bzw. »Zuverlässigkeit« der apostolischen Überlieferung, die auf die eigene Generation gelangte, ist aus dem Rückgriff auf die Anfänge (Israels und Jesu) zu erweisen. Dabei spielt die Korrespondenz von Verheißung und Erfüllung – freilich nicht als »Weissagungsbeweis« – eine besondere Rolle[24].

Für diese Zielsetzung ist nicht nur das eschatologische Verzögerungsproblem verantwortlich, sondern die »verunsicherte« Situation des ausgehenden ersten Jahrhunderts[25] überhaupt. Der Verfasser der Apostelgeschichte will dem Leser dazu verhelfen, daß er »die Zuverlässigkeit der (Lehr- und Verheißungs-)Worte erkennt«, in denen er »unterwiesen worden ist« (Lk 1, 4). Dazu will Lukas – gemessen an den Maßstäben seiner Zeit – nach »historischer« Methode vorgehen (V. 3), die er den vorausgehenden Darstellern der christlichen Anfänge (V. 1) offenbar abspricht. Er weiß, daß er bei seinem Werk auf die Überlieferung der »Augenzeugen von Anfang an«, das heißt der zwölf Apostel als »Dienern des Wortes«, zurückzugreifen hat (V. 3). Mit eigenen Nachforschungen will er die Voraussetzungen und damit auch die Ergebnisse seiner Vorläufer überbieten. Er geht von sich aus »allem« (*pasin*) nach, tut dies »von vorn an« (*anōthen*) sowie »genau« (*akribōs*). Diese drei Qualitäten zeichnen die lukanische Vorarbeit aus. Die Niederschrift »in der rechten Reihenfolge« (*kathexēs*) gibt dem Werk selbst jene dem Leser erkennbare Qualität, die zur Gewißheit verhilft.

Mit dem *kathexēs*[26] ist nun nicht die historisch zutreffende Reihenfolge der Ereignisse an sich gemeint, sondern vornehmlich das die Verheißung Gottes als zuverlässig erweisende Erfüllungsgeschehen, das sich – entsprechend dem *kathexēs* der ergangenen Weissagungen (Apg 3, 24) – seit der Jesuszeit in einem sinnvollen Nacheinander ereignet. So kann aus dem bisherigen Eintreffen verheißener Ereignisse auch auf das der noch ausstehenden Parusie geschlossen werden (Apg 3, 21).

Es geht dem lukanischen Werk um den Erweis der Verheißungstreue Gottes und Jesu Christi. Die durch keinen Widerstand aufzuhaltende Ausbreitung des »Wortes Gottes« durch die Christuszeugen (Apg 1, 8) ist Erweis seiner Dynamik. Die Gewißheit über Gottes Verheißungstreue, die nicht zufällig dem »lukanischen« Glaubensbegriff entspricht[27], kommt insofern auch

---

[24] Siehe dazu meinen Kommentar »Das Evangelium nach Lukas«. Gütersloh/Würzburg 1977, S. 503 f. (= Exkurs: »Verheißung und Schrifterfüllung«); vgl. ebd., S. 37–41 (mit Exkurs: »Das Vorwort als theologisches Programm«).
[25] Sie ist u. a. durch das Aufkommen der Gnosis gekennzeichnet; vgl. die »Abschiedsrede« des Paulus an die Kirche Apg 20, 18–38, besonders die Verse 28–31.
[26] Siehe G. Schneider, Zur Bedeutung von *kathexēs* im lukanischen Doppelwerk. In: »Zeitschrift für die neutestamentliche Wissenschaft« 68 (1977), S. 128–131.
[27] Vgl. den Glauben Marias nach Lk 1, 30–38.45.

literarisch zum Ausdruck, als die beiden Bücher des Lukas mit einer offenen Verheißung schließen (Lk 24, 44–53; Apg 28, 25–31)[28].

4. Lukas als Theologe der »Heilsgeschichte«

Der Verfasser der Apostelgeschichte war nach dem Gesagten in hohem Maße Theologe. Er berücksichtigte die kirchliche Situation seiner Zeit und suchte eben durch seine »Geschichtsschreibung«, die dringenden Fragen der Gegenwart zu lösen. Neben dieser Zielsetzung sprach er auch »nach außen«, er hatte apologetische Interessen. Nur wenn man an ihn moderne historisch-kritische Maßstäbe anlegt, wird man ihm seine Tendenzen zum Vorwurf machen können. Für seine Zeit war eine durch »Zwecke« bestimmte Geschichtsschreibung das Normale.

Eine negative Bewertung der lukanischen Auffassung von der Heilsgeschichte[29], die die Fortsetzung der Jesusgeschichte in einer Darstellung der frühen »Zeit der Kirche« als eine Taktlosigkeit ansieht, geht von Voraussetzungen aus, die ihrerseits einer kritischen Beurteilung unterliegen müssen. Werner Georg Kümmel wendet mit Recht ein: »Schon Jesus, die Urgemeinde und Paulus haben das endzeitliche Heil als Erfüllung der alttestamentlichen Heilsverheißung Gottes in Jesus angebrochen gesehen, zugleich aber für die mit Jesus begonnene Heilstat Gottes die Vollendung bei der Erscheinung Jesu in Herrlichkeit in Bälde erwartet . . .«[30] Für Lukas ist nicht nur die Zeit Jesu, sondern auch die der Kirche »Heilszeit«. Er hat die Geschichte nicht säkularisiert. Wenn er auf die Jesusgeschichte seiner Evangelienschrift die »Geschichte der Kirche« in ihren Anfängen[31] folgen läßt, so betritt er damit Neuland; er konnte darin kaum einen Vorläufer haben. Denn das Interesse an den Anfängen der apostolischen Verkündigung wurde erst mit der fortschreitenden Zeit dringend. Es ist indessen schon in einem so frühen Text wie 1 Kor 15, 1–11 bezeugt[32].

---

[28] Dieses Verfahren entspricht dem Ende des deuteronomistischen Geschichtswerkes 2 Kön 25, 27–30. Vgl. auch 2 Chr 36, 22 f. Siehe dazu Schneider, Der Zweck des lukanischen Doppelwerks, S. 53 f.
[29] Lukas ist nicht etwa der »Erfinder der Heilsgeschichte«; siehe dazu U. Wilckens, Lukas und Paulus unter dem Aspekt dialektisch-theologisch beeinflußter Exegese. In: ders., Rechtfertigung als Freiheit. Paulusstudien. Neukirchen 1974, S. 171–202, besonders S. 180–189.
[30] W. G. Kümmel, Lukas in der Anklage der heutigen Theologie. In: »Zeitschrift für die neutestamentliche Wissenschaft« 63 (1972), S. 149–165, näherhin S. 157. Vgl. meine Abhandlung »Anbruch des Heils und Hoffnung auf Vollendung bei Jesus, Paulus und Lukas«. In: L. Hödl u. a., Das Heil und die Utopien. München/Paderborn 1977, S. 83–108.
[31] Zu beachten ist, daß die Apostelgeschichte nicht bis zur Gegenwart ihres Verfassers herangeführt ist, der z. B. auf den Tod des Paulus (wie auf den des Petrus) zurückblickte und ihn dennoch nicht in seinen Bericht aufnahm.
[32] Vgl. P. Borgen, Von Paulus zu Lukas. In: »Studia Theologica« 20 (1966), S. 140–157.

Letztlich wurzelt die erwähnte theologische Sachkritik an Lukas als dem ersten christlichen Historiker in der Dialektischen Theologie mit ihrer spezifischen »Theologie des Wortes«, die weithin bestreitet, daß Geschichte für den Glauben bedeutsam sei[33]. Auf der anderen Seite ist aber auch Lukas nicht der Ansicht, der Christusglaube könne auf dem Wege historischer Beweisführung vermittelt werden[34].

---

[33] Siehe Wilckens, a. Anm. 29 a.O., S. 192–194.
[34] Gegen G. Klein, Lukas 1, 1–4 als theologisches Programm. In: Zeit und Geschichte (Festschrift für R. Bultmann). Tübingen 1964, S. 193–216, der konstatieren möchte, daß »die Möglichkeit der historischen Gewißheit« für Lukas »die Heilsgewißheit fundiert« (S. 216).

GOTT UND CHRISTUS ALS ΚΥΡΙΟΣ
NACH DER APOSTELGESCHICHTE*

Es macht Lukas offensichtlich „keine Schwierigkeit, beide, Gott und Christus, als ‚Kyrios' zu bezeichnen"; denn im lukanischen Werk hat Christus „mit Gott den Kyrios-Titel gemeinsam"[1]. H. Conzelmann spricht im Zusammenhang dieses Befundes von einer „Vermischung"[2]. In der Tat geben gerade diejenigen χύριος-Aussagen des lukanischen Werkes, die sich nicht eindeutig auf Gott oder auf Christus beziehen, zu der Vermutung Anlaß, der Autor lasse dort absichtlich den Träger des Titels unbestimmt. In einer solchen „Vermischung", die vor allem in der Apostelgeschichte vorzuliegen scheint, liegt ein Problem, dem sich die Exegese bisher nicht ausdrücklich gewidmet hat. Im folgenden soll der Frage nachgegangen werden, ob Lukas jene „Vermischung" mit Absicht vorgenommen hat, und gegebenenfalls, welches Motiv ihn dazu veranlaßt haben könnte.

1. Der Befund: χύριος in Lk/Apg

Die Konkordanz weist für χύριος 104 Vorkommen in Lk und 107 in Apg aus[3]. Für unsere Fragestellung müssen jene Stellen ausscheiden, die sich direkt weder auf Gott noch auf Christus beziehen[4]. Nach Abzug dieser unspe-

---

* Aus dem Literaturverzeichnis (am Ende dieses Beitrages) berühren folgende Autoren unmittelbar unser Thema: J. Reid (1903/04); W. Bousset (1914); W. Foerster (1938); H. Conzelmann, Die Mitte der Zeit 158-166; J. C. O'Neill (1955); H. Schürmann, Der Einsetzungsbericht 52-55; Ders., Protolukanische Spracheigentümlichkeiten, bes. 282 f; F. Hahn, Christologische Hoheitstitel 67-125; H. Flender, Heil und Geschichte 51 f; G. Voss, Die Christologie 56-60; C. F. D. Moule (1966); R. C. Nevius (1966); M. Rese, Alttestamentliche Motive 126 f, 205 f; I. de la Potterie (1970); D. L. Jones (1974); U. Wilckens, Die Missionsreden 170-175, 237-240.

1 H. Conzelmann, Die Mitte der Zeit 165.
2 Ebd.
3 *Vollständige Konkordanz zum griechischen Neuen Testament*, I 708-710; II 167 f. – R. Morgenthaler, Statistik 115, zählte aufgrund der 21. Auflage des Novum Testamentum Graece von Nestle-Aland (1952) für Lk 103 und für Apg 107 Vorkommen. Der Unterschied in der Zählung der Lk-Stellen beruht offensichtlich darauf, daß bei Morgenthaler die Anrede χύριε Lk 9,59 nicht mitgezählt wurde; diese ist im *Greek New Testament* in den Text aufgenommen. Für folgende Stellen des dritten Evangeliums gibt es Textvarianten, die χύριος auf Gott bzw. Jesus beziehen: Lk 2,38; 7,31; 9,57; 22,31; 23,42. Sie beziehen sich – abgesehen von 2,38 – auf Jesus. Zu Textvarianten der Apg siehe unten Anm. 70.
4 Dies sind 23 Stellen im Lk: 12,36.37.42b.43.45.46.47; 13,8.25; 14,21.22.23; 16,3.5(bis). 13; 19,16.18.20.25.33; 20,13.15. Es handelt sich vor allem um den „Herrn" in Gleichnissen. Dazu kommen 7 Stellen der Apg, die von anderen „Herren" reden: 10,4.14; 11,8; 16,16.19.30; 25,26.

zifischen Vorkommen bleiben 81 Stellen des Lk und 100 der Apg, an denen Gott oder Jesus Christus gemeint ist. Auffallend ist, daß in beiden lukanischen Büchern das „theologische" und das „christologische" κύριος jeweils im Anfangsteil besonders häufig vorkommen. Das 41. κύριος des Evangeliums steht Lk 7,19, das 50. der Acta Apg 11,21[5].

2. Gott als κύριος

a. Das *Lukas-Evangelium* gibt im allgemeinen deutlich zu erkennen, wo mit κύριος Gott gemeint ist. Es empfiehlt sich daher, von jenen Vorkommen auszugehen, die eindeutig auf Gott bezogen sind[6]. Da verschiedentlich die Auffassung vertreten wurde, Lukas verwende in bezug auf Gott vorzugsweise die Form κύριος[7] (ohne Artikel), sind die Verwendungen *mit Artikel* in der folgenden Liste mit Stern markiert. Wo es sich um Zitate[8] aus LXX handelt, ist die Verszahl unterstrichen.

Lk 1,6*.9*.11.15(*).16.17.25.28*.32.38.45.46*.58.66.68.76?
    2,9 bis.15*.22*.23a.b*.24.26.39.
    3,4?
    4,8.12.18.19.
    5,17.
    10,21.27.
    13,35.
    19,38.
    20,37.42.

Es ergibt sich, daß ὁ κύριος nur Lk 1–2 begegnet. Ferner ist zu beachten, daß, abgesehen von 5,17 und 10,21[9], das auf Gott bezogene κύριος außerhalb der sogenannten Kindheitsgeschichten nur in LXX-Zitaten vorkommt.

b. Für die *Apostelgeschichte* ergibt sich folgendes[10]:

Apg 1,24.
    2,20.21?25*.34(*).39.47*?
    3,20*.22.

---

5 Spezifisches κύριος fehlt überhaupt in den Kapiteln Lk 8.14–15.21.23; Apg 6.24–25.27. Besonders häufig steht κύριος in den Kapiteln Lk 1–2.10 und Apg 9.
6 Nicht deutlich auf Gott bezogene κύριος-Vorkommen sind in der folgenden Liste mit Fragezeichen versehen.
7 Vgl. W. Bousset, Der Gebrauch des Kyriostitels 162 (Nachtrag), der diese Auffassung allerdings auf Apg beschränkte; so auch M. Rese, Alttestamentliche Motive 127.
8 Maßgeblich für die Auswahl ist der Fettdruck im *Greek New Testament* (3. Auflage); zu dessen Auswahlprinzip siehe ebd. IX.
9 Vgl. außerdem 10,2, wo „der Herr der Ernte" auf Gott zu beziehen ist; allerdings wird hier im Bild geredet.
10 Die Kennzeichnungen mit Fragezeichen, Stern und Unterstreichung haben – auch in den später folgenden Listen – die gleiche Bedeutung wie in der vorausgehenden Übersicht.

4,26*.29.
5,9?14*?19.
7,31.33*.49.
8,22*?24*?25*.26.39.
9,31*?
10,33*.
11,21a.23*?24*?
12,7.11(*).17*.23.
13,2*?10(*)?11.44*.47*.48*.49*.
14,3*?
15,17a*.17c.35*.36*.40*?
16,14*.15*?32*.
17,24.
19,10*.20*.
21,14*.

Beim Vergleich mit dem dritten Evangelium ergeben sich folgende Feststellungen. Die nicht sicher Gott oder Jesus Christus zuzuweisenden Stellen sind in der Apg bedeutend zahlreicher[11]. Sicher auf Gott bezogene Stellen begegnen in der Apg so häufig wie im Lk[12]; sie entstammen gleichfalls häufig LXX-Zitaten[13]. Der Gebrauch von ὁ κύριος (mit Artikel) ist 5mal in Zitaten und wenigstens 15mal außerhalb von Zitaten bezeugt[14]. Die Verwendung des Artikels kann, für sich genommen, somit kein Kriterium für die Zuweisung der κύριος-Bezeichnung an den noch fraglichen Stellen sein.

c. In der (gesichert erscheinenden) Anwendung auf Gott sind in Lk/Apg folgende Verbindungen mit κύριος zu finden:

(1) κύριος ὁ θεός Lk 1,16.32.68; 4,8.12; 10,27; Apg 2,39; 3,22.

  κύριος[15] Lk 1,25.58; 20,42; Apg 2,34 v. l.; 7,49; 12,11 v. l.; 15,17c; 17,24.

  ὁ κύριος[15] Lk 1,28; 2,15; Apg 2,34; 7,33; 12,11.17; 13,47; 16,14.

(2) Genitivverbindungen mit τοῦ κυρίου:
  Gebote und Satzungen Lk 1,6;
  Tempel Lk 1,9;

---

[11] In Lk waren es nur 2, in Apg sind es 14 Stellen.
[12] In Lk 35 (+ 10,2), in Apg 37 Vorkommen.
[13] In Lk 9, in Apg 9 Stellen.
[14] Außerhalb von Zitaten: 3,20; 8,25; 10,33; 12,11 (mit Artikel: B 614 al); 12,17; 13,44. 47.48.49; 15,35.36; 16,14.32; 19,10.20; 21,14.
[15] Dazu folgende Kasus:
  Vokativ κύριε Lk 10,21; Apg 1,24; 4,29;
  Dativ κυρίῳ Lk 1,17; τῷ κυρίῳ Lk 2,22.23b;
  Akkusativ τὸν κύριον Lk 1,46; 20,37 (κύριον); Apg 2,25; 15,17a.

Wort Apg 8,25; 13,44.48.49; 15,35.36; 16,32; 19,10.20;
Wille Apg 21,14.

Genitivverbindungen mit κυρίου:
Engel Lk 1,11; 2,9; Apg 5,19; 8,26; 12,7.23;
Magd Lk 1,38;
Hand Lk 1,66; Apg 11,21a; 13,11;
Herrlichkeit Lk 2,9;
Gesetz Lk 2,23a.24.39;
Christus Lk 2,26;
Geist Lk 4,18; Apg 8,39;
Erlaßjahr Lk 4,19;
Kraft Lk 5,17;
Name Lk 13,35; 19,38;
Tag Apg 2,20;
Stimme Apg 7,31.

(3) Präpositionale Wendungen:
ἐνώπιον [τοῦ] κ. Lk 1,15;
παρὰ κυρίου Lk 1,45;
ἀπὸ προσώπου τοῦ κ. Apg 3,20;
κατὰ τοῦ κ. Apg 4,26;
ὑπὸ τοῦ κ. Apg 10,33.

3. Jesus Christus als κύριος

a. Die Tatsache, daß im *dritten Evangelium* der „irdische" Jesus in der Erzählung „Herr" genannt wird, ist gegenüber den anderen Evangelien singulär[16] und hat deswegen in der Textüberlieferung dazu geführt, daß an den betreffenden Stellen κύριος häufig durch „Jesus" ersetzt wurde[17]. Der Lk-Text mit der Lesart κύριος ist jedoch generell als primär anzusehen[18]. Es sind zu unterscheiden (1) ὁ κύριος in der Erzählung, (2) κύριε als Anrede, (3) in direkter Rede auf Jesus bezogene κύριος-Vorkommen[19]:

(1) 7,13 S; 7,19 diff. Mt;
     10,1 Sv diff. Mt; 10,39 S; 10,41 S.
     11,39 Sv diff. Mt.

16 Die beiden anderen Synoptiker haben ὁ κύριος nur im Bericht über den (messianischen) Einzug in Jerusalem (Mk 11,3 par. Mt 21,3/Lk 19,31.34); jedoch steht hier ὁ κύριος in der direkten Rede. Das vierte Evangelium verwendet ὁ κύριος regelmäßig erst von Jesu Auferstehung an (Joh 20,2.13.15[κύριε].18.20.25.28). Joh 6,23 und 11,2 sind Ausnahmen; siehe dazu I. DE LA POTTERIE, Le titre ΚΥΡΙΟΣ 117 f.
17 Siehe dazu R. C. NEVIUS, *Kyrios* and *Iesous* in St. Luke.
18 I. DE LA POTTERIE, aaO. 118 mit Anm. 1,3.
19 Die folgende Übersicht gibt hinter jeder Stelle den synoptischen Befund an: S = Sondergut; Sv = Sondervers; par. = parallel zu; diff. = abweichend von.

12,42a diff. Mt.
13,15 S.
16,8 S.
17,5 diff. Mt; 17,6 diff. Mt.
18,6 S.
19,8a S.
22,61a.b diff. Mk.
24,3 diff. Mk.

(2) 5,8 S; 5,12 diff. Mk, par. Mt 8,1.
6,46 (bis) par. Mt.
7,6 par. Mt.
9,54 S; 9,59 par. Mt; 9,61 S.
10,17 S; 10,40 S.
11,1 S.
12,41 Sv diff. Mt.
13,23 Sv diff. Mt.
17,37 Sv diff. Mt.
18,41 diff. Mk, par. Mt 9,28 und 20,33.
19,8b S.
22,33 diff. Mk; 22,38 S; 22,49 Sv diff. Mk.

(3) 1,43* S: „die Mutter meines Herrn".
2,11 S: χριστὸς κύριος als Prädikatsnomen.
6,5 par. Mk: κύριος τοῦ σαββάτου als Prädikatsnomen.
19,31* par. Mk; 19,34* diff. Mk.
20,42* par. Mk: „zu meinem Herrn"; 20,44 par. Mk: „nennt ihn Herr" (κύριος als Prädikatsnomen).
24,34* S.

Aus dem Befund (1) wird man schließen können, daß Lukas nicht alle κύριος-Stellen des Sonderguts und des Q-Stoffs von sich aus eingeschaltet hat, zumal solche nicht ausschließlich in Einleitungswendungen der Abschnitte begegnen[20]. Es ist indessen nicht zu bestreiten, daß der dritte Evangelist auch von sich aus die Kyriosbezeichnung in die Erzählung einfügte[21]. In der Erzählung von Jesus als dem κύριος zu sprechen, war indessen wohl schon dem lukanischen Sondergut eigentümlich, und auch der komponierende Redaktor von Q wird diese Sprechweise gekannt haben[22]. Die Anrede κύριε (2) ist an sich nicht spezifisch lukanisch. Sie hat auch von Hause aus keinen christologisch-titularen Charakter[23]. Dennoch wird man davon ausgehen dürfen, daß

---

20 H. Schürmann, Protolukanische Spracheigentümlichkeiten 282.
21 Vgl. die eindeutig redaktionellen Einschaltungen in Q-Texte: Lk 7,19; 10,1; 11,39; 12,42; 17,5.6, oder in Mk-Stoff: 22,61a.b; 24,3.
22 H. Schürmann, aaO. 283.
23 Vgl. Lk 13,8; 14,22; 19,16.18.20.25.

Lukas sie in sachlicher Beziehung zu ὁ κύριος sah und somit christologisch verstanden wissen wollte[24].

b. In der *Apostelgeschichte* dominiert die Wendung „der Herr Jesus". Mit ihr hebt sich der zweite Band des lukanischen Werkes deutlich vom erzählenden ὁ κύριος des dritten Evangeliums ab (1). Neben der genannten Wendung kommt auch das einfache (ὁ) κύριος vor (2). Schließlich ist die Anrede κύριε (3) bezeugt. Genitiv-Verbindungen mit τοῦ κυρίου (4) und präpositionale Wendungen (5) werden gesondert aufgeführt[25].

(1) ὁ κύριος Ἰησοῦς 1,21; 4,33; 8,16; 11,17 (+ χριστός); 11,20; 15,11.26 (+ χριστός); 16,31; 19,5.13.17; 20,21.24.35; 21,13; 28,31 (+ χριστός).

(2) ὁ κύριος 9,10a.11.15.17.27.35.42; 11,21b; 18,9; 22,10b; 23,11; 26,15b.
τῷ κυρίῳ 2,34 (μου); 14,23; 18,8; 20,19.
κύριον 2,36.
πάντων κύριος 10,36.

(3) 1,6; 7,60; 9,5.10b.13; 22,8.10a.19; 26,15a.
κύριε Ἰησοῦ 7,59.

(4) ἡ ἀνάστασις (4,33).
τὸ ὄνομα (8,16) 9,28 (15,26) (19,5.13.17) (21,13).
οἱ μαθηταί 9,1.
τὸ ῥῆμα 11,16 (vgl. Lk 22,61).
ἡ διδαχή 13,12.
ἡ χάρις (15,11).
ἡ ὁδός 18,25.
οἱ λόγοι (20,35).

(5) ἐπὶ τὸν κύριον (9,35.42) (11,17.21b) (16,31).
πίστις εἰς τὸν κύριον ἡμῶν Ἰησοῦν (20,21).
παρὰ τοῦ κυρίου Ἰησοῦ (20,24).
τὰ περὶ τοῦ κυρίου Ἰησοῦ χριστοῦ (28,31).

c. Ein zusammenfassender Vergleich des Befundes unter a und b läßt folgendes erkennen: In bezug auf das christologische ὁ κύριος besteht eine Kontinuität zwischen Lk und Apg[26]. Das gleiche kann für die Anrede κύριε gelten, die allerdings in der Apg dem Auferweckten und Erhöhten gilt[27]. Eine gegenüber dem Evangelium neue Redeweise liegt an den 16 Stellen der Apg vor, die ὁ κύριος Ἰησοῦς verwenden[28]. Diese Form ist zwar auch außerhalb der Apg öfter bezeugt[29], im dritten Evangelium jedoch nur 24,3 diff. Mk.

24 Siehe die in den Mk-Text eingeschaltete Anrede von seiten der Jünger Lk 22,33.49.
25 Schon zuvor in dieser Liste (unter einem früheren Punkt) aufgeführte Stellen werden in Klammern gesetzt.
26 Siehe 3a (1) für Lk und 3b (2) für Apg.
27 Siehe 3a (2) für Lk und 3b (3) für Apg.
28 Siehe 3b (1).
29 Mk 16,19; 1 Kor 11,23; 16,23; 2 Kor 4,14; 11,31; 1 Thess 2,15; 4,2; Phlm 5; Eph 1,15; 2 Thess 1,7; 2,8; Apk 22,21. Die volleren Formen „unser Herr Jesus Christus" bzw. „der Herr Jesus Christus" stehen Apg 15,26 bzw. 11,17; 28,31.

Sie wird von Lukas somit von der Auferweckung Jesu an gebraucht. Der formalen Struktur nach entspricht ὁ κύριος Ἰησοῦς etwa der Doppelung κύριος ὁ θεός[30]. Im Vergleich mit dem auf Gott bezogenen κύριος zeigt sich[31], daß bei Genitivverbindungen mit einfachem κυρίου Gott, bei solchen mit τοῦ κυρίου Gott oder Jesus Christus gemeint ist.

4. Gott oder Christus?

Nachdem die sicher Gott oder Christus zuzuweisenden κύριος-Vorkommen des lukanischen Werkes im Überblick vorgeführt wurden[32], können nun die fraglichen Stellen erörtert werden.

Lk 1,76 (S) ἐνώπιον κυρίου kann im Lichte von Lk 1,17 gedeutet werden. Dort steht προέρχομαι ἐνώπιον αὐτοῦ in bezug auf Johannes den Täufer, der vor dem κύριος ὁ θεός (V. 16) hergeht. Da sich 1,76 mit προπορεύομαι auf den gleichen Vorläufer bezieht, wird man im hier genannten κύριος ebenfalls *Gott* sehen dürfen[33]. Der Infinitiv ἑτοιμάσαι ὁδοὺς αὐτοῦ (1,76) präludiert die zweite zu untersuchende κύριος-Stelle des Evangeliums.

Lk 3,4 heißt es im Zitat aus Jes 40,3: ἑτοιμάσατε τὴν ὁδὸν κυρίου. Diesen bei Jesaja auf eine Wegbereitung für Gott bezogenen Versteil deutet Lukas[34] auf das Wirken Johannes' des Täufers in der Wüste. Der Imperativ ἑτοιμάσατε wurde in seinem Wegbereiterwirken erfüllt (1,76; vgl. 1,17 ἑτοιμάσαι κυρίῳ [= Gott] λαὸν κατεσκευασμένον). Zacharias sprach (1,76) genauso wie Jesaja (3,4) prophetisch von dem κύριος, den er selber noch nicht als den kommenden Messias kannte. Mit 1,43 ist jedoch dem Leser bereits angedeutet[35], daß Jesus der κύριος der Voraussagen ist, die Johannes zur Erfüllung bringt. Lk 2,11 proklamiert der Engel den neugeborenen Jesus als Χριστὸς κύριος. Jesus ist somit von Anfang an von Gott „zum κύριος und Χριστός" bestellt (Apg 2,36). So kann der Leser Lk 3,4 im Sinne des Evangelisten auf *Jesus* beziehen[36], da er dessen κύριος-Sein 2,11 erfahren hatte.

Apg 2,21 liegt ebenfalls[37] ein LXX-Zitat vor: „Jeder, der den Namen des Herrn anruft, wird gerettet werden" (Joel 3,5 LXX). Es ist nicht zu bestrei-

---

30 Siehe 2c (1).
31 Siehe 2c (2) und 3b (4).
32 Auf Gott bezogen in Lk 35 (+ 10,2), in Apg 37 Stellen; auf Jesus Christus in Lk 43, in Apg 49 Stellen.
33 Vgl. Lk 1,15 μέγας ἐνώπιον [τοῦ] κυρίου (vor Gott). In 1,76 steht προφήτης ὑψίστου parallel zu der Vorläuferrolle; κύριος gilt hier nach folgenden Lk-Kommentaren von Gott: A. PLUMMER, J. SCHMID, W. GRUNDMANN, J. ERNST, G. SCHNEIDER. H. SCHÜRMANN, Das Lukasevangelium 90, deutet wegen Lk 1,68–75 sowie Apg 13,24 auf Jesus.
34 Siehe auch Mk 1,3; Mt 3,2.
35 Elisabet begrüßt im heiligen Geist (1,41) Maria als „die Mutter meines Herrn".
36 So die Lk-Kommentare von A. PLUMMER, H. SCHÜRMANN und G. SCHNEIDER. Zu beachten ist, daß Lukas in der letzten Zeile von 3,4 τοῦ θεοῦ ἡμῶν durch αὐτοῦ ersetzte.
37 Es ist bezeichnend, daß Lukas sowohl am Anfang seiner Evangelienschrift (Lk 3,4) wie am Anfang der Acta (Apg 2,21) die κύριος-Bezeichnung für Jesus mit einem LXX-Zitat „begründet", in dem Gott als κύριος bezeichnet ist.

ten, daß das Zitat gerade bis zu diesem Vers reicht, weil die Pfingstpredigt des Petrus ihn 2,38(40) auf *Jesus* und die Taufe auf seinen Namen deutet. Dieses Verfahren gleicht dem von Lk 3,4 und geht auf Lukas zurück[38].

Apg 2,47; 5,14; 11,23.24. Der Versteil 2,47b bemerkt am Ende eines Summars, daß „der Herr täglich solche hinzufügte, die gerettet werden". Nach dem Kontext kann der κύριος Gott sein (vgl. VV. 39.47a). Ein Vergleich mit zwei anderen „Wachstumsnotizen" (5,14; 11,24) führt weiter. An allen drei Stellen kommt ὁ κύριος vor; 2,47 ist er Subjekt von προστίθημι, 5,14 und 11,24 hingegen steht jeweils das Passiv (προσετίθεντο und προσετέθη) in Verbindung mit τῷ κυρίῳ. An den letzteren Stellen ist jedoch nicht zu übersetzen: „dem Herrn wurde(n) hinzugefügt"[39], zumal auch 2,47 kein Dativobjekt des Hinzufügens nennt[40]. Vielmehr ist τῷ κυρίῳ an beiden Stellen als „Dativ beim Passiv = ὑπό τινος"[41] zu verstehen. Für diesen Dativ gibt es ein weiteres lukanisches Beispiel: Lk 23,15 πεπραγμένον αὐτῷ[42]. Es ist somit an allen drei Stellen „der Herr", der der Gemeinde neue Glieder zuführt. Aber wer ist mit diesem κύριος gemeint? Nach 11,23a sah Barnabas in Antiochia „die Gnade Gottes". Damit wird der Bekehrungserfolg der „Hellenisten" in Antiochia gewertet, den zuvor Vers 21a mit den Worten „die Hand des Herrn (Gottes) war mit ihnen" umschrieb. Barnabas ermahnt daraufhin „alle, mit entschlossenem Herzen beim Herrn zu verharren (προσμένειν τῷ κυρίῳ)" (V. 23b); sie sollen bei *Gott* bzw. bei seiner „Gnade" (V. 23a) verharren (so 13,43). Nach einer Parenthese über die Qualitäten des Barnabas folgt dann in Vers 24b die Sammelnotiz: „Und viel Volk wurde von dem Herrn hinzugetan." τῷ κυρίῳ muß hier im Sinne von Vers 21a, also vom Wirken der „Hand Gottes"[43], verstanden werden. Damit ist für Apg 2,47b; 5,14; 11,23. 24 die Deutung von ὁ κύριος auf *Gott* gesichert (vgl. auch Dtn 1,11 LXX).

Apg 5,9 πειράσαι τὸ πνεῦμα κυρίου ist nach E. HAENCHEN auf den „Geist Gottes" zu beziehen[44]. Diese Deutung wird durch Lk 4,18 und Apg 8,39 bestätigt, wo jeweils πνεῦμα κυρίου auf den Geist Gottes bezogen ist[45].

Apg 8,22.24 sprechen vom Bittgebet an den κύριος. Simon Magus soll den Herrn um Vergebung bitten: δεήθητι τοῦ κυρίου (V. 22b). Doch er entgegnet den Aposteln Petrus und Johannes: „Betet ihr für mich zum Herrn (δεήθητε ... πρὸς τὸν κύριον), daß nichts von dem über mich kommt, was ihr gesagt

---

38 Vgl. indessen schon die Deutung des gleichen Joelzitats 1 Kor 1,2; Röm 10,12 f.
39 So z. B. E. HAENCHEN, Die Apostelgeschichte 238 mit Anm. 2; H. CONZELMANN, Die Apostelgeschichte 46 f, 74; P. ZINGG, Das Wachsen der Kirche 30, 213.
40 Daß man freilich ein solches vermißte, zeigt die Lesart von Koine E pl (τῇ ἐκκλησίᾳ). Wo Lukas angibt, *zu was* etwas hinzugefügt wird, konstruiert er προστίθημι bei Sachen mit ἐπί (Lk 3,20; 12,25) oder bei Personen mit πρός (Apg 13,36).
41 Siehe BLASS–DEBRUNNER, Grammatik § 191,1. Zum klassischen Gebrauch siehe KÜHNER–GERTH, Ausführliche Grammatik (II/1) 422 f.
42 BLASS–DEBRUNNER (aaO.) halten Lk 23,15 für das einzige Beispiel im NT.
43 Zu χεὶρ κυρίου siehe oben unter 2c (2).
44 E. HAENCHEN, Die Apostelgeschichte 234.
45 Siehe auch Apg 15,10: „*Gott* versuchen".

habt!" (V. 24b). Damit ist auf die Strafe angespielt, die Petrus angedroht hatte (V. 20). Sie wäre von Gott unmittelbar zu verhängen[46]. Deshalb soll sich Simon zu Gott (V. 21b) bekehren und ihn um Vergebung bitten. Mit ὁ κύριος ist also an beiden Stellen *Gott* gemeint.

Apg 9,31 ist eine summarische Notiz über die Kirche in ganz Palästina, die Frieden hatte, sich aufbaute und „in der Furcht des Herrn wandelte". φόβος τοῦ κυρίου ist, falls auf Gott zu beziehen, eine jener wenigen Genitivverbindungen, die den Artikel (τοῦ) führen[47]. Der vom Alten Testament her verbreitete, von Lukas häufig verwendete Ausdruck „Gottesfurcht"[48] ist wohl nicht bloß „formelhaft" verwendet[49]. Er begegnet nur an einer weiteren bezeichnenden Stelle als Furcht vor dem „Herrn", nämlich im Magnifikat (Lk 1,50; vgl. κύριος V. 46b). Die *Gottes*furcht der Gläubigen wird bei Lukas „Furcht des Herrn" genannt[50].

Apg 13,2 beginnt mit der partizipialen Wendung λειτουργούντων δὲ αὐτῶν τῷ κυρίῳ καὶ νηστευόντων. Sie erzählt von den führenden Männern der Gemeinde in Antiochia. Die LXX verwendet λειτουργέω für den Tempeldienst der Priester und Leviten[51]. Das Verbum bezieht sich Did 15,1 auf den christlichen Gottesdienst. Die Wendung „als sie dem Herrn dienten ..." (Apg 13,2) hat Lukas als „eine besonders feierlich klingende Wendung aus der LXX übernommen"; er wollte mit ihr wohl „vor allem das Beten zum Ausdruck bringen"[52]. Diese Auffassung wird durch Vers 3 unterstrichen, der neben dem Fasten das Gebet[53] erwähnt. Trifft dies aber zu, dann ist τῷ κυρίῳ auf *Gott* zu beziehen.

Apg 13,10 wirft Paulus dem Zauberer Elymas vor, „die geraden Wege des Herrn zu verkehren" (διαστρέφων τὰς ὁδοὺς [τοῦ] κυρίου τὰς εὐθείας). Fast alle Wörter dieses Verses finden sich in der LXX[54]. In der zitierten Wendung klingen Spr 10,9 („seine Wege verkehren") und Hos 14,10 („gerade [sind] die Wege des Herrn") an. Daß Lukas besonders die letztere Stelle im Sinn hat, legt der im gleichen Vers stehende Vorwurf „Feind aller δικαιοσύνη"

---

46 Vgl. Apg 5,1–10; 13,10 f (χεὶρ κυρίου).
47 Siehe oben 2c (2). Vgl. E. HAENCHEN, Die Apostelgeschichte 321: „die Furcht des Herrn (= Gottesfurcht)".
48 Vgl. φοβέομαι τὸν θεόν Lk 18,2.4; 23,40; Apg 10,2.22.35; 16,16.26.
49 Vgl. H. R. BALZ, ThWNT IX 208 f.
50 Siehe LXX 2 Chr 19,7.9; 26,5; Ijob 31,23; Ps 18(19),10; 33(34),12; häufig Spr und Sir; Jes 2,10.19.21.
51 Siehe dazu H. STRATHMANN, ThWNT IV 225–229, 232–235; vgl. auch Lk 1,23 (λειτουργία, vom Priesterdienst des Zacharias).
52 E. HAENCHEN, Die Apostelgeschichte 380; H. STRATHMANN, aaO. 233: „Offenbar handelt es sich um eine Gebetsgemeinschaft der Fünf. Die Wirksamkeit des Gebets wird durch Fasten unterstützt."
53 13,3: νηστεύσαντες καὶ προσευξάμενοι. Weish 18,21 wendet den Begriff λειτουργία auf das Amt Aarons an, zu dem näherhin u. a. προσευχή und θυμίαμα gehören. „Fasten und Gebet" als sachliche Einheit begegnen (neben Mk 9,29) auch Lk 2,37; Apg 14,23.
54 E. HAENCHEN, aaO. 385.

nahe⁵⁵. Es ist somit von den „Wegen *Gottes*" die Rede. Der Vorwurf geht in eine Strafandrohung⁵⁶ (V. 11a) über; in ihr ist χεὶρ κυρίου⁵⁷ auf Gottes Hand bezogen.

Apg 14,3 erzählt von Paulus und Barnabas, daß sie in Ikonium „verweilten, παρρησιαζόμενοι ἐπὶ τῷ κυρίῳ", und daß der Herr (durch Wunder) „für das Wort seiner Gnade (τῆς χάριτος αὐτοῦ) Zeugnis ablegte". E. HAENCHEN übersetzt die erstzitierte Wendung mit „im freimütigen Vertrauen auf den Herrn"⁵⁸; und er meint, es lasse sich nicht entscheiden, „ob mit κύριος Gott oder Christus gemeint ist"⁵⁹. παρρησιάζομαι bezeichnet in der Apg nicht nur „die Zuversicht der christlichen Missionare in einer gefährlichen Situation"⁶⁰, sondern die unerschrockene, offene Rede, näherhin die christliche Missionspredigt⁶¹. Somit könnte ὁ κύριος sich auf Christus beziehen. 15,11 spricht ausdrücklich von der „Gnade des Herrn Jesus Christus"⁶². 20,32 hat die gleiche Wendung wie 14,3 (ὁ λόγος τῆς χάριτος αὐτοῦ), bezieht sie indessen auf Gott⁶³. Auch 11,23; 13,43; 14,26; 20,24 kommt die Genitivverbindung ἡ χάρις τοῦ θεοῦ vor. Damit ist die Deutung auf *Gott* auch für 14,3 am besten begründet. 20,24 bezeichnet das zu bezeugende Evangelium als „das Evangelium der Gnade Gottes"; für dieses legte nach 14,3 Gott selbst⁶⁴ Zeugnis ab, indem er Paulus und Barnabas Wunder wirken ließ.

Apg 15,40 berichtet, daß Paulus „von den Brüdern der Gnade des Herrn empfohlen wurde (παραδοθεὶς τῇ χάριτι τοῦ κυρίου)". Die Wendung begegnet 14,26 in entsprechendem Zusammenhang und in eindeutiger Beziehung auf *Gottes* Gnade. In Verbindung mit παρατίθεμαι kommt die Wendung 14,23⁶⁵ (τῷ κυρίῳ) und 20,32 (τῷ θεῷ) vor.

55 Hos 14,10: Die δίκαιοι wandeln auf den geraden Wegen des Herrn.
56 Vgl. Apg 8,20–24.
57 Siehe dazu oben 2c (2).
58 E. HAENCHEN, Die Apostelgeschichte 402 f; ebd. 403 f: „da sie ihre Zuversicht auf den Herrn setzen".
59 Ebd. 404 Anm. 2.
60 So E. HAENCHEN, aaO. 404 Anm. 1, unter Hinweis auf Apg 9,27 f; 13,46; 14,3; 18,26; 19,8; 26,26.
61 Siehe die Anm. 60 genannten Vorkommen, außer 13,46; 26,26. Die Konstruktion mit ἐπὶ τῷ κυρίῳ gibt den Grund dafür an (siehe BLASS-DEBRUNNER, Grammatik § 235,2), daß man „frei heraus redet". Zugleich kann der Inhalt der Predigt angedeutet werden; vgl. 9,27: „παρρησιάζομαι im Namen Jesu", ferner 18,25 f; 19,8.
62 Doch hier liegt eine singuläre Bezugnahme auf die „paulinische" Rechtfertigungslehre vor.
63 B und weitere Textzeugen lesen Apg 20,32 κυρίῳ statt θεῷ. Hier ist indessen in beiden Fällen Gott gemeint; vgl. 14,26; 20,24.
64 Hinter den Wundern der Apostel steht *Gottes* Wirken: 2,43; 3,13 f; 4,29 f; 5,12. Falls 19,20 die Wendung κατὰ κράτος τοῦ κυρίου vorliegt (vgl. H. CONZELMANN, Die Apostelgeschichte 121), ist auch hier an die Kraft *Gottes* gedacht, der „das Wort" wachsen läßt (vgl. Lk 1,51). Jedoch ist τοῦ κυρίου eher mit ὁ λόγος zu verbinden, und κατὰ κράτος ist als adverbiale Wendung („kräftig") zu verstehen; siehe W. MICHAELIS, ThWNT III 905, 907.
65 An dieser Stelle sichert der Zusatz εἰς ὃν πεπιστεύκεισαν die Deutung auf Christus.

Apg 16,15 sagt Lydia zu den Glaubensboten: „Wenn ihr die Überzeugung gewonnen habt, daß ich an den Herrn gläubig sei (με πιστὴν τῷ κυρίῳ εἶναι), dann kommt in mein Haus und bleibt!" Sie sagt dies nach ihrer Taufe (V. 15a). Sie war zuvor eine „Gottesfürchtige", die Paulus zuhörte; dabei „tat ihr der Herr (Gott[66]) das Herz auf", so daß sie besonders aufmerkte (V. 14). πιστός wird von Lukas adjektivisch und substantivisch im Sinne von *Christus*-Gläubiger gebraucht[67]. Vom Glauben an den „Herrn" Jesus Christus spricht Lukas auch Apg 11,17.21b; 14,23; 16,31; 18,8.

5. Zur Absicht des Acta-Verfassers

Die Erörterung der zunächst nicht eindeutig einzuordnenden κύριος-Vorkommen des lukanischen Werkes hat ergeben, daß Lukas beim Gebrauch von κύριος keineswegs eine „Vermischung" bezeugt, sondern daß sich diese Vorkommen entweder Gott oder Christus zuweisen lassen[68]. Allerdings ist es fraglich, ob Lukas beim Leser seines Werkes die Erkenntnis erwarten durfte, auf wen sich in *jedem* einzelnen Fall die κύριος-Bezeichnung bezieht. Dies ist jedenfalls nicht zu vermuten. Damit ist nun wieder nicht gesagt, daß der Autor seine Leser absichtlich im unklaren gelassen habe. Eher ist anzunehmen, daß er ohne Absicht verfuhr. Die heilsgeschichtliche Subordination Jesu Christi unter Gott wird im lukanischen Werk auf andere Weise hinreichend verdeutlicht[69], so daß die Verwendung von κύριος alternativ und in einer gewissen Sorglosigkeit erfolgen konnte. Da eine absichtliche „Vermischung" beim Gebrauch von κύριος dem Acta-Verfasser nicht unterstellt werden kann, ist auch die Frage nach eventuellen „Motiven" in dieser Hinsicht unangebracht.

Der leichteren Übersicht wegen und als Ausgangspunkt der weiterhin notwendigen Diskussion sei das Ergebnis der vorausgehenden Untersuchung in einer Liste wiedergegeben[70].

---

66 Vgl. die Übersetzung bei H. Conzelmann, Die Apostelgeschichte 98.
67 Apg 10,45; 16,1; vgl. 12,3 D. Siehe auch πιστὸς εἶναι Ign Röm 3,2.
68 Auf Gott sind bezogen Lk 1,76; Apg 2,47; 5,9.14; 8,22.24; 9,31; 11,23.24; 13,2.10; 14,3; 15,40, auf Jesus Christus Lk 3,4; Apg 2,21; 16,15.
69 Siehe dazu H. Conzelmann, Die Mitte der Zeit 158–172.
70 Die Liste enthält 49 auf Gott und 51 auf Jesus Christus bezogene Vorkommen von κύριος. An weiteren 7 Stellen der Apg bezieht sich κύριος auf andere „Herren": 10,4!14!; 11,8!; 16,16.19.30!; 25,26. Die Anrede-Form (Vokativ) wird durch Ausrufezeichen gekennzeichnet, die Verwendung des Artikels (ὁ κύριος) mit einem Stern, Zitate aus LXX durch Unterstreichung. – Außer den 100 Vorkommen von κύριος, die in der Liste aufgeführt sind, nennt die *Vollständige Konkordanz zum griechischen Neuen Testament*, I 709 f, noch folgende 15 Textvarianten, die das spezifische κύριος bieten: Apg 7,30.37; 9,5b.6 bis (vgl. 22,10); 10,48; 12,24; 14,25; 16,10; 17,27; 18,25; 20,28.32; 21,20; 22,16. Diese Lesarten werden von B. M. Metzger, A Textual Commentary 347–482, zum größten Teil (außer 9,5b.6; 16,10; 21,20; 22,16) erörtert und als sekundär zurückgewiesen.

Gott als κύριος	*Jesus Christus* als κύριος
Apg 1,24!	Apg 1,6!21*.
2,20.25*.34(*).39.47*.	2,21.34*.36.
3,20*.22.	
4,26*.29!	4,33*.
5,9.14*.19.	
7,31.33*.49.	7,59!60!
8,22*.24*.25*.26.39.	8,16*.
9,31*.	9,1*.5!10a*.b!11*.13!15*.17*.
	27*.28*.35*.42*.
10,33*.	10,36.
11,21a.23*.24*.	11,16*.17*.20*.21b*.
12,7.11(*).17*.23.	
13,2*.10(*).11.44*.47*.48*.49*.	13,12*.
14,3*.	14,23*.
15,17a*.c.35*.36*.40*.	15,11*.26*.
16,14*.32*.	16,15*.31*.
17,24.	
	18,8*.9*.25*.
19,10*.20*.	19,5*.13*.17*.
	20,19*.21*.24*.35*.
21,14*.	21,13*.
	22,8!10a!b*.19!
	23,11*.
	26,15a!b*.
	28,31*.

Die begrenzte Zielsetzung der vorliegenden Studie läßt keine endgültigen und umfassenden Schlußfolgerungen auf die hinter dem Gebrauch von κύριος liegende theologische Konzeption zu. Wollte man diese sicher erkennen und ausführlich darstellen, müßte methodisch weiter ausgeholt werden[71].

Als Beispiel für ein wohldurchdachtes Verfahren bei der Verwendung von κύριος kann der Begriff ὁ λόγος τοῦ κυρίου gelten. Er bezeichnet die „christliche Botschaft", die auch ὁ λόγος τοῦ θεοῦ genannt wird[72]. Für die christliche Botschaft kann auch bloßes ὁ λόγος stehen[73]. Demgegenüber wird das Wort bzw. die Rede des „Herrn" Jesus in anderer Weise bezeichnet, als τὸ ῥῆμα τοῦ κυρίου (Lk 22,61; Apg 11,16), als ὁ λόγος αὐτοῦ (Lk 10,39; vgl. 4,32) oder pluralisch οἱ λόγοι τοῦ κυρίου Ἰησοῦ (Apg 20,35).

---

71 Vgl. die umfassendere Untersuchung von I. DE LA POTTERIE, Le titre ΚΥΡΙΟΣ, zum Lk-Evangelium.
72 ὁ λόγος τοῦ θεοῦ steht Lk 5,1; 8,11.21; 11,28; Apg 4,31; 6,2.7; 8,14; 11,1; 12,24; 13,5.7.46; 17,13; 18,11. Der Parallelbegriff ὁ λόγος τοῦ κυρίου kommt nur in der Apg vor: 8,25; 13,44.48.49; 15,35.36; 16,32; 19,10.20.
73 Lk 1,2; 8,12.13.15; Apg 6,4; 8,4; 10,36; 11,19; 14,25; 16,6; 17,11; 18,5.

Der vorgeführte Befund zeigt an, daß zur Zeit und in der Umwelt des Lukas die Bezeichnung κύριος ganz selbstverständlich auf Gott wie auf Christus angewendet wurde[74]. Dies entspricht der Tatsache, daß Lukas und seine christliche Umgebung bereits eine „Anbetung" Christi kannten[75]. Zwar ist nach Lukas schon der „irdische" Jesus von Anfang an κύριος (Lk 1,43; 2,11)[76]; doch kommt ihm die „Proskynese" (Lk 24,52) erst als dem Auferstandenen und Erhöhten zu. Diese Proskynese ist, wie Lk 24,52 f zeigt[77], „keine isolierte Anbetung der Person Christi, sondern Anbetung des sich in Christus offenbarenden Gottes"[78]. Analog ist Christus wie Gott der κύριος. In ihm „handelt Gott so, wie es das AT vom κύριος aussagt"[79]. Doch ist das Herr-Sein Jesu ebenso wie das Christus-Sein von Gott verliehen[80].

74 Entsprechendes gilt z. B. auch für den σωτήρ-Titel, den Lukas ebenso wie die Pastoralbriefe sowohl Gott (Lk 1,47; vgl. 1 Tim 1,1; 2,3; 4,10; Tit 1,3; 2,10; 3,4) als auch Christus (Lk 2,11; Apg 5,31; 13,23; vgl. 2 Tim 1,10; Tit 1,4; 2,13; 3,6) zuerkennt.
75 Siehe G. LOHFINK, Gab es im Gottesdienst der neutestamentlichen Gemeinden eine Anbetung Christi?, der besonders auf Lk 24,52 hinweist (162–164).
76 Das unterstreicht mit Recht D. L. JONES, The Title *Kyrios* 88, 96.
77 „Und sie warfen sich anbetend vor ihm [dem in den Himmel aufgefahrenen Jesus, V. 51] nieder (προσκυνήσαντες) und kehrten mit großer Freude nach Jerusalem zurück; und sie waren ständig im Tempel *und priesen Gott.*"
78 G. LOHFINK, aaO. (Anm. 75) 178.
79 W. FOERSTER, ThWNT III 1094.
80 Apg 2,36: Gott hat ihn „zum Herrn und Christus *gemacht* (ἐποίησεν)".

LITERATUR

BALZ, H. R., Art. φοβέω κτλ. (D): ThWNT IX, 204–214.
BLASS, F. – DEBRUNNER, A., Grammatik des neutestamentlichen Griechisch, bearb. von F. REHKOPF, Göttingen ¹⁴1976.
BOUSSET, W., Der Gebrauch des Kyriostitels als Kriterium für die Quellenscheidung in der ersten Hälfte der Apostelgeschichte: ZNW 15 (1914) 141–162.
CONZELMANN, H., Die Mitte der Zeit. Studien zur Theologie des Lukas (BHTh 17), Tübingen ⁴1962.
– Die Apostelgeschichte (HNT 7), Tübingen ²1972.
ERNST, J., Das Evangelium nach Lukas (RNT), Regensburg 1977.
FLENDER, H., Heil und Geschichte in der Theologie des Lukas (BEvTh 41), München 1965.
FOERSTER, W., Art. κύριος im NT: ThWNT III, 1085–1094.
The Greek New Testament, ed. by ALAND–BLACK a. o., New York–Stuttgart ³1975.
GRUNDMANN, W., Das Evangelium nach Lukas (ThHK 3), Berlin 1961 (Neudruck 1963).
HAENCHEN, E., Die Apostelgeschichte (KEK 3), Göttingen ⁷1977.
HAHN, F., Christologische Hoheitstitel. Ihre Geschichte im frühen Christentum (FRLANT 83), Göttingen ³1966.
JONES, D. L., The Title *Kyrios* in Luke-Acts, in: Society of Biblical Literature 1974 Seminar Papers, ed. by G. MacRAE, Vol. II, Missoula, Mont. 1974, 85–101.
KÜHNER, R. – GERTH, B., Ausführliche Grammatik der griechischen Sprache II/1, Hannover–Leipzig ³1898 (Neudruck Darmstadt 1966).
LOHFINK, G., Gab es im Gottesdienst der neutestamentlichen Gemeinden eine Anbetung Christi?: BZ 18 (1974) 161–179.
METZGER, B. M., A Textual Commentary on the Greek New Testament (3rd Edition), London–New York 1971.
MICHAELIS, W., Art. κράτος κτλ.: ThWNT III, 905–914.
MORGENTHALER, R., Statistik des neutestamentlichen Wortschatzes, Zürich–Frankfurt 1958.
MOULE, C. F. D., The Christology of Acts, in: Studies in Luke-Acts, ed. by L. E. KECK – J. L. MARTYN, Nashville–New York 1966, 159–185.
NEVIUS, R. C., *Kyrios* and *Iesous* in St. Luke: AThR 48 (1966) 75–77.
O'NEILL, J. C., The Use of κύριος in the Book of Acts: SJTh 8 (1955) 155–174.
PLUMMER, A,. A Critical and Exegetical Commentary on the Gospel According to S. Luke (ICC), Edinburgh ⁵1922 (Neudruck 1960).
POTTERIE, I. DE LA, Le titre ΚΥΡΙΟΣ appliqué à Jésus dans l'évangile de Luc, in: Mélanges Bibliques en hommage aux B. RIGAUX, Gembloux 1970, 117–146.
REID, J., „Lord" and „the Lord" in Acts: ET 15 (1903/04) 296–300.
RESE, M., Alttestamentliche Motive in der Christologie des Lukas (StNT 1), Gütersloh 1969.
SCHMID, J., Das Evangelium nach Lukas (RNT 3), Regensburg ³1955.
SCHNEIDER, G., Das Evangelium nach Lukas (ÖTK 3/1–2), Gütersloh–Würzburg 1977.
SCHÜRMANN, H., Der Einsetzungsbericht Lk 22,19–20 (NTA 20/4), Münster 1955.
– Protolukanische Spracheigentümlichkeiten?: BZ 5 (1961) 266–286.
– Das Lukasevangelium I (HThK III/1), Freiburg 1969.
STRATHMANN, H., Art. λειτουργέω κτλ. (B. D): ThWNT IV, 225–229, 232–235.
Vollständige Konkordanz zum griechischen Neuen Testament, hrsg. von K. ALAND, 2 Bde., Berlin 1975 ff.
Voss, G., Die Christologie der lukanischen Schriften in Grundzügen (SN Studia 2), Paris–Brügge 1965.
WILCKENS, U., Die Missionsreden der Apostelgeschichte (WMANT 5), Neukirchen ³1974.
ZINGG, P., Das Wachsen der Kirche. Beiträge zur lukanischen Redaktion und Theologie (OBO 3), Freiburg/Schw.–Göttingen 1974.

Während der Drucklegung dieses Beitrages ist erschienen: GEORGE, A., Jésus „Seigneur", in: DERS., Études sur l'œuvre de Luc, Paris 1978, 237–255.

Stephanus,
die Hellenisten und Samaria

In seinem Buch „ Der johanneische Kreis " hat Oscar Cullmann eine „ Dreiecksbeziehung " zwischen den Hellenisten um Stephanus, der „ johanneischen Sondergruppe " und dem „ heterodoxen Judentum Samariens " konstatieren wollen [1]. Er glaubte feststellen zu können, daß „ die Stephanusrede und das Johannes-Evangelium auf die gleiche Weise mit dem heterodoxen Judentum, vor allem mit demjenigen Samariens, verwandt sind " [2]. Indiz für die Dreiecksbeziehung ist nach Cullmann „ das den Hellenisten und dem Johannes-Evangelium gemeinsame Interesse für die Mission in Samarien " [3]. Die wichtigste sachliche Gemeinsamkeit wird in der „ Opposition gegen den Tempel " gesehen; diese sei „ fast allen sektiererischen Bewegungen des Judentums gemeinsam ", wenngleich sie „ in Apg 7 und im Johannes-Evangelium trotz der Berührungen mit jenen radikaler ist als in den jüdischen heterodoxen Bewegungen " [4].

Der Grund für die so charakterisierte Dreiecksbeziehung wird von Cullmann erst *sekundär* in einem „ theologischen Einfluß schon bekehrter christlicher Samaritaner auf Stephanus bzw. seine Gruppe und auf den johanneischen Kreis " gesehen [5]. *Primär* komme neben äußeren Umstän-

---

1. O. CULLMANN, *Der johanneische Kreis. Sein Platz im Spätjudentum, in der Jüngerschaft Jesu und im Urchristentum. Zum Ursprung des Johannesevangeliums*, Tübingen 1975, 41-60.89-98. Vgl. DERS., *Samarien und die Anfänge der christlichen Mission* (erstm. 1953-1954 in franz. Sprache), in *Vorträge und Aufsätze*, Tübingen 1966, 232-240 ; DERS., *Von Jesus zum Stephanuskreis und zum Johannesevangelium*, in *Jesus und Paulus* (Festschrift f. W. G. Kümmel), Göttingen 1975, 44-56.
2. O. CULLMANN, *Der johanneische Kreis* 55.
3. Vgl. die Zwischenüberschrift ebd. 49.
4. Ebd. 56. Neben der „ gemeinsamen Theologie des Kultortes " berührt sich nach Cullmann das vierte Evangelium mit der Stephanusrede — sie benütze „ auf jeden Fall eine aus dem Stephanus-Kreis stammende Tradition " (45) — in der Christologie (Konfrontierung von Mose und Christus ; „ Menschensohn " als Paraklet bzw. Fürsprecher) ; diese theologischen Grundgedanken werden einer Einwirkung des heterodoxen Judentums „ in seiner samaritanischen Ausprägung sowohl auf die Stephanusrede als auf das Johannes-Evangelium " zugeschrieben (48f.).
5. Ebd. 49.

den „ die vom heterodoxen Judentum im allgemeinen *schon vor der Missionierung* der Samaritaner geprägte Theologie " der Hellenisten und der Johannes-Gruppe in Frage. Diese Theologie habe „ ein starkes *missionarisches* Interesse geweckt " und beide Gruppen „ natürlicherweise nach Samarien orientiert " [6].

Einen samaritischen Einfluß auf Stephanus und seinen Kreis bzw. auf die Stephanusrede der Apostelgeschichte nehmen außer Cullman vor allem britische und amerikanische Forscher an [7]. Abram Spiro kommt aufgrund der Rede in Apg 7 sogar zu dem Schluß, Stephanus sei selbst Samariter gewesen [8]. Martin H. Scharlemann behauptet samaritischen Einfluß auf Stephanus [9]. John Bowman will Berührungen der samaritischen Theologie mit dem lukanischen Doppelwerk einerseits und dem vierten Evangelium andererseits erkennen und sieht diese wenigstens darin begründet, daß sich die beiden Evangelisten an Samariter wandten [10]. Charles H. H. Scobie, der die Stephanusrede der Apostelgeschichte nicht ohne weiteres als Rede des „ historischen " Stephanus ansieht, will aufzeigen, daß diese Rede an vier Stellen auf dem samaritischen Pentateuch basiert [11].

---

6. Ebd.
7. Ein Vorläufer dieser Auffassung war E. H. PLUMPTRE, *The Samaritan Element in the Gospels and Acts*, in *The Expositor* (Series 1) 7 (1878) 22-40. Allerdings hatte bereits J. J. WETTSTEIN, *Novum Testamentum Graecum*, Tom. II, Amsterdam 1752 (Neudruck Graz 1962), 494 bzw. 496, zu Apg 7, 4 und 7, 16 auf den samaritischen Pentateuch bzw. auf Samaria verwiesen.
8. A. SPIRO, *Stephen's Samaritan Background*, in J. MUNCK, *The Acts of the Apostles* (The Anchor Bible 31), Garden City 1967, 285-300, näherhin 285.
9. M. H. SCHARLEMANN, *Stephen : A Singular Saint* (AnBibl 34), Rom 1968, 19-22.45-51.186-188.
10. J. BOWMAN, *Samaritanische Probleme. Studien zum Verhältnis von Samaritanertum, Judentum und Urchristentum*, Sutttgart 1967, 53-76, bes. 53f.76 ; vgl. die ähnliche Position bei R. SCROGGS, *The Earliest Hellenistic Christianity*, in *Religions in Antiquity. Essays in Memory of E. R. Goodenough*, hrsg. von J. NEUSNER, Leiden 1968, 176-206, der die Stephanusrede für eine christliche Missionsrede an Samariter hält, die Lukas dem Stephanus in den Mund gelegt habe (197.200), und A. M. JOHNSON Jr., *Philip the Evangelist and the Gospel of John*, in *Abr-Nahrain* 16 (1975/76) 49-72.
11. Ch. H. H. SCOBIE, *The Origins and Development of Samaritan Christianity*, in *NTS* 19 (1972/73)390-414, näherhin 393. Die in Frage kommenden Stellen sind Apg 7, 4 (vgl. Gen 11, 32). 5 (Dtn 2, 5). 32 (vgl. Ex 3, 6). 37 (Dtn 18, 15 bzw. 18, 18 steht im samaritischen Pentateuch innerhalb des Kapitels Ex 20). J. BOWMAN, *Probleme* 72, meint : „ Stephanus' Rede mit ihrem Überblick über die israelitische Geschichte könnte ihrer ganzen Art nach durchaus aus einer samaritanisch-priesterlichen Quelle stammen ". Eine Abhängigkeit vom samaritischen Pentateuch bzw. von samaritischen Anschauungen erwägen ferner : M. WILCOX, *The Semitisms of Acts*, Oxford 1965, 26-30.159-161 ; L. GASTON, *No Stone on Another. Studies in the Significance of the Fall of Jerusalem in the Synoptic Gospels* (NTSuppl 23), Leiden 1970, 154-161 ; G. BOUWMAN, *Samaria in Lucas-Handelingen*, in *Bijdragen* 34 (1973)40-59.

Sieht man einmal von der Frage ab, welche theologischen Beziehungen zwischen Samaria und der Gruppe um Stephanus tatsächlich bestanden, und wendet sich zunächst — wie es methodisch angezeigt ist — der Erzählebene des lukanischen Werkes zu, so erweist sich die Frage nach der Relation des Stephanus und der Hellenisten zu Samaria und der Samariamission als durchaus legitim. Denn innerhalb von Apg 6-8 werden die in unserem Thema genannten Größen „ Stephanus, die Hellenisten und Samaria " engstens aufeinander bezogen. Stephanus ist zweifellos im Sinne des Erzählers einer (und zwar der wichtigste) jener (christlichen) Hellenisten [12], deren Existenz innerhalb der Jerusalemer Gemeinde Apg 6, 1 erwähnt [13]. Und Philippus, der gleichfalls jener Gruppe der Sieben angehörte, begann nach dem Bericht der Apostelgeschichte die Samariamission (Apg 6, 5 ; 8, 5-8.13). Während Stephanus in Jerusalem auf Widerspruch stieß und ermordet wurde, löste Philippus mit seiner Verkündigung in Samaria „ große Freude " aus (8, 8). Während Jesus in einem samaritischen Dorf keine Aufnahme fand, „ weil sein Angesicht nach Jerusalem gerichtet war " (Lk 9, 52f), gewann Philippus, nachdem er Jerusalem den Rücken gekehrt hatte, in Samaria nicht nur aufmerksame Zuhörer, man stimmte ihm sogar freudig zu und nahm das Wort Gottes an (Apg 8, 4-8.14a). So wird dem Leser nahegelegt, von der Zustimmung der Samariter zur Verkündigung der christlichen Hellenisten auf eine gewisse Affinität ihrer Auffassungen und Erwartungen zu schließen.

1. Die Hellenisten im Verständnis der Apostelgeschichte

Welches Bild entwirft die Apostelgeschichte von den „ Hellenisten "? Und: Läßt sich diese Gruppe — immer gesehen auf der Ebene des lukanischen Werkes — geschichtlich oder theologisch in das Urchristentum einordnen [14]? Die Fragestellung darf nicht auf die Wortbedeutung von Ἑλληνιστής eingeengt werden.

---

12. Neben Apg 6, 1, wo „ Hellenisten " den „ Hebräern " gegenübergestellt werden, erwähnt im NT nur noch Apg 9, 29 diese Gruppe (Paulus disputiert mit ihr in Jerusalem). Die Lesart (von BEP pl), die auch Apg 11, 20 „ Hellenisten " statt „ Griechen/Hellenen " bietet, ist sekundär; vgl. indessen B. M. METZGER, *A Textual Commentary on the Greek New Testament*, London/New York 1971, 386-389
13. M. H. SCHARLEMANN, *Stephen* 186, bestreitet, daß Stephanus zu den Hellenisten gehörte. Doch kann das Argumentum e silentio — Apg 6, 1-6 rechnet die Sieben nicht ausdrücklich den Hellenisten zu — nicht durchschlagen ; vgl. O. CULLMANN, *Der johanneische Kreis* 44 mit Anm. 7; E. GRÄSSER, *Acta-Forschung seit 1960*, in *ThR* 41 (1976) 141-194.259-290 ; 42 (1977) 1-68, näherhin 20.
14. Siehe dazu G. P. WETTER, *Das älteste hellenistische Christentum nach der Apostelgeschichte*, in *ARW* 21 (1922) 397-429 ; H. J. CADBURY, *The Hellenists*, in *The Beginnings of Christianity* I/5, London 1933, 59-74 ; H. WINDISCH, Art. Ἕλλην

Zuletzt bestätigte Martin Hengel mit seiner eingehenden Untersuchung, was schon Johannes Chrysostomus betont hatte [15] und was bei Walter Bauer kurz und bündig formuliert ist: Hellenisten sind griechisch sprechende Juden im Gegensatz zu denen, die das semitische Idiom sprechen [16]. Die verschiedentlich geäußerte ältere Vermutung [17] oder Behauptung [18], es handle sich um Heiden(-Christen), ist als erledigt anzusehen. Nicht mit der gleichen Bestimmtheit kann die These [19] zurückgewiesen werden, es handle sich um hellenistische Proselyten. Denn immerhin wird Apg 6, 5 von einem der Sieben, nämlich von Nikolaos, vermerkt, er sei „ein Proselyt aus Antiochia " gewesen. Indessen gilt Nikolaos „gewissermaßen als Jude geringeren Ranges " [20]. Er wird in der Liste, die — mit Stephanus (und Philippus) beginnend — eine Rangfolge intendiert, ganz am Ende genannt.

Lukas gibt an der Stelle, wo er zum erstenmal von Hellenisten und Hebräern spricht (Apg 6, 1), keine Definition der Begriffe. Dennoch läßt er durch den näheren [21] und weiteren Kontext seines Werkes [22] Kontu-

---

κτλ., in *TWNT* II (1935) 501-514, bes. 508f.; E. C. BLACKMAN, *The Hellenists of Acts VI. 1*, in *ET* 48 (1936/37) 524f.; W. GRUNDMANN, *Das Problem des hellenistischen Christentums innerhalb der Jerusalemer Urgemeinde*, in *ZNW* 38 (1939) 45-73; DERS., *Die Apostel zwischen Jerusalem und Antiochia*, in *ZNW* 39 (1940) 110-137; M. SIMON, *St Stephen and the Hellenists in the Primitive Church*, London 1958, besonders 1-19; C. F. D. MOULE, *Once More, Who Were the Hellenists ?*, in *ET* 70 (1958/59) 100-102; P. GEOLTRAIN, *Esséniens et Hellénistes*, in *ThZ* 15 (1959) 241-254; C. S. MANN, „*Hellenists* " and „*Hebrews* " in *Acts VI. 1*, in J. MUNCK, *The Acts of the Apostles* 301-304; E. FERGUSON, *The Hellenists in the Book of Acts*, in *RestQu* 12 (1969) 159-180; H. KASTING, *Die Anfänge der urchristlichen Mission* (BEvTh 55), München 1969, 100-105; J. J. SCOTT Jr., *Parties in the Church of Jerusalem as Seen in the Book of Acts*, in *JEvThS* 18 (1975) 217-227.

15. JOHANNES CHRYSOSTOMUS, Hom. 14, 1 zu Apg 6, 1 (MPG 60, 113); Hom. 21, 1 zu Apg 9, 29 (MPG 60, 164); dazu M. HENGEL, *Zwischen Jesus und Paulus. Die „ Hellenisten ", die „ Sieben " und Stephanus (Apg 6, 1-15; 7, 54-8, 3)*, in *ZThK* 72 (1975) 151-206, näherhin 157-172.

16. Vgl. W. BAUER, *Griechisch-deutsches Wörterbuch zu den Schriften des Neuen Testaments*, Berlin ⁵1958, Neudruck 1963, s. v.

17. G. P. WETTER, *Das älteste hellenistische Christentum* 404f.410-413.

18. H. J. CADBURY, *The Hellenists* 65.68f.

19. Vgl. E. C. BLACKMAN, *The Hellenists*; B. REICKE, *Glaube und Leben der Urgemeinde* (AThANT 32), Zürich 1957, 116f.121.

20. M. HENGEL, *Zwischen Jesus und Paulus* 161.

21. Vgl. die griechischen Namen der Sieben (Apg 6, 5) im Unterschied zu den vorwiegend semitischen der zwölf Apostel (1, 13.23.26), von denen nur Andreas und Philippus griechische Namen tragen.

22. Das mit Ἑλληνιστής verwandte Adverb Ἑλληνιστί ist an den beiden ntl. Belegstellen, Joh 19, 20 (zusammen mit Ἑβραϊστί und Ῥωμαϊστί) sowie Apg 21, 37, eindeutig auf die griechische *Sprache* bezogen. „ Hellenist " ist vom Verbum ἑλληνίζω abgeleitet, das „ einen konzentrierten sprachlichen Sinn " besaß (M. HENGEL, *Zwischen Jesus und Paulus* 166). — „ Hebräer " kommen bei Lukas zwar nur Apg 6, 1 vor (vgl. indessen 2 Kor 11, 2; Phil 3, 5); doch kann die einzige von Lukas

ren jener beiden Gruppen der Jerusalemer Gemeinde [23] deutlich werden und ermöglicht somit dem Leser eine konkrete Vorstellung.

Der Aufzählung der Sieben, unter denen sich — gewissermaßen als Ausnahme — auch ein Proselyt befindet (Apg 6, 5) und die als Sachwalter des Anliegens der Hellenisten (vgl. 6, 1) bestellt werden, entsprechen bereits in der lukanischen Pfingsterzählung einige Angaben, die als vorbereitende Orientierung über die Jerusalemer Hellenisten verstanden werden können. In Jerusalem gab es „ fromme Juden aus allen Völkern unter dem Himmel " (2, 5). Diese werden durch die Angabe ihrer Herkunftsländer als vielsprachige Judenschaft charakterisiert, der auch Proselyten angehörten (2, 7-11). Während die Urgemeinde bisher etwa aus 120 Personen bestand (1, 15b), wuchs ihre Mitgliederzahl nach der Pfingstrede des Petrus, die sich übrigens nicht nur an Juden, sondern an „ alle Bewohner Jerusalems " (2, 14b) richtete [24], um rund 3000 (2, 41). Unter diesen befanden sich nach dem Erzählkontext viele nicht-hebräisch-sprechende Juden und Proselyten. Der 6, 5 erwähnte antiochenische Proselyt Nikolaos ist somit nicht „ der erste ehemalige Heide, der auf dem Umweg über das Judentum Christ wird " [25], sondern gehört einer größeren Gruppe der Jerusalemer Urgemeinde an. Daß sein Herkunftsland Syrien in der Völkerliste 2, 9-11 keine Erwähnung findet, braucht dem nicht entgegenzustehen. Neben der Völkerliste des Pfingstberichts werden Apg 6, 9 weitere Judengruppen aus der Diaspora genannt, die (wenigstens teilweise) in Jerusalem eigene Synagogengemeinden hatten. Nimmt man beide Listen zusammen, so werden folgende Herkunftsländer doppelt genannt: Asia, Ägypten (bzw. Alexandria) und Kyrene. Außerdem ist auf Barnabas zu verweisen, der aus Zypern stammte und in Jerusalem Grundbesitz hatte (4, 36f) [26].

---

verwendete Vokabel verwandten Stammes, das Adjektiv ‘Εβραῖς, den vorwiegend sprachbezogenen Sinn von „ Hebräer " sicherstellen. Das Adjektiv kommt nämlich ausschließlich in der Wendung τῇ ‘Εβραΐδι διαλέκτῳ vor (Apg 21, 40 ; 22, 2 ; 26, 14).

23. Nach Apg 6, 1 und 9, 29 finden sich Hellenisten nur in Jerusalem. Dieser Befund kann andeuten, daß es sich um eine lokale Gruppenbezeichnung handelte.

24. Daß neben originären Juden wohl nur an Proselyten gedacht ist, deutet z. B. Apg 2, 36 an : „ Mit Gewißheit erkenne also das ganze Haus Israel... ".

25. Gegen M. HENGEL, *Zwischen Jesus und Paulus* 176.

26. Barnabas ist Beiname des zyprischen Leviten Joseph, den man sich wie den Diasporajuden Saul/Paulus (siehe 21, 37.40) zweisprachig vorzustellen hat. Barnabas gehört nicht der Hellenistengruppe an, die — nach Ausweis der Pfingstgeschichte — kein Aramäisch/Hebräisch verstand. Die Zweisprachigkeit befähigte offensichtlich Barnabas dazu, als Abgesandter der Apostel (11, 22) und zusammen mit Paulus als Missionar in Zypern und Kleinasien (13, 2-14, 22) zu fungieren. Barnabas und Paulus sind Bindeglied zwischen Antiochia und Jerusalem (11, 30 ; 12, 25 ; 15, 2). Barnabas führte den bekehrten Paulus bei den Aposteln in Jerusalem ein (9, 27).

Das „Murren" der Hellenisten gegen die Hebräer hat im heutigen Kontext seinen Grund darin, daß „beim täglichen Dienst ihre Witwen übersehen wurden" (6, 1). Die *innergemeindliche* Auseinandersetzung bezieht sich auf den „Tischdienst" (6, 2b), und die Sieben sollen sich eben dieser Aufgabe widmen (6, 3). Die Hellenisten sollen zu ihrem Recht kommen. Der erstgenannte des Siebenerkreises steht indessen bald in einer Auseinandersetzung [27] mit Diasporajuden, die eigenen Synagogengemeinden in Jerusalem angehören (6, 9f). Worin deren Opposition gegen Stephanus begründet war, wird zunächst nicht gesagt. Nachdem sie „der Weisheit und dem Geist, mit dem er redete, nicht zu widerstehen vermochten" (V. 10; vgl. Lk 21, 15), boten sie Ankläger gegen Stephanus auf (V. 11) und brachten das Volk, die Ältesten und Schriftgelehrten in Bewegung (V. 12).

Die Disputation der Diasporajuden mit Stephanus hat ihre Entsprechung in der späteren Diskussion des eben bekehrten Paulus mit den Jerusalemer Hellenisten (9, 29a). Letztere unternehmen einen Anschlag gegen Paulus, um ihn zu töten (9, 29b). Sie wollen also mit Gewalt gegen ihn vorgehen. Das entspricht dem früheren Vorgehen gegen Stephanus. Die Gegner des Stephanus gehörten offensichtlich der gleichen Gruppe der Hellenisten an, die den Anschlag gegen Paulus plante. In beiden Fällen sind die Hellenisten natürlich *jüdische* Gegner der christlichen Verkündiger. Nur die Hellenisten von 6, 1 sind *christliche* Juden, die Griechisch zur Muttersprache haben. „Lukas läßt den neubekehrten Christen Paulus mit eben jenen jüdischen Kreisen in Verbindung treten, in denen er als Christenverfolger aufgetreten war [28] und mit denen auch schon Stephanus gestritten hatte (6, 9)" [29].

Die Anschuldigungen, die von seiten der Hellenisten gegen Stephanus vorgebracht wurden, lauten auf „lästerliche Worte gegen Mose und Gott" (6, 11). Die vor dem Synedrium aufgebotenen Falschzeugen werfen Stephanus „Worte gegen den heiligen Ort und das Gesetz" vor (6, 13b). Außerdem wird behauptet, Stephanus habe gesagt, Jesus werde „diesen Ort" vernichten und die von Mose überlieferten „Gebräuche ändern" (6, 14). Die Rede, die der Beschuldigte vor dem Hohen Rat hält (7, 1-53), geht zwar nicht direkt auf die Anklagepunkte ein, läßt aber doch deutlich werden, daß die Einstellung des Stephanus zu Tempel und Gesetz in Wirklichkeit differenzierter zu beurteilen ist [30].

---

27. συζητοῦντες τῷ Στεφάνῳ (V. 9) bezieht sich auf die Disputation mit Stephanus; vgl. Lk 24, 15; Apg 9, 29. Siehe auch 28, 29 v. l.

28. Vgl. Apg 7, 58; 8, 1a.

29. M. HENGEL, *Zwischen Jesus und Paulus* 164.

30. Die *Tora* wird 7, 38 mit „lebendige Worte" umschrieben. Den jüdischen Hörern wird vorgeworfen, sie hätten „das Gesetz auf Anordnung von Engeln empfangen, aber nicht gehalten" (7, 53). Auf den *Tempel* geht 7, 44-50 ein. Das

Stephanus ist „ ein Mann voll Glaubens und heiligen Geistes " (6, 5), „ voll Gnade und Kraft " (6, 8). Er redet „ mit Weisheit und Geist " (6, 10). Solcher Weisheit und solchem Geist, einer Ausstattung durch den erhöhten Jesus (vgl. Lk 21, 15), können die Gegner nicht widerstehen (6, 10). Die Synedristen sehen „ sein Angesicht wie das eines Engels " (6, 15), bevor er das Wort ergreift. Die Rede wird, wie 7, 55 hervorhebt, von einem paradigmatischen „ Geistträger " [31] gehalten, der die „ Herrlichkeit Gottes und Jesus zur Rechten Gottes stehen " sieht. Somit wird dem Leser nahegelegt, die Kritik des Märtyrers an Gesetz und Tempel mit seinem geistgewirkten eschatologischen „Enthusiasmus"[32] in Zusammenhang zu bringen.

Im Gefolge des Mordes an Stephanus „ kam eine große Verfolgung über die Gemeinde in Jerusalem " (8, 1b). Wenn es dann weiter heißt: „ alle zerstreuten sich aufs Land in Judäa, ausgenommen die Apostel " (8, 1c), so ist bei den Flüchtlingen (oder Vertriebenen) hauptsächlich an die christlichen Hellenisten gedacht, die, wie exemplarisch von Philippus berichtet wird, „ umherzogen und das Wort verkündigten " (8, 4f). Die Urgemeinde, soweit sie aus „ Hebräern " bestand und von den Aposteln geleitet wurde, blieb in der Stadt [33]. Nach der Bekehrung des Paulus „ hatte die Gemeinde in ganz Judäa und Galiläa und Samaria Frieden " (9, 31).

Die aus Jerusalem geflüchteten Hellenisten „ verkündigten das Wort " überall da, wo sie hinkamen, sogar in Phönizien, Zypern und Antiochia; jedoch wandten sie sich zunächst „ nur an Juden " (11, 19). In Antiochia aber „ redeten einige von ihnen, die aus Zypern und Kyrene stammten, auch zu den Griechen " (11, 20), d. h. sie begannen dort die Heidenmission, und hatten großen Erfolg (11, 21). Die Missionierung dieser Heiden gehört — wie die Reaktion von seiten Jerusalems zeigt (11, 22) — der letzten Etappe zur Verwirklichung des Programms der Apostelgeschichte [34] an.

Zuvor waren Menschen aus dem „ Zwischenbereich " gewonnen worden. Sie waren weder gebürtige Juden oder Proselyten noch bloße Heiden: Der Hellenist Philippus begann die Samaria-Mission (8, 5-25) und taufte den äthiopischen „ Eunuchen ", der als Pilger Jerusalem

---

kritische Wort „ Aber der Höchste wohnt nicht in von Menschenhänden geschaffenen (Gebäuden) " (V. 48) wird durch Jes 66, 1f. begründet.

31. M. HENGEL, *Zwischen Jesus und Paulus* 193.
32. Vgl. M. HENGEL, ebd 195.
33. Apg 8, 14.25 ; 9, 27.31 ; 11, 1f. Auch Barnabas gehörte nicht zu den „ Zerstreuten " (Apg 9, 27). Der bekehrte Paulus nahm Kontakt mit den Aposteln auf und predigte in Jerusalem (9, 26-29),
34. Apg 1, 8 : „ Ihr werdet meine Zeugen sein in Jerusalem, ganz Judäa und Samaria, und bis ans Ende der Erde ".

besucht hatte und die Schrift las (8, 26-40) ³⁵. Der Heide Cornelius wurde von Petrus ³⁶ getauft (10, 48), was 11, 1 (vgl. 10, 28.45) ausdrücklich als epochemachendes Ereignis hervorhebt. Dennoch verdient Beachtung, daß sich Cornelius als „ frommer und gottesfürchtiger " Mann (10, 2) gewissermaßen schon auf dem Weg zum jüdischen Glauben befand ³⁷.

2. Samaria und die Hellenisten in der Sicht der Apostelgeschichte

In der Sicht der Apostelgeschichte haben die Hellenisten eine entscheidende Vermittlerfunktion. Literarisch kommt dies dadurch zum Ausdruck, daß ihre Erwähnung (6, 1) den „ Übergangsteil " des Werkes einleitet. Dieser Übergangsteil erzählt, wie der Weg der Wortverkündigung über Jerusalem hinausführte, weil im Gefolge der Steinigung des Stephanus eine Verfolgung ausbrach (8, 1). Das „ Wort " erreicht zunächst das Gebiet Judäas und Samarias ³⁸, ehe die Heidenmission beginnt. Erst nach der Entscheidung des „ Apostelkonzils " zugunsten der Heidenmission beginnt mit der sog. zweiten Missionsreise des Paulus (15, 36) der dritte Teil des Buches ³⁹. Dieser stellt das Christuszeugnis auf dem Weg „ bis ans Ende der Erde " dar ⁴⁰.

Apg 6, 1-15, 35 umfaßt eine Übergangsepoche auch in sachlicher Hinsicht. *Nach* der Zeit der *Judenmission* in Jerusalem und *vor* der „ Gutheißung " der *Heidenmission* durch die Apostel vollzog sich ein Übergang. Das Evangelium erreichte das ganze Judenland und Samaria (8, 1.4f ; 9, 31). Ein gottesfürchtiger Äthiopier wurde — infolge der Intervention eines Engels (8, 26) und des heiligen Geistes (8, 29) — getauft. Der künf-

---

35. Der Eunuch kann für Lukas kein bloßer Heide gewesen sein. Daraus folgt jedoch nicht, daß Lukas sich ihn „ als einen Proselyten gedacht " habe ; gegen H. KASTING, *Die Anfänge* 105. — Philippus predigte auch im Küstengebiet zwischen Asdod und Caesarea (8, 40). In Caesarea ist der „ Evangelist " Philippus später ansässig und wird von Paulus besucht (21, 8f.). Wann und von wem die Gemeinde in Damaskus gegründet wurde (9, 2.10.19b), läßt Lukas offen.

36. Petrus missionierte in Lydda (9, 32) und in der Scharon-Ebene (9, 35), in Joppe (9, 36) und in Caesarea (10, 24).

37. Vgl. seine Almosentätigkeit gegenüber dem (jüdischen) Volk und sein Gebet (10, 2.4.31).

38. Apg 8, 1.4f.25 ; vgl. 1, 8 ἐν πάσῃ τῇ 'Ιουδαίᾳ καὶ Σαμαρείᾳ. Siehe dazu M. HENGEL, *Die Ursprünge der christlichen Mission*, in NTS 18 (1971/1972) 15-38, besonders 24-30 („ Die Hellenisten in Jerusalem und die Anfänge der Heidenmission "), der meint : „ Zunächst ging es den Hellenisten vermutlich nicht um eine offene, großzügige ‚Heidenmission', sondern um die gleichberechtigte Einholung der Samaritaner und ‚gottesfürchtigen' Heiden, der Außenstehenden und Entrechteten in das zu konstituierende neue Gottesvolk " (30).

39. Siehe M. HENGEL, *Zwischen Jesus und Paulus* 154.

40. Vgl. Apg 1, 8 καὶ ἕως ἐσχάτου τῆς γῆς.

tige und eigentliche Heidenmissionar Paulus wurde vom erhöhten Jesus selbst berufen (9, 1-31). Petrus taufte — nach einer ausdrücklichen Aufforderung durch den Geist (10, 9-23) — den heidnischen Hauptmann Cornelius und seine Familie. Die aus Jerusalem vertriebenen Hellenisten gelangten über Palästina hinaus nach Phönizien, Zypern und Antiochia (11, 19). In letzterer Stadt betrieben einige der Flüchtlinge erfolgreich Heidenmission (11, 20f), wenngleich der vorausgehende Erzählungskomplex (10, 1-11, 18) deutlich herausstellt, daß *Petrus* der Initiator der Heidenmission gewesen sei [41]. Von Antiochia aus und als Abgesandte der dortigen „ gemischten " Gemeinde missionierten Barnabas und Paulus auf Zypern (13, 1-12), in Pisidien und Lykaonien (13, 13-14, 20). Sie verlangten von den bekehrten Heiden jedoch nicht, daß sie sich der Beschneidung und dem mosaischen Gesetz unterwarfen (15, 5).

Beachtet man die Funktion der Hellenisten beim Übergang des Christuszeugnisses zu den Heiden, so wird man die Angabe, daß die Mission zuerst Samaria erreichte, nicht in dem Sinn deuten dürfen, daß den Hellenisten eine besondere Affinität gerade zu den Samaritern und ihrer Theologie zugeschrieben würde. Eine spezielle Befähigung zur Samaritermission wird nicht einmal dem Evangelisten Philippus attestiert; denn dieser taufte auch den Äthiopier und missionierte in den Städten der palästinischen Küstenebene (8, 40).

Daß Lukas keine Verwandtschaft zwischen der theologischen Position der Hellenisten und dem Glauben der Samariter andeuten möchte, geht schon daraus hervor, daß er den Samaria-Missionar das allgemeine Thema der christlichen Mission anschlagen läßt. Philippus verkündigte „ den Christus " (8, 5) bzw. die Botschaft „ vom Reich Gottes und vom Namen Jesu Christi " (V. 12).

Da dem Hellenisten Stephanus als einzigem und profiliertestem Vertreter dieser Gruppe eine umfangreiche Rede in den Mund gelegt ist, hat man verständlicherweise versucht, von dieser Rede her die theologische Position der Hellenisten zu verstehen oder zu definieren. Geschieht dies — so fragen wir — mit Recht, und läßt sich etwa gar von der Stephanusrede her zeigen, daß die Theologie der Hellenisten unter samaritischem Einfluß stand?

---

41. Die der Angabe über die Heidenmission der (hellenistischen) Jerusalemflüchtlinge vorausgehende Petruserzählung will den Beginn der Heidenmission nicht nur dem *Petrus* zuschreiben; sie betont zugleich, daß die Heidenmission dem Willen *Gottes* entspricht (10, 28; 11, 17f). E. HAENCHEN, *Die Apostelgeschichte* (KEK III[14]), Göttingen [5]1965, 248, setzt voraus, „ daß diese Männer im syrischen Antiochia zur Aufnahme unbeschnittener Heiden übergingen " und damit „ einen neuen, unerhört wichtigen Abschnitt in der Kirchengeschichte eröffnet " haben.

3. Stephanus und seine « Theologie »

Die Zuweisung der Rede Apg 7, 2-53 an den „ historischen " Stephanus ist von mannigfachen Schwierigkeiten belastet. Ohne Zweifel steht die Rede in Spannung zur Rahmengeschichte und kann insofern einer anderen Situation bzw. einem anderen Bereich entstammen. Doch wo immer diese Rede ihren Ursprung haben mag, sie ist auf das Verhältnis von Überlieferung und Redaktion hin zu untersuchen und auf ihre Theologie hin zu befragen.

a) *Der Rahmen der Stephanusrede*

Die Rede Apg 7, (1)2-53 erscheint im ganzen als sekundäre Einfügung in die Rahmengeschichte vom Martyrium des Stephanus (6, 1-7, 1 und 7, (54)55-8, 3). Von Martin Dibelius bis Hans Conzelmann besteht insofern ein weitgehender Konsens : „ Die Rede ist offenbar von Lukas in das ihm bereits vorliegende Martyrium des Stephanus eingeschoben " [42]. „ Sie ist erst nachträglich in das Martyrium eingelegt... ; denn sie sprengt den Zusammenhang zwischen 7, 1 und 54. Dh sie trifft die Situation im Sinne des *Lukas*, und die soll das Martyrium auf das Ganze seines Geschichtsbildes beziehen und den Übergang zur Heidenmission theoretisch vorbereiten (vgl. den Rückverweis 22, 20) " [43]. Auf die Frage, ob die Rede eine literarische und traditionsgeschichtliche Einheit darstellt, werden wir noch zurückkommen müssen. Im Zusammenhang unserer Thematik ist ferner nach dem eventuellen samaritischen Hintergrund der Stephanusrede zu fragen. Vorerst soll nur vom quellentheoretischen Standpunkt aus festgestellt werden, daß ein ursprünglicher Zusammenhang der Stephanusrede mit der Erzählung über die Samariamission (8, 5-25) nicht bestanden hat. Es ist unwahrscheinlich, daß die Erzählung über die Bestellung der Sieben (6, 1-6) schon vorlukanisch als Einleitung für die beiden folgenden Komplexe des Stephanusberichts (6, 8-8, 3) und der Philippuserzählungen (8, 5-40) gedient hätte [44]. Da ferner der Stephanusbericht und die Erzählung über die Samariamission des Philippus ursprünglich voneinander unabhängig waren, besteht von der quellenmäßigen Herkunft der Erzählungen aus kein Anlaß, für Stephanus oder die Hellenisten insgesamt eine besondere Beziehung zu Samaria anzunehmen.

---

42. M. DIBELIUS, *Die Reden der Apostelgeschichte und die antike Geschichtsschreibung* (erstm. 1949), in *Aufsätze zur Apostelgeschichte*, Göttingen ²1953, 120-162, hier 145.

43. H. CONZELMANN, *Die Apostelgeschichte* (HNT 7), Göttingen 1963, 50 (²1972 : 57).

44. Siehe dazu die Argumentation bei J. T. LIENHARD, *Acts 6, 1-6 : A Redactional View*, in *CBQ* 37 (1975) 228-236, näherhin 229f. Gegen einen vorlukanischen Quellenzusammenhang spricht u. a. das lukanische „ Summarium " Apg 6, 7.

Die bei Adolf v. Harnack vermutete „ antiochenische Quelle " [45], für deren Existenz sich neuerdings wieder Martin Hengel aussprach [46], hat den Hellenisten um Stephanus allenfalls die *Heiden*mission, nicht aber die Bekehrung der Samariter zugeschrieben [47]. Immerhin konvergieren voneinander unabhängige Quellen dahin, daß Evangelisten aus dem Stephanuskreis die christliche Botschaft über den Bereich jüdischer Adressaten hinaus verbreiteten und in dieser Hinsicht bahnbrechend wirkten. Doch bestand im Bereich der vorlukanischen Quellen keinerlei Zusammenhang zwischen der Stephanusrede und der Missionierung der Samariter.

b) *Die Stephanusrede*

Die Rede, die dem Stephanus in den Mund gelegt wird, ist kaum unverändert in die Rahmenerzählung eingefügt worden. Trotzdem soll die Rückfrage nach ihrem möglichen samaritischen Hintergrund zunächst auf den heutigen Wortlaut der Rede bezogen werden. Bei der Fragwürdigkeit der Kriterien zur Scheidung von Tradition und (lukanischer) Redaktion bzw. der Unterscheidung primärer und sekundärer Textbestände empfiehlt sich ein solches Vorgehen.

1) Samaritischer Hintergrund?

Die Autoren, die der Stephanusrede eine besondere Nähe zur samaritischen Theologie bescheinigen möchten, sehen diese Rede in ihrem heutigen Bestand weitgehend als literarische Einheit an und finden samaritische Kontaktpunkte über die ganze Rede verstreut [48]. Die in Frage stehenden „ Kontakte " gehören jedoch verschiedenen Ebenen an und sind von unterschiedlichem Rang [49].

---

45. A. HARNACK, *Die Apostelgeschichte*, Leipzig 1908, 131-158.169-173. Der „ antiochenischen Quelle " schrieb Harnack Apg 6, 1-8, 4 ; 11, 19-30 ; 12, 25-15, 35 zu.

46. M. HENGEL, *Zwischen Jesus und Paulus* 156 : „ Man wird die Existenz einer solchen Quelle, für die manches spricht, nicht mit dem Argument zurückweisen dürfen, daß sie sich in keiner Weise mehr befriedigend rekonstruieren lasse ".

47. Vgl. Apg 11, 19-21. Wenn, wie J. T. LIENHARD, *Acts 6* (s.o. Anm. 44), zu beweisen sucht, Apg 6, 1-6 nicht der „ antiochenischen Quelle " angehört haben sollte, stammt auch die Bezeichnung „ Hellenisten " (außer Apg 6, 1 nur noch 9, 29) kaum aus dieser Quelle.

48. Siehe dazu die oben (Anmerkungen 1-11) genannten Autoren in chronologischer Folge ihrer Arbeiten : J. BOWMAN (1967), A. SPIRO (1967), M. H. SCHARLEMANN (1968), R. SCROGGS (1968), L. GASTON (1970), G. BOUWMAN (1973), Ch. H. H. SCOBIE (1973), O. CULLMANN (1975), A. M. JOHNSON (1976). A. SPIRO, *Stephen's Samaritan Background* 293f., hält Apg 7, 2-50 für die von Lukas getreu „ überlieferte " Stephanusrede.

49. Zur Kritik an der auf die Stephanusrede bezogenen Samaria-These sind insbesondere folgende Arbeiten zu nennen : W. H. MARE, *Acts 7. Jewish or Samaritan in Character ?*, in *Westminster Theol. Journal* 34 (1971/1972) 1-21 ; R. PUMMER,

Eine erste Gruppe von Kontakten bezieht sich auf *Pentateuchtexte*. In vier Fällen stimmt der Text der Stephanusrede mit dem samaritischen Pentateuch (im folgenden: SP) überein, und zwar jeweils gegen den masoretischen Text (MT) und die Septuaginta (LXX) [50].

Apg 7, 4 folgt nicht der biblischen Chronologie von Gen 11, 26.32 und 12, 4, nach der Abrahams Vater Terach insgesamt 205 Jahre alt wurde und somit noch 60 Jahre lebte, nachdem sein Sohn von Haran aufgebrochen war. Der SP hingegen gleicht gewisse chronologische Unebenheiten des Genesisberichts aus. Er gibt die gesamte Lebenszeit Terachs mit 145 Jahren an und geht davon aus, daß er schon tot war, als Abraham Haran verließ. Der gleiche Versuch, die (vermeintliche?) Ungereimtheit chronologischer Daten der Genesis zu überwinden, liegt allerdings auch bei Philo vor [51]. Möglicherweise folgen indessen der SP, Philo und Apg 7, 4 einer gleichen, vom MT und von LXX abweichenden Textüberlieferung [52].

Apg 7, 5 ist aus alttestamentlichen Zitaten zusammengesetzt: Dtn 2, 5 + Gen 18, 8 (bzw. 48, 4) + Gen 15, 2. Der erste Versteil enthält die Worte οὐδὲ βῆμα ποδός aus LXX, während das Stichwort κληρονομία in LXX (und im MT) kein Äquivalent besitzt. Eine Entsprechung für den Akkusativ κληρονομίαν bieten jedoch nicht nur der SP und das samaritische Targum, sondern ebenso syrische, altlateinische und äthiopische Versionen [53].

Apg 7, 32 stammt offensichtlich aus Ex 3, 6. MT und LXX lesen hier jedoch den Singular „ (Gott) deines Vaters ", während SP und die Stephanusrede den Plural „ deiner Väter " bieten. Die von LXX abweichende Lesart beruht vielleicht auf lukanischer Redaktion [54]. Abgesehen von dieser Erklärungsmöglichkeit kann auch hier ein textkritisches Urteil die auffallende Übereinstimmung zwischen Apg 7 und dem SP

The Samaritan Pentateuch and the New Testament, in *NTS* 22 (1975/1976) 441-443 ; G. STEMBERGER, *Die Stephanusrede (Apg 7) und die jüdische Tradition*, in *Jesus in der Verkündigung der Kirche*, hrsg. von A. FUCHS, Linz 1976, 154-174 ; E. RICHARD, *Acts 7. An Investigation of the Samaritan Evidence*, in *CBQ* 39 (1977) 190-208.

50. Die im folgenden besprochenen vier Stellen der Stephanusrede wurden von A. SPIRO (*Stephen's Samaritan Background* 285) und Ch. H. H. SCOBIE (*Origins and Development* 393f.) für ihre Samaria-These beansprucht.

51. PHILO, *De migr. Abr.* 177 : „ Nachdem aber sein Vater dort [in Haran] gestorben war, brach er [Abraham] auch von dort auf... " Vgl. dazu G. STEMBERGER, *Stephanusrede* 155-157 ; er hält die samaritische Lesart für „ eine Erleichterung, die allerdings der Legendenbildung von damals entsprochen hat " (157).

52. So die Folgerung von E. RICHARD, *Acts 7* 197.

53. E. RICHARD, ebd. 197-199.

54. So erwogen von E. RICHARD, *ebd* 199f., unter Hinweis auf insgesamt vier Vorkommen von ὁ θεὸς τῶν πατέρων in Apg (3, 13 ; 5, 30 ; 7, 32 ; 22, 14). Ferner ist in Rechnung zu stellen, daß Ex 3-4 die pluralische Wendung mehrmals bietet : 3, 13.15.16 ; 4, 5 ; vgl. W. H. MARE, *Acts 7* 12.

plausibel machen, ohne daß eine gegenseitige Abhängigkeit angenommen wird. Der pluralische Ausdruck begegnet nicht nur bei den genannten Zeugen für Ex 3, 6, sondern auch im samaritischen Targum, in den LXX-Handschriften k und m, der bohairischen Übersetzung und einem äthiopischen Kodex [55].

An vierter Stelle ist auf *Apg 7, 37* einzugehen. Unter der Voraussetzung, daß die Stephanusrede auf den Büchern Genesis und Exodus beruhe, behauptet Spiro, die Erwähnung des eschatologischen Propheten nach Art des Mose basiere nicht auf einer Einschaltung aus dem Deuteronomium (Dtn 18, 15), sondern auf dem samaritischen Exodustext, der nach Ex 20, 17 verschiedene Deuteronomium-Texte bietet [56]. Abgesehen davon, daß der SP in der Einschaltung Dtn 18, 18-22 (und nicht 18, 15) bezeugt, bieten sich auch hier — bei Berücksichtigung aller Möglichkeiten — zwei Erklärungen für die analoge Verfahrensweise an, die eine Abhängigkeit der Stelle Apg 7, 37 vom SP als unwahrscheinlich erscheinen lassen. Entweder benutzt die Stephanusrede einen Text von Ex 20, der dem SP ähnlich war, oder sie schöpft direkt aus der LXX-Version des Deuteronomiums [57]. Die erste Möglichkeit ließe einen samaritischen Einfluß auf die Stephanusrede denkbar bleiben [58]. Doch ist die zweite eher zutreffend, zumal ähnliche Einschaltungen aus Dtn 18 auch in Qumrantexten (4Q 175 vgl. 4Q 158) begegnen und die Acta schon 3, 22-26 aus Dtn 18, 15-22 zitieren.

Somit können Einflüsse des SP auf Apg 7 nicht nachgewiesen werden [59].

Auf einer anderen Ebene liegt die *samaritische Überlieferung*, die in der Chronik des Abu'l Fatḥ im 14. Jh. zu Wort kommt und behauptet,

---

55. E. RICHARD, *Acts 7* 200. Er verweist ferner auf Justin und Cyprian (200f.). Seine Folgerung lautet „ that the most likely explanation... is to be found in considerations of textual history rather than in Samaritan hypotheses or even redactional theories " (202).

56. A. SPIRO, *Stephen's Samaritan Background* 285 ; vgl. M. H. SCHARLEMANN, *Stephen* 44f. ; Ch. H. H. SCOBIE, *Origins* 393. Die genaueren Angaben zur Einfügung von Dtn-Texten bei E. RICHARD, *Acts 7* 204.

57. E. RICHARD, ebd. 203.

58. Mit R. BERGMEIER, *Zur Frühdatierung samaritanischer Theologumena*, in *JSJ* 5 (1974) 121-153, ist zwischen der Textform des SP mit ihren Erweiterungen, die es auch im Judentum gab, „ und der *Bearbeitung dieser Textform durch die Samaritaner* zu unterscheiden " (144f.).

59. Vgl. auch die Argumentation von R. PUMMER, *Samaritan Pentateuch* 441f., der neuere Erkenntnisse zur Textgeschichte des SP anführt. Viele Besonderheiten des SP beruhen nicht auf einer „ samaritischen " Redaktion, sondern sind auch außerhalb des SP in Palästina verbreitet gewesen (442). Siehe auch DERS., *Aspects of Modern Samaritan Research*, in *Église et Théologie* 7 (1976) 171-188, näherhin 177-179. Zur Frage eines „ protosamaritischen " Texttypus siehe P. W. SHEKAN, *Exodus in the Samaritan Recension from Qumran*, in *JBL* 74 (1955) 182-187.

Simon Magus sei vor dem Haus des Stephanus in Samaria begraben [60]. Diese Nachricht, die möglicherweise auf einer Kombination aus Apg 6-8 beruht, kann keine historische Gewißheit beanspruchen. Sie schließt eher von dem „ Hellenisten " Stephanus über den „ Hellenisten " Philippus, der in Samaria wirkte, auf den vermeintlichen „ Samariter " Stephanus.

Mehr Interesse dürfen einzelne Züge der Stephanusrede beanspruchen, die die *Sicht der Geschichte Israels* betreffen und sich mit samaritischen Perspektiven berühren; außerdem ist nach *theologischen Gemeinsamkeiten* zwischen Apg 7 und samaritischer Theologie — etwa der Mesiasauffassung, der Opposition zum Tempel oder der Einschätzung der Tora und des Mose — zu fragen [61]. Aus diesem Bereich sollen wenigstens einige wichtige Beobachtungen zur Sprache kommen.

Beispielsweise soll die Redeweise vom τόπος οὗτος (*Apg 7, 7*) auf Samaria weisen. Die Stephanusrede habe den Exodus-Wortlaut „ an diesem Berg " (Ex 3, 12) zu „ an diesem Ort " abgeändert und damit eine samaritische Redeweise für das Heiligtum aufgegriffen [62]. Die Rede hat hier Texte über Gotteserscheinungen vor Abraham (Gen 15, 1-21; vgl. Apg 7, 6f) und vor Mose (Ex 3, 12; vgl. Apg 7, 7b) verwendet, dabei aber doch nicht vorausgesetzt, daß dem Abraham das (samaritische) Heiligtum auf dem Garizim bei Sichem angekündigt worden sei [63]. Denn die Wendung ἐν τῷ τόπῳ τούτῳ ist im Kontext nach 6, 13 („ Lästerworte gegen den [diesen] heiligen *Ort* ") und 6, 14 („ er wird *diesen Ort* zerstören ") auf den Tempel in Jerusalem [64] zu beziehen; „ außerhalb dieses (sekundären) Kontextes bleibt die Aktualisierung für jede Gebetsstätte, auch für die Synagogen der Diaspora, möglich " [65].

Apg 7, 16 steht in Widerspruch zu Gen 23. Der dort erzählte Kauf der Grabhöhle Machpela bei Hebron durch Abraham ist mit Gen 33, 19f (Kauf eines Grundstückes bei Sichem durch Jakob) verwechselt worden. Die Angabe von Apg 7, 16, daß die Patriarchen (V. 15: „ unsere Väter ") in Sichem bestattet wurden [66], beruht vielleicht auf samaritischer Lokal-

---

60. ABULFATHI ANNALES SAMARITANI quos ad fidem codicum manu scriptorum Berolinensium Bodlejani Parisini ed. E. VILMAR, Gotha 1865, 159, zitiert bei E. RICHARD, *Acts 7* 195 Anm. 25.
61. Dazu A. SPIRO, *Stephen's Samaritan Background* 286-300.
62. A. SPIRO, ebd. 286. Wie verbreitet die Vokabel τόπος in der Verwendung für einen Tempel war, belegt W. BAUER, *Wörterbuch* s. v. 1b.
63. Gegen A. SPIRO, *Stephen's Samaritan Background* 286f., und M. H. SCHARLEMANN, *Stephen* 38.
64. E. HAENCHEN, *Apostelgeschichte* 230 : „ Kanaan oder Jerusalem ".
65. G. STEMBERGER, *Stephanusrede* 159.
66. Jakob war nach Gen 50, 13 in der Höhle bei Hebron bestattet worden. Nach Jos 24, 32 wurde Josef bei Sichem begraben. Für die übrigen Söhne Jakobs nennt die spätere Überlieferung Hebron als Begräbnisort (Jub 46, 9f. ; JOSEPHUS, *Ant.* II 199f. ; *Test* XII).

tradition [67]. Es gab jedenfalls eine Überlieferung über die Patriarchengräber in Sichem [68]. Sie findet sich jedoch nicht in *samaritischen* Quellen. Da verschiedene patristische Zeugnisse für eine Lokalisierung der Patriarchengräber in Sichem vorliegen [69], ist nicht anzunehmen, daß die Stephanusrede hier von speziell samaritischen Quellen abhängt. Mit Recht bezweifelt Günter Stemberger, daß die „ Verlegung " der Begräbnisstätte von Hebron nach Sichem „ auf eine prosamaritanische Tendenz zurückzuführen ist " [70]. Die Rede nimmt vielmehr diese Lokalisierung vor, um ihre eigene Grundthese zu erhärten: „ Abraham und seine Söhne hatten in jüdischem Land keinen Besitz... Gottes Verheißung ist nicht ans Land gebunden " [71].

Das Zitat aus Am 5, 25-27, das *Apg 7, 42b.43* bietet, folgt der LXX, hat aber am Schluß statt „ (ich werde euch verbannen) über Damaskus hinaus " die auf das babylonische Exil bezogene Wendung „ über Babylon hinaus ". Diese Änderung bezeugt jedoch keineswegs einen samaritischen Standpunkt, der ausschließlich *Juda* für die Sünden der Väter bestraft werden läßt, während die Bewohner des Nordreiches als unschuldig erscheinen [72], sondern setzt in den Text jene „ Exilswirklichkeit " ein, die „ die prophetische Drohung noch übertroffen hatte " [73].

Apg 7, 48-50 kennzeichnet den salomonischen Tempel als ein Gebäude „ von Menschenhand ". Demgegenüber soll nach dem Urteil von Spiro das Heiligtum auf dem Garizim wegen seines (in 7, 44 angedeuteten) himmlischen Modells positiv beurteilt sein [74]. Wie immer die Tempelkritik der Stephanusrede näherhin verstanden werden muß, sie wird in der Rede mit einem Zitat aus Jes 66, 1f begründet. Und gerade dies wäre für

---

67. Vgl. N. A. DAHL, *The Story of Abraham in Luke-Acts*, in *Studies in Luke-Acts*, ed. by L. E. KECK/J. L. MARTYN, London 1968, 139-158, hier 155 Anm. 24 : „ Possibly a Samaritan local tradition " ; siehe auch A. SPIRO, *Stephen's Samaritan Background* 286.
68. Vgl. J. JEREMIAS, *Heiligengräber in Jesu Umwelt*, Göttingen 1958, 38 ; H.-M. SCHENKE, *Jakobsbrunnen — Josephsgrab — Sychar*, in *ZDPV* 84 (1968) 159-184, 167f. ; H. G. KIPPENBERG, *Garizim und Synagoge. Traditionsgeschichtliche Untersuchungen zur samaritanischen Religion der aramäischen Periode* (RGVV 30), Berlin 1971, 11f.
69. J. JEREMIAS, *Heiligengräber*, H.-M. SCHENKE, *Jakobsbrunnen*, und H. G. KIPPENBERG, *Garizim*, nennen z. B. JULIUS AFRICANUS (3. Jh.), HIERONYMUS (Ep. 57, 10 ; 108, 13) und GEORGIUS SYNCELLUS (9. Jh.).
70. G. STEMBERGER, *Stephanusrede* 164.
71. G. STEMBERGER, ebd. 164f.
72. Gegen A. SPIRO, *Stephen's Samaritan Background* 287.
73. E. HAENCHEN, *Apostelgeschichte* 236.
74. A. SPIRO, *Stephen's Samaritan Background* 288. Er meint weiter : „ According to the Samaritans, the tabernacle of Gerizim was not made by human hands because the witnesses to its heavenly pattern were Samaritans, as they infer from the Samaritan Pentateuch, which alone they consider canonical " (ebd.).

einen samaritischen Sprecher oder Adressaten wegen der alleinigen Autorität des Pentateuchs nicht durchschlagend gewesen [75].

Im ganzen wird erkennbar, daß eine Abhängigkeit der Stephanusrede von samaritischen Texten oder Theologumena nicht erwiesen ist. Gerade bei dem von Cullmann [76] für eine Beziehung zwischen Samaria, der Stephanusrede und dem vierten Evangelium beanspruchten Thema „Opposition gegen den Tempel" [77] und bei den behaupteten messianologischen Übereinstimmungen müßte differenzierter gefragt und geurteilt werden, als dies bisher geschehen ist. Es ist nicht zweifelhaft, daß schon Unterschiede im Profil der Aussagen eine gegenseitige Abhängigkeit weitgehend ausschließen [78].

2) Deuteronomistische Umkehrpredigt?

In der 3. Auflage seines Werkes „Die Missionsreden der Apostelgeschichte" (1974) revidierte Ulrich Wilckens seine bis dahin vertretene These, „Lukas habe das Schema der an Juden gerichteten Predigt im wesentlichen selbst geschaffen" [79]. Zu einer Überprüfung dieser These veranlaßte ihn die Dissertation von Odil Hannes Steck mit dem Titel „Israel und das gewaltsame Geschick der Propheten" (1967), die sich u. a. auch mit der traditionsgeschichtlichen Einordnung der Stephanusrede befaßte [80]. Steck vermutete, der polemische Schluß dieser Rede

---

75. Eine entsprechende kritische Anfrage muß an die Argumentation Spiros mit Am 5, 25-27 in Apg 7, 42f (vgl. oben Anm. 72) gerichtet werden. Oder sollte man voraussetzen, der samaritische Redner argumentiere (Juden gegenüber) ad hominem, indem er sich den (jüdischen) Hörern gegenüber auf die Propheten beruft? — Der ursprüngliche Tempelteil der Stephanusrede (7, 44-48 a) reflektiert Gedanken aus 2 Sam 7, 5-11.

76. Siehe oben mit Anm. 1-6.

77. Dazu C. F. D. MOULE, *Sanctuary and Sacrifice in the Church of the New Testament*, in *JThSt* 1 (1950) 29-41 ; M. SIMON, *Saint Stephen and the Jerusalem Temple*, in JEH 2 (1951) 127-142 ; DERS., *La prophétie de Nathan et le Temple*, in : *RHPhR* 32 (1952) 41-58 ; O. CULLMANN, *L'opposition contre le Temple de Jérusalem*, in *NTS* 5 (1958/1959) 157-173 ; L. RAMAROSON, *Contre les „ temples faits de mains d'hommes " (Actes 7, 48; 17, 24)*, in *Revue de Philologie* 43 (1969) 217-238 ; L. GASTON, *No Stone on Another* 154-161.

78. Zur Datierung samaritischer Theologumena müßten die Untersuchungen von H. G. KIPPENBERG (oben Anm. 68) und R. BERGMEIER (oben Anm. 58) berücksichtigt werden, die Cullmann nicht zu kennen scheint. Vgl. die Rezensionen des Buches O. CULLMANN, *Der johanneische Kreis* (1975), von N. WALTER, *ThLZ* 101 (1976) 269-271, und W. A. MEEKS, *JBL* 75 (1976) 304f.

79. U. WILCKENS, *Die Missionsreden der Apostelgeschichte. Form- und traditionsgeschichtliche Untersuchungen* (WMANT 5), Neukirchen ³1974, 193. Die Argumentation zur Herkunft der Missionspredigten vor Juden (ebd. 88-100) wurde unverändert aus der 2. Aufl. (Neukirchen 1963, 88-100) übernommen ; erst von S. 187 an stellt die 3. Aufl. eine Revision der vorausgehenden Auflagen dar.

80. O. H. STECK, *Israel und das gewaltsame Geschick der Propheten. Untersuchungen zur Überlieferung des deuteronomistischen Geschichtsbildes im Alten Testament, Spätjudentum und Urchristentum* (WMANT 23), Neukirchen 1967, 265-269.

(Apg 7, 51-53) sei „ kaum von Lk selbst formuliert oder aus einer besonderen Vorlage aufgenommen worden "[81]. Der Evangelist habe ihn vielmehr schon in der überlieferten Rede vorgefunden. Die Vorlage des Lukas stelle eine zweite, hellenistisch-judenchristliche Traditionsstufe der Rede dar, in der das deuteronomistische Geschichtsbild im Hintergrund stehe[82]. Steck verzichtete auf eine detaillierte traditionsgeschichtliche Analyse der Rede, er kam allein durch Vergleich mit anderen Texten zu dem Schluß, es habe „ im hellenistischen Judenchristentum an Israel gerichtete Verkündigung gegeben, die die Tradition der dtrPA [deuteronomistischen Prophetenaussage] aufgegriffen hat, um die Tötung Jesu in die Geschichte der von Mose über die Propheten bis in die Gegenwart permanenten Halsstarrigkeit des Gottesvolkes zu stellen "[83]. Die Rede müsse wohl, wenn sie diesem Typus der deuteronomistischen Tradition verpflichtet gewesen sei, ursprünglich über 7, 53 hinausgegangen sein und entweder eine Gerichtsansage oder den Umkehrruf enthalten haben[84].

Steck meinte im übrigen, „ daß hinter den Actareden vor Juden ebenso wie hinter der Stephanusrede hellenistisch-judenchristliche Umkehrpredigten stehen, die nach einem christlich modifizierten dtrGB [deuteronomistischen Geschichtsbild] (Einbezug Jesu!) aufgebaut waren "[85]. Er glaubte, den Ursprung dieser Predigttradition in Palästina finden zu können und vermutete in den „ Hellenisten " um Stephanus die Tradenten dieses Predigttypus[86].

Auch Wilckens rechnet die Schelte am Ende der Stephanusrede zum vorlukanischen Bestand. Die Anklage, die Stephanus gegen seine Hörer richtet (7, 51-53), entspreche dem Skopus des zentralen Moseteils (7, 17-43) und könne nicht als sekundärer Zusatz oder gar als lukanische Bildung beurteilt werden[87]. Traditionsgeschichtlich gehöre die Stephanusrede „ in den lebendigen Überlieferungszusammenhang des deuteronomistischen Geschichtsbildes, der nach Stecks Nachweis bis in die urchristliche Zeit hineinreicht und durch die Katastrophe des Jahres 70 n. Chr. noch einmal eine erhebliche Aktualisierung erfahren hat "[88]. Wilckens denkt wie Steck an die Gruppe der „ Hellenisten " als „ Traditions-

---

81. O. H. STECK, *Israel* 266.
82. Ebd.
83. O. H. STECK, *Israel* 267.
84. Ebd., dazu die Vermutung, daß Lukas den Aufruf zur Umkehr gestrichen habe; vgl. 267 Anm. 3.
85. O. H. STECK, *Israel* 268. Lukas habe die Propheten aus der Reihe von Mose bis Jesus herausgedrängt „ und ihnen entsprechend seinem Interpretament Apg 7, 52 die Funktion der Voraussage auf Jesus gegeben " (ebd.).
86. O. H. STECK, *Israel* 269.
87. U. WILCKENS, *Missionsreden* 214f.
88. U. WILCKENS, *Missionsreden* 216.

träger der Stephanusrede " [89]. Jedoch scheint sich sein Urteil über den Ursprungsort der Rede im palästinischen Traditionsbereich [90] nur auf die Struktur, nicht aber auf den konkreten Wortlaut zu beziehen [91].

Die traditionsgeschichtliche Beurteilung der Stephanusrede hängt — soweit man sich mit der These von Steck und Wilckens kritisch auseinanderzusetzen hat — wesentlich von der Beurteilung des Schlußteiles 7, 51-53 ab. Ist dieser — wenn auch nach dem Urteil von Steck sekundär — vorlukanisch? Oder ist er — nach dem Urteil der weitaus meisten Ausleger [92] — im wesentlichen lukanisch? Ist Wilckens recht zu geben, der einer Umwertung der bisherigen Wertungen das Wort redet? Er behauptet, nicht die polemischen Teile der Rede ließen sich (als sekundär) eliminieren, vielmehr sei das Umgekehrte richtig: „ Die nichtpolemischen Partien lassen sich herauslösen (7, 9ff., 7, 44ff.). " Die Stephanusrede habe „ im ganzen polemischen Skopos wie die ganze deuteronomistische Tradition, deren Geschichtsbild den Kontrast zwischen Israels Sünde und Gottes Heilstaten herausarbeitet " [93].

Diejenigen Autoren, die den Schluß der Stephanusrede dem Verfasser der Acta zuschrieben [94], gingen bei dieser These unter anderem davon aus, daß die Verse 51-53 im Unterschied zum vorausgehenden Text der Rede eindeutig „ christlich " sind, insofern sie auf die Tötung Jesu, des verheißenen „ Gerechten ", Bezug nehmen und außerdem von den Patriarchen als „ *euren* Vätern " sprechen. Diese Unterschiede relativieren sich in ihrer literarkritischen Tragweite, wenn man die Rede insgesamt als christliche Umkehrpredigt vor Juden mit von Anfang an polemischer Tendenz versteht. Einem solchen Verständnis widerstreitet auch nicht unbedingt die etwas mißliche Annahme, Lukas habe einen Umkehrruf, der am Ende der vorlukanischen Rede stand, weggelassen [95]. Denn der Platz der Rede innerhalb der Apostelgeschichte ist so gewählt, daß zu ihrem Zeitpunkt dem Acta-Verfasser eine Bekehrung Israels nicht mehr

---

89. U. WILCKENS, *Missionsreden* 219. Lukas habe die Stephanusrede im ganzen „ übernommen und lediglich sprachlich überarbeitet " (224).

90. U. WILCKENS, *Missionsreden* 218.

91. Vgl. U. WILCKENS, *Missionsreden* 217 : „ Innerhalb der urchristlichen Überlieferung gehört die Rede ohne Zweifel in den hellenistischen Bereich des Diasporajudenchristentums. Das erhellt nicht nur aus der LXX-Benutzung, sondern auch aus der diasporajüdischen Atmosphäre besonders des Abraham- und Josephteils sowie der hellenistischen Züge im Mosebild (7, 20-23) ".

92. Vgl. M. DIBELIUS, *Reden der Apostelgeschichte* 143-145 ; H. CONZELMANN, *Apostelgeschichte* 50 (²1972 : 57) ; E. HAENCHEN, *Apostelgeschichte* 240.

93. U. WILCKENS, *Missionsreden* 217 Anm. 1.

94. Siehe M. DIBELIUS, H. CONZELMANN und E. HAENCHEN (oben Anm. 92).

95. So O. H. STECK, *Israel* 267.

möglich erscheint [96]. Auch der stark lukanisch geprägte Halbvers 52b [97] ist kein ernsthafter Einwand gegen die Ansicht, daß 7, 51-53 im ganzen vorlukanisch sei [98].

Polemische Tendenzen weist die Rede schon *vor* 7, 51-53 auf [99], wenn es auch offenbleiben muß, ob die Polemik erst im zweiten Überlieferungsstadium einen zuvor „ neutralen " Geschichtsabriß überlagerte, wie Steck voraussetzt [100]. Entscheidend bleibt, daß die polemischen Teile der Rede sowie der „ Tempelabschnitt " 7, 44-48a [101] nicht erst von Lukas eingefügt sein müssen.

3) Traditionsgeschichtliche, formgeschichtliche und religionsgeschichtliche Problematik

Sowohl die Anwälte einer „ samaritischen " Abhängigkeit der Stephanusrede wie auch die einer „ deuteronomistischen " Traditionsgebundenheit haben weitgehend auf *traditions- und redaktionskritische Analysen*

---

96. In den Predigten vor Juden begegnet der Aufruf zur Umkehr — wenn auch indirekt — zuletzt Apg 5, 31 ; er fehlt 10, 34-43 und 13, 16-41. Für Lukas setzt die Wende zur Heidenmission bei Stephanus ein.

97. Siehe z. B. F. HAHN, *Christologische Hoheitstitel* (FRLANT 83), Göttingen ³1966, 384f. V. 52b enthält übrigens die einzige explizit christologische Aussage der gesamten Rede.

98. Siehe die Argumente bei R. STORCH, *Die Stephanusrede Ag 7, 2-53*, Diss. Göttingen 1967, 105-112, und U. WILCKENS, *Missionsreden* 215.

99. Vgl. etwa die Elemente der Sendung und Abweisung des Mose durch Israel (7, 35.38.39) ; dazu O. H. STECK, *Israel* 266.

100. O. H. STECK, *Israel* 267. — Gegen die Annahme, der Rede liege ein neutrales Geschichtssummarium hellenistisch-jüdischer Provenienz zugrunde — vgl. H. CONZELMANN, *Apostelgeschichte* 50f (²1972 : 57), und E. HAENCHEN, *Apostelgeschichte* 239f. —, wendet sich U. WILCKENS, *Missionsreden* 217, unter Berufung auf R. STORCH, *Stephanusrede* 8.

101. U. WILCKENS, *Missionsreden* 216, meint : „ der Josephteil 7, 9-14 und der Abschnitt über Stiftshütte und Tempelbau 7, 44-49[!] " fielen aus dem „ geschlossenen Zusammenhang mit übereinstimmendem Duktus " heraus ; sie seien als sekundäre Zutaten dennoch „ sehr wahrscheinlich nicht von lukanischer Hand ". — Den Josephteil betreffend zeigt neuerdings J. KILGALLEN, *The Stephen Speech*, Rom 1976, 12-14.46-63, daß er sehr wohl zur Gesamttendenz der Rede paßt. Hinsichtlich des Tempelabschnitts meinte O. H. STECK, *Israel* 266f Anm. 9 : „ Störend gegenüber dem Aufriß des dtrGB ist freilich V. 44-50, die Opfer- und Tempelkritik, die hier prinzipiell ist und der in der Tradition des dtrGB auftretenden *nicht* entspricht ! Sie gehört schon zum Traditionsstück (s. HAHN, aaO S. 383f und A5), vielleicht hat aber Lk Umstellungen vorgenommen, um Angleichung an die gegen Stephanus erhobene Anklage zu erreichen (s. 6, 13ff) ". Daß der Tempel-Abschnitt 7, 44-48a (48b-50) nicht *radikal* tempelkritisch (im Sinne einer Ablehnung des Tempels) verstanden werden muß, zeigt einleuchtend R. STORCH, *Stephanusrede* 94-104, der freilich schreibt : „ Für die Verse 44-50 muß in so hohem Maße Lukas als Verantwortlicher gelten, daß die Frage nach Existenz, Thema und Inhalt einer Vorlage kaum zu beantworten ist " (103). Jedoch dürften nur die VV. 48b-50 auf Lukas zurückgehen ; vgl. unten mit Anm. 104.105.

verzichtet. Sie müssen sich daher mannigfache Rückfragen gefallen lassen. So setzt sich z. B. Wilckens nicht ausdrücklich mit den einschlägigen Arbeiten von Traugott Holtz [102] auseinander [103]. Holtz hatte nachgewiesen, daß die Zitate aus Am 5, 25-27 und Jes 66, 1-2 in den Versen 42b.43 bzw. 49.50 erst von Lukas eingefügt wurden [104]. Der Acta-Verfasser hat mit diesen Zitaten der vorgegebenen Rede eine neue, und zwar eindeutig tempelkritische Ausrichtung gegeben [105]. Die Verwerfung des Tempels stammt nach Holtz „ wenigstens in ihrer prinzipiellen Form erst von Lukas selbst "; so bekam die Rede, die nach seiner Auffassung ursprünglich im Tempelkult das „ Ziel des Weges Gottes mit seinem Volk " sah, überhaupt erst ihr negatives „ polemisches Vorzeichen " [106].

Traditionsgeschichtlich ist davon auszugehen, daß die Stephanusrede schon vor ihrer Bearbeitung durch Lukas zwei Traditionsstufen durchlaufen haben muß, daß in ihr also zwei Schichten sich überlagern. Auf dieser Tatsache beruhen die verschiedenen, immer wieder registrierten „ Tendenzen ", die sich in der Rede finden [107]. Eine erste Grundlage des Textes bildete eine Geschichtsbetrachtung von Abraham über Mose bis zum Tempelbau. Sie sah wahrscheinlich im Tempelkult nicht das *Ziel* der Heilsgeschichte, wohl aber machte sie — in den Synagogen der jüdischen Diaspora beheimatet — den Hörern klar, daß Gottes Gegenwart und sein Handeln an seinem Volk nicht an das Heilige Land gebunden sind [108].

Auf einer zweiten Stufe haben aus der Diaspora stammende Judenchristen — möglicherweise die Hellenisten [109] — diesen Geschichtsabriß nach dem Vorbild des deuteronomistischen Bildes vom Prophetenschicksal zu einer Umkehr-Predigt vor jüdischen Hörern umgestaltet.

---

102. T. HOLTZ, *Beobachtungen zur Stephanusrede Acta 7*, in *Kirche — Theologie — Frömmigkeit. Festgabe für G. Holtz*, Berlin 1965, 102-114 ; DERS., *Untersuchungen über die alttestamentlichen Zitate bei Lukas* (TU 104), Berlin 1968, 85-127.

103. U. WILCKENS, *Missionsreden* (^{3}1974), erwähnt T. HOLTZ nur kurz in Anmerkungen (214 Anm. 1 ; 215 Anm. 1.5 ; 217 Anm. 1.2) und im Literaturnachtrag (253).

104. T. HOLTZ, *Beobachtungen* 104-110 ; *Untersuchungen* 87-95. Zur lukanischen Weise der Einführung von Schriftzitaten (Apg 7, 42b.48b) sind zu vergleichen : Lk 2, 23 ; 3, 4 ; 4, 17 ; Apg 8, 34 ; 13, 40 ; 15, 15 ; 24, 14.

105. Außer Apg 7, 42b.43 und 7, 49f. sollen nach T. HOLTZ, *Beobachtungen* 110-112, wahrscheinlich die Verse 35 und 37 auf Lukas zurückgehen. 7, 48(a) wird (ebd. 107-110) für eine „ nachträgliche Interpolation " (109) gehalten ; der Vergleich mit der Areopagrede (17, 24b) läßt fragen, ob nicht auch 7, 48 von Lukas stammt. 7, 51-53 habe „ ursprünglich schwerlich mit dem ersten Teil zusammengehört ", weil die Verfolgung der Propheten im geschichtlichen ersten Teil " nicht behandelt wird " (T. HOLTZ, *Beobachtungen* 102).

106. T. HOLTZ, *Untersuchungen* 106.

107. Vgl. J. KILGALLEN, *Stephen Speech* 5-26.

108. Dieser Traditionsschicht dürften (im ganzen) zuzuordnen sein : der Abrahamsteil mit der Vätergeschichte (7, 2b-16), der Moseteil (7, 17-38, ohne VV. 35.37) und der Tempelteil (7, 44-48a).

109. So vermutet von O. H. STECK, *Israel* 269 ; U. WILCKENS, *Missionsreden* 219.

Sowohl die polemischen als auch die christologischen [110] Stücke stammen aus dieser Bearbeitung [111]. Da die deuteronomistische Predigttradition auf palästinischem Boden noch lebendig war und eine Übernahme aus dem hellenistischen Judentum kaum in Frage kommt [112], verstärkt sich die Wahrscheinlichkeit, daß die zweite Traditionsschicht der Rede auf die aus der Diaspora stammenden und in Jerusalem ansässigen Hellenisten zurückgeht.

Will man die vorlukanische Stephanusrede *gattungsmäßig* beurteilen, so darf man sich kaum auf bloß formale Beobachtungen beschränken. Es darf weder ignoriert werden, daß die Rede grundsätzlich auf dem LXX-Text der Bibel beruht [113], noch dürfen ihre inhaltlich-sachlichen „ Tendenzen " [114] übersehen werden: Beides verweist auf das hellenistische Judentum. Die Rede ist (auf der ersten Traditionsstufe) ihrer Form nach ein Lehrvortrag, der seinen Ort wohl in den Synagogen hatte [115]. Der Geschichtsüberblick ist „ eine Geschichte der Gottesoffenbarungen in der Diaspora " [116], wenn auch nicht im Sinne eines theoretisch-neutralen Referats. Freilich bleibt eine solche Gattungsbestimmung noch recht vage und hypothetisch, „ solange uns keine einzige unbestrittene hellenistisch-jüdische Predigt vorliegt " [117]. Dennoch kann die älteste Tradi-

---

110. Die Christologie der Rede ist offensichtlich sehr altertümlich ; vgl. F. HAHN, *Hoheitstitel* 385-390 ; O. H. STECK, *Israel* 268.

111. Zu den Anm. 108 genannten Stücken kamen in der „ deuteronomistisch-christlichen " Bearbeitung hinzu : 7, 35.37.39-42a.51-53, ferner wohl ein später von Lukas weggelassener Umkehrruf am Ende. Lukanische Erweiterungen sind vermutlich nur die beiden Prophetenzitate 7, 42b.43 und 7, 48b-50, vielleicht noch 7, 22b.

112. O. H. STECK, *Israel* 268f.

113. Vgl. T. HOLTZ, *Untersuchungen* 87 : „ auffallend treue Bindung an die LXX ".

114. Gottes Gegenwart und seine Offenbarungen sind nicht an das Heilige Land gebunden, und wenn der Gott der Väter schließlich in Jerusalem „ ein Haus " erhielt (7, 46), ist dies nicht so zu verstehen, als „ *wohne* der Höchste in einem von Menschenhänden geschaffenen " Gebäude (7, 48a). Zur Lesart τῷ οἴκῳ 'Ιακώβ in V. 46 siehe E. HAENCHEN, *Apostelgeschichte* 236 ; U. WILCKENS, *Missionsreden* 212 Anm. 2. R. STORCH, *Stephanusrede* 94f., tritt dafür ein, daß die Lesart ,, für das Haus Jakobs " ursprünglich sei.

115. So — freilich bezogen auf die *ganze* Rede und ohne traditionsgeschichtliche Differenzierung — mit verschiedenen Nuancen H. THYEN, *Der Stil der Jüdisch-Hellenistischen Homilie* (FRLANT 65), Göttingen 1955, 20 ; H. CONZELMANN, *Apostelgeschichte* 51 (^{2}1972 : 57) ; F. HAHN, *Hoheitstitel* 382f. ; G. STEMBERGER, *Stephanusrede* 173f.

116. H. THYEN, *Stil* 20.

117. G. STEMBERGER, *Stephanusrede* 173f., der seinerseits J. W. BOWKER kritisiert. Dieser hatte in seinem Beitrag *Speeches in Acts : A Study in Proem and Yelammedenu Form*, in NTS 14 (1967/1968) 96-111, Apg 7 als Proömienhomilie (mit Gen 12, 1 als Proömium) verständlich machen wollen (ebd. 107).

tionsschicht von Apg 7 mit allem Vorbehalt als „ Synagogenpredigt " angesprochen werden [118]. Völlig unwahrscheinlich ist eine neuere These, die die vorlukanische Stephanusrede in Verbindung mit der Paulusrede in Antiochia Pisidiae (Apg 13, 17-22) für ein überliefertes „ heilsgeschichtliches Credo" hält, das vom Handeln Gottes in der Geschichte des alten Gottesvolkes und an Jesus Christus gesprochen habe [119].

Auf der zweiten Traditionsstufe erhielt die Rede durch eine christliche Bearbeitung ihr Gepräg e als „ deuteronomistische " Predigt. Durch den stark polemischen Schlußteil Apg 7, 51-53 wurde nun der belehrende Skopus des Synagogenvortrags, daß Gott sich nicht an den Jerusalemer Tempel binden wolle (7, 48a), fast völlig überlagert [120]. Durch die lukanische Bearbeitung (7, 48b-50) erhielt der Tempelteil der Rede erneut thematische Bedeutung [121].

Eine *religionsgeschichtliche Beurteilung* der unmittelbar vorlukanischen Stephanusrede hat davon auszugehen, daß diese Rede dem griechischsprechenden Judentum angehört, aber deswegen doch nicht außerpalästinischen Ursprungs sein muß. Im Hinblick auf die Tempelthematik des älteren Teils der Rede ist freilich eher anzunehmen, daß die distanzierte Einstellung zum Tempel und zum Heiligen Land der jüdischen Diaspora angehört. Methodisch ähnlich wie die Vertreter eines samaritischen Einflusses operierten Forscher, die aufgrund einzelner „ Parallelen " einen spezifisch „ alexandrinischen " [122] oder gar „ qumranischen " [123] Einschlag der Rede demonstrieren wollten. Auf sie braucht nicht näher eingegangen zu werden.

Wenn wir nun fragen, wie weit uns diese hellenistisch-jüdische Rede in die Nähe des Stephanus und der Hellenisten führt, so muß man die wahrscheinliche Herkunft aus diesen Kreisen bejahen. Freilich wäre es

---

118. Vgl. G. STEMBERGER, *Stephanusrede* 174.

119. K. KLIESCH, *Das heilsgeschichtliche Credo in den Reden der Apostelgeschichte* (BBB 44), Köln/Bonn 1975, 110-125. Zur Kritik an Kliesch siehe E. GRÄSSER, *Acta-Forschung* 41f.

120. Die Kritik in der Schelte der christlichen Hellenisten an ihren hellenistisch-jüdischen Hörern kommt 7, 53 zu Wort : Sie haben *das Gesetz* nicht befolgt (vgl. 7, 38f.).

121. Die lukanische Tempelkritik ist nicht total, d. h. sie verwirft den Tempel nicht. Aber : Der Tempel war nicht *Wohnung* Gottes (Apg 7, 48a.49f. ; vgl. 17, 24) ; er war nicht „ Haus des Gebetes *für alle Völker* " (Lk 19, 46 diff Mk 11, 17).

122. L. W. BARNARD, *Saint Stephen and Early Alexandrian Christianity*, in *NTS* 7 (1960/1961) 31-45.

123. A. F. J. KLIJN, *Stephen's Speech — Acts VII. 2-53*, in *NTS* 4 (1957/1958) 25-31 ; vgl. auch O. CULLMANN, *The Significance of the Qumran Texts for Research into the Beginnings of Christianity*, in *JBL* 74 (1955) 213-226, näherhin 223f. ; P. GEOLTRAIN, *Esséniens et Hellénistes* 248-254.

methodisch unzulässig, „ aus einem solchen Einzelstück das Ganze der Gedankenwelt dieser Gruppe rekonstruieren zu wollen " [124].

c) *Zur Theologie der Hellenisten*

Die Rede Apg 7, 2-53 muß für eine „ Ortsbestimmung " der theologischen Anschauungen des Stephanus und der christlichen Hellenisten keineswegs ausscheiden [125]. Außer ihr kommen für diese Rückfrage noch die berichtenden Traditionsstücke der Apostelgeschichte in Betracht. Insofern sie ältere Überlieferung enthalten und nicht — wie möglicherweise die lukanische Komposition — auf rekonstruierenden Überlegungen beruhen, kommt ihnen ein kritisch zu prüfender „ Geschichtswert " zu [126].

Aus den betreffenden Erzählstücken läßt sich dem vorlukanischen Bestand, der in die Nähe des historischen Sachverhalts kommt, ungefähr folgendes entnehmen. Der Konflikt der Hellenisten mit den Hebräern (Apg 6, 1) muß einen tieferen Grund gehabt haben als die Frage der Witwenversorgung. Letztere Frage mag die äußere Seite oder Begleiterscheinung einer letztlich theologischen Differenz gewesen sein. Die Hellenisten, aus der Diaspora nach Jerusalem zurückgewanderte griechischsprechende Juden, waren an sich keineswegs „ liberal ", sondern torakonservativ und dem Tempelkult zugetan. Die christlichen Hellenisten bildeten wohl schon aus sprachlichen Gründen eine eigene gottesdienstliche „ Sektion " innerhalb der Urgemeinde [127]. Ihr stand das Siebenerkollegium vor. Stephanus war der führende „ theologische " Kopf dieser

---

124. H. CONZELMANN, *Apostelgeschichte* 51 (^{2}1972 : 57).
125. Gegen M. HENGEL, *Zwischen Jesus und Paulus* 186f. M. SIMON, *St Stephen and the Hellenists in the Primitive Church*, London 1958, 39-77, H. W. BEYER, *Die Apostelgeschichte* (NTD 5), Göttingen ^{9}1959, 51, und M. H. SCHARLEMANN, *Stephen* 12-108 (vgl. 185f.), wollten die Theologie des Stephanus unmittelbar aus der Rede erheben, was gleichfalls verwehrt bleibt.
126. In Frage kommen folgende Texte :
1. Die Bestellung der Sieben, Apg 6, 1-6 ;
2. Die Stephanuserzählung, 6, 8-15 ; 7, 1.54-60 ; 8, 1-3 ;
3. Philippus in Samaria, 8, 5-8.9-13 ;
4. Petrus und Simon Magus, 8, 14-25 ;
5. Philippus und der äthiopische Kämmerer, 8, 26-40 ;
6. Paulus und die (jüdischen) Hellenisten in Jerusalem, 9, 26-31 ;
7. Die (christlichen) Hellenisten in Antiochia, 11, 19-21.
Die Versangaben der Liste beziehen sich nicht auf den heutigen Wortlaut der betreffenden Texte, sondern auf einen nicht näher umschriebenen Grundbestand, der in den meisten Fällen von der vorlukanischen bzw. lukanischen Redaktion überlagert sein dürfte.
127. M. HENGEL, *Zwischen Jesus und Paulus* 176f.

Sieben [128]. Wenn die Verfolgung im Grunde nur die Hellenisten um Stephanus traf [129], so zeigt sich, daß die jüdischen Hellenisten sich mit der gewaltsamen Ausschaltung des Stephanus nicht zufriedengaben; sie wollten jene christlichen Hellenisten insgesamt treffen, die — anders als die „ Hebräer " — wegen ihrer Glaubensanschauung und ihrem missionarischen Eifer den Stein des Anstoßes bildeten (6, 9). Diese jüdischen Hellenisten sind bald darauf jene Gruppe, der sich der bekehrte Paulus in Jerusalem zuwendet. Er disputiert — wie zuvor Stephanus — gerade mit ihnen; doch sie verüben einen Anschlag gegen Paulus (9, 29). Möglicherweise war die plötzliche Vertreibung der christlichen Hellenisten aus Jerusalem „ ein erster Anstoß für die missionarische Zuwendung zu den in Palästina Verachteten, zu den ‚ Randsiedlern ' Israels, den häretischen Samaritanern und den Gottesfürchtigen " [130].

Doch welche theologischen Grundanschauungen unterschieden die Hellenisten von den Hebräern einerseits und von den jüdisch-gebliebenen Hellenisten andererseits? Hengel berücksichtigt zwar, daß der heutige Stephanusbericht „ z. T. nach der Passionsgeschichte [Jesu] stilisiert " ist [131], rekonstruiert indessen die Anklagepunkte gegen Stephanus aus 6, 11.13f: Man wirft dem Verkündiger „ einzelne, konkrete Lehrtopoi " vor [132]. Eine Rolle spielte anscheinend gerade das Auftreten des Stephanus „ als paradigmatischer Geistträger ", ausgewiesen durch Wunder (6, 8) und „ durch die geistgewirkte Kraft und Weisheit seiner Rede " (6, 10) [133]. Hengel vermutet wohl zu Recht, daß sich der Kontrast zwischen dem in Stephanus epiphanen Geist Gottes und dem satanischen Geist seiner Widersacher (6, 9-11; 7, 54) schon in der Quelle des Lukas fand; „ der Märtyrer Stephanus erschien in ihr vermutlich als Paradigma des frühesten urchristlichen, geistgewirkten Enthusiasmus " [134]. Die Anklage auf Lästerung des Mose und Gottes (6, 11; vgl. 6, 13f) sei Folge dieser geistgewirkten Verkündigung gewesen: „ Die Kritik an Gesetz

---

128. Vgl. ebd. 185f.
129. Vgl. Apg 9, 31 mit 8, 1 ; dazu E. HAENCHEN, *Apostelgeschichte* 219 ; M. HENGEL, *Zwischen Jesus und Paulus* 176.196f.
130. M. HENGEL, ebd. 197.
131. M. HENGEL, ebd. 190. Er nennt in diesem Zusammenhang die Stichworte : Verhandlung vor dem Synedrium, falsche Zeugen, Frage des Hohenpriesters, Hinweis auf den Menschensohn, Sterbegebet des Stephanus und Bitte um Vergebung für die Mörder.
132. M. HENGEL, ebd. 191.
133. M. HENGEL, ebd. 193. Vielleicht werden gerade diese Charakteristika auch dem Hellenisten Philippus schon in der Überlieferung zugeschrieben ; vgl. Apg 8, 6f.13 (Wunder). Freilich wird er — trotz 8, 29a.39b ; vgl. 21, 9 — nicht als Geistträger gekennzeichnet.
134. M. HENGEL, ebd. 194.

und Tempel hängt mit dem geistgewirkten eschatologischen ‚Enthusiasmus' der Hellenisten zusammen "[135].

Die so skizzierte historische Rekonstruktion der spezifischen theologischen Anschauungen der Hellenisten durch Hengel ist in sich plausibel und zeigt — unter Berücksichtigung der vom Text gebotenen Anhaltspunkte und der bekannten historischen Fakten — einen *möglichen* Sachverhalt an. Doch muß man sich klarmachen, daß sie von der Konkretisierung der recht vagen Anklage von Apg 6, 11 durch die wahrscheinlich erst lukanischen Angaben in 6, 13f [136] abhängt. Noch unsicherer als die Rekonstruktion der Hellenisten-„ Theologie " bleibt die von Hengel vorgenommene direkte geschichtliche Ableitung dieser Anschauungen über Tora und Tempel aus der geistgewirkten „ Interpretation der Botschaft Jesu im neuen Medium der griechischen Sprache " [137].

Von den Kontroverspunkten zwischen den Hellenisten um Stephanus und ihren Gegnern läßt sich wohl nur die Tora-Kritik mit Sicherheit ausmachen, während die sogenannte Tempel-Opposition fraglich bleibt. Das Tempel-Thema scheint erst der Autor der Acta mit betontem Interesse aufgegriffen zu haben. Dafür spricht nicht nur die Wiederaufnahme der Tempelkritik in der Areopagrede (17, 24), sondern auch die (ähnlich

---

135. M. HENGEL, ebd. 195.
136. In V. 11 lautet die Anklage auf „ Läster-Worte gegen Mose und Gott ". Das bedeutet wohl, daß die angebliche Lästerung sich unmittelbar gegen Mose als Gesetzgeber und letztlich gegen Gott selbst richtete. (Von Lästerungen bzw. Schmähungen *gegen Mose* ist die Rede : JOSEPHUS, *Ant.* III 307 ; *Ap.* I 279. Lästerungen *gegen das Gesetz* : JOSEPHUS, *Ap.* II 143 ; *Dam* 5, 11-13 ; vgl. *Sifre Num* 112 zu 15, 30). Erst die falschen Zeugen (vgl. dazu oben Anm. 131) behaupten : „ Dieser Mensch hört nicht auf, Worte gegen den heiligen Ort und das Gesetz zu reden " (V. 13). Die Anfügung des tempelkritischen Wortes (in Verbindung mit dem erneuten Bezugnahme auf die Tora, V. 14) dürfte gleichfalls auf Lukas zurückgehen (vgl. Mk 14, 57f. diff Lk 22, 66f.) ; siehe H. CONZELMANN, *Apostelgeschichte* 45 (²1972 : 51), zu 6, 13f. Daß die Formulierung der Anklagepunkte die lukanische Auffassung vom Tempel voraussetzt, zeigte J. BIHLER, *Der Stephanusbericht (Apg 6, 8-15 und 7, 54-8, 2)*, in *BZ* 3 (1959) 252-270, näherhin 254-259. Zum lukanischen Charakter von 6, 13f. (im Unterschied zu V. 11) vgl. neuerdings E. J. RICHARD, *Acts 6:1-8:4. The Author's Method of Composition*, Diss. Ph. D., The Catholic University of America, Washington 1976, 212-216.278-283. L. GASTON, *No Stone on Another* 155, geht hingegen davon aus, das Tempellogion sei „ a fixed part of the tradition about Stephen " ; vgl. ebd. 161.

137. M. HENGEL, *Zwischen Jesus und Paulus* 196. Vgl. ebd. 199: „ So darf man wohl sagen, daß es gerade die ‚ Hellenisten ' waren, die unter einem einzigartigen, dynamisch-schöpferischen Impuls des Geistes *die eschatologisch motivierte, torakritische Intention der Botschaft Jesu weiterführten*... Bei diesem Umbruch kann die besondere Bedeutung des neuen Mediums der *griechischen Sprache* nicht hoch genug eingeschätzt werden ". H. KASTING, *Die Anfänge* 101f., schließt aus dem Gegensatz zwischen Hebräern und Hellenisten in der Urgemeinde, daß letztere nicht von der Mission der ersteren abhingen, sondern vielmehr „ ein direkter Zusammenhang mit der Verkündigung Jesu wahrscheinlich " sei.

begrundende) Einschaltung des Jesaja-Zitats im Tempelteil der Stephanusrede (7, 48b-50) [138]. Die Stephanuserzählung legt von der Komposition der Acta her besonderen Nachdruck auf die Tempelkritik und stellt sie neben die Torakritik des Stephanus (6, 13f). Historisch gesehen ist die Gesetzeskritik des Stephanuskreises besser gesichert als dessen Tempelopposition [139]. Die torakritische Haltung ist es, die die Hellenisten mit Jesus verbindet und sie zugleich als Vorläufer der gesetzesfreien Heidenmission des Paulus erscheinen läßt [140].

Die erzählenden Quellen lassen eine beachtenswerte (e silentio zu erschließende) Voraussetzung erkennen, die sich der Autor der Acta zu eigen machte: Die Hellenisten bedurften zur Aufnahme der Samaria-Mission (6, 5) wie zum Beginn der Heidenmission in Antiochia (11, 19f) keines besonderen, von Gott kommenden Hinweises [141]. Möglicherweise resultierte also der von ihnen vollzogene „ Durchbruch " [142] aus einer besonderen theologischen Position oder Konklusion [143]. Die Hellenisten wußten sich zur Samariter- und Heidenmission ermächtigt. Sie vollzogen zum ersten Mal jene „ Abgrenzung " vom Judentum, die in Antiochia dazu führte, daß man „ die Jünger Χριστιανοί nannte " (11, 26) [144].

---

138. Gott läßt sich keinen „ Ort " anweisen, an dem er verfügbar wäre, denn er ist der „ Höchste ", der Schöpfer des Himmels und der Erde (7, 48b-50). Als Schöpfer des Kosmos „ wohnt er nicht in Tempeln, die von Menschenhand geschaffen sind " (17, 24) ; er wies (umgekehrt) den Völkern ihren „ Wohnort " an (17, 26). — Die Tempelthematik wurde offensichtlich durch die Tempelzerstörung im Jahre 70 aktuell. JOSEPHUS gibt zeitgenössische jüdische Gedanken wieder : „ Und wenn auch dieser Tempel dem Untergang geweiht sei, so habe Gott noch einen besseren als diesen, nämlich den Kosmos " (Bell. V 458). Freilich geht der Kontext davon aus, daß Gott im Jerusalemer Tempel „ wohnt (κατοικέω) " (ebd. 459) ; so auch Mt 23, 21. Der Barnabasbrief bestreitet ausdrücklich, daß der Tempel „ ein Haus Gottes " gewesen sei, und wirft den Juden vor, sie hätten Gott „ beinahe wie die Heiden in den Tempel (wie) in einen heiligen Bezirk eingeschlossen " (16, 1f. ; dann folgt als Argument eine Komposition aus Jes 40, 12 und 66, 1). — Zur Tempelauffassung des Lukas siehe J. BIHLER, *Die Stephanusgeschichte im Zusammenhang der Apostelgeschichte* (MThSt I/16), München 1963, 161-178.

139. Vgl. das Motiv des Christenverfolgers Paulus nach Gal 1, 13f.23 ; Phil 3, 5f.

140. Siehe die instinktsichere Verknüpfung des Paulus mit den Hellenisten durch Lukas (Apg 7, 58 ; 8, 1.3 ; 22, 20) und seine Quelle (11, 19-26).

141. Vor der Taufe des Äthiopiers durch Philippus führt die göttliche Initiative eigentlich nur zur *Begegnung* der beiden ; ein besonderer Hinweis auf die Erlaubtheit der *Evangeliumsverkündigung und Taufe* ist nicht nötig (8, 35-38) !

142. Vgl. den Titel des Aufsatzes von J. B. POLHILL, *The Hellenist Breakthrough. Acts 6-12*, in *Review and Expositor* 71 (1974) 475-486.

143. M. HENGEL, *Zwischen Jesus und Paulus* 197, stellt eine entsprechende Überlegung an ; siehe oben das Zitat (bei Anm. 130).

144. Vgl. W. GRUNDMANN, *Das Problem* 60 ; H. KASTING, *Die Anfänge* 103 : „ Die Christen etablierten sich als eine eigene religiöse Gemeinschaft ".

Die Petrusrede vor Kornelius

Das Verhältnis von Tradition und Komposition in Apg 10,34–43

Inhalt

1. Zur Forschungsgeschichte
   a) C. H. Dodd und M. Dibelius
   b) E. Haenchen, U. Wilckens und H. Conzelmann
   c) P. Stuhlmacher und G. N. Stanton
   d) Apg-Kommentare 1980–1983
   e) R. Guelich
2. Zur Kritik der These vom „kerygmatischen Grundmuster" der Evangelienschreibung
   a) Mk-Rahmen (Dodd, Dibelius, Stuhlmacher)
   b) Rahmen und (vorlukanisches) Kerygma (Dibelius)
   c) „Ihr wißt ..." (Dibelius, Wilckens)
   d) Apg 10,36–41 sprachlich unfertig? (Conzelmann)
   e) Verhältnis zu 1 Kor 15,3–8 (Stuhlmacher)
   f) Midraschartige Verflechtung von Bibelstellen? (Stanton)
   g) Weitere Argumente (Stuhlmacher)
   h) „Untypische" sprachliche Elemente? (Guelich)
   i) Zwischenergebnis
3. Apg 10,34–43 als lukanische Komposition
   a) Die Struktur der Rede
   b) Rahmen und Situation
   c) Jes 61,1 LXX als Grundlage der lukanischen Komposition
   d) Christliche Verkündigungssprache
   e) Beziehungen zum Lk-Evangelium und zum Apg-Kontext
4. Petrusrede und Evangelienschrift

Unter dem Titel „Das Evangelium und die Evangelien" kam 1983 in Tübingen ein Sammelband heraus, dessen Thema der Herausgeber P. Stuhlmacher einleitend erläutert[1]. In dieser Einleitung vertritt Stuhlmacher seinen schon früher[2] angedeuteten Standpunkt über den traditionellen Charakter der Petruspredigt vor Kornelius aus der Apostelgeschichte: „Da der von Petrus vorgetragene λόγος in Apg 10,36–43 nicht einfach eine Kurzfassung des Lukasevangeliums, sondern eher des Markusevangeliums darstellt, bin ich nach wie vor mit C. H. Dodd und M. Dibelius der Meinung, daß wir in Apg 10,36 ff. auf

---

1 *P. Stuhlmacher*, Zum Thema: Das Evangelium und die Evangelien, in: *P. Stuhlmacher* (Hrsg.), Das Evangelium und die Evangelien. Vorträge vom Tübinger Symposium 1982 (WUNT 28), Tübingen 1983, 1–26. Der Sammelband wird im folgenden abgekürzt mit: EvEvv.
2 Siehe *P. Stuhlmacher*, Das paulinische Evangelium I. Vorgeschichte (FRLANT 95), Göttingen 1968, 207–289, näherhin 266–282.

das kerygmatische Grundmuster der von Markus inaugurierten Evangelienschreibung stoßen. Dieses Grundmuster ist vor- bzw. nebenpaulinisch und es zeigt, daß in der Mission nicht nur Jesu Auferweckung proklamiert und seine Wiederkunft angekündigt, sondern auch von den Taten und dem Geschick des irdischen Jesus erzählt worden ist, und zwar im Rahmen alttestamentlicher Schriftverweise."[3]

In dem gleichen Sammelband kommt Stuhlmacher auf diese These noch einmal zurück, und zwar in dem Beitrag „Das paulinische Evangelium"[4]. In einem weiteren Aufsatz behandelt R. Guelich das Thema „The Gospel Genre". Auch er tritt dafür ein, daß die Petrusrede vor Kornelius ein traditionelles Predigtschema repräsentiere, das für die Gattung „Evangelium" bestimmend wurde[5].

Es ist nun in der heutigen Acta-Forschung kaum umstritten, daß Apg 10,34–43 in einem starken Ausmaß von der Hand des Acta-Verfassers gestaltet, also „redaktionell" ist. Andererseits wird dabei auch zugegeben, daß Lukas diese Rede nicht ex nihilo geschaffen hat. Die Frage ist nur, ob „traditionelle" Bestandteile der Rede noch eindeutig ausgemacht werden können und ob der rekonstruierbare traditionelle Anteil der Petrusrede dazu ausreicht, ein „Grundmuster" im Sinne der These Stuhlmachers und Guelichs zu behaupten.

1. Zur Forschungsgeschichte

a) C. H. Dodd und M. Dibelius

C. H. Dodd hielt 1935 in London drei Vorlesungen über die apostolische Verkündigung, deren zweite (mit der Überschrift „The Gospels") auf eine kleine Arbeit dieses Exegeten verwies[6]. Drei Jahre zuvor hatte er einen Aufsatz „The Framework of the Gospel Narrative" veröffentlicht[7], in dem er zeigen wollte, daß wir im Markus-Evangelium einen Erzählfaden vorfinden, der mit dem kurzen Summarium der Jesusgeschichte in der Petrusrede vor Kornelius übereinstimmt. Es handle sich bei der ältesten Evangelienschrift um „an expanded form of what we may call the historical section of the *kerygma*"[8].

---

[3] *Stuhlmacher* in: EvEvv 23. Er bezieht sich dabei auf *C. H. Dodd*, The Framework of the Gospel Narrative (1932), in: ders., New Testament Studies, Manchester 1953, 1–11, und *M. Dibelius*, Die Formgeschichte des Evangeliums, Tübingen ³1959, 23 f. 232 f.
[4] EvEvv 157–182, näherhin 181 f.
[5] EvEvv 183–219, näherhin 209–213.
[6] *C. H. Dodd*, The Apostolic Preaching and Its Developments, London (1936) ²1944 (Neudrukke), 46 f.
[7] *C. H. Dodd*, The Framework of the Gospel Narrative: ET 43(1931/32)396–400.
[8] *Dodd*, The Apostolic Preaching 46 f. Siehe ebd. 27: „The principal elements of the *kerygma* can be traced in this speech [Acts X.34–43] – the fulfilment of prophecy, the death and resurrection of Christ, His second advent, and the offer of forgiveness." In diesem Zusammenhang

M. Dibelius zeigt in der Neubearbeitung seiner „Formgeschichte des Evangeliums" von 1933 noch keine Kenntnis des Aufsatzes seines englischen Kollegen von 1932[9]. Doch er deutet eine ähnliche Auffassung über die Beziehung der Petrusrede in Cäsarea zum Rahmen des Markus-Evangeliums an[10]. Freilich bemerkt Dibelius: Was die Apostelgeschichte als Wortlaut einer wirklich gehaltenen Rede bietet, sei in Wirklichkeit „mehr Gerippe als Korpus einer Rede"; die christlichen Missionare hätten denn auch nicht „das bloße Kerygma" vorgetragen, sondern „das erläuterte, illustrierte, mit Belegen versehene und ausgeführte Kerygma"[11]. In der Abhandlung „Die Bekehrung des Cornelius" (1947) wird von Dibelius betont, daß Apg 10,34–43 (wie die anderen Acta-Reden) literarische Komposition des Autors ist, die sich vor allem an den Leser des Buches richtet[12]. Die Rede vor Kornelius lasse zwar „mit Ausnahme des Eingangs jede Beziehung auf die besondere Frage der Heidenmission vermissen", sei aber „gebaut wie die anderen Petrusreden auch und wie die Rede des Paulus in Antiochia 13,16–41"[13]. Alle diese Reden seien – abgesehen von der einleitenden Anknüpfung an die jeweilige Situation – nach dem gleichen Schema angelegt: Kerygma (im Falle von Apg 10 die Verse 37–41), Schriftbeweis (43a) und Bußmahnung (42.43b)[14]. Dibelius glaubt, „vorlukanische Formulierungen" ausmachen zu können: den Nominativ ἀρξάμενος (10,37b; vgl. 1,22), die sachliche Parallelität der Verse 36 und 37, ferner die Anrede mit ὑμεῖς οἴδατε (10,37a)[15]. In der letzteren Anrede sieht Dibelius „eine literarische Wendung", die gerade auf Kornelius kaum passen dürfte[16]. Bei anderen Missionsreden der Apostelgeschichte will Dibelius den Gebrauch „altertümlicher Wendungen im Kerygma" erkennen – das spreche „eher für als gegen die Abhängigkeit von älteren Texten" –, doch lasse sich die Frage nicht beantworten, ob der nahezu konstante Aufriß des Jesuskerygmas dem Acta-Verfasser schriftlich vorgelegen hat[17].

äußert *Dodd* die Vermutung „that the brief recital of historical facts in I Cor. XV.1 sqq. is only the conclusion of a general summary which may have included some reference to the ministry" (29).
9 *M. Dibelius*, Die Formgeschichte des Evangeliums (²1933), Tübingen ⁴1961 (mit einem Nachtrag von G. Iber).
10 A. a. O. 23. Siehe dazu Ibers Nachtrag, a. a. O. 311.
11 A. a. O. 23. Die Untersuchung von *J. Gewieß*, Die urapostolische Heilsverkündigung nach der Apostelgeschichte (Breslauer Studien zur histor. Theol., NF 5), Breslau 1939, vertritt den Standpunkt: „Die Petruspredigten, etwa Apg 10,37–43, wird man, was Rahmen und Inhalt betrifft, für den Typos der ursprünglichen Verkündigung halten können" (3).
12 *M. Dibelius*, Die Bekehrung des Cornelius (1947), in: ders., Aufsätze zur Apostelgeschichte (FRLANT 60), Göttingen ²1953, 96–107, 97.
13 Ebd.
14 *Dibelius*, a. a. O. 97 f. Siehe auch *M. Dibelius*, Die Reden der Apostelgeschichte und die antike Geschichtsschreibung (1949), in: ders., Aufsätze zur Apostelgeschichte 120–162, 142.
15 *Dibelius*, Die Bekehrung des Cornelius 98 Anm. 1.
16 *Dibelius*, a. a. O. 98.
17 *Dibelius*, Die Reden 142.

b) E. Haenchen, U. Wilckens und H. Conzelmann

In seinem Acta-Kommentar, der nahezu eine Generation lang die Forschung bestimmen sollte, knüpft E. Haenchen an Dodd und Dibelius an, wenn er von einem „Grundschema" der Missionsreden spricht[18]. Haenchen betont aber: „Dieses Grundschema garantiert nicht, daß hier eine alte Überlieferung über apostolische Reden verwertet wird. Es zeigt vielmehr, daß Lukas einer bestimmten Art der Predigtanlage folgt, die zu seiner Zeit üblich war."[19] Apg 10,37 setzt nach Haenchen einen Bericht als bekannt voraus, „der wie das Markusevangelium mit der Verkündigung des Täufers anhebt, nicht mit den Kindheitsgeschichten"[20].

Der Apg-Kommentar von H. Conzelmann, der schon auf die Arbeiten von U. Wilckens zu den Acta-Reden[21] Bezug nehmen kann, schließt sich im wesentlichen dessen Auffassung an: Die Missionsreden vor Juden und vor Kornelius sind nicht als Musterpredigten entworfen (gegen Dibelius!); sie sind auch nicht nach einem homiletischen Schema gebaut, sondern folgen einem literarischen Schema. „Dieses läßt die spezifisch lukanische Theologie, sein Verständnis von Christologie, Schrift, Verheißung-Erfüllung, Heil-Buße-Taufe erkennen."[22] Zu der Petrusrede vor Kornelius notiert Conzelmann: „Der Aufbau der Rede ist der übliche; das Kerygma ist aber breit zu einem Abriß des ‚Evangeliums' entfaltet (U. Wilckens, ZNW 49, 1958, 223 ff.)."[23] Was das eigentliche Kerygma der Verse 36–41 betrifft, meint Conzelmann: „Sprachlich ist die Stelle unfertig, eine Notizensammlung (mit Dubletten?)."[24] Wie schon Dibelius stellt auch Conzelmann fest, daß die Verse 36 und 37 wie Parallelen wirken. Doch zeigt er – im Gegensatz zu Dibelius und Haenchen –, daß die Petrusrede dem Aufriß des dritten Evangeliums – und nicht des Mk-Evangeliums – folgt[25].

---

18 *E. Haenchen*, Die Apostelgeschichte (KEK 3), Göttingen 1956, 96 f. Im folgenden wird dieser Kommentar zitiert als: *Haenchen*, Apg[1]. Spätere Neubearbeitungen werden analog zitiert: Apg[5] (1965) bzw. Apg[7] (1977).
19 *Haenchen*, Apg[1] 97.
20 *Haenchen*, Apg[1] 304 (Apg[7] 339). Vgl. den Kommentar zu Vers 38: Mit ἰώμενος und καταδυναστεύων werde „auf Heilungen und Dämonenaustreibungen verwiesen, wie sie Mk enthält" (305 [Apg[7] 340]).
21 *U. Wilckens*, Kerygma und Evangelium bei Lukas (Beobachtungen zu Acta 10,34–43): ZNW 49 (1958) 223–237; ders., Die Missionsreden der Apostelgeschichte. Form- und traditionsgeschichtliche Untersuchungen (WMANT 5), Neukirchen (1961) ²1963 bzw. ³1974. Vgl. auch *C. F. Evans*, The Kerygma: JThSt 7(1956)25–41.
22 *H. Conzelmann*, Die Apostelgeschichte (HNT 7), Tübingen 1963, 8. Im folgenden zitiert als *Conzelmann*, Apg[1] (die 2. Aufl. von 1972 als Apg[2]).
23 *Conzelmann*, Apg[1] 64 (Apg[2] 71).
24 *Conzelmann*, Apg[1] 64 (Apg[2] 72). Im Gegensatz zu *Haenchen* (Apg[1] 304 Anm. 1) tritt *Conzelmann* (a. a. O.) für die Ursprünglichkeit von ὅν (V. 36) ein.
25 Siehe *Conzelmann*, Apg[1] (Apg[2]), zu folgenden Stellen: Apg 10,36.37.38.39.41.42.43.

Haenchen geht in der 5. Auflage seines Kommentars auf die Monographie von Wilckens über die Missionsreden der Apostelgeschichte ein[26] und referiert deren Ergebnis: „Die Apostelreden der Acta sind in hervorragendem Sinne ,Summarien' der lukanischen Theologie, nicht aber Zeugnisse ältester urchristlicher Verkündigung."[27] Inzwischen jedoch hat Wilckens sein Ergebnis differenzierter dargestellt: Die These, Lukas habe das Schema der an Juden gerichteten Predigt im wesentlichen selbst geschaffen, wird in der 3. Auflage des Buches überprüft[28]. Dabei zeigt sich, daß das Schema dieser Predigten als solches nicht von Lukas selbst gebildet, „sondern aus christlich vermittelter Tradition jüdischer, deuteronomistischer Umkehrpredigten übernommen" ist[29].

c) P. Stuhlmacher und G. N. Stanton

Schon vor dem Erscheinen der 3. Auflage von Wilckens' Monographie, die eine höhere Bewertung der Tradition in den Acta-Reden signalisierte, haben P. Stuhlmacher und G. N. Stanton auf je eigene Weise den traditionsgebundenen Charakter der Petrusrede Apg 10,34–43 nachweisen wollen[30].

Stuhlmacher kommt am Schluß seiner Habilitationsschrift (1968)[31] im Zusammenhang mit der Behandlung von 1 Kor 15,3–8 auf die Petruspredigt vor Kornelius zu sprechen. Er findet hier ein Darbietungsschema, das „drei Motivkomplexe einander zu- und zugleich nachordnete: 1. den Gedanken an Gottes heilsgeschichtliche Erwählung, die im Christusgeschehen dokumentiert und von der her die Sendung des Christus erst verstehbar wird. 2. die Reflexion auf die Christustat selbst, wobei zunächst eine Konzentration auf die Aussagen von Jesu Tod und Auferweckung spürbar wird. 3. die Darstellung und Erfahrung, daß mit den österlichen Erscheinungen Jesu die missio-

---

26 *Haenchen*, Apg[5] 682–689 (vgl. indessen Apg[7] 137–141). Haenchen zitiert die Monographie von Wilckens nach der 1. Aufl. von 1961.
27 *Haenchen*, Apg[5] 683 (Apg[7] 138). Siehe *Wilckens*, Missionsreden[2] 186. Zur Kritik an Wilckens siehe vor allem *J. Dupont*, Les discours missionnaires des Actes des Apôtres d'après un ouvrage récent (1962), in: ders., Études sur les Actes des Apôtres (Lectio divina 45), Paris 1967, 133–155.
28 *Wilckens*, Missionsreden[3] (1974) 193–224.
29 *Wilckens*, a. a. O. 205. Wilckens sah sich zur Revision seiner früheren These veranlaßt durch: O. H. *Steck*, Israel und das gewaltsame Geschick der Propheten (WMANT 23), Neukirchen 1967 (267–269).
30 Vgl. auch F. *Bovon*, Tradition et rédaction en Actes 10,1–11,18: ThZ 26(1970)22–45, näherhin 38–42; W. *Dietrich*, Das Petrusbild der lukanischen Schriften (BWANT 94), Stuttgart 1972, 277–286; E. *Kränkl*, Jesus, der Knecht Gottes. Die heilsgeschichtliche Stellung Jesu in den Reden der Apostelgeschichte (BU 8), Regensburg 1972, 89–91.100f.143–145. – Zwei Straßburger Dissertationen zu Apg 10,34–43 waren mir bis heute nicht zugänglich: S. *Cieslik*, Le kérygme à Corneille (Act. 10,34–43), 1972/73; C. *Pawel*, L'instruction de Pierre à Corneille dans Act. 10,34–43, 1976.
31 *Stuhlmacher*, Das paulinische Evangelium I (siehe oben Anm. 2) 266–282.

narische Sendung der Apostel möglich und zugleich unausweichlich wurde."³² Das „Aufbauschema" der Rede vor Kornelius wird als vorlukanisch angesehen³³.

Stanton widmet den Anspielungen auf alttestamentliche Texte in der Rede vor Kornelius besondere Aufmerksamkeit³⁴. Noch die 25. Auflage von Nestle/Alands Novum Testamentum Graece (1963) verwendete im Gegensatz zur 26. Auflage in der Rede vor Kornelius an fünf Stellen Fettdruck, um die Verwendung alttestamentlicher Texte anzudeuten: Vers 34 (Dtn 10,17); Vers 36 (Ps 107,20; 147,7); Vers 36 (Jes 52,7; Nah 2,1); Vers 38 (Jes 61,1); Vers 39 (Dtn 21,22). Stanton kritisiert bei Wilckens, daß er der Rolle des Alten Testaments zu wenig Beachtung schenke, und vermutet, daß die Ansicht, die Rede vor Kornelius sei Summarium des Lukasevangeliums, mit dieser Mißachtung der Schriftverwendung zusammenhängt³⁵.

Stanton nimmt an, daß Ps 107,20 (Ps 106,20 LXX) mit seinem Kontext für das Kerygma der Petruspredigt bestimmend ist³⁶. Der Kontext des Psalms identifiziere den, der den λόγος aussendet, mit Gott. Gottes Wort befreit und „heilt" sein Volk. Das Motiv werde Apg 10,37 im Anschluß an Jes 52,7 im Sinne der Friedens-Verkündigung weitergeführt. Das „Evangelium" sei 10,38 durch den Bezug auf Jesu „Salbung mit dem Geist" bei der Taufe mit Hilfe von Jes 61,1 ausgelegt. Endlich bringe 10,39 den Kreuzestod Jesu durch Dtn 21,22 zur Sprache. Eine derartige Zusammenfügung von Schriftstellen sei – so meint Stanton – für die früheste christliche Exegese bezeichnend, jedoch nicht für die Verfahrensweise des Lukas³⁷. Dem scheint zu widersprechen, daß

---

32 *Stuhlmacher*, a. a. O. 277. Er will diese drei Motive auch im Präskript des Römerbriefes (Röm 1,1 ff.), ferner Lk 24,44ff., Apg 10,34–43 und „im Aufriß des lukanischen Geschichtswerkes im ganzen" wiederfinden (277f Anm. 2).
33 *Stuhlmacher*, a. a. O. 279 Anm. 1. Er weist für den vorlukanischen Charakter auf folgende Punkte hin: 1. Christustitel (V. 36); 2. Auferweckung am dritten Tag (V. 40); kein abschließender „Heilsruf", sondern stattdessen eine „summarische These über den Schriftbeweis" (V. 43); die ganze Rede sei „als Summarium eines für die innerchristliche Verkündigung maßgebenden Evangeliums konzipiert".
34 G. N. Stanton, Jesus of Nazareth in New Testament Preaching (SNTSMS 27), Cambridge 1974, Kapitel 3: Pre-Lucan traditions about Jesus in the speeches in Acts: 67–85. Zu Apg 10,34–43 siehe näherhin 70–81.
35 *Stanton*, a. a. O. 77. Er meint (ebd.): „The way in which these passages [AT-Stellen] are wowen together discounts the possibility that Luke is merely summarising his own Gospel or freely composing this verses."
36 Siehe *Stanton*, a. a. O. 70–76. Demgegenüber hält *J. Dupont* Jes 61,1 (52,7) für den hauptsächlich zugrunde liegenden Schrifttext: L'utilisation apologétique de l'Ancien Testament dans les discours des Actes (1953), in: ders., Études (siehe oben Anm. 27) 245–282, näherhin 271. Siehe auch den Anm. 44 genannten Beitrag von *Dupont* (Jésus 150–155).
37 *Stanton*, a. a. O. 75 f: „Such a linkage of verses is common in rabbinic exegesis and in the exegesis of the early church." Für die Verwendung von Dtn 21,22 in Apg 10,39 nimmt Stanton (76) ein ursprüngliches *testimonium* an. Stanton beruft sich zweimal (a. a. O. 76 Anm. 1; 77 Anm. 2) auf *J. W. Doeve*, Jewish Hermeneutics in the Synoptic Gospels and Acts, Assen 1954.

Stanton damit rechnet, die Rede habe ursprünglich ein längeres Zitat von Ps 107,20 enthalten, und Lukas habe das Zitat seinerseits abgekürzt[38]. Wie dem auch sei, Stanton will seine These nur auf das eigentliche Jesuskerygma der Verse 36–39 angewendet wissen, nicht jedoch auf Einleitung (10,34f) und Abschluß (10,40–43) der Petrusrede vor Kornelius.

In dem Beitrag „Das paulinische Evangelium" (1983) kommt Stuhlmacher auf die Bedeutung von Apg 10,36–43 zurück. In diesem Textstück liege „keineswegs nur ein von Lukas geschaffenes Muster einer (auf das Lukasevangelium zurückverweisenden) ‚Predigt' vor, sondern zugleich und vor allem eine traditionsgesättigte Darstellung, wie im Missionsraum vor Heiden von der Geschichte Jesu erzählt und gelehrt worden ist"[39]. Dabei beruft sich Stuhlmacher ausdrücklich auf die Untersuchung Stantons. Somit sei der exegetische Rahmen und das Erzählungsmuster von Apg 10,36–43 „sicher nicht erst lukanisch, sondern traditionell"; die Darstellung der Jesusgeschichte gleiche auffällig dem Aufriß des Markusevangeliums[40]. Gegenüber der Position von 1968 fällt auf, daß Stuhlmacher nunmehr diesen „Aufriß" der Jesusgeschichte mit Petrus in Verbindung bringt[41]. Daß die Missionsverkündigung des Petrus Apg 15,7 (mit Rückverweis auf 10,36–43) als εὐαγγέλιον bezeichnet wird, ist nach Stuhlmacher „mehr als ein Zufall und nicht nur lukanische Tendenzdarstellung"[42]. Petrus sei durch seine Beziehung zum irdischen Jesus und seine Rolle als Erstlingszeuge der Auferweckung ausgezeichnet. „Seine Missionsverkündigung konnte darum in ganz anderem und unmittelbarem Sinn auf Jesus gründen, als dies bei Paulus möglich war."[43]

d) Apg-Kommentare 1980–1983

Die Acta-Kommentare der vergangenen Jahre spiegeln in besonderer Weise die gegenwärtige Forschungssituation, in der keinesfalls Einverständnis darüber besteht, wie sich Tradition und lukanische Komposition in den Reden

---

38 *Stanton*, a. a. O. 71.73.76. Andererseits schreibt Stanton (a. a. O. 77): „In Acts 10: 36–9 we have the ‚fossils' of three passages which may have been linked together at a very early period to answer the question, ‚What did Jesus do before his crucifixion?', or, ‚How was his earthly life significant?'."
39 *Stuhlmacher* in: EvEvv 157–182, näherhin 181.
40 *Stuhlmacher*, a. a. O. 182. Ähnlich *Kränkl*, Jesus, der Knecht Gottes (siehe oben Anm. 30) 91; E. *Nellessen*, Zeugnis für Jesus und das Wort (BBB 43), Köln/Bonn 1976, 185, der im übrigen für Apg 10,37–43 zu dem Ergebnis kommt, daß der Text von Lukas formuliert ist, unter Verwendung traditioneller Formeln und LXX-Wendungen (191). Nach *Stuhlmacher* (a. a. O. 182 Anm. 59) zeigt sich in Apg 10,41–43 „eindeutig die lukanische Bearbeitung der Tradition".
41 *Stuhlmacher*, a. a. O. 182.
42 *Stuhlmacher*, a. a. O. 181.
43 Ebd. *Stuhlmacher* deutet abschließend sogar an, daß jenes (petrinische?) Schema „Anlaß zur Evangelienschreibung" geworden sei (ebd.).

der Apostelgeschichte zueinander verhalten[44]. Der Kommentar von I. H. Marshall wendet sich gegen Dibelius und Wilckens: Ihre Argumente seien „less forcefull than they may appear"[45]. Die Acta-Reden seien vielmehr „based on traditional material"[46]. Daß die Rede vor Kornelius auf Tradition beruht, wird andeutungsweise begründet: 10,36–38 zeige eine unebene Satzkonstruktion; Vers 36 enthalte Anspielungen auf Ps 107,20 und Jes 52,7[47].

J. Roloff hält an der Annahme lukanischer Verfasserschaft der Acta-Reden fest[48], betont aber bei der Rede vor Kornelius, daß das Schema der Verse 39–41 (!) vorgegebener Tradition entstamme und auch 10,34–36 traditionell sei[49]. Der Kommentar von A. Weiser sieht in der ganzen Rede vor Kornelius eine lukanische Bildung, „freilich unter Verwendung einzelner, aus der Tradition stammender Elemente"[50].

Mein eigener Apg-Kommentar schreibt das kerygmatische Schema der Petrusrede einer traditionellen Predigtweise zu[51]. Insgesamt wird die Rede dem Grundschema der Missionspredigten vor Juden zugeordnet[52]. Die situationsgemäßen Besonderheiten werden betont; sie weisen wohl „auf die gestaltende Hand des Acta-Verfassers"[53] hin. Eine Spur von Tradition soll sich in dem ὑμεῖς οἴδατε (V.37) finden, das nicht als „situationsgemäß" erscheint[54].

Nach W. Schmithals enthält Apg 10,34–43 „zwar gegenüber dem Inhalt der bisherigen Petrusreden nichts wesentlich Neues, bietet aber das deutliche Beispiel einer Missionspredigt dar, die sowohl Grundzüge der lukanischen Gemeindetheologie wie die wichtigsten Gedanken der lukanischen Redaktion enthält"[55]. Petrus spricht vor Kornelius weitgehend in wörtlichen Anklängen

---

44 Zu dieser Problematik äußerten sich – bezogen auf Apg 10,34–43 – u. a. auch *J. Dupont*, Jésus annonce la bonne nouvelle aux pauvres, in: Evangelizare pauperibus (Atti della XXIV settimana biblica), Brescia 1978, 127–189, näherhin 150–155 (traditionsgebundene lukanische Redaktion in Apg 10,34–43); *K. Haacker*, Dibelius und Cornelius. Ein Beispiel formgeschichtlicher Überlieferungskritik: BZ 24(1980)234–251, näherhin 241–246 (Apg 10,34–43 ist – gegen Dibelius – nicht „situationsfremd").
45 *I. H. Marshall*, The Acts of the Apostles (Tyndale NT Commentaries), Leicester 1980, 40, unter Berufung auf F. F. Bruce und W. W. Gasque.
46 *Marshall*, Acts 41.
47 *Marshall*, Acts 190 f, mit Hinweis auf *Stanton*, Jesus of Nazareth 67–85. Zur Kritik siehe F. Neirynck, Le Livre des Actes (6): Ac 10,36–43 et l'Évangile: ETL 60 (1984) 109–117, näherhin 110.
48 *J. Roloff*, Die Apostelgeschichte (NTD 5), Göttingen 1981, 49.
49 *Roloff*, Apg 167 f. Die Rede sei keine „Missionspredigt", sondern repräsentiere den „Typus einer innergemeindlichen Predigt" (ebd.).
50 *A. Weiser*, Die Apostelgeschichte. Kapitel 1–12 (ÖTK 5/1), Gütersloh/Würzburg 1981, 258; vgl. 262, ferner den Exkurs 3 (97–100).
51 *G. Schneider*, Die Apostelgeschichte, 2 Bde. (HThK 5/1–2), Freiburg 1980. 1982, I 100.
52 *Schneider*, Apg I 96; II 63.
53 *Schneider*, Apg II 63.
54 *Schneider*, Apg II 76.
55 *W. Schmithals*, Die Apostelgeschichte des Lukas (Zürcher Bibelkommentare, NT 3/2), Zürich 1982, 106.

an die Septuaginta⁵⁶. G. Schille versteht die Rede vor Kornelius (Apg 10,34–43) „als variierende Kurzfassung" der christologischen Verkündigung⁵⁷. Das christologische Kerygma wird in Vers 36 so konzentriert dargeboten, „daß beinahe der Stil einer geprägten Form erreicht ist"; dennoch ist die Annahme eines Zitats unangebracht⁵⁸. In Vers 37 wiederholt Lukas „den Inhalt seines Evangeliums und ruft diesen den Lesern ins Gedächtnis"⁵⁹. Die Rede ist durchaus situationsgerecht und dürfte auf Lukas zurückgehen⁶⁰.

e) R. Guelich

Der schon eingangs genannte Beitrag von R. Guelich in dem von Stuhlmacher herausgegebenen Sammelband (1983) enthält am Schluß einen Abschnitt, der das Verhältnis von Apg 10,34–43 zum Markus-Evangelium behandelt⁶¹. Er kommt zu dem Ergebnis, daß hinter der lukanischen Redaktion der Petrusrede vorlukanisches Material liege⁶². Diese Tradition „antizipiere" die literarische Gattung „Evangelium"; denn das Markus-Evangelium entspreche nach Form und Material eben dieser Überlieferung⁶³. Guelich berichtet über die Ansicht von Wilckens, daß die Petrusrede in ihrem Kern (dem ausführlichen Jesuskerygma) auf das Konto des Lukas zu setzen sei⁶⁴, um dann die Argumente Stuhlmachers und Stantons mit der Bemerkung einzuleiten: „The trend now, however, appears to favor a broader pre-Lukan tradition adapted by Luke for his purposes in Acts 10."⁶⁵

Guelich bietet über die Argumente Stuhlmachers⁶⁶ und Stantons⁶⁷ hinaus weitere Gründe, die für seine These sprechen⁶⁸: Apg 10,37f bestehe aus Wendungen, die für die lukanische Sprache untypisch seien (z. B. „Jesus, der von Nazaret", „mit heiligem Geist und Kraft", εὐεργετῶν als Hapaxlegomenon,

---

56 *Schmithals*, Apg 106 f.
57 *G. Schille*, Die Apostelgeschichte des Lukas (ThHK 5), Berlin 1983, 248.
58 *Schille*, Apg 248 f.
59 *Schille*, Apg 249.
60 Siehe *Schille*, Apg 249 (die Kommentierung zu V. 43).
61 *R. Guelich*, The Gospel Genre, in: EvEvv 183–219, näherhin 204–216: „Mark 1:1 and the Gospel Genre".
62 *Guelich*, a. a. O. 211: „one must conclude that the evidence strongly favors the existence of pre-Lukan material behind Luke's redaction in 10: 34–43".
63 *Guelich*, a. a. O. 211.
64 *Guelich*, a. a. O. 209 f; siehe *Wilckens*, Missionsreden² 63–70.
65 *Guelich*, a. a. O. 210. Den neuen „Trend" meint *Guelich* (210 Anm. 180) auch bei *Conzelmann* (Apg¹ 64 f), *Steck* (siehe oben Anm. 29), *Roloff* (Apg 168), ferner schon bei *E. Lohse*, Die Frage nach dem historischen Jesus in der gegenwärtigen neutestamentlichen Forschung (1962), in: ders., Die Einheit des Neuen Testaments, Göttingen 1973, 29–48, näherhin 35 f, zu erkennen.
66 *Guelich*, a. a. O. 210 mit Anm. 181.
67 *Guelich*, a. a. O. 210 f mit Anm. 182.183.
68 Zum folgenden siehe *Guelich*, a. a. O. 211.

„heilend alle vom Teufel Unterdrückten", „Gott war mit ihm"). Dazu kommen Ausdrücke wie „ihn ans Holz hängend" (V. 39) und „auferweckt am dritten Tag" (V. 40) sowie die Ankündigung des Richters „der Lebenden und der Toten" (V. 42), nicht zuletzt aber auch das einleitende „verkündigend (das Evangelium vom) Frieden durch Jesus Christus" (V. 36). – Daß diese Ausdrücke und Wendungen allesamt „untypisch" für Lukas seien, kann man indessen nicht nachweisen. Doch soll die Kritik der Hauptthese Stuhlmachers, Stantons und Guelichs dem folgenden Abschnitt vorbehalten bleiben.

2. Zur Kritik der These vom „kerygmatischen Grundmuster" der Evangelienschreibung

a) Mk-Rahmen (Dodd, Dibelius, Stuhlmacher)

Die Auffassung, daß das Kerygma von Apg 10,37–43 dem Rahmen der ältesten Evangelienschrift entspreche, resultiert aus der Beobachtung, daß ein Hinweis auf die (lukanischen) Kindheitsgeschichten fehlt und die auf Jesus bezogenen Aussagen mit dessen Taufe durch Johannes einsetzen. Indessen weiß auch Lukas, daß das „öffentliche" und für das Christuszeugnis relevante Wirken Jesu nach seiner Taufe durch Johannes begann (Lk 3,23; 4,14; Apg 1,22). Weiterhin ist zu beachten, daß Apg 10,39–42 den Auftrag zum Christuszeugnis auf das gesamte Wirken Jesu im Judenland und in Jerusalem (öffentliches Wirken und Passion) sowie auf die Begegnung der Apostel mit dem auferstandenen Jesus (Ostererscheinungen: Lk 24,30.41f) bezieht, was bei Markus keine Entsprechung hat[69].

Weitere Indizien dafür, daß Apg 10,37–43 das dritte Evangelium „rekapituliert", sind folgende: Daß die Taufe Jesu dessen „Salbung mit heiligem Geist" bedeutet, entspricht Lk 4,18 (vgl. Jes 61,1). Jesus wird mit dem Partizip εὐεργετῶν als der wahre „Wohltäter" der Menschen bezeichnet, was aus Lk 22,25 letztlich hervorgeht. Weiterhin entspricht die Erstreckung der Wirksamkeit Jesu von Galiläa bis nach Jerusalem (Apg 10,37.39) der Konzeption von Lk 23,5[70].

b) Rahmen und (vorlukanisches) Kerygma (Dibelius)

Wenn bei der Petrusrede vor Kornelius weder der Rahmen (Apg 10,34–36.42–43) noch das eigentliche Christuskerygma (10,37–41) an die Situation der Gesamterzählung genau angepaßt erscheint, so kann dies dafür

---

69 Eine Mahlgemeinschaft mit dem Auferstandenen ist bei Mk nicht angedeutet; Mk scheint lediglich auf eine Erscheinung vor dem Jüngerkreis (16,7) anzuspielen.
70 Zum „redaktionellen" Charakter dieses Verses siehe G. Schneider, The political charge against Jesus (Luke 23:2), in: Jesus and the Politics of His Day, ed. by E. Bammel/C. F. D. Moule, Cambridge 1984, 403–414, 409.

sprechen, daß Lukas im kerygmatischen Teil der Rede an Tradition gebunden war und eine situationsgemäße Rahmung versuchte, die ihm nicht vollkommen gelungen ist[71]. Eine solche Argumentation erscheint aber hinfällig, wenn gezeigt werden kann, daß die rahmenden Teile der Rede durchaus „situationsgerecht" sind und auch das eigentliche Kerygma wenigstens „situationsbezogen" geboten wird.

Der Rahmen ist – was auch Dibelius einräumt – in den Eingangsversen (10,34–36) auf die Heidenmission bezogen. Das, was Petrus „begreift", ist durch seine wunderbare Führung zu Kornelius angebahnt worden (10,1–33). Auf die Annahme der Heiden durch Gott ist auch Vers 36 bezogen; denn der von Gott durch Jesus verkündigte „Friede" ist hier (wie Eph 2,17) als Friede zwischen Israeliten und Heiden verstanden. Die Verkündigung Gottes durch Jesus erging zwar an die Israeliten, machte aber als Friedensbotschaft deutlich – auch dies „begreift" nun Petrus[72] –, daß Jesus Christus der Herr *aller* Menschen ist (vgl. hingegen noch Apg 2,36).

Der abschließende Rahmen (10,42f) hebt entsprechend auf die Universalität des Christusheils ab. Jesus ist der von Gott bestimmte (künftige) „Richter der Lebenden und der Toten" (V. 42); „jeder, der an ihn glaubt", empfängt Vergebung seiner Sünden (V. 43). Mit dem Abschluß der Rede ist der Hörerkreis – situationsgemäß – zum Glaubensakt aufgefordert[73].

Beim Jesuskerygma fällt – im Vergleich mit anderen Missionsreden der Apg – die relative Ausführlichkeit auf. Hängt dies mit der Situation des Predigers vor Heiden zusammen? Der Ausführlichkeit, mit der über Jesus gesprochen wird, scheint indessen das einleitende ὑμεῖς οἴδατε (V. 37) entgegenzustehen; es ließe eigentlich einen *kurzen* Hinweis auf das Wirken und die Passion Jesu erwarten. Doch abgesehen von diesem Einzelproblem, auf das noch einzugehen sein wird (siehe c), kann man vermuten, daß die Ausführlichkeit des Kerygmas „der Zusammensetzung der Hörerschaft" entspricht[74]. Im Gegensatz zu den Predigten vor Juden wird die Schrift nicht zitiert, sondern es liegen lediglich Anspielungen auf das Alte Testament vor. Die Rede berücksichtigt offensichtlich die Situation vor „Gottesfürchtigen"[75], die zwischen Judentum und Heidentum stehen.

---

71 Vgl. dazu *Dibelius* (siehe oben unter 1.a).
72 Zur grammatischen Struktur von 10,34–36 hat neuerdings *H. Riesenfeld* wieder unterstrichen, daß auch τὸν λόγον (V. 36) von καταλαμβάνομαι abhängig ist: The Text of Acts X.36, in: Text and Interpretation (FS f. M. Black), Cambridge 1979, 191–194; vgl. *Schneider*, Apg II 75 f; *F. Neirynck*, Acts 10,36a τὸν λόγον ὅν: ETL 60(1984)118–123.
73 Vgl. Apg 4,4; 8,12; 9,42; 11,17; 13,39 u. ö.
74 *Haacker*, Dibelius und Cornelius 245.
75 Vgl. *Haacker*, a. a. O. 245, der allerdings eine Anspielung auf das Zeugnis der Schrift nur in V. 43 gegeben sieht und meint, dies unterschiede die Petruspredigt vor Cornelius „von den reinen Heidenpredigten" der Apg (14,15–17; 17,22–31).

c) „Ihr wißt ..." (Dibelius, Wilckens)

Kann die Anrede ὑμεῖς οἴδατε (Apg 10,37a) vorlukanische Formulierung sein, wie schon Dibelius vermutete[76]? Er dachte dabei an „eine literarische Wendung", die Lukas offenbar (trotz der Situation vor Kornelius und seinem Hause) tolerieren konnte[77].

Wilckens[78] fragt, wieso die Angeredeten, eine Hausgemeinschaft von „gottesfürchtigen" Heiden, von dem Jesusgeschehen „wissen" konnten. Das „ganze Kerygma" werde „als bekannt vorausgesetzt"[79]. So kommt Wilckens zu der Ansicht: Weil durch das Eingreifen Gottes bei dieser ersten Heidenbekehrung der normale ordo salutis fehle, habe auch die Predigt vor Kornelius und seiner Familie „keinen unmittelbar missionarischen Sinn"; denn diese Heiden seien schon bekehrt, „und zwar durch *Gottes* wunderbar eingreifendes Handeln"[80]. Die Predigt wende sich „an eine bereits von Gott zusammengeführte christliche Gemeinde", und deswegen lasse Lukas den „kerygmatischen Stoff durch diese aus der Gemeindepraxis bekannte Wendung [scil. ὑμεῖς οἴδατε] eingeleitet werden"[81].

Es fragt sich jedoch, ob Lukas durch die Anrede mit „Ihr wißt" sagen will, „daß das Verkündigte den Hörern schon proleptisch gilt, bevor das erste Wort gesprochen ist"[82]. Wahrscheinlich bezieht sich das „Wissen" der Hörer nach Lukas auf das öffentliche Wirken Jesu „im gesamten Judenland", näherhin auf sein heilendes und exorzistisches Wirken (10,37f). Dafür sprechen folgende Beobachtungen: 1. Mit καὶ ἡμεῖς (V. 39) setzt ein neuer Gedankengang ein, der auf das Zeugnis der Apostel abhebt und besonders auf Tod und Auferstehung Jesu bezogen ist (VV. 39–41). 2. Ein analoger Befund liegt in der Petrusrede vor Juden Apg 2,22 vor, wo die Erwähnung von Jesu „Machttaten, Wundern und Zeichen" mit καθὼς αὐτοὶ οἴδατε abgeschlossen wird, ehe der Redner auf Tod und Auferweckung zu sprechen kommt (VV. 23 f). 3. Lukas setzt voraus, daß z. B. auch König Agrippa II. um Jesu Wirken und Schicksal weiß: „Der König versteht sich auf diese Dinge; deshalb spreche ich auch freimütig zu ihm. Ich bin überzeugt, daß ihm nichts davon entgangen ist; das alles hat sich ja nicht in irgendeinem Winkel zugetragen" (26,26)[83]. 4. Falls

---

[76] *Dibelius*, Die Bekehrung des Cornelius 98 Anm. 1.
[77] *Dibelius*, a. a. O. 98. Dem entspricht in etwa meine eigene Auffassung von 1982: *Schneider*, Apg II 76.
[78] *Wilckens*, Missionsreden² 65–68.
[79] *Wilckens*, a. a. O. 65.
[80] *Wilckens*, a. a. O. 66.
[81] *Wilckens*, a. a. O. 67; ähnlich *Roloff*, Apg 167 f.
[82] *Wilckens*, a. a. O. 67.
[83] Vgl. *Haenchen*, Apg⁷ 658: „Tod und Auferstehung Jesu und die weiteren Wunder sind in voller Öffentlichkeit geschehen." Auf Apg 2,22 und 26,26 verweist schon *J. Dupont*, Repentir et conversion d'après les Actes des Apôtres (1960), in: ders., Études (siehe oben Anm. 27) 421–457, näherhin 441 Anm. 35. – Zur lukanischen Anschauung von der Verbreitung der Kunde von Jesu Wunderwirken – auch über das Judenland hinaus – siehe z. B. Lk 7,17.

man unter das „Ihr wißt" auch die Passion und Ostern eingeordnet sehen möchte[84], ist mindestens ab 10,41 ein Sachverhalt erwähnt, den Kornelius noch nicht kennen kann. Tod und Auferstehung mögen als „öffentliches" Geschehen verstanden sein; doch die Erscheinungen des Auferstandenen geschahen nicht παντὶ τῷ λαῷ, sondern vor bestimmten Zeugen (V. 41). Die Situation der Predigt vor Kornelius hat insofern eine Entsprechung in der Widmung des Lukas-Evangeliums an Theophilus, der gleichfalls über das Jesusgeschehen schon informiert war (Lk 1,4).

d) Apg 10,36–41 sprachlich unfertig? (Conzelmann)

Conzelmann hält Apg 10,36–41, jenen Abschnitt der Rede, der „das besonders ausführliche Kerygma" enthält, für sprachlich unfertig und vermutet (daher) eine „Notizensammlung"[85]. Was Conzelmann dabei näher im Auge hat, deutet er nur an, indem er in Klammern zufügt: „mit Dubletten?" Er weist darauf hin, daß die Verse 36 und 37 wie Parallelen wirken und das Relativum in Vers 36 dazu führt, daß ein konstruierter Satz nicht vorliegt[86]. Die Parallelität der beiden Verse ist indessen für den Duktus der Rede notwendig. Vers 36 hängt von καταλαμβάνομαι in Vers 34 ab und ist Apposition zu Vers 35[87]. Hier wird von der *dem Petrus* durch Gottes Eingreifen vermittelten Einsicht gesprochen, die ihn die Friedensbotschaft Jesu im Sinn jener umfassenden κυριότης Jesu Christi verstehen läßt, die sich auch auf die Heiden erstreckt. Vers 37 (mit Vers 38) hingegen bezieht sich auf das, was *die Hörer* der Predigt schon über Jesus vernommen haben. Diese Kenntnis wird durch den Redner vielleicht schon in den Versen 39f, jedenfalls aber 10,41f weitergeführt. Ein Unterschied zwischen den Versen 36 und 37 liegt darin, daß der erste von der Verkündigung Jesu, der zweite aber (zusammen mit V. 38) von dessen Taten spricht.

Conzelmann erwähnt das „unebene" nominativische ἀρξάμενος (V. 37b) nicht eigens. Er scheint es (nach dem Lösungsvorschlag von Dibelius[88]) für unproblematisch zu halten. Dennoch wird man nicht völlig ausschließen, daß

---

84 Vgl. Apg 26,26.
85 *Conzelmann*, Apg² 72. Vgl. schon *Dodd*, The Apostolic Preaching 27: „The Greek of X.35–38 is notoriously rough and ungrammatical, and indeed scarcely translatable, though the general meaning is clear."
86 *Conzelmann*, Apg² 72. Er denkt an „konkurrierende Überleitungen zum christologischen Topos" und verweist dazu auf *Dibelius*, Die Bekehrung des Cornelius 98 Anm. 1.
87 Siehe oben Anm. 72.
88 Siehe *Dibelius*, a. a. O. 98 Anm. 1: Das nicht mehr deklinierte, im Nominativ „erfrorene" ἀρξάμενος begegne auch 1,22 und Lk 23,5; 24,47. Siehe auch *Blaß/Debrunner*, Grammatik des neutestamentlichen Griechisch, Göttingen ¹⁴1976, § 137.3 mit Anm. 3. Zu der erleichternden Textvariante ἀρξάμενον (P⁴⁵ L P usw.) siehe *B. M. Metzger*, A Textual Commentary on the Greek New Testament, London/New York 1971, 379 f, der bei der Nominativ-Form von einer quasi-adverbialen Verwendung bzw. von einem *nominativus pendens* spricht.

der Nominativ hier „Relikt" einer Überlieferung ist, die das Partizip ursprünglich auf Jesus bezog (vgl. 1,22).

Eine weitere „Unebenheit" der Satzkonstruktion liegt in Vers 38 vor, wo der Akkusativ 'Ιησοῦν aus dem ὡς-Satz herausgenommen und an die Spitze gestellt ist[89].

Insgesamt wird man aber feststellen dürfen, daß sich das Kerygma der Petrusrede sprachlich weniger „unfertig" darstellt, als es auf den ersten Blick scheinen mag.

e) Verhältnis zu 1 Kor 15,3–8 (Stuhlmacher)

Schon Dodd hatte auf die Struktur der Formel von 1 Kor 15,3–5 und ihre Affinität zum Mk-Evangelium hingewiesen[90]. Gegenüber Stuhlmacher (1968) ist zunächst kritisch zu bemerken, daß er mit der um drei Verse erweiterten Formel 1 Kor 15,3–5.6–8 arbeitet. Doch auch wenn man 1 Kor 15,3–8 mit dem Mk-Evangelium vergleicht, kann man nur eine „Konzentration auf die Aussagen von Jesu Tod und Auferweckung" als strukturelle Gemeinsamkeit veranschlagen[91]. Die Erweiterung der kerygmatischen Formel um die Hinweise auf spätere Erscheinungen des Auferstandenen (VV. 6–8) hat bei Markus keine Entsprechung[92]; und die breite Darstellung des öffentlichen Wirkens Jesu im Mk-Evangelium hat wieder in der Formel von 1 Kor 15 kein Gegenstück[93]. Eine strukturelle Parallelität kann man hingegen zwischen 1 Kor 15,3–5.6–8 und dem lukanischen Doppelwerk feststellen[94]. Die relativ breite Behandlung der Jesusgeschichte im Kerygma der Petrusrede vor Kornelius hat ihren Grund also kaum in einer entsprechenden kerygmatischen Tradition, die älter ist als die Evangelienschriften.

f) Midraschartige Verflechtung von Bibelstellen? (Stanton)

Gegenüber der These Stantons, der Petrusrede Apg 10,34–43 liege eine midraschartige Verflechtung von Bibelstellen zugrunde[95], ist wahrscheinlich die Auffassung von E. Nellessen zutreffender, die 10,37–43 für einen Text hält, der von Lukas unter Aufnahme traditioneller Formeln und Septuaginta-

---

89 *Conzelmann*, Apg² 73; vgl. *Haenchen*, Apg⁷ 339 f, der auf Analogien in Apg 1,2; 4,33; 5,35; 9,20; 11,29; 12,25; 19,4 verweist.
90 Vgl. *Dodd*, The Apostolic Preaching 51 f.
91 *Stuhlmacher*, Das paulinische Evangelium I (siehe oben Anm. 2) 277.
92 Allerdings kann man die Erscheinung vor Kephas und den Zwölf (1 Kor 15,5b) mit der Andeutung von galiläischen Ostererscheinungen Mk 16,7 vergleichen.
93 Freilich kann man zeigen, daß die Darstellung des Mk-Evangeliums auf die Passion hin angelegt ist und insofern das Wirken Jesu als Vorgeschichte der Passion verstanden werden kann.
94 Vgl. 1 Kor 15,5.7 mit Lk 24,13–53 (Apg 1,2–8) und 1 Kor 15,8 (Erscheinung vor Paulus) mit den Damaskus-Berichten der Apg.
95 *Stanton*, Jesus of Nazareth 67–85.

Wendungen formuliert wurde⁹⁶. Im folgenden sollen die Entsprechungen der Septuaginta zu bestimmten Teilen der Petrusrede registriert werden, um deutlich zu machen, daß weder Zitationen noch wirkliche Anspielungen vorliegen, sondern sich der Text lediglich an biblische Formulierung anlehnt⁹⁷.

In der folgenden Übersicht bedeutet:
S = angeführt von Stanton, N = angeführt von Nestle[25], A = angeführt von Nestle/Aland[26].

Zu *Apg 10,36a* kommen folgende LXX-Stellen in Frage:
Ps 106,20 ἀπέστειλεν τὸν λόγον αὐτοῦ   S N A
Ps 147,7f ἀποστελεῖ τὸν λόγον αὐτοῦ ... τῷ Ἰσραήλ   N (A)
Jes 52,7 εὐαγγελιζομένου ἀκοὴν εἰρήνης   S N A
Jes 61,1 εὐαγγελίσασθαι πτωχοῖς ἀπέσταλκέν με
Nah 2,1 εὐαγγελιζομένου ... εἰρήνην   N A

Zu *Apg 10,36b* kommt in Frage:
Weish 6,7 (8,3) πάντων δεσπότης   A

Zu *Apg 10,38b* kommt in Frage:
Jes 61,1 πνεῦμα κυρίου ἐπ' ἐμέ, οὗ εἵνεκεν ἔχρισέν με   S N A

Zu *Apg 10,38c* kommen in Frage:
Ps 106,20 καὶ ἰάσατο αὐτούς   S
Jes 61,1 ἀπέσταλκέν με, ἰάσασθαι   S N A

Zu *Apg 10,38d* kommen in Frage:
Jes 41,10 μετὰ σοῦ γάρ εἰμι ... ὁ θεός σου
Jes 58,11 ἔσται ὁ θεός σου μετὰ σοῦ διὰ παντός   A

Zu *Apg 10,39b* kommt in Frage:
Dtn 21,22 κρεμάσητε αὐτὸν ἐπὶ ξύλου   S N A

Zu *Apg 10,40a* kommt in Frage:
Hos 6,2 ἐν τῇ ἡμέρᾳ τῇ τρίτῃ   A

Zu *Apg 10,42a* kommt in Frage:
Jes 61,1 κηρύξαι

Zu *Apg 10,43* kommt in Frage:
Jes 61,1 ἄφεσιν

Die Liste der möglicherweise berührten Schriftstellen läßt unschwer erkennen, daß am häufigsten Jes 61,1 in Frage kommt, und zwar auffallenderweise

---

96 *Nellessen*, Zeugnis für Jesus und das Wort 191.
97 Von den LXX-Stellen sind jeweils nur die Wörter unterstrichen, die innerhalb von Apg 10,36–42 in der gleichen Form vorkommen. Falls eine abweichende Form der gleichen Vokabel steht, ist dies durch unterbrochene Unterstreichung gekennzeichnet.

von Apg 10,36.38 bis zu 10,42.43. Während Stanton den Anfang der Petrusrede als Exposition von Ps 106,20 LXX mit Bezugnahme auf Jes 52,7 und 61,1 verstehen will[98], sieht J. Dupont den zugrundeliegenden Bibeltext in Jes 61,1 (und 52,7)[99]. Er denkt diesbezüglich an eine Quelle des Lukas, schließt jedoch nicht aus, daß lukanische Redaktion vorliegt[100]. Der Einfluß von Ps 106,20 LXX wird mit auffallender Zurückhaltung beurteilt[101]. In einer neueren Abhandlung kommt Dupont zu der Schlußfolgerung: Apg 10,38 und die hier vorliegende Auslegung von Jes 61,1 müssen als eine Komposition des Lukas gelesen werden, die auf der gleichen literarischen Ebene liegt wie Lk 4,16–22[102].

g) Weitere Argumente (Stuhlmacher)

Neben den Gründen, die Stuhlmacher für ein in der Petrusrede vor Kornelius vorliegendes vorlukanisches Aufbauschema anführt[103], nennt er „auch inhaltliche Berührungspunkte mit alter Tradition"[104]. Auf diese angeblichen Berührungspunkte, die Guelich neuerdings rekapituliert[105], sei hier kritisch eingegangen.

1) Daß Lukas nur Apg 10,36 innerhalb der Acta-Reden den Christustitel gebrauche, trifft einfach nicht zu. Man vergleiche nur 2,31.36; 3,18.20; 4,10.

2) Daß nur Apg 10,40 „von der Auferweckung am dritten Tage" spreche, gilt lediglich für die Apostelgeschichte. Lukas formuliert im Evangelium konstant (auch gegen Mk): „am dritten Tage"; vgl. Lk 9,22 (diff. Mk); 18,33 (diff. Mk); 24,7.46[106].

3) Statt des sonst üblichen Heilsrufes begegne am Schluß der Rede „eine an das κατὰ τὰς γραφάς [1 Kor 15,3.4] der alten Paradosis erinnernde summari-

---

98 *Stanton*, Jesus of Nazareth 77: „The first part of Peter's speech, at least, is better understood as an exposition of Ps. 107:20, with reference to Isa. 52:7 and Isa. 61:1, than as Luke's summary of his own Gospel."
99 *Dupont*, L'utilisation apologétique (siehe oben Anm. 36) 271: „Pierre fait allusion à Is 52,7 puis 61,1. L'enchaînement des idées est difficile. Pour le rendre clair, il suffit de restituer le texte d'Is 61,1 au complet, tel que Luc le cite dans son évangile (4,18): on constate alors qu'un mot-crochet, le mot *euangelion*, le rattache étroitement à Is 52,7." Vgl. *M. Dumais*, Le langage de l'évangélisation. L'annonce missionnaire en milieu juif (Actes 13,16–41), Tournai/Montréal 1976, 128, der die Rede vor Kornelius für einen „commentaire ‚pesher' d'Isaïe 61,1–2" hält.
100 *Dupont*, a. a. O. 271.
101 Vgl. *Dupont*, a. a. O. 281 f.
102 *Dupont*, Jésus (siehe oben Anm. 44) 155. Er betont, daß Jes 61,1 schon vor Lukas in christologischer Auslegung Verwendung fand, was Lk 7,22 par. Mt 11,5 ausweise.
103 *Stuhlmacher*, Das paulinische Evangelium I 277 f mit Anm. 2.
104 *Stuhlmacher*, a. a. O. 179 Anm. 1.
105 *Guelich*, The Gospel Genre (siehe oben Anm. 61) 210 Anm. 181. Im folgenden (unter 1–4) stammen die Zitate von *Stuhlmacher*, a. a.O 279 Anm. 1.
106 Auffallend ist Apg 10,40 lediglich das von den Textzeugen Sinaiticus* C 6 pc vertretene ἐν vor der dativischen Zeitangabe.

sche These über den Schriftbeweis" (10,43). Jedoch: Daß in der Rede vor Kornelius der in Umkehrpredigten übliche Heils- bzw. Bußruf fehle, kann man nicht sagen; denn er ist indirekt und schonend in Vers 43 vorhanden, und zwar als „Einladung" zum Glauben. Dieses „Verfahren" ist auch in anderen Missionspredigten der Apostelgeschichte zu beobachten: 5,31f; 13,38–41; 17,30f. Der Hinweis auf die Propheten im Zusammenhang mit dem Ansagen der Sündenvergebung entspricht einerseits dem lukanischen Verständnis von Jes 61,1[107]; diese Verknüpfung läßt sich andererseits auch an den echt lukanischen Versen Lk 24,46f ablesen.

4) Die Verwendung des Wortstammes εὐαγγελ- erfolge Apg 10,36 in einer Weise, die bei Lukas einzigartig genannt werden müsse (Tradition von *Gott* als dem εὐαγγελιζόμενος). Dieser Gedanke könne „Lukas nur von der Tradition her zugekommen sein (vgl. Röm 1,1f.)". Demgegenüber muß darauf verwiesen werden, daß Lukas den traditionellen Begriff des „Evangeliums Gottes" (Mk 1,14; Röm 15,26; 2 Kor 11,7) bzw. des Ursprungs der Verkündigung in Gott von sich aus auch an anderen Stellen seines Werkes durch das Verbum εὐαγγελίζομαι zum Ausdruck bringt[108]. Auch die für Lukas grundlegenden Jesajastellen verwenden schließlich das Verbum: Jes 52,7; 61,1. Derjenige, durch den Gott zu den Menschen spricht, wird von Lukas auch sonst durch διά mit Genitiv eingeführt: Lk 1,70; 18,31; Apg 1,16; 2,16; 3,18.21; 4,25; 13,38; 28,25.

h) „Untypische" sprachliche Elemente? (Guelich)

Guelich beruft sich bei der Feststellung, Apg 10,37f bestehe „aus Ausdrücken, die für die Sprache des Lukas ganz untypisch" seien[109], auf H. Conzelmann[110]. Die von Guelich für seine Behauptung beanspruchten Wendungen[111] müssen jedoch einer Prüfung unterzogen werden.

1) „Jesus von Nazaret". Zwar schreibt Lukas sonst „Jesus, der Nazoräer" (Lk 18,37; Apg 2,22; 3,6; 4,10; 6,14; 22,8; 26,9); doch geht es im Zusammenhang der Rede vor Kornelius um die geographische Erstreckung der Botschaft „von Galiläa" (V. 37) bis nach Jerusalem (V. 39). Dabei wird der Anfang mit ἀπὸ Ναζαρέθ markiert, was übrigens in der Nennung des Ortsnamens Lk 1,26; 2,4.39.51 („Nazaret") und Lk 4,16 („Nazara") eine Entsprechung hat[112].

---

[107] Siehe oben unter f. Vgl. Lk 4,18; dazu den Kommentar G. *Schneider,* Das Evangelium nach Lukas I (ÖTK 3/1), Gütersloh/Würzburg ²1984, 107 f.
[108] Vgl. etwa Apg 13,32; 15,35; 16,10.
[109] *Guelich,* The Gospel Genre 211. Vgl. oben bei Anm. 68.
[110] *Conzelmann,* Apg¹ 65. Conzelmann bemerkt jedoch zu Apg 10,37, der Inhalt des ῥῆμα sei „spezifisch lukanisch", und zu 10,38, zum Bild des Wirkens Jesu biete „das Lc-Ev den Kommentar".
[111] *Guelich,* a. a. O. 211 mit Anm. 185–189.
[112] Die Variationsbreite bei Lukas zeigen weiterhin Lk 4,34 und 24,19 an, wo Jesus mit „Nazarener" angeredet wird.

2) „Mit heiligem Geist und Kraft". Zu dieser Wendung wird zwar auf Apg 1,8 verwiesen, wo δύναμις die Kraft des „heiligen Geistes" bezeichnet. Ein Hinweis auf Lk 4,14 (Jesus „in der Kraft des Geistes") fehlt jedoch. Ferner wäre auf Lk 4,36 zu verweisen als eine Sachparallele zu Apg 10,38c (Jesu Kampf gegen die „unreinen Geister" bzw. den Teufel) sowie auf Lk 5,17 als Analogie zum gleichen Versteil der Petrusrede (δύναμις ... εἰς τὸ ἰᾶσθαι).

3) εὐεργετῶν. Das Verbum ist zwar Hapaxlegomenon im Neuen Testament; doch begegnen die stammverwandten Vokabeln εὐεργεσία (Apg 4,9) und εὐεργέτης (Lk 22,25) bei Lukas in einer indirekten Beziehung zum heilenden Wirken Jesu[113].

4) „Heilend alle vom Teufel Unterdrückten". Hier ist auf die Angaben unter 2) zu verweisen. Wenn Guelich meint, ἰώμενος sei ein eher allgemeiner Begriff bei Lukas und werde sonst nicht mit „vom Teufel Unterdrückten" verbunden, so hat er dabei offenbar Lk 4,36 (9,1) übersehen[114].

5) „Gott war mit ihm". Sachparallelen sind keineswegs nur Joh 3,2; 8,29. Vielleicht darf man an Jes 41,10 oder 58,11 erinnern. Doch abgesehen von der Formulierung muß man mit Conzelmann konstatieren: „Der Schluß von V 38 zeigt die lukanische Subordinationschristologie."[115]

Von den „unusual references", die Guelich in Apg 10,39–42 zu erkennen glaubt[116], ist die Auferstehung „am dritten Tag" schon besprochen worden[117]. Die Wendung „ihn ans Holz hängend" (V. 39) lehnt sich an Dtn 21,22 an. Sie begegnet auch Apg 5,30 und (als Zitat von Dtn 21,23!) Gal 3,13 (vgl. Lk 23,39). Die Bestimmung Jesu zum Richter „der Lebenden und der Toten" (V. 42) wird erst in den Spätschriften des Neuen Testaments erwähnt und scheint keine „alte" Überlieferung zu repräsentieren: mit dem Verbum κρίνειν 2 Tim 4,1; 1 Petr 4,5 (vgl. auch Apg 17,31); Barn 7,2; Hegesipp bei Eusebius, HE III 20,4, mit κριτής (wie Apg 10,42) 2 Clem 1,1; Polyc 2,1; ActThom 30[118].

Auch die Wendung „verkündigend Frieden durch Jesus Christus" (Apg 10,36) hält Guelich für eine „unusual expression" bei Lukas. Ungewöhnlich ist diese Wendung nicht, wenn man bedenkt, daß Lukas sich an Jes 52,7 und 61,1 anlehnt. Daß der hier als Hauptthema der Verkündigung bezeichnete Friede der zwischen Juden und Heiden ist, entspricht der Aussage von Eph

---

113 Vgl. *G. Schneider*, εὐεργετέω κτλ., in: EWNT II 191–193.
114 Siehe auch *Neirynck*, Le Livre des Actes (siehe oben Anm. 47) 116 Anm. 84.
115 *Conzelmann*, Apg¹ 65. Siehe auch Apg 7,9; 11,21; dazu W. *Radl*, μετά, in: EWNT II 1016–1018, bes. 1018 (unter 3).
116 *Guelich*, a. a. O. 211.
117 Siehe oben unter g. 2.
118 Siehe dazu *E. Gräßer*, Das Problem der Parusieverzögerung in den synoptischen Evangelien und in der Apostelgeschichte (BZNW 22), Berlin ³1977, 211: „Das Interesse des Lukas an der Vollendung des Individuums hat seine feste Formulierung in dem Satz von Christus als dem Richter der Lebendigen und der Toten gefunden (10,42), der dann Eingang in das Symbolum Romanum gefunden hat."

2,17 (vgl. 6,15 „Evangelium des Friedens"). Die Wendung von Apg 10,36 hat der Sache nach in Lk 4,16–27 eine Parallele.

Die Untersuchung von Guelich zeichnet sich im übrigen dadurch aus, daß Elemente der lukanischen Redaktion ausdrücklich hervorgehoben werden[119]: 1. die zeitliche Abhebung der Täufer-Predigt vom „Beginn" des Wirkens Jesu (vgl. Lk 16,16); 2. der Hinweis auf die „Zeugen" (Apg 10,39a); 3. das gemeinsame Essen und Trinken mit dem Auferstandenen (vgl. Lk 24, 41–43); 4. die Bezugnahme auf die Propheten (vgl. Lk 24, 27.42–44).

i) Zwischenergebnis

Nach der kritischen Sichtung jener Argumente, die angeblich für weitgehend traditionelle Bestandteile der Petrusrede vor Kornelius sprechen sollen, bleibt neben der sprachlichen „Unebenheit" des Nominativs ἀρξάμενος (V. 37b) im Grunde nur noch das Argument aus der Schriftverwendung, namentlich der Hinweis auf Jes 61,1 (in Apg 10,36a.38b.c.42a.43)[120]. Da diese Jesaja-Stelle in den Versen 38.42.43 der Rede lukanisch-redaktionell verarbeitet erscheint, liegt es nahe, die gesamte auslegende Verwendung dieser Schriftstelle auf die Bibelexegese des Lukas zurückzuführen.

Vorlukanische Tradition läßt sich, abgesehen von der Anspielung auf Dtn 21,22 in Vers 39, am ehesten wohl in Vers 36 der Petrusrede vermuten. Die bisher ausgemachten Traditionselemente bilden jedoch, für sich genommen, keinen zusammenhängenden Text. Sie können nicht einmal für das Jesuskerygma der Rede konstitutiv gewesen sein. Daher hat die These, Apg 10,36–43 biete das (vorlukanische) „kerygmatische Grundmuster der von Markus inaugurierten Evangelienschreibung"[121], keinen ausreichenden Anhalt am Text der Petrusrede.

3. Apg 10,34–43 als lukanische Komposition

Nachdem sich gezeigt hat, daß die These vom vorlukanisch-traditionellen Charakter der Petrusrede vor Kornelius auf schwachen Füßen steht, soll nun – gewissermaßen als Gegenprobe – versucht werden, die Rede von der Voraussetzung her auszulegen, daß es sich um eine Komposition des Acta-Verfassers handelt. Bei diesem positiven Versuch soll natürlich berücksichtigt werden, was im vorausgehenden kritisch erarbeitet wurde.

---

119 *Guelich*, a. a. O. 211 Anm. 190.
120 Ferner spielen Ps 106,20 (147,7 f) LXX und Dtn 21,22 eine gewisse Rolle. Wahrscheinlich stammt indessen nur Dtn 21,22 aus vorlukanischem Gebrauch.
121 So *Stuhlmacher* in: EvEvv 23.

a) Die Struktur der Rede

Zunächst ist festzustellen, daß die Petrusrede eine mehrfache Symmetrie aufweist, zwischen dem *exordium* (10,34f) und der *peroratio* (10,43), aber auch zwischen den Versen 36 einerseits und 42 andererseits[122]. Am Anfang wie am Ende der Rede wird die Universalität des Heils betont, das auch die Heiden erreicht. In beiden Fällen wird dabei eine Form von πᾶς verwendet[123]. Eingangs wie am Ende wird eine Voraussetzung für den Heilsempfang auf seiten des Menschen genannt: Vers 35 „wer ihn fürchtet und Gerechtigkeit übt", Vers 43 „der an ihn glaubt"[124]. Am Anfang (V. 36) und am Ende (V. 42) wird erklärt, daß die erwähnte Heilsuniversalität Gegenstand einer Botschaft ist, die in besonderer Weise an Israel ergeht und die umfassende Rolle Jesu betrifft[125]: „das Wort, das er den Israeliten sandte, ihnen Frieden verkündigend durch Jesus Christus" (V. 36a), „und er hat uns aufgetragen, dem Volk (λαός) zu verkündigen und zu bezeugen" (V. 42a). Die universale Rolle Jesu wird am Ende beider Verse herausgestellt: Gottes Friedensbotschaft lautet: „Dieser ist der Herr aller (Menschen)" (V. 36b); die den Aposteln aufgetragene Botschaft lautet: „Dieser ist der von Gott bestimmte Richter der Lebenden und der Toten" (V. 42b)[126].

Die Symmetrie zwischen 10,34–36 und 10,42–43 läßt die Verse 37–41 als das *corpus* der Rede erscheinen. Das einleitende ὑμεῖς οἴδατε markiert also dessen Beginn. Der Hauptteil hat zwei (symmetrisch angeordnete) Teile, die das Jesus-Ereignis darlegen. Es hat sich in zwei zeitlichen Abschnitten abgespielt, als öffentliches Wirken (VV. 37–39a) und als Tod und Auferweckung (VV. 39b–41). Neben dem zeitlichen Nacheinander ist auch der räumliche Aspekt angezeigt[127]: „im ganzen Judenland" (V. 37a), bis nach Jerusalem (V. 39). Die geographische Erstreckung des Wirkens Jesu begann in Galiläa, erfaßte das ganze Judenland und endete in Jerusalem (VV. 37a.b.39; entsprechend Lk 23,5)[128]. In diesem Zusammenhang erscheint die für Lukas ungewöhnliche Formulierung „Jesus von Nazaret" (V. 38a) plausibel: „Jesus, der von Nazaret kam", der Nazaret als Ausgangspunkt seines Wirkens hatte.

Ein weiterer Punkt, der die Parallelität von 10,37–39a und 10,39b–41 anzeigt, ist der jeweils abschließende Hinweis auf die Zeugenschaft der Apostel: für das öffentliche Wirken (V. 39a), für Tod und Auferweckung (V. 41).

---

122 Siehe *Dupont*, Jésus (siehe oben Anm. 44) 150 f.
123 V. 35 ἐν παντὶ ἔθνει, V. 43 πάντα.
124 In beiden Fällen stehen Partizipien: φοβούμενος/ ἐργαζόμενος bzw. πιστεύοντα; siehe *Dupont*, a. a. O. 151.
125 *Dupont*, a. a. O. 151.
126 Siehe das jeweils einleitende οὗτός ἐστιν.
127 *Dupont*, a. a. O. 151, meint: „La distinction est peut-être encore plus géographique que chronologique."
128 Vgl. auch Lk 4,14 Galiläa; 5,1 (4,44) ganzes Judenland; 19,28 Jerusalem.

Selbstverständlich beweist die auffallende Symmetrie im Aufbau der Petrusrede nicht, daß Lukas sie ohne traditionellen Anhalt gestaltete. Aber sie zeigt doch an, in welch hohem Maß sie eine Komposition des Lukas ist: Sie entspricht in der Symmetrie der Verse 37–39a und 39b–41, besonders auch in der Überschneidung beider Teile durch die Ereignisse in Jerusalem, der Zuordnung von Lukas-Evangelium und Apostelgeschichte, also dem lukanischen Doppelwerk.

b) Rahmen und Situation

Daß der Rahmen der Petrusrede diese mit dem Kontext verknüpft und somit Rede und Situation aufeinander abstimmt, kann schlechterdings nicht bestritten werden. Die wunderbaren Ereignisse, die Petrus zu Kornelius führten (vgl. Apg 10,9–16.17–29.30–33), brachten den Protagonisten der christlichen Mission zu neuer Erkenntnis. Gott hatte ihm „gezeigt, daß man keinen Menschen unheilig oder unrein nennen darf" (10,28). Er begriff nun, „daß Gott nicht auf die Person sieht, sondern daß ihm in jedem Volk willkommen ist, wer ihn fürchtet und Gerechtigkeit übt" (10,34b.35). Ihm ist klargeworden, daß die Friedensbotschaft, die Gott durch Jesus an Israel ergehen ließ, letztlich ausweist: Dieser Jesus Christus ist „Herr aller Menschen" (V. 36)[129]. Über Jesu Wirken im ganzen Judenland (vgl. 10,37a) sind die Hörer, „gottesfürchtige" Heiden, offensichtlich weitgehend schon unterrichtet. Ihre Kenntnis reicht wohl – nach Meinung des Lukas – bis zum Wissen um den Kreuzestod Jesu in Jerusalem. Doch schon die an Dtn 21,22 angelehnte Formulierung in Vers 39b kann den Hörern eine neue Erkenntnis vermitteln: daß der Kreuzestod „schriftgemäß" war. Auf jeden Fall setzt Lukas jedoch voraus, daß die Auferweckung Jesu nicht allgemein und öffentlich bekannt war, weil der Auferstandene „nicht dem ganzen Volk", sondern nur einem bestimmten Zeugenkreis von Gott sichtbar gemacht worden ist (V. 41).

Der Schluß der Rede berücksichtigt insofern die Situation vor Kornelius, als er Jesus als den künftigen Richter vorstellt, die Umkehrforderung nur indirekt ergehen läßt und (gleichfalls indirekt) zum Glauben an Jesus Christus aufruft (VV. 42f).

Die „Richtigkeit" der neuen Erkenntnis des Petrus (10,34–36) wird durch das noch während der Rede sich ereignende Herabkommen des heiligen Geistes auf die Hörer (10,44) bestätigt.

Nicht nur der Rahmen der Rede, sondern auch ihr fortschreitender Gedankengang paßt vorzüglich zur erzählten Situation. Es kann somit nicht argumentiert werden, weil zwischen Rede und Kontext „Brüche" sichtbar würden, sei die Rede im wesentlichen vorlukanisch.

---

129 Vgl. hingegen in der Pfingstpredigt Apg 2,36: „Mit Gewißheit erkenne nun das ganze Haus Israel, daß Gott ihn zum Herrn (κύριον) und Messias (χριστόν) gemacht hat, diesen Jesus, den ihr gekreuzigt habt."

c) Jes 61,1 LXX als Grundlage der lukanischen Komposition

Die oben (unter 2.f) gebotene Übersicht über die für die Petrusrede möglicherweise belangvollen Schriftstellen hat gezeigt, daß Jes 61,1 mehrfach in Frage kommt, vielleicht in Verbindung mit anderen Texten aus Deutero-Jesaja (52,7; 58,11).

Geht man davon aus, daß die christologische Verwendung von 61,1 dem Acta-Verfasser durch die Logienquelle (Lk 7,22 par. Mt 11,5) bekannt war[130], so kann man die Bezugnahme des lukanischen Doppelwerkes auf diesen Topos der Septuaginta-Exegese des Lukas zuschreiben[131]. Ein Blick auf Lk 4,18f kann diese Vermutung nur bestätigen. Hier wird (über den Text von Mk 6,1–6 hinausgehend) Jes 61,1f LXX (in Verbindung mit Jes 58,6) zitiert. Als Aufgabe des „Gesalbten" wird in der Zitatenkombination die Verkündigung der ἄφεσις[132] besonders herausgestellt[133]. Lukas weiß, daß das Stichwort ἄφεσις in der Botschaft Jesu noch der Präzisierung bedarf, und zwar im Sinne der *Sünden*vergebung. Der Ausdruck ἄφεσις ἁμαρτιῶν begegnet im Munde Jesu zwar erst Lk 24,47, aber Jesus spricht schon Lk 5,20.23 Sündenvergebung zu[134]. „Vergebung der Sünden" ist denn auch das Ziel der Umkehrpredigt des Petrus (Apg 2,38; 5,31; 10,43) und des Paulus (13,38; 26,18). Daß die Sündenvergebung allen Völkern zukommen soll, sagt zwar schon der auferstandene Christus Lk 24,47 (mit Hinweis auf prophetische Verheißung, vgl. 24,44.46f). In der Apostelgeschichte ist jedoch 10,43 die erste Stelle, die auch die Heiden ausdrücklich in die Ansage der Sündenvergebung einbezieht[135].

Daß die Petrusrede vor Kornelius auf Jes 61,1 Bezug nimmt, wird mit Recht vor allem aus Vers 38 erschlossen, wo die Salbung Jesu mit heiligem Geist erwähnt ist. Diese Angabe indessen ist hier nicht als Hinweis auf einen prophetischen Text gekennzeichnet, sondern läßt den Leser – wie schon an

---

130 Siehe oben Anm. 102. Als Bezugnahme auf Jes 61,1 kann man auch die erste Seligpreisung (der „Armen") Lk 6,20 par. Mt 5,3 verstehen. Vgl. ferner Apg 4,27 („den du gesalbt hast") mit Jes 61,1 („er hat mich gesalbt").
131 Zur Verwendung des Jesaja-Buches (LXX) durch Lukas siehe vor allem *T. Holtz*, Untersuchungen über die alttestamentlichen Zitate bei Lukas (TU 104), Berlin 1968, 29–43. Er behandelt besonders Jes 66,1–2 (Apg 7,49 f); Jes 53 (Apg 8,32 f); Jes 49,6 (Apg 13,47); Jes 6,9 f (Apg 28,26 f); Jes 40,3–5 (Lk 3,4–6); Jes 61,1 f (Lk 4,18 f); Jes 53,12 (Lk 22,37). Er beschließt diesen Teil seiner Untersuchungen mit der Feststellung: „Es darf als sicher gelten, daß Lukas mit dem Jesaja-Buche einigermaßen vertraut war, daß er es bei seiner schriftstellerischen Arbeit zur Hand hatte ... und daß er sich bemüht, möglichst genau, auch dem ‚Sinn' der Stelle entsprechend, zu zitieren." Zur Verwendung von Jes 61,1 f in der Petrusrede vor Kornelius siehe vor allem *Dupont*, Jésus 152–155.
132 Die Betonung ist dadurch ersichtlich, daß Jes 61,1 f und 58,6 *sub voce* ἄφεσις kombiniert erscheinen; siehe dazu *Schneider*, Evangelium nach Lukas (siehe oben Anm. 107) 107 f.
133 *M. Rese*, Alttestamentliche Motive in der Christologie des Lukas (StNT 1), Gütersloh 1969, 153 f, ist der Ansicht, Lukas habe das Jes-Zitat wohl selbst zusammengestellt.
134 Siehe ferner Lk 5,21.24; 7,47.48.49; 11,4; 12,10.
135 Vgl. Apg 5,31, wo sie expressis verbis auf Israel beschränkt erscheint.

der Stelle Apg 4,27 – auf Lk 4,18f zurückblicken[136]. Wenn es heißt, Gott habe Jesus „mit heiligem Geist und Kraft" gesalbt, so ist an Lk 4,14 erinnert: Jesus kehrte „in der Kraft des Geistes" nach Galiläa zurück. In dieser „Kraft" heilte er Kranke (Lk 5,17). Diese Verbindung von δύναμις und Krankenheilung wird Apg 10,38 mit dem gleichen Stichwort ἰάομαι aufgegriffen[137]. Auch schon in der Evangelienschrift hatte Lukas die δύναμις Jesu als Macht über die Dämonen gekennzeichnet (Lk 4,36[138]; vgl. Apg 10,38b).

Die Verwendung von εὐαγγελίζομαι Apg 10,36 (mit dem Objekt εἰρήνην) kann ebenfalls auf Jes 61,1 zurückgehen, wobei Lukas das Akkusativobjekt aus Jes 52,7 (57,19) erschlossen hätte[139]. Der Ursprung der Friedensverkündigung bei Gott selbst mag zwar für Lukas ungewöhnlich sein. Doch geht es nach der Feststellung von Apg 10,34f über Gottes erkannte wohlwollende Einstellung den Heiden gegenüber nun in Vers 36 darum, diesen Heilswillen auch aus der Botschaft Gottes, wie sie durch Jesus erging, zu erkennen. Daß mit der Person Jesu im Grunde schon Gottes Friedensbotschaft erging, zeigt Lk 2,14: In Jesu Geburt ereignet sich „bei den Menschen des Wohlgefallens" Friede.

d) Christliche Verkündigungssprache

An einigen Stellen der Petrusrede vor Kornelius lassen sich geprägte Wendungen bzw. Formulierungen christlicher Verkündigungssprache, teilweise wohl aus nach-paulinischer Tradition stammend, ausmachen oder vermuten. Sie seien hier nur andeutend registriert. Wahrscheinlich handelt es sich dabei jedoch nicht um alte Überlieferung, sondern um christlich geprägte Redeweise im letzten Drittel des 1. Jahrhunderts.

1) Daß Gott kein προσωπολήμπτης ist (V. 34), wird der Sache nach Röm 2,11 (wenn auch bei Verwendung von προσωπολημψία[140]) gesagt. Die ganze Wortgruppe, zu der auch προσωπολημπτέω[141] gehört, ist bisher nur in christlichem Sprachgebrauch (nicht in der Septuaginta) nachgewiesen. Daß in der Petrusrede „paulinische" Tradition vorliegt, kann die Aussage von Röm

---

136 Siehe *Rese*, Alttestamentliche Motive 119: „Genau wie A 10,38 würde auch hier [4,27] kaum jemand auf den Gedanken gekommen sein, ὃν ἔχρισας sei eine Anspielung auf Jes 61,1, wenn nicht Jes 61,1 in L 4,18 f. zitiert würde." *Rese* hält (a. a. O. 117 f. 120) Apg 10,38 gegenüber Lk 4,18 für sekundär. Vgl. *D. Seccombe*, Luke and Isaiah: NTS 27 (1980/81) 252–259, 254.
137 Siehe auch Lk 6,19. Für die Verwendung von ἰάομαι Apg 10,38 braucht man somit nicht Ps 106,20 LXX zu beanspruchen. Die Verknüpfung von Geistbesitz und Heilungskraft ergibt sich für Lukas aus Jes 61,1. Siehe die Übersicht oben unter 2. f.
138 Lk 4,36 hat Lukas gegenüber Mk 1,27 das Stichwort δύναμις von sich aus eingefügt, wahrscheinlich, um die Verbindung zu 4,14 herzustellen. Vgl. auch Lk 9,1.
139 Vgl. *Seccombe*, Luke and Isaiah 254.
140 Kommt im NT nur noch Kol 3,25; Eph 6,9; Jak 2,1 vor, ferner Pol 6,1.
141 Einziges Vorkommen Jak 2,9. Siehe jedoch auch λαμβάνω πρόσωπον Lk 20,21 (diff. Mk); Barn 19,4; Did 4,3.

2,10f nahelegen, die eine Parteilichkeit Gottes gegenüber Juden und Heiden bestreitet und demgegenüber auf das rechte Tun des Menschen abhebt[142].

2) Der von bzw. durch Jesus verkündigte Friede (V. 36) wird auch Eph 2,17 (6,15) als Friede zwischen Juden und Heiden verstanden. Letztlich liegt beiden Stellen Jes 52,7 bzw. 57,19[143] (vgl. Nah 2,1) zugrunde.

3) Das Bekenntnis „Diesen hat Gott auferweckt am dritten Tag (und hat verliehen, daß er erschien)" (V. 40) steht höchstwahrscheinlich in einem Traditionszusammenhang mit der alten Formel von 1 Kor 15,3–5[144]. Aber Lukas hat hier die Formel selbständig aufgegriffen, wie schon die in Vers 39b ganz anders (im Anschluß an Dtn 21,22) formulierte Erwähnung des Kreuzestodes zeigt.

4) Die Ankündigung des durch Jesus Christus vollzogenen Gerichts über „Lebende und Tote" (V. 42) ist zwar als christlicher Lehrtopos relativ breit bezeugt, im Neuen Testament auch 2 Tim 4,1; 1 Petr 4,5[145]. Sie scheint relativ jung zu sein und wird die Erfahrung der ausgebliebenen Parusie voraussetzen.

5) Der Empfang der Sündenvergebung ist Vers 43 nicht nur an die Vermittlung des Namens Jesu Christi gebunden, sondern an das πιστεύειν, den Glauben an Christus. Der Ausdruck πᾶς ὁ πιστεύων begegnet auch am Ende der Paulusrede in Antiochia (Apg 13,39). Die Wendung erinnert an Röm 1,16; 3,22; 10,4.11. Vielleicht hat Lukas empfunden, daß er 10,43 den Petrus „paulinisch" reden läßt[146]. Doch kommt der Ausdruck auch in „johanneischer" Tradition vor: Joh 3,15.16; 6,40; 11,26; 12,46; 1 Joh 5,1.

e) Beziehungen zum Lk-Evangelium und zum Apg-Kontext

Die These, Lukas „rekapituliere" in der Petrusrede vor Kornelius seine eigene Evangelienschrift (nicht eine alte vorlukanische kerygmatische Überlieferung), kann sich, abgesehen von anderen schon besprochenen Anhaltspunkten, auf eine Reihe von Konvergenzen zwischen Apg 10,34–43 und dem dritten Evangelium sowie der Apostelgeschichte stützen. Diese Übereinstimmun-

---

142 Vgl. auch den entsprechenden Kontext: „Friede jedem, der das Gute tut, dem Juden zuerst und (auch) dem Griechen" (Röm 2,10). Siehe auch 1 Petr 1,17.
143 Jes 57,19 und Eph 2,17 stimmen in der Formulierung εἰρήνην ... τοῖς μακρὰν καί ... τοῖς ἐγγύς überein. Die Verwendung von εὐαγγελίζομαι Eph 2,17 geht wohl auf Jes 52,7 zurück (siehe Eph 6,15). Zur Auslegung siehe *R. Schnackenburg*, Der Brief an die Epheser (EKK 10), Zürich/Neukirchen 1982, 118. Schon *E. Käsemann*, Ephesians and Acts, in: Studies in Luke-Acts, ed. by Keck/Martyn, London 1968, 288–297, hat die Verwandtschaft zwischen beiden ntl. Schriften erkannt, ohne freilich auf Eph 2,17 (6,15) einzugehen: „Just as the astonishment over the acceptance of the Gentiles in Eph. 1:13–14 has its closest parallel in the conclusion of the Cornelius pericope, so the redemptive-historical aspect dominates the work of Luke as a whole and also its ecclesiology" (297).
144 Siehe dazu jedoch auch oben unter 1.c und 2.e.
145 Weitere Belegstellen sind oben unter 2.h (gegen Ende) genannt.
146 Siehe dazu *Schneider*, Apg II 79 Anm. 192; 140 Anm. 124.

gen, die zum Teil schon genannt worden sind[147], sollen hier stichwortartig zusammengestellt werden. Die Anordnung folgt den einzelnen Versen aus Apg 10,34–43.

Verse 34.35 verbinden die Rede mit dem erzählenden Kontext. Weil Petrus auf wunderbare Weise zu Kornelius geführt wurde, kommt er zu der Erkenntnis, daß Gott auch die Heiden „willkommen" sind[148]. Beziehungen zu Lk: Bestreitung der Parteilichkeit (Lk 20,21); δεκτός (Lk 4,19 im Anschluß an Jes 61,2[149]).

Vers 36: πάντων κύριος ist Gegenstand der jetzt neu gewonnenen Erkenntnis (gegenüber Apg 2,36), gleichsam die Summe der neu verstandenen Gottesbotschaft, wie sie durch Jesus ergangen ist. Der „Friede" gründet in der Person Jesu (Lk 2,14).

Vers 37: Die Botschaft Gottes durch Jesus erstreckt sich auf das gesamte Judenland (Lk 4,44; 23,5). Das Wirken Jesu geht von Galiläa aus (4,14.16; 23,5), und zwar nach der Taufe durch Johannes (4,14; 16,16; vgl. Apg 1,22; 13,24).

Vers 38: Nach der Salbung Jesu durch den heiligen Geist (Lk 4,18) und mit „Kraft" (4,14) wirkte er „Wohltaten spendend"[150] und „heilend[151] alle vom Teufel Unterdrückten"[152]. „Gott war mit ihm" entspricht der subordinatianischen Christologie des Lukas.

Vers 39a: Der Hinweis auf die Zeugenschaft der Apostel[153] für das *gesamte* Wirken Jesu im Judenland und in Jerusalem ist nicht nur der Sache nach „lukanisch"[154]. Er ist hier auch in einem Nominalsatz formuliert, der Lk 24,48 (ὑμεῖς μάρτυρες τούτων) genau entspricht.

Vers 39b berichtet vom Kreuzestod Jesu in Anlehnung an Dtn 21,22 (so auch Apg 5,30). Die Verwendung von ἀναιρέω in Beziehung auf die Tötung

---

147 Vgl. auch die Zusammenstellung von *Guelich:* oben unter 2.h (mit Anm. 119).
148 Siehe schon Apg 10,28.
149 Das Stichwort δεκτός (V. 35) ist möglicherweise durch Jes 61,2 (Lk 4,19) vorgegeben. Daß die Heiden Gott „willkommen" sind, entspricht im übrigen der erzählten Situation und dem Anfang der Rede.
150 Vgl. Lk 22,25: Jesus, der wahre εὐεργέτης, Apg 4,9 Krankenheilung als εὐεργεσία im Namen und in der Kraft Jesu Christi.
151 Vgl. Lk 5,17 „Kraft zum Heilen"; 6,19 „Kraft ... heilte alle"; auf Jesus bezogenes ἰάομαι auch Lk 6,18; 7,7; 8,47; 9,42; 14,4; 17,15; 22,51.
152 ἰάομαι gegenüber Besessenen: Lk 6,18f; 9,42. Wahrscheinlich sind mit „vom Teufel Unterdrückte" indessen auch andere Kranke gemeint; vgl. 13,16.
153 Mit ἡμεῖς ist auf die Zwölf bzw. die Apostel verwiesen; vgl. Apg 1,21 f, wo die Erstreckung des bezeugten Wirkens nicht geographisch, sondern von den Ereignissen her (Johannestaufe bis Himmelfahrt) umrissen wird.
154 Siehe z. B. Lk 24,48; Apg 1,8; 2,32; 3,15; 5,32; 13,31. Vgl. dazu *G. Schneider,* Die zwölf Apostel als „Zeugen". Wesen, Ursprung und Funktion einer lukanischen Konzeption, in: Christuszeugnis der Kirche, hrsg. von Scheele/Schneider, Essen 1970, 39–65; ferner *Nellessen,* Zeugnis für Jesus und das Wort (siehe oben Anm. 40).

Jesu ist im NT nur bei Lukas bezeugt: Lk 22,2; 23,32; Apg 2,23; 10,39b; 13,28.

Vers 40: Von der Auferweckung „am dritten Tag" sprechen auch Lk 9,22 (diff. Mk); 18,33 (diff. Mk); 24,7.46. Doch wird Lukas hierbei gleichlautende Tradition (vgl. 1 Kor 15,4; Mt 16,21; 17,23) aufgreifen. Die Formulierung ἔδωκεν αὐτὸν ἐμφανῆ γενέσθαι (Gott „hat verliehen, daß er erschien") ist ungewöhnlich, aber wohl „lukanisch"[155] und vielleicht an Jes 65,1 LXX[156] angelehnt (vgl. Röm 10,20).

Vers 41 führt den Hinweis auf die Zeugenschaft (V. 39a) fort und weist auf die Auferstehungszeugen (vgl. Apg 1,22) hin. Die österlichen Christophanien erfolgten nicht vor der Öffentlichkeit des Volkes, sondern vor einem Zeugenkreis, den Gott vorherbestimmt hatte[157], vor jenen Jüngern, die mit dem Auferstandenen „gegessen und getrunken" haben (Lk 24,41— 43). μετά mit folgendem substantivischen Infinitiv des Aorist ist für Lukas typisch: Lk 12,5; Apg 1,3; 7,4; 10,41; 15,13; 19,21; 20,1.

Vers 42 rekapituliert eindeutig Lk 24,47: Der Auferstandene hat den Aposteln aufgetragen, „dem Volk zu verkündigen[158] und zu bezeugen", daß er der künftige universale Richter ist. Hörerkreis und Inhalt des Kerygmas sind anders angegeben als Lk 24,47, wo es „an alle Völker" hieß[159]. Allerdings steht Apg 10,42 ergänzend διαμαρτύρασθαι, was wohl die den λαός überschreitende Verkündigung andeutet. Der Inhalt ist einerseits mit „in seinem Namen die Umkehr zur Vergebung der Sünden" angegeben, andererseits mit dem Glaubenssatz über Jesus als den Richter der Lebenden und der Toten. Doch ist dieser Unterschied in der Situation begründet, die den Umkehrruf nur indirekt ergehen läßt. Daß die „Sündenvergebung" das Ziel der Predigt ist, sagt Vers 43 ausdrücklich.

Vers 43: Die Umkehr zur Sündenvergebung (für jeden, der an Christus glaubt) wird hier als schon von allen Propheten bezeugt ausgegeben. Man fragt sich, ob Lukas hier bestimmte Aussagen der Prophetenschriften im Auge hatte[160]. Lk 24,46f subsumiert jedenfalls unter das γέγραπται nicht nur Pas-

---

155 Vgl. die Vorkommen von ἐμφανίζω Apg 23,15.22; 24,1; 25,2.15. Man beachte ferner die analoge Verwendung von δίδωμι (im Sinne einer Verleihung durch Gott) mit folgendem Infinitiv Apg 2,4; 14,3; siehe dazu *Blaß/Debrunner,* Grammatik § 392,1e mit Anm. 6, die auch auf Apg 2,27; 13,35 (Ps 15,10 LXX) verweisen.
156 Jes 65,1: ἐμφανὴς ἐγενόμην.
157 Vielleicht ist damit auf die „Apostelwahl" Lk 6,12–16 verwiesen. Siehe indessen auch Apg 26,16 über die Erwählung des Paulus zum „Zeugen".
158 κηρύσσω wie Lk 24,47.
159 Die Diskrepanz zwischen Lk 24,47 und Apg 10,34–43 hat Lukas wohl empfunden: Petrus hätte von der Ostererscheinung Jesu den Auftrag zur Heidenmission kennen müssen. Dennoch wird er Apg 10 erst von Gott zu den Heiden gewiesen.
160 Nestle/Aland[26] notiert hierzu Jes 33,24 (ἀφέθη γὰρ αὐτοῖς ἡ ἁμαρτία), was sich aber nicht auf die Heidenvölker bezieht. Wahrscheinlich denkt Lukas an die christologische Deutung vor allem von Jes 61,1 f, wo er die Stichwörter κηρύσσω und ἄφεσις fand.

sion und Auferstehung Christi, sondern auch die Metanoia-Predigt bei allen Völkern.

4. Petrusrede und Evangelienschrift

Es fragt sich, ob Lukas mit der Petrusrede vor Kornelius den Leser auf seine eigene Evangelienschrift verweisen wollte. Möglicherweise hatte er beabsichtigt, daß man die beiden Schriften seines Doppelwerks auch unabhängig voneinander lesen konnte[161]. Die Rede vor Kornelius kann allerdings andeuten, welche Leser sich der Evangelist für sein Werk vorstellte und für wen er in erster Linie schrieb. Theophilus, dem das Gesamtwerk gewidmet ist (Lk 1,3; Apg 1,1), scheint in einer ähnlichen Situation zu stehen wie Kornelius als Hörer der Petruspredigt. Beide kennen in großen Zügen das Jesusgeschehen (öffentliches Wirken und Kreuzestod in Jerusalem), und sie kennen wohl auch schon die Bibel in wesentlichen Stücken. Sie bedürfen, um Christ werden zu können (bzw. in ihrem Christsein befestigt zu werden), des Auferstehungszeugnisses durch einen apostolischen „Zeugen". Für die nachapostolische Zeit wird dieses vergewissernde Zeugnis durch eine Evangelienschrift, wie die des Lukas, vermittelt. Denn diese Evangelienschrift entspricht dem Maßstab des apostolischen Christuszeugnisses[162].

---

[161] Vielleicht hängt damit zusammen, daß Lk 24,47 die Heidenmission schon am Ostertag von Jesus angeordnet sein läßt; vgl. oben Anm. 159.
[162] Siehe Lk 1,2–4.

Urchristliche Gottesverkündigung in hellenistischer Umwelt*

1.

Als vor rund dreißig Jahren im Theologischen Wörterbuch zum Neuen Testament der Artikel θεός erschien, da stellte Ethelbert Stauffer den neutestamentlichen Teil des Artikels unter die Gesamtüberschrift: «Die urchristliche Gottestatsache und ihre Auseinandersetzung mit dem Gottesbegriff des Judentums»[1]. Hierdurch konnte der Eindruck entstehen, die urchristliche Gottesverkündigung habe sich allenfalls mit dem jüdischen Gottesbegriff auseinanderzusetzen gehabt, nicht aber mit heidnischen Gottesvorstellungen. Schon wenn man bedenkt, daß die Kirche des ersten Jahrhunderts doch in weiten Bereichen Kirche aus den Heiden gewesen ist, wird man die Frage stellen müssen, wie denn die Verkündigung der Urkirche jene heidnischen Hörer erreichte und wie deren Vorverständnisse sich auf die Theologie des Neuen Testaments auswirkten. In den Bereich dieser heidenchristlichen Verkündigung und Theologie vorgedrungen zu sein, ist das Verdienst der religionsgeschichtlichen Schule. Rudolf Bultmann rühmt neuerdings Wilhelm Bousset nach, er habe erkannt, daß das hellenistische Christentum von der palästinischen Urgemeinde zu

---

* Habilitationsvorlesung (Würzburg, 19. 12. 1967), für den Druck überarbeitet und mit Anmerkungen versehen.

[1] *E. Stauffer* (– K. G. Kuhn – G. Friedrich), Artikel θεός C.: TWbNT III (1938) 91–120; 91.

unterscheiden sei². Bousset habe klar gesehen, «daß es gilt, sich ein Bild von dem vorpaulinischen Christentum zu machen»³. Und Bultmann fügt hinzu: «Man darf sagen, daß diese Auffassung inzwischen Allgemeingut der historischen Erforschung des Neuen Testaments geworden ist»⁴. Nun stammen die beiden ersten Auflagen von Boussets «Kyrios Christos» immerhin schon aus den Jahren 1913 und 1921. Wenn also Stauffer in seiner θεός-Abhandlung die heidenchristliche Gemeinde unerwähnt läßt, dann scheint das mit seiner Reserve gegenüber der religionsgeschichtlichen Schule zusammenzuhängen, einer Richtung, die seit Hermann Gunkel und Wilhelm Heitmüller das Christentum als eine synkretistische Religion bezeichnete.

Solche Reserve findet sich verständlicherweise auch in der katholischen Exegese. Es muß aber gefragt werden, ob sie berechtigt ist. Denn daß das Neue Testament im Kraftfeld des spätantiken Synkretismus entstanden ist, kann nicht bezweifelt werden. Es sollte beachtet werden, «daß die religionsgeschichtliche Ableitung der Objektivationsformen einer Religion den in ihnen zum Ausdruck kommenden Wahrheitsanspruch nicht diskreditiert, sondern profiliert»⁵. Deswegen sind «die geschichtliche Einordnung *und* die sachliche Einzigartigkeit des Urchristentums» nur miteinander zu gewinnen⁶. Der Jesuit Paul Henry gibt zu bedenken, daß sklavische Wiederholung der zeitgenössischen Denkschemata oft die Ursache der Häresie gewesen sind, daß hingegen die Orthodoxie faktisch meist originell und schöpferisch war⁷.

Wenn wir uns nun der Frage nach der ältesten christlichen Gottesverkündigung in hellenistischer Umwelt zuwenden, dann bleibt festzustellen, daß es bislang für unser Thema keine grundsätzliche Abhandlung gibt. Wohl haben wir den Aufsatz von Werner Georg Kümmel: «Die Gottesverkündigung Jesu und der Gottesgedanke des Spätjudentums»⁸. Zur Gottesverkündigung in

---

² *R. Bultmann* im Geleitwort zur 5. Aufl. von *W. Bousset*, Kyrios Christos. Geschichte des Christusglaubens von den Anfängen des Christentums bis Irenäus, Göttingen 1965, V.
³ Bultmann, a. a. O.
⁴ Ebd.
⁵ *G. Klein*, Der Synkretismus als theologisches Problem in der ältesten christlichen Apologetik: ZThK 64 (1967) 40–82; 40 Anm. 1.
⁶ Siehe ebd.
⁷ *P. Henry*, Artikel: Hellenismus und Christentum: LThK² V (1960) 215–222; 216f. Vgl. *Ders.*, The Christian Idea of God and its Development, London 1961.
⁸ *W. G. Kümmel*, Die Gottesverkündigung Jesu und der Gottesgedanke des Spätjudentums: Judaica 1 (1945) 40–68; jetzt auch in: Heilsgeschehen und Geschichte, Marburg 1965, 107–125.

der hellenistisch-heidnischen Welt gibt es einige Vorarbeiten: die Untersuchungen von Eduard Norden[9], Charles H. Dodd[10], Martin Dibelius[11] und Ulrich Wilckens[12] zur Missionspredigt der apostolischen Zeit. Auch die ältere Arbeit von Alfred Seeberg über den Katechismus der Urchristenheit[13] ist hier zu nennen; ferner die Beiträge der klassischen Philologen Hildebrecht Hommel[14] und Max Pohlenz[15]. Nicht zuletzt müssen Arbeiten Bultmanns erwähnt werden: «Das Urchristentum im Rahmen der antiken Religionen» und die «Theologie des Neuen Testaments»[16].

2.

Wenn man das Thema der urchristlichen Gottesverkündigung in der Umwelt des Hellenismus systematisch angehen will, dann ist zunächst zu fragen, ob und inwieweit das Neue Testament selbst unser Thema bewußt anspricht. Das ist in der Tat der Fall, obgleich das Neue Testament im allgemeinen Schriften enthält, die für den Gemeindegebrauch bestimmt sind. Die eigentliche Missionspredigt kommt hier nicht direkt zu Wort. Auch muß in Rechnung gestellt werden, daß das Neue Testament weithin «gemischte» Gemeinden, also solche aus Juden und Heiden, anredet. Dennoch bietet das lukanische Werk an zwei Stellen der *Apostelgeschichte* Beispiele missionarischer Verkündigung vor heidnischen Hörern. Diese beiden Heidenpredigten haben – das ist für unsere Frage festzuhalten – *Gott* und sein Handeln zum Thema.

Da sind einmal die wenigen Sätze, die Barnabas und Paulus in Lystra dem Volk entgegenrufen, das in Anlehnung an den heidnischen Volksglauben und die alte olympische Götterreligion die beiden Apostel für die in Menschengestalt erschienenen Götter Zeus und Hermes hielt: «Ihr Männer, was macht ihr da? Auch wir

---

[9] *E. Norden*, Agnostos Theos. Untersuchungen zur Formengeschichte religiöser Rede, Leipzig 1913.
[10] *Ch. H. Dodd*, The Apostolic Preaching and its Developments (1936) ²London 1944; vgl. *Ders.*, The Bible and the Greeks, London 1935.
[11] *M. Dibelius*, Aufsätze zur Apostelgeschichte, hrsg. von H. Greeven, Göttingen 1951; darin besonders: Paulus auf dem Areopag (1939); Die Reden der Apostelgeschichte und die antike Geschichtsschreibung (1944).
[12] *U. Wilckens*, Die Missionsreden der Apostelgeschichte. Form- und traditionsgeschichtliche Untersuchungen (1961), ²Neukirchen 1963.
[13] *A. Seeberg*, Der Katechismus der Urchristenheit (Leipzig 1903), Neudruck München 1966.
[14] *H. Hommel*, Schöpfer und Erhalter. Studien zum Problem Christentum und Antike, Berlin 1956.
[15] *M. Pohlenz*, Paulus und die Stoa: ZNW 42 (1949) 69–104.
[16] *R. Bultmann*, Das Urchristentum im Rahmen der antiken Religionen (1949), ³Hamburg 1962; *Ders.*, Theologie des Neuen Testaments (1953), ³Tübingen 1958 (zu unserem Thema kommt vor allem § 9 in Betracht).

sind Menschen von gleicher Art wie ihr; und wir verkündigen euch das Evangelium [17], daß ihr euch von diesen nichtigen Dingen (ἀπὸ τούτων τῶν ματαίων) bekehren sollt zum lebendigen Gott (ἐπὶ θεὸν ζῶντα), der den Himmel gemacht hat und die Erde und das Meer und alles, was darin ist, der in den vergangenen Zeiten alle Völker hat ihre Wege gehen lassen. Und doch hat er sich nicht unbezeugt gelassen als Wohltäter, indem er euch vom Himmel herab Regen und fruchtbare Zeiten gab, wodurch er eure Herzen mit Speise und Freude erfüllte» (Apg 14, 15–17). Zum Schluß vergißt der Verfasser der Apostelgeschichte nicht zu bemerken, daß diese Worte nur mit Mühe die Menge davon abbringen konnten, dem Barnabas und Paulus zu opfern (V. 18).

Dieser mühsame Erfolg der missionarischen Verkündigung vor Heiden wird von Lukas auch am Ende der zweiten Heidenpredigt betont, die sich nun aber an heidnische Philosophen, an Vertreter der epikureischen und stoischen Schule in Athen richtet. Im Anschluß an die Areopagrede (Apg 17, 22–31) werden nur einige Männer gläubig und schließen sich dem Paulus an (VV. 32–34). Immerhin macht die Areopagrede deutlich, daß nicht eigentlich die Gottesverkündigung die athenischen Philosophen zu ihrem höflichen Vertagungsvorschlag führte, sondern die am Ende der Rede eingeführte Bemerkung über den von den Toten auferweckten Christus.

Lohnt es sich überhaupt, dieser ohne Zweifel lukanischen Rede, die dem Paulus in den Mund gelegt wird, in unserem Zusammenhang Beachtung zu schenken? Sicherlich will der Verfasser der Apostelgeschichte mit dieser Rede auf einem Höhepunkt seines Werkes eine programmatische Aussage machen: So hat der große Heidenapostel gepredigt, und so sollen die christlichen Missionare vor (gebildeten) Heiden weiterhin predigen. Dennoch steht die Areopagrede in einer reich belegten Tradition insbesondere jüdisch-hellenistischer Verkündigung [18]. Sie ist nicht – wie Dibelius meinte [19] – eine heidnische Rede von der wahren Gotteserkenntnis, die mit einem christlichen Schluß versehen wurde, sondern sie hat – das haben schon Norden [20] und neuerdings Wolf-

---

[17] Vgl. Apg 14, 15 in der Lesart von D, die Gott zum direkten Gegenstand der Evangelisation vor Heiden macht: εὐαγγελιζόμενοι ὑμῖν τὸν θεόν.

[18] Vgl. *P. Dalbert*, Die Theologie der hellenistisch-jüdischen Missionsliteratur, Hamburg 1954; *H. Thyen*, Der Stil der jüdisch-hellenistischen Homilie, Göttingen 1955.

[19] Siehe *Dibelius*, a. a. O. (Anm. 11) 54.

[20] *Norden*, a. a. O. (Anm. 9) 1–140.

gang Nauck[21] und Franz Mußner[22] gezeigt – grundsätzlich die Struktur biblisch-jüdischer Bekehrungspredigt, in die aber auf sehr diffizile Weise heidnische, vor allem stoische Motive eingefügt worden sind. Wir werden zeigen können, daß diese Rede auch in einer christlichen Tradition steht, die in den Rahmen einer Predigt über die Bekehrung zum wahren *Gott* das Christuskerygma einfügt. Wenn aber die Areopagrede in einer homogenen Tradition steht, dann darf ihr Verfahren zunächst einmal analysiert werden, um dann die Frage zu stellen, inwieweit Form und Inhalt dieser Rede durch traditionelle Einzelelemente, die das Neue Testament bezeugt, als für die urchristliche Gottesverkündigung charakteristisch nachgewiesen werden können.

Bultmann hat gerade auf die Areopagrede das hermeneutische Schema von Anknüpfung und Widerspruch angewendet[23]. Anknüpfung geschieht, wenn der Redner, die Altarinschrift vom unbekannten Gott aufgreifend, sagt: «Was ihr nun, ohne es zu kennen, verehrt, das verkündige ich euch.» Was aber sonst in der Rede anknüpfend (vor allem an die stoische Theologie) gesagt wird, steht im Dienst des Widerspruchs. Die stoische Theologie wird mit dem biblischen Glauben zusammen aufgerufen, um die heidnische Volksfrömmigkeit zu widerlegen. Das dreifache Nein des Redners ist unüberhörbar: Gott wohnt nicht in von Menschenhänden gemachten *Tempeln;* er hat im Gegenteil den Kosmos geschaffen, der sein Haus ist. Gott läßt sich zweitens nicht bedienen in dem Sinn, daß er menschlicher Aufwartung bedürfe. Diese Kritik am *Opferkult* wird biblisch und stoisch zugleich begründet. Hellenistisch ist der Topos von der Bedürfnislosigkeit Gottes, biblisch der Hinweis auf den Gott, der selber «allen Leben und Odem und alles gibt». Das dritte Nein meldet der Redner an gegenüber der Praxis, *Götterbilder* herzustellen. Der Mensch ist (biblisch gesprochen) Gottes Bild; er ist, um mit Aratos zu sprechen, «von Gottes Geschlecht», der Mensch als lebendiges, sich

---

[21] *W. Nauck,* Die Tradition und Komposition der Areopagrede: ZTK 53 (1956) 11–52: «Der Aufbau der Rede ... hat im Judentum sein Vorbild und ist durch Vermittlung der jüdisch-hellenistischen Missionspraxis in die urchristliche Missionspredigt übergegangen» (31). «Die Areopagrede ist eine typische Missionspredigt, die ihr Vorbild in der jüdisch-hellenistischen Missionspredigt hat» (36).

[22] *F. Mußner,* Anknüpfung und Kerygma in der Areopagrede (Apg 17, 22b–31), in: Praesentia salutis, Düsseldorf 1967, 235–243. Mußner verzeichnet (235 Anm. 1) die umfangreiche neuere Literatur zur Areopagrede, aus der hier nur die Monographie von *B. Gärtner* (The Areopagus Speech and Natural Revelation, Uppsala 1955) hervorgehoben sei.

[23] *R. Bultmann,* Anknüpfung und Widerspruch, in: Glauben und Verstehen Bd. II, ⁴Tübingen 1965, 117–132 (erstmalig 1946).

bewegendes und seiendes Wesen. Wie sollten da Gold oder Silber oder Stein Gott gültig abbilden können? Die Metanoia, die der Redner dann sehr zurückhaltend als Chance anbietet, scheint im Übergang von der bisherigen Unkenntnis hinsichtlich des biblischen Schöpfergottes zur wahren Gotteserkenntnis zu bestehen, ist aber zugleich – und in zweiter Linie – Hinwendung des Menschen zu dem Mann, der im Auftrag Gottes den Erdkreis richten wird, und den Gott selber durch die Totenauferweckung vor der Welt beglaubigt hat. Die Gottesverkündigung steht also im Vordergrund, die Christusbotschaft aber ist der Endpunkt der Missionspredigt vor den Heiden. Wenn der Verfasser der Apostelgeschichte hier – nach der Andeutung des auferstandenen Jesus – die Rede unterbrochen werden läßt, dann zeigt er damit an, daß die *Gottes*verkündigung der urchristlichen Missionare auf Einverständnis, wenigstens bei den gebildeten Kreisen des Heidentums, rechnen kann, daß aber der eigentliche Punkt des Anstoßes die *Christus*verkündigung mit Einschluß der Anastasis (vgl. Apg 17, 18. 31f) ist. Bultmann sagt darum mit vollem Recht: «Die christliche Missionspredigt in der Heidenwelt konnte nicht einfach das christologische Kerygma sein; sie mußte vielmehr beginnen mit der Verkündigung des einen Gottes»[24].

3.

Für die monotheistische Missionspredigt vor Heiden gibt es zahlreiche jüdische Vorbilder[25], die freilich das christologische Kerygma nicht aufweisen[26]. Wenn also die entsprechende christliche Predigt, die doch zunächst und in stärkerem Ausmaß die polytheistisch orientierten Volksschichten erreichte, in der jüdischen Gottesverkündigung ihren Vorläufer hatte, so mußte doch die christliche Umkehrpredigt die Christustatsache an einer passenden Stelle in die Gottesverkündigung einfügen. Die Areopagrede sieht diese Stelle da gegeben, wo von dem kommenden göttlichen Gericht die Rede ist: Gott wird mit Sicherheit die Ökumene richten in Gerechtigkeit durch einen Mann, den er dazu bestimmte, indem er ihn von den Toten erweckte (Apg 17, 31). Jesu Auferweckung wird hier als die Jesus vor der Welt beglaubigende Gottestat gesehen. Der Stellenwert dieser Auferweckung liegt

---

[24] *Bultmann*, Theologie (siehe Anm. 16) 67.
[25] Genannt seien nur: Sapientia Salomonis, Joseph und Aseneth, Aristobul, Pseudo-Sophocles, sowie die Oracula Sibyllina.
[26] Insofern kann man nicht mit *Nauck*, a. a. O. (Anm. 21) 33, sagen, die Areopagrede enthalte «nichts, was ihr nicht durch Vermittlung der jüdischen Missionspraxis zugekommen sein kann».

darin, daß sie Jesus als den von Gott bestimmten und für Gott handelnden Richter der Welt beglaubigt.

Daß dies nicht nur die individuelle Auffassung des Lukas ist, sondern traditionelle christliche Missionsverkündigung, zeigt *1 Thess 1, 9f.* «Hier haben wir» nach einem Wort Harnacks [27] «die Missionspredigt an die Heiden in nuce». Hier finden wir nicht nur in einem kerygmatischen Schema die Christologie der Gottesverkündigung untergeordnet, sondern wir sehen das Christuskerygma so in den Satz eingefügt, daß Jesus als der von Gott Auferweckte in seiner Retterfunktion erwähnt wird, durch die er die Seinen vom Zorngericht Gottes befreit. Paulus redet hier vom Glauben der Thessalonicher. Dieser ist eine πίστις ... ἡ πρὸς τὸν θεόν (V. 8). Zu dieser πίστις πρὸς τὸν θεόν sind die angesprochenen Heidenchristen gelangt, als sie sich bekehrten von den Götzen zu Gott. Die Umkehr zu Gott geschah mit dem doppelten Ziel, «zu dienen dem lebendigen und wahrhaftigen Gott» und «zu erwarten seinen Sohn vom Himmel». Nach Art von feierlichen Prädikationen wird dann relativisch bzw. appositionell an «Sohn» angefügt: «den er erweckt hat von den Toten, Jesus, der uns errettet vor dem Zorngericht, das da kommt». Die Verwandtschaft dieses paulinischen Textes mit der Areopagrede liegt auf der Hand. Er will offenbar an die Missionspredigt des Paulus vor den Heiden von Thessalonike erinnern. Aber es wäre nicht sachgemäß, nun daraus zu schließen, wie gut Lukas die Predigt des Paulus kannte. Vielmehr muß beachtet werden, daß Paulus an unserer Stelle ein (wenigstens weitgehend) vorpaulinisches Kerygma aufgreift, von dem dann wohl auch die Areopagrede indirekt abhängt. Wilckens [28] hat auf den unpaulinischen Charakter verschiedener Termini hingewiesen: ἐπιστρέφειν, ἀναμένειν [29]; für die eschatologische Funktion des Kommenden verwendet Paulus nicht ῥύομαι, sondern σῴζειν [30]. Man kann diese Beobachtungen noch ergänzen. Die Wendung «von diesen Nichtigen (Götzen) umkehren zum lebendigen Gott» ist nach Ausweis der Apostelpredigt in Lystra (Apg 14, 15) fester Bestandteil einer traditionellen Missionssprache. εἴδωλον ist zwar paulinisches Vorzugswort [31]; vielleicht geht auch δουλεύειν auf die

---

[27] A. v. *Harnack,* Die Mission und Ausbreitung des Christentums in den ersten drei Jahrhunderten, 2 Bde., ⁴Leipzig 1924, I 117.
[28] *Wilckens,* a. a. O. (Anm. 12) 82.
[29] Siehe auch G. *Friedrich,* Ein Tauflied hellenistischer Judenchristen. 1. Thess. 1, 9f.: TZBas 21 (1965) 502–516; 503–505. Zum Aufbau der Formel (3 Doppelzeilen) vgl. ebd. 508–510 und B. *Rigaux,* Les épîtres aux Thessaloniciens, Paris 1956, 392. Die Aufgliederung bei *Wilckens* (a. a. O. 81) in 4 Zeilen überzeugt nicht.
[30] Vgl. *Friedrich,* a. a. O. 506.
[31] Von 11 ntl Vorkommen des Wortes hat Paulus allein 7. Doch das Wort

Hand des Paulus zurück. Doch nach Gal 4, 8f kann δουλεύω auch der missionarischen Verkündigungssprache angehören. Schließlich ist wieder ἀληθινός völlig unpaulinisch[32]. Wir haben es also ohne Zweifel mit einer vorpaulinischen formelhaften Zusammenfassung zu tun. Alfred Seeberg hatte seinerzeit daran gedacht, daß diese formelhafte Zusammenfassung auf jene hypothetische «Glaubensformel» Bezug nehme, die nach seiner Meinung den katechetischen und kerygmatischen Kurzformeln des Neuen Testaments zugrunde liegen sollte[33]. Diese starre Auffassung Seebergs muß heute als widerlegt gelten[34]. Es ist indessen nicht ganz geklärt, ob nun die 1 Thess 1, 9f vorliegende Formel eine kerygmatische Formel (für den Missionar), eine katechetische Formel (für die Neubekehrten; vgl. ῥυόμενον ἡμᾶς am Ende)[35], oder gar eine paulinische Zusammenfassung traditioneller Verkündigungsinhalte[36] darstellt. Jedenfalls wird im Rückblick auf die Areopagrede deutlich, daß in der Predigt vor Heiden der lebendige und wahre Gott, der Schöpfer der Welt und Vater Jesu, den ersten Artikel bildete, der Sohn Gottes, Jesus, aber als Auferweckter an zweiter Stelle genannt wurde, und zwar in seiner eschatologischen Funktion der Rettung aus dem Zorngericht Gottes. Während die Areopagrede ausdrücklich Gott als den Schöpfer einführt und sein welterhaltendes Regiment zur Sprache bringt, verzichtet die paulinische Zusammenfassung im 1. Thessalonicherbrief auf diese beiden Inhalte der Gottesverkündigung. Die eschatologische Gottestat des Gerichts wird aber in beiden Fällen (Apg 17 und 1 Thess 1) genannt, offensichtlich, weil sie den Anknüpfungspunkt für das Christuskerygma darstellte.

4.

In anderer Weise erscheinen Gottesverkündigung und Christusbotschaft in einem formelhaften Text des Hebräerbriefes aufeinander bezogen. *Hebr 6, 1f* wird die folgende Aufreihung von dreimal zwei Stichen als «Anfangswort vom Christus» (ὁ τῆς ἀρχῆς τοῦ

---

bezeichnet schon in der LXX, bei Philon und Josephus die «falschen Götter» und ist somit Gemeingut des hellenistischen Judentums; vgl. *Rigaux*, a. a. O. 389f.

[32] ἀληθινός kommt sonst bei Paulus nicht vor. Als Adjektivum zu *Gott* begegnet es sonst noch Joh 7, 28; 17, 3; 1 Joh 5, 20; Apk 6, 10.

[33] *Seeberg*, a. a. O. (Anm. 13) 82f.

[34] Siehe dazu *Ferd. Hahn* in der Einführung zum Neudruck des Werkes von *Seeberg* (Anm. 13), ebd. XXXIf.

[35] Die Auffassung von *Friedrich*, die schon im Titel seiner Untersuchung zum Ausdruck kommt, es handle sich um ein Tauflied (etwa zur Begrüßung der Neugetauften durch die Gemeinde; vgl. a. a. O. 516), ist u. E. nicht hinreichend belegt.

[36] Daran scheint *Rigaux* (a. a. O. 392. 395) zu denken.

Χριστοῦ λόγος) bezeichnet. Mit diesem Anfangswort wurde bei der Bekehrung (aus dem Heidentum) das Fundament christlichen Glaubens gelegt:

«Umkehr von toten Werken / und Glaube an Gott,
Lehre von Taufen / und Handauflegung,
Auferstehung der Toten / und ewigem Gericht.»

Diese fundamentalkatechetischen Inhalte spiegeln die Missionspredigt, vielleicht aber speziell die Taufunterweisung. Umkehr und Glaube sind aufeinander bezogen wie Mk 1, 15b: «Kehret um und glaubt an das Evangelium!» Die ersten und grundlegenden Inhalte der Didache sind diese vier: Taufen und Handauflegung, dann die beiden Eschata Totenauferstehung und Gericht[37]. Nichts in dieser Aufzählung ist spezifisch christlich. Alles kann tatsächlich (wie Otto Michel meint) einem jüdischen Proselytenkatechismus entstammen[38]. Dennoch wird es durch das «Vorzeichen»[39] des christlichen Glaubens zum christlichen Katechismus. Wenn man die rabbinische und die jüdisch-apologetische Literatur – etwa im Anschluß an George F. Moore[40] – heranzieht, muß man gestehen, daß jüdische Proselytenunterweisung die Topoi enthielt, die hier im Hebräerbrief genannt sind – abgesehen freilich von der Handauflegung[41]. Hebr 6, 1f hat also zwar einen katechetischen Sitz im Leben, reflektiert aber doch teilweise die gleichen Überlieferungsinhalte wie das kerygmatische Schema in 1 Thess 1, 9f. Insbesondere scheint die Formel dadurch christologisch neu interpretiert worden zu sein, daß die christliche Tradition sie in den Eschata (Totenerweckung und Gericht) mit Jesus in Verbindung brachte, analog zu Apg 17 und 1 Thess 1. In den drei Texten, die die urchristliche Heidenpredigt als *Gottes*-Verkündigung spiegelten, haben wir demnach weitgehend gleiche Struktur zu verzeichnen, – eine Struktur, die auf jüdische Missionspredigt zurückzuführen ist.

Es ist darauf zu verweisen, daß auch die jüdische Proselytenunterweisung ein protologisches und ein eschatologisches Lehr-

---

[37] Zur Interpretation und Tradition der 6 Einzelinhalte siehe neuerdings W. *Thüsing*, «Milch» und «feste Speise» (1 Kor 3, 1f und Hebr 5, 11 – 6, 3). Elementarkatechese und theologische Vertiefung in neutestamentlicher Sicht: TrTZ 76 (1967) 233–246, 261–280; 243–246.

[38] O. *Michel*, Der Brief an die Hebräer, ⁶Göttingen 1966, 233. Diese Auffassung geht auf H. *Windisch* (Der Hebräerbrief, ²Tübingen 1931, 49f) zurück, der allerdings die zweite Doppelzeile für christliche Zutat hielt.

[39] So O. *Kuss*, Der Brief an die Hebräer, ²Regensburg 1966, 80; vgl. Thüsing, a. a. O. 242.

[40] G. F. *Moore*, Judaism in the First Centuries of the Christian Era. The Age of the Tannaim, 3 Bde., Cambridge (Mass.) 1927–1930, I 323–334, 529.

[41] Vgl. *Wilckens*, a. a. O. 84.

stück enthielt. Der außerkanonische Traktat Gerim des Talmud (Gerim 1) verlangt vom übertretenden Heiden ein Bekenntnis zu Gott als dem Schöpfer; und der Talmudtraktat Jebamoth (bJeb 47a. b) legt nahe, daß auch die Letzten Dinge zu den Lehrstücken gehörten, die dem Proselyten dargelegt wurden: «Und wie man ihm die Bestrafung wegen der Gebote mitteilt, so teile man ihm ihre Belohnung mit und spreche zu ihm: Wisse, daß die zukünftige Welt nur für die Frommen erschaffen worden ist ... Jedoch (rede man) auf ihn nicht zuviel ein und nehme es mit ihm nicht allzu genau. Ist er einverstanden, so beschneide man ihn sofort ..., und sofort nach seiner Genesung lasse man ihn untertauchen»[42]. Wir wissen nicht genau, ob solche Praxis schon im Judentum vorchristlicher Zeit bestand. Wichtig ist für unseren Zusammenhang der analoge Sitz im Leben, den solche Unterweisung bei Juden und Christen hatte. Wenn man diesem Sitz im Leben weiter Beachtung schenkt, so muß eine Perikope aus dem Markus-Evangelium erwähnt werden, die ebenfalls die Situation des Übertritts zum Monotheismus reflektiert, und die in der Übertrittssituation des Heiden zum Judentum ihr Vorbild hat. Zwar fragt Mk 12, 28 ein Schriftgelehrter Jesus nach dem wichtigsten Gebot. Aber die Antwort Jesu (12, 29–31), die das monotheistische Sch^ema Israel zitiert, und die Parallele in bSchabbat 31a zeigen, daß solches Fragen nach dem Wesen des Judentums bzw. des christlichen Bekenntnisses aus der Heidenmissions-Praxis heraus entstanden ist. Ein Nicht-Jude kam (nach bSchabb 31a) zu Schammai und sprach zu ihm: «Mache mich zum Proselyten unter der Bedingung, daß du mich die ganze Tora lehrst, während ich auf *einem* Fuße stehe!» Er wollte die Tora in nuce kennenlernen; doch Schammai stieß ihn mit der Elle fort. Darauf ging er zu Hillel. Der machte ihn zum Proselyten; er sagte zu ihm: «Was dir nicht lieb ist, das tue auch deinem Nächsten nicht. Das ist die ganze Tora und alles andere ist nur die Erläuterung; geh und lerne sie!»[43]

Wir dürfen alles in allem als gesichert festhalten, daß die Grundstruktur der monotheistischen Gottesverkündigung der Urkirche an jüdische Missionspredigt und Proselytenunterweisung anknüpfte, dabei aber im Rahmen der Eschata die Christusverkündigung einfügte.

---

[42] Zitiert nach: *Der Babylonische Talmud*, übertr. von L. Goldschmidt, 12 Bde., ²Berlin 1964–1967, IV 474.
[43] Siehe ebd. I 521f. Positiv gewendet begegnet die «Goldene Regel» im Aristeasbrief (EpArist 207) im Munde des Juden, dem der hellenistische König die Frage vorlegte, was die Lehre der Weisheit sei. Eine analoge Situation!

5.

Bei der Besprechung der Grundstruktur urchristlicher Gottesverkündigung vor Heiden sind zwei spezifische hellenistische Richtungen ins Gesichtsfeld getreten: die Volksreligion, in der der alte olympische Götterglaube weiterlebte, und die Stoa, die bekanntlich diesen Volksglauben mit seinen Göttermythen und Kultpraktiken der Kritik unterwarf. Bei dieser Kritik wurden die Mythen vielfach allegorisch umgedeutet, – ein Verfahren, das Philon entsprechend auf die biblischen Erzählungen anwandte.

Es ist nun zu fragen, inwieweit diese beiden hellenistischen Strömungen die urchristliche Gottesverkündigung beeinflußt haben, sei es, daß die christliche Predigt Widerspruch anmeldete, sei es, daß sie das wahre Anliegen der Angeredeten aufgriff, sei es, daß sie sich in Anschauung oder Begrifflichkeit der hellenistischen Gottesvorstellung anpaßte. Wir greifen diese beiden Gruppierungen, die Volksreligion und die Stoa, aus dem vielfältigen Bild der hellenistischen Religion heraus, weil sie u. E. für das Gottesbild größere Tragweite besaßen als etwa die Mysterien-Religionen, die Anfänge der Gnosis oder der hellenistische Herrscherkult.

a) Polytheistische Volksreligion

Die Polemik gegen heidnische Religion, insbesondere gegen die Verehrung der vielen Götter, gegen die Art der Verehrung und gegen die bildliche Darstellung, setzt schon im Alten Testament ein (Deutero-Jesaja, Daniel, Psalm 115). Sie setzt sich fort in der jüdischen Missionspropaganda und ihrer Literatur. Sie findet ihre Neuformung in der urchristlichen Missionspredigt vor Heiden. Diese müssen umkehren «von den Götzen zu Gott» (1 Thess 1, 9), «von toten Werken» (Hebr 6, 1); Gott läßt nun die Metanoia verkündigen (Apg 17, 30). Sie führt den Heiden zum Glauben an Gott (1 Thess 1, 9; Hebr 6, 1), zum Dienst gegenüber dem lebendigen und wahrhaftigen Gott (1 Thess 1, 9). Der Heide kommt dann aus Unwissenheit und Irrtum zur wahren Gotteserkenntnis bzw. einfach «zur Erkenntnis der Wahrheit» (1 Tim 2, 4) [44].

Die Kritik am Polytheismus bedarf der Verkündigung von der allumfassenden Schöpfertat des einen Gottes, der darum auch Herr ist über die Mächte und Gewalten, die vom Heidentum als Götter verselbständigt werden. Sie sind in Wirklichkeit φύσει μὴ ὄντες θεοί (Gal 4, 8). «Es gibt kein εἴδωλον im Kosmos – keiner ist

---

[44] Vgl. dazu noch *Bultmann*, Theologie 68f.

Gott als nur der Eine» (1 Kor 8, 4). Mit dem Alten Testament charakterisiert Paulus 1 Thess 4, 5 die Heiden als Menschen, «die Gott nicht kennen» (vgl. Jer 10, 25; Ps 78, 6 LXX). Die Polemik gegen die Vielgötterei bestreitet aber nicht einfach die Existenz der Wesen, die die Heiden für Götter halten, sondern sie bestreitet die Göttlichkeit dieser Elemente (vgl. Gal 4, 8f). Es ist nach Röm 1, 25 das Wesen der heidnischen Verirrung, daß die Heiden «die Wahrheit Gottes mit der Lüge vertauschten und den Geschöpfen Anbetung und Verehrung darbrachten statt dem Schöpfer». Wer den Schöpfergott in seiner göttlichen Schöpferallmacht verkennt, muß schließlich die mächtigen Weltgesetze, die gewaltigen Naturerscheinungen, das vermeintliche blinde Schicksal fürchten. Er wird zum Sklaven der Natur und damit zum Sklaven ihrer Gesetze; er beachtet ängstlich ihre Gesetze, um sich dem Zorn der Götter zu entziehen (Gal 4, 9f).

Paulus berücksichtigt durchaus die hellenistische Anschauung über die Existenz der Götter (1 Kor 8, 5). Auch die Existenz von Dämonen wird nicht einfach bestritten (1 Kor 10, 20f; vgl. Röm 8, 38f). Die Korinther wurden nach 1 Kor 12, 2 als Heiden «unwiderstehlich zu den stummen Götzen hingezogen». Die christlich-hellenistische Verkündigung stellt darum nicht nur heraus, daß Gott einer und der alleinige Gott ist, daß er der wahre und lebendige ist, sie verkündet ihn vor allem als den Schöpfer des Alls, der auch der Herr aller Schöpfungsbereiche ist[45]. Im Hirten des Hermas (mand 1, 1) wird im Anschluß an jüdische Tradition der für die Heiden grundlegende Glaubensartikel genannt: «Zuerst von allem mußt du glauben, daß *einer* Gott ist, der alles geschaffen und hergerichtet und gemacht hat aus Nichts zum Sein, der alles faßt, allein aber unfaßbar ist. Glaube also ihm und fürchte ihn!»[46] Die allumfassende Schöpfertat Gottes wird nicht nur im liturgischen Gebet (Apg 4, 24) gepriesen; sie gehört wesentlich zur Gottesverkündigung vor den Heiden (Apg 14, 15; 17, 24)[47]. Mit

---

[45] Dazu *Bultmann*, Theologie 70f.
[46] Zu vergleichen ist 1 Clem 19, 2 – 21, 1; 33, 2–6.
[47] Zu vergleichen sind die folgenden Gottesprädikate: κτίστης 1 Petr 4, 19; πατήρ 1 Kor 8, 6; Eph 3, 14f; 4, 6. Bei den Apostolischen Vätern wird δημιουργός mit πατήρ verbunden. παντοκράτωρ (später im römischen Symbol zu πατήρ gerückt) begegnet als Gottesattribut 2 Kor 6, 18 am Ende einer atl Zitaten-Aufreihung, dann vor allem in der Apk. Apg und Apk nennen Gott als Weltregenten δεσπότης. 1 Tim 6, 15 wird Gott ὁ μακάριος καὶ μόνος δυνάστης und 1, 17 βασιλεὺς τῶν αἰώνων bzw. 6, 15 ὁ βασιλεὺς τῶν βασιλευόντων καὶ κύριος τῶν κυριευόντων genannt. Aus dem Herrscherkult stammen wohl σωτήρ (Pastoralbriefe, passim; Lk 1, 47) und das Wort von der φιλανθρωπία (Tit 3, 4). – Ergänzend sei verwiesen auf: G. *Delling*, Partizipiale Gottesprädikationen in den Briefen des Neuen Testaments: ST 17 (1963) 1–59.

dem Polytheismus hängt nach jüdischer Anschauung ursächlich die sittliche Zuchtlosigkeit des Heidentums zusammen. So urteilt auch Paulus (Röm 1, 18–32) vom Standpunkt des sicheren Monotheismus über die heidnische Religiosität. «Der Ruf zum Glauben an den einen wahren Gott ist deshalb zugleich der Ruf zur Buße»[48], zur «Umkehr von toten Werken» (Hebr 6, 1). Freilich genügt nicht ein bloß orthodoxer monotheistischer Glaube: «Auch die Dämonen glauben, – und zittern» (Jak 2, 19).

Der Grieche hat wohl nie seinen Gott als Herrn empfunden; ganz anders der biblische Fromme und der Orientale überhaupt. Wenn also die Missionspredigt von dem δουλεύειν θεῷ (1 Thess 1, 9[49]) redete, tat sie dem Griechen damit eine neue Welt der Religion auf[50]. Gott ist der freie Herr des Menschen; aber als der Fürsorgende und als der Vater begründet er für den Menschen ein Gottesverhältnis des Vertrauens, das auf der Liebe und Treue Gottes beruht. Religion ist fortan nicht mehr ängstlich-vorsichtiges Sich-Absichern vor dem Zorn der Götter.

Die Predigt vom einen wahren Gott ist zugleich eschatologische Verkündigung. Der Bußruf gründet darin, daß der Schöpfergott zugleich der Richter ist. Das Weltgericht wird als nahe bevorstehend verkündet[51]. Die besondere Eigenart der christlichen Verkündigung gegenüber der jüdischen liegt ferner darin, daß Jesus das Gericht Gottes durchführt. Das bedeutet für die Bekehrten, daß Christus sie vor dem vernichtenden Urteil Gottes befreit (vgl. 1 Thess 1, 10). Die Verkündigung vom bevorstehenden Weltgericht ist in allen Schichten der neutestamentlichen Verkündigung bezeugt und verbreitet. Zur Verkündigungssprache scheint der Ausdruck «Zorn» für das Endgericht zu gehören (Röm 5, 9; 1 Thess 1, 10; vgl. «Zorn Gottes» Kol 3, 6; Eph 5, 6; Apk 19, 15). Wenn die hellenistische Philosophie die Zornlosigkeit Gottes betonte, so ist das ein Zeichen dafür, «wie verbreitet nicht nur in der Dichtung, sondern auch im Volksglauben die Vorstellung von Göttern gewesen sein muß, deren Sühne heischender Zorn sich besonders in Strafgerichten äußert»[52]. Bei der Ansage des gött-

---

[48] *Bultmann,* Theologie 73.
[49] Siehe dazu W. *Bauer,* Griechisch-deutsches Wörterbuch zu den Schriften des NT, ⁴Berlin 1952, s. v. δουλεύω 2b. Hier wird deutlich, welch große Rolle die Wendung bei den frühchristlichen Schriftstellern spielte.
[50] Vgl. *K. H. Schelkle,* Gott, der Eine und Dreieine, in: Wort und Schrift, Düsseldorf 1966, 81–95; 84f.
[51] Das Ptz. praes. ἐρχομένης (1 Thess 1, 10) hat futurischen Sinn, redet also vom unmittelbar bevorstehenden Gericht; vgl. dazu Bl.-Debr. § 323 und *Friedrich,* a. a. O. (Anm. 29) 510.
[52] TWbNT V 386 *(H. Kleinknecht).*

lichen Zorngerichtes konnten also die christlichen Missionare auf das Einverständnis der schlichten Zuhörer rechnen.

Mit der Predigt vom Gericht war nun die von der Auferstehung der Toten untrennbar verbunden; das macht die katechetische Formel von Hebr 6, 2 deutlich. Wenn das allgemeine Gericht alle Menschen erfassen soll, dann müssen die Verstorbenen dazu auferweckt werden. Das Ende der Areopagrede (Apg 17, 31. 32) und 1 Kor 15 zeigen, wie skandalös eine solche Botschaft für griechische Ohren war. Hier wirkte sich von Platon her über den gnostischen Dualismus die unbiblische Auffassung von einem höheren Wesensteil des Menschen aus, der allein zur endgültigen Freiheit bestimmt sei.

b) Die Theologie der Stoa

Pohlenz und Hommel haben stoische Motive und Formulierungen, die sich im Neuen Testament finden, untersucht und dabei vor allem die sogenannte *theologia naturalis* der Stoa mit der des Paulus und der Apostelgeschichte in Verbindung gebracht. Pohlenz betont mit Recht, daß Paulus in Röm 1–2 nicht direkt von der Stoa beeinflußt ist: «Den entscheidenden Beweis dafür, daß Paulus nicht unmittelbar auf die Stoa zurückgreift, liefert ... die ganze Tendenz des Abschnittes. Von der natürlichen Gotteserkenntnis spricht Paulus ja nur, um zu zeigen, daß die Menschen für die ἀδικία, die sie mit ihrer Abwendung von Gott begehen, keine Entschuldigung in einem Mangel an Offenbarung haben»[53]. Wie die längst erkannten Beziehungen zwischen Paulus und dem Buch der Weisheit (Sap 13–15) ausweisen, hatte schon das hellenistische Judentum aus der stoischen *theologia naturalis* gegenüber den Heiden den Vorwurf der Torheit abgeleitet. Der grundlegende Gedankengang kommt dem Paulus also hier durch Vermittlung des Diasporajudentums zu und steht in der Tradition der prophetischen Drohrede. Mag Paulus gewisse direkte Anregungen aus der Stoa empfangen haben – man denke an Begriffe wie φύσις – κατὰ (παρὰ) φύσιν – συνείδησις – τὸ καθῆκον – so hat er sie doch aus eigenem Geist umgestaltet. Aber der paulinische Redestil knüpft an die kynisch-stoische Diatribe an und ist insofern prinzipiell auf Verstehen und Einverständnis hin angelegt.

In einem stärkeren Maß macht sich die Areopagrede stoisches Gedankengut zu eigen, obwohl auch hier das kerygmatische Schema grundsätzlich in der jüdisch-biblischen Tradition bleibt. Der Redner übernimmt nicht nur einzelne philosophische Lese-

---

[53] *Pohlenz*, a. a. O. (Anm. 15) 72.

früchte oder Schulreminiszenzen, sondern einen geschlossenen Gedankengang, der an die Einheit des Menschengeschlechtes, an das eingepflanzte Suchen nach Gotteserkenntnis, an die Gottverwandtschaft des Menschen in der stoischen Lehre erinnert (Apg 17, 26–29). Freilich ist der Gedanke der Allvernunft eliminiert. Gott ist nicht pantheistisch mit dem All identifiziert, obwohl der Redner sagt: «*Was* ihr verehrt, ohne es zu kennen, *das* verkündige ich euch» (V. 23b) und «Wir dürfen nicht meinen, *das Göttliche* sei ähnlich dem Gold oder Silber ...» (V. 29). Gott steht vielmehr als Schöpfer seinem Werk gegenüber. Auch die Verse 26–28 reden nicht einfach stoisch von der *Pronoia* Gottes, sondern sie lassen den Leser an das Walten Gottes in der Geschichte denken; nicht umsonst redet das lukanische Werk mit Vorliebe von dem determinierenden (προ)ορίζειν Gottes [54].

Im Anschluß an das hellenistische Judentum hat das Neue Testament auch in hellenistischer Weise das Wesen Gottes gerne *via negationis* beschrieben. Es gebraucht Adjektive mit α-privativum: ἀόρατος [55], ἄφθαρτος [56]. Die *via negationis* hängt in der heidnischen Philosophie zusammen mit dem fernen, unpersönlichen Wesen Gottes, der ja nach Platon «das Gute», nach Aristoteles «das erste, unbewegte Bewegende» ist. Umgekehrt scheut sich die Bibel nicht, anthropomorph von Gott zu reden, weil dieser «der lebendige Gott» ist.

Indem die Philosophie die ordnenden Ideen erkennt, wird sie des Göttlichen gewahr. Der Grieche konnte darum – nach einem Wort von Karl Hermann Schelkle [57] – wohl sagen: Die Liebe ist göttlich; er konnte aber nicht – wie 1 Joh 4, 8. 16 – den Satz prägen: Gott ist die Liebe.

Die Tatsache, daß auch die Stoa in der Gottheit den Vater sah, kam der christlichen Botschaft genauso entgegen, wie die, daß man den Pantokrator (stoisch: den All-Erhalter) leicht mit dem Schöpfergott der Christen identifizieren konnte. Die Jüngere Stoa gebrauchte für Gott den Vater-Namen, um damit die Überzeugung von der Weltordnung auszudrücken. Epiktet konnte aus dieser Überzeugung äußern: «Gott zum Schöpfer, Vater und Pfleger zu haben, sollte uns das nicht von Leid und Furcht frei machen?» [58] Dennoch ist für die griechische Religiosität kennzeichnend der

---

[54] Vgl. Lk 22, 22; Apg 2, 23; 4, 28; 10, 42; 17, 26. 31.
[55] Röm 1, 20; Kol 1, 15f; 1 Tim 1, 17; Hebr 11, 27.
[56] Röm 1, 23; 1 Tim 1, 17. Vgl. die «Bedürfnislosigkeit» Gottes (Apg 17, 25; KerPetr 2: ἀνεπιδεής).
[57] *Schelkle*, a. a. O. (Anm. 50) 84.
[58] Zitiert bei *Schelkle*, a. a. O. 87 (Epiktet, Diss. 1, 9, 6f).

aristotelische Satz: «Es wäre ja Unsinn, wenn einer Zeus lieben wollte»[59]. Das sogenannte römische Symbolum hat in seinem ersten Artikel die Gottesprädikate des Vaters und des Pantokrator miteinander verbunden.

Hommel[60] hat richtig herausgestellt, daß hier stoische Terminologie mit anklingt. Da sich παντοκράτωρ in der Septuaginta findet, muß hier wieder an die Vermittlerrolle des hellenistischen Judentums gedacht werden; und im πατήρ klingt die Vaterbotschaft Jesu nach. Es kann daher nicht behauptet werden, über dem Eingangstor zum Apostolischen Glaubensbekenntnis stünden «die Lettern griechischer Gottesweisheit»[61]. Auch zu der Stoa und ihrer Gotteslehre hat die urchristliche Gottesverkündigung nach dem Gesagten in einem kritischen Verhältnis gestanden, wenn auch das Christentum gegenüber der Stoa einen Widerspruch nicht laut anmeldete. Zugleich aber hat die urchristliche Gottespredigt – vor allem terminologisch – Brücken der Anknüpfung schlagen können. Darin liegt kein Abfall von der evangelischen Botschaft, sondern es handelt sich um eine geschichtliche Notwendigkeit[62].

6.

Abschließend soll nun noch kurz von den neutestamentlichen *Bekenntnisformeln* her die Frage beleuchtet werden, wie sich im Bekenntnis Theo-logie und Christo-logie zueinander verhielten, stellt doch das Bekenntnis einen Reflex des Kerygmas dar. Zu beachten sind dabei in erster Linie jene Formeln, die das εἷς θεός[63] bekennen. Denn sie sind am ehesten christlich-hellenistischen Ursprungs. Ist in diesen Bekenntnissen der Glaube an Gott nur «eine Funktion des Glaubens an Christus»[64]? Hatten wir in den kerygmatischen Schemata durchweg feststellen können, daß das Christuskerygma in den Rahmen der Gottesverkündigung – und zwar an der Stelle der Eschata – eingefügt wurde, so vermitteln die Bekenntnisformeln, die Gott und Christus ausdrücklich erwähnen, ein anderes, aber entsprechendes Bild. Eine der ältesten zweigliedrigen Formeln, 1 Kor 8, 6, zeigt, wie Christus neben Gott ge-

---

[59] Zitiert ebd. (Aristoteles, Große Ethik 2, 2, 1208).
[60] *Hommel*, a. a. O. (Anm. 14) 122–137.
[61] So *Hommel*, a. a. O. 132.
[62] Das hat herausgestellt L. *Scheffczyk*, Das Kerygma in der Sprache der Antike und das Problem seiner zeitgemäßen Aussprache heute, in: Bibel und zeitgemäßer Glaube, Bd. II, hrsg. von J. Sint, Klosterneuburg 1967, 173–198.
[63] Siehe dazu E. *Peterson*, Εἷς θεός. Epigraphische, formgeschichtliche und religionsgeschichtliche Untersuchungen, Göttingen 1926.
[64] So O. *Cullmann*, Die ersten christlichen Glaubensbekenntnisse, ²Zollikon–Zürich 1949, 34.

stellt wird; aber Christus steht an der zweiten Stelle: «Für uns (Christen) gibt es nur Einen Gott, den Vater, aus dem das All und wir auf ihn hin,/ und Einen Herrn, Jesus Christus, durch den das All und wir durch ihn.» Vergleichen wir mit dieser Formel die liturgische Doxologie von Röm 11, 36, die nur von Gott redet und vielleicht in der Tradition der stoischen Anfang-Mitt'-Ende-Formeln steht[65], so stimmen in beiden Formeln die folgenden Glieder überein: aus Gott (ἐx), auf Gott hin (εἰς). Dem «durch ihn (διά)» aber, das in der liturgischen Formel eine Gegenwartsaussage über Gott macht, entspricht in der zweigliedrigen Bekenntnisformel jenes christologische «durch den das All und wir durch ihn». Das Christusgeschehen steht also in der Mitte der Heilsgeschichte. Es versichert uns der Nähe Gottes und bestärkt darum auch die eschatologische Hoffnung des Christen. In Christus wurde die «Güte und Menschenfreundlichkeit Gottes, unseres Soter» (Tit 3, 4) sichtbar.

Leo Scheffczyk[66] hat festgestellt, daß mit fortschreitender Zeit der christozentrische Charakter der Bekenntnisformeln abgeschwächt wurde, der doch in den ältesten eingliedrigen Formeln besonders hervorgetreten war. Was immer dafür die Gründe gewesen sein mögen, – die neutestamentliche Einordnung der Christo-logie in die Theo-logie, die Einordnung des ersten Glaubensartikels vor den zweiten, die Aussage über den einen Schöpfergott, der der Vater Jesu Christi und Vollender der Welt ist, erfolgte nicht nur aus missionarisch-pädagogischem Grund[67]. Vielmehr gehört auch nach immanent-biblischem Verständnis der erste Artikel[68] an den Anfang. Er ist von der Sache her «summus articulus»[69].

---

[65] Siehe dazu *Hommel*, a. a. O. 95–107.
[66] *L. Scheffczyk*, Schöpfung und Vorsehung (Handbuch der Dogmengeschichte, hrsg. von Schmaus/Grillmeier, Bd. II 2a), Freiburg 1963, 25.
[67] Gegen *Cullmann*, a. a. O. 36f.
[68] Vgl. die programmatische Schöpfungsaussage von Gen 1 am Anfang des Alten Testaments.
[69] So nach einem Wort Luthers (WA 11, 50f), zitiert bei *Hommel*, a. a. O. 133 Anm. 159: hic primus articulus ... summus est ... Quicquid est in tota scriptura, huc referri potest.

Anknüpfung, Kontinuität und Widerspruch in der Areopagrede Apg 17,22–31

Vor mehr als zwanzig Jahren veröffentlichte der verehrte Kollege, dem diese Festschrift gewidmet ist, einen Aufsatz mit dem Titel: „Anknüpfung und Kerygma in der Areopagrede"[1]. Er lehnte sich damit an eine Formulierung Rudolf Bultmanns an, der das in der Areopagrede sich zeigende Phänomen mit den Stichworten „Anknüpfung und Widerspruch" gekennzeichnet hatte[2]. Franz Mußner meinte gegenüber Bultmann zeigen zu können, daß beim Paulus der Areopagrede die „Anknüpfung nicht mit einem richtenden ‚Widerspruch' verbunden ist", daß er vielmehr offensichtlich dem Heidentum „ein natürliches Vorwissen um Gott und sein Verhältnis zur Welt" zuerkennt, „das freilich durch das anfängliche Kerygma eine notwendige Korrektur erhält"[3]. Im folgenden sollen unter den Stichworten Anknüpfung (I.), Kontinuität (II.) und Widerspruch (III.) einige Hinweise gegeben werden, die der weiteren Diskussion um die theologische Tragweite der Areopagrede dienen dürften[4].

---

[1] *F. Mußner*, Anknüpfung und Kerygma in der Areopagrede (Apg 17,22b–31), in: TThZ 67 (1958) 344–354; leicht überarbeitet wieder abgedruckt in: *ders.*, Praesentia Salutis. Gesammelte Studien zu Fragen und Themen des Neuen Testamentes (Düsseldorf 1967) 235–243. Nach der letzteren Fassung wird im folgenden zitiert.
[2] *R. Bultmann*, Anknüpfung und Widerspruch (erstmals 1946 in: ThZ), in: *ders.*, Glauben und Verstehen. Gesammelte Aufsätze II (Tübingen ⁴1965) 117–132. Zur Areopagrede siehe ebd. 125–127, besonders die abschließenden Sätze: „Der Verfasser der Acta weiß also, daß es Anknüpfung [vgl. 125: „an die natürliche Theologie des Hellenismus"!] nicht ohne Widerspruch gibt, wenn er auch beides recht äußerlich nebeneinander gestellt hat ohne die innere Verknüpfung, die darin gegeben ist, daß gerade der Widerspruch in tieferem Sinne die Anknüpfung ist" (127).
[3] *F. Mußner*, Anknüpfung und Kerygma 239. Die Korrektur erfolge „vom biblischen Schöpfungsglauben her"; man könne das „Vorwissen der Heiden nicht als theologia naturalis bezeichnen, aber doch als desiderium naturale" (ebd.).
[4] Die wichtigste Literatur bis 1965 verzeichnet F. Mußner, a.a.O. 235 Anm. 1. – Seither sind erschienen: *H. Conzelmann*, The Address of Paul on the Areopagus, in: Studies in Luke-Acts, ed. by L. E. Keck – J. L. Martyn (Nashville – New York 1966 [= London 1968]) 217–230; *H.-U. Minke*, Die Schöpfung in der frühchristlichen Verkündigung nach dem Ersten Clemensbrief und der Areopagrede. Ein Beitrag zur Frage nach dem „Frühkatholizismus", Diss. (Hamburg 1966); *P. Schubert*, The Place of the Areopagus Speech in the Composition of Acts, in: Transitions in

I. Anknüpfung

Der Paulus der Areopagrede knüpft vor allem an die Altarinschrift „Einem unbekannten Gott" (Apg 17,23a) an. Er will den Hörern verkündigen, was sie, „ohne es zu kennen, verehren" (V. 23b). Die Rede hat den Schöpfergott der Bibel zum Gegenstand (17,24–29) und endet mit einer indirekten Aufforderung zur Bekehrung (VV. 30f.). Das eigentliche Corpus der Rede wird von „neutralen" Nomina gerahmt, die für Gott stehen: die Pronomina ὅ und τοῦτο in Vers 23b und das Abstraktum τὸ θεῖον in Vers 29. Mit dieser Ausdrucksweise, die die „Unwissenheit" der Athener hinsichtlich des personalen Schöpfergottes der Bibel andeutet, zeigt die Rede an, daß sie an die Gottesvorstellung der Hörer wohl anknüpft, diese jedoch zugleich als unzulänglich und unbestimmt ansieht.

Ob es tatsächlich Altarinschriften der erwähnten Art gegeben hat, ist zweifelhaft[5]. Vielleicht gab es Dedikationen an unbekannte Götter, denen man „vorsichtshalber" Verehrung zollte, weil man fürchtete, sie könnten sonst die Unterlassung ihres Kultes ahnden. Wenn Lukas seinen Paulus in Athen an eine Altarinschrift anknüpfen läßt, die einer einzigen Gottheit gewidmet ist, so dürfte er diesen Singular im Hinblick auf die folgende Gottesverkündigung gesetzt haben. Die Anknüpfung an die Widmungsinschrift wird vom Verfasser der Apostelgeschichte nicht deshalb gewählt worden sein, weil es ähnliche Inschriften gab, sondern weil er damit dokumentieren konnte, daß Paulus in Athen keine „fremden Gottheiten" (17,18; vgl. V. 20) verkündigte[6].

Das Wirken des Paulus in Athen wird von Lukas mit deutlichen Anspielungen auf das des Sokrates geschildert. Paulus spricht nicht mehr nur in der Synagoge vor Juden, sondern auch täglich auf der Agora „zu den dort Anwesenden" (V. 17). Damit ist an die sokratische „Anknüpfungsmethode" erinnert[7]. Die

---

Biblical Scholarship, ed. by J. C. Rylaarsdam (Chicago – London 1968) 235–261; *E. des Places*, Le monde grec en face du message chrétien. Le discours à l'Aréopage et ses résonances, in: *ders.*, La religion grecque (Paris 1969) 327–361; *ders.*, Actes 17,30–31, in: Bibl 52 (1971) 526–534; *A.-M. Dubarle*, Le discours à l'Aréopage (Actes 17,22–31) et son arrière-plan biblique, in: RSPhTh 57 (1973) 576–610; *C. K. Barrett*, Paul's Speech on the Areopagus, in: New Testament Christianity for Africa and the World (Festschrift für H. Sawyerr) (London 1974) 69–77; *F. F. Bruce*, Paul and the Athenians, in: ExpT 88 (1976/77) 8–12; *L. Legrand*, The Areopagus Speech: Its Theological Kerygma and Its Missionary Significance, in: La notion biblique de Dieu, ed. J. Coppens (Gembloux 1976) 337–350; *P. Auffret*, Essai sur la structure littéraire du discours d'Athènes (Ac XVII 23–31), in: NovT 20 (1978) 185–202; *J. Dupont*, Le discours à l'Aréopage (Ac 17,22–31), lieu de rencontre entre christianisme et hellénisme, in: Bibl 60 (1979) 530–546.
[5] Vgl. *E. Haenchen*, Die Apostelgeschichte (KEK 3) (Göttingen ⁷1977) 500f. mit Anm. 6.
[6] Siehe die Korrespondenz der athenischen Behauptung (V. 18c: „Er scheint καταγγελεύς fremder Gottheiten zu sein") mit dem Beginn der Rede (V. 23b: „Was ihr nun, ohne es zu kennen, verehrt, ebendies verkündige ich [καταγγέλλω] euch").
[7] *E. Plümacher*, Lukas als hellenistischer Schriftsteller. Studien zur Apostelgeschichte (StUNT 9) (Göttingen 1972) 19.

Athener verdächtigen den christlichen Prediger, „fremde Gottheiten" zu verkündigen (V. 18), „Befremdliches einzuführen" (V. 20); sie sprechen von einer „neuen Lehre" (V. 19). So hatte man einst Sokrates verklagt: „er führe neue Gottheiten ein"[8]. Paulus ist hier „ganz offensichtlich zu einem zweiten Sokrates geworden"; und mit dieser Parallelisierung erhebt Lukas „den unüberhörbaren Anspruch auf prinzipielle Gleichrangigkeit von Christentum und griechischer Bildungswelt"[9]. Wenn die Areopagrede davon ausgeht, daß Paulus *keine* neue Gottheit einführt, sondern das verkündigt, was die Athener schon „unwissend" verehren (V. 23), so scheint die Anknüpfung an griechische Gottesverehrung dem Verfasser der Apostelgeschichte mehr zu sein als ein bloß äußerer Anlaß für die christliche Botschaft von Gott. Anderseits erfolgt die Anknüpfung an die Altarinschrift so, daß der Abstand zwischen dem „neutral" bezeichneten Gegenstand der athenischen Verehrung (V. 23 b) und dem personalen Gott der christlichen Verkündigung (VV. 24–31) wenigstens angedeutet ist. Auch ist zu beachten, daß sich die Anknüpfung nur auf die in der Altarinschrift bezeugte *Gottes*vorstellung bezieht, die zudem lukanische Fiktion sein dürfte. Das, was den Vorwurf der Athener eigentlich hervorrief, die Jesus- und Auferstehungs-Verkündigung[10] (V. 18), erregt auch am Ende der Areopagrede den Widerspruch der athenischen Hörer (VV. 31.32). Die spezifisch christliche Botschaft läßt sich nach lukanischer Ansicht vor Heiden weder mit alttestamentlich-biblischen noch mit griechisch-stoischen Argumenten vortragen[11].

II. Kontinuität

In seiner „motivgeschichtlichen Untersuchung" zur Areopagrede konnte Wolfgang Nauck aufzeigen, daß die Motivfolge der Rede in einer gut bezeugten Tradition hellenistisch-jüdischer Missionstheologie steht, die auch in anderen frühchristlichen Texten aufgegriffen ist[12]. Nach Nauck hat das Motivschema

---

[8] Xenophon, Memorabilia I 1,1: „Sokrates tut Unrecht, denn er erkennt die Götter nicht an, welche der Staat anerkennt, er führt dagegen andere, neuartige Gottheiten ein (δαιμόνια εἰσφέρων)." Das Wort δαιμόνιον begegnet in der Apg nur 17,18 (pluralisch), und auch εἰσφέρω steht nur 17,20.
[9] *E. Plümacher*, Lukas 19.
[10] Apg 17,18 werden „Jesus und die ἀνάστασις" als Gegenstände des paulinischen εὐαγγελίζεσθαι genannt. So referiert der Verfasser der Apostelgeschichte; die Athener nennen Paulus insofern καταγγελεύς (V. 18). Der Redner der Areopagrede bezieht καταγγέλλω nur auf seine eigene *Gottes*verkündigung.
[11] Vgl. *F. Mußner*, Anknüpfung und Kerygma 243: „So wird Gott in der Areopagrede als Schöpfer und Gerichtsherr der Welt proklamiert, und erst diese Proklamation ermöglicht vor dem Publikum, vor dem Paulus spricht, das eigentliche Christuskerygma."
[12] *W. Nauck*, Die Tradition und Komposition der Areopagrede. Eine motivgeschichtliche Untersuchung, in: ZThK 53 (1956) 11–52, bes. 18–28.

Schöpfung – Erhaltung – Heil seinen Ursprung im israelitischen Schöpfungs- und Heilsglauben[13]. Stoische Motive kommen lediglich als „Begleitmotiv" vor[14].

Wenn man bedenkt, welch grundlegende Bedeutung für die alttestamentlich-jüdische und die christliche Missionstheologie Deuterojesaja zukommt, und wenn man ferner in Rechnung stellt, daß Lukas gerade von Jes 40–66 reichlichen Gebrauch macht[15], dann scheint es nicht unangemessen, auch den Anknüpfungspunkt der Areopagrede, das Thema vom „unbekannten Gott", in jenem biblischen Buch zu suchen.

Jes 45, 18–25 stellt eine monotheistische Predigt dar, die formal als „Disputationswort" angelegt ist[16]. Einleitend spricht Gott von der Zeit, da die Heiden den Gott Israels anbeten und als den einzigen Gott anerkennen werden (45,14). Sie werden dann ihre Überzeugung in das monotheistische Bekenntnis zusammenfassen: „Denn du bist Gott, und wir haben es nicht gewußt, der Gott Israels ist ein Erretter" (45,15 LXX). Der masoretische Text hat eine Formulierung, die dem Hauptstichwort in der Einleitung der Areopagrede („Einem unbekannten Gott") noch näher kommt: „Fürwahr, du bist *ein verborgener Gott*, Gott Israels, ein Erretter!"[17] Darauf folgt die Gottesrede, die zur Bekehrung bewegen will. Sie argumentiert für den biblischen Monotheismus und will die Ansicht, Gott sei „ein sich verbergender Gott", als unbegründet erweisen[18].

Die Motivfolge von Jes 45,15.18–25 LXX stimmt mit der der Areopagrede auffallend überein. Dies sei wenigstens stichwortartig notiert:

I. *Ausgangspunkt:* Der Gott Israels ist der Gott, den die Heiden bisher „nicht kannten" (Jes 45,15; vgl. Apg 17,23 b).

II. Der *Hauptteil* der Rede (das „Disputationswort") zielt auf den Erweis dessen, was die göttliche Selbstprädikation betont: „Ich bin es, und es gibt keinen anderen" (45,18; vgl. VV. 21.22). Im einzelnen enthält der Hauptteil:

1. Die Prädikation des Schöpfers von Himmel und Erde (ὁ ποιήσας...) als κύριος (45,18; vgl. Apg 17,24).

2. Der Schöpfergott hat die Erde abgegrenzt (διώρισεν), daß sie bewohnt werde (κατοικεῖσθαι) (45,18; vgl. Apg 17,26).

---

[13] W. *Nauck*, a.a.O. 28–32.
[14] W. *Nauck*, a.a.O. 31; siehe auch F. *Mußner*, Anknüpfung und Kerygma 236–242; G. *Schneider*, Urchristliche Gottesverkündigung in hellenistischer Umwelt, in: BZ 13 (1969) 59–75, bes. 72–74.
[15] Siehe dazu T. *Holtz*, Untersuchungen über die alttestamentlichen Zitate bei Lukas (TU 104) (Berlin 1968) bes. 29–43.169–171.
[16] J. *Begrich*, Studien zu Deuterojesaja (BWANT, 4. Folge, 25) (Stuttgart 1938) 42–47.
[17] Dem hebräischen Text folgt Symmachos genauer als die Septuaginta: ὄντως σὺ θεὸς κρυφαῖος.
[18] Vgl. E. *König*, Das Buch Jesaja (Gütersloh 1926) 392 Anm. 6; C. *Westermann*, Das Buch Jesaja. Kapitel 40–66 (ATD 19) (Göttingen 1966) 138 f.

3. Gott hat sich nicht unbezeugt gelassen, sondern vernehmlich gesprochen[19]; die Menschen brauchen ihn daher nicht vergeblich zu suchen (ζητήσατε) (45,19; vgl. Apg 17,27).

4. Kritik am Götzendienst: Götter aus „Holz" können nicht „helfen" (45,20b; vgl. Apg 17,29).

III. Der *Schlußteil* enthält die Aufforderung zur Umkehr (ἐπιστράφητε πρός με) an die Heiden (οἱ ἀπ' ἐσχάτου τῆς γῆς[20]) (45,22a; vgl. Apg 17,30).

Wenngleich die genannten Motive in der Areopagrede weitgehend transformiert erscheinen[21], ist doch die Kontinuität von Deuterojesaja bis zur lukanischen Paulusrede in Athen offensichtlich. Sie setzt eine vor allem im hellenistischen Judentum entfaltete missionarische Theologie voraus[22], die Lukas wohl bereits kennenlernte, ehe er Christ wurde. In Übereinstimmung mit anderen Zeugnissen urchristlicher Heidenmissionspredigt[23] geht die Areopagrede davon aus, daß eine Hinwendung der Heiden zum Schöpfergott der Bibel zu den sachlichen Voraussetzungen ihres Christus-Glaubens gehört[24].

III. Widerspruch

Gehören nicht auch die stoischen „Begleitmotive" der Areopagrede unter die Rubrik „Kontinuität"? Man kann diese Frage insofern positiv beantworten, als diese Motive weithin schon in der jüdisch-hellenistischen Missionstheologie aufgegriffen wurden. Lukas wird gewußt haben, daß der Hauptteil der Areopagrede zugleich Argumente der heidnischen Philosophie aufgreift. Er nennt ja als

---

[19] Jes 45,19 bezieht sich auf die Wortoffenbarung (λελάληκα). Es ist wohl an das Sprechen Gottes durch Propheten gedacht. Apg 17,26f. hingegen denkt an Gottes Selbstbekundung durch die Schöpfungswerke; vgl. 14,15–17.
[20] Vgl. LXX Jes 48,20; 49,6; 62,11; Apg 1,8; 13,47 (= Jes 49,6).
[21] Die in der Areopagrede dominierende Thematik der Gotteserkenntnis (vgl. die Stichworte: ἀγνώστῳ θεῷ – ἀγνοοῦντες – χρόνους τῆς ἀγνοίας) sowie das auf Erkenntnis zielende „Suchen" (V. 27) entsprechen einer Tendenz des hellenistischen Judentums (vgl. Weish 1,1f.; 2,13.22; 13,1.6).
[22] Siehe dazu P. *Dalbert*, Die Theologie der hellenistisch-jüdischen Missions-Literatur unter Ausschluß von Philo und Josephus (ThF 4) (Hamburg-Volksdorf 1954); N. *Walter*, Der Thoraausleger Aristobulos (TU 86) (Berlin 1964). – W. *Nauck*, Die Tradition und Komposition 24–30. 32–36.38f.50–52, erwähnt folgende jüdische Schriften bzw. Texte, die Motivparallelen zur Areopagrede bieten: Sapientia Salomonis (bes. Weish 13–14), Josef und Asenet, Aristobulos, Kᵉduscha des Jozer (Kleine Texte 58, 2. Aufl., S. 5, Zl. 5ff.), Achtzehn-Gebet, Gebet des Manasse, zwei Fragmente einer Sibyllinischen Schrift (Fragm. I 1–35; III 1–49).
[23] Neben den frühchristlichen Paralleltexten zur Areopagrede, die W. *Nauck*, a.a.O. 18–24.46–50, nennt (1 Clem 19,2 – 21,1; 33,2–6; Const. Apost. VII 34; VIII 12; Ep. Apostolorum, Introitus), sind zu erwähnen: Apg 14,15–17; Röm 1,18 – 3,20; 1 Thess 1,9f.; Hebr 6,1f.; Kerygma Petri (Kleine Texte 3, S. 13–16), Fragmente 2 und 3. Vgl. auch U. *Wilckens*, Die Missionsreden der Apostelgeschichte (WMANT 5) (Neukirchen ³1974) 86–91.96–100.
[24] Siehe dazu G. *Schneider*, Urchristliche Gottesverkündigung 64–68.74f.

Diskussionspartner des Paulus „epikureische und stoische Philosophen" (17,18). Indessen ist der führende Gedankengang auch dieses Hauptteils der Rede „biblisch", und die stoischen Gedanken sind in eigentümlicher Weise mit den monotheistischen Argumenten der Verse 24–29 verschränkt.

Stoische Theologie wird zusammen mit biblischen Argumenten aufgerufen, um heidnischen Glauben zu widerlegen. Ein dreifaches Nein des Redners ist unüberhörbar[25]. Gott *wohnt nicht in Tempeln,* die von Menschenhand gemacht sind; er hat im Gegenteil den Kosmos geschaffen, der sein Haus ist (17,24). Gott *läßt sich nicht bedienen,* als bedürfe er menschlicher Aufwartung; diese Kritik am Opferkult wird biblisch und stoisch zugleich begründet. Hellenistisch-stoisch ist der Topos von der Bedürfnislosigkeit Gottes (V. 25a), biblisch der Hinweis auf den Gott, der selber „allen Leben und Odem und alles gibt" (V. 25b). Das dritte Veto meldet der Redner an gegen die Praxis, *Götterbilder herzustellen* (V. 29). Allenfalls ist – mit Gen 1,26f. gesprochen – der lebendige Mensch Abbild Gottes; oder er ist – um mit Aratos zu reden – „von Gottes Geschlecht" (V. 28).

Das dreifache Nein im Hauptteil der Areopagrede verbietet es (trotz des einleitenden καταγγέλλω in V. 23b), die Rede insgesamt als Kerygma zu bezeichnen. Sie ist in ihrer Kritik am heidnischen Glauben, d. h. mit ihrem „Widerspruch", eher dem „Disputationswort" aus Deuterojesaja (Jes 45,18–25) verwandt, zu dessen Charakteristika gerade auch die kritische Negation gehört[26].

Zu den heidnischen Lehren, denen der *Redner* widerspricht, sind nach Auffassung des Lukas noch dessen positiv-kerygmatische Ansagen hinzuzurechnen, denen die *Hörer* widersprechen. Der Schluß der Rede gibt die gebieterische Anordnung (παραγγέλλει) Gottes weiter: Alle Menschen sollen sich bekehren, „umdenken" (V. 30). Denn Gott habe den Tag festgesetzt, an dem er alle Welt richtet „durch einen Mann", den er dadurch beglaubigte, daß „er ihn von den Toten auferweckte" (V. 31). Die Erwähnung der „Totenauferweckung" fordert den Spott der Hörer heraus (V. 32). Das Christuskerygma, das an dieser Stelle sachgemäß einsetzen sollte – die Hörer sollten fragen, wer dieser Mann ist –, wird so verhindert. Lukas zeigt damit an, wo der Punkt der christlichen Verkündigung ist, dem griechische Hörer am ehesten widersprechen[27].

---

[25] *G. Schneider,* a. a. O. 63 f. Neuerdings betont die dreifache Negation der Areopagrede und deren grundlegende Bedeutung für das Gesamtverständnis auch *J. Dupont,* Le discours à l'Aréopage 542–546.

[26] Siehe *C. Westermann,* Das Buch Jesaja 140 (zu 45,18f.): „Fragt man aber nach dem Charakter, den diese Verse für sich genommen haben, so klingen sie an die Disputationsworte, an die Bestreitungen an. Sie bekommen diesen Charakter durch das betonte dreimalige ‚nicht' in V. 18 und in V. 19."

[27] Vgl. dazu *H. Conzelmann,* Die Apostelgeschichte (HNT 7) (Tübingen ²1972) 111 (zu 17,31 f.).

Die Entwicklung kirchlicher Dienste in der Sicht der Apostelgeschichte

Von den Schriften des Neuen Testaments bietet einzig die Apostelgeschichte (Apg) einen direkten Überblick über die Entwicklung kirchlicher Dienste im ersten Jahrhundert. Freilich muß gesagt werden, daß sie die „Ämter"[1] und ihre Entfaltung nicht eigentlich zum Thema macht. Es geht Lukas, dem ersten christlichen „Historiker", vielmehr um den Nachweis, daß das Christuszeugnis der Apostel authentisch und unverfälscht weitergegeben wurde (vgl. Lk 1,1—4). Die Kontinuität der Botschaft von Jesus aus über die zwölf Apostel und Paulus bis in die Gegenwart des Apg-Verfassers hinein steht im Vordergrund des Interesses: Das „Wort des Herrn", die christliche Botschaft, wurde von Jerusalem aus in einem wahren Siegeslauf ausgebreitet — bis zu den Heidenvölkern, bis nach Rom, und das schon in der Zeit des Paulus, also in den ersten dreißig Jahren nach Jesu Kreuzestod. Der Historiker Lukas schreibt wiederum etwa dreißig Jahre nach dem Zeugentod des Paulus.[2] Und er hat bei seiner Darstellung der Frühzeit der Kirche nicht nur die christlichen Gemeinden der Zeit von 30 bis 60 n. Chr. vor Augen, sondern bringt auch seine eigene Erfahrung, also die kirchliche Gegenwart, in sein Bild ein.

Man kann zwar nicht sagen, daß Lukas die apostolische Zeit einfach durch die Brille seiner Zeit sieht. Aber es bleibt uns doch die Aufgabe, die lukanische Sicht der frühkirchlichen „Ämter"[3] oder „Gemeindestrukturen"[4] von Fall zu Fall historisch-kritisch zu überprüfen. Wenn auch das Bild, das Lukas sich von der Frühzeit der Kirche macht und das er seinen Lesern vorstellt, historisch nicht in allem zutreffend sein mag, so dürfte uns doch — im Hinblick auf heutige Fragestellungen hinsichtlich des kirchli-

---

[1] Der Begriff „Amt" kommt im NT nicht unmittelbar vor. Indessen ist mehrfach vom „Dienst" *(diakonia)* die Rede: sowohl im Sinne konkreter Dienstleistung, z. B. Apg 6,4 (vgl. auch 1 Kor 16,15; 2 Kor 11,8), als auch im Zusammenhang des apostolischen „Amtes", z. B. Apg 1,17.25; 20,24; 21,19 (vgl. 2 Kor 3,8f; 4,1; 6,3).

[2] Zur Abfassungszeit der Apg (zwischen 80 und 90 n. Chr.) siehe G. *Schneider,* Die Apostelgeschichte I—II, Freiburg 1980.1982, I 120f. Daß Lukas auf den Tod des Paulus schon zurückblickt, ergibt sich u. a. aus Apg 20,17—38 (Abschiedsrede in Milet).

[3] Siehe dazu J. *Dupont,* Les ministères de l'église naissante d'après les Actes des Apôtres, in: Ministères et célébration de l'Eucharistie (Studia Anselmiana 61), Rom 1973, 94—148; A. *George,* Les ministères (1974), in: ders., Études sur l'oeuvre de Luc, Paris 1978, 369—394; J. *Rohde,* Urchristliche und frühkatholische Ämter, Berlin 1976, 59—75; A. *Weiser,* Gemeinde und Amt nach dem Zeugnis der Apostelgeschichte, in: Dynamik im Wort. FS aus Anlaß des 50jährigen Bestehens des Katholischen Bibelwerks in Deutschland, hrsg. vom Katholischen Bibelwerk e. V., Stuttgart 1983, 201—215.

[4] Vgl. R. *Schnackenburg,* Lukas als Zeuge verschiedener Gemeindestrukturen: Bibel und Leben 12(1971)232—247; ferner G. *Baumbach,* Die Anfänge der Kirchwerdung im Urchristentum: Kairos 24(1982)17—30.

chen Amtes — die Sicht des Lukas in der Apg besonders interessieren, zumal er die Entwicklung der Dienste nicht nur im Rückblick darstellt, sondern ansatzweise auch theologisch beurteilt.

Im wesentlichen werden wir uns im folgenden an die Darstellung der Apg anlehnen. Dabei ergibt sich folgende Gliederung: 1. Die zwölf Apostel. 2. Die Gemeinde in Jerusalem. 3. Die Gemeinde von Antiochia. 4. Paulus und seine Missionsgemeinden. 5. Abschließende Überlegungen.

1. Die zwölf Apostel

Der Leser der Apg ist schon auf den Begriff der zwölf Apostel[5] vorbereitet, wenn er das dritte Evangelium gelesen hat. Danach sind die zwölf Apostel aus der größeren Jüngerschar Jesu erwählt worden (Lk 6,12—16). Sie haben das gesamte irdische Wirken des Herrn als Augenzeugen erlebt.[6] Sie sollen laut Apg 1,8 nach Ostern Jesu Zeugen sein, zuerst in Jerusalem; das Zeugnis der Christuszeugen soll aber schließlich bis ans Ende der Erde reichen. Mit der Zuwahl des Matthias wird — noch vor Pfingsten — die Zwölfzahl der Apostel wiederhergestellt (Apg 1,15—26). Die Begründung für die Bestellung eines Ersatz-Apostels anstelle des Verräters Judas sieht Lukas im „Befehl" eines Psalmwortes (1, 20—22). Als später der Apostel Jakobus, der Bruder des Johannes, hingerichtet wird (12,1f.), findet die Zwölfergruppe keine Ergänzung mehr. Sie hatte also nach Lukas eine einmalige und zeitgebundene Funktion. Nicht zuletzt gelten die Zwölf als wesentliches Kontaktglied zwischen Jesus und Paulus. Denn ebenso wie bei ihnen „der Herr ein und aus ging" (angefangen von der Taufe durch Johannes bis zu dem Tag, an dem Jesus in den Himmel aufgenommen wurde) (1,21f.), ging später der zum Christen gewordene Paulus in Jerusalem bei den Aposteln „ein und aus" (9,27f.).[7]

Die „klassische"Stelle, an der Lukas den Begriff der apostolischen Christuszeugen gewissermaßen definiert, ist Apg 1,15—26. Petrus ergreift nach der Himmelfahrt Jesu die Initiative, um einen Ersatzmann für den Verräter Judas zu bestimmen. Das „Amt", für das ein Kandidat gesucht wird, ist in diesem Fall sozusagen eine „Planstelle";[8] sie wird in Vers 20 *episkopē*, in Vers 25 *diakonia* und *apostolē* genannt. Der Kandidat muß zunächst die Voraussetzung eines „Auferstehungszeugen" erfüllen: Er muß bei Jesus und seinem Jüngerkreis gewesen sein von der Johannestaufe an[9] bis zur Himmelfahrt Jesu (VV. 21f.). Die entscheidende Ausstattung der apostolischen Christuszeugen wird ihnen am kommenden Pfingsttag als „Kraft aus der Höhe" (Lk 24,48f.) mitgeteilt. Sogleich nach dem Empfang des „heiligen Geistes" (Apg 1,8; 2,1—4) übt Petrus als Sprecher des Zwölferkreises (2,14) sein Zeugenamt aus; er predigt vor den jüdischen Festteilnehmern.

---

[5] Zum lukanischen Apostelbegriff siehe vor allem *G. Klein*, Die zwölf Apostel. Ursprung und Gehalt einer Idee, Göttingen 1961; *J. Roloff*, Apostolat — Verkündigung — Kirche. Ursprung, Inhalt und Funktion des kirchlichen Apostelamtes nach Paulus, Lukas und den Pastoralbriefen, Gütersloh 1965, 169—235; *E. Nellessen*, Zeugnis für Jesus und das Wort. Exegetische Untersuchungen zum lukanischen Zeugnisbegriff, Köln/Bonn 1976; *G. Schneider*, Das Evangelium nach Lukas, Gütersloh/Würzburg 1977, 146—148; *R. J. Dillon*, From Eye-Witnesses to Ministers of the Word, Rom 1978; *G. Schneider*, Apostelgeschichte I 221—232 (Exkurs).

[6] Lk 22,49—54 verschweigt (gegen Mk 14,50) die Flucht der Jünger angesichts der Passion Jesu (vgl. auch Lk 23,49; 24,12—53; Apg 1,21f.).

[7] Hinsichtlich des von der Apg berichteten engen Kontakts des Paulus zu den Jerusalemer Aposteln muß der Gegensatz zum eigenen Bericht des Paulus (Gal 1,17—20) ernstgenommen werden. Der Gegensatz läßt sich wohl nicht einfach mit mangelhafter Information des Lukas begründen.

[8] Vgl. Apg 1,25: „die Stelle *(topos)* dieses Dienstes".

[9] Siehe auch Lk 1,2: „die Augenzeugen von Anfang an".

Wenn man den so verstandenen, restriktiv definierten Apostelbegriff zugrunde legt, kann Paulus konsequenterweise nicht als „Apostel" bezeichnet werden;[10] er erfüllt nicht die Voraussetzung, die Apg 1,21f. nennt. Warum besteht Lukas bei den Zwölf darauf, daß sie „von Anfang an" und kontinuierlich bei Jesus waren? Wahrscheinlich betont er dies, weil er seinen Zeitgenossen die Apostel als Garanten der kirchlichen Jesusüberlieferung vorstellen möchte. Sie konnten *alles* bezeugen, was Jesus tat und lehrte, was sich in Passion und Auferstehung mit ihm ereignete. Lk 6,12—16 unterstreicht, daß Jesus vor der Erwählung der Zwölf die Nacht im Gebet zu Gott verbrachte (V. 12). Da zudem Jesus selbst diesen zwölf Jüngern die Benennung „Apostel" gab (V. 13), kann man erkennen, daß dieses einmalige Amt *iure divino* existierte. Der Erstgenannte der Apostelliste, Simon, erhält von Jesus den besonderen „Amtsnamen" Petrus (V. 14). Die Erwählung der Zwölf geschieht in der Weise, daß Jesus sie am Morgen zu sich auf den Berg ruft (V. 13); dann steigt Jesus „mit ihnen" in die Ebene (V. 17) und hält als erste öffentliche Proklamation vor dem größeren Jüngerkreis und der Volksmenge die „Feldrede" (6,20b—49).[11] Im Verlauf seiner Darstellung des Wirkens Jesu vergißt Lukas nicht, die Anwesenheit der „Zwölf"[12] beziehungsweise der „Apostel"[13] gerade bei wichtigen Begebenheiten immer wieder zu erwähnen.

2. Die Gemeinde in Jerusalem

Ihre eigentliche Aufgabe erfüllen die zwölf Apostel von Pfingsten an, indem sie — allen voran Petrus — als *Zeugen* der Auferstehung Jesu fungieren: Apg 1,8; 2,32; 3,15; 5,32; 10,39—42; 13,31; vgl. Lk 24,48. In der Urgemeinde zu Jerusalem haben sie offenbar keine eigentliche Leitungsfunktion, sondern repräsentieren als ehemalige Begleiter Jesu den Jüngerkreis der vorösterlichen Zeit; sie garantieren, daß die unverkürzte und authentische „Sache Jesu" in der jungen Kirche durchgehalten wird. Da, wo sie außerhalb Jerusalems auftreten, sorgen sie für die Einheit der christlichen Ortsgemeinden untereinander: Apg 8,14—17; vgl. 15,2.22—29.

Petrus ist vor allem der Sprecher des Zwölferkreises (2,14.37; 5.3f.8f.29). Er ist in der Sicht des Lukas nicht nur der erste Juden-Missionar (2,14), sondern auch der erste, der den Durchbruch zur Heidenmission vollzieht (10,1—48). Seine Rolle als nachösterlicher Missionar wird von Jesus schon bei seiner Berufung vorausgesagt: Ihm (allein) gilt das Menschenfischer-Wort Lk 5,10 (vgl. hingegen Mk 1,17). Innerhalb der Gemeinde übt er mit charismatischer Vollmacht Gemeindezucht (Apg 5,1—11). Er läßt sich vom Geist, den der Auferstandene ausgoß, immer neu führen, nicht zuletzt als Initiator der Juden- und Heidenmission.[14]

---

[10] Paulus wird lediglich Apg 14,4.14 zusammen mit Barnabas „Apostel" genannt. Vielleicht liegt das an der Quelle des Lukas, die hier von den „Abgesandten" der Gemeinde von Antiochia sprach (vgl. 13,1—3).
[11] Bei der „Antrittspredigt" Jesu in Nazaret (Lk 4,16—30) sind (im Gegensatz zu Mk 6,1—6) die ersten Jünger Jesu (Lk 5,1—11) noch nicht berufen. Freilich setzt Lk 4,14f.23 voraus, daß die Kunde über Jesus schon ganz Galiläa erreicht hatte.
[12] Abgesehen von Lk 6,13 heißt es stets „die Zwölf", was eine feste Gruppe bezeichnet: 8,1; 9,1.12; 18,31; 22,3.47; Apg 6,2. Nach dem Verrat des Judas ist dann entsprechend von „den Elf" die Rede: Lk 24,9.33; Apg 1,26. Siehe auch Apg 2,14: „Petrus mit den Elf" (an Pfingsten).
[13] Im lukanischen Doppelwerk steht immer der Plural „die Apostel". Neben der grundlegenden Stelle Lk 6,13 finden sich im dritten Evangelium noch vier Vorkommen (9,10; 17,5; 22,14; 24,10; außerdem 11,49: Propheten und Apostel). Die Apg bezieht *hoi apostoloi* an 26 Stellen auf die Mitglieder des Zwölferkreises. Petrus und die Apostel werden in der Apg zuletzt in Zusammenhang mit dem „Apostelkonzil" (Apg 15,7 bzw. 16,4) erwähnt.
[14] Siehe dazu etwa R. *Pesch,* Petros/Simōn, in: EWNT III 193—201 (1982), mit Literaturangaben.

Die erste „Änderung" hinsichtlich der kirchlichen Dienste erfolgt in Jerusalem, als man den Kreis der *Sieben*,[15] d. h. der Armenpfleger[16] und Evangelisten[17] um Stephanus, bestellt, angeblich, um die Apostel zu entlasten, damit sie sich voll ihrer eigentlichen Aufgabe, dem (missionarischen) Dienst am Wort Gottes (Apg 6,3f.), widmen können (6,1—6). Der tatsächliche historische Hintergrund für die Bestellung des Siebenergremiums wird von Lukas wahrscheinlich „heruntergespielt", wenn er als deren Anlaß die unzureichende Versorgung der Witwen bezeichnet (6,1). Möglicherweise waren die Sieben die Repräsentanten des griechisch sprechenden Teiles der Urgemeinde, der schon früh seine eigenen Gottesdienste hielt.[18] Die Sieben, von denen Stephanus als erster christlicher Blutzeuge sterben muß (7,54—60), werden, wie die christlichen „Hellenisten" überhaupt, in Jerusalem verfolgt und tragen als Flüchtlinge die christliche Botschaft bis nach Zypern und Antiochia in Syrien (11,19f.). Nur die Apostel bleiben in Jerusalem zurück (8,1; 9,26—28).

Die Jerusalemer Gemeinde hat, als Paulus sie nach seiner letzten Missionsreise aufsucht, eine neue, *nachapostolische Verfassung*: Paulus geht bei seinem letzten Besuch in Jerusalem zu dem „Herrenbruder" Jakobus und den Ältesten *(presbyteroi)*[19] und begrüßt sie (Apg 21,18f.). Sie leiten in dieser Zeit (um 60 n. Chr.) die Gemeinde. Der Leser der Apg ist sowohl auf die Rolle des Jakobus (eine Art „Stellvertreter/Nachfolger" des Petrus in der Leitung der Urgemeinde: 12,17) als auch auf die Jerusalemer Presbyter (11,30) vorbereitet. Besonders auf dem „Apostelkonzil" tritt nicht nur der Herrenbruder Jakobus als Redner (nach Petrus) auf (15,13—21) und macht den entscheidenden Vorschlag; stereotyp werden neben den „Aposteln" immer auch die „Presbyter" genannt: 15,2.4.6.22.23; 16,4. Sie beschließen zusammen mit den Aposteln, die fortan keine Erwähnung mehr finden, das „Aposteldekret" (15,22.23). Die christliche „Ältesten"-Verfassung stammt somit nach Lukas aus der Urgemeinde; sie bestimmt nach dem Weggang der zwölf Apostel das Bild in Jerusalem. Den Übergang stellt für Lukas das „Apostelkonzil" dar, auf dem „die Apostel und die Ältesten" noch gemeinsam fungieren und so die kirchliche Kontinuität für die nachapostolische Zeit garantieren. Freilich ist zu beachten, daß Lukas von den Ältesten niemals berichtet, sie hätten mit dem „Dienst am Wort" etwas zu tun gehabt. Sie gelten eher als ein Beratungsgremium.

Erwähnung verdient, daß Lukas auch von christlichen *Propheten*[20] weiß, die der Urgemeinde angehörten: Agabus und andere Propheten besuchen von Jerusalem aus die

---

[15] Siehe Apg 6,5. Die hier genannten sieben Männer, an ihrer Spitze Stephanus, tragen griechische Namen. Sie gehören zu den sog. „Hellenisten", den griechisch sprechenden Juden(christen) in Jerusalem. „Die Sieben" werden außer 6,3 auch 21,8 als feste Gruppe genannt.
[16] Apg 6,2 spricht vom „Tischdienst", vgl. 6,1.
[17] Ebenso wie Stephanus, der mit Juden disputierte (Apg 6,9) und offensichtlich auch missionierte (vgl. 6,11—14), war auch Philippus (später, außerhalb Jerusalems) missionarisch tätig (8,4—40). Apg 21,8 nennt ihn „Evangelist".
[18] Zur Frage nach dem historischen Ort und dem theologischen Standpunkt der Jerusalemer „Hellenisten" siehe M. *Hengel*, Zwischen Jesus und Paulus. Die „Hellenisten", die „Sieben" und Stephanus (Apg 6,1—15; 7,54—8,3): ZThK 72(1975)151—206; G. *Schneider*, Apostelgeschichte I 406—430 (mit Exkurs); N. *Walter*, Apostelgeschichte 6,1 und die Anfänge der Urgemeinde in Jerusalem: NTS 29(1983)370—393.
[19] Zu Begriff und Funktion der „Ältesten" siehe vor allem G. *Bornkamm*, presbys usw., in: ThWNT VI(1959)651—683; J. *Rohde*, presbyteros, in: EWNT III 356—359 (1982).
[20] Zum (christlichen) Prophetentum siehe z. B. G. *Friedrich* in: ThWNT VI(1959)849—857; E. E. *Ellis*, The Role of the Christian Prophet in Acts, in: Apostolic History and the Gospel (FS für F. F. Bruce), Exeter 1970, 55—67; F. *Schnider*, prophētēs, in: EWNT III 442—448 (1982); G. *Dautzenberg*, Propheten in urchristlichen Gemeinden: BiKi 38(1983)153—158, zur Apg: 156f.

antiochenische Christengemeinde (11,27f.). Judas und Silas (Silvanus) bringen als führende Männer der Gemeinde das Apostelkret nach Antiochia (15,22.27); auch sie sind Propheten und sprechen als solche den Christen von Antiochia Mut zu (15,32). Agabus kommt, als Paulus sich später in Cäsarea bei Philippus aufhält, („von Judäa") dorthin und sagt ihm die Gefangennahme in Jerusalem voraus (21,8—11). Christliche Propheten werden neben „Lehrern" weiterhin 13,1 genannt. In Antiochia gehören zu den Propheten und Lehrern: Barnabas, Simeon Niger, Luzius von Zyrene, Manaën und Saulus (Paulus). Lukas erzählt nie von einer amtlichen Bestellung solcher Propheten. Sie werden vor allem als charismatische Wanderprediger vorgestellt, die von Gemeinden auf einen Wink des Heiligen Geistes hin ausgesandt werden (vgl. 13,2: Barnabas und Saulus; 15,22.27f.32: Judas und Silas).

3. Die Gemeinde von Antiochia

Nach den Christengemeinden von Samaria (Apg 8,4—25), Damaskus (9,10—22), Lydda und Joppe (9,32—42) sowie Cäsarea am Meer (10,24—48; vgl. 11,1—18; 21,8—14) erwähnt die Apg vor allem die Gemeinde der syrischen Hauptstadt Antiochia. Diese Christengemeinde wurde begründet, als die aus Jerusalem geflüchteten christlichen „Hellenisten" hier Judenmission trieben und einige mit der Heidenmission begannen (11,19—24). Antiochia ist also wohl die erste jüdisch-heidnisch „gemischte" Gemeinde.
Nach der Darstellung der Apg wurde auf die Nachricht von der antiochenischen Heidenmission Barnabas von Jerusalem entsandt; möglicherweise gehörte er jedoch schon früher zur antiochenischen Gemeinde. Denn die sicherlich alte Namensliste von Apg 13,1[21] nennt ihn an erster Stelle der „Propheten und Lehrer", die der dortigen Christengemeinde angehörten. Ein Nebeneinander von Propheten und Lehrern auf der Ebene einer Gemeinde wird neben Apg 13,1 — hier sind neben Barnabas noch vier weitere Personen namentlich genannt, an letzter Stelle „Saulus" — auch 1 Kor 12,28f. bezeugt.[22] Die Apg sieht 13,1—3 die Propheten und Lehrer offensichtlich „kollegial" handelnd — als Vorsteher der Gemeindeversammlung? —, wenn sie berichtet, daß sie beim Gottesdienst auf Weisung des Heiligen Geistes Barnabas und Saulus als Missionare auswählten. Unter Fasten, Gebet und Handauflegung[23] werden Barnabas und Saulus — als „Abgesandte" der Gemeinde (14,4.14) — ausgesandt. Doch hat man weder bei den aussendenden „Kollegium" an ein festes Dreierkollegium noch bei der Fünfer-Liste an eine zahlenmäßig konstante Führungsgruppe zu denken. Im Falle der erzählten Aussendung von Missionaren kann man von einer „charismatischen" Handlung sprechen. Nach Abschluß der sogenannten Ersten Missionsreise kehren Barnabas und Paulus nach Antiochia zurück und berichten der dortigen „Gemeinde" von ihrer erfolgreichen Mission (14,27). Ihr Auftrag ist damit zu Ende geführt.

---

[21] Zu dieser Stelle siehe näherhin J. *Dupont*, Les ministères 125—133; A. *George*, Les ministères 378—380; H. *Merklein*, Das kirchliche Amt nach dem Epheserbrief, München 1973, 250—260; H. *Schürmann*, „. . . und Lehrer". Die geistliche Eigenart des Lehrdienstes und sein Verhältnis zu anderen geistlichen Diensten im neutestamentlichen Zeitalter, in: ders., Orientierungen am Neuen Testament, Düsseldorf 1978, 116—156, bes. 133—135.
[22] Vgl. ferner Did 13,1f.; 15,1f.; dazu H. *Merklein*, Das kirchliche Amt 242f.
[23] Die Handauflegung erfolgt hier offensichtlich nicht zu einem „Amt" auf Dauer (wie Apg 6,6), sondern zu einer temporären Aufgabe!

Zu einer weiteren Reise ergreift Paulus — nach dem „Apostelkonzil" — selbst die Initiative, indem er sich an Barnabas wendet (15,36). Nun „entsendet" also nicht mehr die antiochenische Gemeinde, wie sie es noch laut 15,2f. tat, als man Paulus und Barnabas als Delegierte nach Jerusalem schickte. Doch ist zu beachten, daß auch die „Zweite Missionsreise" des Paulus mit einer Rückkehr nach Antiochia endet. Daß es einen Bruch zwischen Paulus und Barnabas gab, der letztlich auf der unterschiedlichen Position in der Frage der gesetzesfreien Heidenmission beruhte, läßt Gal 2,11—13 erkennen. Die Apg sieht den Konflikt lediglich in der Ermessensfrage begründet, ob man Markus, den Verwandten des Barnabas, mit auf die Reise nehmen solle (15,37—41).[24]

4. Paulus und seine Missionsgemeinden

Obgleich die Person des Paulus in der Apg beherrschend in den Vordergrund tritt, wird mit ihr keine eigentliche Amtsvorstellung verbunden. Paulus wird nur in einer nicht-terminologischen Weise „Apostel" (Apg 14,4.14) und nur in einem — im Vergleich zu den Zwölf — abgeleiteten Sinn „Zeuge" (22,15; 26,16) genannt.[25] Damit ist seine einmalige Rolle in der Frühzeit der Kirche unterstrichen. Wenn Lukas in der Apg auch häufig Paulus und Petrus, den Sprecher der Zwölf, gegenüberstellt und so die spätere Idee der beiden Apostelfürsten (vgl. 1 Klem 5) vorbereitet, so muß man doch sagen, daß Petrus eher von seinem Apostel-„Amt" geprägt erscheint: Er ist der Erste der zwölf Apostel. Bei Paulus läßt Lukas stärker die besondere „Funktion" erkennen: Er ist Bindeglied zwischen den Aposteln und der Generation des Lukas, ist vor allem Garant der Kontinuität von Jesus her.

Paulus hatte zwar keinen Kontakt zum „irdischen" Jesus wie die Zwölf. Aber er ist vom erhöhten Christus berufen (Apg 9,3—6; 22,6—10; 26,13—18) und wird sogar während seines missionarischen Wirkens nicht weniger als dreimal einer direkten Weisung von seiten des Herrn gewürdigt (18,9f.; 22,17—21; 23,11).[26] In der Darstellung der Apg ist Paulus weniger als in seinen eigenen Briefen der mit Autorität handelnde, intervenierende und für die Gemeinden Entscheidungen treffende Apostel. Sein Dienst ist wesentlich der des Wortes.[27]

Ein weiterer Zug der Paulus-Darstellung des Lukas steht im Einklang mit dem, was uns die Paulusbriefe erkennen lassen: Paulus hatte in seinem Dienst viele, aber auch unterschiedliche Mitarbeiter.[28] Bei ihnen ist — jedenfalls in der Darstellung der Apg — keine fest umrissene Amtsstruktur sichtbar. Mitarbeiter des Paulus war in erster Linie *Barnabas*, der den Neubekehrten bei den Aposteln in Jerusalem einführte (9,27) und zusammen mit ihm von Antiochia aus in Zypern und im südlichen Kleinasien missionierte (13,2—4). Apg 14,4.14 nennt ihn „Apostel" (vgl. 1 Kor 9,5f.). Eindeutig in Unterordnung unter Paulus standen *Johannes Markus* (Apg 13,5.13) und *Timotheus* (16,1—3; 17,15; 18,5). Das Ehepaar *Aquila und Priszilla*, das Paulus in Korinth

---

[24] Siehe W. *Radl*, Das „Apostelkonzil" und seine Nachgeschichte, dargestellt am Weg des Barnabas: ThQ 162(1982)45—61, näherhin 57—60.
[25] Vgl. jedoch auch die Verwendung von „Zeugnis ablegen/bezeugen" in Verbindung mit Paulus: Apg 18,5; 20,21.24; 23,11; 26,22; 28,23; siehe auch 22,18 („Zeugnis" des Paulus).
[26] Siehe auch die Lenkung durch den Heiligen Geist: Apg 13,2—4.9; 16,6f.; 20,23.
[27] A. *George*, Les ministères 381.
[28] Siehe E. E. *Ellis*, Paul and His Co-Workers: NTS 17(1970/71) 437-452; W.-H. *Ollrog*, Paulus und seine Mitarbeiter, Neukirchen 1979; A. *Weiser*, Neutestamentliche Grundlagen einer kooperativen Pastoral: TrThZ 89(1980)265—281.

kennenlernte (18,2f.), wirkte später in Ephesus (18,26). *Silas,* ein christlicher „Prophet" aus Jerusalem, wurde von Paulus als Helfer mitgenommen, als er sich nach dem „Apostelkonzil" selbständig auf eine Missionsreise begab (15,22.27.32.40; 17,15; 18,5). Wie Timotheus wird auch *Erastus* 19,22 als Helfer *(diakonōn)* bezeichnet. Diese Mitarbeiter des Paulus werden nicht in ein Amts-Schema eingeordnet; bei ihnen werden Funktionsbezeichnungen nur sehr zurückhaltend verwendet. Der in Ephesus und Korinth lehrende Apollos (18,24—28) traf offenbar nicht mit Paulus zusammen.
Umstritten ist die Historizität der Angabe von Apg 14,23, daß Paulus in Lykaonien und Pisidien „Älteste" eingesetzt habe.[29] Das Bild, das die Apg zeichnet, steht hier nicht in Einklang mit den Paulusbriefen, die keine „Presbyter" erwähnen.[30] Allerdings setzt Apg 20,17—38 voraus, daß auch in Ephesus nach dem Weggang des Paulus „Presbyter" die christliche Gemeinde leiteten. Wenn Apg 20,17.28 die Ausdrücke *presbyteroi* und *episkopoi* noch den gleichen Personenkreis bezeichnen, ist deutlich, daß solche Amtsbezeichnungen am Ende des 1. Jahrhunderts noch in der Entwicklung begriffen waren.
Für den Leser der Apg, in dessen Umwelt die Gemeindeleitung durch „Älteste" offenbar verbreitet war, ergibt sich, daß diese Institution letztlich mit den Aposteln und so mit Jesus selbst verbindet. Denn die Apg berichtet zunächst von „Presbytern", die es in der Urgemeinde von Jerusalem neben den Aposteln gab (11,30; 15,2.4.6.22f.; 16,4). So stellt sich der Eindruck ein, Paulus habe die Ältesten-Verfassung in Jerusalem kennengelernt und sie von dort für seine Missionsgemeinden übernommen. Insgesamt kommt die Vorstellung auf, die Presbyter seien — in Jerusalem (21,18) wie in den Paulusgemeinden (14,23; 20,17) — die übliche lokale Kirchenleitung der nachapostolischen Zeit. Wie sich das Gemeindeleben unter den Presbytern gestaltete, wird nicht erläutert. Es geht dem Verfasser der Apg um die ungebrochene Traditionslinie von Jesus her, nicht um die „Ämterstruktur" und schon gar nicht um Amts-Sukzession.[31] Insofern kann man bei der Ämterauffassung der Apg nicht von „Frühkatholizismus" reden. Diese Erkenntnis beginnt sich durchzusetzen. Neuerdings begegnet sogar die Frage, ob man die lukanische Konzeption nicht eher als „früh-protestantisch" bezeichnen könne.[32]

---

[29] Die Historizität wurde zuletzt vor allem von E. *Nellessen* verteidigt: Die Einsetzung von Presbytern durch Barnabas und Paulus (Apg 14,23), in: Begegnung mit dem Wort (FS für H. Zimmermann), Bonn 1980, 175—193. Siehe hingegen auch *J. Dupont,* Les ministères 133—146, der mit Recht darauf verweist, daß die „Optik" des Lukas der der Pastoralbriefe entspricht (a.a.O. 146). Siehe auch *F. Prast,* Presbyter und Evangelium in nachapostolischer Zeit. Die Abschiedsrede des Paulus in Milet (Apg 20,17—38) im Rahmen der lukanischen Konzeption der Evangeliumsverkündigung, Stuttgart 1979, bes. 356—379. Neuerdings stellt *O. Knoch,* Die Funktion der Handauflegung im Neuen Testament: Liturg. Jahrbuch 33(1983)222—235, 232, zu Apg 14,23 fest: Lukas „überträgt . . . die Verfassung der Kirche seiner Zeit und seines Bereiches auf die Anfangszeit der paulinischen Gemeinden zurück und läßt zugleich die zu seiner Zeit in der Kirche herrschende Überzeugung erkennen, daß die Gemeindeämter der Presbyter (neben den Episkopen) letztlich auf Paulus und die Apostel selbst zurückgehen".
[30] Die Paulusbriefe kennen nur *diakonoi* (Röm 16,1; Phil 1,1) und *episkopoi* (Phil 1,1); *presbyteroi* werden hingegen in den Pastoralbriefen genannt: 1 Tim 5,1.17.19; Tit 1,5. Siehe auch die „Spätschriften": Hebr 11,2; Jak 5,14; 1 Petr 5,1.5.
[31] Gegen *S. Schulz,* Die Mitte der Schrift. Der Frühkatholizismus im Neuen Testament als Herausforderung an den Protestantismus, Stuttgart 1976, 137. Siehe dagegen *G. Schneider,* Apostelgeschichte I 150; *A. Weiser,* Gemeinde und Amt 207f.
[32] So neuerdings *K. Giles,* Is Luke an Exponent of „Early Protestantism"? Church Order in the Lukan Writings: Evangelical Quarterly 54(1982)193—205; 55(1983)3—20.

5. Abschließende Überlegungen

Das Bild von der Entfaltung kirchlicher Dienste, das die Apg zeichnet, geht von der Voraussetzung aus, daß diese den Bedürfnissen des Christuszeugnisses in der Welt entsprach. Bei einigen „Ämtern" wird die Einrichtung beschrieben: bei den Aposteln (Lk 6,12—16; 24,44—49; Apg 1,2.8), den Sieben (6,1—6), den Presbytern in Lykaonien und Pisidien (14,23). Andere werden einfach als vorhanden erwähnt: die „Propheten" und die „Ältesten" in Jerusalem (11,27.30), die „Propheten und Lehrer" in Antiochia (13,1), die „Presbyter-Episkopen" von Ephesus (20,17.28). Auf der anderen Seite wird bisweilen eine besondere göttliche Intervention als Grund für die Errichtung eines neuen Amtes genannt: Der Herr selbst bestellte die Apostel (1,2.8; vgl. 1,24f.) und berief Paulus (9,3—6 und Parallelen). Der Heilige Geist veranlaßte die Aussendung von Barnabas und Paulus (13,2—4), er „bestellte" die ephesinischen Ältesten (20,28). Obwohl Lukas nicht von Charismen spricht (im Gegensatz zu Paulus),[33] zeigt er doch seinen Lesern, daß der Heilige Geist der letzte Urgrund der kirchlichen Dienste ist und ihre Ausübung bestimmt.[34]

Das lukanische Bild von der frühen Entwicklung kirchlicher Dienste läßt uns erkennen, daß es Wandlungen in der „Ämterstruktur" nicht nur geben darf, sondern vielmehr geben muß. Freilich ist zu bedenken, daß Lukas nicht die Absicht verfolgte, die Kirche seiner Zeit zur Einrichtung neuer Ämter zu ermuntern, sondern zeigen wollte, daß die Dienste, die es zu seiner Zeit gab, mit der apostolischen Kirche des Anfangs verbunden sind und somit die Sache Jesu für die Gegenwart vertreten. Wenn man berücksichtigt, daß für die Gegenwart des Apg-Verfassers gerade die presbyteriale Struktur der Ortsgemeinden kennzeichnend ist,[35] dann liegt die Annahme nahe, Lukas habe in der Ältesten-Verfassung die „normale" Gemeindestruktur seiner Zeit gesehen. Auf jeden Fall hatte er bei der Frage nach den kirchlichen Diensten schon deren Einheit in der Gesamtkirche im Auge. Aufgabe der Presbyter-Episkopen ist es, in den Ortsgemeinden, für die sie kollegial die Verantwortung tragen, an der apostolischen Verkündigung festzuhalten und den ursprünglichen Glauben zu bewahren.[36]

---

[33] Vgl. Röm 12,6—8; 1 Kor 7,7; 12,4—11.28—31. — Siehe auch M. *Dumais*, Ministères, charismes et Esprit dans l'oeuvre de Luc: Église et Théologie 9(1978)413—435.
[34] Bei den Aposteln (Apg 2,4; 4,8.31; 5,3.9.32; 10,19; 11,12; 15,28), bei Stephanus (6,10; 7,55) und Philippus (8,29.39), den Propheten (11,28; 21,4.11) und Ältesten (15,28) sowie bei Paulus (13,9; 16,6f.; 20,23). — Vgl. H. *Steichele*, Geist und Amt als kirchenbildende Elemente in der Apostelgeschichte, in: Kirche im Werden, hrsg. von J. Hainz, München/Paderborn 1976, 185—203.
[35] Siehe Apg 21,18 (Jerusalem); 14,23 (Lykaonien, Pisidien); 20,17 (Ephesus).
[36] J. *Dupont*, Les ministères 148. Vgl. Apg 20,28—31 (Hinweis auf Falsch-Lehrer der nach-apostolischen Zeit).

Quellennachweis

Gesamtüberblick über Veröffentlichungen zum lukanischen Werk
Die in diesem Band enthaltenen Beiträge sind durch einen Stern (*) gekennzeichnet.

1968

Missionsauftrag und Himmelfahrt des Herrn (Lk 24, 44–53), in: Christi Himmelfahrt (Am Tisch des Wortes 24), Stuttgart 1968, 33–40.
Aposteldekret, in: Bibel-Lexikon, hrsg. von H. Haag, Einsiedeln ²1968, 88.
Apostelgeschichte, ebd. 88–91.
Apostelkonzil, ebd. 91 f.
Areopagrede, ebd. 102 f.
Pfingstwunder, ebd. 1371 f.

1969

Botschaft der Bergpredigt (Der Christ in der Welt VI 8a), Aschaffenburg 1969, 123 S.
Verleugnung, Verspottung und Verhör Jesu nach Lukas 22, 54–71. Studien zur lukanischen Darstellung der Passion (StANT 22), München 1969, 245 S.
* Urchristliche Gottesverkündigung in hellenistischer Umwelt: BZ 13 (1969) 59–75.

1970

Gab es eine vorsynoptische Szene „Jesus vor dem Synedrium"?: Novum Testamentum 12 (1970) 22–39.
* Jesus vor dem Synedrium: Bibel und Leben 11 (1970) 1–15.
* Die zwölf Apostel als „Zeugen". Wesen, Ursprung und Funktion einer lukanischen Konzeption, in: Christuszeugnis der Kirche. Theologische Studien, hrsg. von P.-W. Scheele und G. Schneider, Essen 1970, 39–65.
Das Bildwort von der Lampe. Zur Traditionsgeschichte eines Jesus-Wortes: ZNW 61 (1970) 183–209.

Rezension:
Sch. Brown, Apostasy and Perseverance in the Theology of Luke, Rom 1969: BZ 14 (1970) 298 f.

1971

Jesu Wort über die Ehescheidung in der Überlieferung des Neuen Testaments: TThZ 80 (1971) 65–87.

*Jesu geistgewirkte Empfängnis (Lk 1, 34 f). Zur Interpretation einer christologischen Aussage: ThPQ 119 (1971) 105–116.
Lk 1, 34.35 als redaktionelle Einheit: BZ 15 (1971) 255–259.

Rezensionen:
M. Rese, Alttestamentliche Motive in der Christologie des Lukas, Gütersloh 1969: BZ 15 (1971) 285 f.
R. Pesch, Der reiche Fischfang Lk 5, 1–11/Jo 21, 1–14. Wundergeschichte – Berufungserzählung – Erscheinungsbericht, Düsseldorf 1969: ebd. 286–288.

1972

Das Problem einer vorkanonischen Passionserzählung: BZ 16 (1972) 222–244.

Rezensionen:
J. C. O'Neill, The Theology of Acts in its Historical Setting, London ²1970: BZ 16 (1972) 126–129.
Ch. Burchard, Der dreizehnte Zeuge, Göttingen 1970: ebd. 129 f.
R. D. Catchpole, The Trial of Jesus, Leiden 1971: ebd. 272–274.
Gräßer, Strobel u. a., Jesus in Nazareth, Berlin 1972: ThRv 68 (1972) 286 f.

1973

Die Passion Jesu nach den drei älteren Evangelien (Biblische Handbibliothek 11), München 1973, 174 S.
Botschaft der Bergpredigt (Zweite Auflage) (Die Botschaft Gottes II 30), Leipzig 1973, 176 S.

Rezensionen:
T. Schramm, Der Markus-Stoff bei Lukas, Cambridge 1971: BZ 17 (1973) 114 f.
R. F. Zehnle, Peter's Pentecost Discourse, Nashville 1971: ebd. 123 f.
V. Taylor, The Passion Narrative of St. Luke, Cambridge 1972: ThRv 69 (1973) 285 f.
J. Dauvillier, Les temps apostoliques, Paris 1970: BZ 17 (1973) 281 f.
A. Fuchs, Sprachliche Untersuchungen zu Matthäus und Lukas, Rom 1971: ebd. 268 f.

1974

Rezensionen:
E. Plümacher, Lukas als hellenistischer Schriftsteller, Göttingen 1972: BZ 18 (1974) 126–128.

W. Dietrich, Das Petrusbild der lukanischen Schriften, Stuttgart 1972: ebd. 128–130.

J. Kremer, Pfingstbericht und Pfingstgeschehen, Stuttgart 1973: ThPQ 122 (1974) 190 f.

S. G. Wilson, The Gentiles and the Gentile Mission in Luke-Acts, Cambridge 1973: BZ 18 (1974) 292 f.

1975

Parusiegleichnisse im Lukas-Evangelium (Stuttgarter Bibelstudien 74), Stuttgart 1975, 106 S.

* „Der Menschensohn" in der lukanischen Christologie, in: Jesus und der Menschensohn (FS A. Vögtle), Freiburg 1975, 267–282.

Rezensionen:
F. Neirynck (Hrsg.), L'évangile de Luc, Gembloux 1973: BZ 19 (1975) 119–121.
J. Dupont, Les Béatitudes, Bd. III, Paris 1973: Biblica 56 (1975) 281–284.

1976

* Engel und Blutschweiß (Lk 22, 43–44). „Redaktionsgeschichte" im Dienste der Textkritik: BZ 20 (1976) 112–116.
* „Stärke deine Brüder!" (Lk 22,32). Die Aufgabe des Petrus nach Lukas: Catholica 30 (1976) 200–206. Desgleichen in: A. Brandenburg/H. J. Urban (Hrsg.), Petrus und der Papst, Münster 1977, 36–42.

1977

Das Evangelium nach Lukas, 2 Bde. (Ökumenischer Taschenbuch-Kommentar 3/1–2), Gütersloh/Würzburg 1977, 510 S.
* Anbruch des Heils und Hoffnung auf Vollendung bei Jesus, Paulus und Lukas, in: Hödl, Kaufmann u. a., Das Heil und die Utopien (Schriften zur Pädagogik und Katechetik 28), Paderborn 1977, 83–108.
* Der Zweck des lukanischen Doppelwerks: BZ 21 (1977) 45–66.
* Zur Bedeutung von καθεξῆς im lukanischen Doppelwerk: ZNW 68 (1977) 128–131.
* Christusbekenntnis und christliches Handeln. Lk 6, 46 und Mt 7, 21 im Kontext der Evangelien, in: Die Kirche des Anfangs (FS H. Schürmann), Leipzig 1977, 9–24.

Rezensionen:
J. McHugh, The Mother of Jesus in the New Testament, London 1975: BZ 21 (1977) 130 f.

R. Glöckner, Die Verkündigung des Heils beim Evangelisten Lukas, Mainz 1976: Biblica 58 (1977) 123–125.

1978

Die theologische Sicht des Todes Jesu in den Kreuzigungsberichten der Evangelien: ThPQ 126 (1978) 14–22.

Rezension:
E. Delebecque, Evangile de Luc, Paris 1976; ders., Etudes grecques sur l'Evangile de Luc, Paris 1976: BZ 22 (1978) 279 f.

1979

*Stephanus, die Hellenisten und Samaria, in: Les Actes des Apôtres, hrsg. von J. Kremer, Gembloux/Löwen 1979, 215–240.
*Apostelgeschichte und Kirchengeschichte: IKZ Communio 8 (1979) 481–487.
Schrift und Tradition in der theologischen Neuinterpretation der lukanischen Schriften: Bibel und Kirche 34 (1979) 112–115.
Ἄρειος πάγος κτλ., in: EWNT I 361 f.
ἀσφαλής κτλ., in: EWNT I 423 f.
δάκτυλος, in: EWNT I 658 f.

1980

Die Apostelgeschichte. Erster Teil: Einleitung, Kommentar zu Kap. 1,1–8,40 (Herders Theol. Kommentar zum NT 5/1), Freiburg 1980, 520 S.
*Gott und Christus als κύριος nach der Apostelgeschichte, in: Begegnung mit dem Wort (FS H. Zimmermann), Bonn 1980, 161–174.
ἐντός, in: EWNT I 1125–1127.
ἐξηγέομαι, in: EWNT II 14 f.
ἑξῆς, in: EWNT II 16 f.
ἐπέρχομαι, in: EWNT II 51 f.
ἐπιπίπτω, in: EWNT II 81.
ἐπισκιάζω, in: EWNT II 85–87.
εὐεργετέω κτλ., in: EWNT II 191–193.

Rezensionen:
I. H. Marshall, The Gospel of Luke, Exeter 1978: BZ 24 (1980) 285–287.
A. Büchele, Der Tod Jesu im Lukasevangelium, Frankfurt 1978: ebd. 289 f.
A. George, Etudes sur l'œuvre de Luc, Paris 1978: ThRv 76 (1980) 375 f.

1981

* Anknüpfung, Kontinuität und Widerspruch in der Areopagrede Apg 17, 22–31, in: Kontinuität und Einheit (FS F. Mußner), Freiburg 1981, 173–178.
'Ιωσήφ, in: EWNT II 527–530.
καθεξῆς, in: EWNT II 543 f.
Μάρθα, in: EWNT II 950 f.
Μαρία/Μαριάμ, in: EWNT II 951–957.

Rezension:
J. Jeremias, Die Sprache des Lukasevangeliums, Göttingen 1980: ThRv 77 (1981) 20 f.

1982

Die Apostelgeschichte. Zweiter Teil: Kommentar zu Kap. 9,1–28,31 (Herders Theol. Kommentar zum NT 5/2), Freiburg 1982, 440 S.
* Der Missionsauftrag Jesu in der Darstellung der Evangelien, in: Mission im Neuen Testament, hrsg. von K. Kertelge, Freiburg 1982, 71–92.
πρᾶξις, in: EWNT III 348 f.
πράσσω, in: EWNT III 349–351.

1983

* Jesu überraschende Antworten. Beobachtungen zu den Apophthegmen des dritten Evangeliums: NTS 29 (1983) 321–336.
Σιλᾶς κτλ., in: EWNT III 580–582.
Στέφανος, in: EWNT III 657–659.
ὑπηρέτης, in: EWNT III 956–958.
Φίλιππος, in: EWNT III 1020 f.
Χριστιανός, in: EWNT III 1145–1147.

1984

Das Evangelium nach Lukas, 2 Bde. (Ökumenischer Taschenbuch-Kommentar 3/1–2), zweite, durchgesehene und ergänzte Auflage, Gütersloh/Würzburg 1984, 518 S.
The political charge against Jesus (Luke 23:2), in: Jesus and the Politics of His Day, ed. by E. Bammel and C. F. D. Moule, Cambridge 1984, 403–414.
* Die Entwicklung kirchlicher Dienste in der Sicht der Apostelgeschichte: ThPQ 132 (1984) 356–363.

Bibelstellen-Register (Auswahl)

Altes Testament

Gen
15,1–21	240
15,2	238
18,8	238
18,14	90
33,19 f	240

Ex
3,6	238 f
3,12	240
8,15 LXX	44

Dtn
2,5	238
10,17	258
18,15–22	239
18,15	239
19,15	84
21,22	258. 267. 270. 271. 273

2 Makk
2,19–32	11
15,6–10	17

Ps
2,7	94
69,26	77
106,20 LXX	258. 267. 268
107,20	258. 259. 260
109,8	77
147,7	258. 267

Weish
6,7	267
8,3	267
18,6	17

Jes
6,1	195
6,5	195
7,14 LXX	89. 92. 94. 95
8,14 f	20
40,3–5	202
41,10	267
41,28	164
45,18–25	300 f
49,1	195
49,6	69. 195. 202. 301
50,6 LXX	160
52,7	258. 260. 267. 268. 269. 270. 276
53,7	160
58,11	267. 274
61,1 f	274
61,1	258. 262. 267. 268. 269. 270. 271
61,1 LXX	195. 274 f
66,1 f	241. 246

Jer
1,5	195
38,15	164

Hos
6,2	267

Joël
3,5 LXX	219

Am
5,25–27	241. 246

Nah
2,1	258. 267

Neues Testament

Mt
1,1–17	88
1,18–20	86
1,18	90. 92. 93
1,20	90. 92. 93
5,3–10	117
5,25 f	43
5,43–48	127. 200

6,10	36	14,61 f	160. 174. 178. 181
7,13 f	116	14,62	161. 167
7,15–20	121	14,63 f	174
7,21–23	121	14,64	160. 161. 170
7,21	114–129	14,65	159
7,22 f	127	15,1–5	174. 175
10,6	199	15,1	162. 170
11,27	198	15,2	173. 174. 175. 178
12,28	37	15,3 f	174
16,17–19	146	15,3	173
19,28	84	15,4	173
21,28–31	118	15,5	173
23,3	118	15,9	173
23,31	79	15,10	173
24,14	199	15,11	173
25,31–46	122. 127	15,12	173
26,64	162	15,26	173
26,66	161	15,32	173. 181
28,18–20	75. 85–94	15,39	88
28,18	198	16,14–20	85–94. 200 f
28,19	199. 200	16,15	197. 200
28,20	122. 199. 200	16,20	204

Mk
		Lk	
1,10 f	94	1,1–4	9–18. 52. 83. 209. 303
1,11	88	1,1	11 f. 33 f. 210
1,14	198	1,2 f	85
1,17	150. 198	1,2	12. 67
1,44	79	1,3 f	14. 32
3,7	196	1,3	13 f. 31–34. 210. 279
6,11	79	1,4	14. 17. 19. 31. 53. 210. 265
6,12	198		
6,30	81	1,26–38	86. 89. 92
10,32	81	1,34 f	86–97
12,13–17	178	1,35	88. 89. 91. 93. 94. 95
13,9	79	1,37 f	150
13,10	197. 199	1,45	97. 150
13,11	79	1,76	219
13,13	55	2,29–32	57
13,24–27	44	2,32	16. 20
13,26	167	2,34	20
13,28 f	43. 44	2,41–52	136 f. 140
14,9	192. 197	2,46	131
14,25	36. 44	2,47	131. 136 f
14,27 f	147	3,4	219
14,53–72	159–162	3,22	94
14,55–65	169	3,23	88. 262
14,58	174	4,14	262. 270

Lk 4,16–22	268	13,31–33	134
4,16–21	195	14,1–6	134
4,18	262. 274	16,1–8	43
4,22	80	16,14 f	138
4,36	270. 275	16,16	19. 53. 271
5,10	150	16,28	71. 80
5,17–26	132	17,5 f	138
5,27 f	132	17,11–19	134
5,29–32	132	17,20 f	105. 138 f
5,33–39	132	17,20	132. 138
6,1–5	132	17,21	37
6,6–11	132	17,22	105 f. 112. 113
6,12–16	12. 16. 304	17,24–30	54
6,13	61. 66	17,25	106 f. 112. 113
6,20–23	117	17,26–29	43
6,20 f	44. 45	18,8	54. 108. 112. 113
6,22	103 f	18,15–17	132
6,40	16	18,18–23	133
6,46	114–129. 137	18,31–33	171
6,47–49	118. 125	19,1–10	109. 134
7,18–23	132	19,10	109 f. 112. 113
7,22 f	37	19,11	183
7,36–50	134	19,39 f	134
8,1	15. 31	19,41–44	134
8,15	127	19,45–48	133
8,19–21	132	20,1–8	133
9,49 f	132	20,20–26	133. 178. 182. 183
9,52–56	137	20,20	178
9,52 f	137. 229	20,25	178
9,57–62	132	20,26	131. 132. 178
10,1–12	135	20,27–40	133
10,22	140	20,40	132
10,23 f	44. 125	21,1–4	133
10,25–37	125. 137	21,5 f	133
10,36 f	137	21,13	79
10,38–42	125. 134	21,15	79. 233
10,39	127	21,19	55
11,2	36	21,27	167
11,14–23	132	21,36	99–102. 112. 113
11,20	37. 44	22,22	113
11,27 f	134	22,24–27	134
11,48	61. 79	22,25	262. 270
12,8	104 f. 113	22,29	84. 140
12,13 f	134	22,31 f	146. 147
12,58 f	43	22,32	146–152
13,1–5	134	22,43 f	153–157
13,10–17	134	22,48	102. 112. 113
13,24	138	22,49–51	139

22,54–71	148. 162	10,22	165
22,54–62	148	10,24–36	163
22,61 f	160	10,24 f	162
22,66–71	163. 171. 176	10,24	165. 168
22,67–70	178	10,25	165
22,67	162. 164. 165	10,36	168
22,68	164. 168	19,9	131
22,69	54. 56. 113. 164. 168	19,12	181
22,70	162. 167. 168	20,19–23	85–94
22,71	65. 167	20,21	203
23,1–5	175. 176. 177. 182		
23,1–3	176	*Apg*	
23,2	170. 173–183	1,1–14	65
23,3	179	1,1 f	11–14. 27
23,4 f	176	1,1	12. 279
23,4	179. 183	1,3	18
23,5	178. 179. 262	1,6–8	55. 140
23,14	178. 183	1,7 f	55. 66
23,22	183	1,7	19
23,27–31	134	1,8	19. 61. 67. 69 f. 74. 75. 89. 187. 194. 201. 202. 210. 304
23,39–43	139 f		
23,42	140		
23,43	55. 140	1,11	34. 189
24,7	103. 112. 113	1,15–26	65. 67 f. 150. 304
24,25	20	1,15	231
24,30 f	67	1,21 f	12. 54. 75. 76. 77. 189. 304
24,30	262		
24,34	149	1,22	12. 61. 66. 262
24,36–49	85–94	2,1–41	65
24,39	67	2,5	231
24,41–43	271	2,7–11	231
24,41 f	262	2,9–11	231
24,44–53	211	2,14–41	68. 150
24,44–49	17. 75	2,14–40	14. 32. 68 f
24,44–46	55	2,14	69. 150. 231
24,46 f	278	2,21	219 f
24,47	202. 274	2,22	264
24,48	61. 66. 80. 201	2,32	61. 66. 69. 305
24,49	55. 140	2,40	69. 71
24,52 f	225	2,41	231
		2,42–47	68
Joh		2,47	220
1,22	131	3,14	96
3,2	270	3,15	61. 66. 305
3,12	165	3,20 f	34. 53. 55
4,31–38	203	3,21	20. 210
4,48	165	3,24	31. 33. 210
8,29	270	4,27	96. 275

Apg 4,33	65. 69	10,34 f	272. 273. 277
4,36 f	231	10,34	258. 265. 275
5,9	220	10,35	272
5,12	69	10,36–43	54. 57. 259. 271
5,14	220	10,36–41	265
5,32	61. 66. 305	10,36–39	259
6,1–6	236. 306	10,36–38	260
6,1	46. 229. 230. 249	10,36	258. 262. 263. 265. 267.
6,5	230. 231. 233		268. 269. 270. 277
6,8	233. 250	10,37–43	262. 266
6,9	231. 250	10,37–41	255
6,10	79. 232. 250	10,37 f	261. 264. 269
6,11	232. 250. 251	10,37	258. 262. 263. 264. 265.
6,12	232		277
6,13 f	250. 251. 252	10,38	258. 265. 267. 268. 274.
6,13	61. 232. 240		277
6,14	232. 240	10,39–41	260. 264. 272
7,1–53	232. 236–249	10,39	61. 66. 258. 262. 264.
7,4	238		267. 277 f
7,5	238	10,40	262. 267. 268. 276. 278
7,7	240	10,41–43	66
7,16	240 f	10,41 f	265
7,32	238 f	10,41	61. 67. 71. 265. 278
7,37	239	10,42 f	262. 263. 272
7,42 f	241	10,42	71. 262. 263. 267. 270.
7,44	65. 241		276. 278
7,48–50	241. 248. 252	10,43	263. 267. 269. 276. 278
7,51–53	243. 244. 245. 248	10,48	234
7,53	110. 243	11,1	234
7,55-60	56	11,4	15. 31. 33
7,55	110	11,5–17	33
7,56	111 f	11,19–24	46. 307
7,58	61	11,19 f	252. 306
8,1	46. 79. 233	11,19	233. 235
8,4 f	233	11,20 f	235
8,5–25	233. 236	11,20	233
8,22	220 f	11,21	233
8,24	220 f	11,22	233
8,25	71	11,23	220
8,26–40	234	11,24	220
9,1–31	235	11,26	252
9,29	232. 250	12,2	78
9,31	221. 233	12,17	151. 306
10,1–48	33	13,1–3	307
10,1–33	263	13,2	221
10,9–23	235	13,10	221 f
10,34–43	253–279	13,16–41	255
10,34–36	260. 262. 263. 272	13,22	80

13,31	61	1,16 f	56
13,33	94	2,10 f	275 f
13,47	16. 20. 195. 202	3,21	80
13,51	79	6,1–11	57
14,3	80. 222	6,10	46
14,4	72. 307. 308	8,24	48
14,14	72. 307. 308	8,31–39	50
14,15–17	283	11,36	296
14,15	286. 291	13,11 f	49
14,21 f	151	13,12–14	49
14,23	22. 309	16,26	47
15,7	259		
15,22 f	306	*1 Kor*	
15,32	151. 307	1,6	80
15,40	222	7,29–31	48
15,41	151	8,6	295 f
16,5	151	9,1	81. 195
16,15	223	10,11	47
17,7	181	15,1–11	211
17,22–31	283. 297–302	15,3–8	257. 266
17,24	251. 291. 300. 302	15,3–5	149. 266. 276
17,31	270. 285. 302	15,3	268
18,23	31. 151	15,4	268
20,17–38	309	15,5–7	194. 201
20,17–21	22	15,5	81
20,24	72	15,6–8	266
20,28	208. 310	15,7	81
20,29 f	21	15,15	80. 81
21,18 f	306	15,50–53	48
22,14 f	70. 74	15,51	50
22,15	61. 64. 308		
22,18	65. 71	*2 Kor*	
22,20	61. 64. 80	5,1–8	50
22,21	71	5,17	47. 48
23,11	72		
24,22–26	23	*Gal*	
25,9–11	23	1,4	47. 49
26,16	61. 64. 71. 308	1,15	195
26,26	264	1,17	81
28,17–31	24	3,13	270
28,23	72	4,4	47. 48
28,25–31	211	4,29	94
28,25–27	20	6,14 f	47
28,28	55	6,15	49
28,31	17. 54. 207		
		Eph	
Röm		2,17	263. 270 f. 276
1,3 f	94	6,15	271. 276

Phil
1,23   50
2,16   49
3,12–21 49
3,12   48
3,20 f 50
4,4 f   48. 49

Kol
1,15–17 157

1 Thess
1,9 f   286 f
1,10   80. 292
2,14–16 171
4,6   80
4,13   50
4,14 f 50

2 Tim
4,1   270. 276

Tit
3,4   296

Hebr
1,4–14 157
6,1 f   287 f

1 Petr
4,5   270. 276

2 Petr
3,1–10 22

Autoren-Register

Aberle, M. 9, 22
Aland, K. 153, 154
Albertz, M. 143, 144
Alsup, J. E. 190
Altaner/Stuiber 206
Arndt, W. F. 153
Aschermann, H. 153
Asting, R. 62, 74, 79
Auffret, P. 298

Baird, W. 46
Balme, D. M. 93
Balz, H. R. 46, 221
Barnard, L. W. 248
Barrett, C. K. 21, 26, 56, 96, 112, 187, 298
Barth, M. 63
Bartsch, H. W. 10, 57
Bauer, J. B. 12
Bauer, W. 12, 13, 32, 87, 91, 93, 230, 240, 292
Baumbach, G. 198, 303
Baumer, B. 146
Baumgarten, J. 49
Becker, J. 39, 42
Begrich, J. 300
Behm, J. 74
Beilner, W. 114
Benoit, P. 65, 166 f
Berdesinski, D. 114
Berger, K. 143
Berger/Rahner 59
Bergmeier, R. 239, 242
Beutler, J. 114
Beyer, H. W. 249
Bihler, J. 16, 111, 251, 252
Bihlmeyer/Tüchle 206
Black, M. 103, 107
Blackman, E. C. 230
Bläser, P. 62
Blank, J. 58, 146, 152
Blaß/Debrunner 178, 180, 220, 222, 265, 278, 292

Blinzler, J. 158, 159, 161, 162, 164, 166, 169, 176, 178, 183
Boman, Th. 147
Bonnard, P. 115
Borgen, P. 211
Bornhäuser, K. 203
Bornkamm, G. 39, 40, 41, 43, 46, 48, 101, 192, 306
Bousset, W. 40, 115, 213, 214, 280, 281
Bouwman, G. 228, 237
Bovon, F. 257
Bowker, J. W. 247
Bowman, J. 228, 237
Brandon, S. G. F. 159, 161, 176
Braumann, G. 51
Brinkmann, B. 48
Brosch/Hasenfuß 86
Brown, Sch. 9, 12, 68, 147, 199, 311
Brown, Donfried u. a. 147, 152
Brox, N. 63, 64, 71
Bruce, F. F. 298
Brun, L. 153, 156
Buck/Taylor 49
Büchele, A. 314
Bühner, J.-A. 203
Bürkle, H. 184, 203
Bultmann, R. 37, 46, 100, 109, 115, 116, 118, 130, 131, 141, 142, 143, 145, 147, 163, 175, 191, 280, 281, 282, 284, 285, 290, 291, 292, 297
Burchard, Ch. 10, 18, 312
Burger, Ch. 87
Burnier, E. 62

Cadbury, H. J. 11, 51, 207, 229, 230
Cairns, E. E. 207
v. Campenhausen, H. 64, 80, 206
Casey, R. P. 62, 64, 79
Catchpole, D. R. 164, 312
Cerfaux, L. 62 f, 71, 73
Cieslik, S. 257
Clark, A. C. 16

Colpe, C. 99, 102, 103, 104, 109, 111 f
Conzelmann, H. 10, 16, 19, 23, 24, 25, 27, 34, 39, 42, 51, 52, 54, 65, 80, 83, 96, 98, 99, 103, 105, 106, 111, 112, 160, 177, 179, 182, 183, 209, 213, 220, 222, 223, 236, 244, 245, 247, 249, 251, 256, 261, 265 f, 269, 270, 297, 302
Cottle, R. F. 9, 22
Creed, J. M. 153, 166, 175
Crehan, J. H. 9, 17
Cullmann, O. 39, 41, 118, 146, 227 f, 229, 237, 242, 248, 295, 296
Curtis, K. P. G. 149

Dahl, N. A. 165, 241
Dalbert, P. 283, 301
Dalman, G. 118
Dautzenberg, G. 306
Dauvillier, J. 312
Delebecque, E. 314
Delling, G. 39, 41, 95, 291
Denzler, Christ u. a. 147
De Souza, B. 105
Dibelius, M. 12, 27, 39, 92, 94, 130, 134, 141, 142, 143, 153, 156, 157, 206, 207, 236, 244, 253–255, 262–264, 265, 282, 283
de Diétrich, S. 63
Dietrich, W. 147, 151, 257, 313
Dietzfelbinger, Ch. 46
Dillon, R. J. 193, 304
Dodd, Ch. H. 38, 41, 253–255, 262, 265, 266, 282
Dörrie, H. 28
Doeve, J. W. 258
Dubarle, A.-M. 298
Düring, I. 28
Dumais, M. 268, 310
Dumont, C. 114
Dupont, J. 51, 55, 59, 62, 81, 104, 112, 116, 117, 193, 201, 202, 257, 258, 260, 264, 268, 272, 274, 298, 302, 303, 307, 309, 310, 313

Easton, B. S. 9, 23
Ebeling, G. 158
Ehrhardt, A. 9

Ellis, E. E. 9, 51, 153, 306, 308
Eltester, F. W. 17, 19, 25
Emmelius, J.-Ch. 209
Erdmann, G. 96
Ernst, J. 50, 175, 219
Evans, C. F. 256

Feine, P. 40
Ferguson, E. 230
Finegan, J. 147, 163, 166, 175
Fitzmyer, J. A. 142, 144
Flender, H. 10, 12, 15, 63, 67, 74, 77, 83, 213
Foerster, W. 147, 213, 225
Francis, F. O. 51
Franklin, E. 9
Frend, W. H. C. 64
Friedrich, G. 286, 287, 292, 306
v. Fritz, K. 142, 144
Fuchs, A. 312
Fuchs, E. 39, 41

Gaechter, P. 67, 95, 146
Gärtner, B. 284
Gärtner, H. 142
Gager jr., J. G. 50
Gamper, A. 78
Gasque, W. 24
Gaston, L. 100, 228, 237, 242, 251
Geiger, R. 105
Geldenhuys, N. 153
Gemoll, W. 141
Geoltrain, P. 230, 248
George, A. 94, 96, 97, 144, 303, 307, 308, 314
Gewalt, D. 147
Gewieß, J. 89, 90, 255
Gibbs, J. G. 47
Gigon, O. 28, 29
Gigon/Hommel 142
Gigon/Rupprecht 141
Giles, K. 309
Glöckner, R. 314
Goguel, M. 45 f
Gnilka, J. 192
Grabner-Haider, A. 46
Gräßer, E. 19, 38, 39, 41, 51, 53, 55, 56, 59, 108, 124, 167, 229, 248, 270

Gräßer, Strobel u. a. 312
Greeven, H. 115, 118
Greinacher, N. 114
Grobel, K. 166
Grundmann, W. 46, 50, 68, 96, 103, 153, 156, 175, 177, 182, 219, 230, 252
Guelich, R. 261 f, 268, 269–271, 277
Günther, E. 62, 63, 80
Guntermann, F. 45

Haacker, K. 260, 263
Haenchen, E. 10, 21, 23, 26, 41, 65, 67, 76, 77, 82, 83, 111, 112, 175, 220, 221, 222, 235, 240, 241, 244, 245, 247, 250, 256 f, 264, 266, 298
Hahn, F. 96, 104 f, 105, 109, 115, 116, 118, 121, 144, 147, 160, 174, 191, 192, 195, 196, 198, 199, 200, 201, 203, 204, 213, 245, 247, 287
Harnack, A. 94, 153, 157, 237, 286
Harnisch, W. 47, 100
Hasenfuß, J. 95
Hasler, V. 111
Hastings, A. 63, 71
Hauck, F. 153
Hawkins, J. C. 16
Hengel, M. 27, 59, 230, 231, 232, 233, 234, 237, 249, 250, 251, 252, 306
Hennecke/Schneemelcher 87, 97
Henry, P. 281
Hicks, R. D. 28
Hiers, R. H. 51
Higgins, A. J. B. 14
Hoffmann, P. 47, 49, 126, 190, 191, 195, 196, 197
Holtz, T. 195, 197, 246, 247, 274, 300
Hommel, H. 282, 295, 296
Horna/v. Fritz 141
Hückelheim, J. F. 9
Hug, J. 192, 193
Hull, J. H. E. 68
Hunzinger, C.-H. 50

Iber, G. 255
van Iersel, B. 143

Jedin, H. 206
Jeremias, J. 39, 41, 44, 45, 98, 108, 109, 241, 314

Jervell, J. 19, 23, 24
Johnson jr., A. M. 228, 237
Join-Lambert, M. 207
Jones, D. L. 213, 225
de Jonge, H. J. 142, 143, 144

Kabisch, R. 45
Käsemann, E. 10, 25 f, 46, 82 f, 115, 208, 276
Kaestli, J.-D. 51, 108
Kasting, H. 190, 196, 230, 234, 251, 252
Kasper, W. 203
Kertelge, K. 62, 196
Kilgallen, J. 245, 246
Kilpatrick, G. D. 169, 177
Kippenberg, H. G. 241, 242
Klein, G. 12, 13, 14, 18, 21, 34, 50, 62, 67, 68, 72, 76, 81, 82, 83, 84, 147, 212, 281, 304
Kleinknecht, H. 292
Kliesch, K. 248
Klijn, A. F. J. 248
Klostermann, E. 11, 115, 118, 153
Kluge/Mitzka 11
Knabenbauer, J. 153
Knoch, O. 309
Knox, W. L. 16, 115
Koch, R. 63
Koch/Pretscher 114
König, E. 300
Koh, R. 22
Kraft, H. 206, 207
Krämer, M. 92
Kränkl, E. 257
Kredel, E. M. 62
Kremer, J. 48, 58, 193, 313
Kretschmar, G. 68
Kühner/Gerth 220
Kümmel, W. G. 9, 10, 21, 23, 32, 37, 38, 39, 40, 41, 42, 50, 51, 62, 100, 106, 163, 211, 281
Kürzinger, J. 13, 31
Kuhl, J. 203
Kuhn, H.-W. 38
Kuss, O. 46, 288
van der Kwaak, H. 176, 182

Lagrange, M.-J.   153, 161
Lake, K.   62
Lake/Cadbury   17
Lampe, G. W. H.   68
Laurentin, R.   97
Lausberg, H.   142, 144
Leaney, A. R. C.   66, 105, 153
Legido Lopez, M.   46
Legrand, L.   94, 298
Lehmann, M.   147
Léon-Dufour, X.   190
Liddell/Scott   32
Lienhard, J. T.   236, 237
Lietzmann, H.   62, 161, 162, 168, 169
Lindeskog, G.   171
Linnemann, E.   40, 41, 147
Loewe, W. P.   113
Lohfink, G.   19, 20, 38, 44, 45, 59, 65 f, 143, 144, 145, 201, 208, 225
Lohse, B.   64
Lohse, E.   51, 62, 68, 169, 171, 201, 261
Loisy, A.   153
Long, H. S.   28
Lührmann, D.   126
Luz, U.   46

März, C.-P.   123
Malina, B. J.   191
Mann, C. S.   230
Manson, W.   153
Mare, W. H.   237, 238
Marshall, I. H.   10, 143, 144, 145, 175, 177, 207, 260, 314
Martin, R. P.   9
Masson, Ch.   67
Mattern, L.   49
Mattill jr., A. J.   9, 16, 22
Maurer, Ch.   114
McHugh, J.   313
Meeks, W. A.   242
Menoud, Ph.-H.   63, 65, 67, 70, 73, 74, 75, 76
Merk, O.   54
Merklein, H.   307
de Merode, M.   47
Metzger, B. M.   153, 223, 229, 265
Meye, R. P.   62, 81

Meyer, B. F.   87
Michaelis, W.   10, 39, 41, 222
Michel, O.   62, 288
Michel/Betz   94
Mikat, P.   170
Minear, P. S.   9, 21, 88
Minke, H.-U.   297
Miyoshi, M.   144
Moore, G. F.   288
Morgenthaler, R.   63, 83, 155, 165, 213
Moule, C. F. D.   164, 213, 230, 242
Muddiman, J.   149
Müller, K.   39, 42, 43, 44, 161
Munck, J.   22
Mundle, W.   62
Muñios Iglesias, S.   90
Murley, C.   29
Murphy O'Connor, J.   47
Mußner, F.   15, 19, 31, 32, 33, 40, 114, 158, 284, 297, 299, 300

Nauck, W.   284, 285, 299, 300, 301
Neirynck, F.   87, 99, 149, 260, 263, 270, 313
Nellessen, E.   259, 267, 277, 304, 309
Nestle/Aland   213, 267, 278
Neuhäusler, E.   63, 64, 68, 184
Nevius, R. C.   213, 216
Norden, E.   26, 95, 282, 283

Oehler, W.   203
Ollrog, W.-H.   308
O'Neill, J. C.   10, 213, 312
Osty, E.   153
Ott, W.   108, 147
Overbeck, F.   10, 208, 209

Passow, F.   32
Pawel, C.   257
Perrin, N.   40, 42
Perry, A. M.   164
Pesch, R.   44, 111, 112, 142 f, 146, 160, 192, 193, 196, 197, 198, 200, 305, 312
Peterson, E.   62, 295
des Places, E.   298
Plümacher, E.   13, 25, 27, 29, 207, 298, 299, 312

Plummer, A.   153, 219
Plumptre, E. H.   228
Pohlenz, M.   282, 293
Polhill, J. B.   252
Porton, G. G.   142
de la Potterie, I.   213, 216, 224
Prast, F.   309
Prete, B.   147
Pummer, R.   237 f, 239

v. Rad, G.   17
Radl, W.   16, 270, 308
Räisänen, H.   88, 89, 90, 91, 97
Rahner, H.   206
Rahner, K.   59
Ramaroson, L.   242
Rehkopf, F.   98, 102, 163
Reicke, B.   67, 76, 230
Reid, J.   213
Rengstorf, K. H.   62, 63, 67, 70, 73, 74, 77 f, 153
Renié, J.   67, 77
Rese, M.   213, 214, 274, 275, 312
Rétif, A.   63
Rey, B.   47
Richard, E.   238, 239, 240, 251
Riesenfeld, H.   263
Rigaux, B.   10, 62, 80, 84, 105, 106, 107, 146, 190, 286, 287
Ritt, H.   187, 203
Robinson jr., W. C.   51, 63
Rohde, J.   303, 306
Roloff, J.   62, 67, 193, 196, 201, 260, 261, 264, 304
Rost, L.   65
Ruckstuhl, E.   162
Rüstow, A.   123
Russell, H. G.   16

Sahlin, H.   22
Salas, A.   100
Sanders, J. T.   143
Sass, G.   72
van Schaik, A.   63
Scharlemann, M. H.   228, 229, 237, 239, 240, 249
Scheffczyk, L.   295, 296
Schelkle, K. H.   107, 292, 294

Schenke, H.-M.   241
Schierse, F. J.   57
Schille, G.   62, 66, 261
Schlatter, A.   153, 175, 182
Schlier, H.   65
Schmid, H. H.   17
Schmid, J.   32, 86, 87, 94, 99, 104, 109, 115, 121, 153, 154, 156, 163, 166, 175, 184, 197, 219
Schmithals, W.   62, 83, 260, 261
Schnackenburg, R.   39, 40, 41, 47, 105, 106, 107, 123, 124, 147, 190, 193, 194, 203, 276, 303
Schneckenburger, M.   9, 10, 24
Schneider, G.   14, 18, 20, 47, 51, 53, 55, 59, 63, 68, 70, 76, 78, 91, 102, 103, 106, 108, 112, 117, 121, 124, 143, 144, 145, 164, 179, 183, 189, 193, 206, 210, 211, 219, 260, 262, 263, 264, 269, 270, 274, 276, 277, 300, 301, 302, 303, 304, 306, 309
Schnider, F.   306
Schoonenberg, P.   114
Schramm, T.   100, 312
Schrenk, G.   46
Schubert, K.   171 f
Schubert, P.   297 f
Schürmann, H.   10, 12, 13, 14, 20, 21, 31, 33, 58, 86, 88, 89, 90, 91, 92, 95, 104, 116, 117, 118, 119, 120, 121, 123, 142, 143, 147, 148, 155, 163, 165, 177, 180, 213, 217, 219, 307
Schulz, S.   58, 116, 117, 119, 126, 143, 144, 309
Schwantes, H.   47
Schwartz, E.   28
Schweitzer, A.   37
Schweizer, E.   62, 67, 77, 95, 96, 142, 143, 144, 145, 189
Scobie, Ch. H. H.   228, 237, 238, 239
Scott jr., J. J.   230
Scroggs, R.   228, 237
Seccombe, D.   275
Seeberg, A.   282, 287
Shekan, P. W.   239
Sherwin-White, A. N.   182
Simon, M.   230, 242, 249
Sint, J. A.   48

Smemo, J. 62
Spadafora, F. 46
Spiro, A. 228, 237, 238, 239, 240, 241
Spitta, F. 77
Staab, K. 153
Stählin, G. 23, 65
Stanley, D. M. 47
Stanton, G. N. 257–259, 260, 266–268
Stauffer, E. 67, 76, 280
Steck, O. H. 242, 243, 244, 245, 246, 247, 257, 261
Steichele, H. 207, 310
Steinwenter, A. 169, 170
Stemberger, G. 238, 240, 241, 247, 248
van Stempvoort, P. A. 65
Sternbach, L. 141
Storch, R. 245, 247
Strathmann, H. 62, 63, 64, 221
Streeter, B. H. 175, 182
Strobel, A. 175, 183
Stuhlmacher, P. 253, 254, 257–259, 266, 268, 271

Talbert, Ch. H. 9, 21, 22, 27, 28, 29, 97
Tannehill, R. C. 131, 145
Taylor, V. 103, 161, 175, 312
Theißen, G. 197
Thiering, B. 30
Thornton, L. S. 67
Thüsing, W. 168, 288
Thyen, H. 247, 283
Tillmann, F. 48
Tödt, H. E. 98, 99, 101, 104, 105, 106, 107, 108, 109, 111
Traub, H. 63, 111
Trilling, W. 117, 118, 121, 152, 160, 191
Trocmé, E. 27, 67, 68, 73, 141, 142
Tyson, J. B. 164

van Unnik, W. C. 9, 21

Vielhauer, Ph. 10, 17, 26, 51, 53, 57, 98, 104, 105, 141, 208 f
van Vliet, H. 63
Vögtle, A. 39, 42, 45, 86, 92, 95, 96, 101, 106, 146, 191, 196, 199
Völkel, M. 15, 31, 32
Vos, G. 45
Voss, G. 96, 110, 213

Wachsmuth, C. 141
Walter, E. 39
Walter, N. 242, 301, 306
Weiser, A. 260, 303, 308, 309
Weiß, J. 9, 10, 27, 37, 40
Wellhausen, J. 153
Wendland, H.-D. 39, 40
Werner, M. 37
Wernle, P. 40
Westcott/Hort 153
Westermann, C. 78, 300, 302
Wetter, G. P. 229, 230
Wettstein, J. J. 228
Wiefel, W. 50
Wikenhauser, A. 26, 76, 207
Wikenhauser/Schmid 11
Wilckens, U. 46, 63, 80, 211, 212, 213, 242, 243, 244, 245, 246, 247, 256 f, 261, 264 f, 282, 286, 288, 301
Wilcox, M. 228
Wilson, J. M. 9
Wilson, S. G. 51, 66, 201, 313
Windisch, H. 229 f, 288
Winn, A. C. 9
Winter, P. 159, 161, 163, 164, 165, 168, 170, 176
de Witt Burton, E. 62
Wrege, H.-Th. 115

Zahn, Th. 31, 153
Zehnle, R. F. 312
Zerwick, M. 161
Zimmermann, H. 69, 144
Zingg, P. 201, 220
Zmijewski, J. 105, 107